国家出版基金项目
NATIONAL PUBLICATION FOUNDATION

齐鲁医派文库

总主编○王振国

齐鲁名医汇考

张效霞 编撰

下

山东科学技术出版社
·济南·

聊城

聊 城

明

◎ 许东望 ◎

许东望，字应鲁。嘉靖十七年（1538）进士。初令山阴县，政尚宽平，民爱之如慈父，入为户部郎。尝督江西逋赋，贵要无所假。历浙江参议，分守绍兴。会倭夷突扰，军兴烦费。东望一切镇以简净，推赤心待下，将卒争自效。柯亭、龛山之捷，亲督矢石，馘数百级。同事攘其功，仅进按察司副使。累官行太仆寺卿致仕。东望廉慈恺悌，不设城府，居乡恂恂善推让，同侪每语侵之，不校。阖扉静坐，习养生家言，手辑《古今名方》；为官兼习养生术，著《性命三编》。八十余，目光炯炯，灯下能书蝇头细字。

[宣统《聊城县志》卷八《仕绩》]

许东望，字应鲁。嘉靖十七年进士。初令山阴，政尚宽平，民爱之如慈父，入为户部郎。尝督江西逋赋，贵要无所假。历浙江参议，分守绍兴。会倭夷突扰，军兴烦费。东望一切镇以简静，推赤心待下，将卒争自效。柯亭、龛山之捷，亲督矢石，馘数百级。同事攘其功，仅进按察司副使。累官行太仆寺卿致仕。东望廉慈恺悌，不设城府。居乡恂恂善推让，同侪每语侵之，不校。阖扉静坐，习养生家言，手辑《古今名方》，著《性命三编》。八十余，目光炯炯，灯下能书蝇头细字。

[嘉庆《东昌府志》卷二十九《列传四》]

许东望，字应鲁。平山卫人。嘉靖戊戌（1538）进士。初令山阴，政尚宽平，民爱之如父母，入为户部郎。尝督江西逋赋。历浙江参议，分守绍兴。会倭夷突扰，军兴烦费。东望一切以简静镇之，推赤心待下，将卒争自效。柯亭、龛山之捷，亲督矢石，馘数百级。同事攘其功，仅进按察司副使，嘿嘿不言。累官太仆寺卿致仕。

[雍正《山东通志》卷二十八之三《人物三》]

许东望，字应鲁。平山卫人。嘉靖十七年进士。知山阴县，政尚宽平，民爱之如慈父，入为户部郎。督江西逋赋。历浙江参议，分守绍兴。会倭夷突扰，军兴烦费。东望一切以简静镇之，推赤心待下，将卒争自效。柯亭、龛山之役，亲冒矢石，馘俘无算。事平，仅进按察司副使，东望不言。后官太仆寺卿致仕。

[宣统《山东通志》卷一百六十一《人物志第十一·历代循吏》]

许东望，字应鲁。山东东昌府平山卫人。由进士、户部郎中升，嘉靖二十七年（1548）到任。

[嘉靖《江西通志》卷二《藩省·佥事》]

许东望，字应鲁。山东平山卫籍，直隶宿松县人。嘉靖戊戌进士，甲寅年（1554）任。东望，初令山阴，政尚宽和，民德之如慈父，迁户部郎。历浙江参议，会倭夷突扰境内，奉檄分守浙东，治绍兴。时方军兴，敛急法烦，闾阎骚动。东望一切镇以简静，爱民下士，吏卒无不感恩用命。柯亭、龛山、后梅、清风之捷，东望皆亲冒矢石，而典史吴成器实左右之，以功进按察副使，整饬兵备，兵巡之衔自此始。东望自为令，及兵宪，务为宽大，人比之羊叔子。越人至今祠祀之。

[万历《绍兴府志》卷二十五《统辖》]

许东望，字应鲁。山东平山卫籍，直隶宿松人。嘉靖戊戌进士。初知山阴，政尚宽和，民德之如慈父，迁户部郎。历浙江参议，会倭寇突扰境内，奉檄分守浙东，治绍兴。时方军兴，敛急法烦，闾阎骚动。东望一切镇以简静，爱民下士，吏卒无不感恩用命。柯亭、龛山、后梅、清风之捷，东望皆亲冒矢石，而典史吴成器实左右之，以功进按察副使。祀名宦。

[嘉庆《山阴县志》卷十二《名宦》]

◎ 蒋 孝 ◎

蒋孝，字希舜。世业农，饶于财，乃赈贫恤孤，修桥梁道路。岁歉，施衣食；灾疫，施药饵、棺椁，终身不倦。有称贷者，贫不能偿，辄焚其券。乡里称为"善人"。

[宣统《聊城县志》卷八《懿行》]

蒋孝，字希舜。聊城人。世业农，饶于财，乃赈贫恤孤，修桥梁道路。岁歉，施衣食；灾疫，施药饵、棺椁，终身不倦。有称贷者，贫不能偿，辄焚其券。乡里称为"善人"家传。

[嘉庆《东昌府志》卷三十二《孝义》]

◎ 端木萃 ◎

◎ 端守忠 ◎

端木萃，先贤子贡六十四代孙。洪武中，自汲县徙曲阜，又徙聊城。补诸生。善医，施药济人。寿百有四岁。子守忠，世其业，药奇效，数百里皆延接。于慎行、朱延禧皆为立"传"。

[宣统《聊城县志》卷八《侨寓》]

端木萃，先贤子贡六十四代孙。洪武中，自汲县徙曲阜，又徙聊城。补诸生。善医，施药济人。寿百有四岁。子守忠，世其业，药奇效。于慎行、朱延禧皆为立"传"。

[宣统《山东通志》卷二百《杂志下·流寓》]

端木萃，明代聊城县人。业医，善治内科病。

[《山东中医药志》第六篇《人物表》]

清

◎ 宋麟祥 ◎

《痘疹正宗》二卷（又名《痘疹指南》），宋麟祥撰。麟祥，字钟岳。堂邑人。是书现存：清康熙三十四年江阴宝文堂书庄刻本，上海图书馆、辽宁中医药大学图书馆藏，《东北地区古籍线装书联合目录》著录。清康熙五十六年刻本，南京图书馆藏，见《中医图书联合目录》《中国中医古籍总目》。清乾隆八年刻本，中国中医科学院图书馆、辽宁省图书馆藏，见《东北地区古籍线装书联合目录》《中医图书联合目录》《中国中医古籍总目》。

[《山东通志艺文志订补·子部·第一册》]

◎ 李 英 ◎

李成隆，字栋占。生而颖悟，七岁就家塾，读书过目不忘。顾状貌魁梧，膂力过人，遂应武试。乾隆庚子（1780），举乡试第一。丁未（1787），二甲二名进士。御前侍卫，拣发浙江，以游击用。除提标后营游击，迁台州营参将、乐清协副将，移杭州协统领、钱塘水师营副将，擢衢州镇总兵，在官所向有功，权杭州副将。时，以事赴闽，值英吉利海舶闯入闽海，制府檄以兵三百，往诘之，仅携二卒，驾小舟以往，重译：为宣德意。夷人詟服而退。其为太平营参将也，安南艇匪勾结海盗凤尾等，连樯入浙，逼台州之松门，闻信，孤军擅进，连获大捷。制军劳师，以"用兵神速"誉之。军政卓异，引见三日三接。盖异数也。提军李忠毅公长庚年长十三岁，呼为弟，尝谓曰：吾用兵如火，着处即燎。对曰：吾用兵如水，隙处即入。由是人称"浙东二李，如火如水"云。著有《兵谱》十卷，制有竹镖、飞铙、鬼箭、击石、梅花铳、燕子舟诸器，传习至今。子英，字伯华。廪生。工诗，通医，有才名。

[宣统《聊城县志》卷八《仕绩》]

◎ 叶　兰 ◎

叶兰，字琪园。弱冠入泮，才气过人。旋膺乾隆丙午（1786）乡荐，人皆目为"大器"。偃蹇三十年，始大挑江西知县，历署德安、新城、峡江、新喻等县，补余干县，所在多有政绩，以病归，卒于兖州道中。制艺有专稿，通医理，刻《春秋世族谱》行世。子赐眉，岁贡生。存有《诗》《词》各一卷。

[宣统《聊城县志》卷八《仕绩》]

叶兰，山东聊城人。由举人，（嘉庆）二十五年（1820）八月署任。

[同治《江西新城县志》卷七《秩官表》]

《静娱斋诗草》，叶兰撰。兰，字伯芗，号琪园。继祀子。乾隆丙午举人。官余干知县。是编见《山左诗汇钞》。

[宣统《山东通志》卷一百四十五下《艺文志第十·集部·别集》]

效霞按：叶兰之字号，宣统《山东通志》作"字伯芗，号琪园"，宣统《聊城县志》作"字琪园"。《山东通志》所记为长。

◎ 叶锡龄 ◎

◎ 叶儁昌 ◎

叶锡龄，字椿堂。嘉庆辛酉（1801）拔贡。工书法，精医理，而尤长于诗。著有《抱琴书屋草》，王丹柱为之"序"。子儁昌、林昌，道光壬辰（1832）同领乡荐，儁昌联捷进士，广东代州知州，亦以医名。

[宣统《聊城县志》卷八《文学》]

叶锡龄，以子儁昌官敕赠文林郎、顺天平谷县知县。

[宣统《聊城县志》卷七《封赠》]

《抱琴书屋诗草》，叶锡龄撰。锡龄，字大年，号椿堂。聊城人。嘉庆辛酉拔贡。是集见《山左诗汇钞》。

[宣统《山东通志》卷一百四十五下《艺文志第十·集部·别集》]

效霞按：叶锡龄之字号，宣统《山东通志》作"字大年，号椿堂"，宣统《聊城县志》作"字椿堂"。宣统《山东通志》所记为是。

◎ 朱正谊 ◎

朱正谊，字子端。邃经学，精医理，为文粹于理法。故里居授徒，远来游者，恒逾百人，一经指授，靡不蜚声以去，而诊疾者亦踵相接焉。生平崖岸自高，不求仕进，言行敦笃，为闾里之所矜式。同治庚午（1870）已抢魁，旋置副车，泊如也。以是人益服其量云。

[宣统《聊城县志》卷八《文学》]

朱正谊，字子端。中某科副榜第一。本茌平张会所庄人，后入聊城籍。学问湛深，藻思精警，岁科学使按试，与祖人次山迭为第一者十数年。家居授徒，一游其门，即能采芹食饩，遐迩，学者争而赞焉，桃李之盛，一时称最。兼精岐黄，沉疴巨痛，人不能疗者，得其方剂，辄应手奏效，病除为神，然不贯药，不出诊，不受酬，出行田道上，必曳纸笔自随，以备书方剂之用。

[民国《重修茌平县志》卷三《乡贤》]

按《济南府志》：朱正谊，为诸生。兼治岐黄，诊治多奇效，人咸德之。

[《古今图书集成医部全录》卷五百十七《医术名流列传》]

朱正谊，字子端。清代茌平县张会所人。工于医，活人甚多。

[《山东中医药志》第六篇《人物表》]

◎ 刘子展 ◎

刘子展，医官。性至孝，亲卒，庐墓三年。有求者，就墓侧诊视，且施药济人，不受谢，人于墓上筑土三篮，数年墓高如山，在今陈文屯后。

[宣统《聊城县志》卷八《孝友》]

刘子展，医官。性至孝，亲卒，庐墓三年。有求者，就墓侧诊视，且施药济人，不受谢，人乃于墓上筑土三篮，数年墓高如山，在今陈文屯后。

[嘉庆《东昌府志》卷三十二《孝义》]

刘子展，明代聊城县人。精医术，善治内科杂病。

[《山东中医药志》第六篇《人物表》]

◎ 张维桢 ◎

张维桢，字翼周。附生。天性孝友，伯母张氏无子，事之维谨；父母殁后，家产让于诸兄。善医，人称"德医先生"。寿至九十有四，无疾而逝。

[宣统《聊城县志》卷八《孝友》]

◎ 葛 洽 ◎

葛洽，字化行，晚年自号颠叟。性豪荡，重交游，喜花木，爱吟咏，而尤以医名远近，济人甚众。犹子建杓，曲意栽培，嘉庆丁卯（1807）举于乡，尚及见之。

[《聊城县志》卷八《独行》]

◎ 王博憨 ◎

王博憨、弟博愁，俱邑庠生。家本素裕，以不善会计，为司事所欺，遂中落，然处之晏如也。博憨，工书法，精岐黄；博愁，善丹青，兄弟怡怡，相与守贫终身。子厚阶，自有"传"。

[《聊城县志》卷八《独行》]

◎ 朱景岫 ◎

朱景岫，字晓云。岁贡生。少倜傥，有大志。红巾之乱，土匪蜂起，强逼各村从逆，乘夜入李家寨，促团长王济勋请兵，自与亢懋修、李孟洲歼渠魁杜慎修等数十人，适官军与贼遇于陈家口，纠合团丁助战，贼锋大挫。又与忠亲主军遇，余众遂溃。事平，保举训导，不就。顾才高数奇，屡试不售，灰心仕进，教授生徒，以医药、绘事自娱。卒于家，年六十有一。门人嘉其行谊，私谥"清廉先生"。

[《聊城县志》卷八《独行》]

◎ 周锜 ◎

周锜，字金声。恩贡生。好读书，不求仕进。精越人术，有延诊者，虽雨夜不辞，活人甚众。轻财好义，乡里重之。

[宣统《聊城县志》卷八《懿行》]

周锜，字金声。明代聊城县人。业医，术精内科。

[《山东中医药志》第六篇《人物表》]

◎ 刘汝霖 ◎

刘汝霖，医药济人，风雨无阻。

[宣统《聊城县志》卷八《懿行》]

刘绍虞妻宋氏，年二十六生子汝霖，越五月而夫亡。氏严于教，子稍有过，辄挞之。家人曰：止一儿，勿过责。氏曰：正为只有一儿，始不敢稍事姑息，任自便也。入太学，以医名。氏年八十有四，无疾而卒。旌。

[宣统《聊城县志》卷九《节妇》]

◎ 张毓塘 ◎

张毓塘，接骨续筋，药不索资。

[宣统《聊城县志》卷八《懿行》]

◎ 朱景云 ◎

韩菼《兵马司指挥襄宸朱公墓志铭》

君名景云，字襄宸。先世平阴人，明季避兵，迁东昌。父鼎延，工部尚书。子三，君其长也。始尚书公为御史，督学顺天，巡监河东，母太夫人家居，君克体尚书公之志，奉其母以左右，养惟谨，太夫人安之，如其子之在侧。尚书公喜曰：儿能如是，儿善事我。尚书公虽贵，家故贫，君督耕薄田数顷，给甘旨，间复及亲党以其余。尚书公致仕归，侍太夫人者十有余年，时君母已前卒，君日偕其妇以事尚书公者，事太夫人未尝不谨如初也。既尚书公卒，明年，太夫人亦卒。君始丧母毁甚，及更遭大故，讫葬皆如礼，而哀益有余。君才故高，七试场屋不利，思小官自效。久之，除中城兵马司指挥，地当皇城正阳门，商贾之凑，繁剧倍他城，君不受一钱，平断以法，不肯低头下气为上官贵人，屈民以不冤，而商皆安之，盗逃俱窜，匿他所，两坊以清。君以贵公子屈首小官，非其好，而精强如老吏人，皆以为神。曾以挂误去，竟不讫其用。君笃于亲，故前民部张公者，外王父也，为仇逼陷遇害，两子前卒，诸孙俱幼，室将尽覆，君力平其祸，一不以遗母忧。性好施与，往往折券弃负，如忘其有德于己者，即报之，终不忘也。生平得力，惟在自反，服膺止谤，无辨息怨，不争之言。人皆曰：公子也，乃长者。晚尤嗜《易》，益通古今书，旁及医卜，以自娱。年六十有五而终，康熙三十三年（1694）十月也。配安人赵氏，诸生贯虹女。克佐君以孝养，逮事两世，以"妇德"称善。女功习作劳，而以其暇颇读《唐诗》，解声韵，亦能捉笔作。举子萩，先君卒，君述而哭之哀。子一，辉珏，康熙甲戌（1694）进士、翰林院庶吉士，即君卒之岁也。女三，适诸生庞如鲲、张怡孙、贡生许时逊。辉珏以才学进，君所以教之者。素勤人皆曰：尚书公之后，必大将。以四十年月日葬君，及安人永宁乡之原，不远千里，以书币谒余，文志其藏而分，时逊父余同年户部，君以请其可以不文辞，乃序而铭之。铭曰：驰驱麾监谂将母，倚间陟岵家千里。白云飞兮白华美，母有孙兮父有子。小试未讫踬其起，勾当风月有公事。夫子汗青女彤史，墨食高原余后社，太史必复尚书始。

[宣统《聊城县志》卷十二《杂缀》]

朱景云，顺治壬辰科（1652），任中城兵马司指挥。乡饮大宾鼎延之子，寄籍聊城。

[嘉庆《平阴县志》卷六《拔贡》]

中城兵马司指挥朱景云墓，在城北朱家海子。

[嘉庆《平阴县志》卷三《坟墓》]

◎ 胡煜堂 ◎

胡煜堂（1828—1903），聊城县府门前街（今民主街）路西人。自幼苦读诗书，通晓《外科精要》《外科大成》《外科精义》《外科正宗》《医宗金鉴》等医籍，擅长外科。精通医理，医术高超，就诊者甚多。曾给当时山东巡抚丁保祯治疮，痊愈后，赠"唯有仁心有仁术，不为良相为良医"的题词。

[《聊城地区卫生志》第十篇《人物》]
[《山东中医药志》第六篇《人物表》]

民国

◎ 傅斯侨 ◎

傅斯侨（1842—1925），字润臣。聊城城内相府街（今民主街）人。出生于官宦之家，清代状元傅以渐第七代孙。天资聪慧，勤奋好学，为清末贡生，官至直隶州知州。

天资聪慧，记忆超人，文学造诣颇深。鸦片战争以后，目睹清廷腐败、宦海浮沉、百姓涂炭的情景，毅然弃官学医。多年研读《内经》《难经》《伤寒论》《金匮要略》等典籍，精通医理之后，开始行医。因疗效显著而名声大振，百里内就诊者络绎不绝。

同治十二年（1873），傅斯侨寄居济南行医。不久，誉满泉城。曾多次给山东抚台、东西两司治病，深得赏识。1925年，病逝于济南，终年八十三岁。

[《聊城市志》第二十三编《人物》]

[《聊城地区卫生志》第十篇《人物》]

[《山东中医药志》第六篇《传记》]

[《聊城市卫生志》第四篇《医术著作》]

[《鲁西名人传略》]

总校

分省补用直隶州、恩贡傅斯侨。

[宣统《聊城县志·纂辑姓氏》]

◎ 叶嗣高 ◎

叶嗣高（1857—1925），字矩民。聊城城内叶家园子人。出身仕宦之家，自幼忠诚性善，攻读诗书，考中文生。家中设"道南书屋"，广交文人学士，致力于文学。之后，兼习医学，精读《内经》《难经》《伤寒论》等经典著作。临症用药精当稳妥，治愈危重病人甚多。

光绪二十年（1894），赴陕西任候补县丞。光绪二十六年（1900）八月，慈禧太后因八国联军之乱携光绪帝逃难西安时，太后患病。有人推荐叶嗣高为慈禧诊治，因其系一般官员，不够见太后的品职，即被御赐为延山县知县，暂不赴任，奉侍太后。慈禧太后病愈后，被召进京，任太医院衙门御医。后升任河北遵化州知州，并写"福"字赐与叶母。叶母病故，御赐治丧白银两千两。北洋军阀时期，在天津袁世凯府中候差，期间进京见驾后即升为候补道台。

辛亥革命后，回乡行医。对患者不分贫富贵贱，路途远近，随请随到，精心诊疗，妙手回春。对贫困患者不取分文，时常慷慨解囊相助，毫不吝啬。

[《聊城市志》第二十三编《人物》]

[《聊城地区卫生志》第十篇《人物》]

[《山东中医药志》第六篇《传记》]

[《聊城市卫生志》第四篇《医术著作》]

[《鲁西名人传略》]

叶嗣高，廪贡。直隶遵化州知州。

[宣统《聊城县志》卷七《例仕》]

◎ 胡沛霈 ◎

胡沛霈（1864—1937），聊城县人。工岐黄术，以善治外科知名。

[《山东中医药志》第六篇《人物表》]

◎ 任香亭 ◎

任香亭（1866—1921），聊城县人。以善治内科知名。

[《山东中医药志》第六篇《人物表》]

◎ 王省三 ◎

王省三（1869—1927），聊城县人。业岐黄术，精内科。

[《山东中医药志》第六篇《人物表》]

◎ 杨兴臣 ◎

◎ 杨盛林 ◎

杨兴臣（1871—1937），聊城沙镇向庄村人。青年时期，随父杨盛林学习中医外科，攻读《医宗金鉴》《外科正宗》及中医经典名著，自制膏、丹、丸、散、锭，善治痈疽等病及刀枪外伤，医术高超，被誉为"外科名医"。民国十二年（1923），县警备队驻防沙镇，有一士兵受枪伤，尿道闭塞，经施手术后，小便通畅，病愈后赠送"疗病妙手"巨匾一块，至今尚存。医德高尚，不论酷暑寒冬，还是百里之外，有请必到，常至莘县、冠县、阳谷、堂邑等县出诊治病。善于总结经验，整理外科经验方六百余个，编写《抄册》一部，传于后代。

[《聊城市卫生志》第四篇《医术著作》]

◎ 丁饮渭 ◎

丁饮渭（1871—1933），聊城县人。工医，术精内科。

[《山东中医药志》第六篇《人物表》]

◎ 苗纯之 ◎

苗纯之（1871—1936），聊城县人。工于医，术精内、妇两科。

[《山东中医药志》第六篇《人物表》]

◎ 苗景元 ◎

苗景元（1872—1936），聊城县人。以医为业，工内、妇两科。

[《山东中医药志》第六篇《人物表》]

◎ 孙作舟 ◎

孙作舟（1872—1943），字孚臣。聊城古楼东街人。三代世医，藏书甚多。自幼攻读经史、"四书"，青年时随父学医。数年后独自应诊，慕名求医者甚多，治愈危重病人不可胜数。行医四十年，不分贫富贵贱，一视同仁。曾被聊城县东昌府中学聘为校医，晚年返里行医民间。先后带徒十三人，均成为中医后秀。撰有《习医心得》一卷，未刊。长子履平传其业。

[《聊城地区卫生志》第十篇《人物》]

[《山东中医药志》第六篇《人物表》]

◎ 乔仲乐 ◎

乔仲乐（1874—1920），行医四十余年，有盛名。子乔作智（1906—1969），继承父业，在沙镇、张驴集、郑家及莘县、冠县、临清等地，治疗儿科病证，享有众望。如临清杨庄村一杨姓男孩，患麻疹，病危，经其治疗，死而复生，改名杨从生。冠县山王庄，屈庆文、屈庆月两个男孩患疳积证，常吃土和石子，肚大青筋暴露，骨瘦如柴，到处求医无效，经用"消积消疳丸"治愈。

[《聊城市卫生志》第四篇《医术著作》]

◎ 马永胜 ◎

马永胜（1885—1939），少时，拜武术名师蒋文英、蒋文明学习"查华派"武功，经勤学苦练，功夫日深，拳械技法运用之妙为同行推崇，尤其墙上挂画功夫更令人叹为观止。

1914年，赴苏州，就职于军界，任武术教官，授徒甚众。1920年，根据阴阳八卦理论，集多种拳术之精华，整理和创编了一套风格独特的太极拳，在武术界颇有影响。后由北京大东书店出版发行，书名为《新太极拳》，后将此拳亲传聊城王恒玉。

马永胜还精于气功，著有《弹腿》《八段少保功》等气功书籍。并运用气功疗法，热心为群众治病。

民国初，曾任中央国术馆负责人、全国武术总裁判长。1939年病逝，葬于苏州林岩山麓。

[《聊城市志》第二十三编《人物》]

[《鲁西名人传略》]

◎ 傅采励 ◎

傅采励（1885—1949），聊城县人。工于医，善治外科。

[《山东中医药志》第六篇《人物表》]

◎ 梁敬轩 ◎

梁敬轩（1892—1945），聊城县人。工岐黄术，善治内科病。

[《山东中医药志》第六篇《人物表》]

临 清

明

◎ 王 台 ◎

王台，字子端，号古柏。万历丁酉（1597）乡荐。幼负奇气，食贫力学。尝下帷于梵舍，三年不归，经史子靡弗淹贯。为文不尚绚阙，以说理为宗。课后进，每云：作文当体贴书旨，书旨不透，虽摘藻如春华，无益也。初为骊城令，惠泽覃流，修烽堠，扩地百余里，邑人士至今尸祝之。既迁维扬丞，时方议海运，台持论与当事者忤，遂拂衣去。居林下二十余年，杜户著书，手不释卷。曰：予生平独有书债未偿耳。筑别墅于东郊，游咏其间。所著有《尊生要录》《搜古摘奇》诸编行世。

[乾隆《临清直隶州志》卷八上《人物》]

王台，字子端。号古柏。万历丁酉乡荐。幼负奇气，食贫力学。下帷梵舍，三年不归，淹贯经史。为文以说理为宗。初为骊城令，修烽堠，拓地百余里，邑人尸祝之。既迁维扬丞，以议海运，与当事忤，拂衣去。居林下，杜户著书，筑别墅于东郊。所著有《尊生要录》《搜古摘奇》诸编行世。子介锡，字振岳。颖慧过人，尤善古文辞。清顺治丙戌（1646）乡试第一，己丑（1649）成进士。授台州推官。多善政，台人德之。

[民国《临清县志》人物志《显达》]

王台，万历丁酉科。任扬州同知。有"传"。

王台，以子介锡封文林郎、浙江台州府推官。

[乾隆《临清直隶州志》卷七《选举》]

《尊生要录》，王台撰。

[乾隆《临清直隶州志》卷十一《艺文》]

《搜古摘奇》，王台撰。台，字子端，号古柏。临清人。万历丁酉举人。历官维扬同知。是编见《州志》。

[宣统《山东通志》卷一百三十九《艺文志第十·子部·杂家》]

《尊生要录》，王台撰。台有《搜古摘奇》，见杂家类。是书见《州志》。

[宣统《山东通志》卷一百四十《艺文志第十·子部·道家》]

◎ 胡千蛟 ◎

胡□，字盘溪。歙县人。明崇正间任涿州牧，寄居临清。子千蛟，以医名。

[乾隆《临清直隶州志》卷八上《寓贤》]

清

◎ 李际泰 ◎

李际泰，赋性慈良，好施与，救厄济急，至老不倦。如倡修广济桥，捐造义渡以便行人，建放生庵、养生院，舍药施衣，善迹不可殚述，阖郡咸称"善人"。

[康熙《临清州志》卷三《孝义》]

李际泰，性慈惠，好施与，建养生院、放生庵，立义渡，修广济桥，赈荒济急，舍药施衣，老而弥挚，州人咸称为"善士"。

[乾隆《临清直隶州志》卷八上《孝义》]

[民国《临清县志》卷十五《人物志·笃行》]

养生院，在卫河西浒。州民李际泰建。

[康熙《临清州志》卷二《庙祀》]

广济桥，亦名浮桥。在□城西卫河中。明弘治八年（1495），兵备副使陈璧建。万历八年（1580），晋藩卢商友于桥西岸甃砖石筑为纤道。国朝顺治八年（1651），州民李际泰倡募，商民造舟十二，又叠石东岸，高下二十余级，与西岸对。后，桥屡经兴废，今惟纤道与石岸存。乾隆十八年（1753），李苞等重修，至三十九年毁于兵燹。

[乾隆《临清直隶州志》卷二《桥梁》]

◎ 张 荩 ◎

张荩，监生。少有孝行，精于岐黄术，汲汲于济人利物。乾隆二十三年（1758），冠县饥，荩居与冠壤地相接，具米三百石，减其价以粜，或径贷与之。时大疫，荩遍诊脉施药，仍赠米以资调摄，一乡士民皆尊之为伯云。

[乾隆《临清直隶州志》卷八下《贤良》]

张荩，监生。少有孝行，兼善医。乾隆二十三年，冠县饥，荩居与接壤，具米三百石，减价以粜，或径贷与之。时大疫，荩诊脉施药，仍赠米以资调摄，一乡士民皆尊之。

[民国《临清县志》卷十五《人物志·笃行》]

申永泰，临清人。勇于为义。乾隆二十一年，曹州济宁被水，灾民乞食州境，值冬月，永泰多购絮衣给之。同邑张荩，精岐黄术。乾隆二十三年，冠县饥，荩居与接壤，具米三百石，减价以粜，或径贷与之。时值大疫，诊脉施药，仍给米谷以资调养，阖邑德之。

[宣统《山东通志》卷一百七十四《人物志第十一·国朝临清州》]

◎ 张汉超 ◎

张继灏，字钦之，号廉泉。父汉超，精医术，有厚德。道光戊戌（1838），继灏成进士，由中书选江西建昌府同知，上游倚重，委办赈济，粮运核实，秉公措置裕如，旋奉委赴广昌，督办防堵事宜，亲率团勇，获匪甚多，遂以知府升用。未几，以忧归里。祖遗田产，悉让于兄。教授生徒，多知名士。著有《清余堂文稿》《野趣园集纪事诗》及《日记》《笔记》等稿。卒年八十六。

[民国《临清县志》卷十五《人物志·显达》]

◎ 马孟乙 ◎

马孟乙，善医。贼善遇之，孟乙不食数日，死。

[民国《临清县志》卷十五《人物志·义烈》]

郝廉泉，临清人。生员。同治七年（1868），捻匪北窜，官军驻守临清扰民，村民愤戕官军主帅某，欲尽戮，村民廉泉争之，力语：侵帅，请代民死！帅怒杀之。其时，侯宗可、侯习礼皆以战死。候选典史张梅以骂贼死。马孟乙，善医。为贼掠，贼善遇之，孟乙不食数日，死。皆祀昭忠祠。

[宣统《山东通志》卷一百七十四《人物志第十一·国朝临清州》]

◎ 梁 林 ◎

梁林，性朴诚，家贫，负薪以养亲。后业商，习医，一承亲志。甲寅（1674）之变，负亲而逃，贼怜其孝，不之害。母病，祷之而愈。

[民国《临清县志》卷十五《人物志·笃行》]

◎ 张恂厚 ◎

张恂厚，咸丰己未（1859）举人，泗水县训导。因母兄病，遂绝意仕进，专习岐黄，为亲调治，母兄皆愈。后遂施医、办团，惠及桑梓。

[民国《临清县志》卷十五《人物志·笃行》]

◎ 尚廷兰 ◎

尚廷兰，字阴墀。例贡生。性和易，与人交竞。善疡医，自制药，不索值，远近来就医者，为止宿、设食于家。或备谢仪，坚不受。远近皆耳其名，贼过其门，至相戒曰：勿警！善人。

[民国《临清县志》卷十五《人物志·笃行》]

◎ 艾如兰 ◎

艾如兰，任侠，好击剑。咸丰庚申（1860），宋逆扰州境，如兰率子弟数百，转战馆陶、堂邑间，贼因远遁。事后，口不言伐。晚年，施药济人。寿终于家。

[民国《临清县志》卷十五《人物志·笃行》]

◎ 冀 澜 ◎

冀澜，字庆安。晕之孙。父兆熊，武庠生。澜弱冠补州学，以资补用河南知县。勇为义，广交游，其家风然也。光绪庚子（1900），岁饥，值粮艘停泊，澜请诸当道，留粮贮仓，兴办平粜，民得饥而不害。拳匪煽乱，美国教堂被毁，上令严究，澜独与州牧杜公决策，往复抗辩，事得平息。宣统间，大水，清河、临清两邑为筑堤事，民将械斗，澜与州牧金公亲勘其地，毁堤放水，人免为鱼。后两境互控，得澜一言而决。此外，捐宅兴学、施医活人诸善举，尤多。邑人陈恩普表其墓。

[民国《临清县志》卷十五《人物志·笃行》]

（光绪二十八年）九月，建临清中学堂以乡耆孙毓玑、冀澜为监修员，自七月至十月工竣。地址在临关左近，今为县立第一高等小学。

（宣统二年）三月，州议事会成立洪国士、潘景贤为正副议长，遇有地方要公，仍以绅耆冀澜为领袖，田希孟、单治平等赞襄一切。会址在南司口书院。

（宣统二年）秋八月，遵令筹设劝学所先是地方教育由邑绅冀澜主持，至是以于占元为所长。地址在考院街路北。

[民国《临清县志》卷一《大事记》]

◎ 张 泚 ◎

张泚，字晴江。恩贡生。急公好义，修义渡，置义冢，尤力营胡家湾套堤水患，以平其他，董修大工，施药馈粮，尤多善举云。

[民国《临清县志》卷十五《人物志·笃行》]

◎ 潘永清 ◎

潘永清，倜傥有志操。发逆窜州境，永清被掠，酋爱其才，释缚，令笔计簿，永清拒之，语侵酋，酋左右欲加刃焉，永清声色愈厉，酋义而释之。永清愤身为贼辱，投河，不死；投井，又不死。同治初，宋景诗扰州境，永清又被掠，守益坚，竟无恙。后以针灸疗人，多活者。修庙宇，济贫困，乡里尤称颂之。

[民国《临清县志》卷十五《人物志·笃行》]

◎ 孙敏珩 ◎

孙攀月，字印川。慷慨乐施。咸丰间，岁饥，施粟活人甚众。难民乔姓以贫鬻妻，为赎归故夫。子毓珩，字楚珮。光绪间，河决，慨捐巨款，鲁抚张曜以"急公好义"表其门。又善疡医，岁施药无算。毓瑾，字润斋。有某孀妇，贫不自给，月给常廪，俾全节以抚孤。并捐城内房舍，襄建中学。庚子，大饥，输粟数百石助赈。毓珂，字射斗。笃内行，事父母以孝闻。每遇岁歉，蒸饼饵以济流丐，指囷廪以馈村人。州牧因募捐急赈，建坊旌诸善士，首列毓珂名。毓玑，字蓝田。工部主政。光绪间，奉旨帮办皇太后万寿典礼，又尝襄办陵工。在籍创本村义学，招贫苦子弟肄业。民国九年（1920），岁祲，贷银万元，倡办平粜，人尤德之。孙振文，字梦九。性慈孝。中学创设时，捐宅一区，并捐银四千两，以助经费。鲁抚胡廷乾奏奖知县，祖孙父子善行，萃于一门。

[民国《临清县志》卷十五《人物志·笃行》]

◎ 杨云章 ◎

杨云章，字彩雯。岁贡生。精医术，好施济。同治间，宋逆之乱，创办民团，率众梭巡，突遇马贼，云章令众伏道左，伺贼近，火枪齐发，贼马踬人殪，遂奔溃。又慨然捐资六千缗，为众人倡筑圩自卫，乡里以安。

[民国《临清县志》卷十五《人物志·笃行》]

◎ 车指南 ◎

车指南，字鉴之。读书明大义，遇所当为，慷慨力任，不为劳怨利害所怵。兴学办团，济危扶困，合邑利赖。民国九年（1920），大饥，筹赈，与孙毓玑、马绪曾董其事，募款数十万，活人无算。又特设牛痘局，以济婴。孺子震，字百闻。北洋武备学堂毕业后，从事陆军，荐升长岳镇守使，晋位中将。民国以来，历办要公，尤能善体父志，见义勇为。民国九年（1920），充任本省赈灾会主任，亲赴上海、北平、沈阳等处，募捐巨万。又在济南创办残废院、孤儿院、厚德贫民工厂，并赞助世界红十字会办理各种慈善事业。

[民国《临清县志》卷十五《人物志·笃行》]

（民国九年）十月，旱灾筹赈会成立。推孙毓玑、车指南、马绪曾为会长，由黑守知、王丕显等分赴京、济呼吁，崔长楷、孟毓琦等昼夜筹办，分配施赈。

[民国《临清县志》卷一《大事记》]

牛痘局，清光绪十五年（1889），知州陶锡祺创设，凡四处：在乡者三，在城者一。二十八年，又增四处，均在西乡，后渐废，款亦无着。民国初年，邑人车指南捐资筹设，计三处：一附十字会，一在城西贺伍庄，一在尖冢镇。

[民国《临清县志》卷三《建置志·慈善类》]

◎ 侯如琇 ◎

侯如琇，庠生。善医，德洽一方。子崇诰，光绪己卯（1879）举人。学问渊博，一时文章多出其手。熏陶后进，成就尤多。孙春藻，少年神隽，十五入庠，次年科试冠军，食饩。才而不寿，人多惜之。

[民国《临清县志》卷十五《人物志·笃行》]

◎ 孟毓琦 ◎

孟毓琦，性行敦谨，临事不苟，虽稍涉褊急，而绝无厓岸城府。于地方公益，尤热心提倡。民国九年（1920），岁大饥，君以农会会长首先发起筹赈，联络同志，扩大范围，饥民全活无算。晚年，归心红十字会，会中设诊疗所，每日男妇老稚、患疮痏者踵门，君按期到所，一一施治，虽脓秽不堪，无倦容，尤为人所难能。境遇故坎坷，而君又赋性耿直，年六十七岁，郁郁以终，人皆痛惜焉。

[民国《临清县志》卷十五《人物志·笃行》]

◎ 程百里 ◎

程百里，甲子（1804）举人。精易学，著有《养生斋录》。

[民国《临清县志》卷十五《人物志·文苑》]

嘉庆
程百里，甲子科。有"传"。

[民国《临清县志》卷十三《选举志·举人》]

◎ 孙联禧 ◎

孙联禧，岁贡生。潜心语录，为身心性命之学。著有《居易录》。

[民国《临清县志》卷十五《人物志·文苑》]

光绪
孙联禧，年次未详。有"传"。

[民国《临清县志》卷十三《选举志·清岁贡表》]

◎ 王 霈 ◎

王霈，字树棠，号痴云。岁贡生，任鱼台训导。敦品工诗，兼精医术。晚年授徒，学者多知名士。著有《痴云诗草》。

[民国《临清县志》卷十五《人物志·文苑》]

◎ 朱同科 ◎

朱同科，道光时例贡生。明医理，善疗沉疴。有贫妇患血晕，同科以茅根一味饮之，立止。又善治心疾。某富绅微恙，延之同科，遣徒往，按脉立方，绅疑焉，坚请同科一视。同科至，视方无误，乃增以鹿茸，服之立愈。人问故，同科曰：绅以前药价廉，恐不效；今药贵，疑祛，病自除矣。某县令母病，年七十矣。同科为诊脉，已蹙额，曰：年如是高，患如是病。遂出，不为立方。令使人问故，乃曰：太夫人病相思耳！令怫然作色。母闻之，曰：真神医也。吾昨检箱，见亡夫履，心偶动，遂不思饮食。乃命以礼遣同科归。

[民国《临清县志》卷十五《人物志·艺术》]

朱同科，清代临清县人。业医，术精妇科。

[《山东中医药志》第六篇《人物表》]

◎ 黄允中 ◎

黄允中，为人诚朴，精岐黄，尤长痘疹科。著有《痘疹全诀》一书。初，清平孔庄张氏子患天花，延允中视之。允中束手，他医疗之愈。百日，谢神，张礼邀诸医，推允中首座。允中召张子来前，脱袜谛视，痂未落。遂以他辞去，谓送者曰：此百日痘，恐不过今日也。张子果于是日殁，一时称"名医"云。

[民国《临清县志》卷十五《人物志·艺术》]

黄允中，清代临清县人。业医，擅长儿科。

[《山东中医药志》第六篇《人物表》]

◎ 宋大本 ◎

◎ 宋　茹 ◎

宋大本与子茹，均善医，活人甚众。道光二十八年（1848），乡里赠"桥高梓秀"匾额。

[民国《临清县志》卷十五《人物志·艺术》]

宋大本，清代临清县人。工医，精内科。

[《山东中医药志》第六篇《人物表》]

◎ 黑华阳 ◎

黑华阳，诸生。精岐黄，著有《生生集》医书。

[民国《临清县志》卷十五《人物志·艺术》]

黑华阳,清代临清县人。精岐黄术,擅长内科。著有《生生集》。

[《山东中医药志》第六篇《人物表》]

◎ 徐延旭 ◎

《医学同源》三卷,临清徐延旭辑。延旭,见史部地理类。是书现存:清光绪六年梧州郡署刻本,江西省图书馆、苏州市中医医院藏,见《江西省图书馆馆藏线装古籍书目》《中国中医古籍总目》。

[《山东通志艺文志订补·子部·第一册》]

《医学同源》二种,三卷,未见。1880。子目:李容墀辑《金匮方歌》二卷、熊兰亭《痢疾特启论》。

[《中国医籍续考》]

◎ 高延年 ◎

高延年,光绪间岁贡生,候选训导。医名大著,四乡欲赠匾额,延年力辞,曰:吾一生只求无过,不欲令闻广誉施于身也。

[民国《临清县志》卷十五《人物志·艺术》]

高延年,清代临清县人。以医为业,善治内科病。

[《山东中医药志》第六篇《人物表》]

光绪
高延年,丁未(1907)。有"传"。

[民国《临清县志》卷十三《选举志·清岁贡表》]

◎ 周兰芳 ◎

◎ 周兰佩 ◎

周兰芳,廪贡生,候选训导。家素丰,好施济。晚以医著,善斑疹科,全活小儿甚众。其弟兰佩,附贾生。亦善医,精眼科。

[民国《临清县志》卷十五《人物志·艺术》]

周兰芳,清代临清县人。工岐黄术,精儿科。

[《山东中医药志》第六篇《人物表》]

◎ 陈 俊 ◎

陈俊，宣统岁贡生。事亲以孝闻，力倡尊崇孔教。精医术，尤善妇科。著有《胎前产后全书》。

[民国《临清县志》卷十五《人物志·艺术》]

陈俊，清代临清县人。业医，术专妇科。著有《胎前产后录》，未刊。

[《山东中医药志》第六篇《人物表》]

◎ 刘希曾 ◎

刘希曾，监生。性廉介，曾充初等小学管理。精岐黄，贫家有痫，刘辄往医，不扰人一茶一饭。

[民国《临清县志》卷十五《人物志·艺术》]

刘希曾，清代临清县人。工医，以善治内科杂病知名。

[《山东中医药志》第六篇《人物表》]

◎ 马殿撰 ◎

沙明远母马氏殿撰，马兆瑞之曾孙女。事孀姑至孝，姑黑氏矢志苦节六十年，氏侍奉承欢如一日。长子笼月，幼慧而夭折，氏泣死者数次，姑呵之，自是不复有忧色，惟督责三子等读书，文武分业肄习，氏以纺织析薪之力，供给膏资。晚年，施舍医药，活乡民无算。寿八十有二。

[民国《临清县志》卷十五《人物志·贤母》]

◎ 石 鳌 ◎

石鳌，字海峰。如皋人。工医，善画。客临清，医军士疾，应手辄效。城破，杀贼死。

[宣统《山东通志》卷七十六《职官志第四·国朝宦绩》]

民国

◎ 李伯骥 ◎

李伯骥，字幼龙。副贡生，选法部七品小京官。工书能文，兼习岐黄业。晚年慨圣学沦丧，与族人竭力提倡孔道。民国九年（1920），大饥，倡办粮社，贱价平粜，乡里便之。

[民国《临清县志》卷十五《人物志·笃行》]

（光绪三十二年）三月，初级师范学堂成立，附设高等小学堂，以孔繁堃为监督初在校士分馆开办，旋移于考院街试院内，州人孙百福、赵一琴、李伯骥先后主持教务。

[民国《临清县志》卷一《大事记》]

光绪

李伯骥，庚子（1900）辛丑（1901）并科副贡。有"传"。

[民国《临清县志》卷十三《选举志·清恩拔副优贡表》]

光绪

李伯骥，壬寅（1902）。

[民国《临清县志》卷十三《选举志·清岁贡表》]

◎ 童际昌 ◎
◎ 童子敏 ◎

童际昌，字盛唐。光绪辛丑（1901）恩贡，选用日照县教谕，以道远不赴。设帐授徒，远近毕至。至秋闱，五试不售，处之怡然。慷慨好施，造桥利济。晚岁，尤精岐黄，活人无算。生平著选有《经史存疑》《诗赋揭秘》《医学金针》等书，均待梓。子五，长子子敏，邑庠生。亦以医名。次子子才，邑廪生。有声学界，均能世其业。

[民国《临清县志》卷十五《人物志·笃行》]

◎ 王以珍 ◎

王以珍（1862—1944），字子席。刘垓子乡尹庄村人。一生行医，临床经验丰富，擅内科，尤擅脉学，著有《脉学三字经》，未刊。性情正直，平易近人，行医应诊，不分贫富，有求必应，求医者甚众。

[《聊城地区卫生志》第十篇《人物》]
[《山东中医药志》第六篇《人物表》]

◎ 董尚忠 ◎

董尚忠（1879—1939），字荩臣。大辛庄乡姜堂村人。幼读儒书兼攻医学，十六岁中秀才，十七岁行医应诊。有"董十七"之美称。著有《医林妙诀》八卷（尚存），《临症备忘录》三卷（亡佚）。先生一生业医，医德高尚，济世救人，常赊药于贫，方圆百里，多有延请。后世诸子尽皆习医，成为当地医学世家。众人感先生之德，送寿屏、匾额颇多，山东省第二路民团总指挥赵仁泉赠"两世医宗"之匾额。

[《聊城地区卫生志》第十篇《人物》]
[《临清市志》人物《人物名录》]
[《山东中医药志》第六篇《人物表》]

◎ 成东晓 ◎

成东晓（1881—1939），临清市人。著名中医。早年从事爱国政治运动，曾被选为省议员。1915年，赶上海参加反帝讨袁斗争。1916年，去广州，拥护孙中山"三大政策"。1924年，在北京参加"救国会"。1934年，赴日本留学，回国后改学中医。曾在天津、济南、临清等地行医多年，尤精中医妇科和温病。返里后行医民间，走乡串户，安步当车，不吃请，不受贿，病家随叫随到，家乡人民有口皆碑，有"老佛爷"之美称。

[《聊城地区卫生志》第十篇《人物》]

阳 谷

汉

◎ 赤松子 ◎

张良城，在城东四十里余白洋村，后四门旧址犹在，今谓之城陂，东距张秋三里。汉之封功臣也，帝使良自择齐三万户，良曰：始臣起下邳，与上会留，此天以臣授陛下。陛下用臣计，幸而时中。臣愿封留足矣。乃封张良为留侯，留在今江苏徐州府沛县。后帝入关，屡出奇计，久乃称曰家世相韩，及韩灭，不受万金之资，为韩报仇强秦，天下振动。今以三寸舌为帝者师，封万户，位列侯，此布衣之极，于良足矣。愿弃人间事，从赤松子游耳。乃学避谷、导引、轻身。会帝崩，吕后以太子位定，德留侯，乃强食之，曰：人生一世，如白驹过隙，何至自苦如此乎？留侯不得已，强听而食。此处有张良城，或其别封欤？抑去寿张东三里之子房村仅仅十余里，去寿张西南之子房墓七十余里，或晚年家居之汤沐邑欤？姑志之以俟考。

[光绪《阳谷县志》卷九《古迹》]

明

◎ 孟光佑 ◎

孟光佑，字翼储。天启间恩贡。性孝友，事父母，色养倍至。待昆弟，无间言。先是家殖，稍落，公捐大其业。迨析产之日，惟取其窳下，有薛苞、田真之风焉。兄弟早世，抚两孤榆植，克底于成。族有孟杰者，问字门墙，不幸早夭，为恤其孀妇臧氏，周其衣食，臧得完节至今，公之赐也。他如惇族睦邻，捐金施药，玉成魏氏昆季，收殡孟、胡等六丧，皆为人所难云。子显邹，淳谨有父风。

[康熙《阳谷县志》卷四《孝义》]
[光绪《阳谷县志》卷七《孝义》]
[民国《阳谷县志》卷七《孝义》]

◎ 任 山 ◎

任风子，范县人，流寓张秋。独居一室，自称有修炼术，隆冬不寒，大雪落其居即融，客过张秋者，多倚舟召之，给以布帛，风子受之，下舟即随手分裂以予贫者。其后不知所终。

[乾隆《兖州府志》卷三十一《杂志》]

任风子，范县人。状貌奇异。少孤，为酒家佣。遇异人，授以仙术，修炼于安平镇之真武庙，经旬不食，虽隆冬单衣行，乞于市，气体完粹，双目炯然，言休咎皆应。弘治甲子（1504）冬，端坐而逝。后有人见于辽阳，意为尸解云。

[嘉靖《山东通志》卷三十四《仙释》]
[康熙《山东通志》卷四十七《仙释》]

任风子，范人。名山，小字喜儿。父泽苍，自宣德中徙居东平州之戴家镇。生而聪慧，读书过目成诵，能诗文。后遇异人传授，弃儒业，为酒家佣，时或行乞于市，或经旬不食，双目炯炯，言人休咎辄应。晚年，诗文愈工，变化愈不可测，遂蜕化于安平镇之显惠庙。时弘治甲子冬也。安平建有迎仙坊、升仙桥。

[乾隆《曹州府志》卷十六《仙释》]

任山，范县人。少好学，过目成诵。年十七，忽弃儒，为酒家佣。遇纯阳吕翁，授导引法，乃修炼于安平镇之显惠庙。或行歌于市，或醉卧冰雪中，人呼为"任风子"。弘治甲子冬，蜕化庙中。今迎仙坊、升仙桥皆其遗迹也。

[雍正《山东通志》卷三十《仙释志》]

任风子，其先范县人。宣德中，祖父因避凶荒，徙东平州西戴家镇居焉。家甚贫，生风子，有火光绕屋梁，异香满室。及长，长眉秀目，隆准丹唇，奇骨伟貌，聪慧大非俗比。父母早见背，孤穷无依，同里五台令宋继宗爱而怜之，收之家塾，与其子共笔砚。书过目辄成诵，工诗文，入州庠，为诸生。遇异人，授以修炼法，并太乙数棋仙元谱，风子悉能领悟。嗣是，每发疯癫，弃儒业，碎衣巾，赤身垢面，卧街登山，或仰空骂怒，或叫呼陵人，里人多厌恶之，因呼为"风子"。后其疯渐平，为酒家佣，执甀提壶，自以为乐，歌不绝口。十年后，前所遇异人复来，授以金液大还丹诀。风子自此收敛，身心沉静，不轻语，常闭户坐卧，存神胎息，能月余不饮食。有时与人道家常情话。夙，风亦间发气体，日益盎晬，双目炯如明星，言休咎悉应。能耐大寒酷暑，日行数百里，又能分形散影，知千里外事，里人讶其为"仙"，甚敬重之。年逾四十，诗文愈工，变幻更神，仙声大振南北，河下往来名公巨卿，慕其名者，多泊舟以诹相与谈论，惟言人当寡欲却事，及尝自内观，尝大欢喜而已。问以金丹大药，则曰：未有也。所赠金钱，有乞者即分与之。有赠币帛者，亦信手剖裂以给贫人，一毫不以自留。时，访求者日众，风子厌其烦。一日，遍辞戴里亲故，曰：吾将上升，舍此土矣！遂往张秋显惠庙，积桌端坐宴然，而尸解焉。紫气浮空，竟日不散，观者如市，远迩叹羡。戴里人思慕之，请州守为之立"毓仙坊"，安平部郎为立"迎仙坊""升仙桥"。后有人自辽阳来者，云：见风子在辽阳城楼与某总兵官为棋之日，正其尸解之日。时弘治甲子冬也。

［道光《东阿县志》卷二十四《异闻》］

任风子，山号清虚，小字喜儿，行二。其先云中人，父泽苍徙家东平，居戴里，止一子，贫甚。成化丁卯，始生风子，异香满室。有殊姿，凤目龙眉，山根插两额。既长，面如满月，色似春桃，微须，左颊有黑子大如绿豆。不喜言笑，读书目下数行不忘，惟不甚嗜耳。好吟五言诗，随口成韵语。父殁，家益贫，风子业屡织席以养母。值凶岁，资生无策，扶母之安平为佣五载，遇葛仙于北极庙，授异术，不佣而风矣。冬葛绤，夏重繻，徉狂于市，人詈之弗顾。然言休咎，凿凿不易。南北贵人，多有泊锦帆桂棹访风子者。给之布帛，随手分裂。予之金钱，即使飞去，人益异之。兄在高密，风子能一时而至，久不还戴里。一朝，沐浴，易新衣，向故居再拜，复遇葛仙于南门外，携手谈丹诀，俄见白鹤绕空，彩云四集，遂化去，时弘治甲子十一月十五日也。张秋镇戊己山傍，有风子坟，其遗碑云。

［光绪《东平州志》卷十五下《仙释》］

任风子，范县人。状貌奇异。少孤，为酒家佣。遇异人，授以仙术，修炼于安平镇之真武庙。经旬不食，虽隆冬单衣行，乞于市，气体炯粹，双目炯然，言休咎皆应。弘治甲子冬，端坐而逝。后有人见之于辽阳，盖尸解也。

［宣统《山东通志》卷二百《杂志下·仙释》］

任风子，范县崇仁保人。生而神姿清爽，遇异人，□□□，精还脑之术，修养于安平镇真武庙，盛寒大暑不能□，行于市，望之如神仙。及卒，乡人有辽阳见之，是曰又有见于咸阳者。

[嘉靖《范县志》卷五《仙释》]

任风子，其先世范县人。明宣德中，祖父因避灾荒，徙居东平州戴家镇（今东平县戴家庙），家甚贫。父母早亡，孤苦无依，被同村宋氏收养。幼即聪慧，读书过目成诵，工诗文。传说稍长遇异人授其仙术，能月余不食，耐大寒酷暑。每发疯癫，赤身垢面，卧街登山，或仰空怒骂，或呼叫凌人，人呼为"疯子"。后住张秋城东运河岸边戊己山下显惠庙，扶弱济贫，悬壶济世，善名远播。去世后，葬于戊己山东显惠庙旁。今庙不存，墓及明代墓碑尚在。碑阴墓表记其行状，文字可辨。明、清时，张秋东街显惠庙前有毓仙坊、迎仙桥、升仙街，皆缘任风子而建。

[《张秋镇志·人物简介》]

任仙墓，在运河真武庙内。即任风子，事见《异闻》。明乡官宋祖舜重修。

[道光《东阿县志》卷四《丘墓》]

迎仙坊，在张秋镇，崇祯年建。见《任风子传》。

[道光《东阿县志》卷四《坊表》]

清

◎ 张俊国 ◎

张俊国，学生。素行好善。康熙四十二年（1703）后，与侄孙文绍施粥三月，全活者甚众。至造桥、修庙、放生、施药，又其常事耳。

[康熙《阳谷县志》卷四《孝义》]
[光绪《阳谷县志》卷七《孝义》]
[民国《阳谷县志》卷七《孝义》]

◎ 于进仁 ◎

于进仁，性孝义，捐地成路，施药救病，赎刘家之卖女，敛孙姓之野尸，邱氏夫妇穷思自尽,劝慰以归。年八十,端然正坐而逝。邑侯王公给匾旌表。

[康熙《阳谷县志》卷四《孝义》]
[光绪《阳谷县志》卷七《孝义》]
[民国《阳谷县志》卷七《孝义》]

◎ 廉 显 ◎

廉显,事父温清,定省未尝稍懈。生自启施药、舍棺,绰有父风。

[康熙《阳谷县志》卷四《孝义》]
[光绪《阳谷县志》卷七《孝义》]

◎ 商 琦 ◎

◎ 商联芳 ◎

◎ 商君平 ◎

商琦,字步韩。城东南商家坑人。精医术,创造乌金膏,能治筋骨疼痛及一切痞积等症。有购者,辄慨给与,不取值。子联芳,承其志与术,遂专以舍药为事,远近登门祈求者不绝。康熙四十九年(1710),邑侯额其门曰"乐善不倦"。

[光绪《阳谷县志》卷六《人物》]
[民国《阳谷县志》卷六《人物》]

商琦,字步韩。城东南商家坑人。性慷慨,精医术。创制乌金膏,治疗筋骨疼痛及一切癥瘕积聚等症,极效。有购求者必给与,辄慨赠不取值。远近登门祈求者络绎不绝,远者食宿之,求者达数百里。子殿三(联芳)承其志与术,其孙君平又相继,遂专以舍药为事。康熙四十九年(1710),巴侯王公以"乐善不倦"四字旌之,世代相传,至民国年间犹存。

[《阳谷县卫生志》第十三编《医林名老》]
[《山东中医药志》第六篇《人物表》]

◎ 刘重任 ◎

刘重任,字嗣尹。翰林琰之孙,庠生,后举孝廉方正。敏而好学,兼通医术。晚年著有《镜古养正录》《历代统绪》《女史奇迹》各数卷行世。

[光绪《阳谷县志》卷六《人物》]
[民国《阳谷县志》卷六《人物》]

◎ 谢芳邻 ◎

杨氏，寿邑莲花池杨静亭女，城南仁厚村谢奉璋之继室也。二十二岁于归。红巾之乱，以夫足疾，未及避，贼猝至，氏抽刀刃右肱，以血涂面，佯死而贼退。伤口长二寸、阔寸许，半载始愈。二十八岁而夫故。翁染疫，目几盲，贫难医，氏出赠嫁金簪为市药饵，始得痊。翁尝曰：吾有目，贤媳力也。姑患瘫，氏行代足，动代手，坐代椅，及枕者七年如一日。姑辄云：微此媳，久没老身矣。子二：长有邻，太学生；次芳邻，通经史，兼精医术，著有《脉诀精微》四卷。氏年六十有一，无疾而终。邻里皆称道不已焉。

[光绪《阳谷县志》卷八《贞烈》]
[民国《阳谷县志》卷八《贞烈》]

◎ 孔镛 ◎

孔镛，字东序。系城东五十里薛家庄人。以监生候选州同花翎运同衔。乐善好施，看疮舍药，周饥贫，助婚葬。咸丰初年，乱尚未作，敝唇焦舌，纠众修寨，人皆笑其无用。及辛酉（1861）乱作，保障一方，人始服其先见。其筑寨御贼之术，见《艺文》。

[民国《阳谷县志》卷六《人物》]

孔镛，字东序。清代阳谷县薛家庄人。业医，术精外科。

[《山东中医药志》第六篇《人物表》]

◎ 孟翰 ◎

孟翰，字西园，号羽秋。阳谷城里南街人。生于乾隆三十五年（1770），卒年不详（所著《医品心余验录》"霍乱门"有云：余年五十岁，时在道光元年。七月间，人遭此症，死者不计其数。治法大抵先针臂弯、腿弯，然后服药。治愈甚多。据此，知其生于乾隆三十五年，行医时间在道光、嘉庆年间）。少有才名，勤学不倦，十六岁中秀才。康熙十一年（1672）拔贡，授职莱阳县训导。

康熙二十五年（1686），因遭母丧回籍，恨不知医，始留意于《素问》《脉经》诸医籍，通宵达旦，手不释卷，又得南方人焦公指点，尽得其术而精通医理，遂成一代名医，尤精于瘟疫杂症及妇科。其自述云：忆前室因伤寒落胎，时乏名手，成蓐劳丧生，至今痛心。故力究妇人之科，加意产后。为人诊病，切脉即知病源，辨证以八纲为本，着眼阴阳之盛衰。辨证论治，机圆法活。师先人而不固守成规，释名家医著而别有心得。以益脾胃、升清气为治疗大法，处方用药，无不药到病除，远近求诊者盈庭满室。据说，其家有阴阳两门，令患者从阳门出者生，自阴门出者死。道光初年，阳谷一带霍乱流行，孟翰施以针药，治愈甚多。服丧三年后，补授齐东县训导，后卒于官。

孟翰一生著述颇多，皆以抄本散传于民间，主要有《医品心余验录》《孟氏妇科》《脉会》《舌镜论》《瘟疫扼要》等。《医品心余验录》是其多年精研医理及临床经验之结晶，每种病症均有理有法有方有药，多附以自己的经验方和土、单、验方，内容丰富，颇切实用。《孟氏妇科》一书，对妇人经、带、胎、产论述精详，有较高的临床使用价值。大旨女人以血为主，气为血帅，气机和畅，经血可调；血属阴，气属阳，阴为本，阳为用，治疗血病参助阳用。曾说：妇人之病在血，而调之在气，取"气行血行，气止血止"之义也。治疗妇人病，凡温、凉、补、泻，皆因病而施。治疗产后病，喜用佛手散（当归、川芎），效如桴鼓。曾云：余治妇人病，一病一方，其要在脉，其通在心。虽有验方，亦刍狗耳，不得不参考也。余治产后症无数，率皆因病而施，故救困于顷刻。奉劝世人，认病要真，无惜药而咎其不效也。现仅存五、六两卷。卷五载暑证、消证、痿厥、霍乱、痢疾、关格、血证等二十七种；卷六载肠胃病二十二种。

[《聊城地区卫生志》第十篇《人物》]

[《山东中医药志》第六篇《传记》]

[《阳谷县志》第二十编《人物》]

[《阳谷县卫生志》第十三编《医林名老》]

[《鲁西名人传略》]

[《阳谷文史资料》第十八辑]

[《阳谷文史资料选编》]

◎ 吴永和 ◎

吴永和（1838—1902），字寿春。监生。阳谷县金斗营乡东金村人。性天诚实，心地纯厚，舍药于邻亲，施茶饭于贫旅，四方亲友送"好善乐施"匾额。幼志于学，激昂青云。主张"良相不得为，良医可也"。平日潜修《内经》《难经》，而于汉、唐后诸名家著述，靡不究心考究，心领神会，遂声名大噪，临症处方无不应手而解，病家之贫富一视同仁。

[《阳谷县卫生志》第十三编《医林名老》]

◎ 胥殿选 ◎

胥殿选，清代阳谷县胥家庄人。业医，善治小儿痘疹闻名。

[《山东中医药志》第六篇《人物表》]

◎ 郝金铎 ◎

郝金铎，字振愚。清代阳谷县郝楼人。工医，精外科术。

[《山东中医药志》第六篇《人物表》]

民国

◎ 吴焕章 ◎

吴焕章（1857—1939），字炳文，学名清鉴，字权枢。吴永和长子。名学清廉，直厚重简。医术精湛，施药以济贫乏，四方称颂，立有"永口碑"。

[《阳谷县卫生志》第十三编《医林名老》]

◎ 王　敬 ◎

王敬（1857—1922），阿城镇朱楼村人。幼年家境贫寒，成年后膝下五子，为养家糊口，以扛活为生。其间偶得治眼秘方，遂照方配药，给乡邻治疗眼疾，用药后即时见效。于是，方圆二三十里前来就诊者络绎不绝。后又刻苦专研，采众家之长，运用中药汤剂加眼药治疗眼病，形成了独特的治疗眼病的理论和方法。凡贫苦就医者免费赠药，赠药者不计其数。

[《阳谷县卫生志》第十三编《医林名老》]

◎ 毛登岭 ◎

毛登岭（1859—1944），字俊卿。阳谷县四棚乡毛庙村人。幼读诗书，聪颖好学，后有感于乡间疾病蔓延，求医艰难，遂矢志学医，以拯斯民于水火。对《内经》《伤寒论》《金匮要略》等医学典籍，无不熟读精通，尤爱阅读《神农本草经》《本草纲目》等医著，晨昏披阅，手不释卷。尝曰：用药贵在精，而不在多；精则力专，多则相互掣肘，反受其累。诊病用药，既不泥于经方，又不习于时方，往往独出心裁。处方则以每剂二三味居多，最多不过六味，常收药到病除之效。对于散传于民间的土、单、验方，亦能运用自如。时时为病人着想，以让病人不花钱、少花钱为宗旨。远近皆知其治疗方法多、治愈病人多、花钱却不多，因而求医问药者，络绎不绝，终日门庭若市。

精研各家医著，勤于思考，尤重应用于临床。对内、外、妇、儿诸科，均造诣颇深，医德高尚，应手回春。东临道尹陆春元之妻患不育症，遍求名医，治疗十余年无效。后慕名前来求治，服药十余剂，次年即生一子，举家皆大欢喜。陆春元亲书"著手成春"匾额示谢。而后名声益震，远扬四方，远近求医者日多，但始终以虚心、细心、关心自持，无论长幼贵贱，有求必应。医术上则精益求精，毫无骄矜之色。

1944年，年八十五岁，卒于家，乡邻无不为之痛惜。子毛克恭，承其业，继续行医。

[《阳谷县志》第二十编《人物》]
[《阳谷县卫生志》第十三编《医林名老》]
[《阳谷文史资料》第十八辑]

◎ 杜有仁 ◎

杜有仁（1860—1940），字忠朴。寿张镇大杜村人。幼入私塾，聪颖好学。时疫病流行，乡民求诊甚难。目睹此状，立志习医。攻读《内经》《伤寒论》《金匮要略》，精研医理，且涉猎百家，广撷博采，刻苦钻研，大胆实践，勇于创新，自此医术大进，尤善妇科，长于针灸，名闻乡里，应诊不暇。并自立"万寿堂"药铺，以利于民。

不仅诊病甚详，组方巧妙，更喜用土、单、验方，以针灸治病，深得群众信赖。如对梅核气，以含化杏梅子治疗，疗效甚佳。治疗烧烫伤，药涂患处，一袋烟时痛止，不感染，汗腺毛孔通畅，十日可愈，愈后不留疤痕。又惯用针灸，既经济，治病效果又好，病家曾赠"灵砭妙医"匾额以颂之。

不仅医术精湛，而且为人敦厚，医德高尚。凡寒门求诊，路途远近不辞；不分富贵贫贱，治病必尽其心力。因此，在当地颇有盛名。

[《阳谷县卫生志》第十三编《医林名老》]

[《阳谷文史资料》第十八辑]

◎ 李守范 ◎

◎ 李保絮 ◎

李守范（1864—1917），号围堂。阳谷县安乐镇东李楼村人。幼读"四书""五经"，颇有才名。十五岁时，因其母患病，经常出入于各家药铺，深谙求医之难，乃矢志学医，以济民困。其后历经八年苦读，遍读《内经》《伤寒论》《神农本草经》《脉经》《医宗金鉴》等医学典籍，尤其重视妇科各家论著。

1887年，在家乡挂牌行医，颇负盛名，远方求医者甚多。邻村有一举人之妻，患产后癃闭，延医调治无效，痛苦难忍。守范为其开草药一剂，煎服后病痛立除。因之而名显当时，一些妇科疑难病症，经其诊治，亦多收药到病除之效。

一生生活俭朴，不嗜烟酒，待人诚恳，和蔼可亲，医术、医德名闻遐迩。尝说：医者，所以救人也；病有急缓之分，应先急而后缓；人有贫富之别，应先贫而后富。故赤贫者诊病取药，概不收费。1917年，病逝于家中。乡邻感其恩惠，捐资为其立"围堂氏德行碑"，历述其生平事迹及治病救人诸善行。

其子李保絮（1883—1945），承父业，仍以妇科见长。保絮故后，其三弟李保德又承业为医。

[《聊城地区卫生志》第十篇《人物》]

[《阳谷县志》第二十编《人物》]

[《阳谷县卫生志》第十三编《医林名老》]

◎ 谢佑之 ◎

谢佑之（1864—1947），字启臣。寿张镇谢庄村人。幼读诗书，后承家传学医，尤长于中医外科。终生以治病救人为己任，无论远近亲疏，有求必应。自配之外用烧伤药"红升丹""白降丹""黄圣药"等，临床效果颇佳。去世后，乡人感其恩惠，为之勒石树碑，以表纪念。

[《阳谷县卫生志》第十三编《医林名老》]

◎ 吴鸿慈 ◎

吴鸿慈（1874—1946），吴焕章之子。于前辈医书、医案熟读活用，精通本草。胸有术，名四方，为众解疾苦。收徒多名，如王鲁标、刘洪文等，后皆为名医。

[《阳谷县卫生志》第十三编《医林名老》]

◎ 王济远 ◎

王济远（1881—1941），系王敬之三子。自幼勤奋好学，早年随父学医，精心研究名家医著，十七岁开始应诊。在继承父亲中医治疗眼疾的基础上，兼治内科、妇科及疑难杂症，独创了"达源疫"验方，治疗瘟疫独具特效。并将其家传治眼药命名为"剥云散"。医德高尚，乐善好施，贫苦就医者分文不收，遇有路远困难者给予路费。1941年春，不幸被日本鬼子枪杀，方圆一二十里的村民，无不为之悲痛。

[《阳谷县卫生志》第十三编《医林名老》]

◎ 魏法堂 ◎

魏法堂（1882—1942），字绪灵。阳谷县西湖乡任老伍村人。祖上六世业医，代有传人，尤以妇科享誉于世。幼承庭训，攻读医著，均能熟读精通。独自行医后，师古人而不至拘泥，承家训而力避因循，治病善用伤寒大法，挽救危疾。尤精于妇科经、带、胎、产诸证，立法用药，效果明显，方圆百里之内，皆知其名，就诊者日以百计。

生性谦恭谨慎，待人至诚。成名后，亦能虚心自持，对病人体贴入微，关怀备至。贫病交加者，常舍药救济，分文不取。其高尚医德，至今仍为当地群众所称道。

1942年，病卒于家，享年六十岁。著有《妇科实验录》手稿一部，惜毁于抗战烽火。子金銮，承父业，在阳谷一带亦颇负盛名。

[《聊城地区卫生志》第十篇《人物》]
[《阳谷县志》第二十编《人物》]
[《阳谷县卫生志》第十三编《医林名老》]
[《山东中医药志》第六篇《人物表》]

◎ 王淑远 ◎

王淑远（1886—1948），系王敬之五子。自幼随父学医，成年后，由其兄王济远介绍到济南行医。其间遇一状元之母久病，经多家医治不愈，后经王淑远治疗痊愈，遂名声大振。后被湖南督军张敏尧聘为军医官。1920年年初，辞去军医官回乡。

[《阳谷县卫生志》第十三编《医林名老》]

寿　张

元

◎ 申屠致远 ◎

申屠致远，字大用。其先汴人，金末从其父义徙居东平之寿张。致远肄业府学，与李谦、孟祺等齐名。世祖南征，驻兵小濮，荆湖经略使乞寔力台荐为经略司知事，军中机务，多所谋画。师还，至随州，所俘男女，致远悉纵遣之。至元七年（1270），崔斌守东平，聘为学官。十年，御史台辟为掾，不就，授太常太祝，兼奉礼郎。帝遣太常卿孛罗问毛血之荐，致远对曰：毛以告纯，血以告新，礼也。宋平，焦友直、杨居宽宣慰两浙，举为都事，首言：宋图籍宜上之朝；江南学田，当仍以赡学。行省从之。转临安府安抚司经历。临安改为杭州，迁总管府推官。宋驸马杨镇从子玠节，家富于资，守藏吏姚溶窃其银，惧事觉，诬玠节阴与宋广、益二王通，有司榜笞，诬服，狱具。致远谳之，得其情，溶服辜，玠节以贿为谢，致远怒绝之。杭人金渊者，欲冒籍为儒，儒学教授彭宏不从，渊诬宏作诗有异志，揭书于市，逻者以上。致远察其情，执渊穷诘，罪之。属县械反者十七人，讯之，盖因寇作，以兵自卫，实非反者，皆得释。西僧杨琏真加，作浮图于宋故宫，欲取高宗所书《九经》石刻以筑基，致远力拒之，乃止。改寿昌府判官。时寇盗窃发，加之造征日本战船，远近骚然，致远设施有方，众赖以安。二十年，拜江南行台监察御史。江淮行省宣使郄显、李兼诉平章忙兀台不法，有诏勿问，仍以显等付忙兀台鞫之，系于狱，必抵以死。致远虑囚浙西，知其冤状，将纵之，忙兀台胁之以势，致远不为动，亲脱显等械，使从军自赎。桑哥当国，治书侍御史陈天祥使至湖广，劾平章要束木，桑哥摘其疏中语，诬以不道，奏遣使往讯之，天祥就逮。时行台遣御史按部湖广，咸惮之，莫敢往，致远慨然请行。比至，累章极论之。桑哥方促定天祥罪，会致远章上，桑哥气沮。江西行省平章马合谋于商税外横加征取，忽辛籍乡民为匠户，转运使卢世荣榷茶牟利，致远并劾之。又言占城、日本不可涉海远征，徒费中国；铨选限以南北，优苦不均，宜考其殿最，量地远近，定为立制，则铨衡平而吏弊革。他如罢香莎米，弛竹课禁，设司狱官医学职员，皆致远发之。二十八年，丁父忧，起复江南行台都事，以终制辞。二十九年，佥江东建康道肃政廉访司事，未至，移疾还。元贞元年，纂修《世祖实录》，召为翰林待制，不赴。大德二年，佥淮西江北道肃政廉访司事，行部至和州，得疾卒。致远清修苦节，耻事权贵，聚书万卷，名曰"墨庄"。家无余产，教诸子如师友。所著《忍斋行稿》四十卷、《释奠通礼》三卷、《杜诗纂例》十卷、《集验方》十二卷、《集古印章》三卷。子七人：伯骐，征事郎、岭北湖南道肃政廉访司知事；骥、骊，俱为学官；駉，奉政大夫、兵部员外郎。

[《元史》卷一百七十《列传第五十七》]

  申屠致远，字大用。汴人。金末，从父义徙寿张。元世祖南征，被荐为经略司知事，军务多所谋画，行师所俘男女，致远多纵遣之。累官杭州总管府推官、淮西江北道廉访佥事。西僧杨琏真珈欲毁杭府三学，资建佛塔，致远力持不可，得不毁。清修介节，耻事权贵，聚书万卷，名曰"墨庄"。著有《忍斋集》及《释奠通礼》诸书。

[光绪《寿张县志》卷六《选举》]

  申屠致远，字大用。汴人。金末，从其父义徙居东平之寿张。世祖南征，被荐为经略司知事，累官淮西江北道廉访佥事。清修苦节，耻事权贵，聚书万卷，名曰"墨庄"。所著有《忍斋稿》及《释奠通礼》等书。

[万历《兖州府志》卷四十二《流寓》]

[嘉靖《山东通志》卷三十四《流寓》]

申屠致远，字大用。其先汴人。金末，从其父徙居东平之寿张。致远肄业府学，与李谦、孟祺等齐名。至元七年，崔斌守东平，聘为学官《元史》。

[光绪《东平州志》卷十五下《游寓》]

申致远，字大用。汴人。金末，从其父义徙居东平之寿张。世祖时，官淮西江北道廉访金事，清修苦节，耻事权贵，聚书万卷，名曰"墨庄"。所著有《忍斋稿》及《释奠通礼》等书。

[康熙《山东通志》卷四十八《流寓》]

申屠致远，字大用。其先汴人。金末，徙居东平之寿张。致远肄业府学，与李谦等齐名。世祖南征，奇尔实呀台荐为经略司知事，军务多所谋画。行师所俘男女，致远多纵遣之，宋平，累官杭州总管府推官。嘉木扬喇勒智欲毁杭府三学，以资建佛塔，致远力持不可，得不毁。故宋驸马杨镇从子玠节，家富，其守藏者行窃，惧事觉，诬玠节与宋二王通，狱已具。致远谳得其情，脱之。郄显、李兼诉平章蒙古台不法，诏勿问，且以显、兼付蒙古台鞫讯。致远虑囚浙西，将纵之，蒙古台胁以威势，不少动，亲脱显等械使，从军自赎。僧格当国，陈天祥劾之，僧格诬以不道，逮讯。致远按部湖广，累章极论，僧格为之气沮。他如豁彭宏之冤，辩诬叛之狱，其明决多类此。官至金淮西江北道肃政廉访使。

[雍正《山东通志》卷二十八之二《人物二》]

申屠致远，字大用。东平寿张人。世祖南征，驻兵小濮，荆湖经略使荐为本司知事，军中机务，多所参画。寻授太祝兼奉礼郎。宋平，两浙宣慰使举为都事，首言：宋图籍宜上之朝廷；江南学田，当仍留以赡学。行省从之。迁杭州总管府推官。西僧杨连真伽作浮屠于宋宫，欲取高宗所书《九经》石刻以筑基，致远力拒之乃止。二十年，拜南台御史。时桑哥当国，治书侍御史陈天祥奉使湖广，劾平章要，束木贪状，桑哥诬以不道，奏遣使逮讯。行台御史莫敢往，致远慨然请行。比至，累章极辨其诬。桑哥方促定天祥罪，会致远章上，气乃沮。江西平章马合谋及忽辛卢世荣多不法，致远并劾之。他如罢香莎米，弛竹课禁等事，皆其所条议行者。大德初，出金江北道事，行部至和州卒。

[宣统《山东通志》卷一百五十八《人物志第十一·历代名臣》]

《释奠通礼》三卷，申屠致远撰。致远，字大用。东平寿张人。历官签淮西江北道肃政廉访司事。是书见《元史》本传。

[宣统《山东通志》卷一百三十四《艺文志第十·史部·政书》]

《集古印章》二卷，申屠致远撰。致远见史部政书类。是编见《元史》本传。

[宣统《山东通志》卷一百三十七《艺文志第十·子部·艺术》]

《忍斋行稿》四十卷，申屠致远撰。致远有《释奠通礼》，见史部政书类。是编见《元史》本传。

[宣统《山东通志》卷一百四十一《艺文志第十·集部·别集》]

《杜诗纂例》十卷，申屠致远撰。致远见史部政书类。是书见《元史》本传。

[宣统《山东通志》卷一百四十六下《艺文志第十·集部·总集》]

明

◎ 隆 庆 ◎

赵有家，善修养，人以"神仙"呼之。

[光绪《寿张县志》卷六《拔贡》]

清

◎ 姜之远 ◎

姜之远，嘉庆年，太医院御医。

[光绪《寿张县志》卷六《吏阶》]

◎ 王瑞辰 ◎

王瑞辰，字星五。著《伤寒论贯解》。

[光绪《寿张县志》卷六《贡生》]

◎ 姜 琢 ◎

姜琢，字修玉。监生。精治痘疹，活童孩无数，不受谢。周济贫困，急人所急，乡邻德之，公送"望重梓里"匾额。八十余岁，无疾而终，人以为善行之报云。

[光绪《寿张县志》卷七《善行》]

◎ 王戒游 ◎

王戒游，字懋坚。博学强识，尤精医术。殁后，众人为立石，《记》有云：古所谓乡先生殁而可祭于社者，其在斯人欤！

[光绪《寿张县志》卷七《善行》]

◎ 张攀龙 ◎

张攀龙，庠生。月输子。敦宗睦邻，急公好义，尤精医术，乡邻公颂匾额曰"德恰梓里"。又楹联云："雷落光明，居然一乡善士；公平正直，犹是百忍遗风。"

[光绪《寿张县志》卷七《善行》]

◎ 张道复 ◎

张道复，字德元。乡饮耆宾。善针灸，为人瘳病，劝息讼，为世解纷。里人感其德，同为勒石以记其事。

[光绪《寿张县志》卷七《善行》]

◎ 路 礼 ◎

路礼，精医术，年一百一岁。

[光绪《寿张县志》卷七《耆寿》]

◎ 陈文杰 ◎

陈文杰，字汉三。监生。家庭著孝友，好读书，精医术。暮年，与客游，携琴载酒，有隐士风。卒年八十有七。

[光绪《寿张县志》卷七《耆寿》]

◎ 于宏度 ◎

于宏度，号拙斋。岁贡生。孝行见《府志》。性孝友，与弟同食廪饩，时称"难兄难弟"。因母病知医。母失明，恨不克持家政。公嘱家人，凡事禀命，母乃喜。父年高，失足成痿痹，朝夕扶持，迄五年前后。丧，均尽哀礼。乡里共请旌表建坊，聊邑邓宗伯题一联云："义抗石坊千尺峻，孝题金匾万年芳。"

[光绪《寿张县志》卷七《孝友》]

于宏度，寿张廪膳生。事亲能得其欢心，亲殁，尽哀尽礼，三年中饮食起居依依枢侧，不忍离。时同学王珆、孟学文及郓邑陈恬皆以孝著，宏度与三人交，历久弥笃，人称其"臭味相同"云。乾隆十年（1745）奉诏旌表。

[乾隆《兖州府志》卷二十三《人物志》]

于谘，寿张人。诸生。执父丧，哀毁骨立，水浆不入口者数日，三年中遵行古礼，不减戚容。母病，医药罔效，谘焚香涕泣，跪诵《孝经》三昼夜，母寻愈，人咸以为孝感。同邑于宏度，诸生。事亲能得欢心，亲殁，尽哀尽礼，三年中依依墓侧不忍离。时同学王珆、孟学文及郓城陈恬皆以孝称，宏度与三人交，历久弥笃，人称其"臭味相同"。谘与宏度皆以乾隆十年旌表。

[宣统《山东通志》卷一百七十二《人物志第十一·国朝兖州府》]

乾隆
于宏度，有"传"，见《孝友》。

[光绪《寿张县志》卷六《岁贡》]

◎ 崔禧祥 ◎

兖、沂俱近圣人乡，居相比邻。寿邑崔氏，又世好素相识也。岁壬午（1822），仙洲孝廉公车来都，以其祖瑞临公行述请铭于予。习识其家，长厚有世德。今读其文，不敢以不文辞。公姓崔氏，讳禧祥，字瑞临。系出山右洪洞，明洪武间迁山东濮州，六世祖迁寿张邑北赵家庄，家焉。以耒经世其业，至养成公生三子，仲长才公，为公曾祖。生兴甫公，讳振庭。兴甫公生珍乙公，讳珆，邑庠生，有孝行，生公。公少颖异，至性过人。甫读书，即求解悟。少长学文，益刻苦，竟弗遇。因究心时务，凡兵、刑诸政，皆能洞悉其意。为学以求诚为本，行己接物无不内勘此心。尝曰：一生得力在此。髫龄时，父有疯疾，随医诊视，遂识脉。祖妣感寒疾，医者谓汗出可愈。公沉思，里裹绕宅，疾驰解襟伏枕，畔气蒸郁，疾遂愈。祖殁，父病发，哀甚。公内奉汤药，外承宾吊，每一号见者痛心。丁父艰，一遵朱子礼仪，不稍徇流俗。诸姑姊贫之，悉置田为经久计再。从弟维祺早殁，代抚孤嫠，与家人无异视。岁祲，邻里族党悉以资付之，指受生理，人赖以活。邑侯黄公钤叹曰：治以法立，仁以术行。君之仁术，茂以加矣。甲午秋（1774），逆匪王伦为变。公近居接里，设法守御。贼至，不敢犯。既北扰众，讹言官将屠此民矣。寿人恟惧，县令郑公恐，问计，公曰：可简骑从轻出，谕诸父老，各安闾里，擅动者惩。郑如指，里人遂安。贼平究治党与，株连甚众。公力为郑言：北行者贼也，□□居者民也。贼既戮民，系累有保者，不可不推广。□上德意，郑大服，宥者甚多。有杨某者拘到，未讯，营弁力夺诸郑并诋，公以白。大宪提究，终获伸人。以是益重之。公殁后，道光元年辛巳（1821），其孙登鳌始举于乡，人犹啧啧叹息先生云。

[光绪《寿张县志》卷八《文词》]

崔禧祥，字瑞临。珰之子，候选州同。事亲克孝，学以求诚，才堪御乱。乾隆甲午，叛逆王伦一案，以片言悟邑令，全活甚众。见刘遵和撰《墓志铭》见《封荫》。

[光绪《寿张县志》卷七《懿德》]

崔禧祥，以孙登鳌官，诰封中宪大夫。

[光绪《寿张县志》卷六《封荫》]

◎ 姜志书 ◎

姜志书，字汉丛。琢之子，承父教，精治痘疹，不受谢。

[光绪《寿张县志》卷十《技术》]

姜志书，字汉丛。清代寿张县人。业医，善治小儿痘疹。

[《山东中医药志》第六篇《人物表》]

◎ 崔衍洁 ◎

崔衍洁，字静山。庠生。通医术，尤精治痘疹法。

[光绪《寿张县志》卷十《技术》]

◎ 孙蓝田 ◎

孙蓝田，字子玉。监生。通医术。年逾八旬，亲友颂之，为勒石。

[光绪《寿张县志》卷十《技术》]

孙蓝田,字子玉。清代寿张县人。好方书,以医术知名。

[《山东中医药志》第六篇《人物表》]

◎ 许云汉 ◎

许云汉,监生。精医术,克济世,时人有"颂美碑"。

[光绪《寿张县志》卷十《技术》]

◎ 王思芳 ◎

王思芳,字有兰。精医术,有求必应,乡人感德,立"思慕碑"。

[光绪《寿张县志》卷十《技术》]

王思芳,字有兰。清代寿张县人。以医为业。

[《山东中医药志》第六篇《人物表》]

◎ 侯与隆 ◎

侯与隆,监生。善针灸术,求无不应,乡里感德,勒碑颂美。又有"仁心仁术"额匾。

[光绪《寿张县志》卷十《技术》]

侯与隆,清代寿张县人。业医,精针灸术。

[《山东中医药志》第六篇《人物表》]

◎ 韩良倸 ◎

韩良倸,字松严。精医术,公送"脉理清真"匾额。

[光绪《寿张县志》卷十《技术》]

◎ 阎登黉 ◎

阎登黉,字圣选。由军工得蓝翎。性豪侠,喜交游。精医术,能速效。邑进士王广寒赠匾额曰"有识有胆"。谷邑孝廉孔广海送匾额曰"医理清真"。

[光绪《寿张县志》卷十《技术》]

阎登黉,清代寿张县人。以医为业,活人甚多。

[《山东中医药志》第六篇《人物表》]

◎ 李德恒 ◎

李德恒，字聿修。庠生。亲病延医甚艰，因从事岐黄，精其术，求之斯往，救人疾苦，乡里称颂。

［光绪《寿张县志》卷十《技术》］

李德恒，字聿修。清代寿张县人。工于医。

［《山东中医药志》第六篇《人物表》］

◎ 李超众 ◎

李超众，字俊卿。监生。精医术，广济世人，有"颂扬碑"。

［光绪《寿张县志》卷十《技术》］

莘 县

北魏

◎ 王 显 ◎

◎ 王安上 ◎

王显，字世荣。阳平乐平人也。自言本东海郯人，王朗之后也。父安上，少与李亮同师，俱受医药，而不及亮。显少历本州从事，虽以医术自通，而明敏有决断才用。初，文昭太后之怀宣武，梦为日所逐，化而为龙而绕后，后寤而惊悸，遂成心疾。文明太后敕徐謇及显等为后诊脉，謇云：是微风入脏，宜进汤加针。显言：按三部脉，非有心疾，将是怀孕生男之象。果如显言。久之，补侍御师。宣武自幼有微疾，显摄疗有效，因稍蒙眄识。又罣六辅之初，显为领军于烈间通规策，颇有密功。累迁廷尉卿，仍在侍御，营进御药，出入禁内。累迁御史中尉。显前后居职，所在著称。纠折庶狱，究其奸回，出内惜慎，忧国如家。及领宪台，多所弹劾，百僚肃然。又以中尉属官不悉称职，讽求改革。诏委改选，务尽才能。而显所举，或有请属，未皆得人，于是众议喧哗，声望致损。后宣武诏显撰《药方》三十五卷，颁布天下，以疗诸疾。东宫建，以为太子詹事，委任甚厚。上每幸东宫，显常近侍，出入禁中，仍奉医药。赏赐累加，为立馆宇，宠振当时。以营疗功，封卫国县伯。及宣武崩，明帝践阼，显参奉玺策，随从临哭，微为忧惧。显既蒙任遇，兼为法官，恃势使威，为时所疾。朝宰托以侍疗无效，执之禁中。诏削爵位，徙朔州。临执呼冤，直阁伊盆生以刀镮撞其腋下，伤中吐血，至右卫府，一宿死。子晔，尚书仪曹郎中，惧走，后被获，拷掠百余。宅殁于官。初，显构会元景，就刑南台。及显之死，在右卫府，唯隔一巷，相去数十步。世以为有报应之验。始显布衣为诸生，有沙门相显，后当富贵，诫其勿为吏，为吏必败。由是宣武时，或欲令其兼摄吏部。每殷勤辞避。及宣武崩，帝夜即位，受玺策，于仪须兼太尉及吏部，仓卒，百官不具，以显兼吏部行事。又显未败之前，有妪卜相于市者，言人吉凶颇验。时子晔已为郎，闻之，微服就妪，问己终至何官。妪言：君今既有位矣，不复更进，当受父冤。并如其语。

[《北史》卷九十《艺术下》]

王显，仕魏。历本州从事，以医术多效，累迁御史中尉，严明清介，百僚肃然。尝著《药方》三十卷。

[正德《莘县志》卷六《名臣》]

王显，字世荣。仕北魏。少历本州从事，精于医术，兼有明断才。文昭太后怀宣武，梦为日所逐，化而为龙绕后。后寤而惊悸，遂似心疾。敕徐謇及显等诊脉，謇云：微风入脏。显言：按三部脉，非有心疾，是怀孕生男之象已。果如显言。后以鉴衡多效，补侍御史。宣武幼有微疾，显摄疗有效。累迁廷尉卿，仍在侍御，营进御药，出入禁内。累迁御史中尉，严明清介，百僚肃然。崇祀乡贤。著有《医方》三十五卷。

[光绪《莘县志》卷七《勋伐》]
[民国《莘县志》卷七《勋伐》]

王显，字世荣。自言东海郯人，王朗之后。父安上为宋馆陶县令。魏世祖南征，安上弃县归，之后家乐平。显少历本州从事，以医术自通。明敏有决断才。文昭太后怀世宗时，梦为日所逐，化而为龙绕后。后惊寤，遂成心疾。召徐謇及显诊之，謇云：微风入脏，宜进汤加针。显以为非是，乃怀孕生男之象。果如显言。召补侍御史、尚书仪曹郎，号称干事，累迁御史中尉，多所弹劾，百僚肃然。诏撰《药方》三十五卷，颁布天下《北史·艺术传》。

[嘉庆《东昌府志》卷三十四《方技》]

王显，阳平乐平人。精医术。初，文昭皇太后之怀世宗也，梦为日所逐，化而为龙而绕后。后寤而惊悸，遂感心疾。召徐謇与显诊之。謇曰：微风入脏，宜进汤加针。显曰：案三脉，非有心疾，似是怀孕生男之象。果如显言。累官至御史中尉，封卫南伯。世宋，诏显撰《药方》三十五卷，颁布天下，以疗诸疾。

[雍正《山东通志》卷三十一《方伎志》]

王显，字世荣。阳平乐平人今堂邑。自言本王朗之后。父安上，少与李亮同师，俱受医药。显少历本州从事，虽以医术自通，而明敏有才用。初，文昭太后之怀宣武，梦为日所逐，化为龙而绕后。后寤而惊悸，遂成心疾。敕医诊脉，显言：按三部脉，非有心疾，是怀孕生男之象。果如显言。补侍御史。宣武自幼有微疾，显摄疗有效。因累迁廷尉卿、太子詹事，赏赐累加，宠振当时。以营疗功，封魏国县伯。及宣武崩，明帝立显参奉玺策。既蒙任遇，为时所疾。朝宰托以侍疗无效，执之禁中。诏削爵位，徙朔州。临执呼冤，直阁以刀镮撞其腋下，伤中吐血，至右卫府一宿死《北史》本传。

[宣统《山东通志》卷一百六十八《人物志第十一·历代艺术》]

王显（433—518），字世荣。阳平郡乐平县（今属莘县）人。少年时天资聪颖，有决断之才，在州府从事，颇通医术。孝文帝继位不久，文昭太后梦为日逐，化而为龙，绕缠其后，醒后惊悸，遂成心疾，请王显等医诊之。王显按切三部脉，认为并非心疾，而是怀孕生男之象。后来果然如此。文帝高兴，因得信任，补封王显为侍御师。太子宣武自幼多病，经王显多方调治而愈。文帝对王显更加器重。

其后，王显除在朝内主持医疗外，还从政参与军机大事，深得孝文帝赏识，加官晋爵，出入宫内，后加封平北将军、扬州刺史，在朝内兼任太府御、御史中尉等职，朝内肃然敬之。晚年，世宗令王显撰写《药方》三十五卷，颁发全国，以疗诸疾。延昌二年（513），以营疗有功，封为南伯。

[《聊城地区卫生志》第十篇《人物》]

[《山东中医药志》第六篇《传记》]

[《鲁西名人传略》]

宋

◎ 王 素 ◎

《经验方》三卷，王素撰。素有《王文正公遗事》，见史部传记类。是书见《宋志》。

[宣统《山东通志》卷一百三十六《艺文志第十·子部·医家》]

《王文正公遗事》一卷，王素撰。素，字仲仪，旦幼子。举进士，官屯田员外郎，历工部尚书，谥曰懿（敏）。是书《四库存目提要》曰：所述旦事，虽子孙扬诩之词，然大概与史传相出入，且本贤相故也。惟记真宗东封西祀之后，令近臣编录符瑞。旦言"两为大祀，使所奏符瑞，一一非臣目睹。令堂吏取司天监邢中和状，有此瑞，乞令编修官实录臣奏，不可漏落一事"云云，于事理殊为不近。盖旦于符瑞、斋醮不能匡正，论者有遗议焉。故素以此阴解之，非实录也。晁公武《读书志》作四卷，注称凡五百条。此本仅一卷，盖非完书，然陈振孙《书录解题》已称一卷，则南宋末已行此节本矣。

[宣统《山东通志》卷一百三十二《艺文志第十·史部·传记》]

王素，字仲仪。太尉旦季子也。赐进士出身，至屯田员外郎。御史中丞孔道辅荐为侍御史。道辅贬，出知鄂州。仁宗思其贤，擢知谏院。素方壮年，遇事感发。尝言：今中外无名之费，倍蓰于前，请省其非急者。适皇子生，将进百僚以官，惠诸军以赏。素争曰：今西夏畔涣，契丹要求，县官之须，旦日急矣。宜留爵秩以赏战功，储金缯以佐边费。议遂已。京师旱，素请帝祷于郊，帝曰：太史言月二日当雨，今将以旦日出祷。素曰：臣非太史，然度是日必不雨。帝问故，曰：陛下知其旦雨而祷之，应天不以诚，故臣知不雨。帝曰：然则明日诣醴泉观。素曰：醴泉之近，犹外朝耳，岂惮暑不远出邪？帝悚然。更诏诣西太一宫，谏官故不在属车间，乃命素扈从。日甚炽，埃氛翳空，比舆驾还，未薄城，天大雷电而雨。王德用进二女子，素论之，帝曰：朕真宗皇帝之子，卿王旦之子，有世旧，非他人比也。德用实进女，然已事朕左右，奈何？素曰：臣之忧正恐在左右尔。帝动容，立命遣二女出。赐素银绯，擢天章阁待制、淮南都转运按察使。时新置按察，类多以苛为明。素独不摘细故，即有贪刻，必绳治穷竟，以故下吏爱而畏之。改知渭州，坐市木河东，有扰民状，降华州，又夺职徙汝。俄悉还其故，迁龙图阁直学士。初，原州蒋偕建议筑大虫巉堡，宣抚使听之。役未具，敌伺间要击，不得成。偕惧，来归死。素曰：若罪偕，乃是堕敌计。责偕使毕力自效。总管狄青曰：偕往益败，不可遣。素曰：偕败则总管行，总管败，素即行矣。青不敢复言，偕卒城而还。以枢密直学士知开封府。至和秋，大雨，蔡河裂，水入城。诏军吏障朱雀门，素曰：皇上不豫，兵民庐舍多覆压，众心怦怦然，奈何更塞门以动众。违诏止其役，水亦不害。出知定州、成都府。先是，牙校岁输酒坊钱以供厨传，日加厚，输者转困。素一切裁约之。铁钱布满两蜀，而鼓铸不止，币益轻，商贾不行，命罢铸十年，以权物价。凡为政，务合人情，蜀人纪其目，号曰"王公异断"。复知开封。素以三公子少知名，出入侍从将帅，久颇鞅鞅，厌倦剧烦，事多卤莽不治，盗贼数发。御史纠其过，出知许州。治平初，夏人寇静边砦。召拜端明殿学士，复知渭州，于是三镇、泾原蕃夷故老皆欢贺，比至，敌解去。拓渭西南城，浚隍三周，积粟支十年。属羌奉土地来献，悉增募弓箭手。行陈出入之法，身自督训。其居旧穿土为室，寇至，老幼多焚死，为筑八堡使居之。其从领于两巡检，人莫得自便。素曰：是岂募民兵意邪？听散耕田里，有警则聚，故士气感奋，精悍他道莫及。尝宴堂上，边民传寇至，惊入城。诸将曰：使奸人亦从而入，将必为内应，合拒勿内。素曰：若拒之东去，关中必摇。吾在此，敌必不敢犯我，此当有奸言。乃下令：敢称寇至者斩。有顷，候骑从西来，人传果妄，诸将皆服其明。换澶州观察使、知成德军，改青州观察使。熙宁初，还，以学士知太原府。汾河大溢，素曰：若坏平晋，遂灌州城矣。亟命具舟楫，筑堤以捍之。一夕，水骤至，人赖以安。入知通进、银台司，转工部尚书，仍故职致仕。故事，虽三公致仕，亦不带职。朝廷方新法制，素首以学士就第。卒，年六十七，谥曰懿敏。

[《宋史》卷三百二十《列传第七十九》]

　　王素，字仲仪。旦季子也。以进士知魏州，判开封、成德，皆有政绩。后仁宗御除四谏官，素其一也。数进谠言，帝曰：素，真御史也。时人目为"独击鹘"。时王德用进二女，素论之，仁宗为出二女。后知成都，为政务合人情，蜀人纪其目，号"王公异断"。终礼部侍郎，以工部尚书致仕。

[正德《莘县志》卷六《名臣》]

　　王素，字仲仪。旦季子。举进士，以御史中丞孔道辅荐为侍御史。道辅贬，知鄂州。仁宗思其贤，擢知谏院。素即遇事感发，时王德用进二女，素论之，仁宗为出二女。后知成都，为政务合人情，蜀人纪其目，号"王公异断"。以工部尚书致仕。卒，谥懿敏。子巩，为宗正丞。

[嘉靖《山东通志》卷三十一《人物四·东昌府》]

王旦，字止明。大名莘县人。父祐，字景叔。乾德三年，知制诰符彦卿镇大名，太祖命祐察之，以百口保其无他。手植三槐于庭，曰：吾后世必有为三公者。旦沈默端重，登进士第，累官翰林学士。真宗素贤旦，尝因奏事，目送之，曰：为朕致太平者，斯人也。寻以工部侍郎参知政事，从幸澶渊命。旦还居，守驾，还拜工部尚书。同平章事，柄用十八年，为相一纪。帝久益信，言无不从。旦任事久，人有谤之者，辄引咎不辨。至人有过失，虽人主盛怒，可辨者辨之，必得而后已。疾笃，帝亲临问。及卒，谥文正。子素。

素，字仲仪。举进士。仁宗时，擢知谏院，帝欲置相，难其人，以问素，对曰：惟宦官宫妾不知名者，可耳。帝曰：如是，则富弼。素顿首赞决。后出知定州，徙成都，凡为政务，合人情，蜀人纪其政绩，号"王公异断"。熙宁初，转工部尚书，致仕。卒，谥懿敏。

[宣统《山东通志》卷一百五十七《人物志第十一·历代名臣》]

王素，字仲仪。大名莘人，太尉旦季子也。以尚书屯田员外郎知濮州，转运使欲加赋濒河之田，素言：日者河决本道，而民困于失职，今河新还流者尤未尽复，可益以重敛乎？于是诏自濮七州毋得令民过出租。

[嘉靖《濮州志》卷七《历官志》]

王素，字仲仪。旦季子。为青州观察使。

[嘉靖《青州府志》卷三《职官表》]

王素，字仲仪。莘人。仁宗时知开封府，时大雨，蔡河水溢入城，诏军吏障朱雀门，素奏曰：民困于水，屋舍多所崩圮，方怦怦不自安，奈何复塞门以动众？帝闻而中止，水亦不为害。

[万历《开封府志》卷二十八《宦绩》]

王素，字仲仪。旦之子。赐进士出身，自筮仕至大吏，所至称能，为政务合人情。知通州，爱民勤政，举废兴贤，人多怀之。既居台谏，风裁独持，仁宗有"真御史"之称，人目为"独击鹘"。官至端明殿学士、工部尚书，谥懿敏。

[万历《通州志》卷六《名宦》]

王素，字仲仪。太尉旦季子也。赐进士出身，至屯田员外郎，孔道辅荐为侍御史。道辅贬，出知鄂州。仁宗擢知谏院。素方壮年，遇事感发，擢天章阁待制、淮南都转运按察使，素不摘细故，即有贪刻，必绳治穷竟，以故下吏爱而畏之。卒，谥懿敏。

[万历《湖广总志》卷六十三《宦绩八》]

王素，字仲仪。旦之子。初知通州，后为淮南转运按察使。素莅通时，爱民勤政，举废兴贤，人多怀之。及使按察，不摘细故，间有贪刻，必绳治穷竟。仁宗尝称为"真御史"。仕终工部尚书。谥敏懿。

[万历《扬州府志》卷九《秩官志》]

效霞按：王素，地方志中记载颇多，大都改写于《宋史》本传，兹不复录。

明

◎ 戚　恒 ◎

◎ 李宗俨 ◎

◎ 王　镛 ◎

◎ 王邦基 ◎

◎ 王　访 ◎

◎ 常天福 ◎

◎ 宋治南 ◎

◎ 孙文华 ◎

◎ 左帝臣 ◎

医官

戚恒，本县人。洪武十七年（1384）任。

李宗俨，西伍乡人。成化十七年（1481）任。

王镛，东伍乡人。弘治十五年（1502）任。

王邦基，字尚质，号怀蘆。新一乡人。正德十三年（1518）任医学训科。天性纯朴，孝心笃志。父有疾，母目双蔽，夜必焚香拜祝，梦感有（得）东阿井泉而愈。嘉靖戊子（1528），父寿官佐卒，基欲庐墓，母力止之，不果。丁酉（1537），母任氏亦卒，昼夜悲哀，食粥饮水，衰经三年，殆如一日。建享堂，立石表，植树千余株，人皆称之。嘉靖十九年（1540），有司以事闻旌，诏未下。

王访，东伍乡人。正德八年（1513）七月十六日援例候缺。

常天福，在城人。嘉靖五年（1526）十二月任。在部愿告致仕。

宋治南，四乡人。嘉靖六年三月援例候缺。

孙文华，一乡人。嘉靖五年十二月十七日援例候缺。

[正德《莘县志》卷五《历代官员题名》]

医官

李宗俨

宋治南

王　访

常天福

王　镛

孙文华

左帝臣

戚　恒

[光绪《莘县志》卷六《例职》]

王邦基，任医学训科。天性纯孝。父有疾，母目双翳，每夜焚香拜祷，梦得东阿井泉而愈。父卒，欲庐墓，母止之。母卒，食粥饮水，三年如一日。立石表，构祀庐，植树千余株，人皆称之。嘉靖年间有司以事闻。

[光绪《莘县志》卷七《孝行》]
[民国《莘县志》卷七《孝行》]

王邦基，任医学训科。母双目翳，每夜焚香拜天，感梦得东阿井泉而愈。后父母卒，昼夜悲哀，粥食饮水者三年。

[嘉庆《东昌府志》卷三十二《孝义》]

◎ 王　端 ◎

王端，弥勒州吏目。持论謇谔，兼精方技。

[光绪《莘县志》卷六《明岁贡》]

[民国《莘县志》卷六《明岁贡》]

◎ 王 琳 ◎

王琳，西五乡人。知县王琮之弟。精于医术，又淡其财利，故人求请辄应，而医治多效。

[正德《莘县志》卷六《名医》]

王琳，知县珠之弟。精于医术，淡于财利，芳名至今洋溢乡里。

[光绪《莘县志》卷六《例职》]

王琳，明代莘县西五乡人。精医术。

[《山东中医药志》第六篇《人物表》]

◎ 王 献 ◎

儒官

王献，以精研医术，阴德最多。

[光绪《莘县志》卷六《例职》]

◎ 郝学诗 ◎

郝学诗，字言卿，别号兴吾。万历癸酉（1573）科举人，任内邱县知县，升巩昌府同知。其先人讳敏道，多隐德，荡产救弟，衣食缺乏，毫无怨意。实笃生公。公幼早孤，事母备极孝养，不事家务生业，雅好读书，三十有八，领乡荐。初任内邱，土瘠民贫，岁多流亡。公至之日，停征罢讼，兴利除害，一意与民休息，历任五载，百姓讴歌，称为"乐土"。及擢巩昌，士民攀辕，泣送百里，不忍舍，且遗爱不忘，既立"去思碑"，又建"生祀堂"。万历戊申（1608）岁，复公举崇祀名宦祠。在巩昌，分督凉州，禁克减，查夙弊，导水利运，致粮饷，而万军霈足，激劝将佐，存恤士卒，累立边功，保障西凉，民赖以安。归田，绝迹公堂，课子成名，又陶成人才，而得荐举者数人。他如修桥梁、义井，施药舍粥，完婚助丧，济人利物之事，殆无虚日。凡居乡善行，为政治绩，俱载口碑，难以言罄。盖文正公之后，一人而已。阖县士庶，公举崇祀乡贤。

[光绪《莘县志》卷七《勋伐》]
[民国《莘县志》卷七《勋伐》]

明奉政大夫巩昌府丞兴吾郝公配孺人田氏王氏合葬墓志铭

宝司卿堂邑许维新

公姓郝氏，讳学诗，字言卿，别号兴吾。东郡莘县人。父敏道，母王氏。公生十四岁而孤，兄学古、弟学书相与食贫力学，皆录为诸生。公业《礼经》，常带书而耕，夜读无膏，以薪照之，试辄异等。今上改元，岁癸酉首举于乡。先是公父早孤，有异母弟敏树，豪侠被罪，公父为倾资营解，或教以分产自完，曰：安有弟系狱，而兄犹顾产者？且如吾继母，何至是？公兄弟文学彬彬，人以为荡产救弟之报。他举者率仆马祛服，居闲请事。公韦布菽粟，杜门治经如故。遂为三礼大师，除为临朐博士，丙戌（1586）迁内邱令。内邱孔道而民贫，岁旱，相率逃去。公谓：尔无逃，令既来，请与尔共活。因为停征输，罢词讼，一意休息。捐一岁俸，煮薄粥，与饥人共釜而食。教人掘井种菜，既成即以灌田。又为括官帑，无牛种者与牛种，约田熟还帑。人感其至诚，皆不逃，而雨亦大澍，因以有年。饥后人疫，为择医九人，开局分疗。又刻验方，遍传幽僻，家户皆知，所活以万计。乃为革征税羡余，禁顽暴，戒游惰，绝倡优，严保甲，均徭役，节财用，表节义，苏驿马。非上官大事，不入罪，赎多所纵舍。即大辟毛发，求生必不能得，含涕署之。百姓更生，比乐土焉。方是时，一切颓废。乃为修学舍，次及官廨、坛壝、公署，署中器具不侈而备。又次及城垣、桥梁、道路。表道有垣，垣隐以树，可荫可材，可以备荒。五里有舍，舍有游徼，可以护行。十里有亭，亭有井、蒡，可以憩，不患暑暍。焕然壮色，率出节缩之余，不以一钱劳人。先是邑多盗，率以微物抵死，即坐徒配，驿吏拷瘐亦多死，公伤之，日给粥糜，夜给蕖苦，凡活百余人。然游惰无生计，盗终不止，故多兴工役，使贫人就食，又为《劝善谕俗书》，悬之衢路，晓以营生及盗死利害。由是，工省而饥人饱，绝无鼠窃，道不拾遗，行者如归。其做事，一举众利，率如此。比三年，治举异等，而崔万仞、韩以勤诸人皆以久旷举公车，于是天子下玺书褒之，赠父敏道文林郎如公官，母赠孺人。在邑五年，部使直指推荐劳问者二十有七。庚寅（1590），迁巩昌府丞，监督凉州，襟带河西当冲，凡五卫、三十五专城，诸拥旄大将、列校三万五千，军兴粮刍称是，悉听可否征给，居然一重镇监司也。故事饷司出入，什橐其一，而诸将以次括取奉文吏，文吏亦以此为殿最，游客养名取给焉。比互市其法仿此。公至，谢游客，却诸将赘馈盘飧，以入为出，不入衡量。任使以材考注，以功荫序，以派服远，以信互市，以实货马，伪恶必汰之。复檄阅屯田，夺豪占者归伍，灌田先后，立为水政，争者以息。方是时，市有马，屯有饷，军无削，功无冒，河西雄镇称凉永焉。先是鲁参将者多冒滥，公摘发，衔之；巩昌张太守入朝觐，以公摄守，发其盗藏，吏又衔之，中以飞语。直指为下两监司皆以廉干报，太守引鲁参将知状，因为书曰：即柏叶折以来言，虽伯夷亦摭来。盖隐语云：二憾依附诬词。直指终不深信，上章平调公，公咏《渔父词》而归，终不赴调矣。林居无他，营利济人，先族后里，族子学曾、家璞不能婚者，皆予婚；邹尚仁等不能葬者，皆予葬；流徙病困资其行，小儿乳媪之称贷不能偿者，毁其券；诸有义桥、义井、义学、义医、义棺一切振施，悉如在内邱时，凡三十年无一日不以此为愉快者。而以《礼经》为主，不好饮观棋、不畜婢妾。癃瘠退让，即甚遽，无疾言愤色，而坐作起拜，矩矱俨如也。与家则言内则，与邻人则言齿让，与士人则言王制。会病革，家人请后，言曰：吾宿昔所行，未敢越礼，一部《礼记》在，予何言哉？萧然无苦而卒。配孺人田氏、王氏，皆有合德，具制词中。公生于嘉靖十五年（1536）八月初二日，卒于万历四十一年（1613）二月初三日，享年七十八岁。田孺人生于嘉靖十六年，卒于四十五年；王孺人生嘉靖二十九年，卒于万历二十六年；继配周氏称未亡人。子男一，家望，王孺人出，选贡生，先公卒。女一，田孺人出，适陈大武。孙男一，若镛，国子生。孙女四，曾孙男二，曾孙女二。若镛将以万历四十五年三月初二日葬公祖茔之次，请余铭公。先是公去内邱时，其县人深德公，为立生祠祀之，勒"去思碑"。后去凉州，其人又深德公，为卷册诗文，尽发其廉爱边功衔冤状。然公从不向人言，即其家人无知之者。公卒，而孙若镛发其箧，得碑榻卷册，携以来，余得采而志之。余与公同举，凡吾年友七十有五人，为吏而使人尸祝，抵死不言冤抑，猷业雅量无如公者。且凡为吏，无过利济人耳。在官济官，在民济民。诬公官无能，诬其利济，利济人是无时不官也，公何言哉？近于至人矣。铭曰：名诗而诗也，以达于政，亦孔时也；学礼而礼也，以物其身，安厥止也；字言而默，以不言言，言孔宣也；鸣鹿呦呦，芒台是游。以比中邱，中邱平平；以象祁连，祁连绵绵。来朝来禋，于万斯年。

[光绪《莘县志》卷八《墓表》]
[民国《莘县志》卷八《碑铭》]

郝学诗，字言卿。幼孤，事母孝。好读书，万历元年（1573）举人，知内邱县。

内邱土瘠民贫，岁多流亡，学诗专意休息五年。

[嘉庆《东昌府志》卷二十八《列传三》]

万历年

郝学诗，莘县举人。饰簧序缉，公廨备器皿，修《县志》，视国事若家事，有担当布置之才焉。

[道光《内邱县志》卷二《知县》]

[乾隆《顺德府志》卷八《内邱县》]

郝学诗，宇言卿。莘县人。幼孤，事母孝。好读书，万历元年举人，授内邱知县。内邱地瘠民贫，多流亡，学诗专意治理，减赋轻徭，与民休息五年，称为乐土，擢巩昌府丞，百姓相送百里，不忍其去。在巩昌分督凉州，改革制度，清除夙弊，导水利运，致粮饷充裕，西凉百姓赖以平安。致仕归，务农教子，乐善好施，终老于乡里。

[《聊城人物大辞典》]

清

◎ 于 纯 ◎

◎ 于 堦 ◎

于纯，郡庠生。

于堦，俗生。以上二人皆精于医术，举乡饮耆宾。

[光绪《莘县志》卷六《例职》]

[民国《莘县志》卷六《例职》]

◎ 孙世瓒 ◎

孙世瓒，字邕环。庠生。七岁，事孀母，晨昏定省，四十余年无少懈。与兄同居，克尽友让。庭训子侄曰：以"天理"二字为读书根本。援古证今，语意恺切。

生平气度冲和，喜施予，周贫乏。辛巳（1701），瘟疫大行，倾囊施药，全活不计其数。邑里爱慕，年七旬余，公举乡饮介宾。

[光绪《莘县志》卷七《懿行》]

孙世瓒，字邕环。庠生。七岁，事孀母，晨昏定省，四十余年无少懈。与兄同居，克尽友让。庭训子侄曰：以"天理"二字为读书根本。援古证今，语意恳切。生平气度冲和，好施予，周贫乏。辛巳，瘟疫大行，倾囊舍药，全活不计其数。乡里爱慕，年七旬余，公举乡饮介宾。

[民国《莘县志》卷七《懿行》]

孙世瓒，字邕环。诸生。七岁，善事孀母，越四十余年不懈。与兄同居，尽友让。康熙四十年（1701），大疫，倾囊施药，全活甚众。年七十余，举乡饮介宾。

[嘉庆《东昌府志》卷三十二《孝义》]

按《莘县志》：孙世瓒，字邕环。庠生。七岁，事孀母，晨昏定省，四十余年无少懈。与兄同居，克尽友让。庭训子侄曰：以"天理"二字为读书根本。援古证今，语意恳切。生平气度冲和，喜施予，周贫乏。辛巳，瘟疫大行，倾囊施药，全活不计其数。济世之愿，期终其身。邑里爱慕，年七旬余，公举乡饮介宾。

[《古今图书集成医部全录》卷五百十六《医术名流列传》]

孙世瓒，字邕环。清代莘县人。业医。

[《山东中医药志》第六篇《人物表》]

◎ 孙彭年 ◎

孙彭年，道光丁酉（1837）选拔。祖居城里，以父老弟殁，定省恐缺，绝意仕途，潜心家学，不出大门，殆四十年。及咸丰四年甲寅（1854），发贼过莘，宅焚财尽，绝不为意，因移居高庙。周贫乏，助婚葬，善者慕而化，不善者畏其知，时人比之王彦方。乡有争执，即遣人解纷争者，曰：不可拂，先生意也。遂两释。十一年辛酉，教匪倡乱，避居郡城。贼欲焚其舍，邻叟曰：此孙先生宅也。遂止。及官军克复，办团助军，甘为贼者送官正法，胁从者申报免死，全活甚众。晚年，习医施药，愈者即薄物奉酬，必严以却之。抚院征为尚志堂书院主讲，以老疾辞。抚院嘉其廉退，书"誉髦斯士"四字，遣官匾奖。又书小楷，以宋之孙明复先生躬耕教授为比。后两举乡饮大宾，年六十余以寿终。

[光绪《莘县志》卷七《懿行》]

孙彭年，道光丁酉选拔。祖居城里，以父老弟殁，定省恐缺，绝意仕途，潜心家学，不出大门，殆四十年。及咸丰四年甲寅，发贼过莘，宅焚财尽，绝不为意，因移居高庙。周贫乏，助婚葬，善者慕而化，不善者畏其知，时人目之王彦方。乡有争执，即遣人解纷争者，曰：不可拂，先生意也。遂两释。十一年辛酉，教匪倡乱，避居郡城。贼欲焚其舍，其舍邻叟曰：此孙先生宅也。遂止。及官军克复，办团助军，甘为贼者送官正法，胁从者申报免死，全活甚众。晚年，习医施药，愈者即薄物奉酬，必严以却之。山东抚院丁宝桢征为尚志堂书院主讲，以老疾辞。抚院嘉其廉退，书"誉髦斯士"四字，遣官匾奖。又书小楷，以宋之孙明复先生躬耕教授为比。后两举乡饮大宾，年六十余以寿终。

[民国《莘县志》卷七《懿行》]

孙彭年，清代莘县人。好方书，工于医。

[《山东中医药志》第六篇《人物表》]

孙彭年，字寿屏。丁酉。孟伟子，甲辰（1824）举人申年之兄。

[光绪《莘县志》卷六《国朝拔贡》]

◎ 念锡荣 ◎

念锡荣，字其人。岁贡。杜门不出，敦品励学，教子成名，门下士多蜚声者。尤精医术，殁后数十年，犹啧啧人口也。

[光绪《莘县志》卷七《懿行》]

[民国《莘县志》卷七《懿行》]

念锡荣，字其人。清代莘县人。以医为业。

[《山东中医药志》第六篇《人物表》]

◎ 李华山 ◎

李华山，字晋台。明中宪大夫宜春十世孙。天性孝友，品行端方。事继母刘，定省无懈。又通医术，施药饵，修桥梁，种种善事，不可胜述。邑人公举孝廉方正。胞弟华峰，字镇西。太学生。志不苟同，行无矫饰，勤俭治家，闾里推服。光绪十年（1884），举乡饮大宾。兄弟和睦，怡怡如也。

[光绪《莘县志》卷七《懿行》]

[民国《莘县志》卷七《懿行》]

李华山，字晋台。清代莘县人。业岐黄术。

[《山东中医药志》第六篇《人物表》]

◎ 张耀东 ◎

张耀东，字乙山。郡廪生。学业渊深，乐善不倦，尤精医术。道光十五年（1835），邑令周捐谷备赈，生甫弱冠，即慨捐百石。咸丰十一年（1861）、同治元年（1862），连遭荒乱，生尚有余粮，除自用外，皆分给族邻之贫者。后还粮，辞以无券。六年，因南匪之乱，捐钱两千缗，筑寨。七年，匪至，逃入寨中者，饮食炊爨，生悉助之，救无算。有赍币以报者，皆却之。设教于家，性敏无资者，风其来学，一时寒士多出其门。弟与子侄辈采芹食饩，蔚为家祥。于师弟刘庆年尤加厚焉。庆年幼孤，尝训之曰：尔勿以窗兄视予，怠荒自便，罔识谨憪。尔其朝斯夕斯，勿坠师业，不惟尔可成名，吾亦可见吾师于地下。后庆年为邑增生，皆生教诲之力也。为人看病，不惮烦，不避秽，必细经审视而后授方。殁后，乡邻无不悼惜。

[光绪《莘县志》卷七《懿行》]

[民国《莘县志》卷七《懿行》]

张耀东，字乙山。清代莘县人。以医术精妙知名。

[《山东中医药志》第六篇《人物表》]

◎ 于维祯 ◎

于维祯，字荫础。性嗜学，弱冠入泮，三荐不售，弃举业而专岐黄，精通脉理。著有《脉理秘诀》《外科经验》诸集。

[光绪《莘县志》卷七《懿行》]

[民国《莘县志》卷七《懿行》]

于维祯，字荫础。清代莘县人。业医。术精外科。

[《山东中医药志》第六篇《人物表》]

◎ 赵景周 ◎

赵景周，字仰文。性情品格，浑厚端方。壮岁尚贫窭，不得已习商业，创富基，家称小康。志在济世，选方舍药，不惜巨资，施于四方，活人甚多。持己待人，心存仁厚。又兼捐资财，息争讼，任劳怨，解难纷，懿行义举，更仆难述。生三子：长书泽、次书田、季书乾，读书之暇，栉风沐雨，克绍父风，颂德者皆谓其作善降祥矣。

[民国《莘县志》卷七《懿行》]

◎ 于清朗 ◎

于清朗，字镜江。早孤，事母至孝。遵叔父维枢之训，读书日有名誉，累试不售，乃精于医。人有疾，无论贫富，必详加诊视，未敢置一轻念。感其德，以礼谢者，皆却。济世活人，远近慕之，至今犹啧啧人口也。

[光绪《莘县志》卷七《孝行》]

于清朗，字镜江。早孤，事母至孝。遵叔父维枢之训，读书日有名誉，屡试不售，乃精于医。遇人疾病，无论贫富，必详加诊视，未敢轻心。感其德，以礼谢者，皆却不受。济世活人，远近慕之，至今犹啧啧人口也。

[民国《莘县志》卷七《孝行》]

◎ 王丰泰 ◎

王丰泰，善医。知发贼之必至也，率乡人窑以避之。及贼至，遇诸窑外，大骂之曰：蛇蜥焉能成龙。遂遇害。一家七口并邻之附者，俱杀于窑中。

[光绪《莘县志》卷七《义烈》]

[民国《莘县志》卷七《义烈》]

◎ 李浩然 ◎

李浩然，号养吾。医官。秉性刚强，骂贼不绝，相貌魁梧，贼奇而械之，抵临清，后贼败南窜，仍械以行，喘息于城外南关，过门不能入室，题壁数行，冀以墨变见家人，有"从贼南渡，愿葬江鱼之腹"等语；又有"恍疑家万里，独泣月三更"之句，语甚悲痛，见者垂泪。肃清后，子长安偕其戚虞氏，寻尸未获，知已捐躯遂志矣。至今邑人谈之，犹为酸鼻。

[光绪《莘县志》卷七《义烈》]

[民国《莘县志》卷七《义烈》]

◎ 张喜元 ◎

张喜元，字子仁。精于医术，有求必应，或徒行视疾，或昏夜叩请，无不慨然而去。尝曰：病者望医，如赤子之望父母，医人到，病人适矣。至于赞敬礼物钱财，丝毫不取。又精武术，受学者数百人，弟子屡议竖碑铭德，坚辞不受。曰：无实盗名，吾不为也。无疾病而终，妇孺远近，莫不感叹。

[民国《莘县志》卷七《懿行》]

张喜元，字子仁。清代莘县人。工岐黄术。

[《山东中医药志》第六篇《人物表》]

◎ 刘巽南 ◎

刘巽南，字顺卿。邑庠生。赋性和平，处世仁厚，有长者风。一生茹素，潜心修养，兼善岐黄术，活人无算，概不受酬，乡里称"善士"，邑令举为乡饮大宾。

[民国《莘县志》卷七《懿行》]

刘巽南，清代莘县人。以医术知名。

[《山东中医药志》第六篇《人物表》]

◎ 常焕然 ◎

常焕然，字新亭。魏庄人。清庠生，乡饮大宾。孝悌慈祥，古朴端方。亲有疾，药石罔效，于十里坞村祷神，沉疴立愈，众以孝可感神、诚能格天。兄早殁，孤寡是依，后侄庆长入邑庠，嫂虞氏举贤孝。施药饵，设义学，德被一方。长子庆丰，邑武庠。刚义廉明，人称"方正"；次子庆余，邑文庠。温文儒雅，家传孝友。虽云善德食报，亦由庭训有方。故生前公送"作邑矜式"匾额，殁后各界为立"遗行碑"以志纪念。

[民国《莘县志》卷七《懿行》]

常公新亭遗行碑

训导孔昭许

自古砥节砺行之士，类皆正直端方，克著模范，于当时即克树风声，于后世要惟有人焉为之表厥当时，传之后世，斯其人不至匿庸流之耳目，而湮没弗彰。余自辛丑来莘，六载于兹，每欲延揽德望以为自砺、砺人之式，乃延访有日，诸生来谒者，佥曰：魏庄常公，字新亭者，其庶几乎？遂各即所见所闻次第陈之。某曰：公事亲，子职无愧，亲有疾，而告庙祷神，沉疴立愈，宗族所以称孝也。某曰：公事兄，悌道克敦，兄既殁，而抚孤恤寡，哀矜递施，乡党所以称悌也。某又曰：谦以持己，敬以待人，以是语赞公，不得谓其立身之无本。某又曰：言可为坊，行可为表，以是语赠公，不得谓其处世之无方。至其训子侄，济亲邻，精岐黄，施药饵，设立义学，教授生徒，谆谆不倦，有令人言之不足而长言之者。衣冠古朴，步履谨恪，颇有古人遗风，是德性中自然之流露，而非出于勉然也。适有邑生蒋君印思恭者，公之受业门人也，亲见其师行谊，备载一纸，偕同人立石以垂不朽，而索文于余。余不敏，亦谓即诸生之所敷陈，蒋君之所记载者，授笔而直书之，庶几发潜德而阐幽光焉。是为记。

[民国《莘县志》卷九《碑铭》]

◎ 李森林 ◎

李森林，字竹溪。附贡生。举孝廉方正华山之子。天性孝友，事继母刘，和颜悦色，每有拂意，辄顺受，无戚容且善。继父志，精习医术，施诊施药，活人无算。邑人德之，勒诸贞珉，永垂不朽。

[民国《莘县志》卷七《孝行》]

李森林，字竹溪。清代莘县人。工于医。

[《山东中医药志》第六篇《人物表》]

◎ 李世威 ◎

骠骑将军幼尚李君暨原配张夫人合葬墓志铭

郡进士孙来贺

忆余八九岁时，从先君赴西翼，过阳平，索阿衡耕莘之地，求文正树槐之址。入城见赤竿森立，彩扁鳞悬，先君指以示余曰：尔亦知人当立志乎？此侍卫李君幼尚第也。幼尚与吾家为世好，长我者三岁，我以兄事之。性颖悟，质醇厚，貌奇伟。淹通经史，弱冠补博士弟子员，因赴棘闱弗售，即厌弃儒业，留心韬略，立志为国家储干城之器，果于丙午（1666）以第一人举于乡，登癸丑（1673）会试榜廷试一甲第二名，赐进士及第。异日定能著绩旂常，勒石钟鼎，幼尚之志可遂矣。倘使幼尚志之不立，蹉跎岁月，纵穷年占毕，亦不过终老牖下已耳，安有今日之通显哉？昔北山公之谋平山也，操蛇之神，告之于帝，帝感其诚而遂焉。是知人能立志则心一，心一则精专，心一精专，神且为之移，而默佑之志，安有不遂者？李君之荣，皆李君之志为之，此我之所敬服者也。尔其志之，及余通籍后，待罪西粤之怀远，调补思恩之西林。思恩，李君旧协镇地也，九司八士中，父老咸称李公之功德不置，莫不家祝而户颂焉。使君非本圣贤学道，爱人之心，以致兵民和辑，德泽洋溢，而徒以捍御毕乃事，又何以使众士之中爱之戴之思之慕之，历三十年如一日也。由此观之，则君之前任吴楚及闽，后之镇黔，其功在疆域，德在生民者，无不以此可类推也，宜先君亟称之而敬服之也。岁乙卯（1735），君之季子持君行状，求余为之志铭。余忆先君子言，馨欬宛然在耳，不觉怆然心伤，安敢以不文辞。按状：君讳世威，字文蔚，号幼尚。其先由山西蒲州迁居莘邑，以农桑世其业。至任亭公，讳承绪。领乡荐，任凤翔司理。生六子：至珍、奎珍、隽珍、玫珍、坦珍、增珍，皆显贵，李氏遂为莘邑望族。隽珍，字君聘，号三桂。岁贡生。生三子：季讳钵，字印尼，号竹岛。庚午科举人。祖父以公贵，累赠骠骑将军、贵州大定总兵，官都督金事。竹岛公殉节后，君事陈太夫人，克尽子职，以孝称闾里。追后，恩纶下沛，光贲林泉，君之志真快然无憾矣。其一生知遇之隆，得君之宠，已载在史册。至于释株连之乡邻，宽无知之囚犯，施药济人，泽及枯骨，全人婚姻，皆可表表寰区。而其最著者，遵母命以全忠孝，奋臂前驱，遂定巫、夔、云、万，镇黔十一年，年已逾七旬，犹鞠躬尽瘁，以报君恩，孰谓非移孝作忠尽忠以全孝之志也耶！君卒于丙戌（1706）年正月初九日卯时，享寿七十有五。原配张夫人，系出名门，性端庄，寡笑语，事陈太夫人恪供妇道。兵燹之后，相夫成立，历富贵穷通，无异辙，以襄陈太夫人殡事，致疾告终，享年五十有七。夫人生子三：长严端、次植、次朴，俱候选州同。继配贾夫人，生子一桓，拔贡生。候选教谕女。一孙男，八孙女，十一娶嫁，俱系显族。今卜于雍正十三年（1735）十月初十日，葬于城南中赵村祖茔之次。铭曰：巍巍泰岱，洋洋海封，地灵所萃，伟人斯钟，厌弃毛锥，数万藏胸，鹰扬首荐，帝眷攸隆。泽覃西粤，绩懋黔中，凤诰鸾章，以酬有功，贤哉媛德，同赴幽宫，于万斯年，永贲筠松。

[光绪《莘县志》卷八《墓表》]
[民国《莘县志》卷八《碑铭》]

　　李世威，生资颖异，状貌魁梧，性纯孝。甫九岁，父钵以城陷骂贼遇害，每言及则泣下如雨。事母陈太夫人，克慰其心。博通经史，兼精书法，尤长吟咏。年十四，入文庠，以屡战棘闱弗获拔帜，奋然曰：大丈夫何在不可？拾青紫，建功名，而顾郁郁久居此乎？遂投笔事韬钤。康熙十二年（1673）通籍后，赐第京师及裘马仆从，弓矢甲胄，从上避暑热河，特赐御书泥金诗扇。历任松江城守营游击。十四年，从顺承王征谭红于东川，以母年近八旬，意忽忽不安，母贻书命之曰：忠孝一理，汝受国恩，今值有事，正宜戮力捐躯上报，毋以母老为念，但征剿之际，当严谕士卒，勿妄杀不辜，上以体朝廷好生之德，下以慰吾平日好善之心，尽忠尽孝，皆不外是。世威益殚心从戎。十九年正月，顺承王分兵攻涪、石、巫、夔等处，世威独当一军，军建大白旗，以侍从，时曾食俸正白旗也。遇贼于山谷间，贼炮甚剧，执旗人为飞炮所毙，旗已仆，世威急取旗麾而进，出奇兵扰之，而以正兵击之，贼退，追及于隘，射杀伪官数人，贼望见白旗，辄披靡，会各路俱捷，贼大溃，遂定巫、夔，直抵重庆，谭贼投诚。九月复反，十一月进攻云阳。一日，擒贼十七人，众欲杀之，世威力为解释，且谕以朝廷德威，投诚之利，从逆之害，后果招致数百人赴营投诚，善言抚慰，具酒食而遣之，降者大悦，各书公爵印，焚香顶戴。二十年正月，遂开云阳及万县，进兵直至东乡谭贼，授首功加四等，授骠骑将军、都督佥事，管福建漳浦营参将事，有私刻官印者被获，督抚命同巡海道邓会审，得其情实，又供出多人，拟缉，世威曰：此系无知愚民，但戮其渠魁，余自归正矣。邓从之。二十五年，丁母忧回籍。服阕，补授广东提标中军参将。三十年，升广西思恩副将。其地瘴疠甚盛，兵丁、臧获及他省贸易者，时染疾病，多致陨殁，捐俸施药，全活甚众。又随浙闽总督李之芳征讨耿逆，历建奇勋。三十三年，奉旨陛见，上甚嘉奖，特准恭谒皇陵，蒙谕：思恩系边疆重地，着令暂回本任。三十五年，升贵州大定总兵，粤西兵民攀辕叩送，不绝于路。在大定十载，威震边徼，德绥兵民。定州北廓外，系滇蜀孔道，街衢皆土径，每雨后，车马踩践，泥没轮胫，行者苦之，世威适有疾，继室贾夫人侍汤药累月，冒雪膝行，祷于各神庙，请以身代，见廓北道路艰阻，即脱簪珥，发愿重修，佣工砌石，遂成坦途，行旅往来，颂德不衰，州牧温而巽为作《碑记》。三十六年，署理提督印务。至安顺，有兵民连婚日久，因无聘仪，其父遂转许他姓，以致构讼，讯知其情，谕之曰：婚姻大事，岂可贪财背约耶？出俸金八两，助其聘仪，命实时完娶，其人各率子女叩谢而去。尝出猎至仙人洞，见无数枯骨暴露，心甚恻然，命人掘土掩埋，士民闻之，无不称诵。历任黔粤十余载，民瑶杂处，烧杀为生，最难化服，到任之后，勤训练，明约束，宽严互济，恩威并用，一时丑类望风解体。年逾七旬，勤劳不倦，或劝告归林下，安乐田园。公跃然曰：大丈夫当立功阃外，垂名青史，吾虽七十有余，尚能驰骋射猎，况受皇上知遇三十余年，正当及时报效，何敢以年老辞？四十三年，赐鹿肉。四十四年，赐御制《古文渊鉴》。四十五年，奉旨陛见，寻以疾卒于官。计历任三十余年，宣劳敷治，完名全节。垂殁，犹谆谆戒子孙：努力自强，以图上报，尽忠即以尽孝，吾死亦瞑目矣。言讫，北面流涕，叩首而终。黔省兵民感激思慕，建祠署右，春秋享祀，归葬于莘，崇祀忠义祠。

[光绪《莘县志》卷七《勋伐》]

[民国《莘县志》卷七《勋伐》]

李世威，字文蔚。康熙十二年（1673）武进士第二名及第。由二等侍卫为松江城守营游击，缺裁，授湖广提标左营游击。时谭宏谋逆东川，世威奋力前驱，一日擒贼十七人，辄释不杀，令其劝众投诚，后果相率来降，巫、夔平，擢福建漳浦参将，迁广东提标参将，后随浙闽总督李之芳征讨耿逆，屡建奇勋，累擢大定镇总兵，封骠骑将军。祀忠孝祠。

[嘉庆《东昌府志》卷三十《列传五》]

李世威，字文蔚。莘县人。康熙十二年武进士一甲第二名。二等侍卫，授松江营游击，调湖广提标左营游击。时谭宏据东川，大军进讨，世威为前驱，剿抚兼用，巫、夔平，擢福建漳浦营参将，后随浙闽总督李之芳讨耿精忠，屡立战功，累擢大定镇总兵。卒祀忠孝祠。《国史》有传。

[宣统《山东通志》卷一百七十四《人物志第一·国朝东昌府》]

李世威，举人。钵子。字文蔚，号幼尚。康熙十三年癸丑科榜眼及第。二等侍卫，入正白旗，食俸正三品。

[光绪《莘县志》卷六《武进士》]

李世威，（康熙）五年丙午科解元。见《进士》。

[光绪《莘县志》卷六《武举人》]

[民国《莘县志》卷六《武举人》]

康熙五年丙子

李世威，莘县。见《进士》。

[嘉庆《东昌府志》卷二十五《武举》]

李世威，莘县人。侍卫。

[乾隆《贵州通志》卷十八《提督》]

李世威，山东人。武探花。（康熙）二十八年任。

[光绪《惠州府志》卷二十《职官表·参将游击》]

[道光《广东通志》卷五十九《职官表·参将游击》]

李世威，山东莘县人。武进士。康熙三十二年任。

[雍正《广西通志》卷六十《思恩协副将》]

骠骑将军李世威墓,在城西南十五里李家楼南。

[光绪《莘县志》卷一《冢墓》]

[民国《莘县志》卷二《冢墓》]

忠义祠,在明伦堂东南。祀明高禄、国朝李世威。

[光绪《莘县志》卷二《学宫》]

民国

◎ 王保太 ◎

王保太,祖居城内三槐堂,王文正公之后裔也。幼禀庭训,诗藻可风。孝事父母,兄友弟恭,和睦乡党,教子以勤。医术超凡,儒学源深,施药疗疮,不取分文。城乡感戴,公赠"儒医秘授"匾额,以志纪念。

[民国《莘县志》卷七《懿行》]

观 城

明

◎ 姜维叙 ◎

姜维叙,例贡生。轻财乐施,不望报。遇强梁者,能以恩义感之。任惠州府知县，致仕归，好修桥梁道路，遇贫疾或有丧者，辄推衣食药饵，济之不怠。

[道光《观城县志》卷八《懿行》]

姜维叙，观城人。选贡。（嘉靖）二十四年（1545）任，考察去。

[嘉靖《惠州府志》卷三《秩官表》]

◎ 王 溥 ◎

王溥，邑之名医。伟貌修髯，望之若仙。遇异人授脉诀，用药随证辄效。不取酬，救济甚众。嘉靖间，御史熊按东郡有疾，召问，对曰：安神定志，不治而愈。熊深器重焉。年逾八十，健行如飞龙，九十七而卒。

[道光《观城县志》卷八《懿行》]

按《观城县志》：王溥，邑之名医。伟貌修髯，望之若仙。遇异人授脉诀，用药随证辄效。不取酬，救济甚众。嘉靖间，御史熊按东郡疾，召问，对曰：安神定志，不药而愈。熊深器重焉。年逾八十，健行如飞，至九十七而卒。

[《古今图书集成医部全录》卷五百十二《医术名流列传》]

清

◎ 王光隆 ◎

王光隆，乡党以仁厚称。少业儒，见时证，邑无良医，遂弃儒学医，精究岐黄，救活甚众，且不较酬，贫人感其施济。

[道光《观城县志》卷八《懿行》]

按《观城县志》：王光隆，乡党以仁厚称。少业儒，见时证，邑无良医，遂弃儒习医，精究岐黄，救活甚众，且不较酬，贫人感其施济。

[《古今图书集成医部全录》卷五百十六《医术名流列传》]

王光隆，清代莘县人。以工医名于时。

[《山东中医药志》第六篇《人物表》]

◎ 王仲房 ◎

王仲房传

叔祖仲房先生，余师也。乾隆辛卯（1771）孝廉榜名廷骅。自封君见背，家道中落，兄弟三人各分爨以居。先生习举业，兼课读，尔时食指未繁，以岁余脩金稍置田产，十余年间，渐能自给，犹舌读不辍。乡荐后，执经请业者日益多，济济彬彬，桃李满门墙焉。其中如姑丈姜君鹤年先生，东林选也，少负文名，与余同登甲寅乡榜；表侄张君淑京，以壬辰进士作令浙江。是皆曾经指受先后，遂能成立。至若诸生擢优等，以明经选拔，秉铎他方者，指不胜屈。先生善岐黄，问症下药，救济甚多。冠县广文王公名余葛，其母染病卧床无载，闻先生名，倩友敦请之，投以剂，沉疴立起，数日扶杖能行，王公大喜过望。任阳谷教谕时，有一乡人，病极深，匍匐登门，视其疾，授以方而去。六月，其人持莲花一朵来谢，先生已忘之矣。询而知之，曰：莲花之君子者也，子将以君子许我乎？笑而授之，口占一律，以纪其事。尝语诸子：择交不可不慎，士得一知己，可以无憾，动云交游遍天下，此言之者妄也。吾择人而友，生平得二人焉：一为公濯范先生，一为汉卓徐先生，俱学问渊博，品行端方者。先生之投赠不滥，可想见矣。族中有祖行、字还鲁者，叔族某之蒙师也。垂暮先生，分儒学清，俸二十五金为经纪其后事。岂崇尚道义如此。余患目疾，解组归里，不搦管三年矣。惧吾师之前言往行，湮没而无传也。谨择其大端，口授吾子书之，用以纪实，不敢谀，亦不敢遗云尔。受业侄孙世焯谨识。

[道光《观城县志》卷九《传》]

王仲房，清代莘县人。业岐黄术。

[《山东中医药志》第六篇《人物表》]

◎ 贺 栾 ◎

贺栾,为水部郎。与葛稚川善,授导养之术。辞官归家,改名元。一夕,仙游去,至骊山白鹿观井中,遇金虾蟆,口吐五色光,三足立。栾曰:此肉芝也,服之不死。遂饵焉。后人见在东蒙山炼丹。比宋真宗东封时,拜于道左,曰:晋水部员外郎贺元见忽失所在。苏刺史尝为诗赞之。人称为"贺栾先生"。后因名其乡为贺栾乡镇,今之贺栾店。

[康熙《茌平县志》卷二《仙释》]

贺栾,晋时人。官至水部郎。与葛稚川善,得导养之术。辞官归家,改名元。一夕,仙游去,至骊山白鹿观井中,遇金虾蟆,口吐五色光,三足直立。栾曰:此肉芝也,服之不死。遂饵焉。后人见在东蒙山炼丹。至宋真宗东封时,拜于道左,曰:晋水部员外郎贺元见忽失所在。苏刺史尝为诗赞之。人称之为"贺栾先生"。后因以名其乡为贺栾镇,即今之贺栾店也增录旧志。

[民国《茌平县志》卷四《宗教》]

贺栾,茌平人。为水部郎。与葛稚川善,时至其家,授导引术。后辞官归,改名元。一夕,仙游,至骊山白鹿观井中,遇金虾蟆,口吐五色光,三足立。栾曰:此肉芝也,服之不死。遂饵焉。后人见在东蒙山炼丹。至宋真宗东封时,拜于道左,曰:晋水部员外郎贺元见忽失所在。苏轼尝为诗赞之。人称为"贺栾先生"。后因名其乡为贺栾镇,今曰店《县志》。

[嘉庆《东昌府志》卷三十四《仙释》]

贺栾,茌平人。仕晋为水部郎。改名元。与葛稚川相善,授导引之术。辞官归乡,人称为"贺栾先生"。一夕,仙去。后人见其在东蒙山炼丹,因名其乡曰贺栾店。

[嘉靖《山东通志》卷三十四《仙释》]

贺栾，茌平人。官水部郎。与葛稚川善，得导引之术。一日，至骊山白鹿观井中，见金虾蟆，口出五色光。栾曰：此肉芝也。饵之。入费蒙山，不返。今茌平有贺栾店是也。

[雍正《山东通志》卷三十《仙释志》]

贺栾，茌平人。仕晋为水部郎。与葛稚川相友善，授导引之术。辞官归乡，人称为"贺栾先生"。一夕，仙去。后有人见其在东蒙山炼丹，因名其乡曰贺栾店。

[宣统《山东通志》卷二百《杂志下·仙释》]

葛洪，邑人贺栾好修炼术，洪尝至居，久之俱仙去。

[康熙《茌平县志》卷二《流寓》]

葛洪，邑人贺栾好修炼之术，洪尝至其居，久之俱仙去照录旧志。

[民国《茌平县志》卷三《侨寓》]

贺栾宅，在兴隆寺南二十里，今名贺栾店。

[嘉庆《东昌府志》卷四十四《古迹二·台沼》]

贺栾故宅

晋贺栾为水部郎。与葛洪字稚川善，授导养之术。辞官归家，改名元。一夕，仙游去，至骊山白鹿观井中，遇金虾蟆，口吐五色光，三足立。栾曰：此肉芝也，服之不死。遂饵焉。后人见在东蒙山炼丹。比宋真宗东封时，拜于道左，曰：晋水部员外郎贺元见忽失所在。苏刺史尝为诗赞之。人称为"贺栾先生"云。后因名其乡为贺栾乡，即今兴隆店南二十里之贺栾店也增删旧志。

[民国《茌平县志》卷二《故宅》]

贺栾宅，在兴隆寺南二十里，今为贺栾店。

[宣统《山东通志》卷三十六《古迹三·东昌府》]

咏贺栾

翰林苏轼东坡

旧闻父老晋郎官，已作飞腾变化看。若是东蒙有隐（居）处，愿从薪水供烧丹。

[康熙《茌平县志》卷四《艺文·诗》]

金

◎ 成无己 ◎

按《古今医统》：成无己，世习儒医，无己尤赅博群书，有敏质，祖述仲景《伤寒》，辨析表里虚实，极其旨趣，著有《伤寒论明理论》凡数十卷行世。

[《古今图书集成医部全录》卷五百九《医术名流列传》]

成无己，金代聊摄（今茌平县洪官屯乡西成庄）人。约生于北宋仁宗嘉祐至英宗治平年间。靖康（1126）之后，聊摄沦为金有，故后世称其为金人。金正隆丙子（1156）已九十余，尚在。

无己生当宋金战乱之际，其生平史志记载甚微，惟《医林略传》有"家世儒医，性识明敏，记闻该博"之语。近年，聊城曾进行调查，访问茌平西成庄，据当地耆老云：解放前成庄村西有关帝庙，庙之东墙上立一石碑，已毁为二段，上镌"万古流芳"四巨字，下段男字有"成无己"三字，虽字迹不清，但尚可辨晰。惜庙除碑毁。无己晚年，被辽兵掳至临潢（今内蒙林西县），金人王鼎在《注解伤寒论》后序中云："亲自临潢，百有余日，目击公治病，百无一失。"

成氏著有《注解伤寒论》十卷，在其卒后二十余年，由至友王鼎筹资刊行，《伤寒明理论》三卷及《伤寒明理药方论》一卷，亦于卒后五年许，由邢台爱好者镂版流传于世。

《注解伤寒论》是对张仲景《伤寒论》的注解，在历史上是先行第一家。汪琥评曰："成无己《注解伤寒论》，犹王太仆之注《内经》，所难者，惟创始耳。"严器之作序曰："聊摄成公，议论该博，术业精通，而有家学，注成《伤寒论》十卷，出以示仆，其三百九十七法之内，分析异同，彰明隐奥，调称脉理，区别阴阳，使表里以昭然，俾汗下而灼见。百一十二方之后，通名号之由，彰显药性之主，十剂轻重之悠分，七情制用之斯见，别气味之所宜，明补泻之所适，又皆引《内经》，旁牵众说，方法之辨莫不允当，实前贤之所未言，后学所未识，是得仲景之深意者也。"

《伤寒明理论》，系成氏晚年所著，全书三卷，每论一证，有释义、病因、病理、分类、鉴别及不同治法等。对发热、恶寒、寒热等五十个症状的性质分析明晰。严器之议之曰："旨在正体、分型、析证，若同而异者明之。释战汗有内外之诊，论烦躁有阴阳之别，言语郑声令虚实之灼知，四逆与厥使浅深之类明……所谓真得长沙公之旨趣也。"

《伤寒明理药方论》一卷，选取常用方二十首作论述，有方义、方制、药理、加减及注意事项等，颇合临症应用。

[《山东中医药志》第六篇《传记》]
[《聊城地区卫生志》第十篇《人物》]
[《茌平县卫生志》第十四篇《医林人物》]

明

◎ 朱 爵 ◎

邑侯朱公生祠碑记
邑人吴九成撰

壬辰（1712）之秋八月，邑侯潘室朱公秩满，赴召父老思侯之德，谋为祠生祀之，功竣，恳余为记，余窃纪其略。茌平，七省冲衢，缙绅络绎，语罢为特甚，酹应抚循，盖两难者。值大侵，民不聊生，老弱需以待毙。朱侯来宰茌治，首询疾苦，禁奸剔蠹，恤茕赈孤，最重作养，士类朔望，不徒为命。讲故事，日课诸生于学庑，日给廪饩，未配助婚，贫死助葬，悉捐己有，尤虑蒙养弗端，各乡屯立社学五十余所，择通文艺者师之，间考字义，赏激之。岁凶，地多荒芜，侯严督耕植，劝民息讼，给官牛谷种，苦旱步祷，雨霈乃止。旧时驿递工食，解府候领，申准本县径领，多获全惠，自理赎锾，悉为葺理学校资，规划周悉，学校焕然一新。岁成，民力有余，乃以城为保障重计，更新四楼，女墙易砖，曾不费帑藏，亦不费民财。他如躬行阡陌，清斥卤以甦民困，立社仓以备凶荒，置学田以赡贫生，慎催征以防滥收，宽刑罚以宥无辜，严保甲以防盗贼，勤乡约以训愚顽，别善恶以昭劝惩，修桥梁以济病涉，立义冢以葬无告，施药饵以救疾疫，给衣食以哀罪囚，种种实政，不可枚举。以故四五年间，桑麻遍野，弦诵户闻，盗贼屏迹，丐夫赴义且保。又安全之计，在侯固有定算，尤必广询博访，下及父老，务得其便民者而后施行。噫！甘棠遗爱，岘山堕泪，史册称美，信如侯者，可以风矣。侯姓朱氏，讳爵。藩室，其别号也。世居开州。丙戌（1586）进士。

[康熙《茌平县志》卷三《记》]
[民国《重修茌平县志》卷十二《文艺》]

朱爵，字潘室。悉心民隐，优礼儒士，均徭省费，修城池，给官牛以劝耕，设备赈仓以救荒，刑清政举，历五载如一日，行取吏科给事中。去之日，卧辙者以万计。有嫠妇数十辈拜送之，公曰：吾何德于汝，而汝乃尔尔耶？妇曰：五年来，里长胥隶不下乡，鸡鸭（不惊），皆公赐也。

[康熙《茌平县志》卷二《循良》]

朱爵，字藩室。开州人。万历丙戌进士，十五年（1587）知茌平县。均徭省费，禁奸剔蠹，尤刻意振兴文教，日课诸生于学庠，给以廪饩，并于各乡屯立社学五十余所，择通文艺者师之。会岁饥，地多荒芜，爵严督耕植，给以官牛谷种，旱则步祷，雨霁乃止。又尝缮城垣，葺学宫，置学田，立社仓，严保甲，清斥卤，种种善政，不可殚述。在任五年，始终如一。后升吏科给事中。去之日，卧辙者以万计。有嫠妇数十辈拜送之，爵曰：吾何德于汝，而汝乃尔尔耶？妇曰：五年来，里长胥隶不下乡，鸡鸭不惊，皆公赐也。共立生祠祀之。

[民国《重修茌平县志》卷八《宦绩》]

朱爵，字藩室。开州人。万历间进士，知茌平。伉爽，达于吏治。初至，岁不登，缩经用，予贫民。邑旁午冲疲，爵叹曰：不及今小息，茌其无民矣。力白上官，裁斥浮费。使者过境，廪饩办具而已。孟少卿秋雅志经世，爵每造庐虚心延问，坐语移日。地方宿蠹，勾检几尽。五载，行取吏科给事中。去之日，卧辙者以万计。有嫠妇数十辈拜送之，爵曰：吾何德于汝耶？妇曰：五年来，里长胥隶不下乡，鸡鸭（不惊），皆公赐也。后以直言左迁。

[嘉庆《东昌府志》卷二十一《名宦》]

朱爵，字藩室。北直开州人。万历进士，知茌平县。初至，岁不登，乃裁斥浮费，使者过境，廪饩办具而已，地方宿蠹，勾检几尽，里长胥隶不轻下乡。五载，行取吏科给事中，后以直言左迁。

[宣统《山东通志》卷七十二《职官志第四·历代宦绩》]

清

◎ 常大勋 ◎

　　常大勋，乡耆，百岁翁也。善颐养，寿百有七岁而终。子二人：长松然，年已八十有九；次灿然，邑庠生，年方七十七岁。孙五人，曾孙十六人，一堂五代，森森济济，洵旷世不多觏者，倘非子若孙先意承志，无稍拂逆，何能父享遐龄，兄登大耋，弟逾耄年？臻此极也，寿焉而孝寓矣。居临通衢，官司往来，交相旌表，咸称"人瑞"，谁曰不宜？

[康熙《茌平县志》卷二《孝义》]

　　常大勋，乡耆，百岁翁也。善养生，寿百有七岁而终。子二人：长松然，年亦八十有九；次灿然，邑庠生，年七十七岁。孙五人，曾孙十六人，五代同堂，并皆孝友，森森济济，旷世罕觏。

[民国《重修茌平县志》卷三《孝义》]

　　常大勋，善颐养，寿百有七岁。子二人：长松然，年八十有九；次灿然，诸生，年七十有七。孙五人，曾孙十六人，一堂五代，雍睦有仪矩，乡里化之。

[嘉庆《东昌府志》卷三十二《孝义》]

◎ 孙锦裳 ◎

孙先生传

邑后学张铭撰

　　先生讳锦裳，字绣章，别号潍叟。其先世东莱之潍人，因号焉。不忘所自也。余生也晚，不获殚述其懿行，爰即父老所传闻及幼所习见者，约举之。公龀年失怙恃，葬祭一如礼。甚友爱其季弟，一切不与较，用慰亲心于泉台也。抚犹子如其子，为之婚娶，俾成立焉。笃于伦纪，率类此。行谊闻之官，周、刘两大中丞先后扁其门曰"克敦庸行""孝友无忝"云。忆公与人交也，和平恺易，当之者如饮醇醪。列名黉序，为诸生祭酒，时历年余四十。凡事关学校，两学博悉，咨之他人，叫嚣不能平者，公以和蔼出之，谧如也。他如修邑乘及学宫，中诸兴作，悉躬亲谋划之。壬子（1672）应乡荐，廷试归，杜门谢客，惟施方药济人。邑侯周公赠以诗，题之扁曰"有漱石风高公行也"。年逾七十，授文登训执，友辈婉留之，弗听也。谓：大丈夫志在四方，读圣贤书，弗克有成，虽通半绾，犹仕也。坐当急流勇退，谁诓淹留久羁者？维时聪耳明目，犹夜书细字，称矍铄翁。抵任后，率诸生明伦课艺，日以修黉宫、兴学校为务，暇则与二三子把臂谈心，蔼若春风，此其天性然也。余小子辈时，冀其就职旋里，得与共话文风，□□茌俗，回既倒之狂澜已。迹公生平，大抵好义乐善，重然诺，尚任侠，而要出以正大，将以浑厚，油油与偕，而不失柳下遗风。余小子属在未学，抚今兴怀，思公言貌，溯公品行，谬传数语，俾后之人效公，存心制行，而忠厚醇良之风，庶得再睹，实为吾邑厚幸。

[康熙《茌平县志》卷五《传》]

孙锦裳，字绣章。幼为诸生，即失怙恃。甚友爱其季弟，一切不与较，抚犹子如其子，为之婚娶，俾成立焉。巡抚先后额其门曰"克敦庸行"。顺治初，偕张愚等守城著绩。尝修邑志及学宫，悉尽力谋划。年七十，以贡授文登训导，日率诸生，明伦课艺，师范端肃。

[民国《重修茌平县志》卷三《孝义》]

孙锦裳，字绣章。诸生。顺治五年（1648），偕张愚等守城著绩。尝修邑志及学宫，悉尽力谋划。后以贡授文登训导。

[嘉庆《东昌府志》卷三十二《孝义》]

恩选岁贡续自康熙九年（1670）

孙锦裳，壬子。文登县训导。

[康熙《茌平县志》卷二《贡选》]

◎ 单振泗 ◎

单振泗，字圣泉，别号乖崖山人。工诗赋，学使按临，考试经古，数为东郡全属诸生冠。弱冠，入邑庠，旋食饩。事四母，悉能承颜怡，以孝称。兼精医卜、星命之术。著有《针灸合编》等书，待梓。

[民国《重修茌平县志》卷三《乡贤》]

单振泗，字圣泉，号乖崖山人。茌平县赵官屯人。业医，善针灸术。著有《针灸合编》，未刊。

[《山东中医药志》第六篇《人物表》]

效霞按：据民国《重修茌平县志》卷十《贡生》，单振泗为"光绪年贡"。

◎ 李荣湄 ◎

李荣湄，字煜阶。赵官屯人。清邑明经。通经、史、易，于"四子书"，尤邃密。著有《绳心便录》。且事母至孝，对继母无异所生，时人称之。邑之从游者，辄能采芹食饩。兼精岐黄，有疑难证，著手立效，以"名医"称。

[民国《重修茌平县志》卷三《乡贤》]

李荣湄，字煜阶。清代茌平县赵官屯人。工医。著有《绳心便录》，未刊。

[《山东中医药志》第六篇《人物表》]

◎ 王光瑞 ◎

王光瑞，字辑五。清庠生。大柳庄人。品学兼优，襟怀洒落。工书法，善词章，有所感触，辄随笔挥写，机趣横生，风雅相间，令人解颐。复精医术。年八十余，精神壮铄，行步甚健，日以翰墨自娱。卒年九十有二。

[民国《重修茌平县志》卷三《乡贤》]

◎ 李泗泉 ◎

李泗泉，字磐滨，号东山。尹庄人。邑庠生。工词章，善美术，家居教授，不受脩脯，贫苦者辄授之餐。事亲能孝养，居乡善排解，置义仓，戒博赌。复精于医，延请者踵接其门。

[民国《重修茌平县志》卷三《乡贤》]

◎ 王文魁 ◎

王文魁，字冠蓬。邑廪生。砺廉隅，重品谊，通经史，精韵学及堪舆、医卜诸术，设帐梓里，来学者数百人，多所成就。

[民国《重修茌平县志》卷三《乡贤》]

同治年贡

王文魁

[民国《重修茌平县志》卷十《清代府学恩岁贡》]

◎ 马守维 ◎

马守维，字翊宸。邑南关人。幼聪慧，受祖父训。弱冠入邑庠，愈益攻苦，乃未获大展，授徒自娱，复精医术。官绅来莅者，耳其名，皆拜瞻而敬重之。举为议董两会总董，任财政局局长。

[民国《重修茌平县志》卷三《乡贤》]

◎ 崔继之 ◎

崔继之，号亦轩。崔家何庄人。自幼静穆知礼，性情淡远。童塾读书，终日危坐，未尝少有偏倚。入县学后，就再从兄承之，正课艺。当是时，承之设教乡里，他乡负笈，不远千里而来受业者，率多品学纯粹之士。继之既得明师，又接益友切磋，日久以附贡选朝城县训导，授曹县训导，考验合格，限期之任，适族人有以讼事累及者，特呈留难，又使人于去路阻之。继之并不假诸词色，宛转到任，未尝逾限一日。曹邑，古蜉蝣之区，人性率多剽悍，又值捻匪挠攘之余，学宫半颓，神位卸乏。继之请诸上宪，加意整顿，不数年间，人文蔚起，科第联线。邑有新翰林徐继儒者，以知府归山西候补，以师生礼谒继之，并请教言，继之曰：以明府学全才备，治晋如牛刀割鸡，若疾恶太甚，更非末世所宜。小人用事，当预防之。吾有宗侄名准现，为晋省县令，俯为至交，或不为累。未几，晋省教案大起，联军突进，巡抚咸遭刑戮，继儒在不免之例，果赖良友，始终保全。教谕蒯公与再从兄延之为咸丰己未（1859）恩科同年，为曹县儒学正斋，到任未久，殁于官。继之往调，惟幼年如夫人抱孤子出谢，视其室中，破席半榻，他无长物，问之殓，俱尚无术备也。继之即解宦囊，又募同寅，一切身后之具，无不完备。殓讫，其如夫人抱子托孤，曰：蒯氏之后，惟此一线，敢烦仁人抚其成立，即死后不忘大德也。继之慨然允许，并未识其何意。既尔，人报蒯夫人寻节自尽，始悟其托孤之意。继之遂雇杠，将二柩送诸原籍殡葬后，即携孤回曹，始养继教，不啻己子。又上募大僚，得教养资一千余金，存储生息。又为之请名师，授妻室，种种教育，一点至诚。至自己告退后，蒯已成人，使随己回家，诸日训教。一日谓之曰：汝已年长，可以自立，积钱如数尚存，吾不敢即交汝手，援例捐典史，得卸后可以养汝夫妇矣。即尔选授河南济源，继之曰：吾死后可以见蒯公矣。光绪戊戌（1898），黄河决口香山，何庄房屋尽成泽国，青年逃生他乡，鳏寡孤独穷弱待哺者尚多，继之籴米数十石，按户每日散给，一方赖以生活。继室梁孺人，又善体夫意，凡穷民无生活者，皆养之。又精于医，《灵枢》《素问》《难经》以及长沙书，无不探其微妙，而生平并未一施诊断，问之则曰：古今不同，现在阴阳倒置，以古治今，恐所未逮，草菅人命，吾不敢也。年逾六十岁，得二子，现已有孙三人矣。人咸以为善人之报。

[民国《重修茌平县志》卷三《乡贤》]

崔继之，字亦轩。廪贡。茌平县人。光绪六年（1880）八月初二日到任。

[光绪《曹县志》卷九《训导》]

崔继之，字亦轩。省委兼理，光绪八年九月十一日到任。

[光绪《曹县志》卷九《教谕》]

《曹县续志》纂修姓氏
参阅
曹县儒学训导、廪贡生、茌平崔继之。

[光绪《曹县志》]

◎ 吴传笏 ◎

吴传笏，字摺廷。岁贡生，例授训导。性聪慧，品端方。少年，采芹食饩，设帐授徒，多所成就，遐迩争延请之。晚年，通堪舆，精医术，利世济人，概不受酬。邑令陆葆霖赠"妙手回春"匾额，邻封绅士钦慕其德，亦恭送匾额，以志铭感。卒后，门人为立"教思碑"。

[民国《重修茌平县志》卷三《乡宦》]

吴传笏，字摺廷。清代茌平县三十里铺人。业医，善推拿术。

[《山东中医药志》第六篇《人物表》]

效霞按：据民国《重修茌平县志》卷十《贡生》，吴传笏为"同治年贡"。

◎ 周乐毅 ◎

周乐毅，字省斋。清辅子。周新庄人。幼侍父从四川任内多年，及壮筮仕，清乾隆间任安徽府经历，升凤阳县知县。精医术，善书画，所著医书多种，盛行安徽省内。

[民国《重修茌平县志》卷三《乡宦》]

周乐毅，周新庄人。工书法，精岐黄。其官凤阳时，安徽官绅珍重之。著有医书多种，刊行于世。

[民国《重修茌平县志》卷十二《技艺》]

周乐毅，城北周新庄人。善书法，精通中医。在凤阳做官时，安徽的官吏对他非常珍重。著有医书多种，刊行于世。

[《茌平县卫生志》第十四篇《医林人物》]

◎ 朱名立 ◎

朱名立，字卓如。清庠生。张会所庄人。即选布政司经历，钦加同知衔。善绘草虫，兼精岐黄，为世所称。

[民国《重修茌平县志》卷三《乡宦》]

◎ 姚长龄 ◎

姚长龄，字梦九。姚庄人。庠生。居近赵牛河，河自乾隆三十八年（1773）李怀智督挑后，频年淤垫，河身壅塞，每逢淫潦，田禾潦没，长龄呈请邑侯周，移会邻县，协同疏浚，水患始除。精岐黄术，普施药饵三十余年。其他扶危济急善事，不可枚举。

[民国《重修茌平县志》卷三《孝义》]

◎ 崔麟阁 ◎

崔麟阁，字汉庭。崔家楼人。清增生，世袭云骑尉，例授武德骑尉。清同治七年（1868），父代峰督团御捻匪，麟阁虑父有失，从父往，及与贼遇，代峰奋出迎敌，麟阁阻之不得，亦随之出，父子均不知兵，麟阁只知身翼其父，被数枪，代峰年老力不支，阵亡，麟阁益不顾身，抵死前进。人有谣谓之者，曰：进无益，父尸无失也。麟阁悟，卒护父尸还。抵家一恸几绝，常以不能净尽杀贼为父雪仇为憾，后广行善事。精外科，施药饵。为父造冥福以自赎。晚年人重其行，制匾为寿。

[民国《重修茌平县志》卷三《孝义》]

◎ 王大宽 ◎

王大宽，字宏量。东赵庄人。天性孝友。初应童子试，未售，乃无志功名。居家事亲，惟恐不逮，晨昏闱间，备极色养。从袁隆吉受《易》及宋五子书，颇能得其奥旨。遭父母丧，哀毁骨立。姊妹家綦贫，迎养之，终其身，慰亲心也。伯兄容亭病，恭侍汤药，无倦容。因父兄病，始习医，精其学，于针灸、痘疹尤有心得，直造古人堂奥。

[民国《重修茌平县志》卷三《孝义》]

◎ 李玉瑶 ◎

李玉瑶，字子佩。尹庄人。清庠生。家素裕，邑有大兴作，首先捐助。善岐黄，精咽喉证，施药饵，全活甚众。光绪纪元（1875），举孝廉方正。

[民国《重修茌平县志》卷三《孝义》]

◎ 李益傅 ◎

李益傅，字子范。读书，长习岐黄，于五运六气之说，研究尤精，言之若合符节，以之行医，动能起死回生。然不注言于资财，家贫如洗，饔飧不给，晏如也。性谨厚，口呐呐，然偶一言论，妙议环生，听者忘倦。人皆感念之，为立碑以志其实。

[民国《重修茌平县志》卷三《孝义》]

◎ 李延庆 ◎

李延庆，字傅卿。赵官屯人。纯谨端方，轻财好施。贫乏者，每沾其恩，赖以生。天性孝友，人无间言。精岐黄，全活者甚众，有"和缓"之誉。人嘉其行，立石颂之。

[民国《重修茌平县志》卷三《孝义》]

◎ 李凤城 ◎

李凤城，字亦楼。吴官屯人。清庠生。品行端方，先儒后医，深究其蕴，尤精外科，著手立效，延者纷如。复好施予，贫苦者需药饵，不索值，不受酬；富者如所值，不多取。一子四孙，皆纯诚可风。寿八十余，人以为行善之报，醵金立石以颂美之。

[民国《重修茌平县志》卷三《孝义》]

◎ 赵玉成 ◎

赵玉成，字修如。瑞周仲子。幼受庭训，勤苦力学。尝曰：寒儒舍勤学自立外，无生路。又言：奢类狂，惰近死，是所必戒。作《戒惰文》。生平质直好义，取与之际，一介不苟。设帐授徒，循循无倦容。晚年于数理、医药、星命、堪舆等书，亦涉猎及之，以应人之求。卒年七十有七，若假寐者然。弟玉泉，字镜如。性尤忱爽，善排解，四乡有疑难多请裁处。综其为人，轻财重义，急公乐施，虑事详尽，无阿附，无偏私。卒年七十，至今乡里犹称道不置云。

[民国《重修茌平县志》卷三《孝义》]

◎ 郭 洵 ◎

郭洵，字诚也。清太学生。五里堠人。幼业儒，颇倜傥。后精堪舆术，有求即应，不惮跋涉。复谙岐黄，施舍药饵，活人甚夥。年逾八旬，精神矍铄，犹如壮岁，闾里公举为里长，至今"公正廉明"之称，仍啧啧人口云。

[民国《重修茌平县志》卷三《孝义》]

◎ 孟广乐 ◎

孟广乐，字智轩。孟师集人。亚圣祠奉祀。生性直率，孝友兼备。中年行医，活人无算，延请者纷至，绝无厌嫌。尤好善乐施，济人之急，毫无吝啬。年九十七岁，有"年高德劭"之誉。

[民国《重修茌平县志》卷三《孝义》]

◎ 刘同福 ◎

刘同福，字锡五。城南三十里铺人。嘉庆间，官刑部陕西司郎中，谳狱详慎，办秋审多所平反。因母患目疾乞归，遂不复仕。未几，卒于家。同福，性端朴，乐善好施，尤精于外科，就疗者踵相接，药饵皆所施，或给以食与居，俟其痊而遣之。平生所出贷，积久难指计，无力偿者，悉焚其券。子四：毓勤、毓敏成进士，毓琦授训导，毓俊保巡检。人以为行善之报云。

[民国《重修茌平县志》卷三《孝义》]

刘同福，字锡五。清代茌平县三十里铺人。以医为业，善治外科。

[《山东中医药志》第六篇《人物表》]

◎ 邹湘皋 ◎

邹湘皋，字衡台。振岐子。廪贡生。候选训导。幼通经史，长明大义，周贫济急，笃亲睦族，尝捐钱万余贯，倡修宗祠，并置祭田数百亩，为久远计。值岁大祲，出粟赈济，全活甚众。尤精于医，求疗者，相踵接，或给以方，或施以药，咸应手奏效，远近德之。其他倡造祠宇、修治道途、恤亲党、解纷争，种种善行，不可枚举。

[民国《重修茌平县志》卷三《孝义》]

◎ 马 氏 ◎

马氏,曹宗信之妻。二十三岁夫故,氏知书,通算法,识医药。侍姑疾三载,躬调汤药,昼夜罔懈,守节五十一年。光绪十三年(1887)旌。

[民国《重修茌平县志》卷三《列女》]

◎ 路 氏 ◎

路氏,赵官屯王锡禄妻。善针灸,著手立效。性尤慈惠,年几七旬,有求即应,不惮烦苦,活人无算,一方感念,为之建碑。

[民国《重修茌平县志》卷三《列女》]

◎ 孙 氏 ◎

孙氏,南白庄白兴森继室、聊城孙家堂丙辰女。二十四岁于归,逾岁夫故,励柏舟节。翁患足疾十余年,氏侍汤药,能察知翁疾苦,揩用刀圭,巾绵悉当亲心,晨昏罔间。翁殁,与姑形影相随,宛如母女。无所出,以夫兄次子鼎臣为嗣子,爱如己出,使入东昌中学毕业。以操劳过度,年五十七岁卒。县长牛颁给奖状,为之旌表。

[民国《重修茌平县志》卷三《列女》]

◎ 梁 方 ◎

梁方,嘉祥人。岁贡生,任茌平训导。性谦和坦率,不事矫饰。学问渊博,课士殷勤。耄年好学,恒手不释卷,诸生质疑问难者不绝。精岐黄术,求无不应,时以药济人。卒于官。

[民国《重修茌平县志》卷八《宦绩》]

梁方,嘉祥岁贡,茌平训导。性谦和坦率,不事矫饰。学问渊博,课士殷勤。耄年好学,恒手不释卷,诸生质疑问难者不绝。精岐黄术,求无不应,时以药济人。卒于官。

[嘉庆《东昌府志》卷二十一《名宦二》]

◎ 张　勔 ◎

张勔，字敬修。岁贡生。聪敏力学，乡里碑文多出所撰。晚精于医，用药无不立效，求治疗者，日盈其门云。

[民国《重修茌平县志》卷十二《技艺》]

张勔，字敬修。明末岁贡生。聪明好学，乡间的碑文多由其所撰。晚年精通医学，用他的药无不见效，请他看病治疗的人，每天都挤满门。

[《茌平县卫生志》第十四篇《医林人物》]

◎ 张　洁 ◎

张洁，善疡医也，其疗疮，能使痂落无瘢痕，活人甚多。

[民国《重修茌平县志》卷十二《技艺》]

慈珺，清同治间，充西二乡下里长。品学兼优，望孚乡民。值捻匪乱本里，适当其冲，乡民悉逃避窦庄寨内，众公推珺与窦炯、张洁为寨主，督迭寨墙，一夜完竣，计划周详，纪律严肃，凡逃入寨内，无食者给粟，有病者医药，匪围月余，卒保安全。

[民国《重修茌平县志》卷三《乡贤》]

张洁，善长治疗毒疮和皮肤病。经其治疗的疮疡，能使痂落无瘢痕。

[《茌平县卫生志》第十四篇《医林人物》]

◎ 马　瀛 ◎

马瀛，善岐黄术，有延请者，无不立应，乡人感之，赠以额曰"引年尚德"。

[民国《重修茌平县志》卷十二《技艺》]

◎ 纪好贤 ◎

纪好贤，字干臣。清庠生。幼精岐黄兼堪舆术，济世活人，有求即应。所习皆超轶，人甚称之。

[民国《重修茌平县志》卷十二《技艺》]

纪好贤，字干臣。清庠生。从幼年就专心于中医学及看风水的道术。为了救助世间的病人，有求即应，没有人能赶上他被人们所尊重和称赞的。

[《茌平县卫生志》第十四篇《医林人物》]

◎ 纪仁山 ◎

纪仁山,字寿如。善针灸,每值时疫流行,无论风朝雨夕,延之即至,活人无算。

[民国《重修茌平县志》卷十二《技艺》]

纪仁山,字寿如。善长针灸。每当传染病流行季节,无论是早晨刮风,还是午后下雨,有延请者就立即到病人家里治病,经他治好的人无法计算。

[《茌平县卫生志》第十四篇《医林人物》]

◎ 赵瑞峰 ◎

◎ 刘松峰 ◎

赵瑞峰,精医术,重用方剂,药到病除。同村刘松峰,不识书,从之学,瑞峰口授之十余年,并称"名医",人呼为"二峰先生"。前后行医五十年,全活其众。寿均至七十五岁。

[民国《重修茌平县志》卷十二《技艺》]

赵瑞峰,精通医术,危重病人用他的药方,药到病除。同村刘松峰,不识字,跟他学医,瑞峰就口授之十余年,并称"名医",人们称他俩为"二峰先生"。前后行医五十年,为很多人治好了病,二人均活至七十五岁。

[《茌平县卫生志》第十四篇《医林人物》]

◎ 张月丹 ◎

◎ 刘廷楷 ◎

◎ 黄张氏 ◎

◎ 张丁氏 ◎

◎ 张印中 ◎

◎ 李金氏 ◎

◎ 金石氏 ◎

张月丹,李大儒庄人。得针法于城北蔡庄刘廷楷,善治小儿各种风证,多全活。月丹传其术于女孙孙里屯黄张氏及其三子媳丁氏，又传其子印中，三世递传，广行方便，不受报酬，人称其德。又，同理李廷元妻金氏、邻村田庄田金番母石氏，亦善针治小儿各种病证，手到病除，有名于世。以上诸人，皆享大年，论者以为活人之报云。

[民国《重修茌平县志》卷十二《技艺》]

张月丹，李大儒庄人。在城北蔡庄刘廷楷那里学得了针法，善治小儿各种风症，多数都能治好。月丹将其术传给孙女孙里长屯黄张氏及其三儿媳丁氏、丁氏又传其子印中，连传三代，广行方便，不要报酬，人们都称赞其德行高尚。又有同乡李廷元之妻金氏、邻村田庄田金番之母石氏，也善长运用针法治疗小儿的各种疾病，手到病除，有名于世。以上诸人，都享受了长寿，人们认为这是为人治病报答的福分。

[《茌平县卫生志》第十四篇《医林人物》]
[《山东中医药志》第六篇《人物表》]

◎ 张士选 ◎

张士选，字晋卿。精岐黄，擅内、外两科，尤善疗痘疹，著手成春，声望卓著，乡里送匾颂之。寿逾八旬，无疾而终。

[民国《重修茌平县志》卷十二《技艺》]

张士选，字晋卿。精通中医学，擅长内、外两科，尤其善治痘疹，著手成春，声望卓著，乡里送匾颂之。年过八十，无疾而终。

[《茌平县卫生志》第十四篇《医林人物》]

◎ 吴体元 ◎

◎ 苗香谷 ◎

吴体元，字子全。清庠生。城南崔家海子人也。精岐黄，善领悟，颇得诸名医微奥。幼读医书，迎刃而解，甫五六日，即能诊脉，决人生死。聊城名医苗香谷闻之，与语，大悦，甚奇之，遂受业于苗。后则青出于蓝，能于数月前知人休咎死生，屡验不爽，茌、博两邑有"神医"之称。

[民国《重修茌平县志》卷十二《技艺》]

吴体元，字子全。清庠生。城南崔家海子人。精通中医学，善于理解问题，颇得很多名医的深奥道理，幼读医书，迎刃而解，得病前五六天即能诊脉决定人的生死。聊城名医苗香谷听说后，与其交谈，很是高兴，并称其才能出奇，随之收吴为徒弟，后则胜过老师，能于数日前知人福禄生死，屡次验证没有不灵的，在茌、博两县有"神医"之称。

[《茌平县卫生志》第十四篇《医林人物》]

◎ 刘殿潘 ◎

刘殿潘，字价人。四区土刘庄人。清庠生，为鸿胪寺序班。精医术，尤善治瘟疫，出人于险。其法至今流传不衰，师其意者无不奏效，亦奇术也。

[民国《重修茌平县志》卷十二《技艺》]

刘殿潘，字价人。杜郎口区大刘庄人。清庠生，为鸿胪寺序班。精通医学，尤其擅长治疗瘟疫，使病人脱离危险。其法至今流传不衰，后人仿效其法，无不奏效，因此亦称为罕见的医术。

[《茌平县卫生志》第十四篇《医林人物》]

◎ 崔道远 ◎

崔道远，号骥云。原名近道。佛堂乡南北崔庄人。清府庠生，得蓝翎五品衔。少从崔端和先生读，天资绝伦，师友皆以大器期之，后困于家境，辍学习医，别有心得，一经诊治，著手成春，遐迩延请，相属于道。犹致力于大清会典故、清掌故，一时称绝。

[民国《重修茌平县志》卷十二《技艺》]

崔道远，号骥云。原名近道。佛堂乡南北崔庄人。清庠生，得蓝翎五品衔。少年跟崔瑞和先生读书时天才超群，老师和同学皆对其才学抱有很大希望。后因家庭贫困退学习医，在医学上有新的见解和体会，一经诊治，著手成春。对清朝的典章制度和历史掌故，了如指掌，因此一时被称赞为独一无二的人。

[《茌平县卫生志》第十四篇《医林人物》]

◎ 杨修恒 ◎

杨修恒，字梅卿。王家营人。情性和厚，意量渊雅，读书积学，惜未得售。后改习医，精其术，乃大行其道，后以"儒医"称，活人甚众。尤善排解，为一乡所仰赖焉。

[民国《重修茌平县志》卷十二《技艺》]

杨修恒,字梅卿。城东南王家营人。性情温厚,言谈举止非常纯正,读书积学深厚,可惜未有考中,后改习医并精通医术,便大行其道,后人称其为"儒医",为很多人治好了病。尤其善于排解,成为一乡人敬慕和信赖的医生。

[《茌平县卫生志》第十四篇《医林人物》]

◎ 董衍昶 ◎

董衍昶,冯官屯人。工书画,施彩浓艳入神,尤长蝴蝶,栩栩如生。复精医术,凡应诊者,无不奏效,皆药到病除,故邑人受惠者尤多。

[民国《重修茌平县志》卷十二《技艺》]

董衍昶,冯官屯人。工书善画,施彩浓艳入神,尤其是画的蝴蝶栩栩如生。同时又精通医术,凡应诊者,无不奏效,皆药到病除,所以县里的人受惠者尤多。

[《茌平县卫生志》第十四篇《医林人物》]

◎ 李廷维 ◎

李廷维,李大儒庄人。善武术,尤善使阴手棍,并能推拿病证,有求必应。性慈,尤好施舍。

[民国《重修茌平县志》卷十二《武术》]

◎ 李庭菊 ◎

靳登泰《茌平李氏重修族谱序》

世有系宗有谱,所以明尊卑,序长幼,使子姓昆弟油然而敦亲睦之风,崇孝悌之义,故宗法亡而先王之礼教不行,所关非细故也。中古以来,首重族望,沿流至今,凡秉礼之家,莫不远稽受姓之始与始迁之祖,派别支分,垂为家乘。然或遥遥华胄,世远难稽,依附名流,以妄相推引,识者耻之。又或详于本支而略于旁支,以至妇之所娶、女之所适,漫不致详。曾未数传,已同秦越人之不相属矣。亦何谱之足重哉!茌邑李氏,本莱州昌邑旧族,世久而谱不可考。自明洪武时,奉徙民之令,迁于茌,因家焉。其贤裔茂才庭菊先生,文章、品谊为乡党所推崇,尤精于岐黄学,著手生春,全活者无数。道光壬午(1822)冬杪,出其族谱,嘱叙于余。曰:

吾李氏谱，自乾隆甲申（1764）重修，博陵家山亭为之序，越今垂六十年矣。惧其流愈长，而源或淆也。将鸠族众而续修之，冀君一言以弁其端。余反复细阅，知其忠厚，开基而泽于诗书者，已四百年，世系相承，宗支井井，未尝不叹仁人孝子之用心，至深远也。夫始祖之身，一人而已，判而为兄弟，则二人或数人也。由兄弟则再判之，至于数世，则庆吊不相闻，生死不相知，面目不相识者，有之矣。父之兄、弟之子为从兄弟，祖父母在堂，则一家也。至于析爨异居，或转徙而之他方，则庆吊益不相闻，生死益不相知，面目益不相识矣。夫由一人之身而分之，以至于途人者，势之无如何也。由途人之身而溯之，而终合诸一人者，则情之所难恝也。挽其势之将漓而动于情之不容已，此庭菊先生族谱之修，所为亟亟也。抑吾尤服其义例之严，有不可及者。自始迁以前，不敢追溯远引，惧其诬也。自著籍以后，脉络条贯，宁加详，无敢遗，惧其略也。诬则疏者反亲，略则亲者或疏，惟亲疏不失其序，而后一家之尊卑长幼，秩然蔼然，孝友之风益于门内，其后之保世滋大衍，余庆于无穷，而为一邑之矜式者，胥于是谱卜之。至其世德相承，经文纬武，自有明以来，登甲科，位显宦，游黉序，贡成均者，绵绵延延，后先辉映，前之序是谱者详哉言之。谱内所载，蠡蠡可考，更无庸余之赘也。是为序。

[宣统《聊城县志》卷十二《杂缀》]

民国

◎ 刘翼臣 ◎

刘翼臣，字俊升。三十里铺人。幼业儒，精岐黄。清光绪三十年（1904），考取詹事府供事第一名，办事出力，保县丞，署承德府邢台县西黄巡检、顺天府密云县县知事。民国元年（1911），大总统奖给九等嘉禾章。卸事后，旅京行医，活人无算。

[民国《重修茌平县志》卷三《乡宦》]

◎ 王莲绍 ◎

王莲绍，字益卿。洪布赵庄人。清庠生。精岐黄术，尤擅小儿科，遇疑证，他人束手者，辄著手成春，然不居为奇货，一以活人为心，夙夜奔救，恒废寝食。贫不能市药饵者，辄施与之，活人甚多。民国初年，土匪蜂起，附近乡村，公推为民团长，剿御有方，多所捕获，宵小敛迹。

[民国《重修茌平县志》卷三《孝义》]

◎ 崔式友 ◎

崔张氏者，清朝咸丰癸丑（1853）进士、刑部员外郎、齐河县张公翀霄公之长女，同治庚午（1870）并补行丁卯（1867）科兄弟同榜举人张葆俨、张葆侗之胞妹也。幼性贞静，长晓大义，许聘于茌之崔家何庄崔承之之次子、过继于其胞叔崔拱之之妻秦孺人为子、名式穀者为妻。式穀年十八，未娶妻而夭，张孺人闻讣时，即禀请父母曰：女子从一而终，女既受崔氏聘，当为崔氏妇，请归崔氏，侍吾孀姑。素服来归，上侍太封翁暨孀姑，并本支翁姑，以及伯叔婶母兄弟娣姒，下及姊妹侄孙，期功同居者不下百人，无不诚敬勤和，尽情尽礼，至特旨颁下，孺人年才十八，谓太封翁曰：朝廷恩施例外，我当遵例而行建坊之议，请诸后来可也。当是时，本支兄式度适得次子，才弥月，孺人遵太封翁命，抱为己子，抚育教育如己生。子名铭石，号介生，字贞子，皆为孺人命之也。光绪初年，太封翁卒，本支翁亦相继去，世伯叔行分爨，秦孺人年且老，孺人经理家政，男娶女嫁，条理井井。光绪十六年（1890），秦孺人病重，昼侍奉衣不解带者数月。卒后，一切殓仪，无不遵礼而行，又命铭石购石，请本支弟式坚具表，树诸墓外；又请于本支继姑王宜人同堂共爨。至铭石既长，命其依胞妹适历城李氏者，习盐鹾。由此，家业少丰，乃携子媳归本宅居住。民国七年（1918），茌平失守，乡间时有警戒，孺人奉本支继姑避乱省垣，有姻长清御史致仕张公英麟来寓面见孺人，欲再请诸总统，为孺人题褒，孺人不可。无何，本支继姑旋里病殁，孺人奔丧归来，哀痛尽礼。民国辛未（1931），孺人病笃，铭石肺喘更剧，谓本支叔式友曰：侄生八月，经吾母抱哺长育，顾复不异生身，倘侄死于母先，不孝曷极！愿吾叔诊治，少救残喘，得亲为殓葬，再死不愧矣。孺人年七十有六寿终，葬未夹旬，铭石亦卒，人以谓母子慈孝之报也。

[民国《重修茌平县志》卷三《列女》]

效霞按：据此"传"，并联系崔继之"传"所记其兄为崔承之，则崔式友当为崔继之之侄辈。

◎ 焦桂林 ◎

焦桂林，字香圃。曹庄人。山东省立医道专门学校毕业。

[民国《重修茌平县志》卷四《学生》]

◎ 周之桢 ◎

周之桢著《茌平县训蒙地理志》《花学启蒙》《松花江医案》《医学别论》。

[民国《重修茌平县志》卷十二《历代邑人著述汇集》]

周之桢，城北周新庄人。县附贡生，山东大学堂备斋，毕业日本弘文学院师范。毕业是年，日俄战起，封港留日。参考学校政治，经清朝山东巡抚周奏陈，原班学生已行分省者，仍赴原省；未经分省者，留本省供学务差六年。迭保至花翎四品衔，后选知府。

[民国《重修茌平县志》卷四《学生》]

周之桢，城北周新庄人。山东大学堂备斋，日本弘文学院师范毕业，保至花翎四品衔，后选知府。学识渊博，著有《茌平县训蒙地理志》《花学启蒙》《松花江医案》《医学别论》，未刊。

[《茌平县卫生志》第十四篇《医林人物》]
[《山东中医药志》第六篇《人物表》]

◎ 李义传 ◎

李义传（1855—1943），赵官屯公社赵东村人。自幼丧母，家境贫困，其父守庙供其读书。后自学医书，聪明颖悟，理解透彻，擅长内、儿科。三十岁后医名传播四方，有"李半仙"之称。一生行医五十余年，医术精良，医德高尚，延之即至，善用偏、验、单方，疗效颇佳，常舍医舍药于民，尤受贫苦患者爱戴。晚年恐后人刁难病家，将账本全部焚烧，病重卧床不起，还为患者口述药方治病。因其医德高尚，千余群众捐款集资立"德行碑"，赞其"有延之者从不较资……世人皆敬之"。

[《茌平县卫生志》第十四篇《医林人物》]

◎ 姜春轩 ◎

姜春轩（1875—1947），字树堂。茌平县洪官屯乡姜庄村人。自幼读儒书，勤思好学，天资聪明。二十一岁中秀才，入泮后教学，兼攻医，钻研中医经典，三十岁左右遂弃儒从医。善治各种疑难病症，对气臌、癫狂、肺痨等有独到之处。不辞劳苦，有求必应，施药于民，不取报酬，在茌平、博平、聊城、冠县四县颇负盛名。虽家境清贫，但从不接受周济。不少病家常馈医书以表盛谢，后送"医高缓上"匾额，以赞其德术。

春轩具有高度的爱国主义精神和革命思想，在年迈之时，投入抗日救国运动，1943年加入中国共产党，解放战争时期，由郭少英、谢鑫鹤介绍参加冀鲁豫军区，在四分区任军医。1947年古历六月四日在阳谷县郝楼村遭敌机轰炸，壮烈牺牲。

春轩一生行医五十载，临症验案详细记录，勤于总结，对《伤寒论》有较深的研究。家藏医书千余种近万卷，遗有不少手稿，有部分存于茌平县医院，是研究中医学的宝贵资料。

[《聊城地区卫生志》第十篇《人物》]
[《茌平县卫生志》第十四篇《医林人物》]
[《山东中医药志》第六篇《人物表》]

◎ 张廷桢 ◎

张廷桢（1885—1936），字干卿。城关公社红庙村人。幼读私塾，聪敏好学，颇通文墨，可通讲《资治通鉴纲鉴》《聊斋志异》等。二十一岁时，家境因故败落，其母患肺痨，久治不愈，始自学中医，为母治病，年余而愈。随后乡邻亲友为其集资开铺行医，擅长伤寒及心肾虚弱症。行医期间每与乡里排解，识者皆欣然与之交往。曾著《医方集解》，为手抄本。其徒弟杨钟翰、李维山，均有医名。

[《茌平县卫生志》第十四篇《医林人物》]

◎ 姚延化 ◎

姚延化（1887—1946），茌平县郝集公社姚庄人。幼读私塾，因家贫辍学，十九岁教书维持生计，同时自学《内经》《难经》《伤寒论》及妇科医书，二十一岁弃教从医，擅长伤寒杂病、瘟病及妇科疾病。行医期间，热情为患者治病，不辞劳苦，常舍药于贫苦患者。一生带徒八人。辑录《经验良方》六册，"文化大革命"

时与家藏医书一并被毁。

[《茌平县卫生志》第十四篇《医林人物》]

◎ 王疏附 ◎

王疏附，字贞子。早岁为诸生，有名，屡试不售，乃入太学，专精著书，"四子""五经"外，天文、地理、卜筮、医方，俱有论断，从游者斋舍不容，每赁屋受业。侄隽臣、孙朝柱相继举于乡，皆其教也。年逾八旬卒，学者私谥"文懿先生"。

[道光《博平县志》卷四《人物传》]

[嘉庆《东昌府志》卷三十《列传五》]

◎ 胡芸亭 ◎

胡芸亭，字雪斋。邑庠生。父方成早卒，事母至孝。与人慷慨，无稍吝，亦无所竞。尤精岐黄术，所全活无算。年八十四岁卒，邑令李以"居德善俗"表其间。子玉琅，浙江县丞；孙庆温，廪贡生，教职；庆恭，拔贡，直州判；庆俭，郡庠生。人皆谓善人之报云。

[光绪《博平县续志》卷十《孝友》]

◎ 祁金门 ◎

祁金门，博平医士。贫不能设局，负药囊摇铃出游。一日，至济宁，总河之母患便不下靡月矣。金门至，一剂而愈，酬以千金，不受，遂广荐之，疾应手愈。归里，大启门宇，求者如市。有产难者，夜半叩门，金门应之，向其妻索水洗手，其妻曰：水不温。金门曰：凉水洗手便好。叩门者误认语，方急归以凉水濯妇之手，遂产。金门曰：谚云：趁我十年运，有病早来矣。其我之谓矣。人称其达。

[嘉庆《东昌府志》卷四十四《方技》]

◎ 谢锡龄 ◎

谢龙文，武生。睦乡邻，息争讼，除一方积匪，乡里以安。子庠生锡龄，业岐黄，活人甚众。

[光绪《博平县续志》卷十《附编》]

◎ 李 元 ◎

李谦，字受益。郓之东阿人。祖元，以医著名。父唐佐，性恬退，不喜进。谦幼有成人风，始就学，日记数千言，为赋有声，与徐世隆、孟祺、阎复齐名，而谦为首。初为东平府教授，无俸，郡敛儒户银百两备束脩，谦辞曰：家幸非甚贫者，岂可聚货以自殖乎？翰林学士王磐以谦名闻，召为应奉翰林文字，一时制诰，多出其手。至元十五年（1278），升待制，扈驾至上都，赐以银壶、藤枕。十八年，升直学士，为太子左谕德，侍裕宗于东宫，陈十事：曰正心，曰睦亲，曰崇俭，曰几谏，曰戢兵，曰亲贤，曰尚文，曰定律，曰正名，曰革弊。裕宗崩，世祖又命傅成宗于潜邸，所至以谦自随。转侍讲学士。世祖深加器重，尝赐坐便殿，饮群臣酒，世祖曰：闻卿不饮，然能为朕强饮乎？因赐葡萄酒一钟，曰：此极醉人，恐汝不胜。即令三近侍扶掖使出。二十六年，以足疾辞归。三十一年，成宗即位，驿召至上都。即见，劳曰：朕知卿有疾，然京师去家不远，且多良医，能愈疾，卿当与谋国政，余不以劳卿也。升学士。元贞初，引疾还家。大德六年（1302），召为翰林承旨，以年七十一，乞致仕。九年，又召。至大元年（1308），给半俸。仁宗为皇太子，征为太子少傅，谦皆力辞。仁宗即位，召十六人，谦居其首。乃力疾见帝于行在，《疏》言九事，其略曰：正心术以正百官，崇孝治以先天下，选贤能以居辅相之位，广视听以通上下之情，恤贫乏以重邦国之本，课农桑以丰衣食之源，兴学校以广人才之路，颁律令使民不犯，练士卒居安虑危。至于振肃纪纲、纠察内外，台宪之官尤当选素著清望、深明治体、不事苛细者为之。帝嘉纳焉。迁集贤大学士、荣禄大夫，致仕，加赐银一百五十两、金织币及帛各三匹。归，卒于家，年七十有九。文章醇厚有古风，不尚浮巧，学者宗之，号野斋先生。子偁，官至大名路总管《元史》本传。

［道光《东阿县志》卷十三《列传》］

◎ 张 敏 ◎

张敏，少为儒，其后习医。伯父汉臣，当敏为儿时，已与敏父分产，而敏出赘富人田氏。其后敏父死，汉臣吏三十年，归而大贫，敏乃请伯父还，阖门同爨，晨昏奉养，甚于所生，如此者十年余。汉臣八十六而死，敏寝苫枕块，如执亲丧，里人奇其行，闻吏，至正中，表其闾云。

［道光《东阿县志》卷十四《卓行》］

张敏，东阿人。少尝为儒，其后习医。伯汉臣，当敏为儿时，已与敏父分产，而敏出赘富人田氏。敏父死，汉臣为吏三十年，归而贫甚，敏乃请还，同爨奉养十年余。汉臣八十六而死，敏如执亲丧。至正中，表其闾。

［乾隆《泰安府志》卷十八《孝义》］

张敏，东阿人。少为儒，其后习医。伯父汉臣，久与父分产，而敏出赘富人田氏。后父卒，伯父宦游归，既而大贫，敏请伯父同爨，晨昏奉养，不异所生者十余年。汉臣殁，敏寝苫枕块，如执亲丧。事闻，旌表其门。

［康熙《山东通志》卷四十五《孝义·兖州府》］

张敏,东阿人。伯父汉臣,久与父分产,而敏出赘田氏。后父卒,伯父大贫,敏请同爨,晨昏奉养,不异所生十余年。卒,敏寝苫枕块,如执亲丧。事闻旌表。

[宣统《山东通志》卷一百六十五《人物志第十一·历代孝友》]

明

◎ 吴南阳 ◎

吴南阳,字龙湾。父洞为东阿诸生,夜梦一人至其家,曰:吾南阳子,今为汝嗣。是日,果生男,因名南阳。幼通经术,兼精医学,谓人曰:吾胸中一片活人心也。遂著《南阳活人书》一卷、《脉经图说》一卷,岐黄家咸珍之。凡为人诊脉,云不妨,必生;云预备,必死。一邻人,无病故请诊,南阳曰:过午必死,不可治矣,是断肠煞也。其人曰:我无病,今调汝,汝亦调我耶?无何,觉腹痛,鼻口秽水出,即时死。盖此人方食薤面至饱,从柜面上探身求诊,以柜碍腹,断其肠耳。一吏部郎赴京,舟行经过,不能言语、饮食,但点首、瞪目,诸医束手。南阳与诊脉,曰:先生无他病,中半夏毒耳。问诸公子:先生素嗜食何物?公子曰:素嗜鹧鸪鸟。南阳曰:鹧鸪鸟食半夏,此中半夏毒,何疑?按雷公炮制半夏法,用生姜汁。今以姜汁一盏,用茶匙入滚白水内,每钟入二匙饮之,汁尽,能言而愈。酬以五十金,不受,曰:吾志在活人,非为利也。

[道光《东阿县志》卷二十四《方技》]

吴南阳,东阿人。字龙湾。幼读书,通经术,精医学,谓人曰:吾胸中一片活人心也。遂著《南阳活人书》《脉经图说》,岐黄家宝之。嘉靖中,一吏部郎赴京,舟过安平镇,病瞪目,不能言。南阳诊之,曰:无他,中半夏毒耳。问:素嗜何物?对曰:嗜食鹧鸪。南阳曰:鹧鸪食半夏,中毒何疑?亟以姜汁一盏,饮之而愈。酬以五十金,不受,曰:吾志在活人,不在金也。

[雍正《山东通志》卷三十一《方伎志》]

◎ 许道先 ◎

云翠山天柱观记

于慎行

  吾邑之东南，千岩万壑，环列如壁，而其突兀耸拔者，为云翠之巅。其状，削成四方，壁立万仞，诸峰莫敢望焉。所谓天柱峰也，以其形似，亦谓之印峰。峰之北坳，故元时有祖师殿四楹、稻池一区，学士李公谦尝为之记，谓之南天观。南天观者，以白雁池上有天平观，此在其南也。观之北址，有平峰如几，谓之丘子坪者，炼师丘长春也。峰之东南，有严如坛，谓之子陵台，盖曰严光隐此云。长仙春于东海之上，其徒择胜而居，称丘子之派，固无定所，而汉史著子陵，隐于齐国，邑在齐之南境，足迹及此，理亦有之，然皆无所考据，而其峰峦秀异，甲于齐鲁之交，即不必有仙人隐士之迹，而已为一方之名胜矣。元末，既经兵燹，台观颓圮，化为仙禽野鹿之宫，即有探奇纵观之士，多以无所栖止，望而不能至，而峰之秀异，若有所郁而不彰者，盖予少时所常慨叹而力不能为也。嘉靖丙寅（1566），悟菴许公道先，始从濮阳来游，盘桓顾望，若有神启，遂诛茅结庐，隐于其上。许公者，磊落有气，黄冠之侠也。大司马舜泽苏公、符卿北山李公，重其道术，相与捐资助之。许公亦以施药拯济，能得人和，四方士女东祠泰岳者，道出山下，往来谒礼，蚁附蝯缘，米谷布帛之属，辇负云集，禁不可止。许公一无所私，皆以庀徒鸠工，规灰观宇，其所营造，日以宏侈，游者益多。鲁王闻其贤，亦赐金若干，建玉皇阁于上。既落成，许公因观故名，徽重于峰榜，曰：天柱。遣其徒通安谒予为记。予自登仕以来，前后请告家居凡六七载，以此山为外舍，即徵许公之请，固乐为山灵载笔，不敢辞也。盖今所修观，在故祖师殿之东，有门北向，甃数十级，略如盘道，谓之天门。门之内，有阁南向，谓之凭虚阁，其高三成，许公坐卧处也。又内有阁北向，谓之长春阁，其高三成，貌丘公而事之，四方客至者，下几榻焉。阁之后，筑岩而窍之，如二楹屋，谓之回阳洞。洞之中，坎地而泉，曰天一泉。泉出洞，而汇为池，池上为小坞，别种花卉。由洞而右，缘城数十级，上垣而宫之，谓之道院。院之中，凿山而窍之，谓之许公洞。洞之上，即所谓玉皇阁也。阁负离向坎，其高三成，而峻壮丽嵬，峨焕若钧天之居矣。阁之左有殿，以奉元帝。其右有殿，以奉三元。而岩之上，各种杏千余，杂以杨柳，春二三月，花树纷郁，山鸟多音，俨然元圃石室中游也。由观而上行，可二三里，乃得天柱峰云。而自有观以来，探奇纵观之士，始有所栖止，以至于峰之下。此峰之胜，若因观而有者，许公之功德于山灵顾不大哉……

[道光《东阿县志》卷二十《记》]

云翠山，在城东南三十里。其高与礓山等而锐，其上峰顶巨石，高数十丈，修广里许，其形正方，状如印而有纽，谓之印峰，亦曰天柱。周围壁立其中，穿石窦，可踏石罅升焉。旁三石，壁立中高，两堕状如笔床，谓之笔峰。其南方，一岫状如筑成，谓之子陵台，相传严子陵所居。考之《汉书》，但言子陵隐齐，而不言其所在，岂其常游地与？印峰之北为南天观，元时建，学士李谦为记。观之上为长春洞，洞中有泉，谓之天一泉。其北有山如几，横峰于前，谓之邱子坪，相传邱长春于此修炼。盖元时有羽士四人栖于其上，自称师长春也。明万历间，道士许道先隐于山中，大有兴筑，负山筑台为玉皇阁，环而宫之，谓之蓬莱仙院；阁下一楼北向，谓之长春阁；其北一楼南向，谓之凭虚阁。其东为真武观，其西为三真观，明邑人于慎行为记。

[道光《东阿县志》卷三《山水》]

◎ 秦 柏 ◎

明公府家丞秦公墓表

于慎行

秦氏，东阿世族也。其先盖凤阳人。高祖讳彦良，元末为东平路总管府判官，卒葬东阿，子孙因占籍焉。总管公生秀，永乐中举明经，仕为扶风令。扶风公生盛，正统中举明经，仕为浚司训司。训公四子，其季曰泰举，弘治壬子（1492）省试，仕为长子令。长子公四子，曰谌，曰竹，曰松，其季即吾外舅东村翁也。讳柏，字大贞，以别墅自号云。母曰熊夫人，以江右名家箮长子公之室，生翁数岁而寡，拥护幼孤，推产以让诸兄，不取盈也。翁生而聪敏多材，治经通解，未冠补邑诸生。而侠节好游，不视作业，从宾客，少年挥鞭挟弹，出入鸣瑟跕屣之间，亦以故稍减产焉。尝有吏事为邑令所谯，愤曰：丈夫不能自树，窘于束矢，隳其世矣。闻一二里子，以司马法射策自念，素精骑射，此可唾手取也。乃求古兵家言，闭门伏读，不至数月，即得其要旨，能著论义。往从御史试，辄举高等；再试，名第愈高。而里子同时举者至十余人，以翁大族行尊相与父事之母敢雁行，邑令前谯翁者至，躬勤为之驾，谓：秦生，材士也。向者，吾督过之，今内愧矣。事在嘉靖戊午

（1558）、辛酉（1561）间。其时，邑有白莲妖徒，聚众数百，结连四方，渠魁造作冠服、符敕，私署名号，约以正月上元相应而起。邑令牒翁捕之，翁率二縠骑，驰入其室，立缚妖人及其违禁服玺以出，献诸部使。时世庙法峻，部使畏不敢奏，令笼库藏其服玺，趣尸妖人于市而进，翁于庭赐一卮酒劳之，因谢罢焉。又越数年，数诣司马不录，年且五十余，倦游矣。而不肖已举进士为从官，翁因谓曰：往者，吾尝有志于世，今发且种种，计不能偶，材官蹶张，挽强执锐，以博一命，盍从郎为菟裘谋乎？会孔上公入朝，闻翁贤豪，请以为圣庙典乐天官，覆如其议，有诏许之。典乐者，公府家丞而奉圣庙之祀。凡珪瓒牲牷及诸生舞籥者隶焉，其职与博士等，故以士人为之。故事慕属趋府，罄折蒲伏，毋敢仰视，翁独矩步抠衣，进退于雅，主君严之。又时时称引古谊前说，主君期有所翊赞，主君谦让未遑，又遣诸家丞，往请部使，部使圉台遇之，至遣翁往，部使见其貌庄，问知其士人，召前询访，应对有法，无不改容礼之，尊者在坐为起，守丞以下送迎，楫让如宾。主君以是重翁，将倾心任使之，而翁终不能俯仰，志又不行，因自罢去。主君使使召之，结辙于道，竟卧不往矣。翁在秦族为末枝，年最少，行最尊，诸秦长老、黄发率称从子，甚者曾元而里闾亲识，亦无与同辈者，故翁即不大，显然其居邑屋中，雍容甚偃也。年六十余，邑大夫慕其贤，延为乡饮祭酒，时从问民间疾苦与政所宜兴革，翁辄以正对，无所阿曲，大夫敛容纳焉。少时，慷慨豪举，不能为人下有侵者，必报之。暮年，家稍振，行义益著，乃更为折节。故时怨家亦解仇求亲，翁推心结欢，无一毫芥蒂，曰：吾不能以子埒贵，有汝色于故旧，使以我为匪人也。以是里中无大小，日益亲之，惟翁言是听，结社酒饮，非翁至不举七觞，即有争曲直者，或不谒吏，但从翁质正，一言而决；即或谒吏，亦或多委翁讲解，受其成，不更辞也。贫者从之，假贷不以有无为辞，即不能予者，常缓其期，甚或折券。素好方书，常躬治药饵，以待札疠，尤多所全活。予家自大父以来，与翁同巷，先宗伯公相与出入游处，为忘年交。予生始晬，淑人数月，即缔盟焉。受室之年，先公捐弃，予及淑人孤露无倚，翁媪无他子女，亦惟淑人是依，所以赠予膏火，至废鬻以供。及予仕游长安二十余年，淑人多病，翁家居思女，常以岁时挽辂省视，或蹈冰雪不辞，即不及往，苍头起居者，趾相接也。其抚摩二甥，恩义尤笃。二甥亲倚翁媪，甚于堂闱，此尤难矣。及岁辛卯，予以病乞休，幸赐骸骨，淑人得奉，甘脆膝下，方相与欢之，归未及期，而翁遽逝，悲哉！翁生正德己卯（1519）七月十五日，卒万历壬辰（1592）八月五日，得寿七十四，以明年二月十七日葬于龙溪祖兆。夫人张氏，阳谷张公吉女，今年七十有二，贤淑有材，能综家政，既拮据，领资为翁治丧，复念孙曾辈无少者，以从玄孙国华奉翁香火。翁复有一女，适东平梁起莱太史绍儒从子也。不肖行悉居甥馆，备荷深慈，肺腑至情，不胜悲慕，而无能自尽万一，聊概其平生，镌诸墓左，使贤豪之行，不至泯没云尔。

[道光《东阿县志》卷二十二《墓表》]

清

◎ 周光岳 ◎

周光岳，字子静，号一峰。文忠公次子。儿时即排黑黄豆作阵为戏，母有疾，夜以针刺指，焚香默祷：愿假寿二十年。及太夫人殁之年，适如其数。稍长，从汤海秋游，许为"国器"，有"东飞黄雀西飞鸿，不如一鹗横太空"之语。弱岁，擢经魁。咸丰元年（1851），文忠公奉命赴广西讨贼，光岳随侍在侧，文案累积，一日即解，无有不当。六年，捻匪猖獗，办理宿州团练。旋，伊壮敏公奏调参戎幕，商水告捷，壮敏公遇谤而公亦去位矣。晚年寄寓宿州符离北山下，教子侄耕读。尝语人曰：事君忠，事父孝，择交取友如漆胶，不投者宁使不交，不可滥交也。闲暇，偶赴徐州时，淄川在午高观察不时过从，语人曰：初见周君，以为意气昂昂，必多凌人之态；谈论久之，乃一蔼然书生也。治家俭约，喜医术，善痘疹，乡人有疾，虽污秽不避。著有《性理论》一篇、《学庸集解》，藏家未梓。卒年五十五。娶郭氏，继娶王氏。子七：长虎臣，庠生；次继祖，曾生；三文渠，曾生；四文藻，太学生；五文灿，光绪戊子（1888）举人；六文蔚，曾生；七文田，庠生。宣统己酉（1909）制科孝廉方正。女二，次适光绪丁丑（1877）进士、户部主事宿州邵心豫。

[民国《东阿县志》卷十六《文学》]

丁酉科道光十七年（1837）
周光岳

[民国《续修东阿县志》卷十《举人》]

◎ 孙成五 ◎

孙成五,字福堂。邑庠生。四岁而孤,稍长入塾,性聪慧强记,不好嬉戏,塾师奇之。与阶生阎孝廉友善,遂与同志结经社,交相砥砺。事亲曲尽孝养,母时患沉疴,不敢委之庸医,遂精研医理,诊脉察症,倍加审慎,母疾赖以痊。弟早卒,遗子二,成五视如己子。后,弟妇求分箸,成五不能止,乃中分财产,类薛包所为。处事接物,多忍让。有侵其田畔者,诸子怒告,成五引语云:终身让畔,不失一段。有拖欠,力不能偿者,辄焚其券。遭母丧,殓葬悉遵礼法,不用音乐、酒肉,返哭后即于别院营丧次,不脱经带,不预外事,哀毁骨立,杖而后起,虽隆冬盛寒,不裘不炉,每逢朔望令节,必具馔荐新,率子孙祀于家祠。先人忌日,必茹素。己巳春,偶感风寒,患泄泻,卒。子辈恪遵遗嘱,丧葬仍循古制式,礼为莫愆云。

[民国《东阿县志》卷十六《卓行》]

◎ 殷 杰 ◎

殷杰,字万宾。少司马学之后也。群从皆以文名,杰独专心于医,善针灸之法,手到病除,即数十年宿疾,可瘳也。有滕县举人殷作谋,系杰之族子,年五十余,二目昏花,步履艰难,两股屈伸不能自如,乾隆十一年(1746)赴京会试,便道访杰,杰诊其脉,曰:随针随愈。作谋初不甚信,姑试之。一经针灸,作谋举目远望,凡向所不能见者悉见之,行止亦甚轻便,至两股则屈伸若旧,无复痛楚矣。其神效,往往如此。

[道光《东阿县志》卷二十四《方技》]

◎ 刘宗华 ◎

刘宗华,字卓堂。庆华弟。弱冠知名,与兄同补博士弟子员,旋食廪饩。天资明敏,嗜学善悟,肆习帖括文字而外,兼肆力于经史、诗词、歌赋,靡不擅长。顾屡踬棘闱,鹗荐数次,未获一售。遂慨然弃儒而学医,广搜古今医书,贯通脉理,深得古人不传之秘。凡所诊治,罔不应手奏效。遇有贫者,恒舍药以济之,不取分文。由是妇孺知名,求诊者络绎于门。晚岁,由恩贡就教职,比选寿光县教谕,则已殁矣。著有《屏山堂诗稿》,藏于家。

[民国《续修东阿县志》卷十一《文学》]

道光年

刘宗华，恩贡。官至寿光县训导。有"传"。

[民国《续修东阿县志》卷十《五贡》]

◎ 房甲山 ◎

房甲山，字一峰。岁贡生。邑之鱼山人也。幼而好学，性孝友，事继母无异所生，有弟四人，皆继母出，甲山爱之甚笃，以是人慕其贤，里党间咸矜式之。年十七，补弟子员，旋以优等食饩。甲山学以经史为宗，而于天文、历数、地理、绘图诸书，靡弗究心。中年以后，友教四方，讲论之暇，日以著述为事。年八十一卒。著有《天文析疑》《日月躔度》《星宿列张》各若干卷，俱有图；又有《地球辨说》《地舆考》《郡邑地理沿革》《历代世系》《历代年表》《春秋年表》《孔子年表》《经籍考》《名人考》《博物详释》《骚人笔谈》《诗话集览》《世事杂录》《医方杂录》《鱼山志》《地舆卧游图》《驹隙日记》等书。甲山教授生徒，力戒流俗浮薄之习，而以圣贤之道相切劘，游其门者，持己接人，循循然悉有规矩。奈学丰遇啬，终身未博一第，士论惜焉。

[民国《续修东阿县志》卷十一《文学》]

◎ 刘桂林 ◎

◎ 刘廷援 ◎

刘桂林，字馥斋。城西南子路庄人。恪守父翰屏家训，年二十入邑庠。笃信好学，不求闻达。值家世凋敝之余，以舌耕自给。翰屏中年逝世，祖母朱氏年逾八旬，乏人孝养，桂林仰承父志，敬奉弥笃，迨朱氏殁，母某氏亦在耄年，服事益谨，孺慕终身计。自设帐授徒，奄有法程，训蒙以《朱子小学》为本，衣冠动履，必庄必敬。赋性素称骨鲠，不能诡随于人。遇有贫者，解囊助之，无吝色。又精医术，求诊者接踵于门，虽祁寒溽暑，弗惮烦也。一生孝行无亏，学术纯正，行谊卓绝。有关于世道人心者，盖如此。子廷援。

廷援，字瀛仙。邑廪生，同治壬戌（1862）岁贡。天资仁厚，赋性孝友，学本家传。尝读《论语》，至《孝悌章》，必自反曰：吾不能也。则刻意加勉，以为不如此，不可以为人也。综其一生行谊，事亲以孝，持己以敬，接人以诚，教人必以研经耽道为主，医病复以活人济世为心，是皆秉承庭训而罔敢失坠者也。著《时艺存稿》二卷、《诗赋存稿》二卷、《网珊集》四卷，藏于家。

[民国《续修东阿县志》卷十一《文学》]

◎ 陈守中 ◎

陈守中，字子权。光绪庚子（1900）岁贡。直沟头人。父心广，增生。弟守介，庠生。家寒素，以读书为业，然性温和，量宽宏，贫富不介于怀，有无不系于念，好诙谐，不拘束迹，似放旷，情实耿直，博闻强记，颖敏异常，教授平、肥、阳谷、阿邑间，弟子济济称盛，循循善诱，名下士多出其门。时谷城书院，因经费不足，未能延聘主讲，遂邀集邑绅王善泽等筹捐经费，聘请山长，补助诸生膏伙，俾合邑士子得渐磨其中，由此文风渐盛，守中之力居多。老年修养有导引术，身体丰腴，类富家翁，年六十余而犹童子，髭须疏长，飘飘出尘，人以为有靖节逸致。

[民国《续修东阿县志》卷十一《文学》]

◎ 张东庆 ◎

张东庆，字笃其。城北耿家集人。岱阳公之子也。十八岁入邑庠，光绪庚寅（1890）岁贡。为人贞介，好学，精深经术，课徒有方，弟子多知名士。晚年，兼涉方书，求医者颇多奇效。其行实见"孝思碑"。

[民国《续修东阿县志》卷十一《文学》]

◎ 阎应华 ◎

阎应华，字镇西。邑庠生。少贫乏，多疾病，流离转徙，艰辛备尝，然犹刻苦自励，身体稍健，即坚志读书。后从游者日众，训迪有方，门下士相继入庠，咸服其德教。复习岐黄业，精于诊视，治无不验，赠匾鸣谢者数家。为人性情和平，与人无忤，料事明达，议论多中。四乡共仰，共举为村首，理村事数年，排难解纷，村中争讼渐息，谧静无事。七十七岁卒。

[民国《续修东阿县志》卷十一《卓行》]

◎ 辛景云 ◎

辛景云，字缦卿。道坦三子。天资聪敏，自总角时即有成人之目，父母钟爱之。奋志读书，早岁入邑庠，有文誉。方期联步青云，以显亲者博亲欢，无何父患瘫症，辗转床褥，动辄需人，景云依依左右，奉侍汤药，晨昏无间。俄，父卒，丧葬尽礼，不尚虚文。不数年，母氏相继逝。长兄景溪、次兄景清亦先后殁，景云遭家不造，因辍学废读而专理家政。徇乡人之请，地方公益事亦与闻焉。内而求田问舍，外而恤孤赈贫，公正廉明，人甚德之。至若医学之精，则以父母久病，自愧不谙药性，无能力起沉疴，故奋而肄此，要亦活人济世之一端云。

[民国《续修东阿县志》卷十一《卓行》]

辛景云，附贡，候选训导。

[民国《续修东阿县志》卷十《例贡》]

◎ 刘德修 ◎

刘德修，字蕴诚。庠生。幼失怙，事母至孝，自奉以俭，周济无吝。善医痘疹，人来求者，徒步以往，风雨不辞。河北匪乱，逃难者蚁居街巷，饥渴堪悯，德修多备汤饭食之。寿八十四岁卒。

[民国《续修东阿县志》卷十一《卓行》]

◎ 周茂爵 ◎

周茂爵，字魁五。性英爽，负大志，奉身惟俭，养亲独丰。表兄邢文藻、友人姜常伦俱贫不能给，茂爵时常周其窘急。天津清县友人潘世忠病，邮信七百里，求茂爵医治，时茂爵方丧子，接信就道，兼程而行。其生平任恤，类如此。

[民国《续修东阿县志》卷十一《卓行》]

◎ 高嘉谕 ◎

高清海，字献可。太学生。道光乙酉（1825），东闱荐卷未售，遂不复试。读书，艺花卉，闭门自娱。咸丰间，粤贼过张秋，家人劝之行，弗许。贼至，见家藏牌繖等物，曰：此宦家也。遂闯入内庭，清海端坐不屈，与长子嘉诰、犹子嘉谷，同时殉节，继娶祝氏亦被创绝气，贼去复甦，能述其惨状云。次子嘉谕，精岐黄。

[民国《续修东阿县志》卷十二《忠义》]

◎ 李守业 ◎

李守业，字世昌。由庠生捐例贡。豆山庄人。性好医术，得异人秘授，精痘疹科，患者求治，著手奏效。一日，偶遇小儿，年方七岁，守业谓其父曰：此儿毒深，不预治，难疗。儿父求治。开方购药十数斤，锅煮，去滓，滤汁，贮缸中，置儿于内，上覆被，外煨火，令儿饥食渴饮三日夜，药透毒解，痘出大如榴子，月余始瘥，咸服其神。类如此者，不胜枚举，至今人犹称述不置。

[民国《续修东阿县志》卷十六《方伎》]

李守业，字世昌。清代东阿县人。工医，精儿科术。

[《山东中医药志》第六篇《人物表》]

◎ 秦国治 ◎

◎ 秦兆燧 ◎

◎ 周茂桐 ◎

◎ 周庆南 ◎

秦国治，邑庠生。铜城人。精通医学，尤善手法择义即接骨法，唯事救济而不以术行。著有《疮药方本》。教授门徒，非品行、心术端方正直者，不取。得其传者，有秦兆燧、周茂桐、周庆南。遇有跌扑伤损，一经著手，无不立瘥。皆抱救世主意，从不藉兹谋利。近百年来，铜城附近无因伤残废之人，皆国治手泽所遗，迄今传颂不置。

[民国《续修东阿县志》卷十六《方伎》]

秦国治，清代东阿县铜城人。业医，专治骨伤科。

[《山东中医药志》第六篇《人物表》]

◎ 高德安 ◎

高德安，字静斋。高家庄人。幼嗜读，及长，专于医，针灸、奇门之术，靡不精通。平生正直，不卖药，不爱财，膏丹、茶饭尽行施舍，行之五十余年，慈善之心，未尝稍衰。无论贫富，有求必应，驰名聊、阳、阿、茌之间。人以"法妙如神"称之，洵无愧也。

[民国《续修东阿县志》卷十六《方伎》]

高德安，字静斋。清代东阿县高家庄人。工医，术精针灸。

[《山东中医药志》第六篇《人物表》]

◎ 宋希尧 ◎

宋希尧，字景堂。乡饮大宾。世居南市村，后行医东关，遂家焉。赋性温厚，居心慈祥,生平无疾言遽色。精岐黄,家计因而殷实。侄孙辈多贫困,无以度日,希尧皆为置田产,经纪其家。又乡里有当伊田园者,辄怜其窘,催令回赎,人以无钱辞,则使之零星价直,不许家人催讨。其恤孤怜贫,轻财好施,多类此。年七十五岁而卒。

[民国《续修东阿县志》卷十六《方伎》]

宋希尧,字景堂。清代东阿县人。工于医,以善治内科闻名于时。

[《山东中医药志》第六篇《人物表》]

宋希尧,监生。

[民国《续修东阿县志》卷十《大宾》]

◎ 王道南 ◎

王道南,字凤扬。奎文阁典籍,家非丰裕而心存慈祥。业岐黄,而尤精外科,无论贫富亲疏,有求必应,虽吮疽有所不辞。不惟乐为于生前,犹愿不替于身后。临终遗嘱长子保箱,敬承父志,非乐善好施、婆心一片者,能如是乎?乡人德之,爰议乡谏,曰"惠廉先生"。

[民国《续修东阿县志》卷十六《方伎》]

王道南,字凤扬。清代东阿县人。业岐黄术,专于外科。

[《山东中医药志》第六篇《人物表》]

◎ 张岱阳 ◎

◎ 雷 氏 ◎

张岱阳,字宗五。城北耿家集人。光绪乙亥(1899)恩贡。精岐黄术,求医药者,著手成春。其妻雷氏,出自名门,笃信好学,涉猎群书,于斑疹诸科尤精。岱阳之岐黄事业,深得内助之力。

[民国《续修东阿县志》卷十六《方伎》]

张岱阳,字宗五。清代东阿县黄屯耿集人。业医,术精幼科。

[《山东中医药志》第六篇《人物表》]

◎ 刘凤城 ◎

刘凤城,字云甫。幼业儒,长精岐黄术,病脉证治,一见即毫发不爽,四方人士,赖以全活者甚众。邑令周衍恩目为"脉理上选",胡建枢赏其用方之奇验。候诊视者，目不暇给而绝不牟利，殆良医也。

［民国《续修东阿县志》卷十六《方伎》］

◎ 于家朴 ◎

于家朴，字宁甫。德藩公之孙也。家道素寒，事亲至孝。性恬淡，不喜仕进，志存济世，遂致力岐黄，深得医术之奥。不务名利，酬者却之，尤好公益，见义勇为，一方皆感德焉。候选州同，加五品衔。

［民国《续修东阿县志》卷十六《方伎》］

◎ 张永立 ◎

张永立，张家庄人。性纯孝，好施予。少习医术，精于针砭，有转死回生之力，遐迩戴德，咸称颂之。

［民国《续修东阿县志》卷十六《方伎》］

◎ 陈锡璋 ◎

宣统三年（1911），由府经历武昌出力保用知县，授陆军医正，旋授一等军医，兼一等军法官。

［民国《东阿县志》卷十五《武职》］

民国

◎ 谢功严 ◎

公医所，原名施诊所，民国八年（1919）方县长家永设立。

按：医所之创始，以谢功严为医生，以施诊施药为宗旨。所内经费，以魏家堂、徐家楼、陈家店、官庄、苫山五集，纪每月共认慈善，捐京钱一百千，作为医生津贴及施药之用。嗣以施诊定名，范围狭小，因改为公医所，以符慈善之实。迨十五年，谢功严蒙第四军副军长方永昌委任司令部少校医官，去职，公医所旋亦停办。

［民国《东阿县志》卷十《救恤》］

谢景申，字镇南。邑附生。性严峻，好扶植善类，里中豪强、凶酒者见而敛迹，故村中事无巨细，多所裁决，罔不帖服。尤好培养人才，邑谷城书院久缺讲席，光绪丙子（1876），户部主事王善泽欲振兴文风，约同景申上书胡邑侯建枢，邀集士绅，筹划经费，敦请山长开课校士，赞助之力，群推王、谢，盖二人劳绩居多也。子功严，以医名。

[民国《续修东阿县志》卷十一《卓行》]

谢功严，北洋陆军讲武堂毕业，第四军少校军医官。

[民国《东阿县志》卷十五《武职》]

◎ 李学勤 ◎

李学勤（1861—1929），字勉斋。东阿县人。业医，术专妇科。

[《山东中医药志》第六篇《人物表》]

◎ 田兆嵩 ◎

田兆嵩（1867—1940），字中岳。东阿县人。业医，以善治外科病症知名。

[《山东中医药志》第六篇《人物表》]

◎ 贺春池 ◎

贺春池（1870—1938），字先知。东阿县单庄乡旧城村人。秉性聪敏，幼承家训，攻读经史，博览群书，文学造诣颇深。二十五岁始从师学医，精读《内经》《难经》《伤寒论》《金匮要略》《本草经》等医药典籍。临症善用经方，多能药到病除。黄河南北慕名求医者甚多，当地有"西狄（狄大光）东贺（贺春池）"之称。

临证辨证精当，预断多验。如某年盛夏，河东一患者久病卧床，诸医诊治，病情日笃，已备后事。复延先知诊视，检阅前方，均属误药，急嘱停药并以浓绿豆汤解之，病随愈。又，先知之女，嫁于河东杨门，因病返归。望女儿面色非吉，随详问病情、切脉、察舌，断病已非药可治。及归，果数日而卒。

"五四运动"前夕，连年灾荒，时局动荡，疫疾不断流行，缺医少药，死者无数，而官府熟视无睹。春池深念乡民之疾苦，忧患杏林乏人，克服了种种困难，于1918年在东阿县堤口村办起了一所中医学校，学制三年。校舍虽简，校规尚严，以《内经》《难经》《伤寒论笺注补正》《金匮要略笺注补正》《本草问答》《血证论》《陈修园医书四十八种》等为教材。授课按部就班，逐句逐段讲解，同时与临床密切结合。每逢诊病，学生先诊，然后启发、诱导诊断定方。三年毕业各自行医，后均成为一方名医。

1936年，国民党山东省政府对中医药人员进行考试，全省前十名中有四名是其门徒，李学干荣获第一名，李学广第二，李夏峰第五，李振五第七。山东省公安局警察署所发"注册执照"至今犹存。因时局动荡，医校仅办一期即迫中断，然仍不愧为医学教育的先驱。

先知办学，尤重医德教育，常以"不为良相，宁为良医""济世活人为己任，解除病人疾苦为天职""行医不分富贵贫贱，一视同仁"等名言教育学生。同时自己率先履行。一生行医于民间，不图名利，有求必应，出诊以不坐车马为荣，凡贫苦之家有延请便徒步跋涉一心赴救。

一生忙于教学与诊务，无暇著述，但其精湛的医术，高尚的医德，授业济世的精神，至今尤为大众所赞扬。其理论联系实际的教学方法亦颇值得效法。

[《聊城地区卫生志》第十篇《人物》]

[《东阿县志》第二十四编《人物》]

[《山东中医药志》第六篇《传记》]

◎ 曲传岱 ◎

曲传岱（1872—1938）字宗泰。东阿县人。业医，术精眼科。

[《山东中医药志》第六篇《人物表》]

北魏

◎ 李 修 ◎

◎ 李 亮 ◎

　　李修，字思祖。本阳平馆陶人也。父亮，少学医术，未能精究。太武时奔宋，又就沙门僧坦，略尽其术。针灸授药，罔不有效。徐、兖间，多所救恤。亮大为厅事，以舍病人，死者则就而棺殡，亲往吊视，其仁厚若此。累迁府参军督护。本郡士门、宿官，咸相交昵，车马、金帛，酬赍无资。修兄元孙随毕众敬赴平阳，亦遵父业而不及，以功拜奉朝请。修略与兄同，晚入代京，历位中散令，以功赐爵下蔡子，迁给事中。太和中，常在禁内。文明太后时有不豫，修侍针药多效，赏赐累加，车服第宅，号为鲜丽。集诸学士及工书者百余人，在东宫撰《诸药方》百卷，皆行于世。先是咸阳公高允虽年且百岁，而气力尚康，孝文、文明太后时令修诊视之。一旦，奏言允脉竭气微，大命无逮，未几果亡。后卒于太医令，赠青州刺史。

[《北史》卷九十《艺术下》]

　　李修，字思祖。阳平馆陶人。父亮，少学医术。太武时奔宋，就沙门僧垣，尽其术。针灸授药，罔不有效。徐、兖间，多所救恤。亮大为厅事，以舍病人，死则棺殓之，其仁厚如此。累迁府参军。修兄元孙随毕众敬赴平阳，亦遵父业而不及，以功拜修朝请。修略与兄同，晚入代京，历位中散令。太和中，与诸学士在东宫撰《诸药方》百卷，皆行于世《北史·艺术传》。

[嘉庆《东昌府志》卷三十四《方技》]

　　李修，阳平馆陶人。父亮，精医术，针灸罔有不效。大为厅事，以舍病人，死者即就棺殡。修遵父业，仕北魏，迁给事中。常侍禁中，针药多效，赏赐累加。撰

《药方》百卷，行于世。卒于太史令，赠青州刺史。

[嘉靖《山东通志》卷三十三《外传》]

李修，字思祖。馆陶人。父亮，少学医。就沙门僧垣，略尽其术。针灸投药，罔不立效。徐、兖间，多所救恤。亮大为厅事，以舍病人，死者棺而殡之，亲往吊视。累迁府参军。车马、金帛，酬赉不赀。修遵父业，历位中散令，迁给事中。太和中，常侍禁内。文明太后时有不豫，针药多效，赏赐累加，车服弟宅，号为鲜丽。集诸学士及工书者百余人，在东宫撰《诸药方》百卷，行于世。

[康熙《山东通志》卷四十九《方技》]

李亮，阳平馆陶人。少学医术。就沙门僧坦，研习众方，略尽其术。针灸投药，莫不有效。徐、兖之间，多所救恤。四方疾苦，不远千里，竞往从之。亮大为厅事，以舍病人。其仁厚如此。官府参军督护本郡。子修，亦遵父业，仕至中散令，迁给事中。太和中，常在禁内。高祖文明太后时有不豫，修持针药，治多有效，赏赐累加。集诸学士撰《药方》百余卷，行于世。

[雍正《山东通志》卷三十一《方伎志》]

李修，字思祖。阳平馆陶人。父亮，少学医术。太武时奔宋，就沙门僧坦，略尽其术。针灸，罔有不效。徐、兖间，多所救恤。修兄元孙随毕众敬赴平阳，亦遵父业而不及。修略与兄同，晚入代京，位中散令，赐爵下蔡子，迁给事中。太和中，尝在禁内。文明太后时有不豫，修侍针药多效，累蒙赏赐。集诸学士及工书者百余人，在东宫撰《诸药方》百卷，皆行于世。后卒于太医令，赠青州刺史《北史》本传。

[宣统《山东通志》卷一百六十八《人物志第十一·历代艺术》]

李修，字思祖。馆陶人。父亮，少学医，就沙门僧坦，略尽其术。针灸投药，莫不立效。徐、兖间，多所救恤。亮大为厅事，以舍病人，死者则棺而殡之，亲为吊视。累迁府参军。车马、金帛，酬赉不赀。修遵父业，历位中散令，迁给事中。太和中，常侍禁内。文明太后时有不豫，针药皆效，赏赐累加，车服宅第鲜丽。集诸学士及工书者百余人，在东宫撰《诸药方》百卷。

[宣统《山东通志》卷一百九十九《杂志上·异闻琐事》]

李修，《药方》百卷《北史·艺术传》。

[嘉庆《东昌府志》卷四十《经籍》]

《诸药方》百卷，李修撰。修，字思祖。本阳平馆陶人。以功赐爵下蔡子，迁给事中，卒于太医令。《北史》本传云：父亮，少学医术。太武时奔宋，又就沙门僧坦，略尽其术。针灸授药，罔不有效。修亦遵父业而不及。太和中，尝在禁内侍针药多效，集诸学士及工书者百余人，在东宫撰《诸药方》百卷。

[民国《馆陶县志》卷十《艺文志第十·子部》]

清

◎ 李文耕 ◎

李文耕，字复斋。云南昆阳州人。壬戌（1802）进士。初任邹平，调繁莅冠，勤政爱人，殚心教化，于宽一分、民受一分之赐之理，独深知而能行之。尤喜奖励良善，自出资请旌节孝十三人，署额表宅里者又六十余人。道光元年（1821）大疫，亲赴各乡，施药抚恤，多所全活。在任年余，劝农桑，清保甲，息狱讼，禁博塞，历历善政，舆情悦服，迁胶州牧。去后，邑人思之，有《甘棠入思诗》七十余章。累官至山东按察使，犹倦倦以培植冠邑文风为念。九年，捐俸千二百余金，发商生息，偕后任梁永康创建清泉书院，延师训课，颁发所刻《朱子全书》各种，令诸生讲学立品。迨十年，调贵州按察使，又捐三百金以增书院膏火，士林咸咏歌不衰。

[道光《冠县志》卷六《宦绩》]
[民国《冠县志》卷六《宦绩》]

◎ 王维宗 ◎

附医官

王维宗。

[道光《冠县志》卷七《捐职》]

◎ 钱用桂 ◎

钱用桂，字辛亭。郡庠生。幼事祖父，曲得欢心。事继母，尤以孝闻。晚业岐黄，济人甚众。

[道光《冠县志》卷八《孝义》]
[民国《冠县志》卷八《孝义》]

◎ 潘廷槐 ◎

潘廷槐，字廷三。河北梁家庄。武庠生。孝友敦笃，为乡间所倚赖。乐善轻财，推解不吝。又精医理，每捐药资以活人。夙娴弓马，竟未获荐于乡。出其门者，游泮，登武科，甚众。

[道光《冠县志》卷八《孝义》]

潘廷槐，字延三。河北梁家庄人。武庠生。孝友敦笃，为乡间所倚赖。乐善轻财，推解不吝。又精医理，每捐药资以活人。夙娴弓马，竟未获荐于乡。出其门者，游泮，登武科，甚众。

[民国《冠县志》卷八《孝义》]

◎ 王天祐 ◎

王天祐，字吉臣。浙之会稽人。性倜傥，不事产业。素习《易》学，兼通武略，邃岐黄，名誉藉甚。初，父绍琦于顺治间官陕西泾州功曹，适流寇攻城，州守惶惧，绍琦请往抚之。绌城而下，申以大义，寇缚其颈胁以白刃，绍琦不为屈，寇亲释其缚，使归劝降。绍琦伪应之，归则请州守募军守御，贼遁去。当被执时，皆曰：功曹死矣。妻李氏遂仓皇投井，水浅不死。有一女，先投其中，询知朱姓，缘父被害而以身殉者，遂订为黄泉侣。越三日，绍琦寻至井，并朱绌出，别置朱于尼庵。李患湿病，殆劝夫纳朱为继室，州守义其事，力主之。朱奉李汤药得痊，终身肃睦如一日。天祐即朱所出也。随父任，两入泮。及父调魏博，进县令，致仕归殁，天祐奉二母，居冠之唐寺村，占大名籍。中康熙戊子武举。医术济人，延请者众，爰得供甘旨，承母氏欢。后二母相继殁于冠，遂家焉。邑令陈珣为之立"传"。曾孙金声，入邑庠。

[道光《冠县志》卷八《侨寓》]
[民国《冠县志》卷八《侨寓》]

王天祐，字吉臣。会稽人。性倜傥，不事产业。素习《易》学，兼通武略，邃岐黄术，名誉藉甚。初，父绍琦于顺治间官陕西泾州功曹，随父任，两入泮。及父调魏博，进县令，致仕归卒，天祐奉二母居冠县，占大名籍中。康熙戊子武举。医术济人，供母甘旨。二母卒于冠，遂家焉。邑令陈珣为之立"传"。

[宣统《山东通志》卷二百《杂志下·流寓》]

王天祐，清代冠县人。以医名于时。

[《山东中医药志》第六篇《人物表》]

唐寺村义冢地，二十六亩八分五厘。康熙四十二年（1703），大名武举王天祐捐置，计八段。

[道光《冠县志》卷五《恤政》]

[民国《冠县志》卷五《恤政》]

◎ 王兆熊 ◎

王兆熊，廪贡生。父琦，早亡，母高氏每于灯下课读，兆熊惟母教是从，出必告以所往，返必告以所事，问寝视膳，依依膝下，常作孺子慕。尤善医术，虽贫人延请，必欣然往。不幸先母而逝，人共惜之。

[嘉庆《东昌府志》卷三十二《孝义》]

◎ 张　赐 ◎

张琦，字翰风。江苏吴江人。举人。道光三年（1823），权邹平县。是岁大旱，人多讳灾不报，琦岁暮方视事，见田皆龟坼，麦未种，即具牒报灾，以秋冬无雨，不能种麦告。时朱桂桢为布政使，言于巡抚，破成例入奏，因邹平而得缓征者十六州、县。越岁，调章邱，壤接邹平，视事月余，民大悦服，以瑞谷来献者接踵，有四穗、五穗者。琦笑，谢之，曰：去秋旱无禾，今春旱无麦，阳气深伏，得暑雨润发，地力足，故生长倍常耳。邑素好讼，琦莅任匝岁，结新旧事二千余起，无翻异者。乙酉（1825），补馆陶县。会大旱，风霾三日夜，沙压麦苗，皆萎，饥民聚掠之案，积十余起，祷于神，得透雨，乃严捕倡掠者。又勘得富民闭籴居奇，状既按治，民大服，因请普赈两月，而应赈户口，惟馆陶最核实。邑无良医，民多夭枉，乃设惠民局，命族子赐司其事，贫者并给以药，全活无算。

[宣统《山东通志》卷七十六《职官志第四·国朝宦绩》]

民国

◎ 张之和 ◎

◎ 张瑞生 ◎

◎ 张跃普 ◎

◎ 张秀玉 ◎

张之和（1820—1891），贾镇张雨淋头村人。自幼读"四书"，十七岁从外祖父学医，二十二岁独自应诊，精外科，自制拔毒生肌散、消肿膏等，疗效卓著。其子瑞生尽得其传，著有《药性巧合》（手抄本）。其孙跃普，继承家传，医术益精，曾于光绪十八年（1892）、三十四年（1908）、宣统二年（1910）受三任县长赠词，分别是"名高和缓""道佐岐黄""能除沉疴，药到回春，济世活人"。第四代传人张秀玉，创制阳和膏、青黛散，药疗效颇高。第五代、第六代均有传人。

[《聊城地区卫生志》第十篇《人物》]

◎ 么凌云 ◎

◎ 么仲魁 ◎

么凌云（1845—1929），字悦桂。冠县南陶乡（今东古城）人。父仲魁，善刀圭，治疮立效。凌云年三十即行术业，施药施方概不取值，饭时而留饮之，求医者踵相接。本是小康之家，因舍药致家计贫困，一生始终不变。亲友同情，不忍视其寒苦，众人相帮，方免饥寒。在冠县、馆陶、聊城、莘县、大名等县负有盛名。病逝后，众人为其立碑三通，并赠"妙手济众"匾额。其美施为后人传颂。

[《聊城地区卫生志》第十篇《人物》]

[《山东中医药志》第六篇《人物表》]

◎ 徐寅清 ◎

徐寅清（1862—1940），字协卿。冠县人。工岐黄术，擅内、妇两科。

[《山东中医药志》第六篇《人物表》]

◎ 张辉璞 ◎

张辉璞（1867—1949），字待琢。冠县人。业医，以善治外科知名。

[《山东中医药志》第六篇《人物表》]

◎ 白玉堂 ◎

白玉堂（1869—1947），字在朝。冠县汤村人。家传眼科，在冠县、临清等地颇知名，父子两代为世所仰，世人曾赠匾额，一曰"世德济人"，一曰"同跻春台"。有门徒吴清臣、子白风修继其业。

[《聊城地区卫生志》第十篇《人物》]

[《山东中医药志》第六篇《人物表》]

◎ 王登明 ◎

王登明（1910—1939），冠县王辛村人。小学未读完，即随父行医。1936年秋，加入中国共产党。在附近村庄积极宣传党的主张和革命道理，从贫苦农民中培养、发展党员十余名。1937年，任本村党支部书记。1938年，被任命为中共冠县六区区委书记，即组织发动群众建立农、青、妇抗日救亡团体，进行清匪反霸，建立乡村新政权，使附近十几个村庄成为可靠的抗日根据地。1939年6月3日，日军侵占冠县城。他带领群众破城墙、拆围寨、毁公路、割电线、探情报，有力地打击了日军的嚣张气焰。不久，被任命为中共冠县县委委员兼战争动员部部长。同年7月1日，冠县县委武装工作队正式建立后，兼任队长。武装工作队改称"柏江"队后，仍兼任队长。1939年8月13日，在去许田董村返回途中，被反动分子枪杀。

[《聊城地区志·人物》]

◎ 刘树棠 ◎

刘树棠，字荫南。生卒年不详。冠县相里人。清同治年间秀才。初为蒙童教师，兼攻医学，居数年，求诊者络绎不绝。树棠启蒙医书是《黄元御医书八种》，一生用药偏于温补。长于治虚劳、吐血等证。尝说：与人治病，医理固然必须精通，应用也要灵活。曾遇一产妇，昏迷，欲饮冷水，医生不许。先生说：无妨，急则治其标。竟以西瓜汤治愈。又一老妇人，大便秘结数日，服药多剂不应，奄奄一息。检阅前方，非下即润。先生给加一钱人参助其气，服药不久，大便即下。诸如此类，不可胜数。

[《聊城地区卫生志》第十篇《人物》]

高 唐

宋

◎ 张 逊 ◎

张逊，博州高唐人。数岁丧父，养于叔父职方员外郎乾，后随母归魏仁浦家，驸马都尉咸信，其异父弟也。太宗在晋邸，召隶帐下。太平兴国初，补左班殿直。从征太原还，迁文思副使，再迁香药库使。岭南平后，交阯岁入贡，通关市。并海商人遂浮舶贩易外国物，阇婆、三佛齐、渤泥、占城诸国，亦岁至朝贡，由是犀象、香药、珍异充溢府库。逊请于京置榷易署，稍增其价，听商人金帛市之，恣其贩鬻，岁可获钱五十万缗，以济经费。太宗允之，一岁中果得三十万缗。自是，岁有增羡，至五十万。雍熙二年（985），录其劳，迁领妫州刺史。三年，与安忠并命为东上阁门使。数月，会许仲宣罢判度支，即以逊为度支使。端拱初，迁盐铁使。二年（989），授宣徽北院使、签署枢密院事。未几，兼枢密副使、知院事。与同列寇准不协，每奏事，颇相矛盾。一日，逊等晚归私第，准与温仲舒并辔，有狂民迎马首拜呼万岁。街使王宾旧与逊同事晋邸，逊又尝举宾，雅相厚善，因奏民迎准拜呼万岁。准自辩：实与仲舒同行，盖逊令宾独奏斥臣。辞意俱厉，因互发其私。太宗恶之，下诏切责，逊左降右领军卫将军，准亦罢职。会判右金吾街仗蔡玉冒奏富人子为州大校，黜官，命逊代掌其事。西蜀李顺为乱，诏发兵水陆进讨，以荆渚居其要害，命逊为右骁卫大将军、知江陵府，赐钱二百万，白金三千两。逊既至，会峡路诸漕卒数千人聚江陵，有告其谋变以应蜀寇，府中议欲尽诛之。逊止捕首恶杨承进等二十一人斩于市，余党亲加慰抚，飞奏以闻。太宗嘉之，诏以其卒分配州郡。数月，逊卒，年五十六，时至道元年（995）也。赠桂州观察使，归葬京师。逊小心谨慎，徒以攀附至贵显，其讦谋献替无闻焉。子敏中，初补供奉官。逊在宣徽，表言尝业文，愿改秩，即换大理寺丞，累至比部郎中。次子虚中，娶宗室申国公女，至供奉官、阁门祗候。敏中子先，进士及第。

[《宋史》卷二百六十八《列传第二十七》]

张逊，高唐人。太祖在邸，召隶帐下。太平兴国初，补左班殿直。从征太原还，迁文思副使。岭南平，诸国岁入贡，通关市。逊请于京师置榷易署，恣其贩鬻，岁可获钱五十万缗，以济经费。自是，岁有增羡。太宗录其劳，迁妫州刺史。历兼枢密院事，与寇准不协，左迁。时西蜀李顺为乱，命逊讨之。会峡路诸漕数千人聚众江陵，谋变以应蜀寇。逊捕其首恶，慰抚余党，奏闻。太宗嘉之。卒赠桂州观察使。

[康熙《高唐州志》卷八《人物志上》]

张逊本传，高唐人。太祖在晋邸时，隶帐下。太平兴国初，补左班殿直。从征太原，迁文思副使，再迁香药库使。岭南平，交阯、阇婆、三佛齐、渤尼、占城诸国，岁入贡，通关市，由是象犀、香药、珍异充溢府库。逊请于京师置榷易署，稍增其价，恣其贩鬻，岁可获钱五十万缗，以济经费。太宗允之，一岁之中得三十万，后果增羡，至五十万。雍熙二年，录其劳，迁妫州刺史。历兼枢密院事，与寇准不协，左迁。时西蜀李顺为乱，命逊讨之。会峡路诸漕数千人聚众汗陵，以应蜀寇谋变。逊捕斩其首恶扬承进等二十一人，余党亲加慰抚，奏闻。太宗嘉之。赠桂州观察使。子敏中，比部郎中；虚中，阁门祗侯。

[光绪《高唐州志》卷五《征辟》]

张逊，高唐人。太祖在晋邸，召隶帐下。太平兴国初，补左班殿直。从征太原，迁文思副使，再迁香药库使。岭南平，交阯、阇婆、三佛齐、渤尼、占城诸国，岁入贡，通关市。由是象犀、香药、珍异充溢府库。逊请于京师置榷易署，稍增其价，恣其贩鬻，岁可获钱五十万缗，以济经费。太宗允之，一岁之中得三十万，后果增羡，至五十万。雍熙二年，录其劳，迁妫州刺史。历兼枢密院事，与寇准不协，左迁。时西蜀李顺为乱，命逊讨之。会峡路诸漕数千人聚众江陵，以应蜀寇谋变。逊捕斩其首恶杨承进等二十一人，余党亲加慰抚，奏闻。太宗嘉之。赠桂州观察使。子敏中，比部郎中；虚中，阁门祗侯本传。

[嘉庆《东昌府志》卷二十七《列传二》]

张逊,博州高唐人。太宗在邸,召隶帐下。太平兴国初,补左班殿直。从征太原还,迁文思副使。岭南、交阯,岁入贡,通关市。逊请于京师置榷易署,恣其贩鬻,岁可获钱五十万缗,以济经费。自是,岁有增羡。太宗录其劳,迁妫州刺史。历兼枢密院事,与寇准不协,互发其私,左迁。时西蜀李顺为乱,命逊讨之。会峡路诸漕数千人聚众江陵,谋变以应蜀寇。逊捕其首恶,慰抚余党,奏闻。太宗嘉之。卒赠桂州观察使。子敏中,比部郎中;虚中,供奉官、阁门祗候。

[嘉靖《山东通志》卷三十一《人物四·东昌府》]

[康熙《山东通志》卷四十一《人物·东昌府》]

张逊,高唐人。太宗在晋邸,即隶帐下。太平兴国初,补左班殿直。从征太原还,迁文思副使。请于京置榷易署,贩鬻贡物,岁可获数十万缗,以济经费。太宗允之。自是,岁有增羡。录其劳,迁妫州刺史。累官知宣徽北院,并枢密院事。时讨西蜀李顺,以逊为右卫大将军、知江陵府。会漕卒数千人聚江陵,谋叛以应蜀寇。逊捕诛首恶二千余人,余党悉平。上嘉之。逊小心谨慎,荐历贵显。卒之后,子敏中,任比部郎中;虚中,至阁门祗候。

[宣统《山东通志》卷一百五十七《人物志第十一·历代名臣》]

◎ 张 质 ◎

张质,字守朴。博州高唐人。少孤,养于兄赞。赞为枢密院典谒,质因得隶兵房,颇为赵普、曹彬所知。太宗征河东,还驻镇阳,彬方典枢务。一夕,议调发屯兵,时,军载簿领,阻留在道。质潜计兵数,部分军马,及得兵籍较之,悉无差谬。淳化中,累迁本房副都承旨。咸平初,授左监门卫将军、枢密副都承旨。先是,枢密吏皆以年劳次补,有至主事而懵其职者。景德三年(1006)夏,内出公事三条,令主事以下详决之,命质与礼房副承旨尹德润宿御书院考第。翌日,上亲临阅视,凡选补四十余人,不中式除崇班、供奉官、奉职者十余人。以质为左屯卫大将军,加给月奉,历右神武军、右卫二大将军。大中祥符七年(1014),转都承旨。在枢要仅五十年,练习事程,精敏端悫,未尝有过。旧,本院吏罕有迁至都承旨者,上素知质廉谨,故以授之。尝召问五代以降洎国初军籍更易之制,且命条其利害,质纂为三篇,目曰《兵要》以进,上览而称善。好养生之术,老而不衰,以是多接隐人方士,然语不及公家事。每大祀巡幸,质多为行宫使,或领巡检提点供顿之务。天禧元年(1017)九月,方候对承明殿,暴中风眩,舆归卒,年七十四。录其子大理评事纯为卫尉寺丞、孙思道为三班奉职。

[《宋史》卷三百〇九《列传第六十八》]

张质,字守朴。高唐人。为曹彬所知。太祖征河东,还驻镇阳,彬方典枢务。一夕,议调发屯兵,质潜计兵数,部分军马,及得兵籍较之,无差。祥符七年,转都承旨。在枢要五十年,练习事理,精敏端悫,未尝有过。帝尝召问五代以降洎国初军籍更易之制,且命条其利害,质纂为三篇,目曰《兵要》以进,上览而称善。好养生之术,老而不衰,以是多接隐流方士。每大祀巡幸,多为行宫使。天禧元年九月,暴中风眩,舆归卒。

[康熙《高唐州志》卷八《人物志上》]

张质本传,字子朴。高唐人。少隶兵房,为赵普、曹彬所知。太宗征河东,还驻镇阳,彬方典枢务。一夕,议调发屯兵,时,军载簿领,阻留在道。质潜计兵数,部分军马,及得兵籍较之,悉无差谬。历右神武军、右卫二大将军。大中祥符七年,转都承旨。在枢要五十年,练习事程,精敏端悫,未尝有过。尝召问五代洎国初军籍更易之制,且命条其利害,质纂为三篇,目名《兵要》,上览而称善。好养生术,多接隐人方士,然语不及公家事。每大祀巡幸,多为行宫使。天禧元年九月,方候对承明殿,暴中风眩,舆归卒,年七十四。录其子大理评事纯为卫尉寺丞、孙思道为三班奉职。

[光绪《高唐州志》卷五《征辟》]

张质,字朴。高唐人。少隶兵房,为赵普、曹彬所知。太宗征河东,还驻镇阳,彬方典枢务。一夕,议调发屯兵,时,车载簿领,阻留在道。质潜计兵数,部分军马,及得兵籍较之,悉无差谬。历右神武军、右卫二大将军。大中祥符七年,转都承旨。在枢要五十年,练习事程,精敏端悫,未尝有过。尝召问五代洎国初军籍更易之制,且命条其利害,质纂为三篇,目名《兵要》,上览而称善。好养生术,多接隐人方士,然语不及公家事。每大祀巡幸,多为行官使。天禧元年九月,方候对承明殿,中风眩,舆归卒,年七十四。录其子大理评事纯为卫尉寺丞、孙思道为三班奉职本传。

[嘉庆《东昌府志》卷二十七《列传二》]

张质,字守朴。博州高唐人。少孤,养于兄赟。颇为赵普、曹彬所知。太宗征河东,还驻镇阳,质潜计兵数,部分军马,及得兵籍较之,悉无差谬。淳化中,累迁都承旨。在枢要五十年,练习事理,精敏端悫,未尝有过。真宗尝召问五代以降军籍更易及利害之详,质纂为书,目曰《兵要》以进,真宗览而称善。卒,录其子大理评事纯为卫尉寺丞、孙思道为三班奉职。

[嘉靖《山东通志》卷三十一《人物四·东昌府》]

[康熙《山东通志》卷四十一《人物·东昌府》]

张质，字守朴。博州高唐人。隶枢密兵房，为赵普、曹彬所知。后官至右神武、右卫二大将军。祥符七年，转都承旨。上知其廉谨，特授是官。在枢要凡五十年，练习事程，精敏端悫，未尝有过。上尝召问五代以降泊国初军籍更易之制，且命条具利害，质纂为三篇，目曰《兵要》以进，上览而称善。天禧元年卒。

[宣统《山东通志》卷一百五十七《人物志第十一·历代名臣》]

明

◎ 姜 广 ◎

姜广，字文博。高唐人。任太原府同，以忤权贵，即□衣归，僻居南村，因以为号。足迹不践城市者四十年，为人耿介，不合时俗。读书好古文，图绘、染翰及方书、杂技，悉有所长。

[康熙《高唐州志》卷八《人物志上》]

景泰元年庚午（1450）科

姜广，字文博。性耿介。任太原府同知，以忤权贵归，僻居南村，因以为号。足迹不践城市者四十年。读书好古文，兼长图绘及方书、杂技。

[光绪《高唐州志》卷五《举人》]

姜广，字文博。性耿介。景泰元年举于乡。任太原府同知，以忤权贵归。僻居南村，因以为号。足迹不践城市者四十年。读书好古文，兼长图绘及方书、杂技。

[嘉庆《东昌府志》卷二十九《列传四》]

天顺四年重修庙学碑，赐进士出身翰林院编修文林郎琼台邱濬撰；赐进士出身刑部郎中奉议大夫羊城徐观书；乡贡生郡人姜广篆。

进士题名记，赐进士正议大夫资治尹礼部左侍郎前翰林学士知制诰东鲁许彬撰文，河南永城县训导郡人李翀书丹，乡贡进士郡人姜广篆额。

成化十三年重修庙学碑，修职郎致仕国子监助教武城县人梁端撰，奉议大夫福建泉州府致仕同知郡人胡延书丹，奉议大夫山西太原府致仕同知县人姜广篆额。

[光绪《高唐州志》卷七《碑碣》]

◎ 麻东辉 ◎

麻东辉，高唐人。嘉靖间，以医游郡城，洞究古方书，善脉，士大夫争迎致为上宾。堂邑李通政久病，众医以为不治。东辉诊曰：病得之心火郁积，勿药，第屏念三十日而愈。后如其言。临清副使某病，召东辉诊脉，曰：大人无恙，惟其子之忧。是时，子在里中，亟遣人归视，危就床褥数日矣。竟不起。郡有贵令公子，壮而负气，以无病故试东辉，呼曰：尔善脉，其脉我！辉诊而惊曰：子病矣。奈何不治？公子嘻曰：甚矣！医之利于以不疾为功也。吾日兼数人之食而病乎？笑而挥之。后月余，竟以痰卒。东辉好饮，不治生产，所得金帛，辄给酒家，老而弥甚。里人有奇症，趋请东辉。东辉虽酩酊中，所医无不立愈。里人以为"神"。

[康熙《高唐州志》卷九《方伎》]

麻东辉，善医。嘉靖间，以医游郡城，洞究古方书，善脉。堂邑李通政久病，众医以为不治。东辉诊曰：病得之心火郁积，勿药，第屏念三十日即愈。后如其言。临清副使某病，召之诊，曰：公无恙，惟其子之忧。是时，子在里中，亟遣人归视，危就床褥数日矣。竟不起。有贵公子，壮而负气，无病，故试之。辉诊而惊曰：子病矣。奈何不治？公子曰：吾日兼数人之食而病乎？笑而挥之。后月余，竟以痰卒。东辉好饮，不治生产，所得金帛，辄给酒家。有奇症，趋请东辉，虽酩酊中，所医无不立愈。

[光绪《高唐州志》卷五《方技》]

麻东辉，高唐人。嘉靖间，以医游郡城，洞究古方书，善脉。堂邑李通政久病，众医以为不治。东辉诊曰：病得之心火郁积，勿药，第屏念三十日即愈。后如其言。临清副使某病，召之诊脉，曰：公无恙，唯其子之忧。是时，子在里中，亟遣人归视，危就床褥数日矣。竟不起。有贵公子，壮而负气，无病，故试之。辉诊而惊曰：子病矣。奈何不治？公子曰：吾日兼数人之食而病乎？笑而挥之。后月余，竟以痰卒。东辉好饮，不治生产，所得金帛，辄给酒家。有奇症趋请东辉，虽酩酊中，所医无不立愈。

[嘉庆《东昌府志》卷三十四《方技》]

麻东辉，高唐人。嘉靖间，以医游郡城，洞究古方书，善脉，士大夫争迎致为上客。高唐诸生某，试于提学，同侪辈数人，诣东辉问脉。东辉次第诊已，徐曰：

生且授廪，无乃剥肤之灾，以忧目前。生喜而惧，甫出门，会所仇掷瓦击之，中眉额，几死。试果第一。东辉好饮，不治生产，所得金帛，辄给酒家，老而弥甚。其里一人有奇证，趋请东辉。东辉虽在酩酊中，所医无不立愈者。里人以为"神"。

[康熙《山东通志》卷四十九《方技》]

麻东辉，高唐人。医妙入神，能知休咎。有临清副使病，令东辉诊之。曰：大人无恙，惟公子病当忧。时子在里中，亟遣归视，已殁三日矣。有少年饮于市肆，见东辉来，戏之曰：吾有病否？东辉曰：无庸诊视，为人止数日尔。少年大怒，与之尅期誓生死。未及期，而少年以痰卒。东辉享盛名，不治生产，所得金帛，尽付酒家，终日在酩酊中，然所医无不立愈。

[雍正《山东通志》卷三十一《方伎志》]

麻东辉，高唐人。嘉靖间，以医游郡城，洞究古方，善脉，士大夫争迎致为上客。高唐诸生某，试于提学，同侪辈数人，诣东辉问脉。次第诊之，徐曰：生且授廪，无乃剥肤之灾，以忧目前。生喜惧，甫出门，会所仇掷瓦击之，中眉额，几死。试果第一。东辉好饮，不置生产，所得金帛，辄给酒家，老而弥甚。其里一人有奇病，趋东辉。东辉方酩酊大醉，诊脉用药，立能有效。故人称为"神医"。

[宣统《山东通志》卷一百九十九《杂志上·异闻琐事》]

按《东昌府志》：麻东辉，高唐人。嘉靖间，以医游郡城，洞究古方书，善脉，士大夫争迎致为上客。堂邑李通政久病，众医以为不治。东辉诊曰：病得之心火郁积，勿药，第屏念三十日即愈。后如所言。临清副使某病，召东辉诊脉，曰：大人无恙，将唯其子之忧。是时，子在里中，亟遣人归视，危就床褥数日矣。竟不起。郡有贵介公子，壮而负气，以无病，故试东辉，呼曰：而善脉，其脉我！东辉诊而惊曰：子病矣。奈何不治？公子嘻曰：甚矣！医之利于以不疾为功也。我日兼数人之食而病乎？笑而挥之。后月余，竟以痰卒。高唐诸生某，试于提学，偕侪辈数人，诣东辉问脉。东辉次第诊已，徐曰：生且授廪，无乃剥肤之灾，以忧目前。生喜而惧，甫出门，会所仇掷瓦击之，中眉额，几死。试果第一。东辉好饮，不治生产，所得金帛，辄给酒家，老而弥甚。里人有奇症，趋请东辉。虽在酩酊中，所医无不立愈者。里人以为"神"。

[《古今图书集成医部全录》卷五百十二《医术名流列传》]

麻东辉，明代高唐县人。精医术。

[《山东中医药志》第六篇《人物表》]

◎ 徐启元 ◎

徐启元，精于方脉。州当大乱之后，人多疬疫，用药立效，救人无算而不索谢。有司扁曰"善回疫运"。

[康熙《高唐州志》卷九《方伎》]

徐启元，善医，救人无算，不受谢。前牧旌以"善回疫运"。

[光绪《高唐州志》卷五《方技》]

徐启元，高唐人。精于方脉。当大乱之后，人多疬疾，用药立效，救人无算而不索谢。

[嘉庆《东昌府志》卷三十四《方技》]

按《高唐州志》：徐启元，精于方脉。州当大乱之后，人多疬疫，用药立效，救人无算而不索谢。有司扁曰"善回疫运"。

[《古今图书集成医部全录》卷五百十六《医术名流列传》]

徐启元，明代高唐县人。以医术精妙闻名于时。

[《山东中医药志》第六篇《人物表》]

◎ 孙之普 ◎

孙之普，用药详慎，能活人，州守扁其门曰"一匕神栖"。

[康熙《高唐州志》卷九《方伎》]

孙之普，善治痘疹。前牧旌以"一匕神栖"。

[光绪《高唐州志》卷五《方技》]

孙之普，高唐人。善治痘疹，用药详慎，活人甚多。

[嘉庆《东昌府志》卷三十四《方技》]

按《高唐州志》：孙之普，用药详慎，能活人，州守扁其门曰"一匕神栖"。

[《古今图书集成医部全录》卷五百十六《医术名流列传》]

孙之普，明代高唐县人。业医，善治痘疹。

[《山东中医药志》第六篇《人物表》]

◎ 黄家相 ◎

◎ 黄应坤 ◎

黄列女，医官黄家相之女也。许李氏子胤，胤十五而夭，女请诸父母，一视含殓。往，一恸几绝。回家，自断饮食，父母强之食，受而藏之，堆可盈尺，绝粒七昼夜而殒。后与李郎合葬，冢称"连理"。甲辰，州守杨公、按台严公上其事于朝。

[康熙《高唐州志》卷九《贤媛》]

黄列女传

杨德周

黄列女事，未久而渐湮会。余旌姜节妇之间，荐绅先生娓娓道其成仁就义之概，而氏之烈乃显。是安得有史才如子长，慷慨愤激为列女子摹写一段情事哉？考氏父家相，生子应乾，业儒；应坤，业医。盖仁术，其世授也……

[康熙《高唐州志》卷十一《传》]

◎ 许以溥 ◎

许以溥，字沧洲。善医，前牧旌以"功参造化"。

[光绪《高唐州志》卷五《方技》]

许以溥，字沧洲。高唐人。精于岐黄术，视疹痘，甫出即决其生死。

[嘉庆《东昌府志》卷三十四《方技》]

许以溥，字沧洲。明代高唐县人。以医知名。

[《山东中医药志》第六篇《人物表》]

◎ 道 瑃 ◎

高唐州东北陬有净地焉，周回五百余丈，唐时有僧于此创立大觉寺，以崇奉佛教。又于寺之东北偏建舍利宝塔。宋延祐六年（1319），僧广峭重修。有元年世，寺毁于兵，惟存宝塔。洪武初，创小殿。永乐间，住持僧正员禧润于寺前立草舍三间，凡人之南北行过是州有病者，悉留宿于舍，具饮食、汤药以保养人命。夏月，设瓜以济渴者。若是而无厌，急历数十年。既而请知州事王公讷以司释教之难，其人慎访求之。或谓恩县崇兴寺僧道瑃，号玉岩，先世莱阳人也。九岁，投礼县之三宝禅师，落发为僧，却荤肉，净心念佛，昼夜无间，精通秘义，发明上乘，教宣东土，而能主管僧事。王公曰：我其知之。遂以上闻，授僧正员，以绍禧润之教。先时，州人供佛斋僧，杂用荤肉，玉岩具道佛教所戒，又以因果化人，谓善恶之作皆有报应，人多信之，而问善者众。玉岩曰：佛教流布中国，化愚顽，登其境，功德无边，狭隘不足以阐扬教事，奚能起人之瞻仰哉？乃谋诸众，营建殿宇，鸠工伐木，运石辇土，而大新厥寺。前建大门，次建金刚殿，又次建天王殿，中建大佛宝殿，后建法堂，东建观音堂，西建禅堂、僧房、廪舍、厨湢、廊庑仅二百间，列于两旁。佛像尊严，金碧增辉，幡幢隐映，钟鼓交设，其外则绕以垣墙，植以树木，视昔尤加宏壮。丁酉（1357）春三月，太宗文皇帝大驾北巡，驻跸于高唐，召玉岩诣前而承顾问，玉岩顿首再拜，对以"塔高三十六丈、广二百五十四尺"。上喜，遂赐神僧传经袄。己亥（1359）夏四月，今上皇帝在春宫时驾巡北京，复幸于寺，祭香烛供佛，赐玉岩钞二十锭。玉岩感皇上赐赍之恩，念寺宇重建之艰，恐久后而无征，弗克传远，谋刊贞石，以永其事，持纪寺事帖，请余求记，因次笃帖之所记之事，以复所求，且观世之为僧，能专心礼佛，兴复寺宇，劝人为善者鲜矣。玉岩自幼刻苦，修行导引。人善，昼夜殚力以修复寺宇，可谓恪守清规，不失宗风者矣。此其所以际遇圣明而蒙隆恩者也。于是为之铭曰：邈乎西方，有士捐笃，释迦如来，乃生彼国。明帝梦感，金人巍巍，遣使求之，其教始来。高唐禅寺，名曰大觉，厄于兵燹，寂焉寥落。彼有善人，恪守清规，演说因果，化诱愚呆。法堂僧舍，重门大殿，焕焉一新，殚力所建。圣皇巡幸，大赐覃恩，佛日光辉，百千其春。何文渊撰。

[光绪《高唐州志》卷四《寺观》]

清

◎ 金大韶 ◎

金大韶，字虞庭。以子新祚贵，封西安府推官。公生而敦敏，少有隽声，稍长而游于庠。值父疾，昼夜侍药饵。父殁，鸡骨支床，几成死孝，里人化之。居乡好施予。邻有关公夫妇，病疫，二子俱在襁褓，不举火者易日矣。公急为衣食之，其人以藐诸孤见托，随相继殁。为殓埋如礼，卵翼诸子，俱底于成立。岁荐饥，倾储而施。又值大疫，鬻产以售橘黄之资。茔旁有巨材，悉伐以施道僵者，青磷白骨，咸公恩泽所暨，而种德良深矣。寿至八十有四，无疾而终。子六：长子光祚为诸生，次显祚举明经，三即司李公新祚，四弘祚，廪生；余皆孝弟力田，能无陨其家声。人以为积德之报云。

[康熙《高唐州志》卷八《德业名贤》]

金大韶,字虞廷。诸生。事父孝,居丧致哀。好施济。邻有夫妇死,为殓埋,抚其二子。岁饥,倾储以赈大疫,施药饵。庄有巨材,伐其作椟以施。年八十四,无疾卒。子六人。子新祚贵,封西安府推官。

[光绪《高唐州志》卷五《孝友》]

金大韶,字虞廷。高唐诸生。事父孝,居丧致哀。好施。邻有夫妇死,为殓埋,抚其二子。岁饥,倾储以赈大疫,施药饵。庄有巨材,伐作椟以施。年八十四,无疾卒。子六人。以子新祚贵,封西安府推官。

[嘉庆《东昌府志》卷三十二《孝义》]

◎ 李凤珍 ◎

医学,在州署南。嘉靖十八年(1539),知州宋淮建今医科李凤珍,州人。

[光绪《高唐州志》卷二《署廨》]

◎ 林万全 ◎

林万全,字全人。诸生。家贫多难,年二十六始读书。事亲孝友,爱两弟。力修祖墓,建坊种树。尝因病读医书,遂精其术,活人甚众。

[光绪《高唐州志》卷五《孝友》]

林万全,字全人。诸生。家贫多难,二十六岁始读书。事亲孝友,爱两弟。力修祖墓,建坊种树。尝因病读医书,遂精其术,活人甚众。

[嘉庆《东昌府志》卷三十二《孝义》]

林万全,字全人。清代高唐县人。以医术知名一时。

[《山东中医药志》第六篇《人物表》]

◎ 许应聘 ◎

许应聘,字仲徵。诸生。学问深醇,旁通医术,不辞劳,不计利,人多全活。

[光绪《高唐州志》卷五《义行》]

许应聘,字仲徵。诸生。学问深醇,旁通医术,不辞劳,不计利,多活人。

[嘉庆《东昌府志》卷三十二《孝义》]

许应聘，字仲徽。清代高唐县人。业医。

[《山东中医药志》第六篇《人物表》]

◎ 杨偲 ◎

杨偲，善医，活人甚众。为富者疗奇疮，酬之金，不受，劝焚逋券数十纸而已。有癫男子，赤身行，执而针其左右手，立愈。

[光绪《高唐州志》卷五《方技》]

杨偲，高唐人。善疡医，活人甚众。尝为富者疗奇创，酬之金，不受，劝焚逋券数十纸而已。有癫男子，赤身行，执而针其左右手，立愈。

[嘉庆《东昌府志》卷三十四《方技》]

杨偲，清代高唐县人。工岐黄术。

[《山东中医药志》第六篇《人物表》]

◎ 曹梦沫 ◎

曹梦沫，善疡医，家贫不受馈遗，人无所酬，致以甘脆奉其亲，则受之。

[光绪《高唐州志》卷五《方技》]

曹梦沫，高唐人。善疡医，针药所施，皆立效。家虽贫，不受馈遗，人无所致，敬以甘脆奉其亲，则拜受之。

[嘉庆《东昌府志》卷三十四《方技》]

曹梦沫，清代高唐人。工于医，善治疮疡。

[《山东中医药志》第六篇《人物表》]

◎ 许以涟 ◎

许以涟，字秋潭。父殁，抚三弟成立。恤孤寡，赈贫穷，施汤药，好善不倦。

[光绪《高唐州志》卷五《孝友》]

[嘉庆《东昌府志》卷三十二《孝义》]

效霞按：据光绪《高唐州志》卷五《杂进》，许以涟为"考授州同"。

◎ 姚本源 ◎

马颊桥，在州西北二十里，通夏津。从九姚本源，江西人。以医术寓高，好善乐施，奉母命，出资二千五百缗，独任重修。

[光绪《高唐州志》卷二《桥梁》]

◎ 于崇礼 ◎

于崇礼，字敬堂。候选训导。倜傥不群，精医术、地理。

[光绪《高唐州志》卷五《选举》]

◎ 刘篆昌 ◎

刘篆昌，字龙图。诸生。以医术游历下，为陈大中丞所器重，授医学正科。后保巡检，以河工加五品衔。

[光绪《高唐州志》卷五《选举》]

刘篆昌，字龙图。清代高唐县人。工于医。

[《山东中医药志》第六篇《人物表》]

◎ 王 珩 ◎

王珩，孝亲敬兄，倾助耕读。善医施药，赈饥焚券。

[光绪《高唐州志》卷五《孝义》]

◎ 杜思颖 ◎

杜思颖，随父渭粤东任。俭约，赡亲族。善医，不受谢。知州邵奖以"善行足彰"、署知州舒奖以"潜德幽光"各匾额。

[光绪《高唐州志》卷五《孝义》]

◎ 张凤鸣 ◎

张凤鸣，春严人。例贡。父八旬，卧病数载，鸣侍左右，尿器躬涤，衾被烘洗，务求干洁。恤亲族，无德色，弟侄皆赖以成名。医疮施药数十年，不受聘谢。

[光绪《高唐州志》卷五《孝友》]

◎ 王蕡实 ◎

王蕡实，字赓桃。诸生。花园人。精医术，苦心救世。咸丰甲寅（1854），指困助饷。周孝廉葆禾赠有"输粟有名资国帑，活人无算代天工"之句，州牧张题赠

"齿德达尊"匾额。子政，孙景肃、景维，俱列胶庠。

[光绪《高唐州志》卷五《义行》]

◎ 王静轩 ◎

王静轩，字仁山。增生。王辛庄人。束身谨饬，课徒严正。精医，济救多人，不计聘谢。士林以"望重鸣山"额其门。

[光绪《高唐州志》卷五《义行》]
[民国《高唐县志稿》卷十二《学艺》]

王静轩，字仁山。清代高唐县王辛庄人。精于医。

[《山东中医药志》第六篇《人物表》]

效霞按：民国《德平县续志》卷五《科贡》载："王静轩，字仁山。宣统己酉（1909）岁贡。"民国《德平县续志》卷六《文学》又载："王静轩，字仁山。性好学，至老不辍。年未半百，即贡成均。教授生徒有年，以实践为主，故从公游者获益良多。"从姓名、字号看，二者当为一人。存疑待考。

◎ 于克明 ◎

于克明，字峻德。南刘庄人。秉性忠厚，乐济困阨。医疮施药，借贷不求赏。子孙显贵，足征善报。

[光绪《高唐州志》卷五《义行》]

于克明，字峻德。清代高唐县南刘庄人。精岐黄术。

[《山东中医药志》第六篇《人物表》]

于克明，昭武都尉。

[光绪《高唐州志》卷五《封赠》]

◎ 孔广珂 ◎

孔广珂，孔堂人。诸生。好善乐施，设教行医，遇贫乏者却聘外，时多自助。捻匪之乱，出财务，救免多人，俱不受赏。

[光绪《高唐州志》卷五《义行》]

孔广珂，清代高唐县孔堂人。以医为业，闻名乡里。

[《山东中医药志》第六篇《人物表》]

◎ 王汝勤 ◎

王汝勤，字警炅。武生。祁寨人。人性忠厚，乐施济。与朋友交游，言必践为，为谋必忠。医疮施药，驰名四邑。子瀛，举人。

[光绪《高唐州志》卷五《义行》]

王汝勤，字警炅。清代高唐县祁寨人。好方书，工于医。

[《山东中医药志》第六篇《人物表》]

◎ 杨冠军 ◎

杨冠军，字伟卿。千总。二杨庄人。好行义举，医疮施药，未尝受谢。同治戊辰（1868）之变，筑圩保护村间，保五品衔。

[光绪《高唐州志》卷五《义行》]

杨冠军，字伟卿。清代高唐县二杨庄人。工岐黄术。

[《山东中医药志》第六篇《人物表》]

◎ 王又铎 ◎

王又铎，善医，乡谥"惠节"。

[光绪《高唐州志》卷五《方技》]

王又铎，清代高唐县人。精岐黄术。

[《山东中医药志》第六篇《人物表》]

◎ 侯九泽 ◎

侯九泽，文生。善针灸。论癫疾云：邪之所凑，其气必虚。邪即天地之疠气，乘经络之虚而中于人，忽上忽下，忽隐忽现，迅如发机，快如流星。癫疾之情状，大略如此。业医者察其聚于一处，寂然不动，则以一针取之入于经，遂上下无常，则以一针遏其前，一针截其后，一针从中取之，或在隐僻之处，不便针刺，则先补真阳，使邪无所容，次泻余邪，使邪不能遁。俟其现于皮肤，再取之。此治癫疾所以如承蜩者，掇之而已。医案虽不传有此一言，亦可与泥于鬼穴十三针者进质焉。

[光绪《高唐州志》卷五《方技》]

侯九泽，清代高唐县人。业医，精针灸术。

[《山东中医药志》第六篇《人物表》]

◎ 张 曾 ◎

张曾，字仰舆。精医术。咸丰甲寅（1854），僧忠亲王剿贼染病，延曾疗治，痊愈。聘谢不受，赏五品顶戴，并赐"勋襄细柳"匾额。

[光绪《高唐州志》卷五《方技》]

张曾，字仰舆。清代高唐县人。以医术精湛闻名。

[《山东中医药志》第六篇《人物表》]

◎ 石圻之 ◎

石圻之，字立仁。李官屯人。精医术，著有《医镜》二十卷，存于家。

[光绪《高唐州志》卷五《方技》]

石圻之，字立仁。清代高唐县人。工医。辑有《医镜》二十卷。

[《山东中医药志》第六篇《人物表》]

◎ 姚延福 ◎

姚锡华，字曼伯。江宁上元县人。道光壬辰（1832）科举于乡，辛丑（1841）科成进士。知县即用，分发山东，历官新城、长山、安邱、齐河等县知县，擢桃源同知、署曹州府知府，升山东督粮道。当其任安邱也，日坐堂皇，坐两吏堂隅，诉者入，互书之，使不得增损，徐谕之曰：汝辞直矣，彼曲者必以为辱，辱将怨汝而寻仇，同处亲族里党之中，独不能小让，以解怨释仇乎？归，更思之。如不可忍者，官不难为汝，判决也。于是，曲者尤感悟，往往罢讼。邑征例，纳钱折银，解司库。是岁，银骤贵，亏累颇，巨绅耆请增纳缙钱。锡华谢曰：父老意良厚，比岁银贱，而今适贵，命也。使我去而价平，地方受加赋之害，我何心也？自今，其照章纳银，使官民两利，可乎？人情大悦，邑无逋负。其治盗也，优养名捕，获必重惩。尝谓：捕不食于官，必食于贼。一案之费，辄数百金。吾以此金养捕，捕亦何乐豢盗？由是，盗发即获，相戒不犯其境。在官三年，民俗不变。其治新城、长山，一如安邱，而政差简。最后治齐河，安邱民相率走数百里，献旗匾，颂德政。其在粮道任，驻扎德州。值粤匪扰直境，分窜高唐，德州腹背受敌，守御百计，城赖以完。丁父艰去，服阕，补云南粮道，升按察使，晋布政使，以疾乞休。同治九年（1870）卒于家，年六十有七。子延福，亦官山东知县。精岐黄。数著循声。

[宣统《山东通志》卷二百《补遗·官绩》]

◎ 朱崇勋 ◎

朱崇勋，字彝存。高唐人。总督宏祚孙也。父缃，字子青。有隽才，自经史至天官、壬遁之书，无不研究，尤致力声诗，与王士禛、朱彝尊相切劚。崇勋由诸生贡成均。事母以孝称。尝检方书，手制药饵，利济贫人，乡里颂德。性耽吟咏，与济宁王元枢、胶州高凤翰友善。著有《桐阴书屋诗草》。

[宣统《山东通志》卷一百七十四《人物志第十一·国朝东昌府》]

《桐荫书屋集》二卷，朱崇勋撰。崇勋，字彝存，号怡园。缃子。贡生。《四库存目提要》曰：其诗沿新城末派，清脱有余而深厚不足。

[宣统《山东通志》卷一百四十五上《艺文志第十·集部·别集》]

民国

◎ 张 敏 ◎

张敏，字慎修。梁村人。幼家清贫，而父早殁，与长兄汝山勤奋持家，因以饶足。弃儒行医，于方脉诸术无不读。贫无车马者以疾告，辄走诊之。晚年自筑幽楼，有高人逸士之风。卒年六十六，以兄子金荣为嗣。金荣，字丽生。太学生。事亲孝，交友诚，一乡称善。

[民国《高唐县志稿》卷十二《德范》]

◎ 张金鉴 ◎

◎ 张凤选 ◎

张金鉴，字镜秋。清附生。性方严而宽和，言多谐而文雅。为人医病，辄引为己任，投方之后，不待再请必自至，然不曾费人酒食。人有急难，多所援助，所费因之不赀。喜远游，所至人皆乐与为友。晚年辟园林十亩，啸嗷其中。事兄如严父，待弟姓以慈祥。年近七秩，依然髫龄之真，洵高人也。殁后，以弟之子凤选为嗣，克绍父志，济世活人，其热心治疗，大有父风。孙九芝，法政专门毕业。

[民国《高唐县志稿》卷十二《德范》]

◎ 许鸿年 ◎

许鸿年,字椿洲。清附生,鸿胪寺序班。供职时,父染疾寓京,时交通未便,跋涉千里,备极艰苦。甲午之役,拟往从戎,未能如愿。及闻我军失败,不胜感慨。因命其子习军事者三人。后任事天津广仁善堂,迎养继母。因继母多病,乃潜心医学,卓然名手,赖以全活者甚众。继办理永平监务,力求便民,颂声载道。继又任陆军第六镇中医官十年之久。民国十二年(1923),退居乡园,求医者踵相接,无不立应,乡里德之。

[民国《高唐县志稿》卷十二《德范》]

◎ 李凌云 ◎

李凌云,字步青。好读书,而兼通武术,举乡饮大宾。幼失怙恃,养母患眼疾,事之如母,永不解带者数年。家贫常不给,而手不释卷。又精医术,苦心救世,乡人以"德医可风"赠之。民国六七年(1917—1918)间,筑圩防匪,凌云董其事,胆大心细,忠告善道,村赖以全。后以劳咯血,遗嘱以"戒奢多读,不可为侥幸事,养德存厚"为言。子四,孙六,皆能继其志。

[民国《高唐县志稿》卷十二《德范》]

◎ 张鸿杰 ◎

张鸿杰,字俊英。五区谢里长屯人。精医术,对人极厚,待己以廉,世称"德医兼优"。子四:金甲、金彪、金台,武生;金友。孙九,曾孙六,玄孙八。一家五十余口,略无间言。乡人以其德望优隆,举登堂称贺,并颜其门焉。

[民国《高唐县志稿》卷十二《德范》]

◎ 华廷扬 ◎

华廷扬,奎文阁典祭。董庄人。品行端方,克尽孝悌,尤精医术,活人无算。

[民国《高唐县志稿》卷十二《德范》]

◎ 冯玉山 ◎

◎ 冯立堂 ◎

冯玉山,字秀岭。五区冯庄人。同治末入监,乡人以"善德济世"颜其门。光绪初，举府学介宾，又颜其门曰"德高络英"。精于医，四方俱称"神针先生"。子立堂，字搢升。承父业，世称"明医先生"。

[民国《高唐县志稿》卷十二《德范》]

◎ 韩炳文 ◎

韩炳文，字景垣。与父云阁、伯父云台，俱诸生。祖万仓，好施予，供子读书不惜费，家以中落。炳文幼时，从父读，后父设帐远乡，而母又病痹，不能从，遂辍学。侍母疾，昼夜不离侧，而手不释卷者七年。母卒，父亦寻逝，乃训蒙力学，苦无师资。至二十余岁，始以府学第一入泮，因殚习医术，活人无算，家亦稍裕。子一，已娶妇生子，老年颇适。不幸夫人病故，而子为匪架去遇害。炳文不堪其痛，寻以病卒。炳文貌清癯，美风姿，谈言微中，先是乡俗好讼，每周锥刀之末，即起雀鼠之争，炳文不时劝导，乡人钦其行谊，皆相化为敦睦焉。

[民国《高唐县志稿》卷十二《德范》]

◎ 张汝砺 ◎

张汝砺，字君石。清廪贡生。夹滩镇人。性敦厚，笃于学。家贫析居后，汝砺以家渐裕，其异母兄外出，汝砺召其二侄养于家，为二侄援室，后并以财产平均为三，二侄各一，自取其一。有异母姊，夫死子亡，迎养终身。姊殁，为之立嗣，祭葬如仪。诸生多出其门，所入束金，悉付于弟，未尝计较。晚年通医，疑难之病，多得痊愈。

[民国《高唐县志稿》卷十二《义范》]

◎ 高大猷 ◎

高大猷，字九州。清贡生。精医术。捻匪将弟大式掳去，大猷亲与匪战，卒将弟夺回，人称"忠勇"。

[民国《高唐县志稿》卷十二《义范》]

◎ 徐景皋 ◎

徐景皋，字蒲亭。军屯人。德州卫廪贡生。博学能文，尤饶于才。德州名进士徐象震一见奇之，结为兄弟，唯身体孱弱，不能达其远志。中年习医，于《内经》《难经》能洞见堂奥，处方迥异时流，常有方与证相左，而收奇功者。其为文，亦如其医，率多警策，非常人所能测，才识过人而功有独到也。年四十六岁卒，人皆惜之。

[民国《高唐县志稿》卷十二《学艺》]

◎ **唐桂亭** ◎

◎ **唐云凤** ◎

◎ **唐文光** ◎

◎ **唐占鳌** ◎

◎ **唐全昌** ◎

唐桂亭，字香阁。回教人。以医名于时，盖自曾祖云凤始习医业；祖文光，邑宰以"仁心国手"赠之；父占鳌，又有"三世医宗"之誉。至桂亭，已四世代有秘传。桂亭又复殚精竭虑，得其精微，尤长于小儿科。襁褓提抱，越境而至者，踵相接，罔不著手奏效。自设药肆，躬自制作，贫苦舍药，亲故送诊，以故官绅商民竞送旗伞匾牌，呼其肆曰"舍药局"，或称之"德医"。子全昌，字福五。克承父业，现充本县灾民管理处中医主任。

[民国《高唐县志稿》卷十二《学艺》]

◎ **陈宗器** ◎

陈宗器，字景周。黄圈人。德州卫庠生，鸿胪寺序班，加五品衔。性情豪迈，好义济公，改创鸣山书院，重修陶桥、宋桥等，皆身任之，不辞劳瘁。出嗣叔父汝城，孝养兼至。精于医术，尤专精于眼科，驰名远近，求之无不立应，目瞽而复明者，以千百计。子三，仙峰、双峰，从九品衔；翠峰，曾任禹城汛大黎寨经制外委，署茌平汛把总。

[民国《高唐县志稿》卷十二《学艺》]

◎ **窦学敏** ◎

◎ **窦振翰** ◎

窦学敏，字捷三。窦家庙人。早岁入泮，即弃举业习医术，远近知名，求医者争先恐后。子振翰，诸生。亦弃儒就医，克绍父业。

[民国《高唐县志稿》卷十二《学艺》]

◎ 王宇熙 ◎

王宇熙，字敬斋。清附生。有"名医"之称。投剂慎重，方简而多效。子抡普，字冠庭。幼即能文，以家贫习为吏，曾充本县商会会长。

[民国《高唐县志稿》卷十二《学艺》]

◎ 冯毓松 ◎

冯毓松，字鹤皋。冯庄人。性谨厚，以孝友闻。弱冠入泮，旋食饩，因蹶秋闱，遂绝意进取，设帐授徒，教人以敦品励行为先，凡游其门者，多谨饬士。晚年，通医学，远近求诊者，络绎于道。后以岁贡就训导职，公举为长路下份之总首事，公正热心，至今称颂。

[民国《高唐县志稿》卷十二《学艺》]

◎ 刘炳章 ◎

刘炳章，清附生。眼科著名。

[民国《高唐县志稿》卷十二《学艺》]

◎ 孟昭瑞 ◎

孟昭瑞，清曾生。精医及风鉴。

[民国《高唐县志稿》卷十二《学艺》]

◎ 张承祖 ◎

张承祖，字守先。夹滩镇人。幼嗜读，学问精邃，生徒赖以成名者甚多。后精医术，全活尤众。

[民国《高唐县志稿》卷十二《学艺》]

◎ 刘凤鸣 ◎

刘凤鸣，城东北纪庄人。精医术，请诊者虽徒步不辞，且不索聘，故人皆德之。公送"青囊妙术"匾额，以表扬。

[民国《高唐县志稿》卷十二《学艺》]

◎ 刘月华 ◎

刘月华，字星恒。清廪生。刘相公庄人。聪颖过人，博极经史，又精医术，求诊者日相踵，活人无算。

[民国《高唐县志稿》卷十二《学艺》]

◎ 刘同春 ◎

刘同春，双庙人。精医，医哑尤所长，施舍药剂，活人无算。

[民国《高唐县志稿》卷十二《学艺》]

◎ 刘清溪 ◎

刘清溪，字芝兰。尚官屯人。温和俭约，精医术，尤精于瘟疫、痧疹，远近知之。不计谢仪，且常施药剂，活人实多。举乡饮大宾。寿八十五岁。侄溥庆。

[民国《高唐县志稿》卷十二《学艺》]

◎ 于东序 ◎

◎ 于东庠 ◎

于东序，字艺园。东徐官屯人。匪乱避居城中，通达医术，名著一时，终年几无暇日。性高尚，无望报酬心。某年春，猩红热病盛行，伤儿童无算，东序精立一方，四处张贴，儿童罹此病者，服之辄效，活儿童甚多。兄东庠，亦通医术，济世活人，与乃弟等。

[民国《高唐县志稿》卷十二《学艺》]

◎ 郭秉春 ◎

郭秉春，字寅堂。佟官庄人。童年入泮，弃举业，工针灸，应手奏效，远近德之。曾充茌路第六区区长，赋性耿直，轻财重义，为一方之望。

[民国《高唐县志稿》卷十二《学艺》]

◎ 庞德藩 ◎

庞德藩，徐官屯人。性倜傥，读书入泮，不屑为章句学，后弃儒为医，一时求诊者踵相接。晚年益自琢磨，术益精。

［民国《高唐县志稿》卷十二《学艺》］

◎ 王玉璠 ◎

王玉璠，王庄人。幼年入泮，擅长文学。由山东法校改入警察讲习所，毕业后，历充清平、德州等县警佐。晚年归于医以终。

［民国《高唐县志稿》卷十二《学艺》］

◎ 吕 才 ◎

吕才，《增损本草》五十四卷《旧唐书》本传。

［嘉庆《东昌府志》卷四十《经籍·清平县》］

吕才，博州清平人也。少好学，善阴阳方伎之书。贞观三年（629），太宗令祖孝孙增损乐章，孝孙乃与明音律人王长通、白明达递相长短。太宗令侍臣更访能者，中书令温彦博奏才聪明多能，眼所未见，耳所未闻，一闻一见，皆达其妙，尤长于声乐，请令考之。侍中王珪、魏征又盛称才学术之妙，征曰：才能为尺十二枚，尺八长短不同，各应律管，无不谐韵。太宗即征才，令直弘文馆。太宗尝览周武帝所撰《三局象经》，不晓其旨。太子洗马蔡允恭年少时尝为此戏，太宗召问，亦废而不通，乃召才使问焉。才寻绎一宿，便能作图解释，允恭览之，依然记其旧法，与才正同，由是才遂知名。累迁太常博士。太宗以《阴阳书》近代以来渐致讹伪，穿凿既甚，拘忌亦多，遂命才与学者十余人共加刊正，削其浅俗，存其可用者。勒成五十三卷，并旧书四十七卷，十五年书成，诏颁行之。才多以典故质正其理，虽为术者所短，然颇合经义，今略载其数篇。其叙《宅经》曰：《易》曰：上古穴居而野处，后世圣人易以宫室，盖取诸大壮。迨于殷周之际，乃有卜宅之文，故《诗》称"相其阴阳"，《书》云"卜惟洛宅"，此则卜宅吉凶，其来尚矣。至于近代师巫，更加五姓之说。言五姓者，谓宫、商、角、征、羽等。天下万物，悉配属之，行事吉凶，依此为法。至如张、王等为商，武、庚等为羽，欲似同韵相求。及其以柳姓为宫，以赵姓为角，又非四声相管。其间亦有同是一姓，分属宫商，后有复姓数字，征羽不别。验于经典，本无斯说，诸阴阳书，亦无此语，直是野俗口传，竟无所出之处。唯《堪舆经》，黄帝对于天老，乃有五姓之言。且黄帝之时，不过姬、姜数姓，暨于后代，赐族者多。至如管、蔡、霍、鲁、卫、毛、聃、郜、雍、曹、滕、毕、原、丰、郇，并是姬姓子孙；孔、殷、宋、华、向、萧、亳、皇甫，并是子姓苗裔。自余诸国，准例皆然。因邑因官，分枝布叶，未知此等诸姓，是谁配属？又检《春秋》，以陈、卫及秦并同水姓，齐、郑及宋皆为火姓，或承所出之祖，或系所属之星，或取所居之地，亦非宫、商、角、征，共相管摄。此则事不稽古，义理乖僻者也。叙《禄命》曰：谨案《史记》，宋忠、贾谊讥司马季主云：夫卜筮者，高人禄命以悦人心，矫言祸福以尽人财。又案王充《论衡》云：见骨体而知命禄，睹命禄而知骨体。此即《禄命》之书，行之久矣。多言或中，人乃信之。今更研寻，本非实录。但以积善余庆，不假建禄之吉；积恶余殃，岂由劫杀之灾？皇天无亲，常与善人，祸福之应，其犹影响。故有夏多罪，天命剿绝；宋景修德，妖孛夜移。学也禄在，岂待生当建学？文王勤忧损寿，不关月值空亡。长平坑卒，未闻共犯三刑；南阳贵士，何必俱当六合？历阳成湖，非独河魁之上；蜀郡炎燎，岂由灾厄之下？今时亦有同年同禄，而贵贱悬殊；共命共胎，而夭寿更异。案《春秋》：鲁桓公六年七月，鲁庄公生。今检《长历》，庄公生当乙亥之岁，建申之月。以此推之，庄公乃当禄之空亡。依《禄命书》，法合贫贱，又犯勾绞六害，背驿马三刑，当此三者，并无官爵。火命七月，生当病乡，为人尪弱，身合矬陋。今案《齐诗》讥庄公"猗嗟昌兮，颀若长兮。美目扬兮，巧趋跄兮"。唯有向命一条，法当长命。

依检《春秋》，庄公薨时计年四十五矣。此则《禄命》不验一也。又案《史记》：秦庄襄王四十八年，始皇帝生，宋忠注云：因正月生，乃名政。依检襄王四十八年，岁在壬寅。此年正月生者，命当背禄，法无官爵，假得禄合，奴婢尚少。始皇又当破驿马三刑，身克驿马，法当望官不到，金命正月，生当绝下，为人无始有终，老而弥吉。今检《史记》：始皇乃是有始无终，老更弥凶。唯建命生，法合长寿，计其崩时，不过五十。禄命不验二也。又《汉武故事》，武帝以乙酉之岁七月七日平旦时生。亦当禄空亡下，法无官爵，虽向驿马，尚隔四辰。依禄命法，少无官荣，老而方盛。今检《汉书》，武帝即位，年始十六，末年已后，户口减半。禄命不验三也。又按《后魏书》云：孝文皇帝皇兴元年八月生。今按《长历》，其年岁在丁未。以此推之，孝文皇帝背禄命并驿马三刑，身克驿马。依禄命书，法无官爵，命当父死中生，法当生不见父。今检《魏书》，孝文皇帝身受其父显祖之禅。礼云：嗣子位定于初丧，逾年之后，方始正号。是以天子无父，事三老也。孝文受禅，异于常礼，躬率天下，以事其亲，而禄命云不合识父。禄命不验四也。又按沈约《宋书》云：宋高祖癸亥岁三月生。依此而推，禄之与命，并当空亡。依禄命书，法无官爵；又当子墓中生，唯宜嫡子，假有次子，法当早卒。今检《宋书》，高祖长子先被篡弑，次子义隆，享国多年。高祖又当祖禄下生，法得嫡孙财禄。今检《宋书》其孙刘劭、刘浚并为篡逆，几失宗祧。禄命不验五也。叙《葬书》曰：《易》曰：古之葬者，衣之以薪，不封不树，丧期无数。后世圣人易之以棺椁，盖取诸《大过》。《礼》云：葬者，藏也，欲使人不得见之。然《孝经》云：卜其宅兆而安厝之。以其顾复事毕，长为感慕之所；窀穸礼终，永作魂神之宅。朝市迁变，不得豫测于将来，泉石交侵，不可先知于地下。是以谋及龟筮，庶无后艰，斯乃备于慎终之礼，曾无吉凶之义。暨乎近代以来，加之阴阳葬法，或选年月便利，或量墓田远近，一事失所，祸及死生。巫者利其货贿，莫不擅加妨害。遂使《葬书》一术，乃有百二十家。各说吉凶，拘而多忌。且天覆地载，乾坤之理备焉；一刚一柔，消息之义详矣。或成于昼夜之道，感于男女之化，三光运于上，四气通于下，斯乃阴阳之大经，不可失之于斯须也。至于丧葬之吉凶，乃附此为妖妄。《传》云：王者七日而殡，七月而葬；诸侯五日而殡，五月而葬；大夫经时而葬；士及庶人逾月而已。此则贵贱不同，礼亦异数。欲使同盟同轨，赴吊有期，量事制宜，遂为常式。法既一定，不得违之。故先期而葬，谓之不怀；后期而不葬，讥之殆礼。此则葬有定期，不择年月，一也。《春秋》又云：丁巳，葬定公，雨，不克葬，至于戊午襄事。礼经善之。《礼记》云"卜葬先远日"者，盖选月终之日，所以避不怀也。今检《葬书》，以己亥之日用葬最凶。谨按春秋之际，此日葬者凡有二十余件。此则葬不择日，二也。《礼记》又云：周尚赤，大事用平旦；殷尚白，大事用日中；夏尚黑，大事用昏时。郑玄《注》云：大事者何？谓丧葬也。此则直取当代所尚，不择时之早晚。《春秋》云：郑卿子产及子太叔葬郑简公，于时司墓大夫室当葬路。若坏其室，即平旦而窆；不坏其室，即日中而窆。子产不欲坏室，欲待日中。子太叔云：若至日中而窆，恐久劳诸侯大夫来会葬者。然子产既云博物君子，太叔乃为诸侯之选，国之大事，无过丧葬，必是义有吉凶，斯等岂得不用？今乃不问时之得失，唯论人事可否。《曾子问》云：葬逢日蚀，舍于路左，待明而行，所以备非常也。若依《葬书》，多用乾、艮二时，并是近半夜，此即文与礼违。今检《礼传》，葬不择时，三也。《葬书》云，富贵官品，皆由安葬所致；年命延促，亦曰坟垄所招。然今按《孝经》云：立身行道，则扬名于后世，以显父母。《易》曰：圣人之大宝曰位，何以守位曰仁。是以日慎一日，则泽及于无疆；苟德不建，则人而无后，此则非由安葬吉凶而论福祚延促。臧孙有后于鲁，不关葬得吉日，若敖绝祀于荆，不由迁厝失所。此则安葬吉凶不可信用，其义四也。今之丧葬吉凶，皆依五姓便利。古之葬者，并在国都之北，域兆既有常所，何取姓墓之义？赵氏之葬，并在九原；汉之山陵，散在诸处。上利下利，蔑尔不论，大墓小墓，其义安在？及其子孙富贵不绝，或与三代同风，或分六国而王。此则五姓之义，大无稽古；吉凶之理，何从而生？其义五也。且人臣名位，进退何常，亦有初贱而后贵，亦有始泰而终否。是以子文三已令尹，展禽三黜士师。卜葬一定，更不回改，冢墓既成，曾不革易，则何因名位无时暂安。故知官爵弘之在人，不由安葬所致。其义六也。野俗无识，皆信葬书，巫者诈其吉凶，愚人因而徼幸。遂使擗踊之际，择葬地而希官品；荼毒之秋，选葬时以规财禄。或云辰日不宜哭泣，遂莞尔而对宾客受吊；或云同属忌于临圹，乃吉服不送其亲。圣人设教，岂其然也？葬书败俗，一至于斯，其义七也。太宗又令才造《方域图》及《教飞骑战阵图》，皆称旨，擢授太常丞。永徽初，预修《文思博要》及《姓氏录》。显庆中，高宗以琴曲古有《白雪》，近代顿绝，使太常增修旧曲。才上言曰：臣按《礼记》及《家语》云，舜弹五弦之琴，歌《南风》之诗。是知琴操曲弄，皆合于歌。又张华《博物志》云：《白雪》是天帝使素女鼓五十弦瑟曲名。又楚大夫宋玉对襄王云，有客于郢中歌

《阳春白雪》，国中和者数十人。是知《白雪》琴曲，本宜合歌，以其调高，人和遂寡。自宋玉已来，迄今千祀，未有能歌《白雪》曲者。臣今准敕，依琴中旧曲，定其宫商，然后教习，并合于歌，辄以御制《雪诗》为《白雪》歌词。又案古今乐府，奏正曲之后，皆别有送声，君唱臣和，事彰前史。今取太尉长孙无忌、仆射于志宁、侍中许敬宗等《奉和雪诗》以为送声，合十六节，今悉教讫，并皆合韵。高宗大悦，更作《白雪歌词》十六首，付太常编于乐府。时右监门长史苏敬上言，陶弘景所撰《本草》，事多舛谬。诏中书令许敬宗与才及李淳风、礼部郎中孔志约，并诸名医，增损旧本，仍令司空李勣总监定之，并图合成五十四卷，大行于代。才龙朔中为太子司更大夫，麟德二年卒。著《隋记》二十卷，行于时。

[《旧唐书》卷七十九《列传第二十九》]

吕才，博州清平人。贞观时，祖孝孙增损乐律，与音家王长通、白明达更质难，不能决。太宗诏侍臣举善音者，中书令温彦博白才天悟绝人，闻见一接，辄究其妙。侍中王珪、魏征盛称才制尺八凡十二枚，长短不一，与律谐契。即召才置弘文馆，参论乐事。帝尝览周武帝《三局象经》，不能通，或言太子洗马蔡允恭能之，召问允恭，少通其略，老乃忘。试问才，退一夕即解，具图以闻。允恭记其旧，与才正同，由是知名。擢累太常博士。帝病阴阳家所传书多谬伪浅恶，世益拘畏，命才与宿学老师删落烦讹，掇可用者为五十三篇，合旧书四十七，凡百篇，诏颁天下。才于持议儒而不俚，以经谊推处其验术，诸家共诃短之，又举世相惑以祸福，终莫悟云。才之言不甚文，要欲救俗失，切时事，俾易晓也。故剟其三篇文节入《艺文志》。帝又诏造《方域图》及《教飞骑战阵图》，屡称旨。擢太常丞。麟德中，以太子司更大夫卒。生平预修书及著述甚多。子方毅，七岁能诵经。太宗闻其敏，召见，奇之，赐束帛。长为右卫铠曹参军。母丧，以毁卒。布车从母葬，通人郎余令以白粥、玄酒、生刍祭路隅，世共哀之节《新唐书》本传。

[民国《续修清平县志》第六册《耆旧》]

吕才，清平人。贞观时，祖孝孙增损乐律，与音家王长通、白明达更质难，不能决。太宗诏侍臣举善音者，中书令温彦博白才天悟绝人，闻见一接，辄究其妙。侍中王珪、魏征盛称才制尺与律谐契。即召直宏文馆，参论乐事。帝尝览周武帝《三局象经》，不能通，试问才，退一夕即解，具图以闻。由是知名。累擢太常博士。帝病阴阳家传说多谬，世益拘畏，命才与宿学老师删落繁讹，掇可用者凡百篇，诏天下。又诏造《方域图》及《教飞骑战阵图》，屡称旨，擢太常丞。麟德中以太子司更大夫卒。子方毅，七岁能诵经。太宗召见，奇之，赐束帛。长为右卫铠曹参军。母丧，以毁卒。布车从母葬。通人郎余令以白粥、玄酒、生刍祭路隅，世共哀之。

[嘉庆《东昌府志》卷二十六《列传一》]

吕才，博州清平人。太宗时，召直弘文馆，与祖孝孙参论乐事，擢太常博士。受诏删定阴阳家书，掇可用者为五十三篇，合旧书凡百篇，颁天下。诏造《方域图》及《教飞骑战阵图》，屡称旨，擢太常丞。

[雍正《山东通志》卷三十一《人物四·东昌府》]

[康熙《山东通志》卷四十一《人物·东昌府》]

吕才，博州清平人。贞观时，以精乐律，中书令温彦博等荐直弘文馆，参论乐事。帝尝览周武帝《三局象经》，不能通，试问才，退一夕即解其图以闻。迁太常博士。帝病阴阳家所传书多谬伪浅恶，世益拘畏，命才与宿学老师删落烦讹，掇可用者为五十三篇，合旧书四十七，凡百篇，诏颁天下。又命造《方域图》及《教飞骑战阵图》，屡称旨，擢太常丞。麟德中卒。生平著作甚多。子方毅，七岁能诵经，太宗闻其敏，召见，奇之，赐束帛。长为右卫铠曹参军。母丧，以毁卒。布车从母葬。世共哀之。

[宣统《山东通志》卷一百六十三《历代文苑》]

吕才（600—665），唐代临清人。出身庶族，少年时勤奋好学，通晓天文、地理、医药、制图、军事、历史、文学、哲学，乃至五行、龟蓍、历算、象数等，尤长于音律。由于博学多才，三十岁时，由温彦博、魏征等人举荐进入弘文馆，后被提拔为太常博士、太常丞。

著书立说甚丰，大部分已散失，《旧唐书》中的《叙宅经》《叙禄命》《叙葬书》及《大藏经》中的《因明注释义图序》和音乐专著《秦王破阵乐》等是现存的代表作。

具有鲜明的唯物主义思想，认为"极微"是世界的本原，是物质的客观存在，客观事物的规律存在于事物之中，物质世界是发展变化的，是对立矛盾的运动。他认为实践和学习是获得知识的唯一途径，并否定生而知之的先验论。

所处的时代是封建迷信思想较为盛行的时代，用《禄命书》中所说的方法对历史著名人物的生辰年月进行推算，从而论证禄命之谬，他用自然规律的运行现象，说明人的祸福吉凶都与丧葬无关。

贞观初，奉唐太宗李世民之诏参论乐事，并编导了歌颂李世民的大型歌舞。太宗赐名《功成庆善舞》，后更名《九功舞》。贞观七年（633），又编曲、绘制舞图成为《秦王破阵乐》，又称《七德舞》。与《九功舞》和唐高宗所作《上元舞》并称唐代三大歌舞曲。近年来《秦王破阵乐》在美国、日本等国家和地区演出，曾受到各界人士的欢迎。

[《临清市志》人物《人物传》]

元

◎ 田好礼 ◎

谒明宗祠
元 徐世隆

徽陵当日拯残唐，五季之间号小康。因兽害田秋罢猎，为民求主夜焚香。八年功德丹青在，千古明灵祭祀长。欲识此邦遗爱事，庙槐人敬似甘棠。

上诗石刻，今嵌入明宗祠壁，诗后有"时乙未七月初吉箕城徐世隆识"十三字。后刻"跋语"如下：

故翰林学士复斋徐威卿先生真翰，迄今六十年矣。守土者达鲁花赤阔阔女、县尹田衡、主簿刘云汉、县尉季庭珪、典史雷附翼，恐其湮灭，勒石龛壁，以永其传。时大元元贞元年（1295）七月七日也。儒医田好礼摹，里人陈义男、陈忠刊。

[民国《续修清平县志》第九册《诗》]

清

◎ 金檍春 ◎

　　金华清，字涵秋。金郝庄人。附贡生。性和易，遇事不激不随，能持大体。家素丰，义所当为，必身先赴以为之倡。同治七年（1868），捻匪北窜，大府檄乡民筑圩自卫，其村尅期集事，工甫竣，贼至。斯时也，南至侯家寨，二圩相距四十里，别无城堡，燧烽一警，号呼震野，扶老携幼而来者以千万计，自春徂秋，民赖以保全。晚年，诱掖后进如恐不及。充总绅数十年，老成持重，邑人赖之，殁后犹思念不置。子桐春，鸿胪寺序班；柽春，县学生员；檍春，字子寿。风神潇洒，天资卓越，清言娓娓，如魏晋间人。为文，批却导窾，游行理窟。弱冠，即以县元入泮。光绪己丑（1889），由优廪举于乡。设教授徒，不索修脯，而教人孜孜不倦。晚岁，补授郯城县训导，曾有《礼法浅说》《士林矜式》，司铎三载，文化大进。旋里后，历充政字团团正及自治委员，洁己奉公，乡里属望家。世素精岐黄，每遇沉疴，著手奏效。年七十二卒。生平著有《榴香斋文钞》及《杂记》数种，每一艺出，人争传诵，以是稿多散失。

［民国《续修清平县志》第六册《耆旧》］

　　金檍春，光绪十五年（1889）乡榜，任郯城县训导。有"传"。

［民国《续修清平县志》第五册《举人》］

　　自治委员 知县以下，设自治委员一人，辅佐知县执行参事会一切事务

　　金檍春，第一届自治委员。

民国《续修清平县志》第五册《议员》

旧序九

　　昔人尝谓：得前贤之零章断句，裒集而录存之，其功德抵万千缗布施。矧征文考献，访求旧闻，俾嘉言懿行，赖以不坠，其有功于世道人心者，更非显浅，则其功德不尤巨哉！实铭于乙卯九月守土来此，即闻邑绅傅蘅塘先生以老成重望为闾里矜式，丞思一亲謦欬，以伸向慕之忱，惟先生自归田后，闭门不与外事，所居距城数十里，终年不入城市，即入城亦不与邑令相往还，鄙人愿见之怀，迄未能遂。齐

小舟大令,先生之快婿也。早岁登第,作令豫章。辛亥遭国变,弃官归里,与鄙人时相过从。丙辰二月,小舟手先生增辑《县志》一书,属为文以弁首。余授而读之,见其搜讨故实,网罗放失,洵足补前《志》之所未备。盖先生之致力甚勤,而先生之用心,愈不可没矣。顾余学浅才疏,不解为文,何敢妄事缀辞,贻佛头,著粪诮耶?继思自来此邦,与士大夫相款接,若金君子寿,清癯古貌,精于方书,抱朴、华阳之流也;马君秋舲,苍颜白发,以诗自豪,渔洋山人之继起也;小舟,则早衰多病,体不胜衣,而神采奕奕,对之,翕然意远,类古之高人隐士,与王、孟、皮、陆相颉颃者也。三君者,皆君子人也。余皆得而友之,而独以未见先生为憾。今是书卷末,载有先生自著《新疆政见》数篇及桂林朱君为先生所立"传",每一披阅,觉先生之言谕丰采,仿佛接于吾目中,于是夙昔愿见先生之怀,得借此而少慰。故不辞谫陋,而乐为序之。商邱陈实铭葆生氏序。

[民国《续修清平县志》第一册《旧序》]

◎ 董序英 ◎

董序英,字育材。田庄人。岁贡生。少失怙,事继母张氏惟谨。家贫嗜读,以馆谷自给,高唐、夏津、博平及邑名下士,多出其门。晚年邃于医。光绪庚寅(1890),漕河大水,郡守发步卒百余,开三孔桥,临河数十村,聚众拒之。郡守怒,欲继之以兵,适序英为郡守诊病,从容曰:民聚众非叛也,畏水也。守曰:民畏水,不畏兵乎?曰:民虽无知,皆谅大人慈惠爱下,兵必不至。守笑曰:吾先筑堤,以杀水势,而后开之,可乎?曰:善。事成,一方赖之。

[民国《续修清平县志》第六册《耆旧》]

董序英,同治十三年(1874)岁贡。

[民国《续修清平县志》第五册《贡生》]

◎ 吕军功 ◎

吕军功,性慷爽,工诗善书,好奖进后学。晚年暇时,辄抚琴一曲,读《南华》三两页,与子侄辈啜茗闲话。尤善医,求无不应,或赴市以待之。有怀金致谢者,必却。知县曹钟彝以"青囊济世"旌其门。邑人表其闾曰"韩康市隐所"。著有《井中天》《治家格言》各一卷。幼失怙,事继母以孝谨著。弟金陶、金阶,公正勤俭,治家有法,事兄维谨,凡事必白公而行,同居五世,家口数十,无间言。子泽冀,以附贡生成均;泽芳,由序班改县丞。侄泽芬,丁酉拔贡,就教谕,有

"传"；泽芹，廪膳生。保鸿胪寺序班。孙橏堂、侄孙梅堂，俱补县学弟子员。

[民国《续修清平县志》第六册《耆旧》]

◎ 徐荫棠 ◎

徐荫棠，字憩南。恩贡生。作述店人。品端学粹。同治间为团长，遐迩获安，公赠"一方保障"匾额。光绪初，以监修陵工，保举知县，不乐仕进，辞职归养。世精岐黄，尤长外科。卒年七十一，乡里勒石志爱。著有《苧村集》，待刊。

[民国《续修清平县志》第六册《耆旧》]

◎ 马荣臣 ◎

马珊，字玉册。振文之子。幼承家学，试辄冠军，补弟子员。文名籍甚，乡试屡荐未售，赍志以殁。刻有《退思轩遗诗》一卷，附《棠苻书屋稿》后，稷山王炳坛为之"序"，云：君天怀淡定，与物无竞，情深婉正，诗如其人。潍县张昭潜亦尝谓：风致嫣然，入中晚唐之室。子荣臣，字森廷，号秋舲。八岁能诗，为祖父钟爱。弱冠食饩，志趣远大，因连年丁艰，壮志遂灰，于家塾授徒。服阕，以廪贡援例选寿光县训导，月课生童，每有拟作，暇则与寅僚幕友唱和，间为散骈文，怡情翰墨。著有《秋舲诗草》《续草》《请息斋文稿》。冯忠敏汝骙守青州，尝密函《委查该县利弊书》，三上，俱蒙采纳。天怀淡泊，不喜标榜，阖学两次送屏匾，倩名宿撰序文，却不受。壬子去官旋里后，诸子已析居，于别院隙地构屋两楹，作《请息斋四记》，大率自箴、自解、自慰、自娱。深得《庄子·齐物》养生之秘，爱闲成癖，过静如昏，息意冥心，厌闻琐屑，惟求医者踵门，往往搁笔抛卷应之，他事不问也。晚年尤喜读道家书。

[民国《续修清平县志》第六册《耆旧》]

（光绪）六年（1881）

马荣臣，东昌清平人。廪贡。

[民国《寿光县志》卷六《职官表·训导》]

效霞按：据民国《续修清平县志》第五册《制科》"自明清迄民国由贡监吏员及行伍入仕者均分别附于制科人物之后"，马荣臣"嘉庆后由贡监生员入仕"。

◎ 史公道 ◎

彭克敏，字欲讷。廪膳生。沈庄人也。性情纯一，品行端方。所读经史，皆有手抄注解，教授生徒，不厌问答，详尽施诲，先重行谊，作文务讲理法。所著《文集》，分类批示，立名目八十四则，曰《单题分法四隅集》，高唐州知州徐宗干曾为之"序"，及门受业者举人张沂、进士马振文，皆得力此《文集》。马尝谓张曰：吾师此《文集》仅三百余篇，理精法备，使后学举一反三，制义之能事尽矣。吾莅任后，务先付梓，广传海内，无负吾师苦心。惜有志未逮，以丁忧旋里，终藏诸家塾。又著有《国朝文正家塾》《文正四书讲义》，亦未付梓。公尝因母疾，遍求名医，百药不效。有华山道士史姓名公道来访，引视母疾，一药而愈，欢喜款留，与谈天文、地理，应答如响，出《道经》数卷，授克敏。克敏披阅数次，皆天文秘机。数月，道士携书归山，克敏虑母疾再发，携家入华山，访道士不遇，乡里闻之，捐资财，出车马，入华山，迎克敏归。不得已，随乡人旋故里。素与水城屯岁贡生刘廷枦、武举刘廷枘，称莫逆交。刘廷枘在省垣抚军营中效用，与抚军谈及克敏之为人，抚军甚加钦敬，阅边临清时，使刘廷枘至家引克敏，抚军意欲收为门下客，辞不往见。葬母后。闭门著书，有《地理精》一六卷、《地穴全图》二卷、《罗经解》一卷。尤精《易》，课占筮，恒有奇验。著书外，别无嗜好，安贫乐道以终焉。

[民国《续修清平县志》第六册《耆旧》]

◎ 童仁发 ◎

童仁发，欲仁一里三甲赵建庄人。以资授从九品职衔。父廷玺，母谢氏。谢卒，仁发生甫八月；廷玺卒，仁发年二十二，毁哀尽礼。事祖母杨氏、继母田氏，亦无间言。仁发业医，尝往来于士大夫之家。乾隆三十年（1765），举高、曾、祖、父四世停柩，合葬于一丘。四十四年，知县张玉树详情褒奖。仁发原籍江西，六十后又移家他往。

[民国《续修清平县志》第六册《孝义》]

◎ 张凤梧 ◎

张凤梧，字如玉。幼读书，补生员，兼善方技。有临清李生得一疾，类狂易，投以治痰之药，皆不效。凤梧视之，曰：此受寒过甚耳！处方治之而愈。又有王氏妇，腹中积块数年，日渐长大，诸医束手。凤梧曰：此孕脉耳！或曰：安有孕三年而不育者乎？安有怀孕而天癸不绝者乎？凤梧曰：凭吾脉耳！为处方治之，数月果得一男。

[民国《续修清平县志》第六册《方技》]

张凤梧，字如玉。清代临清县人。以医为业，善治内科。

[《山东中医药志》第六篇《人物表》]

◎ 王元仲 ◎

王元仲，字魁一。欲仁一乡赵建庄人。少业儒，多疾病，屡困童子试，遂去而学医，退居乡村。元仲不问贫富，皆为治之。人有邀视者，虽寒暑风雨，无所避，治之往往有效。遗以金，不受。尝曰：俗云药医不死病，敢贪天乎！后其术益精，于内、外科及小儿科无所不通。或劝其售药，元仲曰：我少多病，我之医自利以利人也，售药则利人以利己也，我有田一顷，足以自饱，奚利为！以故乡之人多称之。

[民国《续修清平县志》第六册《方技》]

王元仲，字魁一。清代临清县人。工医，内、外、儿三科均优。

[《山东中医药志》第六篇《人物表》]

◎ 马绍熹 ◎

马绍熹，字如晦。新兴集人。少时见一僧，托钵化缘，饭之食，兼数十人。异之，愿执弟子礼。僧弗应，飘然去。顾绍熹曰：若有事，当寻我于西北之伏牛山。此嘉庆四年（1799）事也。后绍熹因讼牵连，记僧言，往西北行，经月，遇僧，住年余归。善五行功，有病虚劳者，按摩有奇效，今犹有传其术者，惟伏牛山无可考。

[民国《续修清平县志》第六册《方技》]

马绍熹，字如晦。清代临清县人。业医，以按摩术知名。

[《山东中医药志》第六篇《人物表》]

◎ 李万春 ◎

李万春，字昆圃。萧家寨人。业儒，补县学生员。博通医术，尤精于瘟疫，病至垂危者，一经诊治，无不效。著有《瘟疫良方》数卷行世。

[民国《清平县志》第六册《方技》]

李万春（1794—1864），字昆圃，号溧阳。临清萧家寨人。幼读儒学，精于诗书，文精思奥，颇有才学，受人敬慕。二十岁中秀才，后因家贫，弃儒务农。目睹众生疾苦，遂生济世救人之心，博览古籍，潜心研究医学，精通其中奥理。数年后，名声大振。通内、妇、儿诸科，尤擅治瘟疫。治病不拘亲疏贫富，一视同仁，有求必应。有一年，黄疸流行，四方张贴验方，救人甚众。南到巨野，北至德州，颇负盛名。晚年著有《瘟疫良方》二卷。后世应用屡有效验。其玄孙李会亭于1928年石印成书，公诸于世，实现了万春"救一人不如救一世，救一世不如救万世"之夙愿。

[《聊城地区卫生志》第十篇《人物》]

[《鲁西名人传略》]

◎ 王青烈 ◎

王青烈，字建常。城西北张伴屯人。道光间附生。学问渊博，尤精岐黄，舍药济贫，人感其德。尝经商于冠县，以念母急归，得脱发逆之难。长子庆成以子息众多，为诸弟累，请于父，让产析居，后家道日昌，人以为孝友之报焉。

[民国《清平县志》第七册《笃行》]

◎ 王福锡 ◎

王福锡，字全五。十里堡人。性慷慨，精医术，贫人求诊，辄周恤之。咸丰间，宋逆之乱，亲率团众御，诸河匪莫敢犯。卒年八十六岁。

[民国《清平县志》第七册《笃行》]

◎ 于芳梓 ◎

于芳梓，字琴台。姚楼人。性情宽厚，内行敦笃。以岁贡生就职训导。少壮时，尝叹本邑科目无人，益自刻苦，家境寒素，设帐授徒，一时俊秀多出其门。平生教育子侄，井然有法。晚岁，家渐裕，恤孤周贫，居间排难。又善岐黄，求无不应。卒年七十岁。子四：汝征、汝清、汝瀛、汝溟、汝征，字印潭，号伯悟。邑庠生。早岁，蜚声庠序，屡蒙试官嘉奖，秋闱不第，人代惋惜。承父遗教，居家课徒。入民国后，于新政力加提倡，命孙辈均入学校。居乡，济困扶危，成功不居。

子二：瑞林，邑庠生；祥林，早卒。瑞林子逢藻、逢禧，均毕业中学；祥林子逢芹，毕业北平法科大学，得法学士位，从事湘、鄂、赣、皖等省法界。

[民国《清平县志》第七册《笃行》]

于芳梓，光绪元年（1875）岁贡。

[民国《续修清平县志》第五册《贡生》]

◎ 姜玉麟 ◎

姜玉麟，字公台。李寨。武庠生。以弓马授徒，游泮者十余人，武举四人，武进士一人，邑人武侍卫董庆安，其尤著也。平生，逢饥筹赈，遇乱修圩，为公益不惮劳瘁。又善医，有求必应，四乡公送"德高望重"匾额。子登榜，武举；占榜，武备学堂毕业。历任河南、山东军官。孙子汉，年十五六，出关寻父登榜不遇，旋入育英学堂，民国四年（1915）毕业后，入山东第五师随营学堂，由排长升营长、旅长等职。北伐成功，归田侍母。年三十五岁卒。

[民国《清平县志》第七册《笃行》]

◎ 胡碧峰 ◎

胡碧峰，字浮岚。田庄人。通医术，善治瘟疹，求无不应，一介不取。葬之日，乡众为扫雪清道。

[民国《清平县志》第七册《笃行》]

◎ 刘毓岐 ◎

◎ 刘充成 ◎

刘毓岐，字云峰。范尔庄人。由贡生保举大宾，例授承德郎。气宇冲和，名论侃侃，人有疑难，一言可决。精医术，妇科尤其所长。心细手和，求无不应。乡邻戚友公送匾额三方，殁后并为勒石道旁，以志景仰。子澄清，字秋泉。由庠生保举鸿胪寺序班。家居授徒。嗣充成，字团团。副医术，克绍父业。

[民国《清平县志》第七册《笃行》]

刘毓岐，字云峰。清代临清县人。以医为业，术专妇科。

[《山东中医药志》第六篇《人物表》]

◎ 贾复成 ◎

贾复成，城西老官庄人。刚正不阿，人多敬畏。善医，尤长痘疹科，远近称之。卒年七十八。

[民国《清平县志》第七册《笃行》]

◎ 盛玉柱 ◎

盛玉柱，字擎轩。城西郭池庄人。少业儒，精针灸。咸丰年间，任成勇团团正，宋逆之乱，率众御诸河上，奋身直前，以殉难。知县桂昌详请赐恤五品顶戴，并赠闾里"干城"匾额。

[民国《清平县志》第七册《义烈》]

◎ 王殿元 ◎

◎ 王太平 ◎

王殿元，字朝卿。城西北亢庙人。幼务农，工技击。短小精悍，朴讷浑厚。尝得异人术，善医跌打损伤诸症，经手立效，人皆称为"神手"。以是筋断骨折者，踵于门，或出外诊治，有求必赴，不惮劳，不受酬，遵师训也。寿八十九岁，步履如少年。一夕，无疾而逝。子早卒，其孙太平及其侄犹能世其业。

[民国《清平县志》第七册《艺术》]

王殿元，字朝卿。清代临清县人。工于医，术长外科。

[《山东中医药志》第六篇《人物表》]

陈氏，王殿元之妻。本南望人，咸丰五年（1855）遭大水，随家人至清，归王数年，夫卒，无子女，家贫，佣工自给，苦节三十余年，矢志靡他，乡里贤之。宣统纪元（1909），年已七十有二岁。

[民国《清平县志》第七册《列女》]

◎ 赵玉魁 ◎

赵玉魁，字和璧。赵庄人。世传医术，尤精外科，有求必应，一文不取，公送匾额以旌其门。

[民国《清平县志》第七册《艺术》]

赵玉魁，字和璧。清代临清县人。精于医，以善治外科病证知名。

[《山东中医药志》第六篇《人物表》]

◎ 张士魁 ◎

◎ 张景洲 ◎

张士魁，字宸廷。李寨人。得刀圭秘术，治喉症颇有奇效，施药不倦，著手回春。子景洲，字登瀛。能继父业。寿已古稀，乡里遍德。

[民国《清平县志》第七册《艺术》]

◎ 路　氏 ◎

路氏，萧家庄宁泽普妻也。夫卒时，氏年十九，无子女，伶仃孤苦，矢志靡他。年老，善医小儿痘疹，济急扶危，戚族称盛德。殁后，犹思念不置云。

[民国《清平县志》第七册《列女》]

◎ 丁　氏 ◎

丁氏，县西街董兴文妻。年二十四，夫殁，翁老子幼，田仅数亩，氏松柏其志，事畜胥，一身任之。又善针灸，邻里遍德焉。

[民国《清平县志》第七册《列女》]

民国

◎ 张墭铨 ◎

张雨棠，字化南。麻佛寺刘庄人。夙负大志，弱冠入庠，投效湘军，从左公宗棠西征，委办饷糈者数年。丁忧回里，起复后，以解饷功，需次湖北县丞。大僚刮目，每拟不次擢用，卒以直言触忌，迫就长乐县丞。该邑万山合沓，苗瑶杂处，土地荒瘠，又去省辽远，有同迁谪。雨棠在任八年，一署县令，与民相安，嗣以失欢同僚，愤然挂冠，务农课子，依然寒素。先是本村为防捻乱，雨棠曾倡议筑圩。至是，圩多堕坏，乃谋之乡众，重加修缮。厥后，实利赖焉。平生深明大略，见义勇为，以不屑阿附，人多敬惮。子垡铨，字岚孟。绰有父风，县试辄冠其曹。科举既停，灰心仕进，于新政多暗中提挈。民国十余年，土匪蜂起，村圩渐毁，倡议重修，村赖安堵。读书不治章句，时有创获。于中西医理特有妙悟，悬壶里中，求诊者踵接焉。

[民国《清平县志》第七册《笃行》]

◎ 孙廷俊 ◎

孙鹤举，字寿卿。城西北孙由庄人。兄鹏举业儒，虽文战辄北，而士林有声。鹤举待四侄如己子，同居无间，力耕勤读，齿日繁，家亦日裕，嗣恐匪觊觎，与侄析爨分时，侄得二而己取一，有薛包让产之风。平居排难解纷，求无不应。待姊妹，尤情义兼至。侄廷俊，字秀生。自光绪间，就本村筹设义塾，民国以来，办学不渝。门弟子赠"化雨均沾"匾额。晚通医术，多所全活。

[民国《清平县志》第七册《笃行》]

◎ 石兰霭 ◎

石兰霭，字蕴庭。城北石集人。性方鲠，不可干以私。又善医，长于斑疹、阴痧、伤寒、喉证、妇科等科，求无不应，感德者送匾旌焉。

[民国《清平县志》第七册《笃行》]

◎ 马玉琛 ◎

马玉琛，字献廷。城西姚里庄人。民国六七年间（1917—1918），被举为民字团团正，作述店一役，成字团被匪包围，死伤时闻，玉琛奋然率团进击，围始解，身佩玉壶被匪击碎，玉琛幸全。又善医，活人颇众。殁后，公赠"望重德硕"匾额。

[民国《清平县志》第七册《笃行》]

滨 州

明

◎ 周宗岳 ◎

周宗岳，字凤山。素业儒，后专治医道，受学于国医尹林菴。尹授四弟子，刘、侯、陈、周，岳更潜静，得其秘传，诊治辄获奇效。所著有《脉学讲义》刊行。

[咸丰《滨州志》卷十《方技》]

周宗岳，字凤山。滨州人。素业儒，后专治医道，受学于国医尹林菴。尹授四弟子，刘、侯、陈、周，岳更潜静，得其秘传，诊治辄获奇效。所著有《脉学讲义》行于世。

[咸丰《武定府志》卷二十六《艺术》]

周宗岳，滨州人。业儒兼治医道，闻尹林菴得异人授，与阳信刘梦松皆执贽事之，惟宗岳事尹最久，得其传更深。所著有《脉学讲义》。

[雍正《山东通志》卷三十一《方伎志》]

按《滨州志》：周宗岳，字凤山。素业儒，后专治医道，受学于国医尹林菴。宗岳性潜静，尽得其秘，诊治辄效。所著有《脉学讲义》行世。

[《古今图书集成医部全录》卷五百十五《医术名流列传》]

周宗岳，字凤山。明代滨州县人。素业儒，后专修医道，受业于济南名医尹林庵，得其秘传，诊治多奇效。著有《脉学讲义》，刊行于世。

[《山东中医药志》第六篇《人物表》]

[《中国医学大辞典》]

[《中国历代医家传录》]

[《中国医学人名志》]

[《中医人物词典》]

[《中国历代名医集录》]

[《中医人名大辞典》]

清

◎ 杜 堮 ◎

《达生编录要增释》，杜堮撰。堮，见史部别史类。是书见吴重憙《钞送书目》。

[宣统《山东通志》卷一百三十六《艺文志第十·子部·医家》]

杜堮，号石樵。参政漈元孙。少颖迈好学，应童子试，为赵鹿泉督学所赏，拔置第一。乾隆庚戌（1790），圣驾东巡，堮以拔贡迎銮，召试，赐举人，辛酉（1801）成进士，由词林晋官至吏部左侍郎，迭掌文衡，所得人才极盛。生平持躬清正，办事勤慎。公暇课子孙极严，时励以艰难树立之义。子受田，由词林官至大学士；孙翰翀，并由词林擢至侍郎。一门盛事，旷典亲瞻，近代罕有。自七十三岁引疾后，颐养京寓，著作尤富，如《时文举隅》《时文辨体》《选唐律赋》，皆足启迪后学。至《读鉴余论》及《治安本论》二十四篇、《武镜》二十二卷，皆为致治平乱之书。耄而犹勤，初不自觉其老也。儿孙召见时，上不时顾问，重赴鹿鸣筵宴，赏给头品顶戴，加太子太保。今上登极晋，加太傅、礼部尚书，赏戴花翎。寿九十五岁卒。亲临奠酹，赐祭葬，赠大学士，谥曰"文端"，入祀贤良祠。《国史》有"传"。

[咸丰《滨州志》卷十《乡贤》]

◎ 杜述先 ◎

杜述先，字裔鲁。授内阁中书。笃亲好友。每岁，施药饵，给棺椁，解衣推食周急，无倦色。巡抚于成龙表其门曰"宝田模范"。

[咸丰《滨州志》卷十《厚德》]

杜述先，字裔鲁。滨州人。授内阁中书。笃亲好友。每岁，施药饵，给棺椁，解衣推食周急，无倦色。巡抚于成龙表其门曰"宝田模范"。

[咸丰《武定府志》卷二十六《义行》]

◎ 萧文杰 ◎

萧文杰，乡饮介宾。初业儒，中年习岐黄，遂精其术，济人无算。寿至九十三岁。

[咸丰《滨州志》卷十《耆寿》]

◎ 薛为惠 ◎

薛为惠，字侨卿。康熙年岁贡。言行不苟，和易近人，遍国皆称为长者。工于制艺，诱掖后学，名下士多出其门。旁□（通）□（岐）黄，尤窥其奥。凡有求者，虽盛暑祁寒，必遄往，而更殷勤于藜藿家。盖志在活人，非以为市。二子堪、垲，俱成名，人谓隐德之报云。

[咸丰《滨州志》卷十《厚德》]

薛为惠，字侨卿。滨州岁贡。工于制艺，言行不苟，里党称为长者。治岐黄术，能窥其奥，每药辄愈。凡有求者，虽盛暑严寒，必遄往，尤殷勤于藜藿家。盖志在活人，非以医为市也。二子堪、垲，俱成进士，人谓隐德之报云。

[咸丰《武定府志》卷二十六《艺术》]

薛为惠，字侨卿、清代滨州人。岁贡生。工岐黄术，治病多验，不以医市利，志在活人。

[《山东中医药志》第六篇《人物表》]

民国

◎ 赵洪杰 ◎

赵洪杰（1860—1929），字伯弯。滨州市小营镇坡赵村人。医术优良，以善治癫狂病而闻名乡里。

[《山东中医药志》第六篇《人物表》]

◎ 毛云鸿 ◎

毛云鸿（1865—1938），号凤四，人称"毛四先生"。滨县张集乡庵头村人。

幼敏好学，因父业医，耳濡目染，深谙家学。而立之年后，继承父业，悬壶于武定府、沾化、滨县一带，以治杂症为长，尤精于痘疹一门。医病不论贫富，有求必应，故声誉很高，乡民赠有"南阳遗风"匾一块、挂屏六扇，毁于"文化大革命"期间，现仅存残匾一方。

[《惠民地区卫生志》第十四篇《名医简介》]

◎ 丁　润 ◎

丁润（1878—1938），号雨琴。滨县（今滨州市彭李乡）丁口村人，济南市国医公会会员。于1935年创建"济南私立国医讲习社"，自编教材，培养中医人才。该社每期学制二年半，学员修业期满，考试成绩及格，发给毕业证书。首期学员于1937年6月毕业，共举办五期。据1936年《工商月报》"创刊号"记载：本报常年医药顾问儒医丁雨琴先生，医学渊博，经验丰富，在济三十余年，善长内、外、小儿、妇女各科病症，疑难大症，著手成春。现充任济南私立国医讲习社社长、济南市国医公会附设医学社社长兼教授。医寓：济南商埠经三路铭新池对过，门牌599号。素有德行，名望甚高。殁后，其"万年堂"药店由其子文修继承。

[《惠民地区卫生志》第十四篇《名医简介》]

[《惠民地区中医药志·医林人物表》]

[《山东中医药志》第六篇《人物表》]

[《北镇志》第十六编《医疗》]

蒲 台

金

◎ 刘志坚 ◎

刘志坚，早年入道，功行甚笃。曾受学于高尚真人，能服气餐霞，自号"江月子"。金皇统间，赐金襕紫衣，号洞真大师。不知所终。

[乾隆《蒲台县志》卷四《仙释》]

刘志坚，滨州蒲台人。早年入道，功行甚笃，号"江月子"。恩锡金襕紫衣、洞真太师。

[万历《滨州志》卷三《仙释》]

刘志坚，蒲（台）人。早年入道，曾受学于高尚真人，功行甚笃，能服气餐霞，自号"江月子"。皇统间，恩赐金襕紫衣，赐号洞真大师。后不知所终。

[咸丰《滨州志》卷十《仙释》]

刘志坚，蒲台人。早年入道，功行甚笃。曾受学于高尚真人，能服气餐霞，自号"江月子"。皇统间，赐金襕紫衣，号洞真大师。后不知所终。

[咸丰《武定府志》卷二十六《仙释》]

刘志坚，蒲台人。卯年入道，戒行甚严，号"江月子"。恩赐金襕紫衣、洞真大师。

[康熙《山东通志》卷四十七《仙释》]
[雍正《山东通志》卷三十四《仙释》]

刘志坚，蒲台人。幼年入道，戒行甚严，号"江月子"。恩赐金襕紫衣，号洞真大师。

[宣统《山东通志》卷二百《杂志下·仙释》]

◎ 郭志空 ◎

郭志空，字超然。章丘人。号长春真人。居邑东南北陵庵，遇异人，秘传真诀，长坐不卧，善运气，神幻变化，不止一端。金时闻于朝，赐金冠锦服，加宏阳普化纯德真人。其所撰《青天歌》云：生涯朗朗青霄月，和气飘飘太古风，颠蹶往来无伴侣，黄河一水万波通。今《太清观碑记》尚存。

[乾隆《蒲台县志》卷四《仙释》]

郭志空，字超然，号长春真人。尝居蒲城东南北陵庵，遇异人，秘传真法，长坐不卧，善运气，有时化为灵风而通透关节，有时化为玉液而灌溉骨骸，神幻变化，非止一端。闻于朝，赐金冠锦服，加宏阳普化纯德真人。其所撰诗歌及《太清观碑记》迄今尚存。

[咸丰《武定府志》卷二十六《仙释》]

郭志空，金人。字超然，号长春真人。尝遇异人，秘传真法，遂长坐不卧，善运气，有时化为灵风通透关节，有时化为玉液灌溉骨骸，神幻变化，不止一端。闻于朝，赐金冠锦服。今城北六十里，有村名郭太师庵，志空之庵与墓在焉。旧志云：即葆光弟子，号明德真人。

[康熙《章丘县志》卷六《仙释》]

郭志空，字超然，号长春真人。尝遇异人，传秘法，遂不卧，善运气。久之，闻于朝，赐金冠锦服。今城西北六十里，有村名郭太师庵，其祠在焉。或云即葆光弟子，号明德真人。

[道光《章邱县志》卷十一《方外》]

郭志空，《通志》云：章丘人。别号超然。尝遇异人，传授秘法，遂长坐不卧，吐纳运气，或化为灵风，或涎为玉液。章宗时召见，赐金冠锦服，道号长春真人。《章丘志》云：字超然，号长春真人。尝遇异人，传秘法，遂不卧，善运气。久之闻于朝，赐金冠锦服。今城西北六十里，有村名郭太师庵，其祠在焉。或云即葆光弟子，号明德真人。

[道光《济南府志》卷六十《仙释》]

郭志空，字超然。章丘人。号长春真人。尝遇异人，秘传真法，遂长坐不卧，善运气，或化为灵风而通透关节，或化为玉液而溉灌骨骸，神幻变化，非止一端。闻于朝，赐金冠锦服。

[嘉靖《山东通志》卷三十四《仙释》]

郭志空，字超然。章丘人。号长春真人。尝遇异人，秘传真法，遂长坐不卧，善运气，或化为灵风，或化为玉液。闻于朝，赐金冠锦服。

[康熙《山东通志》卷四十七《仙释》]

郭志空，章丘人。别号超然。尝遇异人，传授秘法，遂长坐不卧，吐纳运气，或化为灵风，或涎为玉液。章宗时召见，赐金冠锦服。道号长春真人。

[雍正《山东通志》卷三十四《仙释》]

郭志空，字超然。章邱人。号长春真人。尝遇异人，秘传真法，遂长坐不卧，善运气，或化为灵风而通透关节，或化为玉液而灌溉骨骼。神幻变化，非止一端。闻于朝，赐金冠锦服。

[宣统《山东通志》卷二百《杂志下·仙释》]

太清仙迹，金时郭志空养真处，至今旧迹尚存，有遗诗刻石。见《寺观仙释》。

[乾隆《蒲台县志》卷一《形胜》]

[咸丰《武定府志》卷二十八《杂记》]

太清观，在城东南七里，即郭志空修真处。废久，有《碑记》尚存。邑境八景之一，即北陵庵。旧志误分为二。

[乾隆《蒲台县志》卷四《寺观》]

清

◎ 王　洵 ◎

王洵，咸丰年间蒲台城西门外金卜庄（今滨州市蒲城乡）人。平生酷爱腊梅，乐种腊梅，自号梅村翁，人称梅村先生。

精于岐黄之术，善将药物、针灸、按摩等疗法，揉为一体，综合运用。处方缜密，用药大胆，手法奇特，诸多疑难杂症，往往药到病除，有"神医"之称。且医德高尚，待贫以亲，不媚权贵。为贫家治病，常常不收诊费、药费；对权贵之家，不卑不亢。蒲台盐务分司衙门陈洪续夫人生病，两次派轿来请，不肯出诊。后派守门人卜小三哀求，恐不去牵连卜小三受罚，方步行至分司衙门，诊完病后步行而回。去世后，其治病药方仍在民间流传，遗泽后世。

[《滨州市志·人物传略》]
[《滨州古今名人事略》]
[《滨州文史资料》第二辑]
[《北镇志·人物传》]

民国

◎ 杨建芝 ◎

杨建芝（1854—1938），字树安。蒲台县蒲城（今滨州市蒲城乡蒲城村）人。自幼就读私塾，后专攻岐黄术，颇得要领。在蒲城北街自设"树德堂"药店，坐堂行医。精妇、儿两科，对小儿斑疹有独到之处。医德高尚，有求必应。对患斑疹的危重病儿，常在众医束手无策之际，使之起死回生，因而城乡闻名，延医者应接不暇。滨县、蒲台乡里为报其德，曾赠"德培霞令"匾额一块和十二扇屏。"文化大革命"期间，匾、屏被毁，盛屏盒子迄今犹存，上刻"贤寿无极"字样。集有《斑疹经验良方》，记载了斑疹的分型、证治、方药等，现仅存部分手稿。

[《惠民地区卫生志》第十四篇《名医简介》]
[《惠民地区中医药志·医林人物表》]
[《北镇志》第十六编《医疗》]
[《山东中医药志》第六篇《人物表》]

◎ 赵鸿杰 ◎

赵鸿杰（1860—1929），字伯鸾。小营镇坡赵村人。自幼立志学医，好学多问，潜心钻研，深得医学之精髓。擅治癫狂之疾，总结有一清、二调、三通、四导、五发、六安、七复之法，临症多验。名扬四方，求诊者颇多。其子玉半绍其业，亦有医名。故赠有"良医之家"匾额，"文化大革命"期间被焚毁。

[《惠民地区卫生志》第十四篇《名医简介》]
[《惠民地区中医药志·医林人物表》]
[《山东中医药志》第六篇《人物表》]

◎ 房彭龄 ◎

房彭龄（1867—1933），小营镇房家村人。随父学医，专治咽喉口疮，有秘方。

[《惠民地区卫生志》第十四篇《杏林名录》]

◎ 李汉之 ◎

◎ 李大松 ◎

◎ 李建邦 ◎

◎ 李西林 ◎

李汉之（1879—1934），字杰三。小营镇李官庄村人。家传五代眼科，曾祖父李大松，因考试落榜，立志学习眼科，后传其祖父李建邦、父亲李西林。自幼随父学医，虚心好学，广纳祖辈之长，不持偏见。求诊者众多，名闻四方。家传手抄稿，流传至今。

[《惠民地区中医药志·医林人物表》]
[《山东中医药志》第六篇《人物表》]

◎ 孙冠甲 ◎

孙冠甲（1880—1943），字魁一。小营镇大孙村人。家传医学，医术精湛，擅长内科。医德高尚，经验丰富，名闻数乡。蒲台县政府赠"良医之家"匾额一块。素有文史素养，曾被封为"孝廉方正"。集有《验方》《医案》，惜已亡佚。

[《惠民地区中医药志·医林人物表》]
[《惠民地区卫生志》第十四篇《杏林名录》]
[《山东中医药志》第六篇《人物表》]

◎ 李树桐 ◎

李树桐（1882—1937），字峰南。小营镇李官庄村人。早年在博兴县通滨镇开设"同春堂"药店，擅长外科，医术精专，德高望重，名闻城乡，四方百姓赠以"著手成春"匾额。

[《惠民地区中医药志·医林人物表》]
[《惠民地区卫生志》第十四篇《杏林名录》]
[《山东中医药志》第六篇《人物表》]

明

◎ 刘 祜 ◎

刘祜，字笃卿。少失明，事父母，能养志。母病思冰，时值盛暑，祜号哭，祷于天，冰雹忽降，母食之愈。施粥以济人之饥，施药以治人之疾，施棺木、置义冢以葬贫者，皆曰：吾顺母志也。

[光绪《惠民县志》卷二十一《孝友》]

刘祜，字笃卿。武定州人。少失明，事父母，能养志。母病思冰，时值盛暑，祜号哭，祷天，冰雹忽降，母食之愈。施粥以济人之饥，施药以治人之疾，施棺木、置义冢以葬贫者，皆曰：吾顺母志也。

[咸丰《武定府志》卷二十五《孝友》]

刘祜，字笃卿。武定人。少失明。母病思冰水，时方盛暑，祜仰天号泣暴日中，忽冰雹大降，奉其母食之而愈。

[宣统《山东通志》卷一百六十五《人物志第十一·历代孝友》]

◎ 李牲麟 ◎

内翰李公遗事

杭世骏

李牲麟，字丹书，号畏斋。先世自枣强迁武定。父之庄，即相国文襄公介弟也。君幼禀至性，生四岁，遭母丧，哭泣跪拜如成人。康熙丙子（1696），举于乡。丁丑（1697），捷南宫，改庶吉士，以省亲请假归里。奉继母，夜不寝。及居忧，毁瘠几不能起。父感痰疾，日事参、苓，量水称药，十二年无惰容。暨病亟，请高僧息疑诵《金刚经》，祈减己算。既捐馆，痛不欲生，营度葬事，鸡斯徒跣，逡巡风雪中，遂得脚疾，久之不瘳。年三十七，绝意仕进，广储群籍，肆力其中。开设义塾，宏奖后进，藉以成就者甚众。郡黉以积雨就颓，命子寿渊鸠工修葺，视家之所有悉以充之，故乐输者众。殿庑规制大备，皆君所创也。同郡袁熙宇，天启中，以侍御劾逆珰，与杨、左诸公同死诏狱，疏稿散失，君修辑为一编，考其遗事，为之立传。又辑《武定四贤集》。四贤者，前都宪李伯渊、总制范刘董、少司马史盘石及熙宇也。又辑前黔藩吉甫马公暨夫人邢氏遗文为《忠贞集》，以补志乘之阙。与人交，不轻为然诺；以急告，不以亡为解。公安同年马君来京谒选人，负官逋百余金，檄至，仓皇计无所出。君检箧中金尽以畀之，闻风者竞相资助，事遂得解。新城王思远以唐山令解官，后任某诬揭亏帑金数千，狱词袜连，君为走千里之顺德，力白于郡守，卒雪其事。姻家杜诚方援例大同，所托非人，侵捐项千余金，移原籍行追，而诚方已物故，孤子弱小，求解于君。君与曹君枚岩谋，走使白诸当事，责之代捐者俾完项，累始释。沾邑宗人迪九教习在都，猝遇疾，惟一老仆从，迪九握君手，泪承睫不得语。越五日卒，君为买椑，躬视含殓，敛金归其骸。前州牧寿尔康卒于官，其子以帑累羁滞武定，困顿不能自存，君为首倡买田，以资其生。不数年，其子复病殁，双棺厝孤庙中。君岁时必祭，卒还其丧。即墨同年黄长文司教武定，薪米恒不继，及忧去，贫无以行。君经理其归装，女榇寄荒祠中，复捐地葬之。信邑冯盛章，五十无子，买妾有成议，惧为宵小所乘，藉君力获娶归，连举二子。州牧何去州有民欠，借谷若干，君代认五十石，是岁歉收，谷价踊贵，遂竭薄田所入交纳，一时人士慕义捐补，仓项遂清。君复资以薪水，何藉是得免挂吏议。沾邑同年任泸溪令，罢官，欠库银，售产不足以偿。君力拯之于危急之中，割田以馈其子，家室保完。泗源李君任州卒，归，家计荡然，晚岁益困。君时其饥寒，兼恤其后人。君承先世积累，见义必为，不计力，不问家所盈余。尝曰：若必待从容，吾家世清白，何时从容耶！方癸未（1643），岁大饥，道馑相望，君之父兄为粥以食饥者。君躬稽米薪遍给之，凡三月，全活者二万余人。病者有医，死者有椟，葬埋之费不他求。岁甲申（1644），疫大作，抄录奇方，制金不换膏，朔望施给。岁辛丑（1661），旱甚，君斋宿三学寺，为文牒龙神，越二日，甘雨立霈。邑遭兵燹后，城隍多遗骸，夏雨暴涨，白骨暴露。君于寒食、中元节令人绕郭捡拾，南门外义冢累累皆是也。诸子皆克自树立，君教之严而有法。寿彭为介休令，辑《居官要箴》一书，俾令时时省览。邑当冲道，办军需者刻无宁晷，用度至不给家人，东归，无以为甘旨奉。君为之色喜，曰：居官有贫声，此是好消息。吾无忧矣！孙本樟，成进士，任刑部主事。贻书戒之曰：西曹刑名总汇，民命至重，有纤毫可原者务求其生路，勿妄逞意见也。晚年于所居斋右，疏泉架石，构亭其上，自号怡山老人。亲知入社者，皆耆年硕德，周览名胜，极林泉之乐事。预刻死期，神明清湛不乱。山左尚德厉行之士，至今以李氏为法云。

［光绪《惠民县志》卷二十七《传》］

清

◎ 李景尧 ◎

李麟趾，与弟汝棠友于甚笃。父焕，兄弟五人，均已分爨。汝棠出嗣于叔，仍与兄合居焉。麟趾子祯、汝棠子瑞，仍承父志，不忍分析，务农服贾，家日丰裕。祯与瑞各生三子，祯卒，长子景文随叔主家政，子息日繁，恐坠诒谋。于是，严定规条，垂为家训。士农商贾，各执一业，俾无游惰，子妇辈轮流执炊，男女不杂坐，少长不同席，长者前，子侄毕集，晨昏奉侍，出必告，返必面至戚，子弟不能自存者收恤之，或读或耕，视其才。尤喜行善事，于村中设立义学。咸丰间，寇警，独出粟，与村众筑堰相保。及捻匪入境，远近避难者，周以粟，费至数百石，不取偿。景文弟景尧，精于医，病者踵于门，远者并食之饭，故邑中称善人者，以李氏为最。计自焕迄今，同炊者已六世矣。曾元林立，家道炽昌，入庠者四人，食饩者三。幼子童孙，瓜瓞绵衍，方兴正未艾也。知县沈世铨以办河务，屡主其家，旌其门曰"六世同居"。

［光绪《惠民县志》卷二十一《孝友》］

◎ 李本桂 ◎

李本桂，字燕仪。附监生。天性笃挚，幼与弟兄辈侍两亲侧，常得堂上欢。兄司马被议远谪边徼，本桂经纪一切，心血耗竭，孝友之风，感动乡里。平生笃好《尚书》，学书褚河南，从不作一简笔，诗学入陶韦门庭。晚年，兼嗜医理，活人无算，妇孺知名。著有《清梵亭诗集》。

［光绪《惠民县志》卷二十三《文学》］

李本桂，字燕仪。附监生。惠民人。天性笃挚，幼与弟兄辈侍两亲侧，常得堂上欢。兄司马被议远谪边徼，本桂经纪一切，心血耗竭，孝友之风，感动乡里。平生笃好《尚书》，学书褚河南，从不作一简笔，学诗入陶韦门庭。晚年，兼嗜医理，活人无算，妇孺知名。著有《清梵亭诗集》。

[咸丰《武定府志》卷二十五《文苑》]

李本桂，附监。以子衍孙封知县。

[光绪《惠民县志》卷十五《封荫》]

[咸丰《武定府志》卷二十二《封赠》]

《清梵亭诗集》，李本桂撰。本桂，字燕仪，号諲堂。惠民人。诸生。《县志》本传载是集。又云：诗学入陶韦门庭。

[宣统《山东通志》卷一百四十五《艺文志第十·集部·别集》]

◎ 张梓生 ◎

张梓生，字琴木。善针砭术。不计贫富，远人就医者，悯其病不耐道路苦，辄留于家，或至数月，给之饮食，无德色。病者愈，不索谢，久且不复忆其姓氏矣。

[光绪《惠民县志》卷二十三《艺术》]

张梓生，字琴木。清代惠民县人。善针灸术，不计贫富，远人就医者，常留食宿，病愈，不索谢。

[《山东中医药志》第六篇《人物表》]

◎ 钟振鹭 ◎

钟振鹭，字序之。道光时岁贡生，候选教谕。学识渊博，尤精岐黄，往住省垣行医二十余年，活人无算，人皆称赞。

[民国《续修惠民县志》卷十四《艺术》]

◎ 李春田 ◎

李春田，字东畬。七区杨庄人。清附贡生，五品衔，候选知县。聪颖嗜学，岐黄、树艺、隶算之学，无不浏览。尝设帐授徒，及门张锡唐、贾子斋等，皆得成名。清咸丰五年（1855），黄流夺济水故道，连遭溢决，凡探马寻、姚家堋、清河口，上至榆林，下至五甲杨，诸处堵合之役，莫不躬率庄众，争先趋赴。虽年已老，不辞劳瘁。晚，肆力于医，药到病除，颇有医道，一方称手焉。

[民国《续修惠民县志》卷十四《义行》]

◎ 高昌楣 ◎

高昌楣，字驷门。南门街人。岁贡生，为国子监典簿、候选训导。攻文善书，未冠补诸生，旋食饩，多名士与之游。因父早亡，一意事母，谢绝远游，就近设帐授徒，以束脩易旨甘，定省问视，勿简勿怠，五十年如一日。妇张氏，贤而知书。姑不喜早寝，每日口诵小说，为姑消遣，至久不倦。其刑于之化如此。晚年，书益工，人得片纸只字，如获拱璧。尤精医术，远近老幼，经其治愈者甚众。

[民国《续修惠民县志》卷十四《文学》]

◎ 魏肇祥 ◎

魏肇祥，字蔓兰。七区魏家集人。附贡生。幼失怙，母延师教读，早岁入泮，屡踬秋闱，弃儒就医。又感贫民失学，于民纪前十年（1901），与堂侄原邨，商捐良田十八亩，为本村并立义学，贫民甚德之。

[民国《续修惠民县志》卷十四《文学》]

◎ 赵本诚 ◎

赵本诚，字君实。三区赵玉堂家庄人。博爱好施，善医痘疹。清道光、咸丰时，种痘术未入中国，儿童不时患天花，不殇则麻。本诚得医痘疹专书，悉极心研究，得其秘要。数十年一方患痘疹者，治活者甚众。

[民国《续修惠民县志》卷十四《艺术》]

赵本诚，字君实。清代惠民县赵玉堂庄人。博爱好施，善医痘疹。

[《山东中医药志》第六篇《人物表》]

◎ 闫玉昆 ◎

◎ 闫步桥 ◎

闫玉昆，字文起。武庠生。一方儒流，乐与交。壮年，悬壶稷门，外科称"圣手"。以术高与东抚闫敬铭、丁宝桢交最契，每劝之仕，玉昆谓：微吏未秩，递手本，走便门，作磕头虫，吾不为也。父培麟，老年失明，奉养扶待，无不至微。每次归里，不论贫富老幼，各家必躬造谒，备致慰问。乡里咸称善人。犹子步桥，能世其业。

[民国《续修惠民县志》卷十四《艺术》]

闫玉昆，清代惠民县人。武庠生。壮年悬壶历下，尤精外科。不谋仕进，志在活人，且有孝行。

[《山东中医药志》第六篇《人物表》]

◎ 李中范 ◎

李中范，字洪斋。三区赵李家人。清庠生。医精妇科，远来就医者，常留宿饭，毫不计较。无论昼夜、风雨寒暑，求之辄往，治愈亦不受谢，以故皆德之。

[民国《续修惠民县志》卷十四《艺术》]

李中范，字洪斋。清代惠民县后赵李村人。庠生。术工妇科。

[《山东中医药志》第六篇《人物表》]

◎ 袁毓棻 ◎

袁毓棻，字挹芳。郡增生。城西南三里袁家庄人。幼业儒，兼攻医学。会妻痛腰之疾，延医施治无效，愤精研医术，治愈妻疾，乃以医问世，活人无算，并善讲卫生。寿八十一岁而卒。

[民国《续修惠民县志》卷十四《艺术》]

袁毓棻，字挹芳。清代惠民县城西南袁家庄人。增生。以医知名。

[《山东中医药志》第六篇《人物表》]

◎ 高昌枢 ◎

高昌枢，字骥门，号荫博。城内南门大街人。清附贡生，鸿胪寺序班。多才多艺，书画学宗南宫，且能其神髓。因求者踵门，应接不暇，弃学就医。三十年攻而不休，兼通内、外两科；至小儿科、痘疹科，尤有起死回生之术。发明医学，颇有著作。惜乏嗣，无人收藏，多已无存，只归零落。

[民国《续修惠民县志》卷十四《艺术》]

高昌枢，字骥门，号荫博。清代惠民县南门大街人。附贡生，鸿胪寺序班。多才多艺。通内、外两科，尤精妇、儿科。

[《山东中医药志》第六篇《人物表》]

◎ 俎承熏 ◎

俎承熏，字亦陶，号琴斋。清庠生，鸿胪寺序班。博览医书，而能深悉其原理。临症以谨慎著称，故活人众多。

[民国《续修惠民县志》卷十四《艺术》]

俎承熏，字亦陶，号琴斋。清代惠民县人。庠生，鸿胪寺序班。兼通医术，谨慎过人。病者有求，莫不立应。

[《山东中医药志》第六篇《人物表》]

◎ 攻玉庆 ◎

◎ 攻梯云 ◎

攻玉庆，字履祥。五区陶家坊人。专精医术，病者得其施治，多转危为安。子梯云，能承其业。

[民国《续修惠民县志》卷十四《艺术》]

攻玉庆，字履祥。清代惠民县陶家坊人。精医术，凡经诊治者，多转危为安。子梯云，传其术。

[《山东中医药志》第六篇《人物表》]

◎ 王福琛 ◎

王福琛，字甲堂。八区王家集人。习医术，尤精外科。虽家中不贫，而有求必应，乡里为送"乐善好施"匾额。

[《惠民地区中医药志·医林人物表》]

[《山东中医药志》第六篇《人物表》]

◎ 周生玫 ◎

周生玫，字石堂。清贡生。工书善画，尤精岐黄。有求诊者，不计贫，不受谢，一方皆感其德。

[《惠民地区中医药志·医林人物表》]

[《山东中医药志》第六篇《人物表》]

◎ 冯延庆 ◎

◎ 冯培元 ◎

冯延庆,字余斋。惠民县城东大崔庄村人。性慈善,中年弃儒就医,不分昼夜,有求即往,治愈者多,乡里感戴。子培元,字雪堂。邑庠生。亦工医,能继父业。

[《惠民地区中医药志·医林人物表》]
[《山东中医药志》第六篇《人物表》]

◎ 李问圣 ◎

李问圣,字敬斋。惠民县六区小李庄村人。光绪十年(1884),因修河工,得赏七品顶戴。继父旧业,善医天花,救活多人。

[《惠民地区中医药志·医林人物表》]
[《山东中医药志》第六篇《人物表》]

◎ 刘继勋 ◎

◎ 刘如会 ◎

◎ 刘如恩 ◎

◎ 刘如元 ◎

刘继勋,惠民县清河镇疳疮刘村人。清末秀才。自幼苦读书,研医理。治疗口腔咽喉疾病有特效。著有《紫珍集》,主要记述了七十二种口腔病症及诊治。自制"咽喉珍珠散"和"赤霜散",主治走马牙疳,效果颇佳。后传其三子刘如会、刘如恩、刘如元。其子又各传其子刘明太、刘明来、刘明河。

[《惠民地区中医药志·医林人物表》]
[《山东中医药志》第六篇《人物表》]

民国

◎ 熊立章 ◎

熊立章，字丹诚。十区毛家口人。幼赴直隶经商，充良乡县商会会长近三十年。该县入民国后，迭遭兵燹，立章细心应付，地方秩序藉以维持。蒙大总统奖给嘉禾章，京兆尹王旌以"勒宣桑梓"匾额。晚年归里，精药善医，施药济人，遐迩颂德。

[民国《续修惠民县志》卷十四《义行》]

◎ 杨玉珂 ◎

杨玉珂，字鸣堂。惠民县七区（今魏集乡）月杨村人。习医术，以外科闻世。为人疗治，不嫌污秽，贫者不取药资。人感其德，多赠匾额。民国十七年（1928），以劳瘁卒。

[《惠民地区中医药志·医林人物表》]
[《惠民地区卫生志》第十四篇《名医简介》]
[《山东中医药志》第六篇《人物表》]

◎ 刘日起 ◎

刘日起（1864—1947），字冠南。惠民县大年陈乡坡刘村人。幼读私塾，十九岁教学，二十岁在家行医，自设药铺，善医伤寒，自制玉宝丹、冰硼散。后在济阳县仁风村悬壶三十年。花甲之年，回归故里，仍为群众诊病医疾。曾参加县内中医考试，获"中医师"证书。

[《惠民地区卫生志》第十四篇《名医简介》]
[《惠民县卫生志》第十三篇《历史人物辑录》]
[《山东中医药志》第六篇《人物表》]

◎ 石 垣 ◎

石垣，自幼不娶，亦无居业，随意所往，顷刻而至。疗病、吊死丧，即同时日，处处皆见。

[康熙《阳信县志》卷九《仙释》]
[乾隆《阳信县志》卷七《仙释》]

石垣，自幼不娶，亦无居业，随意所往，顷刻而至。疗病、吊死送丧，即同时日，处处皆见其人，世多以为神异。

[民国《阳信县志》卷五《仙释》]

石垣，阳信人。自幼不娶，亦无居业，随意所向，顷刻而至。疗病、吊死送丧，即同时日，处处皆见。

[咸丰《武定府志》卷二十六《仙释》]

石坦，字洪孙。北海剧人。居无定所，不娶妻，不营生，衣敝食粗，陶然自得。人有丧葬，辄策杖吊之，无远近寒暑，或同日同时，众咸见焉，始知其为仙也。姚苌之乱，莫知所终。

[雍正《山东通志》卷三十《仙释志》]

◎ 李道空 ◎

李道空，尝游济兖间，冬夏一衲，三十年不易。人有所询，但以指示；病者求医，令张目呵嘘，可治则付以丸，不可则指以死日。

[康熙《阳信县志》卷九《仙释》]

李道空，尝游济兖间，冬夏一衲，三十年一（不）易。人有所询，但以指示；病者求医，令张目呵嘘，可治则付一（以）丸，不可则指以死日。

[乾隆《阳信县志》卷七《仙释》]
[民国《阳信县志》卷五《仙释》]

李道空，阳信人。尝游济兖间，冬夏一衲，三十年不易。人有所询，但以指示；病者求医，令张目呵嘘，可治则付以丸，不可则指以死日。

[咸丰《武定府志》卷二十六《仙释》]

李道空，阳信人。常（尝）游济兖间，冬夏一衲衣，三十年不易。人有所询，但以指示之；病者求医，则张目呵嘘，可治则付以药，不可治则示以期。

[雍正《山东通志》卷三十《仙释志》]

唐

◎ 牛天齐 ◎

牛王冢，在城西南三里牛王堂庄西南。相传王牛姓，名天齐。唐人。精医术，避乱于此。

[民国《阳信县志》卷一《古墓》]

牛天齐，精岐黄术，因为皇家治病有功，授封王位。天宝十四年（755），"安史之乱"爆发，为避难从长安逃到长安郡阳信（今阳信县阳信镇）安身，并为周围群众看病疗疾。因其医德高、医术好，被誉称为"牛王爷"；精于内科杂症的治疗，尤以疗治外科诸疾最为擅长，故又有"活华佗"之名。当地村民霍大郎一家七口，有六人患恶疮、癣病，牛天齐每日往返二十余里为其采药治疗，月余病痊愈。天齐亦积劳成疾而故世。远近村民为感其德，筑墓修庙以志之。庙毁于清末民初，墓今仍存。1977年，被列为"省级重点文物保护单位"。

[《惠民地区卫生志》第十四篇《人物传记》]

明

◎ 曾 砺 ◎

曾砺，字石甫。天性孝友，诚朴清介。举万历丙戌（1586）进士，选庶常，三年改授福建道监察御史。时承平日久，天子深居宫禁，章奏多留中不发。公抗疏切谏，请临御者再，讽留中者三。皆不报。寻以京差巡视北城，贵戚豪猾敛手咋舌，呼为"鱼头再见"。既巡光禄，岁计宫府支用定项，不爽锱铢，天子嘉之，晋秩江西道御史。时储位未定，言者辄斥去。公慨然曰：此臣子尽节时也，敢自爱身家乎！怀奏入告，以切直忤上意，祸几不测，赖省垣交章申奏，出公为汝州判。未几，谢病归。后数岁，天子追念忠直，以原官起用候补。会有司农卿，以俸深推冢宰，公具揭其贪墨，而冰山有助，反欲中公以危法，幸司农卿旋以尅剥兵饷事败，公乃得解。自是挂冠，绝意仕进，措园于邑之东鄙，日以开发圣学，启牖后进为己任。著《大学辨》《四书正解》《周易注》《毛诗疏》等书行世。复究心岐黄术，著《发微论》《本草补》《试效方》等书，赖以全活者甚众。殁之日，室如悬磬，仅有田八十亩，以贻子孙。大司空钟公羽正尝曰：吾友曾石甫，心事如青天白日，操守如玉洁冰清。其见重于正直如此。崇祯壬申（1632），崇祀乡贤。子明昌、明烈，皆以文行，世其家。

[乾隆《阳信县志》卷七《宦绩》]

曾砺，字石甫。阳信人。万历丙戌进士，选庶常，改福建道监察御史。时承平日久，章奏多留中不发，公上疏切谏，请临御者再，讽留中者三。皆不报。巡视北城，豪贵敛手咋舌，称为"鱼头再见"。既巡光禄，岁计宫府支用定项，不爽锱铢，晋秩江西道御史。时储位未定，言者辄斥去。公慨然曰：此臣子尽节时也，敢自爱身家乎！怀奏入谏，以切直忤上意，祸几不测，赖省垣申救，出判汝州。未几，谢病归。越数岁，天子追念忠直，以原官起用候补。会有司农卿，以俸深推冢宰，公具揭参其贪墨，而冰山有助，反欲中公以危法，幸司农卿旋以尅剥兵饷事败，公乃得解。自是挂冠，绝意仕进，措园邑之东鄙，日以阐发圣学，启牖后进为己任。著《大学辨》《四书正解》《周易注》《毛诗疏发微论》《本草补》《试效方》等书行世。大司空钟公羽正尝曰：吾友曾石甫，心事如青天白日，操守如玉洁冰清。其见重于正直如此。崇祯壬申（1632），崇祀乡贤。子明昌、明烈，别有《传》。

[同治《信邑志稿》卷七《儒林》]

曾砺，字石甫。阳信人。万历丙戌进士，选庶常，改监察御史。时承平日久，章奏多留中不发，砺抗疏切谏。巡视北城，豪员敛手咋舌，称为"鱼头再见"。储位未定，言者辄斥去。砺慨然曰：此臣子尽节时也，敢自爱身家乎！怀奏入谏，以切直忤上意，谪判汝州。未几，谢病归，绝意仕进，日以阐发圣学，启牖后进为己任。著《太学辨》《四书正解》《周易注》《毛诗疏发微论》《本草补》《试效方》等书行世。子明昌、明烈，皆以文行，世其家。

[咸丰《武定府志》卷二十五《儒林》]

曾砺，字石甫。阳信人。万历十四年（1586）进士，选庶吉士，改授御史。时承平久，章奏多留中不发。砺抗疏切谏，不报。又以储位未定，言者辄斥去。砺慨然怀奏入谏，以切直谪判汝州。后以原官起用，竟绝意进取，日以阐发圣学、启迪后进为己任。著《大学辨》《四书正解》《周易注》《毛诗疏发微论》等书。

[宣统《山东通志》卷一百六十二《历代儒林》]

明福建道御史、前翰林院庶吉士曾砺。

[民国《阳信县志》卷一《祠庙》]

《周易注》，曾砺撰。砺，字石甫。阳信人。万历丙戌进士，历官江西道御史。是书见《武定志》。

[宣统《山东通志》卷一百二十七《艺文志第十·经部·易》]

《毛诗疏发微论》，曾砺撰。砺有《周易注》，见易类。《府志》云有是书行世。

[宣统《山东通志》卷一百二十七《艺文志第十·经部·诗》]

《大学辨》《四书正解》，曾砺撰。砺见易类。二书见《府志》。

[宣统《山东通志》卷一百二十七《艺文志第十·经部·四书》]

曾砺，阳信。万历十四年丙戌科三甲一百六十八名。

[《中华进士全传·山东卷》]

◎ 唐甲第 ◎

◎ 马三登 ◎

张志芳，山西阳城人。万历四十年（1612），由乡贡知阳信县事。首严加耗之禁，一无所取。月朔望日，延多士于明伦堂，问民疾苦，出示六乡七十二里，各举孝悌醇良者，造为一册，朔望日立于旌善亭内；其不孝不悌、奸民窃盗、饮赌无赖者，造为一册，朔望日立于申明亭内。行学延士毕，回县升堂，善者送以鼓吹，不善者薄示惩责。置乡约所，宣读圣谕，自为注疏数千言，物理、人情、王法、天道，备极精详，刊布里社。初、二十六日，亲临讲解，化美俗淳，邑无争讼。巡行田野，劝课农桑。访求列女、节妇，次第旌表，复其徭役。年高有德者，给以匾额；鳏寡孤独，收入养济院内，一时无失所之民。乙卯四十三年（1615），旱蝗为灾。巡行点阅，鸠面鹄形者八千一百名。口具文申报，分置二十七厂，请发税银，积谷德州，仓米煮粥施赈。妇女老幼，越境就食之民，各增数厂，并前四十有四。日与一二仆从，敞袍羸马奔走于饥民厂中，啜粥饮泣，艰苦备尝。而且鲜饱之民，瘟疫大作，延医唐甲第、马三登，日夜疗治；死则给席瘗埋；抛弃婴儿，给谷收养。月一省视，验肥瘠为赏罚。豪猾挑贩，治以重法。饥民无赖，白昼攫金者，与众弃之。随泣杖下曰：吾为父母，而使民穷为盗，责将谁归？极欲众生之如善良，何三尺法不尔贷也！辰巳（1628—1629）之间，饥民益众，请发帑金数千两、太仓米数千石，通融赈济二万七千四百一十八人。戊午四十六年（1618），雨泽始沛，流移未复，出示招徕，资以牛种，巡行劝课休养，此饥寒劳瘵之民，少有起色，侯已升任去矣。历今六十五年，言之有余痛也。侯爱民如子，痌瘝切身。冬一布，夏一葛，啜粥饮水，以劳万民。诸上台皆敬礼之，荐章屡上，当事疑为得重贿，匿不以闻。邑绅李如桧，时为部署，极言苦状。当事曰：公为父母也。无贿安得荐第？弗及于我辈耳。中使自南来，所经郡邑，供具丰美，侯独蔬茗以待。中使曰：先生廉吏也。清流之味，胜于醇醪，乌用是肉食者？为握手，至寝室，见其囷中粗粒，案上菽芽，缊袍挂壁间，老仆煮粥，此外无一人一物，慨叹良久，即命起行，维时已一鼓矣。中使至京师，言于当路曰：天下好官，惟阳信一人耳。七载不迁，如公道何！诸先生当自爱也。始升长芦刺史。去之日，流民图歌数十卷，攀辕而泣者三百里，犹不忍释。侯立辞，众罗拜，曰：父母去矣！民无依赖，愿留一言以为训。侯曰：屈死莫告状，穷死休做贼。两言未竟，泣下数行，左右皆哭，如失怙恃。厥后十余年，乐陵张中丞泼为直指，时按泽州，欲匾其额为"天下清官第一"。左右曰：有易一字为"廉官第一"，左右曰：有。中丞曰：非此不足以当公，非公不足以当此。慨叹良久，扁其额为"天下清廉第一"。

[康熙《阳信县志》卷七《贤令》]

[乾隆《阳信县志》卷五《循吏》]

[同治《信邑志稿》卷五《知县》]

[民国《阳信县志》卷二《循吏》]

养老告示

张志芳 邑侯

为养老以甦民困事：照得地方旱蝗为灾，颗粒不获，间阎之积已空，仓廪之藏尽竭，茕茕灾民，何恃不恐？壮者犹能散之，四方老者则奄奄待毙而已。本县目击心伤，除各厂食粥外，另设养老一厂，所用柴米本县处给。凡年近七十以上，无弟侄子女可托者，里季同公正乡约人等，从公查报，每里多不过三五名，勿得徇私自便。

县示：养老厂执事人役知悉：切闻人生七十，自古称稀。遭凶荒之年，无子女之托，自非万不得已，孰克寄食于厂！尔等须体本县宽恤之意，辰、午二次煮粥，须亲自验看，给散毋得非礼凌越。如有疾病，即唤唐、马二医官调理，庶老者无沟壑之嗟，亦尔等尊高年之美行也。特示！

[康熙《阳信县志》卷十《示谕》]

施药告示

张志芳 邑侯

为施药以救民生事：照得旱荒频仍，道殣相望，兼以瘟疫盛行，死亡接踵。盖由饥民秋冬之间，啖草茹木，故于春生之时，百症俱发。本县已置买丸散等药，分发各厂外，仍于土地祠，命唐、马二医官施药。如有下户贫民感冒时症者，即赴药局取药，把门人役不许阻拦。特示！

[康熙《阳信县志》卷十《示谕》]

◎ 马先幸 ◎

马先幸，字绪吾。归德乡人。业医厌祟。年九十五岁，耳目聪明，童颜漆发，健如少年。

[康熙《阳信县志》卷九《耆硕》]

马先幸，字绪吾。精岐黄。年九十五岁，耳目聪明，童颜漆发，健如少壮。

[乾隆《阳信县志》卷七《耆硕》]

马先幸，字绪吾。阳信人。精岐黄术。年九十五岁，耳目聪明，童颜漆发，健如少壮。

[同治《信邑志稿》卷七《耆硕》]

马先幸，字绪吾。精岐黄术。年九十五岁，耳目聪明，童颜漆发，健如少壮。

[民国《阳信县志》卷五《耆硕》]

马先幸，字绪吾。阳信人。精岐黄。年九十五岁，童颜漆发，健如少年。

[咸丰《武定府志》卷二十六《耆寿》]

◎ 任南峰 ◎

任南峰，不知何许人。信邑士夫尝与之交，治疾、祷雨有奇验。刘世伟诗曰：十年留药物，四海遍行踪。后为僧，讲佛法。又诗云：谈空新见佛，采药旧寻仙。据传，非本邑人，姑依旧志存之。

[康熙《阳信县志》卷九《方技》]
[乾隆《阳信县志》卷七《方技》]

任南峰，不知何许人。信邑士大夫尝与之交，治疾、祷雨有奇验。刘世伟诗：十年留药物，四海遍行踪。后为僧，讲佛法。又诗云：谈空新见佛，采药旧寻仙。

[同治《信邑志稿》卷七《寓贤》]

任南峰，不知何许人。信邑士夫尝与之交，治疾、祷雨有奇验。刘世伟诗曰：十年留药物，四海遍行踪。后为僧，讲佛法。又诗云：谈空新见佛，采药旧寻仙。据传，非本邑人，依旧志存之。

[民国《阳信县志》卷五《方技》]

任南峰，不知何许人。阳信士大夫尝与之交，治疾、祷雨有奇验。刘士伟诗曰：十年留药物，四海遍行踪。后为僧，讲佛法。又诗云：谈空新见佛，采药旧寻仙。

[咸丰《武定府志》卷二十六《仙释》]

任南峰，不知何许人。自号南峰和尚。嘉靖中侨居东昌。髯长二尺许，风神爽俊，洞解禅理，郡中名士数十辈从之游，问异日名位，语辄验。进士谢国宾师事之，谢甫登第，趣之归，未几，谢病。和尚曰：某月某日，吾复来。至期，谢已将属纩，张目望和尚。和尚跟跄，杖锡门外，入与握手。一夕，谢卒，不知所往。尝住城东隆兴寺，听月峰长老讲昆仑图诗云：手把昆仑上月峰，青天白室香云重。山光日光照清宇，主人历历吐元宗。案前三界分上下，眼底十方并玲珑。鸟去树空花无语，太虚一段廖廖容。

[宣统《聊城县志》卷十二《杂缀》]

任南峰，不知何许人。任姓，自号南峰和尚。嘉靖中侨居东昌。髯长二尺许，风神爽俊，洞解禅理，郡中名士数十辈从之游，问异日名位，语卒验。进士谢国宾师事之，谢甫登第，趣之归，未几，谢病。和尚曰：某月某日，吾复来。至期，谢已将属纩，张目望和尚。和尚踉跄，杖锡门外，入与握手。一夕，谢卒，不知所往。尝住城东隆兴寺，听月峰长老讲昆仑图诗云：手把昆仑上月峰，青天白室香云重。山光日光照清宇，主人历历吐元宗。案前三界分上下，眼底十方并玲珑。鸟去树空花无语，太虚一段寥寥容旧志。

[嘉庆《东昌府志》卷三十四《仙释》]

◎ 司轲 ◎

司轲，精医术，按脉察疾，疗病如神。自山以东，共依赖之。

[康熙《阳信县志》卷九《方技》]

[乾隆《阳信县志》卷七《方技》]

[民国《阳信县志》卷五《方技》]

司轲，阳信人。精医术，按脉察疾，疗治如神。自山以东，共赖之。

[同治《信邑志稿》卷七《艺术》]

司轲，阳信人。精医术，按脉察病，治无不效。济北赖之。

[雍正《山东通志》卷三十一《方伎志》]

按《阳信县志》：司轲，精医术，按脉察疾，疗病如神。自山以东，共依赖之。

[《古今图书集成医部全录》卷五百十六《医术名流列传》]

司轲，明代阳信县人。精岐黄术，按脉察病，疗病多效。

[《山东中医药志》第六篇《人物表》]

◎ 刘梦松 ◎

刘梦松，字嵓石。岁进（贡）士。一孝子。冲和乐易，气宇近人。先是济南医士尹林菴，登长白山，得异人秘授，名驰天下。松就学，执弟子礼，尽得其传，沉疴痼疾，应手而效。为德藩名医，抚军辖臬诸上官，皆宾礼之。子新国，字师文。陕西镇安县令；孙羽（泗）澜，字文水。岁进（贡）士。能世其学，全活甚众。方壶氏题画像赞曰：大哉硕儒，笃行道济；维孝与仁，保和消沴；功翊炎轩，泽流后裔；庶茂棘槐，以酬薜荔；遗像式俨，永瞻勿替。

[康熙《阳信县志》卷九《方技》]

[乾隆《阳信县志》卷七《方技》]

刘梦松，字崑石。阳信人。先是济南医士尹林庵，登长白山，得异人秘授，名驰天下。梦松就学，尽得其传，沉疴痼疾，应手而效。为德藩名医，抚军辖臬，皆宾礼之。子新国、孙羽（泗）澜，俱岁贡。能世其学。

[同治《信邑志稿》卷七《艺术》]

刘梦松，字崑石。岁进（贡）士。一孝子也。冲和乐易，气宇近人。先是济南医士尹林菴，登长白山，得异人秘授，名驰天下。松就学，执弟子礼。抚军辖臬诸上官，皆宾礼之。子新国，字师文。陕西镇安县令；孙羽（泗）澜，字文水。岁进（贡）士。能世其学，全活甚众。方壶氏题画像赞曰：大哉硕儒，笃行道济；维孝与仁，保和消沴；功翊炎轩，泽流后裔；庶哉棘槐，以酬薜荔；遗像式俨，永瞻勿替。

[民国《阳信县志》卷五《方技》]

长白山异人，济南尹林菴游长白山，遇异人，授以方书，遂洞医药，名驰天下。贡生刘梦松就执弟子礼，尽得其术，为德藩名医。

[《康熙邹平县志》卷六《仙释》]

刘梦松，字昆石。阳信岁贡。先是济南医士尹林菴，登长白山，得异人秘授，名驰天下。松就学，执弟子礼，尽得其传，沉疴痼疾，应手而效。为德藩名医。子新国，由岁贡任陕西镇安县知县；孙泗澜，亦岁贡。俱能世其学。

[咸丰《武定府志》卷二十六《艺术》]

刘梦松，字崑石。阳信岁贡。先是济南医士尹林菴登长白山，得异人秘授，名驰天下。梦松就学，尽得其传，沉疴痼疾，应手而愈，为德藩名医。

[雍正《山东通志》卷三十一《方伎志》]

按《阳信县志》：刘梦松，字崑石。岁进士。冲和乐易，气宇迎人。先是济南医士尹林菴，登长白山，得异人秘授，名驰天下。松往就学，执弟子礼，尽得其传，沉疴痼疾，应手而效。为德藩名医，抚军辖臬诸上官，皆敬礼之。子新国，字师文。陕西镇安县令；孙泗澜，字文水。岁进士。能世其学，全活甚众。方壶氏题画像赞曰：大哉硕儒，笃行道济；维孝与仁，保和消沴；功翊炎轩，泽流后裔；庶茂棘槐，以酬薜荔；遗像式俨，永瞻勿替。

[《古今图书集成医部全录》卷五百十六《医术名流列传》]

刘梦松，字崑石。明代阳信县人。进士。受业于济南名医尹林庵，尽得其传，沉疴痼疾，应手而效，遂以医知名。子孙传其学。

[《山东中医药志》第六篇《人物表》]

◎ 毛 晔 ◎
◎ 毛如琚 ◎

　　毛晔，字复元。大中丞思义曾孙也。为邑诸生。精痘疹医，应手辄效，全活甚众。从子如琚，邑增广生。能世其学。名贤之裔，有大功于人，而子孙式微，为可悼耳。

[康熙《阳信县志》卷九《方技》]
[乾隆《阳信县志》卷七《方技》]
[民国《阳信县志》卷五《方技》]

　　毛晔，字复元。阳信庠生。精痘疹医，应手辄效，全活甚众。从子如琚，增生。能世其学。

[同治《信邑志稿》卷七《艺术》]

　　按《阳信县志》：毛晔，元大中丞思义曾孙也。为邑诸生。精痘疹医，应手辄效，全活甚众。从子如琚，邑增广生。能世其学。

[《古今图书集成医部全录》卷五百十六《医术名流列传》]

　　毛晔，明代阳信县人。庠生。精痘疹，应手多效，全活甚众。从子如琚，世其学。

[《山东中医药志》第六篇《人物表》]

◎ 普 明 ◎

　　普明，静坐诵经，听者云集。善持神咒，疗病辄愈。募化，悉以济贫，或修殿宇。

[乾隆《阳信县志》卷七《仙释》]
[民国《阳信县志》卷五《仙释》]

　　普明，阳信僧。静坐诵经，听者云集。善持神咒，疗病辄愈。募化，悉以济贫，或修寺宇。

[同治《信邑志稿》卷七《仙释》]

◎ 杨云松 ◎

　　杨云松，字臬九。阳信县流坡坞乡杨大夫村人。明永乐二年（1404），祖父杨灿由诸城县迁此，当时村名"斯盖"。云松行医为业，医道高明。嘉靖三十三年（1554），云松为太子医病。病愈后，皇帝大悦，大加赏赐。云松婉言谢绝，但言其在家受本村胡姓欺凌，请皇帝做主。皇帝即传旨，赶走胡氏，并为云松修太医院，封该村为"杨大夫"。

[《惠民地区卫生志》第十四篇《名医简介》]
[《惠民地区中医药志·医林人物表》]
[《山东中医药志》第六篇《人物表》]

清

◎ 刘新国 ◎

◎ 刘泗澜 ◎

刘新国，字师文。岁进士，广文。一孝孙也。父梦松，为德府良医，生先生于稷下，尽得所学，而不以医名。博极群书，生徒多名士，人仰之为"泰山北斗"。不敢干以私，即而语蔼如也。国朝顺治初年，由岁进士授陕西镇安县令，盗贼充斥，势不能支，甫数月而城陷，维时关内初平，奉旨免议。侨寓三水，历览诸名胜，发为诗歌，沉雄朴老，如其人。数载归里，求医者接踵户外，应手辄效。间有所酬，正色谢之。盖其志在活人，非以医为市也。安贫乐道二十余年。自识长逝月日于壁，后果不爽，时年八十二岁。病者梦之，辄愈。仲子泗澜，字文水。亦岁进士。能世其学，全活甚众。

[康熙《阳信县志》卷九《文行》]

刘新国，字师文。贡士。一孝孙也。父梦松，为德府良医，载《方技》。生新国于稷下，尽得所学，而不以医名。博极群书，生徒多名士，人仰之为"泰山北斗"。国朝顺治初年，由岁进士授陕西镇安县令，盗贼充斥，势不能支，甫数月而城陷，维时关内初平，奉旨免议。侨寓三水，历览诸名胜，所为诗歌，沉雄朴老，如其人。数载归里，求医者屡满户外，应手辄效。间有所酬，正色谢之，安贫乐道二十余年。自志长逝月日于壁，后果不爽，时年八十二岁。子羽澜，字文水。亦岁进士。能世其学。

[乾隆《阳信县志》卷七《文学》]

刘新国，字师文。阳信人。岁贡。一孝孙也。父梦松，为德府良医，生新国于稷下，尽得所学，而不以医名。博极群书，生徒多名士，人仰之如"山斗"。顺治初，由岁贡授镇安令，盗贼充斥，势不能支，甫数月而城陷，以关内初平，免议。侨寓三水，历览诸名胜，发诸诗歌，沉雄朴老，如其为人。归里后，求医者屡满户外，应手辄效。有酬者，必正色谢之，安贫乐道二十余年。自识死期于壁，后果不爽，年八十二岁。病者梦之，辄愈。子泗澜，字文水。亦岁贡。能世其学。

[同治《信邑志稿》卷七《文苑》]

刘新国，字师文。贡生。一孝孙也。父梦松，为德府良医，载《方技志》。生新国于稷下，尽得所学，而不以医名。博极群书，门下多知名士。顺治初，由岁贡生授陕西镇安县令，盗贼充斥，势不能支，甫数月而城陷，维时关内初平，奉旨免议。侨寓三水，历览诸名胜，所为文，沉雄朴老，如其人。数载归里，求医者屡满户外，应手辄效。间有所酬，正色谢之，安贫乐道三十余年。自志自逝月日于壁，后果不爽，时年八十二岁。子澜，字文水。亦岁贡生。能世其学。

[民国《阳信县志》卷五《文学》]

刘新国，阳信人。由岁贡授陕西镇安县令。鬻田产以自给，锱铢不取民间。镇安，地瘠，民多逃窜，百计招徕，一年之内，渐次复业。有盗啸聚山林，出没为害，新国单骑谕以利害，悉倒戈而迎，百姓安堵。以积劳乞休。卒，祀乡贤。

[雍正《山东通志》卷二十八之四《人物四》]

刘新国，字师文。阳信人。父梦松，为明德藩良医，新国尽得所学而不以医名。博极群书，生徒多名士。顺治初，由岁贡授陕西镇安知县，时盗贼充斥，到官甫数月，城陷遂罢归。求医者屡满户外，应手辄效。年八十二卒。

[宣统《山东通志》卷一百七十一《人物志第十一·国朝武定府》]

按《济南府志》：刘新国，字师文。阳信人。父梦松，为德府良医，生新国于稷下，尽得所学，而不以医名。博极群书，由贡授陕西镇安县令。侨寓三水，数载归里，求医者接踵户外，应手辄效。间有所酬，正色谢之。盖其志在活人，非以医为市也。安贫乐道三十余年。自识长逝月日于壁，后果不爽，时年八十二岁。病者梦之，辄愈。

[《古今图书集成医部全录》卷五百十七《医术名流列传》]

刘新国,字师文。明代阳信县人。贡生。顺治初年,授陕西镇安县令,数岁辞官归乡,承父(梦松)业为医。求诊者盈室,应手辄效,间有所酬,正色谢之,安贫乐道三十余年。子澜,亦岁贡生,能世其学。

[《山东中医药志》第六篇《人物表》]

刘新国,字师文。任陕西镇安知县,崇祀乡贤。详《文学志》。

[康熙《阳信县志》卷八《贡士》]

[乾隆《阳信县志》卷六《贡士》]

新国子刘泗澜,字文水。

[康熙《阳信县志》卷八《贡士》]

刘泗澜,新国子,字文水。

[民国《阳信县志》卷三《贡生》]

效霞按:刘新国之子,有作"羽澜"者,当作"泗澜"为是,为康熙年间岁贡。

◎ 张文星 ◎

张文星,字聚东。世居邑之永利镇。生而轩爽凝重,髫龄时俨若成人。少游泮,与兄景星下帷力学,淹通经史及岐黄、星纬诸书,执经问业者甚众。亲丧,哀毁尽礼。端严方介,人不敢干以私。康熙己酉(1669),膺岁荐。年七十岁而卒。长子益亨,即于公出贡之年举进士,人以为昌后之报云。

[康熙《阳信县志》卷九《文行》]

张文星,字聚东。生而轩爽凝重,髫龄时俨若成人。少游泮,与兄景星力学,淹通经史及岐黄、星纬诸书,执经问业者甚众。亲丧,哀毁尽礼。端严方介,人不敢干以私。康熙己酉,膺岁荐。年八十而卒。长子益亨,即于岁荐之年举进士,人以为昌后之报云。

[乾隆《阳信县志》卷七《文学》]

张文星,字聚东。阳信人。生而轩爽凝重,髫龄俨若成人。早游泮,与兄景星力学,淹通经史及岐黄、星纬诸书,执经问业者甚众。亲丧,哀毁尽礼。端严方介,人不敢干以私。康熙己酉,膺岁荐,长子益亨,即于是科登乡荐,明年成进士,人以为绩学之报。年七十岁卒。

[同治《信邑志稿》卷七《儒林》]

张文星,字聚东。生而轩爽凝重,髫龄时俨若成人。少游泮,与兄景星力学,淹通经史及岐黄、星纬诸书,执经问业者甚众。亲丧,哀毁尽礼。端严方介,人不敢干以私。康熙己酉，膺岁荐。年七十而卒。长子益亨，即于岁荐之年举进士，人以为昌后之报云。

[民国《阳信县志》卷五《文学》]

张文星，字聚东。阳信人。轩爽凝重，髫龄时俨若成人。弱冠游泮，下帷力学，淹通经史，旁及岐黄、星纬诸书。亲丧，哀毁尽礼。端方严介，执经问业者甚众。康熙己酉，膺岁荐，长子益亨即以是科登乡荐，次年成进士，人以为绩学之报。年七十岁卒。

[咸丰《武定府志》卷二十五《儒林》]

效霞按：张文星之寿数，康熙、乾隆、同治《阳信县志》及咸丰《武定府志》均作"八十"，但民国《阳信县志》作"七十"，未知孰是。

◎ 朱正谊 ◎

朱正谊，字明甫。直隶顺天府庠增广生。兼涉岐黄术，医人多效。国初时来阳信，言行笃实，士大夫乐与之游，传经教授，而子孙家焉。

[康熙《阳信县志》卷九《侨寓》]

朱正谊，字明甫。直隶顺天府庠增广生。精岐黄术，医人多效。国初时来阳信，言行笃实，士大夫乐与之游，传经教授，而子孙家焉。

[乾隆《阳信县志》卷七《侨寓》]

朱正谊，字明甫。顺天增生。精岐黄术，医人多效。国初时来阳信，言行笃实，士大夫乐与之游，传经教授，子孙家焉。

[同治《信邑志稿》卷七《寓贤》]

朱正谊，字明甫。直隶顺天府庠增广生。精岐黄术，医人多效。清初时来阳信，言行笃实，士大夫乐与之游，传经教授，而子孙家焉。

[民国《阳信县志》卷五《侨寓》]

朱正谊，字明甫。顺天府庠生。善岐黄术，医人多效。顺治间来阳信，言行笃实，士大夫乐与之游，传经教授，子孙家焉。

[咸丰《武定府志》卷二十六《寓贤》]

朱正谊，字明甫。顺天庠生。善岐黄术，多神效。顺治间来阳信行医，言行笃实，士大夫乐与之游，传经教授，子孙遂家焉。

[宣统《山东通志》卷二百《杂志下·流寓》]

朱正谊，字明甫。直隶顺天府人。邑增广生。清初来阳信定居，精医术，医人多效。

[《山东中医药志》第六篇《人物表》]

◎ 马素闲 ◎

马素闲，字遵行，号恕菴。邑庠生，汝州知州贡之子。刚直颖慧，工篆隶，善琴棋，凡壶射、蹴踘诸技，毕臻精妙。奇门、六壬、星历、医卜，无不通彻。时野服携杖，掉臂行吟，望者拟之，王恭鹤氅，苏门鸾啸焉。

[康熙《阳信县志》卷九《方技》]

[乾隆《阳信县志》卷七《方技》]

马素闲，字遵行，号恕庵。阳信庠生。刚直颖慧，工篆隶，善琴棋，凡壶射、蹴踘诸技，各臻精妙。奇门、六壬、星历、医卜，无不通彻。时野服携杖，掉臂行吟，望者拟之，王恭鹤氅，苏门鸾啸焉。

[同治《信邑志稿》卷七《艺术》]

马素闲，字遵行，号恕菴。邑庠生，汝州知州贡之子。刚直颖慧，工篆隶，善琴棋，凡射壶、蹴踘诸技，毕至精妙。奇门、六壬、星历、医卜，无不通彻。时野服携杖，掉臂行吟，望者拟之，王恭鹤氅，苏门鸾啸焉。

[民国《阳信县志》卷五《方技》]

马素闲，字遵行。阳信庠生。工篆隶，善琴棋。凡奇门、六壬、星历、医卜诸技，无不通彻。常野服携杖，掉臂行吟，望者拟之，王恭鹤氅，苏门鸾啸焉。

[咸丰《武定府志》卷二十六《艺术》]

◎ 陆 参 ◎

陆参，补锅匠也。遇一道士，病卧村庙中，陆延至家，调养而愈。道士曰：无以报德，曾有异人授我秘方，能活人，今以付汝。陆受其方，治人多奇效。

[康熙《阳信县志》卷九《方技》]

[乾隆《阳信县志》卷七《方技》]

[民国《阳信县志》卷五《方技》]

陆参，阳信补锅匠也。遇一道士，病卧村庙中，参延至家，调养而愈。道士曰：无以报德，尝受异人秘方，能活人，今以付汝。参受之，治人多奇效。

[同治《信邑志稿》卷七《艺术》]

◎ 朱崇英 ◎

朱崇英，字映阳。邑增生，进士周业曾孙。颖悟过人，往往于人所疑难处，别有领会。其父庠生百揆，通晓地理，崇英能世其学。精管辂课，每于大比年元夜起，课问科第，毫发不爽。善小儿科，于痘疹尤具回生手。喜诙谐，语言有晋人风味。八十三岁而终。

[乾隆《阳信县志》卷七《方技》]

朱崇英，字映阳。阳信增生。颖悟过人，每于人所疑难处，别有会心。其父庠生百揆，通晓地理，崇英能世其学。精管辂课，每于大比年元夜起，课问科第，毫发不爽。善小儿科，于痘疹尤具回生手。喜诙谐，语言有晋人风味。八十三岁而终。

[同治《信邑志稿》卷七《艺术》]

朱崇英，字映阳。邑增生，进士周业曾孙。颖悟过人，往往于人所疑难处，别有领会。其父百揆庠生也，通晓地理，崇英能世其学。精管辂课，每于大比年元夜起，课问科第，毫发不爽。善小儿科，于痘疹尤具回生手。喜诙谐，语言有晋人风味。八十三岁而终。

[民国《阳信县志》卷五《方技》]

效霞按：乾隆《阳信县志》卷七《方技》载：杨廷范，字洪九。聪慧能文，殚心易数，熟于《子平》《金口诀》二书，决祸福，往往奇中。乾隆元年（1736）正月朔旦，语其子曰：治后事，我将于六月二十四日丑时辞人世矣。四子闻命，惊惶不敢问。及元宵复以前语嘱之曰：子勿以前言为诞也。其子以语朱崇英，崇英见而讯之，廷范曰：予已算定与汝长别时矣。崇英曰：盍为我占之？廷范曰：汝当以四八日卒。崇英以为四月初八日也。后廷范果以六月二十四日丑时告终。越四十八日，崇英卒。亦神矣哉。

咸丰《武定府志》卷二十六《艺术》载：杨廷范，字洪九。阳信人。殚心易数，熟于《子平》《金口诀》二书，决祸福，往往奇中。乾隆元年元旦，语其子曰：治后事，我将于六月二十四日丑时辞人间世矣。四子闻命，惊惶不敢问。及元宵后，嘱曰：儿辈勿以前言为戏也。其子以语朱崇英，崇英邑增生，精管辂课，见廷范而问之，答曰：予已算定与汝长别时矣。崇英曰：盍为我占之？范曰：汝当以四八日卒。后廷范果应期而卒。越四十八日，崇英亦卒。

同治《信邑志稿》卷七《艺术》载：杨廷范，字洪九。阳信人。聪慧能文，殚心易数，熟于《子平》《金口诀》二书，决祸福，往往奇中。乾隆元年正月朔旦，语其子曰：治后事，我将于六月二十四日丑时辞人世矣。四子闻命，惊惶不敢问。及元宵复以前语嘱之曰：勿以前言为诳也。其子以语朱崇英，崇英见而问之，廷范曰：予已算定与汝长别时矣。崇英曰：盍为我占之？廷范曰：汝当以四八日卒。崇英以为四月初八日也。后廷范果以六月二十四日丑时告终。越四十八日，崇英乃卒。

据以上记载，则朱崇英卒于乾隆元年也。

朱崇英，字映阳。清代阳信县人。增生。善儿科，尤精痘疹，具回生手。

[《山东中医药志》第六篇《人物表》]

◎ 刘兆晞 ◎

◎ 刘 曾 ◎

刘兆晞，字孟旭。邑庠生。世业岐黄。岁试在省，适济东道陈公招诊脉，决其来春必发对口，至期果验。治疗平复，赐匾"山中宰相"。诊藩台张公脉，决其中秋必中痰症，至期亦验。治痊，赐匾"辅相乾坤"。臬台苏公捐俸施药三年，代为料理，活人千万，赐匾"仁术寿世"。至年七十余。著有《本草类编》《刘氏遗方》。孙曾，字省三。能世其业。

[乾隆《阳信县志》卷七《方技》]

刘兆晞，字孟旭。阳信庠生。世业岐黄。岁试在省，适济东道陈公诏（招）诊脉，决其来春必发对口，至期果验。治疗平复，赐匾"山中宰相"。诊藩台张公脉，决其中秋必中痰症，至期亦验。治痊，赐匾"辅相乾坤"。臬台苏公捐俸施药三年，代为料理，活人千万，赐匾"仁术寿世"。年七十余。著有《本草类编》《刘氏遗方》。孙曾，字省三。能世其业。

[同治《信邑志稿》卷七《艺术》]

刘兆晞，字孟旭。庠生。世业岐黄。岁试在省，适济东道陈招诊脉，决其来春必发对口，至期果验。又诊藩台张脉，决其中秋必中痰症，至期亦验。疗之皆愈。所著有《本草类编》《刘氏遗方》。曾孙（孙曾），字省三。能世其业。

[民国《阳信县志》卷五《文学》]

刘兆晞，字孟旭。阳信庠生。世业岐黄。岁试在省，济东道陈某招诊脉，决其来春必发对口，至期果验，赠"山中宰相"匾。又诊张藩伯脉，决其仲秋必中痰症，至期亦验，赠"辅相乾坤"匾。苏臬使赠"仁术寿世"匾。年七十余岁卒。著有《本草类编》《刘氏遗方》行世。

[咸丰《武定府志》卷二十六《艺术》]

刘兆晞，字孟旭。清代阳信县人。庠生。世业岐黄术，治多验。著有《本草类编》《刘氏遗方》，未刊。孙曾，世其业。

[《山东中医药志》第六篇《人物表》]

◎ 李掌圆 ◎

仙菴李太史传

泰安赵国麟大学士

公姓李氏，讳掌圆，字十洲，号仙菴。济北阳信人。家世以文书著，父云锺，绩学懋行，士林所称石阳先生也。公生而聪敏，三岁诵古诗，十岁通制义，诗古文辞，能世其学。年二十五为诸生，学使者桑雨岚称其文可领袖齐鲁。虽场屋屡踬，而名日益噪。迨己卯（1699），以第一人领乡荐。丙戌（1706）成进士，读书中秘。年且五十有一也，顾犹嗜学不少休。公退兀坐一室，日事校雠。吴中吴荆山、滇南王畹五皆海内名宿，慎与可，独心许公，出所为文资，点订行世。时国家纂修三朝国史、《一统志》，公与大雨祁寒，必赴。馆吏请少间，公曰：余职此，何敢偷逸废？乃事以朴直，不善俯仰，未几，持冠去。乃益肆力于古，取经、史、子、集汇为四册。虽日不举火，必朗诵一过，然后寝寐。则敲火篝灯，拈题构艺，以此自娱。曾不知老之将至，凡天文、地理以及医卜、命相之书，靡不心究而会其旨趣。尤喜奖掖后进，一时绅士多出其门。尝馆宁津赵氏家，宁故无起家科目者。下帷后，赵笏以选俊，掇高第，列词馆，诸俊联翩，皆公教也。性至孝，祖母田病目，几盲，公鬐幼，日舐之，愈如初。体貌端凝，岩岩不可犯，至其遇物则大度汪洋，坎坷拂逆，不介胸次。邻邑狂生某使酒面侮，左右皆不平。公从容曰：若岂詈我耶！其浑和，类如此。年八十五，以寿终。所著有《仙菴大小题稿》，早行于世。《四书格物汇编》《易经发蒙》《乐仙堂诗》《古今释疑》等若干卷，藏于家。子二，长自新，次永清，足世其业。昔人为传书名，不及私交，予释褐与公为同年友，雅重其人，故从家传例称公，并附交情，以识景行焉！赞曰：士君子崛起儒林，扬声华，掇青紫者，多矣！顾以经干禄得则弃之，专所业者，几人哉！公抱负宏深，而未竟其用，非有丰功伟烈，烜赫一时，要其穷达一致，白首青编于人，有不啻什伯过者。殁而尸于瞽宗，馨香垂百世，有以也夫。

[乾隆《阳信县志》卷八《传铭》]

李掌圆，字十洲。贡生。云锺之子。生而颖异。康熙己卯科解元，丙戌成进士。入词林，与修三朝国史、《一统志》，祁寒暑雨不辍。挂冠后，益闭户著述，诱掖来者，及门彬彬皆文学之士。著有《四书格物汇编》《易经发蒙》《乐仙堂诗》《古今释疑》等书。乾隆五年（1740），崇祀乡贤。大学士赵公国麟有《传》，详《艺文志》。

[乾隆《阳信县志》卷七《文学》]

李掌圆，字十洲。阳信人。康熙己卯解元，丙戌进士。入词林，与修三朝国史、《一统志》。告归后，益闭户著述，诱掖后进，及门皆知名士。著有《四书格物汇编》《易经发蒙》《乐仙堂诗》《古今释疑》等书。

[同治《信邑志稿》卷七《文苑》]

李掌圆，字十洲。拔贡生云锺之子。生而颖异。康熙乙卯科解元，丙戌成进士。入词林，与修三朝国史、《一统志》，祁寒暑雨不辍。挂冠后，益闭户著述，诱掖来者，及门皆彬彬文学之士。著有《四书格物汇编》《易经发蒙》《乐仙堂诗》《古今释疑》等书。乾隆五年，崇祀乡贤祠。大学士赵公国麟为之"传"，详《艺文志》。

[民国《阳信县志》卷五《文学》]

李掌圆，字十洲。阳信人。康熙己卯解元，丙戌进士。入词林，与修三朝国史、《一统志》。告归后，益闭户著述，诱掖后进，及门皆知名士。著有《四书格物汇编》《易经发蒙》《乐仙堂诗》《古今释疑》等书。

[咸丰《武定府志》卷二十五《文苑》]

丙戌科康熙四十五年王云锦榜

李掌圆，阳信人。二百八十二名。

[雍正《山东通志》卷十五之二《选举二》]

己卯科康熙三十八年

李掌圆，阳信人。丙戌进士。

[雍正《山东通志》卷十五之二《选举二》]

《易经发蒙》，李掌圆撰。掌圆，字十洲，号仙庵。阳信人。康熙丙戌进士，官编修。是书见赵国麟所撰"传"。

[宣统《山东通志》卷一百二十七《艺文志第十·经部·易》]

《四书格物汇编》，李掌圆撰。掌圆有《易经发蒙》，见易类。是书见赵国麟所撰"传"。

[宣统《山东通志》卷一百三十《艺文志第十·经部·四书》]

《古今释疑》，李掌圆撰。掌圆有《易经发蒙》，见经部易类。是编见《县志》载赵国麟所撰"传"。案："传"称掌圆肆力于古，取经、史、子、集汇为四册，凡天文、地理以及医卜、命相之书，靡不心究而会其旨趣云云。所谓四册者，疑即此书也。

[宣统《山东通志》卷一百三十九《艺文志第十·子部·杂家》]

《乐仙堂诗》，李掌圆撰。掌圆有《易经发蒙》，见经部易类。是编见赵国麟所撰"传"。

[宣统《山东通志》卷一百四十四《艺文志第十·集部·别集》]

◎ 史安宅 ◎

史安宅，字广居。阳信庠生。善岐黄术，以喻嘉言为宗，尝著有《论辩》。

[同治《信邑志稿》卷七《艺术》]

◎ 文清澜 ◎

文清澜，字澄源。阳信庠生。孝友宽厚，善医学，尤精痘疹，活人无算。年七十余，无疾而终。

[同治《信邑志稿》卷七《艺术》]

◎ 姚振声 ◎

姚振声，字绳五。太学生。慷慨有大志，持家严，明义方，教子读书求实，潜心经史，尤邃于岐黄，故疗证多奇效，至今口碑载道焉。

[民国《阳信县志》卷五《笃行》]

◎ 李如桂 ◎

李如桂，字殿馨。增生。其妻未嫁失目，两家主婚人均愿退亲，如桂以义命自安，卒成婚礼，终身无悔。晚精医术，有求必应。临殁，预知死期，衣冠齐整，奠宗庙拜罢而亡。

[民国《阳信县志》卷五《笃行》]

◎ 刘桐峨 ◎

刘桐峨，字东山。例贡生。三岁失怙，叔母育为己子，与本生母同孀居度日，教养兼至。方识之无，即以小学家礼相训导。成童时，延名师，严加课读。善承两母意旨，昼夜勤读，最喜先贤理学，如《近思录》《伊洛渊源录》等书，堆积案上，手不释卷，口不停读，衣冠言动，悉敦古处。以是淡泊为怀，无意功名，两试不售，遂弃举业，切切以忠孝节廉古名人相期。于岐黄术，三折肱，其余事也。且性素豪爽，赒给乡里，无稍吝。同治戊辰（1868），捻匪扰境，倡造窦寨，所全活者不下万家，远迩无不感德，乡谥"端毅"。子三人，皆名士；孙九人，亦亢宗器，时以为积学之报云。

[民国《阳信县志》卷五《笃行》]

◎ 陈士杰 ◎

陈士杰，字子万。邑庠生。举乡饮大宾、《任恤传》秉祥之子。少孤，事母孝，惠爱诸弟。父在时，外欠诸债数千缗，恐起难端，聚债券，悉焚之。弱冠入庠，喜读宋儒书，淡于进取，闭户潜修，庭训严明，子四人，孙十一人，一门敬肃，德曜盈庭，时人比之陈仲躬。且术精岐黄，求医者踵至。忠信笃敬，人人感慕。殁后，四方来吊，多痛哭流涕者。邑人范灏泉为作"传"，有云：虽有放狂，见而生敬；虽有诈伪，遇而输诚；虽有恶感争端，一经和解，事无不谐，理无不明。亲炙先生数十年，见其上交不谄，下交不渎，活人济世，无一毫名利心。又有契友蒋离明作哀词四十四韵，刘应角哭以诗五言、排律一百二十韵，俱存《家乘》。乡谥"端和先生"。

[民国《阳信县志》卷五《笃行》]

◎ 刘永椿 ◎

刘永椿，字超千。性亢爽，不拘小节。以治医名于世。光绪壬寅（1902），当庚子兵乱之后，霍乱流行河朔，群医束手，伤人无算。先生独费精研，顿悟沿袭旧治，决难全活多人，将"阳泄阴补"之说辞而辟之，重用解毒驱热之剂，恰与西医之学理相符，遂著手成春，救活多人。事已，乡人德之，榜其门曰"赞化调元"。与乡饮酒礼，举为大宾。先生生于城西南政十图钩盘河岸之刘家庄，以白手起家致中富。事父母以孝，处兄弟以和，遇朋友以义，课子弟以严。稽其幼受困窘，未尝学问，而能斫雕为朴，动与古合，非材器过人者欤！寿八十一岁而终，乡人至今犹称道弗已也。

[民国《阳信县志》卷五《笃行》]

刘永椿，字超千。清代阳信县人。以医名世，善治霍乱，活人甚众。

[《山东中医药志》第六篇《人物表》]

◎ 吴召棠 ◎

吴召棠，字荫南。例贡。性孝友。事亲，备极色养。亲殁，曲尽哀礼，无遗憾。父病笃时，遗金若干。及殁，尽出以公诸弟。曰：此父遗命也。析爨后，破产以偿弟债。里中有争端，谕以片言，辄解。时有忤其母者，切责之，其人感泣，知悔，卒为孝子。好施予，振乏绝，舍药材，以救疾厄，多所存活。生平大义凛然，其稍有亏行者，皆恐为其所知。公举乡饮介宾，以寿终。

[民国《阳信县志》卷五《孝友》]

吴召棠，字荫南。阳信例贡。性孝友。事亲，备极色养。亲殁，曲尽哀礼，无遗憾。父病笃时，遗金若干。及殁，尽出以公诸弟。曰：此父遗命也。析爨后，破产以偿弟债。里中有争端，谕以片言，辄解。时有忤其母者，切责之，其人感泣，知悔，卒为孝子。好施予，振乏绝，舍药材，以救疾厄，多所存活。生平大义凛然，其稍有亏行者，皆恐为其所知。公举乡饮介宾，以寿终。

[咸丰《武定府志》卷二十五《孝友》]

◎ 劳禧长 ◎

劳禧长，字庆斋。候选从九品，居家不仕。性慈善，精岐黄术，所治险恶之症，无不全愈。人有延诊者，虽严寒胜暑，应时而往，并不索酬。其医术之精，盖因待亲疾病，研究独有心得云。卒年六十七岁。

[民国《阳信县志》卷五《孝友》]

劳禧长，字庆斋。清代阳信县人。精医术，治险恶之症，多奇验。凡有延请，不分昼夜，不计寒暑，应时以往。

[《山东中医药志》第六篇《人物表》]

◎ 张广忠 ◎

张广忠，字荩臣。精算术，善外科，好施予，品端行方，沉默寡言，一生不求闻达，惟以博览为务。堂兄弟七人同居，老幼四十余口，养膳不足，以自置良田六十亩，供阖家食用三十年。非极其友爱，能如是之不自私乎！

[民国《阳信县志》卷五《孝友》]

◎ 杨安普 ◎

杨安普，字德甫。父早卒，弟与子皆幼，家务累身，遂弃儒就医。为弟延师诵读，弟少年入泮，不幸短命死，母哭泣致疾，安普时时劝慰，饮药先尝，医治年余，不痊而亡。丧葬尽礼，泣血百日，三年不见笑容，君子以为难。

[民国《阳信县志》卷五《孝友》]

◎ 王心一 ◎

王心一，字子正。事母以孝闻，母性严，怒时家人无敢进一言者。心一怡色婉容，徐劝即解。弟年幼，不拘小节，每匡正之，至于流涕。年三十八，入邑庠。晚岁业医，名颇噪。待人以忠厚存心。卒于民国三年（1914），远近闻之，多流涕者。

[民国《阳信县志》卷五《孝友》]

王心一，字子正。清代阳信县人。有孝行。晚岁，以医术名乡邑。

[《山东中医药志》第六篇《人物表》]

◎ 褚凤年 ◎

褚凤年，字桐冈。博学多闻。素孝友，事继母如生母，待异母兄弟无间言，同居数十载，和气盈庭。身染疾，疾因究痰之所起，遂精岐黄术，疗病多奇效。年七十四岁卒。

[民国《阳信县志》卷五《孝友》]

褚凤年，字桐冈。清代阳信县人。博学广闻，精岐黄术，疗病多奇验。

[《山东中医药志》第六篇《人物表》]

◎ 毛宗孔 ◎

◎ 毛廷玺 ◎

毛宗孔，字景尼。邑庠生。德学兼优，寿六十六岁，为乡耆会九人之一。有《会社诗稿》镌行于世。子廷玺，补增广生。德纯学粹，精岐黄术，享年六十九。

孙四人，立中，享年八十二；立正，享年八十六，均庠生，皆博学能文，各有"传"；立宪，庠生，享年六十六；立准，未入庠，亦遍读"五经"，现年七十七岁。曾孙八九人，继登，庠生，享年七十二；继焕，庠生，享年五十四；余数人，皆贵显。玄孙十余人，其长者已入庠，余尚幼。五六世，文星照命，寿曜临门，盛事也。

[民国《阳信县志》卷五《文学》]

毛宗孔（1788—1854），字景尼。阳信县城西关（今阳信镇西关村）人。自幼聪明，勤学好问；及长，德学兼优，才华出众。家居农村，深知民情，写诗著文，多恤民众。其诗集《会社诗稿》在社会上流传多年。见到民众常因病魔夺去生命，毅然弃儒学医。以医为仁术，功在济世活人，故苦心钻研。一生治学谨严，溯本求源，广搜博采，崇岐黄，宗长沙，学验俱丰。临症每能洞彻症结而匠心独运；处方用药，审慎果敢。医书有"细辛不过钱"之说，其用此药，重达二三两；川乌、附子亦常用至二两，往往药到病除。

一生清贫，医病不分贫贱高贵，处处为病人着想，不摆架子，有求必应，名声很高。

[《惠民地区卫生志》第十四篇《人物传记》]

毛延玺（1813—1882），为人忠厚，随父学文、学医，故文学和医术功底深厚。诊病认真，用药谨慎。城西蔡王庄村张子兰之女患病一年余，经多方治疗，毫不见效。延玺诊断为"女儿痨"，对症下药，先开一副药试治，服后病情大减。复诊后又连用药七副，随后继续慎诊换方，竟然痊愈。张家高兴异常，见其家境贫寒，便赠送谷子二百余斤。

深知行医救人的重要意义，手不释卷地精读《六科准绳》，还亲手抄写《六科准绳》八部，广传于世。本县很多文人，读了手抄本后，经习练和指点，都相继为医。其诗稿和手抄医书，皆毁于"文化大革命"期间。

[《滨州文史》第二辑]

[《阳信文史资料》第二辑]

[《山东中医药志》第六篇《人物表》]

◎ 王 恺 ◎

王恺，学问渊博，工制艺。年十七岁入庠，十八岁食饩。清例，省府州县设书院课士，奖银资膏火，每遇一题，作文九篇，榜既放，皆列上取，一时呼为"王九篇"。道光三年（1823），举入孝廉方正科。晚精医术，故又有"名医"之称。

［民国《阳信县志》卷五《文学》］

◎ 温行时 ◎

温行时，字化溥。家贫好学，十五岁补博士弟子员，岁试冠场，食饩。博览经史，古文诗词无不潜心研究。乡试未售，以裁成后学为己任，一时负笈从游者，多所成就。晚精医学，活人无算。寿八十岁。

［民国《阳信县志》卷五《文学》］

◎ 朱观海 ◎

朱观海，字会东。岁贡生。生而颖悟，阴阳、谶纬之书，他人所难遽解者，一见之而能解。既精于医，兼通音律。品性端方，学问博雅。乡试屡荐未售，设帐乡塾，四方来学者甚众，一时桃李多出其门。寿六十余岁。

［民国《阳信县志》卷五《文学》］

◎ 范镇西 ◎

范镇西，字次伯。大田子。廪生。性戆直，有父风。善词翰，帖括而外，尤通天文、卜筮之学，并医学等书，生平活人无算。惜年逾不惑即逝，乡人惋惜之。

［民国《阳信县志》卷五《文学》］

◎ 张西圃 ◎

张西圃，字子铭。岁贡生。工诗赋。教授生徒，多名士。晚精医术，治疗多效。客死关外，长榇未归。

［民国《阳信县志》卷五《文学》］

◎ 褚本经 ◎

褚本经，字麟亭。幼警悟，长有气概，身虽不满七尺而心雄万夫，为文词沛气充，无艰难劳苦之态。病目，几丧明，十余年始愈。自是，绝意进取，博览群书，经史子集、天文、地理、律例、兵机、医药、风鉴，靡不通晓。生平所嗜，尤在地理。凡山川险阻，关塞要害，道里远近，了如指掌。晚年殚心皇极，昼观夜思，务期造乎手探月窟、足蹑天根之境。卒年八十一岁。疾革时，强起索笔，作诗永诀，曰：带水拖泥八十秋，而今四大御风游，诸君问我栖何所，沧海波心逐白鸥。掷笔，移时气绝。

[民国《阳信县志》卷五《文学》]

◎ 李佩玺 ◎

◎ 李晋祺 ◎

李佩玺，字信之，号铸村。城西新化区李昂庄。前清老明经也。性情豪迈，学问赅博，尤工吟咏，崇拜袁简斋之诗派，得力于《小仓山房诗抄》并《随园诗话》，谓作诗必本性灵，已得盛唐三昧。至制艺、帖括，系绍述邑孝廉赵蔺如先生。于此可以知厥梗概矣。重义侠，好施予，遇乡邻贫乏有急难者，竭力赒济，不少惜。逢春施种牛痘，远近来者盈门，知与不知，罔弗依次施种，四十年如一日也。昆玉三，明经其季也。伯氏尚文，邑庠生。官直省巡检，因积劳卒于任所。事详《宦迹志》。兄子寿祺、孙宝第，皆训育成人。仲氏献甫，邑增生。事详前《文学志》。亦工诗，兄弟间此唱彼和，与壎篪之韵以俱叶。家藏万卷，无弗读者。年届耄耋，精神矍铄，意趣活泼，诱掖后进，如弗及暇，辄手不释卷。著《铸村诗草》四卷，藏于家。寿八十有四，以民国十五年（1926）月日长终。子晋祺，善继先志，以医命世，每日求者踵门，无论贫富老幼，靡不遇饭吐哺，遇沐握发以诊之，即出诊亦不避风雨寒暑也。现充山东陆军第一旅军医官。孙宝钧，师范学校毕业，能世其家。积德远而流泽长，信矣。

[民国《阳信县志》卷五《文学》]

李佩玺，字信之，号铸村。清代阳信县人。为乡里小儿免费种牛痘，四十年如一日。著有《铸村诗草》四卷，未梓。子晋棋绍其业，有医名。

[《山东中医药志》第六篇《人物表》]

甘泉驻跸
邑人李佩玺信之

城东有古井，明帝曾临幸，茗饮泉水甘，真味与之永，因此锡嘉名，志为倪城景。

马岭卧云

云出本无心，云还亦迟过，一片偶然停，得岭便且卧，岭外有狂风，恐被横吹破。

金堤秋波

迢迢古长堤，蜿蜒千余里，既免吾其鱼，庶几人有豕，黄水息横流，民生赖有此。

薄姑晓日

薄姑氏难稽，旧俗空遗庙，祷赛有定时，晴日无偏照，既白望东方，曙景堪吟眺。

狼邱晚钟

万籁静无声，忽发疏钟响，新月初上时，洪音振林莽，梦惊早眠人，顿觉睡心爽。

钩盘春涨

河水添新涨，洪流卷细沙，白波飘柳絮，红浪溅桃花，澎湃平双岸，低昂泛小槎，登堤翘首望，浑不见津涯。

薄姑晓日

古庙朱门闭，孤僧未起时，鸡声迷晓月，乌足送朝曦，高柳晨光绕，虚檐曙色移，窗前添爽气，帘影映参差。

薄姑晓日

薄姑春晓景堪夸，啼鸟声兼晨皱挝，早起训蒙新教育，庙内设国民学校，朝来入市旧生涯，绿烟淡淡笼杨柳，红日瞳瞳卖杏花，静坐禅房无限思，碧纱窗里透东霞。

[民国《阳信县志》卷八《艺文志第十·诗》]

◎ 谷芳甸 ◎

谷芳甸，字禹畿。性正直，待人和厚，治家有道。明医术，每岁舍药无算，概不求值，交易公平，不屑于小利，贫民借贷者，咸感其德。以故家遇急难，皆匍匐相救。寿七十有四而终。

[民国《阳信县志》卷五《任恤》]

◎ 劳熙春 ◎

劳熙春，字煦台。从九品。邑城内旧家也。终身片纸，不入公门，时常舍药济难。同治七年（1868），捻匪困城，捐米与钱，赈济甚众。光绪初年，大旱，放饭济贫，赖以生活者，亦甚多也。

[民国《阳信县志》卷五《任恤》]

◎ 郑作文 ◎

郑作文，字绮园。廪生。生性宽和，广交游。其家素饶，人贷其钱约三千余缗，值岁饥，为文邀集债户而语之曰：岁既如此尔，何能为？尽焚其券，债户皆称谢。其庄又与漩窝相近，往来行人雨大时，病于涉渡，设义船以济之。且善医痘疹，桑梓称盛德焉。

[民国《阳信县志》卷五《任恤》]

◎ 车希庭 ◎

车希庭，字绍堂。家小康，性朴厚。医精外科，病疮疖者，接踵于门，施以膏丹，概不索谢。每年所舍药资，不下百余贯。六旬无子，忽病卒。涎产者，纷纷争继，三日始敛，产几分矣。妾以有身告嫡，嫡曰：幸生男，吾门可再造也。族棍闻之，以为诈，力伺之，及娩，果男，涎产者咋舌而退。人以为德报云。

[民国《阳信县志》卷五《任恤》]

车希庭，字绍堂。清代阳信县人。术精外科，疮疖者，接踵盈门，施以膏丹，概不索谢。年所舍资，巨逾百贯。

[《山东中医药志》第六篇《人物表》]

◎ 朱之能 ◎

朱之能，字干臣。太学生。端方正直，潜心卫生之道。乡邻有失业者，即与之资，俾务生意。每遇岁歉，辄出粟赒之，以故有"善人"之誉。

[民国《阳信县志》卷五《任恤》]

◎ 田丰硕 ◎

田丰硕，武庠生。家道素裕，忠厚待人。饥者食之，寒者衣之，婚嫁丧葬之无力者，尽出财以助之。祖传外科良方，施舍药饵，概不求值，乡人称善焉。

[民国《阳信县志》卷五《任恤》]

◎ 张怀珍 ◎

张怀珍，字宝菴。天性豪迈，捻匪之乱，倡筑土寨，保全难民数万家。同治五年（1866），马颊河珠龙口势将溃决，急募众，抢险补筑，河北等村幸免其鱼之患，共捐义资，立碑纪其事，永垂不朽。晚习医术，尤精痘疹。

[民国《阳信县志》卷五《任恤》]

◎ 宋士杰 ◎

宋士毅，字仁菴。性敦厚，轻财好施。村中有朱天佑者，悫甚，年四十未娶，悯之，助以厚资，为之完婚。天佑由此亢宗立嗣，甚德之，遗命子孙为之立牌位祀焉，与庙主并重，至今传为美谈。其弟士杰，业岐黄，舍药济人，亦因受其资助云。

[民国《阳信县志》卷五《任恤》]

◎ 李春泰 ◎

李春泰，字泽普。精岐黄术，于咽喉一科，尤擅专长。尝值疫气流行，白喉痧大作，传染遍乡里，远近赖以全活者甚众。恒藏自制方药，博施济众，岁以为常。且于地方公义罔不竭力提倡，而推广学校，成绩卓著，邑令仓公永培以"嘉惠士林"额其门。

[民国《阳信县志》卷五《任恤》]

李春泰，字泽普。清代阳信县人。精岐黄术，尤善咽喉科。恒藏自制方药，广施济众，岁以为常。邑令仓公永培以"嘉惠士林"额其门。

[《山东中医药志》第六篇《人物表》]

◎ 刘殿邦 ◎

刘殿邦，字靖庵。赋性耿介，家赤贫，非义之财不取。精医学，人有求者，无论昼夜寒暑，徒步往来，未尝辞劳。年逾八旬，身体强健，精神矍铄。八十七岁终。

[民国《阳信县志》卷五《耆硕》]

刘殿邦，字靖庵。清代阳信县人。精医术。性耿介，虽贫，非义之财不取。有求必应。

[《山东中医药志》第六篇《人物表》]

◎ 张登鳌 ◎

张登鳌，字魁元。邑增生。学粹品端，教授生徒，传经渊源，愿附门墙者，有"泰山北斗"之望。家道殷实，子孙昌盛。晚年精医术，著有《医学注解》数卷。卒年八十一岁，与妻同庚同寿。

[民国《阳信县志》卷五《耆硕》]

◎ 朱奎照 ◎

朱奎照，字光斗。性厚德纯，精岐黄术。老年优游自得，设药室于门首，活人甚夥。卒年八十有一。邑侯赐匾额曰"壶天长春"。

[民国《阳信县志》卷五《耆硕》]

朱奎照，字光斗。清代阳信县人。精岐黄术，活人甚多。邑侯赐匾额曰"壶天长春"。

[《山东中医药志》第六篇《人物表》]

◎ 岳 秀 ◎

岳秀，字森生，别号一峰。生而颖慧，气骨不凡，十五入学。生平矫矫，自好言笑，举止介然不苟。性嗜文墨，简练揣摩。尝与张清逊、范静生、宋修之结文社，交相砥砺，期于远到，数奇不遇。尤喜吟咏，晚岁诗学益进，雅不喜二氏之教，修养导引密功不辍。生平无疾疴，耳目聪明，行年八十，坐拥书史，披阅不倦，杖履逍遥，望见咸以为异人。每逢大节，必率家众祭先人墓，不以耄耋废礼。卒年八十三岁，乡谥"峻介先生"。

[民国《阳信县志》卷五《耆硕》]

◎ 万长江 ◎

万长江，字道远。心平气和，步履端方，名宿也。寿九十岁，无病而卒。有导引术，卒后身软如棉，面貌如生。其妻周氏，年九十二岁，距属纩不过百日，夫妇同归。

[民国《阳信县志》卷五《耆硕》]

◎ 文道长 ◎

文道长，字静轩，一名斌。副贡生。东瀛之胞侄也。业儒，尤精于医。赋性清廉，气象静穆。虽读书无多，而颇有心得。嗜酒无量，惟不及乱。居恒不轻动，不滥取。悬壶尘世四十年，而嚣浮之气，未得犯其道颜。挚友刘应角为作《晚蝶吟》一章，有"饮酒两三杯，看书几句读；先生清且廉，花疏蝶亦瘦"之句。寿七十三岁卒。

[民国《阳信县志》卷五《清介》]

◎ 王廷杰 ◎

王廷杰，精岐黄术，全活无算。尝有邻村延诊，行至半途，病家来人，止之曰：不可为矣。廷杰曰：尚有息否？答曰：仅属耳。廷杰曰：有息即可望活。姑往视之，至为诊治，数日乃愈。

[民国《阳信县志》卷五《方技》]

王廷杰，清代阳信县人。精岐黄术，活人无算。

[《山东中医药志》第六篇《人物表》]

◎ 王作霈 ◎

王作霈，字润亭。通儒术，尤精医学。与名士刘素菴、劳敬斯为契友。所著有《经验方症汇编》。海丰县令裕公额其门曰"功侔良相"。

[民国《阳信县志》卷五《方技》]

王作霈，字润亭。清代阳信县人。通儒术，尤精医学。著有《经验方症汇编》，未刊。海丰县令裕公额其门曰"功侔良相"。

[《山东中医药志》第六篇《人物表》]

◎ 刘文焕 ◎

◎ 刘香亭 ◎

刘文焕，字灿章。少负异才，颖悟过人。精岐黄术，求医者车马盈门。其子香亭，字馨甫。岁贡生。能世其学，称名医者二世。

[民国《阳信县志》卷五《方技》]

刘文焕，字灿章。清代阳信县人。少负异才，颖悟过人。以精岐黄术知名，求诊者车马盈门。子香亭，岁贡生。传其术，称明医者二世。

[《山东中医药志》第六篇《人物表》]

◎ 张彭龄 ◎

张彭龄，字汉三。专业岐黄之学，按脉察疾，治疗多奇效。

[民国《阳信县志》卷五《方技》]

张彭龄，字汉三。清代阳信县人。业岐黄术，按脉察疾，治多奇效。

[《山东中医药志》第六篇《人物表》]

◎ 孙在崶 ◎

孙在崶，字嶐山。邑诸生。精痘疹，应手辄效。著有《痘疹集》。

[民国《阳信县志》卷五《方技》]

孙在崶，字嶐山。清代阳信县人。邑诸生。术精儿科痘疹，著有《痘疹集》，未刊。

[《山东中医药志》第六篇《人物表》]

◎ 张应奎 ◎

张应奎，字聚东。庠生。自幼好学，入泮后，逢瘟疫流行，死于病者有之，死于药者亦有之。应奎目睹神伤，遂专心医术。凡历代名医编纂之书，无不精益求精。生平不市药谋利，志在活人。寿八十二岁终。

[民国《阳信县志》卷五《方技》]

张应奎，字聚东。清代阳信县人。庠生。精医术，不市药谋利，志在活人。

[《山东中医药志》第六篇《人物表》]

◎ 夏溪清 ◎

夏溪清，字洁亭。廪生。乡试累荐不售，遂就医学，竭力研究。凡脉理、药性等书，贯彻胸中，临症治疗，十愈八九。同治五年（1866），霍乱流行，不论昼夜，有求必应，活人无算。

[民国《阳信县志》卷五《方技》]

夏溪清，字洁亭。清代阳信县人。廪生。精医道，临症治疗，十愈八九。霍乱流行时，不分昼夜，有求必应，活人甚多。

[《山东中医药志》第六篇《人物表》]

◎ 窦廷柱 ◎

窦廷柱，字子中。增生。幼读书，有济世安民之心。屡赴乡试未售，遂弃儒就医，志在活人。武郡太守于公得伤寒证，延窦诊治，一药而愈，于公称"神医"。自是声名大振焉。

[民国《阳信县志》卷五《方技》]

窦廷柱。字子中。清代阳信县人。增生。以医闻名乡里，不以术生利，志在活人。

[《山东中医药志》第六篇《人物表》]

◎ 王生焠 ◎

王生焠，字勖斋。庠生。精痘疹科。小儿患痘，凡经医治，十活八九。寿八十岁终。

[民国《阳信县志》卷五《方技》]

王生焠，字勖斋。清代阳信县人。庠生。精痘疹科，小儿患痘，凡经医治，十活八九。

[《山东中医药志》第六篇《人物表》]

◎ 崔 渡 ◎

崔渡，字临川。邑庠生。善楷书，有董、赵风格。又精岐黄术，活人无算。八十余岁终。

[民国《阳信县志》卷五《方技》]

崔渡，字临川。清代阳信县人。庠生。善楷书，精岐黄术。活人甚多。

[《山东中医药志》第六篇《人物表》]

◎ 杨立本 ◎

杨立本，术精岐黄，诊脉能决人生死。一日，同学韩美玉为子病延请于家诊脉，大惊曰：不能生矣！时与美玉面谈，观其色，有将亡之气，又牵其手，诊之曰：老兄不食晚餐矣。美玉以为笑谈。别后日夕，美玉父子俱亡。

[民国《阳信县志》卷五《方技》]

杨立本，清代阳信县人。业岐黄术，尤精脉理，予知吉凶。

[《山东中医药志》第六篇《人物表》]

◎ 王锡成 ◎

王锡成，字膺三。太学生。邑西南王同知庄。工岐黄术，于痘疹尤精，提浆灌脓，多奇效，活婴无算。寿八十余岁终。

[民国《阳信县志》卷五《方技》]

王锡成，字膺三。清代阳信县人。太学生。工岐黄术，于痘疹尤精。

[《山东中医药志》第六篇《人物表》]

◎ 史燕翔 ◎

史燕翔，字玉怀。邑庠生。精岐黄术。儒学靳春泰额其门曰"艺通乎神"。典史许兴圻额其门曰"辨证精详"。

[民国《阳信县志》卷五《方技》]

史燕翔，字玉怀。清代阳信县人。邑庠生。精岐黄术而知名。儒士靳春泰额其门曰"艺通乎神"。

[《山东中医药志》第六篇《人物表》]

◎ 刘佺 ◎

刘佺，字尧仙。乡饮耆宾。精医学，善治痈疽，有奇效。邑侯徐家杰表其门曰"著手成春"。

[民国《阳信县志》卷五《方技》]

刘佺，字尧仙。清代阳信县人。善言五运六气。工外科，善治痈疽，多奇效。

[《山东中医药志》第六篇《人物表》]

◎ 马载阳 ◎

马载阳，字春台。附贡生。精《脉诀》，临症治疗，应手立效。尤善谈五运六气，当时有"名医"之称。

[民国《阳信县志》卷五《方技》]

马载阳，字春台。清代阳信县人。附贡生。精《脉诀》，尤善言五运六气，当时之名医。

[《山东中医药志》第六篇《人物表》]

◎ 王振南 ◎

王振南，字离侯。作霖曾孙。能传祖业，以善医闻。年十九岁，出嗣仲父统，迎本生父母，以奉养为己任。无何父母终，弟方十五岁，课之读不敏，则令就武，得游庠且终身同居，人称孝友焉。

[民国《阳信县志》卷五《方技》]

◎ 张广思 ◎

张广思，字集九。善辞说，磊落不群。素业岐黄，深有经验。年七十七岁而终。

[民国《阳信县志》卷五《方技》]

张广思，字集九。清代阳信县人。素业岐黄术，甚有经验。善辞说，磊落不群。

[《山东中医药志》第六篇《人物表》]

◎ 赵清之 ◎

道士赵清之，李昂庄人。有异术，为人治病，掐诀念咒，其疾若失。清仁宗时，皇姑得异疾，奉诏治愈。钦赐道冠一顶、龙头杖一枝、黄丝绦一束、折扇两柄，皆御笔书画，并谕发帑修第。未及成，遽卒。百年以来，传闻如是云。

[民国《阳信县志》卷五《仙释》]

◎ 尹圆长 ◎

道士尹圆长，号祝顺子。惠民县尹家庄人，鹤栖于邑城东南商家店观音堂中，修真养性，超出尘凡。光绪壬午（1882），北游燕都，受戒于白云观。归，常以济世救人为怀，如宣讲圣谕，创设蒙学。又精按摩疗病法，凡就医者，供给膳宿，久暂无怠容。年六十三岁羽化。受其惠者，不忍没其清德，醵金勒石以志，感于不忘云。

[民国《阳信县志》卷五《仙释》]

◎ 丁艺斋 ◎

赠艺斋丁氏
劳尔业

艺斋丁氏，余外弟也。幼学举子业，稍长，厌而弃之。负耒躬耕，夏秋之间，曝背涂足，观者不堪其苦，而君殊乐也。君虽薄章句，而晚岁务间与夫风晨雨夕，未尝废学。象纬、阴阳以及卜筮、医药之术，悉通其说。又其学，多世俗所未闻，故往往摧专家之喙，即老其事者，亦无以测其浅深也。余尝谓：艺斋之安贫似道，多能似艺，避热似高，谐俗似达，而独以艺自名，即其艺亦可以传矣。为作《艺斋诗》一章，并以勖其所未至焉。雕虫不足为，壮夫甘违俗。衒衒云中龙，赤手拔其角。生平薄拘儒，狂言摇五岳。说《易》得先天，阴阳归掌握。理得画卦前，不为周孔挛。造化穷根源，尘埃分石璞。七政及五行，毫厘较赢缩。余事到寻龙，原隰认脐腹。窈然青乌真，郭杨为童仆。审脉溯微言，积垢得新沐。寂寞黄岐书，落落谁能读。余亦爱博人，九流与寓目。百家本异条，于君会其族。宣尼惜少贱，多能未云足。歧路易亡羊，愿君返于朴。

[民国《阳信县志》卷八《诗》]

◎ 项子材 ◎

典史 康熙

项子材，绍兴人。善岐黄术，士民赖之。

[咸丰《武定府志》卷十六《职官·阳信》]

民国

◎ 毛立政 ◎

毛立政，字相周。邑庠生。庠生宗孔孙，增生庭玺子也。小试屡困场屋，至中年，以县、府两试第一人入泮。性纯笃孝友，与胞兄立中皆八旬有余，握手拊背，时比之司马温公与伯康焉。举止有方，言行不苟，乡人皆爱而敬之。且三世名医，尤精斑疹科，活人无算。邑侯曾赐以匾额曰"望重达尊"。享年八十六岁，以无疾终。

[民国《阳信县志》卷五《笃行》]

毛立政（1840—1926），字相周。自幼爱文好医，受祖、父辈之影响，欲从科举中求取功名，但屡试不第，仍苦读寒窗，至中年时，县、府两场考试，均名列第一。六十岁以后，专研岐黄之术，并常用土法治病。双庙村一中年人忽患斑疹，正处夏季，天气炎热，奄奄一息，众医束手无策。立政命其家人在院中地面上泼水，将病人赤身平放于上，把从井底挖出的淤泥，抹在病人身上，上遮荫棚。午后，病人能细微言语，又命人将患者全身的淤泥去净，抬进屋内灌服药物，很快转危为安，逐渐痊愈。后人传为奇谈。精通斑疹病理，富有临症经验，经治愈者众多。并将一生治疗经验，写成《医方集解》一书，现保存于其家人手中。

[《滨州文史》第二辑]
[《阳信文史资料》第二辑]
[《山东中医药志》第六篇《人物表》]

◎ 韩树棠 ◎

韩树棠（1850—1934），字馨南。阳信县商店镇大韩村人。自幼聪慧，机灵绝伦。经史而外，泛览诸子百家。入庠后，善书画。暮年精医术，尤邃于《伤寒论》，遵经处方，不用贵药，远近延诊，活人无算。

[《惠民地区中医药志·医林人物表》]
[《惠民地区卫生志》第十四篇《杏林名录》]
[《山东中医药志》第六篇《人物表》]

◎ 毛继丰 ◎

毛继丰（1864—1944），字注东。阳信县城西关（今阳信镇西关）人，为名医毛宗孔之曾孙，毛氏四传之世医。平素善谈，天资聪明，性情豪放。随父学医，耳聆心会，尽得家传。学成后，于"永春堂"药铺悬壶执诊，直至去世。诊病确切，处方用药精当，疗效显著，不少重症赖以全活，故求医者常车马盈门，络绎不绝。惠民、阳信二县妇孺皆知，人称"神仙一把抓"。

当时，战乱相继，灾荒连年，霍乱流行猖獗，沿户染疫，死亡惨重。于是潜心研究霍乱病的防治，普救众人，并且根据自己经验，著成《夏季霍乱》一书，可惜失传。时大辛村某人得霍乱，延医于继丰，据其病情诊为"阳霍乱"，即投生石膏三两、升麻一两、葱根一两，水煎服，二剂而愈，人称"神方"。1930年夏，霍乱暴发流行，于"永春堂"架设大锅煎煮中药，施发给病人。同时，还印了大批"毛先生治疗霍乱药方"，散发邻近各县，普救霍乱病人。

性仁善，怜贫恤苦，凡有求助者，慨然解囊相助。每年一进腊月，则换一批铜钱，散发给本村的贫苦人家，供其过年领用。本村或邻村死后无钱埋葬之人，则舍施棺木。1927年，阳信一带田赋苛重，每亩银钱一元一角。通过给省督军张书元医病的关系，力言民众之苦，几经周折，终于免掉沿海的海丰、阳信、沾化三县之杂税。1932年，在玉皇庙设贫民小学，使本村和邻村的贫苦子弟免费入学。1940年，武定道代司令闻其名，聘为军医。虽为医官，但经常为民治病。是年底，代司令送面粉二千斤以为酬谢，并派车送到家。时值年底，立即把面粉分送给贫困之户。

刚正不阿，不畏权贵。日伪期间，汉奸大队副队长李孚青之爱妾得病，令护兵全副武装去请。护兵蛮横，继丰见面厌之，说道：不会看病！护兵回报，李孚青方觉悟，又派人以礼相请，才勉强应诊。

一生学验俱丰，擅长伤寒、霍乱之学；医德、医风，尤令人景仰。光绪二十八年（1902），知县曾广运赠以"德重于医"匾额。

[《惠民地区卫生志》第十四篇《人物传记》]
[《惠民地区中医药志·医林人物表》]
[《山东中医药志》第六篇《传记》]
[《滨州文史》第二辑]
[《阳信文史资料》第二辑]

◎ 韩　健 ◎

韩健（1871—1932），字象乾。生于阳信县大耿家（今河流乡大耿村），武术世家。其父和叔父都是清代武秀才，因受父、叔的影响，自幼爱好武术，习练太公拳，二十多岁艺成。软、硬、轻、气等功均为上手，在海丰、阳信、沾化一带武林中负有盛名。后在家设坊授拳传艺，慕名拜师学艺者，络绎不绝。武德高尚，授徒旨在"以健身为本，绝不能恃强欺人"。

将练武与习医融为一体，通晓中医，擅长推拿，不图名利，有请必至。几十年中，经其治愈的人，不以数计，家中收存致谢匾额三百多块，如"功德参天""普救万民""有求必应""妙手回春"等。

　　1932年夏，在下洼一带行医，听到家乡霍乱流行严重，当即返乡抢救乡亲，不幸身染痼疾，三天后去世，终年六十一岁。死后，沾城和下洼一带，有许多村庄为其建庙塑像，以示怀念。

[《阳信县志》第二十六编《人物》]
[《滨州文史》第四辑]
[《阳信文史资料》第四辑]

◎ 张锦庭 ◎

　　张锦庭（1877—1941），字星舫。阳信县劳店乡毛寨村人。自幼好学，青年时期曾在曲阜任账房先生，后去关东谋生。回原籍后，应聘在沾化县城北街"恒寿堂"药铺坐堂行医。对痘疹颇有研究，尤擅长内、妇两科，在当地久负盛名。一生淳朴，无烟酒嗜好，平易近人，不畏权贵。延诊者，无论老幼，随叫随到。1937年"七七"事变后，沾化县城沦陷，对日寇汉奸恨之入骨，发誓不为敌人看病，深得群众称赞。1941年病故于"恒寿堂"药铺。著有《痘科简明》，1936年出版。

[《惠民地区卫生志》第十四篇《名医简介》]
[《山东中医药志》第六篇《人物表》]

◎ 于洪亮 ◎

　　于洪亮（1881—1931），阳信县水落坡镇东常村人。自幼随父学医，二十岁独立行医，擅长外科。继叔父在本村举办药王庙会十余年，药会草药齐全，买卖兴隆。药品主要从天津、济南各大药行进货，自己开设"隆生堂"药铺，洪亮为坐堂先生，为百姓治病不辞劳苦，声誉颇高。

[《惠民地区中医药志·医林人物表》]
[《惠民地区卫生志》第十四篇《杏林名录》]
[《山东中医药志》第六篇《人物表》]

◎ 李长河 ◎

　　李长河（1881—1931），字星源。阳信县河流镇王洪道村人。生于喉科世家，十三岁从父学医，学验俱丰，别树一帜。擅长以刺、割、烙等外治法，治疗咽喉部疾患。不觉痛，不出血，术后饮食吞咽正常，无副作用。曾手录著成《喉症病案一百例》，已亡佚。

[《惠民地区中医药志·医林人物表》]
[《惠民地区卫生志》第十四篇《杏林名录》]
[《山东中医药志》第六篇《人物表》]

明

◎ 杨　巍 ◎

少保杨公墓志铭

明叶向高

太宰梦山杨公，既谢事归里，居十五年乃殁，享年九十有二。近世大臣，功名寿考，得全于天人，未有及公者。天子嗟悼，恤录加等，仍赠公为少保。公葬且有期，厥嗣司李君以太仆邢公状来乞《志铭》。余往在词林，曾谒见公，容貌魁然，与人言，洞见肺腑，则心叹公异人也。乃不自意今者，得为公效窀穸之役，其安可辞！公讳巍，字伯谦，别号梦山。始祖子荣，于永乐间，自淮扬北徙，家海丰尚义里。子荣生政，政生珍，珍生麟，麟生斌，斌生光祖，娶于安生公。自麟以下，三世皆以公贵，赠光禄大夫、太子太保、吏部尚书，配皆赠一品夫人。公十七，补诸生，有文誉。自时艺外，及诗骚、骈语，皆工丽有致。又潜心理学，耻以剽猎为事。癸卯（1543）举于乡，丁未（1547）成进士。观政户部，尚书才公使协督通州饷。随除武进令，上谒中丞。中丞教戒接邑士大夫，默默耳，毋多言，多言多败。

乃公见士大夫，辄倾肺腑，言无不尽。士大夫反以此亲公。讼牍山积，公虚而折之，无不得情，有争产而悔泣以去者。至大狱如华氏，则坚持三尺无所狥（徇）。罢供应，均徭役，定解期。邑有大豪，常持吏短长，独庄公，不敢肆。三年，以最召入为兵科给事中。亡何，闻外艰，除服，补吏科。肃皇帝以严武摄（慑）下言官，杖斥相继，公所条奏，直而不激，多见采纳。以失当路意，转山西佥事，主驿传，多所裁省，争羡金二万两，以还民。擢口北道参议，随擢副使，备兵阳和。以特旨擢右佥都御史，巡抚宣府，所历屡建奇功。顷，以母老乞归。居二载，以前官召抚陕西，补戍兵六千，益屯兵三千，尽还军地之夺于藩府者。自陕移晋，擢右副都御史。至则单骑行边，筑城葺堡，列戍千余里，雉堞楼橹，焕然一新。裁公私冗费，至十万余金。以尺檄谕大盗李九经，立散其众，晋地遂安。天子下玺书褒公，公自为藩参。至是扬历数镇，控制数千里。当兵革蓼藉之冲，未尝失败。凡四受金币，一升俸，累徙官，自副使超为中丞，人皆以为称。方内召，而公复乞侍养，归。未几，起兵部右侍郎。尚书谭公负才，少许可，独心折公，事必咨而后行。自兵部移吏部，随改左。王大臣之狱，连及新郑相国公，谓：无赖子闯入禁地，窃财物，自有常刑，何可（必）株累无事（辜），以伤国体。事遂解，公亦乞终养去。卜居桃花岭，辟园艺蔬，杂植花木，令节佳辰，以板舆御太夫人，宴赏花下，人拟于瑶池之觞。太夫人越岁殁，除服，起南京户部尚书，旋召入尚书（工部）。时有离官之命，公争之强，乃止。随移户部，进吏部。于是（时）天子方励精太平之业，朝无旷仪，官无虚位，百司蒸蒸，举得其职。而公以硕德清风为之表率，虽所彰瘅废置，必慎必严，而其意恒主于忠厚恻怛，以程功弃过，成就人才，为本两计，天下吏人皆服其平恕。每有铨除，必量度人地，务在便习。冗秩杂流，每计其道里远近，以省劳费。其任久当汰者，犹宽以岁月。曰：此辈迟暮，寒乞可念也。曹属有过，必引咎责己，惟恐伤其意。词臣以试目见谪，谓语涉禅授，大不敬，公深明其不然。寿宫之役，言者与执政哄，公率九卿。右执政李中丞以滇事下狱，公力请得释之，其议论款恳，依于长厚，不逐时趋。在铨七年，两报政，自太子少保晋太子太保。上方倚任公，而（公）力乞归，疏屡上不已，乃听给驿传赐钞，令有司致舆，廪恩数甚渥。自公归后，朝廷骎骎多事，卿大夫亦罕得请，非复向时矣。公既归，每闻时政得失，必为动念，朝端纷纭，则语其所知而叹曰：天下之乱，不尽由小人，大半由君子，君子与小人争，常不胜，而小人得逞其奸，宋事可鉴也。年九十，又逢覃恩，上遣赐存问，晋阶柱国公。疏谢，犹以朝讲矿税为言。其卒也，为万历三十六年（1608）十一月三十日。生于正德十二年（1517）五月十四日，娶陈氏，继娶马氏，俱一品夫人，子女婚嫁云云。公平生论学，主明明德，孔门开口便说工，夫老氏之自然，佛氏之（不）假修证，所以为异端。论治主六经，古书皆圣人所作，此帝王经世之本。战国百家杂出，遂多淆乱。汉代诸书犹掌之于官。今人得著书鬻书，怪诞妖淫之说，遍于域中，所当亟禁。论时政则主《大学衍义》，屯田当修、私盐当禁、种马当复，三等九则之法当遵，且深以永嘉之主南北郊为非礼。至于稗官、子史、星历、医方，无不研究。所著《诗文》《杂语》《谚语》《橄余录》《诸家抄》《近疏漫录》《四书训略》，俱行于世。太仆状公方之于鄫侯，召父、范文正公、文潞公、王文（成）公，而余以潞公为近，其德器同，才谞同，深厚不伐同，能容人纠己同，出将入相同，年寿又同，而公赢共一。故余谓公，今之潞公也。夫明兴，典铨之臣，不知其几矣。而谈者率推三原王公，王公信社稷臣，乃其于邱文庄，何龂龂也。公处茂苑娄江、新安诸公，间有壎篪，而无枘凿，甚者以其身为之分谤而不悔，此可不谓之长者哉！其功名寿考，得全于天人，有以也。夫铭曰：众山逦迤，咸奠坤维，惟彼介邱，四岳宗之，四渎萦（萦）纡，亦云国纪，惟彼沧溟，莫测涯涘。猗嗟杨公，如海如岱，磅礴溟濛，孕涵光怪，为朝鸣凤，为国长城，功惟吉甫，任则阿衡。众方翘翘，吹毛以摘，公曰毋然，长寸短尺，众方嚾嚾，揆路是讧，公曰毋尔，协恭和里。当公在事，朝野安堵，自公归来，骎骎多故，公在田里，玩弄烟霞，数卷图史，万树桃花。公厌世氛，溘骑箕尾，沧海欲枯，泰山曷峛，惟海不竭，惟山不崩，千秋万禩，毋晋兹铭。

[咸丰《武定府志》卷三十五《志铭》]

少保吏部尚书杨公墓志铭

大学士叶向高福清

太宰梦山杨公，既谢事归里，居十五年乃殁，享年九十有二。近世大臣，功名寿考，得全于天人，未有及公者。天子嗟悼，恤录加等，仍赠公为少保。公葬且有期，厥嗣司李君以太仆邢公状来乞志《铭》。余往在词林，曾谒见公，容貌魁然，与人言，洞见肺腑，则心叹公异人也。乃不自意今者，得为公效窀穸之役，其安可辞！公讳巍，字伯谦，别号梦山。始祖子荣，于永乐间，自淮阳北徙，家海丰尚义里。子荣生政，政生珍，珍生麟，麟生斌，斌生光祖，娶于安生公。自麟以下，三世皆以公贵，赠光禄大夫、太子太保、吏部尚书，配皆赠一品夫人。公十七，补诸生，有文誉。自时艺外，及诗骚、骈语，皆工丽有致。又潜心理学，耻以剽猎为事。癸卯举于乡，丁未成进士。观政户部，尚书王公使协督通州饷。随除武进令，上谒中丞。中丞教诫接邑士大夫，默默耳，毋多言，多言多败。乃公见士大夫，辄倾肺腑，言无不尽。士大夫反以此亲公。讼牒山积，公虚而折之，无不得情，有争产而悔泣以去者。至大狱如华氏，则坚持三尺无所徇。罢供应，均徭役，定解期。邑有大豪，常持吏短长，独庄公，不敢肆。三年，以最召入为兵科给事中。亡何，外艰归。除服，补吏科。肃皇帝以严武慑下言官，杖斥相继，公所条奏，直而不激，多见采纳。以失当路意，转山西佥事，主驿传，多所裁省，争羡金二万两以还民。擢口北道参议，随擢副使，备兵阳和。以特旨擢右佥都御史，巡抚宣府，所历屡建奇功。顷，以母老乞归。居二载，以前官召抚陕西，补戍兵六千，益屯兵三千，尽还军地之夺于藩府者。自陕移晋，擢右副都御史。至则单骑行边，筑城葺堡，列戍千余里，雉堞楼橹，焕然一新。裁公私冗费，至十万余金。以尺檄谕大盗李九经，立散其众，晋地遂安。天子下玺书褒公，公自为藩参。至是扬历数镇，控制数千里。当兵革辚轇之冲，未尝失败。凡四受金币，一升俸，累徙官，自副使超为中丞，人皆以为称。方内召，而公复乞侍养，归。未几，起兵部右侍郎。尚书谭公负才，少许可，独心折公，事必咨而后行。自兵部移吏部，随改左。王大臣之狱，连及新郑相国，公谓：无赖子闯入禁地，窃财物，自有常刑，何必株累无辜，以伤国体。事遂解，公亦乞终养去。卜居桃花岭，辟园艺蔬，杂植花木，令节佳辰，以板舆御太夫人，宴赏花下，人拟于瑶池之觞。太夫人逾百岁殁，除服，起南京户部尚书，旋召入尚书工部。时有离宫之命，公争之强，乃止。随移户部，进吏部。于时天子方励精太平之业，朝无旷仪，官无虚位，封事无留中，百司蒸蒸，举得其职。而公以硕德清风为之表率，虽所彰瘅废置，必慎必严，而其意恒主于忠厚恻怛，以程功弃过，成就人才，为本两计，天下吏人皆服其平恕。每有铨除，必量度人地，务在便习。冗职杂流，为计其道里远近，以省劳费。其任久当汰者，犹宽以岁月。曰：此辈迟暮，寒乞可念也。曹属有过，必引咎责己，惟恐伤其意。词臣以试目见谪，谓语涉禅受，大不敬，公深明其不然。寿宫之役，言者与执政哄，公率九卿。右执政李中丞以滇事下狱，公力请释之，其议事恳款，依于长厚，不逐时趋，多此类。一时纷结，赖公而舒。在铨七年，两报政，自太子少保晋太子太保。上方倚任公，而公力乞归，疏屡上不已，乃听给驿传赐钞，令有司致舆，廪恩数甚渥。自公归后，朝廷骎骎多事，卿大夫亦罕得请，非复向时矣。公既归，每闻时政得失，必为动念，朝端纷纭，则语其所知而叹曰：天下之乱，不尽由小人，大半由君子，君子与小人争，常不胜，而小人得逞其奸，宋事可鉴也。年九十，又逢覃恩，上再赐存问，晋阶柱国公。疏谢，犹以朝讲矿税为言。其殁也，为万历三十六年十一月三十日。生于正德十一年正月十四日，娶陈氏，继娶马氏，俱一品夫人，子女婚嫁云云。公平生论学，主明明德，孔门开口便说学，夫老氏之自然，佛氏之不假修证，所以为异端。论治主六经，古书皆圣人所作，此帝王经世之本。战国诸家杂出，遂多淆乱。汉代诸书犹掌之于官。今人得著书鬻书，怪诞妖淫之说，遍于域中，所当亟禁。论时政则主《大学衍义》，屯田当修、私盐当禁、种马当复，三等九则之法当遵，且深以永嘉之主南北郊为非礼。至于稗官、子史、星历、医方，无不研究。所作《诗文》《杂语》《谚语》《檄余录》《诸家抄》《近疏漫录》《四书训略》，俱行于世。太仆状公方之于鄭侯、召父、范文正公、文潞公、王文成，而余以潞公为近，其德器同，才谞同，深厚不伐同，能容人纠己同，出将入相同，年寿又同，而公嬴其一。故余谓公，今之潞公也。夫明兴，典铨之臣，不知其几矣。而谈者率推三原王公，王公信社稷臣，乃其于邱文庄，何龂龂也。公处茂苑娄江，新安诸公，间有壎篪，而无枘凿，甚者以其身为之分谤而不悔，此可不谓之长者哉！其功名寿考，得全于天人，有以也。夫铭曰：众山迤逦，咸奠坤维，惟彼介邱，四岳宗之，四渎萦纡，亦云国纪，惟彼沧溟，莫测涯涘。猗嗟杨公，如海如岱，磅礴溟蒙，孕涵光怪，为朝鸣凤，为国长城，功维吉甫，任则阿衡。众方翘翘，吹毛以摘，公曰毋然，长寸短尺，众方嚾嚾，撰路是讧，公曰勿尔，协恭和里。当公在事，朝野安堵，自公归来，骎骎多故，公在田里，玩弄烟霞，数卷图史，万树桃花。公厌世氛，滥骑箕尾，沧海欲枯，泰山曷峙，惟海不竭，惟山不崩，千秋万禩，毋晉兹铭。

［民国《无棣县志》卷二十二《志铭》］

杨巍，字伯谦。嘉靖丁未进士。为武进令，以最召补兵科给事中，改吏科，奏议多见采纳，出为山西佥事，主驿传，裁省羡金二万两。历升巡抚陕西，补戍兵六千，益屯兵三千，尽还军地之夺于藩府者。自陕移晋，单骑行边，葺城堡，裁冗费，檄谕大盗李九经，立散其众。入为兵部右侍郎，转吏部。王大臣之狱，连及高拱，巍力争之，事遂解。寻擢吏部尚书，晋太子太保。乞归，再赐存问，加柱国少保。年九十二卒，谕祭葬。巍论学主明明德，论时政主《大学衍义》。撰有《四书训略》《近疏漫录》《存家诗稿》《诸家抄》《诗选》等书。祀乡贤祠。《明史》有传。

［民国《无棣县志》卷十《名臣》］

杨巍，字伯谦。海丰人。嘉靖丁未进士。为武进令，以最召补兵科给事中，改吏科，奏议多见采纳，出为山西佥事，主驿传，裁省羡金二万两。历升巡抚陕西，补戍兵六千，益屯兵三千，尽还军地之夺于藩府者。自陕移晋，单骑行边，葺城堡，裁冗费，檄谕大盗李九经，立散其众。入为兵部右侍郎，转吏部。王大臣之狱，连及高拱，巍力争之，事遂解。寻擢吏部尚书，晋太子太保。乞归。巍论学主明明德，论时政则主《大学衍义》。所著《四书训略》等书，并行于世。

[咸丰《武定府志》卷二十三《名臣》]

杨巍，号梦山。海丰人。嘉靖丁未科进士。为武进令，以最召入为兵科给事中。除服，补吏科，所奏多见采纳，出为山西佥事，主驿传，裁省羡金二万两。历升巡抚陕西、山西，入为兵部侍郎。自兵部移吏部。王大臣狱，连及高拱，巍力争之，事遂解。进吏部尚书，在铨七年，乞归。

[康熙《山东通志》卷三十九《人物·武定府》]

杨巍，号梦山。海丰人。嘉靖十三年（1534）进士。由武进令行取吏、兵二科给事中，敷奏多见采纳，出为山西按察佥事，裁省驿传，羡金二万两，以佐军需。后巡抚秦晋，入为兵部侍郎，晋吏部尚书，进退人才，能协舆论。在铨七年，致仕归。

[宣统《山东通志》卷一百五十九《人物志第十一·历代名臣》]

杨巍，字伯谦。海丰人。嘉靖丁未进士。奉母以孝闻。性廉洁，于民一无所取。时毗陵民俗颇淳，鲜扞文网。巍以仁厚治之，民至县庭，如入其家；见吏，如见其家人父子。徭赋均平，敲扑几废。征为给事中，由藩臬入贰部院，官至冢宰。礼服之内，悉布素也。去邑四十年，见毗陵之民，犹见其周亲子弟，役者、仕者率满其求而去。

[万历《常州府志》卷十《名宦》]

杨巍，山东海丰进士。右副都御史，历吏部尚书、太子太保。

[万历《山西通志》卷十二《职官·巡抚都御史一员》]

杨巍，字伯谦。海丰人。嘉靖二十六年（1547）进士。隆庆初，巡抚山西，所部驿递银，岁征五十四万，巍请减四之一，修筑沿边城堡千余里，檄散大盗李九经党。乞养母去。后为吏部尚书。归，卒，赠少保。

[乾隆《太原府志》卷三十二《名宦》]

杨巍，海丰人。嘉靖丁未进士。奉母以孝闻。性廉洁，令武进，于民无所取。

俗本淳，鲜扞文网。巍以宽厚治之，民至县庭，如入其家。徭赋均平，敲扑几废。征为给事中，官至冢宰。

[乾隆《武进县志》卷六《名宦》]

杨巍，海丰人。嘉靖中，知武进。性廉洁，一介不苟。时毗陵民俗甚淳，巍以宽厚治之，民至县庭，如入其家。徭赋均平，敲扑几废《武进县志》。

[乾隆《江南通志》卷一百十四《职官志·名宦三》]

杨巍，广（山）东海丰人。进士。（嘉靖）二十七年（1548）任，三十年行取。

[光绪《武进阳湖县志》卷十八《官师·知县》]

杨巍，字伯谦。海丰人。（嘉靖）三十八（1559）年任。

[乾隆《宣化县志》卷十八《秩官志上·明分守口北兵备道》]

杨巍，山东海丰人。嘉靖四十五年（1566）。

[雍正《陕西通志》卷二十二《职官三·巡抚陕西都御史》]

大冢宰坊，为杨巍立。

[咸丰《武定府志》卷六《坊表》]

大冢宰坊，在城里十字街。为杨巍建，废。

[民国《无棣县志》卷二《惠政》]

宫保坊，为杨巍立。

[咸丰《武定府志》卷六《坊表》]

宫保坊，在褒德坊南。为冢宰杨巍建，废。

[民国《无棣县志》卷二《惠政》]

明少保杨巍墓，在县东北一里，有碑。

[咸丰《武定府志》卷十《冢墓》]

赠少保杨巍墓，在县北二里。

[民国《无棣县志》卷二十四《冢墓》]

杨巍墓，在县东北一里。巍，明少保。

[宣统《山东通志》卷三十五《古迹二》]

桃花岭，在县东北一里余。因古堤植桃，明冢宰杨巍立别业其中，有《桃花岭诗集》。

亦山园，在城内西北隅。明冢宰杨巍建。

[民国《无棣县志》卷一《古迹》]

学田，在青旗里，凡五顷六十亩。明万历三十五年（1600），冢宰杨巍捐置。原牒碑记：地十段，折征粮地一顷四十亩，每亩征银三分一厘五毫一丝九忽，共输国课四两四钱一分。每岁收，自完国课外，计照存积数开县，申请学道，以旌有行生员，及助力学而贫者。民国改为学堂经费。

[民国《无棣县志》卷五《学宫》]

杨公祠，在北门里。祀明吏部尚书杨巍，以春秋仲月上丁日祭，祭品与乡贤祠同又禹津河张仲桥北，有杨公祠，故冢宰读书处。

[民国《无棣县志》卷七《秩祀》]

杨公祠，在北门内。祀明尚书杨巍。

[宣统《山东通志》卷三十八《建置》]

修学碑，隆庆四年（1570），兵部右侍郎杨巍撰《记》，在文庙。见《艺文》。

冢宰杨巍祀乡贤碑，万历三十九年（1611），刑部左侍郎宁陵吕坤撰《记》，在乡贤祠前。

改建关王庙碑，嘉靖四十五年（1566），巡抚宣府、地方都察院右佥都御史杨巍撰《记》，在南门内。

重修大觉寺殿址碑，嘉靖二十七年（1548），户部观政、进士杨巍撰《记》。见《艺文》。

重修宝塔碑，万历三十二年（1604），赐进士、光禄大夫、柱国太子太保、吏部尚书、侍经筵、邑人杨巍撰《记》。

福胜寺碑，万历十九年（1591），无梦山人杨巍撰《记》，在泊头镇。见《艺文》。

青龙寺碑，万历二十六年（1598），冢宰杨巍撰《记》，在小山。

冢宰杨巍祠堂碑，万历三十六年（1608），户科都给事中、霑化丁懋逊撰《记》，在张仲桥北。见《艺文》。

冢宰杨巍墓神道碑铭，工部右侍郎任邱刘元霖撰。在县东北二里。

孙氏先茔碑，万历六年（1578），吏部左侍郎杨巍撰《记》。在良户庄。

[民国《无棣县志》卷二十四《碑表》]

先农祠，在桃花岭西，台高二丈。明太宰杨巍建，今圮。

[民国《无棣县志》卷二十四《寺观》]

皂角树，在桃花岭。明冢宰杨巍别业故物也，久枯矣。清道光中，枝叶复生，葱茏茂密。光绪末，复就颓。

[民国《无棣县志》卷二十四《纪异》]

《四书训略》，杨巍撰。巍，字伯谦。海丰人。嘉靖丁未进士。历官吏部尚书。是书见《府志》。

[宣统《山东通志》卷一百三十《艺文志第十·经部·四书》]

《近疏漫录》，杨巍撰。巍，字伯谦，别号梦山。海丰人。嘉靖丁未进士。历官吏部尚书，加太子太保。是编见叶向高所撰《墓志》。《志》云：肃皇帝以严武慑下言官，杖斥相继。公所条奏，直而不激，多见采纳。

[宣统《山东通志》卷一百三十一《艺文志第十·史部·奏议》]

《诸家钞》，杨巍撰。巍有《四书训略》，见经部四书类。《县志》载叶向高撰巍《墓志》，称有是编。又云：稗官、子史、星历、医方，无不研究。

[宣统《山东通志》卷一百三十九《艺文志第十·子部·杂家》]

《存家诗稿八卷》，杨巍撰。巍有《四书训略》，见经部四书类。是集《文渊阁著录》。《四库提要》曰：巍扬历中外，居官有能声。"自跋"称：幼习举子业，不知诗，至嘉靖乙卯（1555）补晋臬提举，曹忭始导之为诗。归田后，与山人吕时臣相唱和，得诗六百余篇，属邢侗、邹观光评骘而存之。盖其中岁学诗，与唐高适相类。而天分超卓，自然拔俗，故能不染埃壒，独发清音。王士祯《池北偶谈》称其五言简古，得陶体，为明人所少。又举其"前年视我山中病，落日独骑骢马来。记得任家亭子上，连翘花发共衔杯"一绝。盖其神韵清隽，与士祯论诗宗旨相近，故尤赏之。然其他高旷简古之作，尚复不少，固与当时嘈杂之音相去远矣。士祯尝选订其诗为三卷，属谢重辉刻之，今未之见。此即邹观光删定之本，犹全集也。

《杨梦山诗选》三卷，杨巍撰。国朝王士祯删定本。《渔洋诗话》云：吾郡海丰杨太宰梦山巍先生存家稿八卷，余删定为三卷，刻于京师。谓其五言简古，得陶体；五言近体，声希味澹，固是间代清律。明作者自高苏门之外，未见其比。

[宣统《山东通志》卷一百四十二《艺文志第十·集部·别集》]

清

◎ 姜笠村 ◎

姜笠村，庠生。太医院医官。

[民国《无棣县志》卷八《仕籍》]

姜笠村（1828—1906），又名庆延，字仪圃。今无棣县小泊头乡程家庄村人。同治年间庠生。少年丧父，平时与家兄一道学习，情同手足，孝敬家母，相依为命。自幼好学，聪敏过人。弱冠后，慨然立志学习医术，济世活人。后几经波折，赴京师，为太医院医官。曾为光绪帝医病，痊愈后，被赐予黄马褂。之后在尚臬司军务处幕府当帮办。光绪二十一年（1895），因病由京返里，日与兄谈，或闭门著书。年七十，受聘至武定府署，从事教读。教读之余，为人治病，善眼科，一些疑难眼病多手到病除。惠民城里居民程敦庄，患眼疾五个月，目乌黑无光，如同青盲，久治不愈，后求医于姜笠村，先用通窍活血汤，继以血府逐瘀汤治疗，一年而愈。被府署内外传为佳话。堂侄允曾，目病数年，岁辄一发，睛赤肿，痛不能食息。笠村诊之，处以血府逐瘀汤，一剂病减，四剂而愈。光绪二十六年（1900），辞归故里，但府署一带及乡里就诊者仍络绎不绝。

晚年，熟读《伤寒论》《金匮要略》诸医书，并不断有所领悟，于是对前人衍误处加以纠正，不足处进行补充，写了增篇、增方以羽翼之。光绪三十年（1904），辑成《会悟集》，约计三十万字，由其子姜允涵、门生李安西誊抄、校勘成书，未梓。《会悟集》六卷，卷一至卷三为《伤寒论》读法，按原文次序排列，共398条；卷四至卷六为《金匮要略》读法。对《伤寒论》《金匮要略》两书原文，参照《内经》《难经》《千金要方》《外台秘要》《医林改错》等书籍，结合自己的体会，逐条逐句加以注解，文意简明精当；所增篇章和方剂，均能为原文增色，对学习和研究《伤寒论》《金匮要略》有重要参考价值。阅而读之爱不释手，学而用之灵活多变，确能开拓后学境界，有临床使用价值。

[《滨州地区志·人物传略》]
[《无棣县志》第二十九篇《人物简介》]
[《惠民地区卫生志》第十四篇《人物传记》]

[《惠民地区中医药志·医林人物传》]

[《山东中医药志》第六篇《传记》]

[《滨州古今名人事略》]

[《无棣文史资料》第二辑]

[《无棣人物春秋》]

[《中医人物词典》]

◎ 王尔梅 ◎

王尔梅，字子和。清子，荫七品京官。行无町畦，淡于荣利，喜读书，广交游，无俗韵，嗜酒及书法，醉则为小诗，似戏似真，出则以一婢操榼从之。尤精岐黄，但不易应人求，已诺则必止酒，精思三五日而后得之，投则必效。以其有妨于酒，故不为也。著《南游诗草》。

[民国《无棣县志》卷十二《文学》]

王尔梅，清之子。荫七品京官。有"传"。

[民国《无棣县志》卷八《荫录》]

王尔梅，以父清荫恩生。一作荫七品京官。

[咸丰《武定府志》卷二十二《恩荫》]

《南游草》，王尔梅撰。尔梅，字子和。清子。荫生。是集见《山左诗钞》。

[宣统《山东通志》卷一百四十四《艺文志第十·集部·别集》]

◎ 李汝谋 ◎

李汝谋，字清直。诸生。性高狂，跅弛不羁，短小清癯，目炯炯光，能射人。为文，操笔立就，脱尽恒蹊。工医，于伤寒症，尤见垣一方，不轻为人施治，治则应手奏效。

[民国《无棣县志》卷十二《文学》]

◎ 李鄂林 ◎

李鄂林，字棣园。太学生。读书淹通，兼涉岐黄之学。性嗜菊，种植满庭户，篱下觞咏，陶然自得。著有《同春堂诗余草》。

[民国《无棣县志》卷十二《文学》]

大山桥，在大山南，距城六十里。明崇祯十六年（1643）重修；清顺治十二年（1655）继修；光绪十年（1884），李鄂林、曹树信等捐募重修。

[民国《无棣县志》卷二《桥梁》]

◎ 张 镇 ◎

张镇，字式如。印坦子。少婴足疾，绝意仕进。从父丹徒任所，图籍自娱，宋元孤本及清初乾嘉诸儒手校本，所藏百十种。日事丹黄，学益精博。书法晋贤，画宗董巨，为艺林贵尚。旁及音律、医卜诸学。《孝经》"郑注"久佚，臧庸、严可均皆有辑本，镇博搜精择，为《孝经郑注补》一卷。《易纬》多为后人附托，乃据武英殿本，旁征《易疏》及唐宋类书，订讹考佚，依《后汉书》注，序次定为六卷。其他精校秘册甚夥。粤贼扰苏州，多散失。卒于华亭，改籍丰润县。

[民国《无棣县志》卷十二《文学》]

张镇，字式如。齐家垞人。丹徒令印坦仲子。少婴足疾，绝意进取。从宦江浙，图籍自娱，宋元孤本及国初乾嘉诸儒手校本，所藏殆百十种。日事丹黄，学益精博。书法晋贤，画宗董巨，为艺林贵尚。旁及音律、医卜诸家，而尤邃于经义。《孝经》郑氏注久佚，知不足斋所刊乃日本伪书，臧庸、严可均皆有辑本，镇博搜精择，为《孝经郑注补》一卷。《易纬》多后人附托，又以《乾坤凿度》及《乾元序制记》均为伪书，乃据武英殿本，旁征《易疏》及唐宋类书，订讹考逸，依《后汉书》注，序次定为《稽览图一》《乾凿度二》《坤灵图三》《通卦验四》《是类谋五》《辨终备六》，分卷从殿本，而以《开元占经》及《古微书》所引之《萌气枢》附焉。其他精校秘册及所著丛稿甚富。咸丰庚申（1860），粤贼扰苏州，书颇散失，其存者尚有《风俗通校本》六卷、《拾遗》一卷、《傅子定本》四卷、《金镜注》一卷、《丙丁杂记》八卷、《古方辑要》六卷。同治戊辰（1868），卒于华亭。

[光绪《丰润县志》卷六《文学》]

◎ 刘曰诚 ◎

◎ 刘万青 ◎

刘曰诚，字中孚。精医术，临症多应手奏效。遇贫穷无力医治者，辄施药以救之。一日，路遇舁妇榇过者，鲜血点滴。审视之，并非死血。令舁归，开棺细视，似有微息。投药一剂，须臾，妇苏胎下。此因产难未死而误殓之也。后曰诚殁，妇披麻来奠，以再生父哭之。子万青，亦善医，能继父志。

[民国《无棣县志》卷十三《孝义》]

刘曰诚，字中孚。清代无棣县人。精医术，治多验。诊贫家病，施医舍药。

[《山东中医药志》第六篇《人物表》]

◎ 刘云峰 ◎

刘云峰，字岚亭。嘉庆戊午（1798）科武举。曰诚弟也。善制膏丹灵药。邻村有妇，常负子至市，买饼饵食之。询之，妇曰：夫家姓韩，家贫夫死，遗此子，甫周岁，腋下生疮，足不行，现已五岁，动辄背负，甚累人也。审视之，曰：尚可治。乃敷以丹药，予刀圭剂，使煎服之，数月能行。道光二年（1822），岁饥，人不得饱。明年岁丰，人多腹胀肢肿之疾，死无数。乃曰：此脾虚胃湿症也。立方施药，活人颇多。与兄曰诚，参考古书，著《医学管见录》。

[民国《无棣县志》卷十三《孝义》]

刘云峰，字岚亭。清代无棣县人。嘉庆戊午科武举。善制膏丹灵药。著有《医学管见录》，未刊。

[《山东中医药志》第六篇《人物表》]

武举人

嘉庆三年（1798）戊午科

刘云峰，海丰人。

[宣统《山东通志》卷一百九《武举人》]

◎ 刘怀东 ◎

刘怀东，字宗鲁。父出关外，不归。怀东走沈阳及辽海、长白山，左右岩谷寺观遍寻觅，卒不可得，痛哭而返。事母，益恭谨。精岐黄，全活甚众，馈遗一无所受。子执中，庠生。

[民国《无棣县志》卷十三《孝义》]

◎ 李 传 ◎

李传，庠生。好施予，济贫乏，倡修桥梁，施舍方药。每岁冬，设粥局，制棉衣，以救饥寒。道逢无衣者，即解衣衣之。家素裕，以是而贫，终身行之无悔。邑令旌其门曰"善人"。卒,乡里吊者几千人,有群乞数百。会葬,号泣不绝声。

[民国《无棣县志》卷十三《孝义》]

李传,海丰庠生。好施予,济贫乏,倡修桥梁,施舍方药。每岁冬,设粥局,制棉衣,以济饥寒。道逢无衣者,即解衣衣之。家素裕,以是而贫。终身行之无悔。邑令旌其门曰"善人"。传卒,乡里吊者几千人,有群乞数百。会葬,号泣之声震天地。

[咸丰《武定府志》卷二十六《义行》]

◎ 刘 湘 ◎

◎ 于浦泽 ◎

刘湘,字雁浦。未弱冠,入郡庠。因卜葬,延地师,空言难信,遂习堪舆学十余年,精其业,为人择地,决休咎,多奇中。祈者,无不应。或贫无力,则自以车马往,谢之弗受,强之则艴然,怒曰:凡民有丧,匍匐救之,义固当然耳!又喜方书,察脉理,受针法于胶东于浦泽先生。凡所诊治,应手奏效,然不轻予方,或予方即裹药予之。病者以药物偿,亦不却也。其为人医,又如此。友者赠之诗,曰:闲身忙岁月,冷眼热心肠。逼肖其人。子北壬,亦庠生。

[民国《无棣县志》卷十三《孝义》]

刘湘,字雁甫。清代无棣县人。喜方书,察脉理,善针法,凡所诊治,多应手奏效。

[《山东中医药志》第六篇《人物表》]

◎ 黄宗度 ◎

黄宗鲁,字秀东。弱冠丧母,哀毁异常。事继母,益恭谨。友爱两弟,若不知为异母者。父卒后,延名师,教之读,抚循督责,恩义并至。宗泽,入邑庠,有文名;宗度,以医术称。两弟事兄,终身敬礼不衰。

[民国《无棣县志》卷十三《孝义》]

◎ 王云峰 ◎

王云峰,生有异禀,幼读书,及长弃学,精练武技,英勇过人。同治七年(1868),捻匪乱,集众捍御,贼益集,围四合,云峰度不能胜,执枪率乡人突围出，决荡纵横，匪众辟易，得脱于难。晚岁，恂恂居乡，集医方，广行惠术。遇有故，为之排解，多释怨以去。年至八旬卒。子汝南，庠生。

[民国《无棣县志》卷十三《孝义》]

◎ 王三义 ◎

王三义（1764—1840），幼读儒书，后因家贫无力晋考，乃奋志学医。通贯中医经典，医技驰名全县，奇案颇多。名医孟广居，乃其入室高足；弟子李德新，亦能承其业，留名医坛。

[《惠民地区卫生志》第十四篇《名医简介》]

◎ 吴重憙 ◎

《豫医双璧》，海丰吴重憙仲怿编辑。宣统元年十二月梁园节署排印本。

[《丛书大辞典》]

吴重憙，字仲饴。式芬子。同治壬戌（1862）举人，援例授工部郎中，擢知河南陈州府，慎于折狱，尤以振兴文学为先务，修圣庙，建设崇经义塾，郑州决河水至府西数里，鸠集民夫，分段修堤捍御，设粥厂，救活灾民无算。调开封，审结全省重案，无枉无纵，荥泽保和寨民工出险，冒雨抢护，立泥淖中，经两昼夜而工固。擢江南江安粮道，光绪庚子（1900），拳匪乱，中外失和，两宫幸西安江督委赴行在，呈进方物。历升福建按察使、江宁直隶布政使、护理直隶总督、北洋大臣、充驻沪会办电政大臣，改仓场侍郎，受命巡抚江西时，有教案未了，继以萍乡匪乱，部署甫定内，升邮传部侍郎，简授河南巡抚，历官中外四十余年，不赫赫为名，竭诚秉公，政简而事治，故以谨慎受知遇典任封疆官，守其法，民安其治。解任，归寓津门。民国纪年，闭门谢客，绝口不言时事。编辑《吴氏文存》《诗存》《世德录》，皆梓行。著《石莲闇诗文集》《词集》及《奏议》各若干卷。卒年八十有一。

[民国《无棣县志》卷十《名臣》]

◎ 孟繁第 ◎

孟繁第，字广居。兆桢子。精岐黄之术，痼疾沉疴，多应手奏效。为人坦直，有至性而励廉隅，遇贫病者，徒步往医之，馈谢弗受，强之则怒形于色。其性质然也。批解医书成帙，藏于家。无子，以侄祥蓉嗣，入邑庠。

[民国《无棣县志》卷十三《孝义》]

孟繁第（1838—1909），字广居。今无棣县水湾乡西仝家村人。幼从儒业，喜读书，尤善诲人，外刚明而内柔顺。中年多病，遂致力于医术，卜昼卜夜，至忘寝食。贯通内外两科，沉疴痼疾，多应手而效。性廉隅，不拘小节，至临大事，则莫不循循有规矩。为人坦直，济人之急，厚施而不望报。

尊师至诚，体谅众苦。曾拜名医王三义为师，王晚年双目失明，生活艰难，广居将其接至家中奉养，以报师恩。每过师村，近里之遥，必下车骥，徒步而行，曰：尊土如尊师。遇疑难大病，常邀师会诊，病家不延而往，千方百计早除病人之苦。性刚而鄙贵，曾给一县令夫人治愈痼疾，派公差酬谢，见之怒曰：礼物乃黎民之膏，余予县令夫人治愈宿疾，为何由汝来谢？快将物抬回。公差返回禀报，县令即亲自前往拜谢。海丰城吴宰公子病重，众医束手无策，托人持信驭车请广居诊治。时当夏令，广居劳作于园圃，车夫告之。对曰：高贵之门，当请上医，土医何能登门？车夫呈书，阅毕，随即赤足登车前往。接至厅中，见众医端坐，衣冠楚楚，对其不礼。诊毕，曰：吾可使你轻快一时，衣帛权贵非能救你命。随笔处方，催车返回。药进一剂，而病情大减。复派车聘之，广居责曰：贵医成群，小民土气，不欲再受卑薄。车夫回府实告其意，主翁亲临拜请，广居无奈更衣随往。众医变悦颜相迎，广居诊毕后曰：三剂保愈。众医争相请教，皆颔首而告退。后果如其所言。

精研岐黄典籍，批解医书成帙，尤重提炼实践之奥。著有《佛点头》，约十万余字，内含中医各科，列有脉诀三十二种，有别于古人脉学原涵。言词精炼，简明扼要，纯属临床集锦。

一生深造自得，胸有主裁，不畏权贵，广济苍生，乡里敬仰其盛德，为其绘像、撰文颂之。

[《惠民地区卫生志》第十四篇《人物传记》]

[《惠民地区中医药志·医林人物传》]

[《山东中医药志》第六篇《传记》]

◎ 张云岫 ◎

张云岫，字心斋。幼失恃，事父及继母称孝。嗣叔父后，朔望祀事致丰洁，割产奉堂上甘旨，不少懈，性笃诚好义。精岐黄术，求诊治者无不应。尝曰：药非能益人，但用以攻害人者。论者谓深得医理。年逾七旬卒。

[民国《无棣县志》卷十三《孝义》]

◎ 杨师铭 ◎
◎ 杨宜壎 ◎

杨师铭，字新源。太学生。家素裕，精内外医科，活人颇多。有无力延医者，为之安置居处，施诊治并药饵，济以饮食，病愈而去以为常。子宜壎，继其业。

[民国《无棣县志》卷十三《孝义》]

杨师铭，字新源。清代无棣县人。太学生。业医，精内、外两科，活人甚多。子宜壎，继其业。

[《山东中医药志》第六篇《人物表》]

◎ 刘从圣 ◎

刘从圣，字学孔。习金匮术，针法绝妙，医治者应手奏效。邑人公送"济世引年"匾额。年八十余，无病而卒。

[民国《无棣县志》卷十三《耆寿》]

刘从圣，字学孔。清代无棣县人。习金匮术，针法绝妙，医治者多应乎奏效。邑人公赠"济世引年"匾额。

[《山东中医药志》第六篇《人物表》]

◎ 杨宝田 ◎

杨宝田，字稼山。少孤，能事母。又善医理，卒年八十二岁。

[民国《无棣县志》卷十三《耆寿》]

◎ 王 伟 ◎

王伟，字杰生。习金匮术，为人医，不受报。自设药室，药售尽，不讨债，复卖田以益之。年登耄耋，赏寿官。

[民国《无棣县志》卷十三《耆寿》]

王伟，字杰生。清代无棣县人。为人诊治，不受报谢，自设药室，售尽不讨债，复卖田，以充药资。

[《山东中医药志》第六篇《人物表》]

◎ 姜国垣 ◎

◎ 姜庆阳 ◎

　　姜国垣，字芋亭。太学生，乡饮介宾。性纯正，专精医学，痘疹科尤最精，公赠"保赤遂生"匾额。侄庆阳，字健圃。亦善医，并以高年终。

[民国《无棣县志》卷十三《耆寿》]

　　姜国垣，字芋亭。清代无棣县人。太学生。业岐黄术，精痘疹科。公赠"保赤遂生"匾额。侄庆阳，亦善医。

[《山东中医药志》第六篇《人物表》]

◎ 王延熙 ◎

　　王延熙，字克敬。习医术，有求医者，十里内，不乘车马，不啖酒饭。年八十九岁，犹强健，能灌园数亩，赏寿官。

[民国《无棣县志》卷十三《耆寿》]

　　王延熙，字克敬。清代无棣县人。以医为业。有求医者，十里内，不乘车马，不啖酒饭。年八十九岁，犹强健，能灌园数亩。

[《山东中医药志》第六篇《人物表》]

◎ 刘 氏 ◎

　　刘氏，内阁学士吴式芬妻。高阳附监生、官县丞刘环女。秉性温和，不苟言笑，持家事约以节俭，亲操井臼，戚族往来酬答皆得其宜。随夫河南臬司任，值岁大祲，多饥寒，市棉衣，遣人酌量给予；复设医药，拯人疾苦，全活无算。封夫人。年五十九岁卒。

[民国《无棣县志》卷十四《贤淑》]

◎ 王 勉 ◎

　　王勉，字介如。海丰增生。富而好义，新大成圣像，建魁星楼，立义塾，给寓客墓田，修棘园桥长堤，葺大觉寺宝塔，敦宗睦族，施药济人，寿至八十余岁。子秉义，登康熙丙戌（1706）进士。

[咸丰《武定府志》卷二十六《义行》]

◎ 王纶锡 ◎

王纶锡,字泽生。海丰人。性恬静,年九十余岁,或问以养生之术,锡曰:惟节饮食而已,药饵所以却病,非所以延年也。

[咸丰《武定府志》卷二十六《耆寿》]

民国

◎ 孙兆蓉 ◎

孙兆蓉(1848—1921),字丙辰。无棣县庞集乡孙家庄村人。自幼攻读医书,同治十一年(1872)晋考未中,遂弃儒学医,后在当地行医。曾先后应聘至"同泰堂""广义堂"等著名药铺坐堂。医术精湛,对内、外、妇、儿、五官等科均造诣颇深,名扬无棣、阳信、沾化、庆云等地,号称"大先生"。临症先静心切脉,后论其病,再以望、闻、问与所切脉象相印证,一有不同,必为病脉不符之症;脉明症符,症虽危急,无绝脉,即能以生,每诊多奏效。

业医不计名利,志在济世活人。曾云:亦欲奇书共传流,素性本不吝车裘。体谅病家苦难,治病多用便方、土方,力主遣方从简,遣药从贱,以减轻病家负担。从医四十余年,熟通医理,博采众长,尤善创新,著有《脉方味根合编》一书,约四十万言。分内、外、妇、儿、五官等科,每科都有总论、辨证要点,有汤液、醴醪、膏、丹、丸、散、针灸、按摩、拔罐、刮打、放血及民间验方、单方等多种治法。并附有医案,具有辨证施治,一方治多病,一病有多方等特点。乃医家善本,故留传至今。现珍存于其后人手中。

[《惠民地区卫生志》第十四篇《人物传记》]
[《惠民地区中医药志·医林人物传》]
[《山东中医药志》第六篇《传记》]

◎ 李德新 ◎

李德新（1851—1901），无棣县如意村人。精医，在沈阳行医。

[《惠民地区卫生志》第十四篇《杏林名录》]

◎ 牛兴三 ◎

牛兴三（1870—1947），无棣县庞集乡鞠家村人。清末庠生，先执教，后业医，精仲景之学，善治杂病。

[《惠民地区卫生志》第十四篇《杏林名录》]

沾 化

明

◎ 李 芝 ◎

李芝，太医院吏目。兄方伯邀县令饮，未至。芝预陪坐，封公以他故，杖毁其冠，令至敝冠以迎，令讶问故。芝曰：辱惠临，当正其衣冠。适大人见责，恐拂堂上意，不敢易。令叹服不置。祀忠孝祠。

[光绪《霑化县志》卷八《孝友》]

李芝，霑化人。方伯芳介弟也。为太医院吏目。方伯邀县令饮，未至。芝预陪坐，封君以他故，杖毁其冠，令至敝冠出迎，令讶问故。芝曰：辱惠临，当正其衣冠。适大人见责，恐拂堂上意，不敢易。令叹服不置。

[咸丰《武定府志》卷三十八《杂记》]

◎ 王明重 ◎

王明重,字任吾。增生。九岁而孤,入市得鲜果,忆母归宁,往返二十里,将以遗母,见白狼当道,仰天号曰:天不欲吾母食耶!忽有张姓者,跃马逐狼,遂达于母。翌日,母率以谢。张曰:昨梦神语救王孝子尔!子其是乎?母病疟,有道士到门,试以针法,即瘳。因诣道士,祈受针法,而不索谢。祀忠孝祠。

[光绪《霑化县志》卷八《孝友》]

◎ 王 嶙 ◎

王嶙,字云峤。进士,任江南青浦知县。工诗文,主盟骚坛,远近名流多就正焉。丁内艰归,不再仕,力田作苦。善行草,书法人争宝之。著有《盘河诗集》行于世。《唐诗明解》《春秋搭嶘一览》《集验方》《奇济书》藏于家。

[光绪《霑化县志》卷九《文学》]

王嶙,字云峤。霑化人。顺治丙戌(1646)进士,任江南青浦知县。工诗文,主盟骚坛,远近名流多就正焉。丁内艰归,不再仕,力田作苦。善行草,书法人争重之。著有《盘河集》。

[咸丰《武定府志》卷二十五《文苑》]

王嶙(1605—1671),字立万,号云峤。沾化县人。明崇祯十二年(1639)举人,三甲第二百八十七名进士。授江南青浦县知县。丁忧,不再出仕,力田作苦。工诗文,喜书法,尤擅行草,人争宝之。著有《盘河诗集》行世。还著有《唐诗明解》《春秋搭嶘一览》《集验方》《奇济书》等,未梓行。

[《山东明清进士通览·清代卷》]

知县王嶙墓,在城西八里。

[光绪《霑化县志》卷四《冢墓》]

《春秋搭嶘》,王嶙撰。嶙,字鹤瞻。霑化人。顺治丙戌进士,官青浦知县。是书见《县志》。

[宣统《山东通志》卷一百二十九《艺文志第十·经部·春秋》]

《奇济书》,王嶙撰。嶙见经部春秋类。是书见《县志》。

[宣统《山东通志》卷一百三十九《艺文志第十·子部·杂家》]

《盘河诗集》,王嶙撰。嶙有《春秋搭嶘》,见经部春秋类。是集见《县志》。

[宣统《山东通志》卷一百四十三《艺文志第十·集部·别集》]

《唐诗明解》，王嶙编。嶙见经部春秋类。是编见《县志》。

[宣统《山东通志》卷一百四十六下《艺文志第十·集部·总集》]

◎ 刘一诚 ◎

刘一诚，字恒宇。江西南昌人。精医术，审脉理，洞人生死，方药多所全活。明末寄居沾城之东八里许，问病者踵至。年八十五岁卒。

[光绪《霑化县志》卷十一《寓贤》]

刘一诚，字恒宇。江西南昌人。精医术，审脉理，洞人生死，方药多所全活。明末寄居霑城之东八里许，问病者踵至。

[民国《霑化县志》卷三《寓贤》]

刘一诚，字恒宇。江西南昌人。精医术，审脉理，洞人生死，方药多所全活。明末寄居霑化，问病者踵至。年八十五岁卒。

[咸丰《武定府志》卷二十六《寓贤》]

按《济南府志》：刘一诚，江西南昌人，明末寄籍霑化。精医术，审脉理，洞人生死，方药多所全活。

[《古今图书集成医部全录》卷五百十七《医术名流列传》]

刘一诚，字恒宇。江西南昌人，明末寄沾城之东。精医术，审脉理，洞人生死，方药多所全活。

[《山东中医药志》第六篇《人物表》]

清

◎ 沈文崧 ◎

沈文崧，江南高邮州人。举人。（康熙）四十八年（1709）任。善岐黄，诊脉施药，全活甚多。

[光绪《霑化县志》卷五《知县》]

沈文崧，江南高邮州举人。康熙四十八年任。善岐黄，诊脉施药，全活甚多。

[民国《霑化县志》卷四《知县》]

沈文崧，江南高邮州人。举人。（康熙）四十八年任。善岐黄，诊脉施药，全活甚多。

[咸丰《武定府志》卷十六《职官·沾化》]

沈文崧，字仲岳，一字韶鸣。河南副使奕琛孙，高州守弼子，继赠知县倬为嗣。嗜学，工文章，中康熙癸酉（1693）顺天乡试，任山东沾化县知县，劳心抚字，力御苞苴，历十九年如一日。癸巳（1713）科充乡试同考，称得人，署篆齐河县，皆著循迹。转粮饷，赴西藏二次。后调任定陶县。缘沾化流抵项被劾，奉世宗宪皇帝特旨引见，授户部福建司员外郎，侍直内廷，屡蒙恩锡，赐御书"福"字，免。因公亏空之项，盖异数也。供职数年，左迁光禄寺良醖署署正。丁母忧回籍，行李一肩，书籍数簏。其清况如此。居忧三载，以经营窀穸事，致疾卒，年七十有二。生平至性过人，事母贞节，尚孺人委曲周至，于诸昆弟咸极友爱。载籍无不窥，经史子集，旁及医药、地理之书亦皆究，极精微，虽专门名家莫逮焉。工诗画，不多作，存者人奉为拱璧。子之芳，直隶深州州判；之藩，国学生，赠赣县知县；之茂，廪生；孙均安，别有"传"。

[乾隆《高邮州志》卷十《政事》]

[嘉庆《高邮州志》卷十《政事》]

（康熙）三十二年癸酉

沈文崧，中顺天乡试，户部福建司员外。有"传"。

[乾隆《高邮州志》卷九《乡举》]

癸酉

沈文崧，高邮人。顺天中式，霑化县知县。

[雍正《扬州府志》卷二十一《举人》]

◎ 孙荫孙 ◎

孙荫孙，字仲樾，号棠菴。颖悟绝伦，经书文史，无不淹贯。弱冠，补诸生，即食饩。以恩贡领荐北闱，大挑知县，历太和、天长、盐城，升直隶海州，多惠政伟绩。素善岐黄，方多奇效，号"伤寒圣手"。邑有大疑难事，咸就正，一二言而能定，其胆识有过人者。

[光绪《霑化县志》卷九《文学》]

孙荫孙，字仲樾，号棠庵。清代沾化县人。雍正甲辰科举人，海州知州。精岐黄术，治多奇效，号"伤寒圣手"。

[《山东中医药志》第六篇《人物表》]

孙荫孙，（雍正）甲辰（1724）科（举人），海州知州。

[光绪《霑化县志》卷六《选举》]

孙荫孙，山东举人。（雍正）五年（1727）十月任，调盐城。

[同治《天长县志纂辑志稿》卷六《文职》]

孙荫孙，霑化人。举人。先署天长县事，有治行，见《天长县志》。（雍正）六年，调任盐城，升海州知州。

[光绪《盐城县志》卷七《职官》]

◎ 范 峻 ◎

范峻，字景坡。庠生。服习象纬、堪舆、阴阳、方脉、律吕诸书。乾隆甲子（1744），颁发乐器，招集佾生官师，使为乐长，峻悉心考辨，至今相沿。邑城旧有五门，南门东有小南门，久塞，峻请于邑令，复旧制，曰：利文明也。著有《易经讲义》十卷，邑令童均为之"序"，藏于家。

[光绪《霑化县志》卷十一《方技》]

[民国《霑化县志》卷三《方技》]

《易经讲义》十卷，范峻撰。峻，字景坡。霑化人。诸生。《县志》载是书云：邑令童均为之"序"，藏于家。

[宣统《山东通志》卷一百二十七《艺文志第十·经部·易》]

◎ 李淑甲 ◎

李淑甲，字东川，号五峰。幼聪慧，五岁读古诗、唐律数百首，十七岁入邑庠。乐诗酒，善书法，度曲尤擅胜场。常与同人饮，酣则高唱凌云，举座警奇。将陵书院告竣，求公题匾，会饮后，挥笔立就。邑侯陈公叹曰：三杯草圣，可以持赠矣。一时城乡匾额，多其遗笔。晚年医术济世。著有《寒碧斋稿》，藏于家。

[光绪《霑化县志》卷十一《方技》]

李淑甲，字东川，号五峰。幼聪慧，五岁读古诗、唐律数百首，十七岁入邑庠。乐诗酒，善书法，度曲尤擅胜场，一时城乡匾额，多其遗笔。

[民国《霑化县志》卷三《方技》]

◎ 徐之薰 ◎

徐之薰，字友琴。城西郝家沟庄人。少年入邑庠，食廪饩，同治甲子（1864）科本省乡试举人，庚辰（1880）科大挑二等，于光绪十五年（1889）选授曲阜县儒学训导，在任十年，因寄居曲阜城内。卒年八十七，遂葬于曲阜城郭北阡。生平好学，博览群书，类集成编，共有九种，《游龙暇录》十二卷、《吾学检编》十四卷、《史鉴录略》十四卷、《中史补编》二卷、《西史录略》二卷、《山居丛说》十三卷、《治兵简要》二卷、《医方简明》五卷，此书已于光绪十一年（1885）付梓，晚年又著《医方集成》十卷，所集诸书，均已订辑成编，藏于家。

[民国《霑化县志》卷二《文学》]

徐之薰，字友琴。沾化县人。同治甲子举人，庚辰大挑二等，选授曲阜县学训导。生平好学，博览群书，训迪诸生，多所成就，计在任十载。卒年八十有七。著有《游龙暇录》十二卷、《吾学检编》十四卷、《史鉴录略》十四卷、《中史补编》二卷、《西史录略》二卷、《山居丛说》十三卷、《治兵简要》二卷、《医方简明》五卷、《医方集成》十卷。

[民国《续修曲阜县志》卷五《寓贤》]

徐之薰（1839—1925），字友琴。今古城镇郝家沟村人。家庭贫寒，敏而好学，颖悟过人，少年入县学。同治三年（1864），山东乡试举人。光绪六年（1880），大挑选拔官吏，名列二等。光绪十五年（1889），选授曲阜县学训导，在任十年。因奔母丧去职。事毕，仍回曲阜，先后在昌平书院、校士馆、高等学堂、四氏师范学堂任事。1914年，告老辞职，寄居曲阜至终。葬于城郭北阡。

平生博览群书，孜孜不倦，既晓儒学、史学之奥，又精医术之道，故著书立说颇丰。撰有《游龙暇录》十二卷、《吾学检编》十四卷、《史鉴录略》十四卷、《西史录略》二卷、《山居丛说》十三卷、《治兵简要》二卷。其医集《医方简明》五卷，1883年6月成书，1886年印行，约十三万字。1905年前后，又对其增删补遗，写成《医方简明续编》五卷，约十万多字。晚年又著《医方集成》十卷。现仅存《医方简明》和《医方简明续编》（昆玉堂手抄本）。

对医学有远见卓识，在《医方简明》中开宗明义，批驳重儒轻艺的偏见，阐述历代医学家之重大贡献和辨证论治的重要。提倡遵古而不要泥古，因为"唯以古人立方，治后人之病，未必若合符节也"。对著书立说，主张"由博返约，以简驭繁，讲求实效"。因而其著作实用价值较高，对中医工作者颇多教益。

《医方简明》成书于光绪九年夏五月，约十三万余言，十一年付梓刊行。《医方集成》为晚年所作，未梓。现存《医方简明》五卷，"昆玉堂"手抄藏本。《医方简明续编》五卷，约十万言。

[《沾化县志·人物传记》]
[《惠民地区卫生志》第十四篇《人物传记》]
[《惠民地区中医药志·医林人物传》]
[《滨州古今名人事略》]
[《中医人物词典》]
[《中医人名大辞典》]
[《山东中医药志》第六篇《传记》]

同治

徐之薰，甲子科。曲阜县训导。

[光绪《霑化县志》卷六《举人》]

徐之薰，著有《游龙暇录》十二卷、《吾学检编》十四卷、《史鉴录略》十四卷、《中史补编》二卷、《西史录略》二卷、《山居丛说》十三卷、《治兵简要》二卷、《医方简明》五卷、《医方集成》十卷。

[民国《续修曲阜县志》卷七《著述》]
[民国《霑化县志》卷八《著书目录》]

◎ 吴尔煦 ◎

吴尔煦，字子和。性友爱，与二堂兄共谋生涯，怡怡如也。及二兄亡，抚育二侄如己子。早岁家寒，读书寥寥，文字虽不佳，颇识大体，如倡修学堂，监修文庙，尤其急公好义之最著者。晚年，习岐黄术，诊视疾病，著手成春，概不受谢，故乡人多德之。寿七十八岁而终。葬于丹井园庄北。

[民国《霑化县志》卷二《义行》]

◎ 王金策 ◎

王清贞，医生王金策女也。自幼吃斋，性情异人，誓终身不许字，闻母有择配之言，即涕泣不止。上则孝顺老母，下则和睦兄嫂，邻人咸称之。识文学，灶王、观音、金刚诸经，皆能熟读，焚香拜佛，昼夜不懈。后月余，不食而卒。

[民国《霑化县志》卷三《节孝》]

◎ 耿寿增 ◎

耿寿增，字汝南。庠生。性孝友，质直好义。兄弟四人，兄早卒，事孀嫂如母。曲叔季响文武学，各以冠军，同科入邑庠。父疾，侍汤药，未解带者六阅月。父殁，哀毁骨立。旋，叔氏又病故，自医药以至丧葬，心力交瘁。母疾，昼夜侍，弗解带。家人劝之稍息，怫然曰：此何时而敢怀安乎？一生忠直服人，里有争斗者，一为排解，立归于和。又工岐黄术，活人无算。远近求者辄应，终日忙碌，无暇刻暇，以致劳心过度，甫登下寿，即捐馆，士林痛之。

[《惠民地区卫生志》第十四篇《名医简介》]

[《惠民地区中医药志·医林人物表》]

[《山东中医药志》第六篇《人物表》]

民国

◎ 花秀廷 ◎

花秀廷，字枫臣。醇谨朴诚，集有《验方》，医病多效。卒年八十四。

[民国《霑化县志》卷三《耆德》]

◎ 姜奎阁 ◎

姜奎阁（1889—1949），号梅东。沾化县黄升乡大姜村人。自幼颖悟好学，尤喜习医。年逾冠，即在桑梓行医，服务乡里。后因盗匪蜂起，迁居异乡，先后于沈阳、青州悬壶。1937年"七七"事变后，回归故里，继续行医，直至去世。性情温良，态度和蔼。来诊者百应不烦，深受群众敬佩。青州乡里赠有"医界名星"匾额。辑有《医学随意录》八卷。其存书甚多，迭经动乱散失。

[《惠民地区卫生志》第十四篇《名医简介》]

[《惠民地区中医药志·医林人物表》]

博 兴

明

◎ 刘之沂 ◎

刘之沂，由进士历任中宪大夫、湖广布政使司右参政。理学渊源，心性恺悌，常施橘井功，医国医人，居家不识钱囊，惠著义田、义冢。

[康熙《青州府博兴县志》卷六《乡贤》]

刘之沂，初任南直扬州府江都县知县，封文林郎，升兵部主事，封承德郎，任饶州府知府。进阶中宪大夫。妻马氏累封恭人。

[康熙《青州府博兴县志》卷五《封荫》]

刘之沂，万历戊戌（1598）进士。初授盐城县，调繁江都。邑有嫠妇，富而无子，以争产讼于官，惶怖出万金为贿，公艴然曰：与其贿遗官府，何如分送亲族？遂升堂，均散之，以解其讼。江都名宦祀焉，内擢兵部主事，出知饶州府，迁江西岭北道按察司副使。时抚院杨某与之沂同年，恶一武弁，将假手杀之。之沂焚香自誓曰：杀人媚人，吾不为也。遂生之。自此托病不出。同朝交荐，复起为河南督粮道副使，旋升湖广武昌道参政，以廉惠闻，祀武昌名宦。致仕后，代乡邻输丁粮，完军装，焚贷券，还鬻产，助婚葬，施义冢，济饥民，兴水利，一县被泽焉。县令行过其门，虽在内室，必起立，家人异之，乃晓之曰：父坐子立，礼也。岂有父母行而子弟晏然者乎？其不欺屋漏如此。卒后，邑人举祀乡贤祠。

[道光《重修博兴县志》卷十一《人物》]

[民国《重修博兴县志》卷十三《人物》]

刘之沂，博兴人。万历二十六年（1598）进士。授盐城知县，调江都。有嫠妇者，无子，或谋夺其产，讼诸官，以万金求庇之。沂曰：与其贿官府，何如散财以息讼乎？乃坐堂皇，均分其金其戚族，而讼乃罢。行取兵部主事，出知饶州府，迁江西岭北道按察司副使。时巡抚杨某者，恶武弁某，欲假手杀之。之沂焚香自誓曰：杀人媚人，吾不为也。于是称病不出。同朝交荐，复起为河南督粮道副使，旋升湖广武昌道参政，以廉惠闻，告归。《县志》称其代乡人输丁粮，完军装，焚贷券，施义冢，济饥民，兴水利，而不详其事。卒，祀江都、武昌名宦祠。

[咸丰《青州府志》卷四十五《人物传八》]

刘之沂，山东博兴人。由进士，万历二十六年任，二十七年调繁江都县。

[万历《盐城县志》卷四《列官》]

刘之沂，山东博兴人。进士。万历二十八年任。

[万历《扬州府志》卷八《秩官》]

刘之沂，博兴人。进士。（万历）二十八年任。

[康熙《江都县志》卷六《明县令》]

刘之沂，博兴人。由进士，历饶州知府，升副使，万历四十年任。

[天启《赣州府志》卷八《兵巡岭北道》]

分守湖北道

刘之沂，山东进士。

[乾隆《湖南通志》卷五十八《历代职官考下》]

分巡岭北道

（万历）四十五年壬子，刘之沂，博兴进士。

[同治《赣县志》卷二十五《文职》]

明进士刘之沂墓，在城东北四里椒园庄北。

[民国《重修博兴县志》卷三《冢墓》]

◎ 顾 桂 ◎

顾桂，太医院吏目。

[民国《重修博兴县志》卷九《明选举三》]

清

◎ 顾士姜 ◎

医学训科一员原未发印,顾士姜本县人署。

[康熙《青州府博兴县志》卷三《杂职》]

◎ 张汝夔 ◎

张汝夔,字虞佐,号钧菴。乾隆辛酉(1741)科拔贡生。博涉群书,有干略,学使黄某目为"青郡第一人"。因母多病,习医术,遂精于岐黄。甫半载,母病愈。邑南支脉沟下流壅塞,沿河者多苦之,备陈排河救民之议,官纳其言,利赖至今。

[道光《重修博兴县志》卷十一《国朝人物列传》]

张汝夔,字虞佐,号钧菴。乾隆辛酉拔贡。博涉群书,有干略,学使黄某目为"青郡第一人"。因母多病,习医术,遂精于岐黄。甫半载,母病愈。邑南支脉沟下流壅塞,沿河者多苦之,备陈排河救民之议,官纳其言,利赖至今。

[民国《重修博兴县志》卷十三《人物》]

张汝夔,字虞佐。博兴人。乾隆六年(1741)拔贡。博涉群书,有干略,学使黄某目为"青郡第一人"。因母多病,习医术,遂精于岐黄。甫半载,母病愈。县南支脉沟下流壅塞,县人苦之,汝夔备陈排河救民之议,官纳其言,利赖至今日焉。

[咸丰《青州府志》卷四十九《人物传十二》]

张汝夔,字虞佐,号钧菴。清代博兴县人。乾隆间拔贡。以医术精良知名。

[《山东中医药志》第六篇《人物表》]

◎ 袁登先 ◎

袁登先,家素封,早补诸生。设义馆,以惠来学。族党戚里待以举火者,不一家。精医术,施药材,四方争闻其名。

[道光《重修博兴县志》卷十一《国朝人物列传》]

[民国《重修博兴县志》卷十三《人物》]

袁登先生员，亦设义馆，以惠来学，亲族待以举火者甚众。

[乾隆《青州府志》卷四十七《人物传》]

◎ 李士赓 ◎

李士赓，字明扬。居母丧，哀毁骨立，三年不见齿。工岐黄术，好施药，为时所称。

[道光《重修博兴县志》卷十一《国朝人物列传》]
[民国《重修博兴县志》卷十三《人物》]

◎ 刘宗健 ◎

刘宗健，字乾夫。游击文铉孙。亲殁，哀毁骨立，居丧三年，无笑容。弟亡，抚其孤如己出。善医，屡已人疾，以礼谢，力却弗纳。

[道光《重修博兴县志》卷十一《国朝人物列传》]
[民国《重修博兴县志》卷十三《人物》]

◎ 朱东园 ◎

朱东园，岁贡生。博通经史，制行慕古人。邑有屋基错处，讼数年，东园佯为己屋逾界，割而与之，争乃已。又工岐黄，远道贫族召必往，故德望愈著。

[道光《重修博兴县志》卷十一《国朝人物列传》]
[民国《重修博兴县志》卷十三《人物》]

朱东园，博兴人。岁贡。有学行。县有以宅基相错，讼数年不息者，东园托为己宅逾界，割而与之，争乃已。

[咸丰《青州府志》卷五十《人物传》]

效霞按：据道光《重修博兴县志》卷九《清选举表三》：朱东园为嘉庆年间岁贡。

◎ 许慎行 ◎

许神仙，名慎行。国朝乾隆间人。少得异术，人莫知其所自。跛一足，年十二三时，与群儿嬉，入苇塘中，群儿联臂，围而求之，卒不得。奔告其家，慎行坐床上大笑。群语其母，母弗信。一日，母执蒸黍一器，谓诸子：路远，谁能馈汝外大母？慎行曰：儿能之。即持黍行，家人尾之不及。及返，言儿去颇疾，返与舅俱，故迟迟。舅氏赴远市物，且来省母，母犹疑之。既而，舅果至。云：甥馈黍时，器尚温也。母大惊，谓：儿既尔，何跛为？慎行笑，卒不言。既娶妇生子女，皆数岁，忽谓妇：此男能养汝，当挈之适他人，女留许氏，嫁必得所，勿念也。妇愕然问故，曰：非汝过命，须更嫁妇不可。慎行坚嫁之。母殁，以女归人，出游不返，家人踪迹之不可得。十余年，忽闻滨州有许神仙者，坐四轮矮舆，为人医病奇验，人争迎之，从游弟子数十人。家人疑而探之，果是。劝其归，不可。滨州牧以为妖，系之狱。无何州牧母病，阖衙以为系神仙故。母信之，必欲神仙医已疾。州牧不得已，乃出神仙。神仙先知之，谓：明府忽见赦，为太夫人疾也。南面见囚可也，见医非也。宜设杯茗北面，揖乃可。牧不得已，从之。神仙命即持茗饮太夫人，病立已。牧命舆马送神仙归，实具案文，递解之。甫出城，风尘大作，送者目眯，风息而神仙弗见，空舆返。三日后，仍在城医疾如初，州牧乃不复问。一日，神仙骤病死，遗命弟子为床，舁尸归博兴。其弟某在里忽见神仙，一足着靴，一足跣而荷靴于肩，南行，呼弗应，却顾闲，而舁者至从徒数十人，弟疑兄死非命终，诘舁者，至相喧争，神仙忽起，谓弟曰：人死有定数，此何为者？弟诧喜，命家人出见神仙。神仙问答已，复登床死。其徒出资，以葬神仙为巨坟云。

[道光《重修博兴县志》卷十一《艺术》]

[民国《重修博兴县志》卷十七《杂志》]

　　许神仙，名慎行。博兴人。乾隆间得异术，人莫知其所自。跛一足，年十二三，嬉入苇塘中，群儿联臂，求之不得，奔告其母而慎行已坐床上大笑。母尝以蒸黍馈外大母，虑路远，慎行愿往，家人尾之不及。及返，言儿去甚疾，返与舅俱，故迟迟。既而舅果至，云：甥馈黍时，器尚温也。母大惊，问：尔何跛为？慎行笑，卒不言。遂出游不返。十余年，闻滨州有许神仙者，坐四轮矮舆，为人医病奇验。家人疑而探之，果是。劝其归，不可。州牧某以为妖，系之狱。无何牧母病，母必求神仙医，牧不得已，出之，神仙曰：南面见囚可也，见医宜设杯茗北面，揖。牧从之，以茗饮其母，病立愈。牧命舆马送归，甫出城，风沙大作，送者目眯，风息而神仙弗见。三日后，仍在城医病如初。一日，神仙骤病殁，遗命弟子为床，舁尸归博兴。其弟在里见神仙，一足着靴，一足跣而荷靴于肩，南行，呼之弗应。少顷，舁者至，弟疑兄非令终喧，诘舁者，神仙猝起，曰：死有定数，此何为者？弟诧喜，命家人出见，已复登床死。其徒数十人，出资财以葬神仙为巨坟云《博山（兴）县志》。

[咸丰《青州府志》卷五十二《仙释传》]

◎ 赵文栋 ◎

赵文栋,字干亭。少负奇才,读书多心解。年逾二十,精岐黄术。出游至正定府,寓乡人某官署。有金川将军鄂澜王过境,患痿症,邀入京,为其诊治。病愈,给金顶黄衣。时有国医姜晟欲与同入太医院,坚以归养辞。及母殁,丧事毕,于宅左辟一园,有台有池,花径迂曲,芒鞋竹杖,逍遥其中,一若别有天地。卒后,遗有画像一幅。手著《伤寒针灸》两卷。

[民国《重修博兴县志》卷十三《人物》]

赵文栋,字干亭。清代博兴县人。入京为鄂澜王治痿症,病愈,赠金顶黄衣。时国医姜晟荐入太医院,坚辞。事母至孝,又以孝闻。撰有《伤寒针灸》两卷,未刊。

[《山东中医药志》第六篇《人物表》]

◎ 张友桂 ◎

◎ 张立功 ◎

◎ 张立言 ◎

张友桂,字月香。贺家庄人。性纯洁,才敏学博,诗文见称于时。兼精医术。咸同间,流寇乱后,民多疾病,友桂拟方施药,活人无算。著有《内科秘录》传于后。子立功、立言,世其业。孙升堂、龙堂,亦以医术见称。

[民国《重修博兴县志》卷十三《人物》]

张友桂,字月香。清代道光年间生于东姑乡翟家庄社(今属阎坊乡)。生性纯朴耿直,自幼攻学中医,还长于诗文。行医于咸丰、同治年间。当时境内多种疾病流行,友桂广施方药,治愈病人无数。著有《内科秘录》传于世,为博兴张氏中医妇科世家创始人。

子张立言、张立功,私塾辍学,从父学医,博览群书,精通妇科,经手治愈许多疑难病症。高苑、蒲台、滨州、广饶、利津、临淄等地的患者纷纷前来求医,对贫苦农民免收费用并且提供食宿。张立言著有《妇科真传》,包含了其一生的行医阅历和经验。

孙张龙堂、张升堂,承袭祖业。张龙堂(1891—1964),字云卿,别号"五先生",为张氏中医妇科第三代传人。自幼严于父训,深受世医陶冶,苦读经典,尽得《内经》《难经》《济阴纲目》和《医宗金鉴》真谛，对胎、产、妇等病素有回春之术，声名远著。民国二十六年（1937），民众为其送赠"济世活人"和"寿世无疆"匾额褒奖。中华人民共和国建立后，到阎坊乡卫生院当医生，并被选为博兴县第一届人民代表大会代表。

玄孙张传九继承了祖业。

[《博兴县志》卷三十一《人物传略》]
[《山东中医药志》第六篇《人物表》]
[《中医人物词典》]
[《中医人名大辞典》]

◎ 阎化龙 ◎

阎化龙，字禹三。精于医理，痘疹尤其所长。遇天花盛行，施种舍药，活人无算。邑令沈表其门曰"德隆望重"。

[民国《重修博兴县志》卷十三《人物》]

阎化龙，字禹三。清代博兴县人。精医理，善治痘疹。每遇痘疹流行，施医舍药，活人甚众。邑令沈表其门曰"德隆望重"。

[《山东中医药志》第六篇《人物表》]

◎ 侯秉健 ◎

◎ 侯继富 ◎

侯秉健，素性慷慨，见义勇为。同治初，捻匪骚扰，倡修围堡，以备不虞，不数日而工成。善痘疹科，子继富传其术，活人无算。

[民国《重修博兴县志》卷十三《人物》]

◎ 赵大经 ◎

赵大经，字纶堂。性刚直，守正不阿。好读书，兼精医术。居乡，倡办公益，恤孤怜贫，排难解纷。治家严肃，告诫子孙，勿慕浮华。子孙守其家学。晚年，乡人共举为乡饮大宾，并以"耆年硕德"额其门。

[民国《重修博兴县志》卷十三《人物》]

◎ 安寿椿 ◎

安寿椿，字亚千。邑庠生。天资朗润，善古文词。潍阳名士徐际云：司铎博邑，雅负知人之鉴，于寿椿特赏识之。晚年，医术尤为一时之最。

[民国《重修博兴县志》卷十三《人物》]

安寿椿，字亚千。清代博兴县人。邑庠生。善古文词，晚年，医术为一时之冠。

[《山东中医药志》第六篇《人物表》]

◎ 贾天俊 ◎

贾天俊，字秀升。精医术，尤精堪舆。光绪十四年（1888），岁大饥，出谷济贫，活人无算。寿八十有九。

[民国《重修博兴县志》卷十三《人物》]

贾天俊，字秀升。清代博兴县人。精医术。光绪十四年，岁大饥，出谷济贫。寿八十有九。

[《山东中医药志》第六篇《人物表》]

◎ 李 桐 ◎

李桐，字雨琴。辛安庄人。性笃厚，好施予。精痘疹术，患者一经其手，立能化险为夷。卒年八十四。

[民国《重修博兴县志》卷十三《人物》]

李桐，字雨琴。清代博兴县辛安庄人。精痘疹科，险恶之症，多能化险为夷。

[《山东中医药志》第六篇《人物表》]

◎ 许振声 ◎

许振声，字伯骏。赵房乡人。精医术，尤长外科。患者一经其手，靡不奏效。远近各县延请者，不绝于途。

[民国《重修博兴县志》卷十三《人物》]

许振声，字伯骏。清代博兴县人。精医术，尤长外科，治多验，远近各县延请者不绝。

[《山东中医药志》第六篇《人物表》]

◎ 郑皞如 ◎

郑皞如，例贡。幼读诗书，长业岐黄，活人无算。家本素封，负其债者累累。晚年，虑子不肖，异日或执券以索偿，乃置酒食，邀债户，悉出其券而焚之。至助人婚葬，恤孤济贫，犹其余事。

[民国《重修博兴县志》卷十三《人物》]

郑皞如，清代博兴县人。例贡。幼读诗书，长业岐黄。放债济贫，焚券。贫者感其德。

[《山东中医药志》第六篇《人物表》]

◎ 柳荫溪 ◎

◎ 柳椿龄 ◎

柳荫溪，字琴樵。家贫力学，善文辞，工书。设帐授徒凡二十年，从游诸弟子，各随其材，成就以去。中年嗜岐黄术，晚岁益精，活人无算。设药肆于城内，自书肆门曰"市隐"。手抄医书数十卷，笔法端凝，至今珍为墨宝。次子椿龄，亦以医名于世。

[民国《重修博兴县志》卷十三《人物》]

柳荫溪，字琴樵。清代博兴县人。中年嗜岐黄术，晚岁益精。设药肆于城内，自书肆门曰"市隐"。善文，工书。次子椿龄，亦以医名世。

[《山东中医药志》第六篇《人物表》]

◎ 张冠贤 ◎

◎ 张春园 ◎

张冠贤，字辅臣。儒医也。与叔春园，同时以术济世，踵门求诊，接座常满，无贵贱，一例视之。著有《痘疹新法》《内外科集要》《小儿科杂志》《女科摘要》《张氏心铭》等书。

[民国《重修博兴县志》卷十三《人物》]

张冠贤，字辅臣。清代博兴县人。精医，著有《痘疹新法》《内外科集要》《小儿科杂志》《女科摘要》《张氏心铭》等书，未刊。

[《山东中医药志》第六篇《人物表》]

◎ **赵廷训** ◎

◎ **赵荫榕** ◎

　　赵廷训，字鲤门。性端严，有孝行。喜文学，乐施予。壮年，弃帖括，专研医术以济世。抚堂侄遗孤二人，皆成立。乡里重其行谊，为纳资入太学。子荫榕，亦精医。廷训有友人赠诗云：记陪吴令走谈心，列坐薰香杏满林；济世曾无遭白眼，活人端不重黄金。岐轩有术流膏溥，濂洛传书养性深；健羡尚能工剖解，回春妙手更难寻。

[民国《重修博兴县志》卷十三《人物》]

◎ **王乃文** ◎

◎ **王鸿年** ◎

　　王乃文，字襄武。邑庠生。早失怙，以家贫，十四岁方从师。聪颖绝伦，且耕且读，年三十始以郡试第一入泮。晚岁，以宿儒为名医，全活甚众。子二，鸿基，庠生。克承书香；鸿年，继述医业。

[民国《重修博兴县志》卷十三《人物》]

　　王乃文，字襄武。清代博兴县人。邑庠生。晚年，以宿儒为名医。次子鸿年，继其业。

[《山东中医药志》第六篇《人物表》]

◎ **王锡蒲** ◎

　　王锡蒲，字次蒲。太学生。性纯谨，不慕荣利，弃儒就医，济世活人。邑人士拟公送匾额，瞿然曰：予何功德？受此过情之声闻乎！卒年八十六。

[民国《重修博兴县志》卷十三《人物》]

　　王锡蒲，字次蒲。清代博兴县人。太学生。不慕荣利，弃儒就医，济世活人。邑人公送匾额，瞿然曰：予何功德？受此过情之声闻乎。

[《山东中医药志》第六篇《人物表》]

◎ **杜兰芳** ◎

　　杜兰芳，字馥亭。性敏好学，科举停后，遂习医。有求诊者，罔弗应。未几，车马盈门，不矜不伐，无德色，无傲容。又喜排难解纷，不畏强御，村中为绝讼者三十余年。

[民国《重修博兴县志》卷十三《人物》]

杜兰芳，字馥亭。清代博兴县人。凡有求诊者，必应，贫富一等。喜排难解纷，不畏强者，村中绝讼三十余年。

[《山东中医药志》第六篇《人物表》]

◎ 王振渠 ◎

王振渠，字鉴堂。天资俊逸，少从名师游。因体弱多病，遂研究岐黄。初不以医问世，然人有痼疾，他医不能治者，无不著手成春，世以此重之。

[民国《重修博兴县志》卷十三《人物》]

王振渠，字鉴堂。清代博兴县人。因体弱多病，遂修医术。初不以医问世，后每使痼疾著手成春而闻名于时。

[《山东中医药志》第六篇《人物表》]

◎ 路同龄 ◎

路同龄，邑庠生。倜傥多才。幼读书，即研究医学。游庠后，益专心岐黄术。诊病如神，时称"良医"。

[民国《重修博兴县志》卷十三《人物》]

路同龄，清代博兴县人。邑庠生。诊病多效，时之良医。

[《山东中医药志》第六篇《人物表》]

◎ 戴中才 ◎

◎ 戴蓂阶 ◎

戴中才，字养山。性敦厚，善医术，以利济为怀，未尝受资于人。子蓂阶，克承先业。

[民国《重修博兴县志》卷十三《人物》]

戴中才，字养山。清代博兴县人。善医术，以活人为怀，未尝受资于人。子蓂阶，传其术。

[《山东中医药志》第六篇《人物表》]

◎ 戴中伦 ◎

戴中伦，字伯常。善医，精针灸。每于霍乱盛行时，为人施治，日不暇给。卒已三十余年，四方咸称道之。

[民国《重修博兴县志》卷十三《人物》]

戴中伦，字伯常。清代博兴县人。术工针灸，每霍乱流行时，为人施治，昼夜不分。

[《山东中医药志》第六篇《人物表》]

◎ 陈莱九 ◎

◎ 陈曰让 ◎

陈莱九，字近仙。精岐黄术。求诊者罔弗应，寒暑不辞。著《集古良方》传世，无力延医者，奉为准绳。孙曰让，医术亦精。

[民国《重修博兴县志》卷十三《人物》]

陈莱九，字近仙。清代博兴县人。精岐黄术，著有《集古良方》传世。孙曰让，医术亦精。

[《山东中医药志》第六篇《人物表》]

◎ 王震吉 ◎

王震吉，字警方。堤上乡人。性纯厚，精岐黄，求无弗应。德望卓著，寿九十一岁。五世同堂，咸谓济世活人之报。

[民国《重修博兴县志》卷十三《人物》]

王震吉，字警方。清代博兴县堤上乡人。生卒年代不详。性纯厚，精于医道，求无不应，延无不往，德望卓著。寿至九十一岁。五世同堂，颂为济世活人之榜样。

[《山东中医药志》第六篇《医林寿星小传》]

◎ 赵玉选 ◎

赵玉选，从九品职衔。性孝慈，精岐黄术，尤长于痘疹，每视一症，轻重缓急，无不应手奏效。不辞劳，不索谢，四乡以"活佛"目之。年八十六，无疾而终。

[民国《重修博兴县志》卷十三《人物》]

赵玉选，清代博兴县人。从九品职衔。精岐黄术，尤长于痘疹，每视一症，轻重缓急，无不应手奏效。

[《山东中医药志》第六篇《人物表》]

◎ 崔光禄 ◎

崔光禄，字一卿。雅和庄人。纳资为吏员，以知县候选。宣统三年（1911），倡谏义勇，以御匪徒，境赖以安。精医学，时称"名医"。衍圣公孔令贻赠以"济世活人"匾额。

[民国《重修博兴县志》卷十三《人物》]

崔光禄，字一卿。清代博兴县雅和庄人。工医术，时称"名医"。衍圣公孔令贻赠"济世活人"匾。

[《山东中医药志》第六篇《人物表》]

民国

◎ 魏儒正 ◎

◎ 魏纯讷 ◎

魏儒正，字端溪。辛安庄人。好读书，精医术，于眼科尤独具心得。远近求诊者，门常如市，一经诊治，立著奇效。性慈善，喜放生，一生不茹荤。年八十余，无疾而终。著有《眼科集要》。

[民国《重修博兴县志》卷十三《人物》]

魏儒正（1847—1929），字端溪。生于东姑乡辛安社中辛安村（今属博兴镇），博兴县魏氏眼科创始人。少年读私塾，中年在县城北关侯门教书。1891年仲秋，因其弟妹偶染目疾，四处求医治疗无效，变作"旋螺"（角膜穿孔，虹膜脱出），虽遍访名医，仍不能治愈。此事激发他立志学医，购置数种眼科书籍，刻苦攻读，逐渐精通眼科医术。为其弟妹治眼病，仅年余便痊愈。从此，更加刻苦学习，认真研读，医学根底日渐深厚，近村邻舍前来求治眼病者，也与日俱增。以致高苑、青城、桓台、长山、无棣、利津、滨县、蒲台等地来就诊者，络绎不绝。

行医四十余年。花甲年后，开始总结其临床经验。花费五六年的时间，著成《眼科集要》四卷和诊治杂病的《时疫三书》。他的遗作，为其后代继承眼科奠定了坚实的基础。

不但擅长眼科，对杂病也有丰富的临床经验。登州府教授李卓为《眼科集要》所作"序"中说：是医学甚深，不止眼科也。盖平时萃群书之义深造，自得左右逢源，宜其应手奏效也。如邑侯王公符之夫人目患、吴公赔甫之痢疾、龙公紫珊之痰喘、谢公伯符之虚劳，皆药到病除，余所亲见。

治学严谨，从不掩过饰非。不但把成功的经验公布于世，而且也把失败的教训告诉他人。晚年，总结出医有十弊：医理不通，药性欠明，脉诀未晓，虚实不分，轮廓莫辨，药症不符，拘滞成方，昧于权度，翳障误认，补泄错施。给后人留下有益的鉴戒。

对待病人热情和蔼。对远道来的病人，总是叮嘱家人热情招待，安排食宿，从不收费。讨饭者登门，见有衣服破烂者，就将自己的旧衣物舍施之。对家贫病人，于每月初一、十五用药减价或免费舍施。经常对家人说：先生是救人苦难的，穷人吃药，富人支钱。

诊病之暇，常作诗绘画以自娱。曾绘过一幅《钓罢晚归》，画面上晚霞烂漫，渔翁荷竿，安步于归途，神态悠然自得。上题："绿阴钓罢夕阳低，红蓼滩头濯足泥，任是金鳌湖上聚，携酒观山杖青藜。"诗情画意，相得益彰。充分表现出一种超然物外、清高淡雅的内心境界。

其子魏纯讷（1888—1949），字子欲。自幼读私塾，十七岁从父学医。由于父亲的言传身教，五六年时间即掌握了诊治眼病的技能，并能把祖传验方灵活地运用到实践中，取得显著疗效，声誉渐高。

魏纯讷常说：学贵博而能长，未有不博而能长者也。他认为，眼虽是局部器官，但和五脏六腑紧密相关。眼科是在内科理论基础上发展起来的。打好内科基础，是学好眼科的根基。所以，不但主攻眼科专著，而且精心研读《内经》《伤寒论》《金匮要略》等医著。因而眼科、内科俱佳。

魏纯讷二十多岁独立应诊。每天来诊者，门庭若市。他一丝不苟，治眼病既切脉又察舌，脉症合参，遣方用药准确，效如桴鼓。不但全面继承了父亲的医术，且有发展和创新。经多年临床实践，创制了专治沙眼性血管翳的"拨云丹"眼药。为了方便远道而来的病人，还苦心研制了治疗内障眼病的"复明丸"和专治小儿眼翳的"鸡肝散"，临床效果均佳。

继父辈遗风，为人正直，生活简朴，喜静寡言。薄名利重医道，博得"乐善好施"的美誉。诊务之暇，喜欢绘画，以陶情适性。曾绘一幅梅花，上题"若不一番寒彻骨，怎得梅花扑鼻香"，体现了其著学求成的心境。

魏纯讷业医四十余载，对中医眼科有丰富的临床经验。为了继承和发扬祖国的医学遗产，把宝贵的临床经验留给后人，将平时收集的二百余例疑难病例，整理成《眼科临症录》，对病因、病机、治则、方药等都做了详细记录。为了把自己的临床经验与父亲的经验融为一体，五十余岁时，着手对《眼科集要》重新整理，暂定名《重订眼科集要》。续订未毕，在日军扫荡中不幸失落。

第三代传人魏世臣，继承祖业。

[《博兴县志》卷三十一《人物传略》]

[《惠民地区卫生志》第十四篇《名医简介》]

[《博兴文史资料》第四辑]

[《滨州古今名人事略》]

[《山东中医药志》第六篇《人物表》]

◎ 卢之塄 ◎

卢之塄，字柳村。邑增生。寨卢乡人。设帐授徒，诲人不倦。曾被举为县议会议长及农会会长，县中兴革诸事，多所擘画。晚岁家居，潜心医术，乡里贫困有疾者，造门求诊，无不立应。年登耄耋，寿九十一岁。

[民国《重修博兴县志》卷十三《人物》]

卢之塄，字柳村。邑增生。宣统三年（1911）任议长。

[民国《重修博兴县志》卷十《新政》]

◎ 王士珠 ◎

王士珠，耿王乡人。医学渊博，于痘疹一科，尤独具特长。凡小儿患天花者，一经著手，无不灵效。工小楷，有手抄《医宗金鉴》藏于家。

[民国《重修博兴县志》卷十三《人物》]

王士珠，清末民初博兴县耿王乡人。精痘疹科，且工小楷。

[《山东中医药志》第六篇《人物表》]

◎ 崔星舫 ◎

崔星舫（1861—1940），字仙舟。博兴县庞家乡西高村人。出身书香世家，光绪年间秀才，善撰碑文。后自学中医，精内科、妇科，在博兴、桓台、高苑等县享有盛名。曾授两徒，皆能法其术。乡里感其德，赠有"术宗岐黄"石碑及"德重乡国""著手成春""济世活人"匾额、十二扇木屏等物。

[《惠民地区卫生志》第十四篇《名医简介》]

◎ 肖世金 ◎

肖世金（1862—1931），字子更。博兴县四区（今兴福镇）兴许村人。自幼读书，学业颇精。中年教学，兼习中医，尤善研岐黄典籍，临症疗效显著，医德高尚，求诊者不绝于门。1912年，曾被聘去莒州行医三年，后返故里继续悬壶。晚年，受惠民众为念其功德，三县五百余村镇联名为其立碑，上铭"医学兼优"四个大字。现尚遗有部分读书笔记。

[《惠民地区卫生志》第十四篇《名医简介》]

[《惠民地区中医药志·医林人物表》]

[《山东中医药志》第六篇《人物表》]

◎ 许连三 ◎

许连三（1902—1941），原名登科，化名兴华。博兴县博兴镇北关村人。祖父、父亲系老中医。连三继承祖业，在北关村开"益寿堂"药铺兼行医。

1931年，加入中国共产党，从事党的秘密工作。借行医之便，与在县城的共产党员联系。1933年，窦笑生在书院街小学以教师身份为掩护，任中共博兴县委书记。窦笑生经常在许连三家里召开党的秘密会议。

抗日战争开始后，与驻邹平的八路军三支队七团团长马千里取得联系。1938年，动员三名青年去邹平参加八路军七团。1939年，从在博城的伪军中为七团秘密购买子弹，每次数百粒，先后由北关的中共党员柳家彬、韩希曾、柳世臣等交给团长马千里。

1939年2月，中共博兴县委青年部长孙涛来一区整顿党的组织，在许连三家里召开党员会议，建立北关党支部和情报站。许连三任支部书记兼情报站长，另外情报员两人。他秘密发展党员，扩大组织，仅北关村就发展了十几名共产党员。

1940年春，马千里率部来博兴开辟抗日根据地，许连三负责博城的情报工作。在伪军中秘密建立内线，伪警备队、警察所以及剿共班均有内线关系，他们随时报告情况。北关情报站对博城日伪军的编制、装备及调动等，都随时掌握，能够准确及时地送出情报。情报传递路线为北关→董玉→贤城→马家。董王日伪修据点后，直送贤城。

许连三于1940年秋兼任董王扩军站站长。年底，扩军站在敌占区动员十八名青年参加八路军。秋，协同孙涛去西三里建立三里村情报站。1941年，北关情报站被破坏后，三里情报站接替了北关情报站的工作。情报的传递极秘密。信息传送均用暗记。他家大门旁放砖头，化装拾粪的通信员到大门口，见无人时，即用粪铲子掀起砖头，拣信，再将来信放到砖底下。北关情报站的秘密，从未暴露过。

1941年2月7日，许连三被叛徒出卖，不幸被捕。关押在博兴日伪军政府监狱。许连三备受酷刑，始终没有说出有关党的秘密。后来敌人施用火刑，在他身旁堆上木柴，燃起火焰，烤得皮黑肉裂，数次昏厥，但他坚贞不屈，视死如归，终未吐出一个同志的名字。2月11日，许连三被抬上汽车，押赴小清河渡边桥（今铁路桥处）下就义。

[《博兴县志》卷三十一《人物传略》]

邹平

元

◎ 安 宅 ◎

安仁甫，邹平人。家黄山下，乐耕读，训子孙以农圃、医卜，不许习词调声歌之业。尝扁二亭，以供吟眺，一曰山朝，一曰野市。年七十余而卒。

[雍正《山东通志》卷二十八之二《人物二》]

安仁甫，邹平人。家黄山下，乐耕读，训子孙以农圃、医卜，不许习词调声歌之业。尝扁二亭，以供吟眺，一曰山朝，一曰野市。年七十余而卒《山东通志》。

按：安氏二亭，一曰翠微，一曰遐景，大书勒石，今碑刻尚存。内翰杨损斋命名，集贤学士刘仲淹书额，郡守王构为之《记》。《通志》所谓山朝、野市，未详何本。

[嘉庆《邹平县志》卷十五《传略》]

安仁甫，邹平人。家黄山下，乐耕读，训子孙以农圃、医卜，不习词章之学。尝建二亭，以供吟眺，一曰山朝，一曰野市。年七十余而卒。

[宣统《山东通志》卷一百六十七《人物志第十一·历代隐逸》]

安仁甫，博通经史，不乐仕进，以耕读为业，年逾七十，不入城市，建遐景、翠微二亭，见《山川》。

[顺治《邹平县志》卷六《隐逸》]

安仁甫名宅。见安氏龟趺碑文，家黄山下，博通经史，不乐仕进，以耕读为业，年逾七十，不入城市，建遐景亭于宅畔，建翠微亭于山椒，日吟眺其中亭于大德年中建，至延祐年，处士制小白石碑，龟趺，高仅尺余，纪诗，详《艺文》。

[康熙《邹平县志》卷六《隐逸》]

安宅，字仁甫。家黄山下，博通经史，淡泊自甘。年逾七十，建遐景、翠微二亭于山椒，日吟眺其中，不入城市旧志。

安仁甫，邹平人。家黄山下，乐耕读，训子孙以农圃、医卜，不许习词调声歌之业。尝扁二亭，以供吟眺，一曰山朝，一曰野市。年七十余而卒《山东通志》。

按：安氏二亭，一曰翠微，一曰遐景，大书勒石，今碑刻尚存。内翰杨损斋命名，集贤学士刘仲淹书额，郡守王构为之《记》。《通志》所谓山朝、野市，未详何本。

[嘉庆《邹平县志》卷十五《传略》]

遐景、翠微亭，在邹平县东二里黄山下，元处士安仁甫建。

[嘉靖《山东通志》卷二十一《宫室》]

[雍正《山东通志》卷九《宫室》]

[康熙《山东通志》卷十九《宫室》]

黄山，在县治东南三里。状如伏虎，上有虎头岩。《通志》云：土色多黄，故名。《记纂渊海》云：虎头崖，在邹平县南西北当县治处，有平台，地理家云宜建文峰塔，山半为翠微亭，山之麓为遐景亭。

元大德中处士安仁甫卜筑二亭，为吟眺之所。济南府知府王构为之《记》，今二亭俱废，故址犹存。

王构《记》节文：安氏世家梁邹，去城三里为黄山，处士君筑亭其下。今年垂耆耄，神观充悦，未尝一造城市，真古之隐君子也。内翰杨公损斋名其亭，刘集贤仲淹题其额，予闻崇圭叠绂，嚣然声利之途，众人之所同趋，君子之所不屑，以轩冕为柴棚，以名利为桎梏，枯项黄馘，矫激世故，亦君子所不为。今处士安于一丘一壑，充然自得。其子思义参划县务，动稽章程，将蹑青，云历华要，父子出处，两适其宜。余家世天平，久辜草堂之约，异日弃官径归，扣遐景亭，为不速之客，处士其不我拒也。

滕州知州张新诗：田园成趣享遐龄，百卉香中几醉醒。为爱东西山色好，翠微深处结茅亭。

历城王克当诗：浩荡云烟四面开，竹花深处起亭台。好风吹醒红尘梦，闲看青山枕上来。

[顺治《邹平县志》卷一《山川》]

翠微亭

遐景亭

元处士安宅构在黄山西麓，内翰杨损斋题名，集贤院学士刘仲淹题额，今碑刻尚存。

王构《安氏二亭记》：大德丙午（1306）冬，予劝课至梁邹，内翰损斋杨公以公曹安思义请曰：安氏世家梁邹，去城二里为黄山，孤峰杰踞，状若伏虎，四顾绣错平畴，花竹葱菁。折而少南，沙河漫流，淙喷幽壑。思义父处士君筑亭其下，为佚老之所，课童仆，树桑麻，足以供岁计；撷果荐蔌，足以乐宾友。今年垂耆耄，神观充怡，未尝一造城市，真古之隐君子也。予名其亭曰遐景、翠微，刘集贤仲淹题其额，幸赐以记。予闻崇圭叠绂，嚣然声利之途，君子则有不屑；以轩冕为柴棚，以名利为桎梏，矫激世故，亦君子所不为。顾乃所以自处曰：有命焉能尽其命，则用舍行藏，两无所用其心，迫而求之者非也，鄙而却之者亦非也。今处士安于一丘一壑，充然自得者，亦必能安其命而已。予家世天平之地，若金螺，若凤岩，俱在掌握中。第以筮仕早辜草堂之约，异日者弃官径归，往来齐鲁之间，扣遐景亭，为不速之客，处士其不我拒也。

安宅诗：翠微遐景对云峰，花木成蹊锦绣丛。看取田园子孙乐，安公端不让庞公。又：远水拖青练，遥山列画屏。幽人深有意，此地结茅亭。云山三面尽，花木四时春。若问幽居意，斯亭远市尘。

刘元慧题诗：旷远平生志，山亭四望开。云霞随意得，风月逐时来。远吹流松韵，孤吟出酒杯。凭栏时一看，宁复禁悲哀。

张新题诗：田园成趣享遐龄，百卉香中几醉醒。为爱东西山色好，翠微深处结茅亭。

王克当题诗：浩荡云烟四面开，竹花深处起亭台。好风吹醒红尘梦，闲看青山枕上来俱旧志。

[道光《邹平县志》卷十《园亭》]

翠微亭、遐景亭，《通志》云：在县东二里黄山下，元处士安仁甫建。《县志》云：元处士安宅构在黄山西麓，内翰杨损斋题名，集贤院学士刘仲淹题额，今碑刻尚存。诗，见《艺文》。

[道光《济南府志》卷十一《古迹一》]

明

◎ 张延登 ◎

《悬袖便方》，张延登撰。延登有《黄门纪事》，见史部诏令奏议类。是编见《乡园忆旧录》。

[宣统《山东通志》卷一百三十六《艺文志第十·子部·医家》]

张延登，字济美。以进士知内黄县，补上蔡，值岁饥，以羡银买牛种，开荒田数千顷，立共济庄一所，以给贫民。为令十年，凡所资用，一切取诸家中。考选兵科给事中，补吏科，上疏平党议，止藩地，饬军实，皆剀切。寻以公事投劾去。起升太仆寺少卿，累升至都察院右副都御史，巡抚浙江，首上疏毁权奄所立祠，闽贼周三老拥三百余艘拦入石浦，延登率标兵疾驰，贼闻宵遁，乃会三区兵剿之，遣参谋成大用以火焚贼巨舰三十余，擒贼首滚江龙，贼走大陈山，立栅自固，延登督诸军深入，毁其巢，追至夏镇关，贼遂溃去。加兵部右侍郎，乞归，起升南京都御史、工部尚书，改左都御史，掌院事。再乞归，再起南京右都御史。赴京考满，卒于家，赠太子太保，赐祭葬，谥忠定。著《通鉴总类》《宦谱奏疏诗文》二十卷行世。延登，立朝侃侃不阿，三管内外，计分考河南文武闱，主考浙江，两掌都察院，一署南刑部，以却馈得士平反见称，奉旨有"端凝介执"之褒。居家孝弟，先继伯父一元以独子上疏，归复本生。每休沐，杜门读书，二十一史、诸子百家，无不遍涉。邑两被兵固守不下，张氏父子功为多旧志并《府志》。

[康熙《邹平县志》卷六《名贤》]

张延登，字济美，号华东。一亨之子也。其母李氏生延登二十一日，中蓐风，疾亟，啮指属嫂刘曰：以是辱邱嫂，愿儿畜之。于是乳于刘，为伯父一元子。万历辛卯（1591）举于乡，壬辰（1592）成进士，选内黄令，茹蘖戴星，额外积谷至六千石，邻封借以赈灾，丁内艰归，邑人思之，为立生祠。先是一元予告归，过黄，语刘大恭人曰：国恩未报，小子幸得服官，从膝下进卮酒，可累官烛官差鲑乎？出俸银二十金，命偿之。延登拜受，至是而太恭人殁。服除，补上蔡令，下车即申详：停征荒地银，核逋赋，使侵渔舞弊者无所容奸。给牛只，备子种，立粥厂，建共济庄，助诸生之贫者。境寥廓，多盗，有警必出，禽之，遍饬保甲，弥于未萌。邻封有重囚七十余案，上官委覆勘核，可矜疑者释之。天雨坏城，又受派河夫三千人，皆设法弥缝，或取办家资，勿扰百姓，前后为令十年，行取京职。乙巳（1605），权礼部主事。明年，授兵科给事中。又明年，丁中丞艰。服除，补吏科给事中，上《补言官选阁臣疏》《澄清四议饬吏治疏》《恶阁谎奏乱国法疏》。是时，廷臣角立，党势方张，乃上《感时触事恭陈无党之论疏》《福王就国》，又上《分封宜速括地太严疏》。又奉敕巡视京营，条上八议，一核兵额，一定验期，一教骑兵，一数军实，一严占役，一清犒赏，一练捕营，一恤班军。编《巡视事宜》一卷。其时，蒙古部炒花不靖，延登又上《会议太轻烦言无用疏》。旋奏改归嗣本生父甲寅，以本生父一亨忧家。居明年，山左大饥，捐赢余，济穷饿，养老稚，掩胔骼。服阕，仍补吏科。己未（1619），管计。守一亨戒，勿发人阴私，然而遇国家大事，辄义形于色，故阜之，上《无虚日在部有铨司委任当久疏》《枚卜奉行宜公疏》《亡何因枚卜事有争上台臣保举非法疏》，不从，遂投劾归邹。滕莲妖起，与邑大夫日理城守，且上书抚军：诛首恶，散胁从，勿调客兵自扰。辛酉（1621），即家起太仆少卿。甲子（1624），转正卿。乙丑（1625），以继母艰归。

丁卯（1627），服除，会推巡抚两浙。崇祯元年（1628）六月，闽寇自东瓯犯石浦，羽檄狎飞，戎服登舟，贼方围昌国卫，转攻爵豁城，闻延登至，退保台州大陈山，延登帅三衢士众，深入剿之，火其巨舰，生缚其魁，余党入粤，耀兵而还，以功晋衔。少司马长安忌者，纷布蜚语，遂具疏辞新衔，浩然解组，口不言功，但著《晏海编》，存将士战功之绩焉。辛未（1631），事白，起右都御史，掌南院。有武生纠众辱台臣，谓：御史之法不行，法更无可行者；武生之众不问众，更无可问者。卒以法之。东牟戍卒之变，山左汹汹，即寄家书，令出盖藏为饷兵守城费，又纠同乡缙绅亟陈勘定要着，勿以招抚自阶之厉。掌院二年，擢工部尚书，改左都御史。甲戌（1634）九月，乡人某遣人私至京，为逻者所缉，事连延登，请罢、请勘皆不许，乃引疾归。戊寅（1638）冬，邹平被兵，帅子弟苍头，助战守。事平，作《东园小骚》《孝勇传》《四烈传》《三物说》《修城记》各一帙。己卯（1639），乡人事讯明，果不蔑已。再起，掌南院，岁大饥，倡捐院帑，积贮千余金，令人买江楚米赈贫，设慈幼局，全活弃儿无算。辛巳（1641）五月，署刑部，值大赦，诏限季夏通结，时大暑，日夜钩考，拮据报竣，而怔忡之疾作。少息，北上便道，过里中数日，趋行，疾大作。翼日晨起，栉沐危坐，叹曰：吾不克入春明，再沥肝胆矣。日亭午，端坐而瞑。赠工部尚书，加太子少保，谥忠定。

[道光《济南府志》卷五十《人物六》]

张延登，字济美。邹平人。万历壬辰进士，知内黄。上蔡，岁饥，买牛种，开荒田，给贫民民，擢兵科给事中。上疏平朋党，再补吏科。历太仆寺卿，以都御史巡抚浙江，闽贼周三老自东瓯入石蒲，连艘数千，登督诸军讨之，累战皆捷，遂覆其巢。累官工部尚书，南北之左右都御史屡典文柄，凡所拔多名臣，如刘理顺，吴麟征，冯元飏、元飙辈皆是也。殁，赐祭葬。

[康熙《山东通志》卷三十九《人物·济南府》]

张延登，字济美。邹平人。万历壬辰进士，令内黄，有惠政，擢兵科给事中。上疏平朋党，再补吏科。历太仆寺卿，以都御史巡抚浙江。闽贼周三老自东瓯入石浦，连艘数千，延登督诸军讨之，累战皆捷，遂覆其巢。累官工部尚书。卒，赐祭葬。

[雍正《山东通志》卷十八之三《人物三·明代》]
[宣统《山东通志》卷一百六十一《人物志第十一·历代名臣》]

西京都察院张忠定公墓在城西马家庄南

左春坊左中允刘理顺撰碑。呜呼！此邹平华东张公之墓。忆甲戌（1634）岁，上亲案南宫所举士，读余卷，进呈者实藉公，既荷特拔，公复为余叙于卷首，余固公门下士也。嗣君与冢孙先后诣都门，属余表。余即黯谙，此谊可容辞邪！公讳延登，字济美。华东，其别号。徙邹平者，始自枣强。闻之东蒙太史公周廷公曰：张氏之先，元季多隐君子，入明而宗益繁。王父叠峰公，讳佩弦，封吏部郎，赠副都御史，元配孙太安人有三丈夫子，长仁轩公，讳一元，娶于刘隆庆，辛未（1571）进士，历官河南巡抚；次义轩公，讳一亨，即公父也，元配李太淑人生公仅廿一日，中蓐风，疾革，啮指属刘恭人曰：以是藐婴，辱邱嫂，愿儿畜之。刘泣应。于是，公乳于刘，为伯父中丞公子。公幼而端慧，十七游庠序，三冠童子军。十九，既廪，屡受知于名先达。辛卯举于乡，壬辰成进士，筮仕内黄，茹蘖戴星，靡利不兴，靡害不除，额外积谷至六千余石，邻封借以赈饥。三年政大成，以丁刘太恭人艰归。邑人思之，辟地肖像为祠，或构讼不相下，则相率诣祠，祈籤卜筶，视所得为平，反各心折以去；衿儒诵法其中，不减在任执经。时进士樊谦六题额曰：杏云以为杏坛之云初也。先是中丞公予造过黄，善公治状，笑语刘太恭人曰：家世受国恩，丝毫未报，小子今幸能服官，从膝下进卮酒，可累官烛官鲊乎？出余俸二十金，命恭人转赐公，曰：其以是偿而子。公再拜受谢，谓：大人尝自教儿矣，敢不益黾勉以绍清白！丙申（1596），归营葬事。服阕，补河南上蔡，蔡之缙绅章缝叟童咸欣迎观，叹曰：是其携我公祖治谱来与！盖中丞镇抚中州时，岁饥人相食，中丞疏请帑藏漕糈凡四十万金，全活者计数十万，豫人爱戴，故蔡人幸再见公也。公下车，即申详：停征荒地银，念逋赋，侵渔难稽，乃于征解，左存数目，彻底核算，积年舞文者无所容奸。给牛只，备籽种，立粥厂，建共济庄，或取办家资至，作养诸生其贫者，助恤有加。境寥廓，多盗，闻警必率壮兵禽剿，又遍饬保甲，弥于未萌，遂成不闭不拾之风。邻疆有重囚七十余案，公奉批覆勘察，可矜疑者释之归，久仍愿来就系问之，则泣诉福堂，差胜家中饿也。天雨坏城垣数十丈，修河坐，泒河夫三千人，皆设法筑输，不扰民间一夫一钱，蔡人德公深，争醵金，构祠尸祝，公力劝不能止，则改祀先贤漆雕氏。癸卯（1603），同考号得士，举卓异第一。考满，貤封本生父如其官，本生母李赠孺人，母刘安人始加赠恭人。公前后为令十年，乃行取，冢宰嵩毓李公撰"去思碑"云：虚冢以实国瘠，邹以肥蔡。盖实录也。乙巳，权授礼部主事，遇神宗，上圣母徽号，本生父母再貤封。丙午（1606），授兵科给事中。明年，丁中丞公艰。服阕，补吏科给事中，奏《补言官选阁臣疏》《澄清四议饬吏治疏》《恶阁谎奏乱国法疏》《感时触事恭陈无党之论疏》《福王就国》，又奏《分封宜速括地太严疏》，正气直声，朝野震之。癸丑（1613），分校礼闱，得士十八人。国家承平日久，武备渐弛，公奉敕巡视京营，条上八议，一核兵额，一定验期，一教骑兵，一教军实，一严占役，一清犒赏，一练捕营，一恤班军。编《巡视事宜》一卷，曰敕书，曰会典，曰营制，曰数目，曰巡察，曰仪节，曰日期，曰规则，曰循环，曰会同，曰马政，曰班军，曰赏罚，曰奏缴，曰军政，曰大阅，曰杂事，曰纪要。其奏《会议太轻烦言无用疏》云：辽左之患，在抚镇迁易不常，委任失人，功罪不明，赏罚不决，当责成抚按将吏，令便宜行事，毋频令廷臣射覆，开任事者委卸而并责谋国大臣调停之舛。盖尤字字龟鉴云。先是中丞公以公孑然一身，不可承继，晚年更立季弟一贞子延英为嗣，命公归本所生，公泣辞不忍。终丧后，乃奏《遵例陈情疏》，诏许之。甲寅（1614），公颁大行祚圣皇太后慈诏于山东、南直，便道里，省祠部公，祠部公勉公勤王事，公行而讣遽闻，奔回，搏颊自责，一恸几绝，扶病襄事，启李太淑人富相山旧圹合窆焉。乙卯（1615），二东大旱，死亡枕藉，则捐赢余以济穷乏，收养老幼，掩埋胔骼，延高僧追度饿魂，夜闻群鬼走谢，乃作偈曰：朗公刻苦大修行，夜起披袈坐，未明多少骷髅相对语，都来窗外听钟声。起复，仍补吏科。值张江陵之论未定，公首疏伸其冤。戊午（1618），副晋江李翀林公典试浙江，最号得士，尤赏夏公彝仲宾于西塾，今果以文名世，擢高魁，举廉吏。己未（1619），分校武闱，所获皆兜鍪贤者，陈眉公题"门多将相文中子，身系安危郭令公"之联以美之。己未，管计吏，奏《陈肤见以裨实政疏》，得旨并察《接年事例》，汇刊成书，存诸部科。公遵祠部公戒，勿发人阴私，遇国家大事，辄义形于色，故皂囊之上无虚日。《在部有铨司委任当久疏》《枚卜奉行宜公疏》《辽兵氛炽疏》《辽报愈亟疏》《辽阳濒危疏》及《辽左议单》，皆侃侃然，激风雷而昭日月也。考满，改赠祠部公给事中，妻王赠孺人，卢封孺人。《亡何因枚卜事有争公上台臣保举非法疏》，不从，遂投劾归。公家居，犹追驳会议辽事云：非尽罢四方募兵之使不足以息，山泽思乱之人心非早罢，登津各抚之建置并，力于广宁一路，不足以省天下无益之加派。里居不忘国恤，盖若是也。邹滕莲妖起，与邑大夫日理城守，且上书抚军：诛首恶，散胁从，勿调客兵自扰。辛酉，即家起太仆少卿。逾年，转大理左少卿。熹宗御极，覃恩给诰命。甲子，转太仆卿。乙丑，丁焦太淑人艰。丁卯，服除，会推巡抚两浙值造。戊辰，大计册，奖廉惩贪，持法不少渝首，毁逆瑞生祠，清织监李实钱粮，革行户行狱，请免鼓铸息钱，益水患之家甫赋。今上御极覃恩，锡封三代，荫子一人。戊辰六月，闽寇周三老自东瓯犯石浦，杭城羽檄狎飞，公戎服登舟，触暑誓师，贼围昌国卫，转攻爵谿城未下，闻公至，退保台州大陈山，公会三区士众，深入剿之，授方略于参戎成大，用炎其巨舰，生缚其魁滚江龙，余党入粤，耀兵而还，沿海父老言：自嘉靖壬子后久无此奇捷矣！旋奏修筑海塘，申严海禁，上嘉公勋，晋衔。少司马长安忌者，纷布蜚语，公遂具疏，乞骸骨，辞新衔，浩然解组，口不言功，但著《晏海编》存将吏战攻之绩。辛未，事白，起升右都御史，掌南院。时有武生纠众凌辱台臣，公谓：御史之法不行法，更无可行者；武生之众不问众，无可问者。卒以法绳之。云南道御史李曰辅奏疏中有"语群瑙不堪四出"，意指分遣监军也。上怒，调外职，公力为申救，语甚激。辽将之变，山左汹汹，公寄家书，令诸子出盖藏为饷兵守城费，又纠同乡诸缙绅亟陈勘定要着，勿以招抚自阶之厉。掌院二年，晋工部尚书，改左都御史，召对，谕以都察院风纪重任御史巡方贤否考核宜严。公退，衍绎圣谕，列简明条款七事，分发直省，下谕所司，皆得俞旨。甲戌，管大计，疏《请饬禁约以肃觐典，核钱谷，以儆官邪》。九月，乡人某遣力私至京，为逻者所缉，事连公，公连疏，请罢、请勘皆不许，以疾固请，乃准回籍。戊寅冬，济南被兵，分攻邹平，势甚危。公率子弟苍头力御，城赖以完。事平，公作《东园小骚》《孝勇传》《四烈传》《三物说》《修城记》各一帙，纪变也。已卯，乡人某事讯明，果不蔑公。再起公掌南院，则奏补台员，定差规，屡结大狱，嫌怨不辞。南京大饥，倡捐院帑，积贮千余金，差官赴江楚买米赈贫，设慈幼局，全活弃儿无算。辛巳五月，署刑部，值大赦，诏至限季夏通完，时酷暑，案牍如山，公昼夜参阅，不假吏书，每出人罪，则辄然喜曰：圣明浩荡，殊恩旷世，难逢沉狱，望此一线生机，不啻再造，吾敢以一时苟安误人性命，令一家哭邪？拮据报竣，心血耗枯，怔忡之疾作矣。少息，遵旨，单车北上便道，过里居数日，即趋行，亲友饯送于途者犹与酬酢如平时。既夕，怔忡复大作。翌日晨起，栉沐危坐，叹曰：吾不克八春明，再沥肝胆矣。至亭午，端然而暝。公天性敦厚，以故发于忠孝者挚而笃，生平慕海忠介公瑞至形诸留台之题联。兹考公之扬历，自邑令历谏垣卿寺，开府尚书，三总南北宪约，已抚民摅诚补衮，清风亮节，亦事事符合，而剿寇固围尚有忠介，所未遭者，玺书褒谕：一曰端凝介执，再曰清标硕望。举朝嗟叹，以为圣天子知人之明，行且易名，示褒知忠介，公不能专也。公嘉靖四十五年（1566）正月十四日生，崇祯十四年（1641）十一月初九日薨。谨敷陈其梗概，以报嗣与冢孙而勒诸墓门之石。崇祯十六年岁次癸未嘉平。

[嘉庆《邹平县志》卷九《古迹考二·坟墓》]

《别本干禄字书》一卷，张延登校刊。延登，字济美，号华东。邹平人。万历壬辰进士，历官右都御史，赠太子太保，谥忠定。钱泰吉《曝书杂记》载是本云：

明崇祯十三年庚辰张延登镂版于济南。延登有序,并加案语,又于每韵上标出部首。按:康熙丙午陈上年重雕本载延登原序略云:中讹者仍之,义意稍订于上层,示不敢专。转韵处,序云朱点其上。今特明书,其韵则予所僭加云。

[宣统《山东通志》卷一百三十四《艺文志第十·经部·小学》]

《晏海编》《东园小骚》《孝勇传》《四烈传》《三物说》《修城记》各一帙,《黄门纪事》十卷、《诗文集》二十卷、《古诗十九首注》,邹平人张延登撰。延登,号华东。详《人物》。

[道光《济南府志》卷六十四《经籍》]

《黄门纪事》十卷,张延登撰。延登,字济美,号华东。邹平人。万历壬辰进士,历官右都御史,赠太子太保,谥忠定。是编见旧《通志》,不详为何书。《邹平志》据《通志》载入《艺文》,而以延登历官章奏见于《墓碑者》,详列篇目于书目之后,殆以是编即延登之奏议欤!姑依《县志》所载,列之此类。其确为奏议与否,则未敢定也。

[宣统《山东通志》卷一百三十四《艺文志第十·史部·诏令奏议》]

《巡视事宜》一卷,张延登撰。延登有《黄门纪事》,见诏令奏议类。《县志》载刘理顺撰《墓碑》云:公奉敕巡视京营,条上八议,一核兵额,一定验期,一教骑兵,一教军实,一严占役,一清犒赏,一练捕营,一恤班军。编《巡视事宜》一卷,曰敕书,曰会典,曰营制,曰数目,曰巡察,曰仪节,曰日期,曰规则,曰循环,曰会同,曰马政,曰班军,曰赏罚,曰奏缴,曰军政,曰大阅,曰杂事,曰纪要。

[宣统《山东通志》卷一百三十四《艺文志第十·史部·政书》]

《读书日记》一卷,张延登撰。延登,见史部诏令奏议类。是书附刊《余姚赵氏学范》后,见《县志》。

[宣统《山东通志》卷一百三十九《艺文志第十·子部·杂家》]

《诗文集》二十卷,张延登撰。延登有《黄门纪事》,见史部诏令奏议类。《县志》载是集云:崇祯戊寅,邑被兵,延登著《东园小骚》《孝勇传》《四烈传》《三物说》,皆述捍御之略。又有《晏海编》,述巡抚两浙时,讨闽贼周三老将士战攻之绩。《渔洋文略·跋张忠定公题射雕图》云:公古文极有法度,赤牍跋尾,单词词组,皆有坡谷风,至今遗集未刊,每念及辄为怃然。

[宣统《山东通志》卷一百四十二《艺文志第十·集部·别集》]

《古诗十九首注》一册,张延登撰。延登,见史部诏令奏议类。《县志》载是编及其自叙云：诗有可解不可解。不必解乃解诗者，如胶走盘之珠，一段员光，都被卷定。《古诗》向有徐注，意欲划旧注之拘，而不知已落窠臼矣。因以已意，略为删割，间附管测数语，大要不失其员体而止。愚与友人谈及圣贤语言，总当活认，浦且子巧下飞鸟于青云之上，而詹何悟而学钓。悟此者，于解何有。

[宣统《山东通志》卷一百四十六下《艺文志第十·集部·诗文评》]

日涉园，《县志》云：明少保张延登构在城西南郭外沙溪之侧。其父封给谏义轩，与大中丞仁轩兄弟日涉于此，故名。中有坊，曰兄弟同游处。诗见《艺文》。

兔柴，《通志》云：在县黄山北。明太保张延登别业。《长白山录》云：黄山阴为兔柴，明张少保华东别业。有超然洞，洞中有白兔公铜像，上有半偈山房、西佳楼、挹翠亭，董其昌作《兔柴记》，见《艺文》。

寄清园，《县志》云：明张延登构在城中少保府左。庭前翠柏二株，为其高曾手植，故以宝树颜其堂。又伐黄山之石，叠为峰峦洞壑，名曰小黄山。有诗，见《艺文》。

会景园，《县志》云：明张延登构在东郭外。亭池台榭，幽折宜人，园成而宠，命至及归，自金陵中道而殁。今悉就蓁芜观《洛阳名园记》寓诸人事盛衰，信哉！

月河庄，《县志》云：明张延登别业，亦名长羡庄，在黄山东南二里许。引鱼子沟水经其中，可以泛舟，有鱼子亭。诗见《艺文》。

拳湖，《县志》云：明张少保日涉园之侧，沙溪委会焉，因而浚之，水泉流溢，遂为潴泽。董其昌题其亭曰：烟波飘渺。张自题曰：小西湖。有诗，见《艺文》。]

[道光《济南府志》卷十一《古迹一》]

兔柴，在黄山北。明张延登别业，董其昌有《记》。延登又有寄清园，在城内。

[宣统《山东通志》卷三十四《疆域志第三·古迹一·邹平县》]

张太保墓，在城西五里。讳延登，奉敕葬此。状元刘理顺撰《碑志》。

[康熙《邹平县志》卷二《坟墓》]

张延登墓，在邹平县西五里。都御史，赠太子太保。有学士方拱乾碑。

[康熙《山东通志》卷二十一《陵墓·济南府》]

张延登墓，在马家庄南，有明刘理顺撰《墓表》。

[宣统《山东通志》卷三十四《疆域志第三·古迹一·邹平县》]

◎ 李　镇 ◎

李镇，太医院院正。

[顺治《邹平县志》卷七《吏椽》]
[康熙《邹平县志》卷五《吏椽》]
[嘉庆《邹平县志》卷十三《选举·吏椽》]
[道光《邹平县志》卷十三《选举·吏椽》]
[民国《邹平县志》卷十三《选举·吏椽》]

◎ 刘 霆 ◎

刘霆,太医院吏目。

[顺治《邹平县志》卷七《吏椽》]
[康熙《邹平县志》卷五《吏椽》]
[嘉庆《邹平县志》卷十三《选举·吏椽》]
[道光《邹平县志》卷十三《选举·吏椽》]
[民国《邹平县志》卷十三《选举·吏椽》]

清

◎ 吴思恩 ◎

◎ 张进学 ◎

医官
吴思恩
张进孝_{康熙年委}。

[康熙《邹平县志》卷四《医官》]

医学训科
吴思恩
张进学

[嘉庆《邹平县志》卷十二《职官》]

[道光《邹平县志》卷十二《职官》]
[民国《邹平县志》卷十二《职官》]

效霞按：嘉庆、道光、民国《邹平县志》均作"张进学"，唯康熙《邹平县志》作"张进孝"，疑"孝"乃"学"之误。

◎ 韩毓秀 ◎

韩毓秀，伏生乡人。早年丧父，事母李氏竭力致养，母寝疾七载，秀日侍汤药，目不交睫，每夜焚香祷天，母疾获愈，寿至八十余岁。兄蚤病亡，遗孤侄三人，秀割己田与寡嫂养生，延名师教幼侄，使各成材。又医难民，活流殍，殓葬安丘病客，且给其妻子归途费。又倡修东北道上三座大桥，又竭资增二桥，填路高平，以济行人。又摊庙田赋役，乐义不倦。

[康熙《邹平县志》卷六《孝子》]

韩毓秀，邑人。幼丧父，事母李氏竭尽孝养，母寝疾七载，秀日侍汤药，焚香祷天，母病寻愈，寿至八十余。兄早亡，遗孤三人，秀割己田与寡嫂以养之，延师教其侄，使各成材。尝医活流民，殓葬安邱病客，且给其妻子归装。又倡修城东北注泷河桥三座，竭资筑路，以济行人。其乐义如此 旧志。

[嘉庆《邹平县志》卷十五《传略》]

韩毓秀，幼失父，事母李竭尽孝养，母寝疾七载，秀日侍汤药，焚香吁天，母病竟愈，寿享八十。有畸兄早亡，遗孤三人，割己田与嫂以给鞠养，且为延师以成就之。尝医活流民，有安邱客病死，秀助含敛，并益其妻子装，使扶柩归葬。倡修县城东北潴龙河三座桥，竭资筑长道，以免沮洳，行人利焉 据旧志。

[道光《邹平县志》卷十五《传略》]

韩毓秀，幼失父，事母李竭尽孝养，母寝疾七载，秀日侍汤药，焚香吁天，母病竟愈，寿享八十。有畸兄早亡，遗孤三人，割己田与嫂以给鞠养，且为延师以成就之。尝医活流民，有安邱客病死，秀助含敛，并益其妻子装，使扶柩归葬。倡修县城东北猪龙河三座桥，竭资筑长道，以免沮洳，行人利焉 据旧志。

[民国《邹平县志》卷十五《传略》]

韩毓秀，邹平人。幼失怙，母寝疾七载，日侍汤药，焚香吁天，病竟愈，寿至八十余。兄亡，遗孤三人，割己田以与之，延师教使成材。尝医活流民，有安邱客病死，为之含敛，助客妻子归。倡修潴泷河三座桥，筑长道，以利行人。

[道光《济南府志》卷五十四《人物十》]

◎ 王方琳 ◎

医学训科

吴思恩

张进孝 旧志

王方琳

[嘉庆《邹平县志》卷十二《医学训科》]
[道光《邹平县志》卷十二《职官·医学训科》]
[民国《邹平县志》卷十二《职官·医学训科》]

◎ 王君佩 ◎

王君佩，太医院生。

[嘉庆《邹平县志》卷十三《选举·吏椽》]
[道光《邹平县志》卷十三《选举·吏椽》]
[民国《邹平县志》卷十三《选举·吏椽》]

◎ 王方义 ◎

王方义，醴山启卓之曾孙，醴山生元禧，乾隆丙辰（1736）恩贡，文章德行，士多宗之。禧之孙，即方义也。少孤，性至孝，母梁氏知书，懿训严肃，使从进士周珹受学，因以成立。兼精医术。嘉庆十一年（1806），以恩贡官阳信教谕，建文德桥于学署前，以便行人。又率多士重修文庙，并门庑而廓大之。训迪有方，受业者百余人，多掇科名以去。至采芹食饩者，尤众也。居官十三年，至嘉庆二十三年（1818）告归，举乡饮大宾。卒年九十七岁《府志》采访略。

[道光《邹平县志》卷十五《传略》]
[民国《邹平县志》卷十五《传略》]

王方义，字德宜。乾隆己巳（1749）恩贡。少孤，性至孝，母训严肃，使从进士周珹受学，因以成立。嘉庆十一年，选阳信教谕，建文德桥于学署前，以便行人，率多士重修圣庙，并门庑祠宇而廓大之。训迪有方，受业者百有余人，多掇科名以去。居官十三载，告归，举乡饮大宾。卒年九十七。

[道光《济南府志》卷五十四《人物》]

效霞按：据嘉庆《邹平县志》卷十三《选举》：王方义为乾隆四十四年（1779）恩贡。

◎ 李廷环 ◎

李昂，太学生。能推孝敬，以睦宗族，且周人急，以德行举乡饮介宾。当道奖之曰"品重圜桥"。长子廷环，县增生。好医，著《李氏后天补遗》若干卷。次子廷琇，县学生《府志》采访略。

[道光《邹平县志》卷十五《传略》]

◎ 刘丙南 ◎

刘丙南，附贡生。以孝义闻。又通医术，活人多，不惮烦，亦不受谢。县中修文庙，建书院，皆出厚资助之，知县彭斗山奖以扁曰"义重桑梓"据《县案》。

[道光《邹平县志》卷十五《传略》]

[民国《邹平县志》卷十五《传略》]

◎ 成　瓛 ◎

《篛园医说》四册，成瓛著。《长沙伤寒论新编新测》《金匮要略新编新测》各二册。

《篛园医说续编》四册，成瓛著。纂后贤，述《金匮》法也。

[民国《邹平县志》卷十七《著作》]

成瓛，字肃中，号篛园，晚号古稀迂叟。乾隆癸未（1763）进士，高唐学正兆丰之孙也。年十七补庠生，中嘉庆辛酉（1801）举人。少嗜读书，博学强记，富于卷轴，故能为金石千声、云霞万色之文，然不以此自是，谓人当抗心古籍，别有以自立，乃益上下群籍，殚精研榷，掇拾前人漏义，略其苛细，第辨论其得失之大者。著《篛园日札》，注经证史，抗衡先儒，《周髀》之径隅，方舆之沿革，以及方术杂家，无义不搜，无疑不析。癸巳岁（1833），济南太守王霞九先生重修郡志，谓郡不少名人，而多未解古学，邹平成瓛暨其弟琅，博雅君子也，亟延聘之。瓛亦以百年典章散失，欣然自任。乙未（1835）六月抄稿既成，旋里自置玉泉义学，教授其中，不索脩脯，俾远近各得师资。课余取嘉庆八年（1803）《重修县志》本，重新改纂。卒年七十九岁。县人合词公呈，恳祀乡贤祠。弟琅，别有"传"；

弟珊，恩贡生。

[民国《邹平县志》卷十五《人物考》]

成瓘，字篛园。邹平人。嘉庆辛酉举人。读书能为深沉之思，探赜索隐，精力过人，尝仿宋儒王应麟之例，刺取经传沈逸，各为一册。于《尚书》功最深，厘订阎若璩《古文疏证》之失，证以古简，多创获。所考古漯渠、济水枯渠、老黄河故道，皆能补胡渭《禹贡锥指》之阙。辑诸史纪表志传，事涉邹平者，为一篇，分为上下，累数千言。尤精算术，以《周髀算经》首章《三角之说》晦于著书者之繁文，因设图制说以明之。得汉建初尺度，以累黍法求之不合，乃出巧思，累百黍断之为尺，参互校定遂通，得古今权量之数。为文意思赡雅，同时黟县俞正燮治汉学，与瓘友善，甚称道之。所著书详《艺文志》。

[宣统《山东通志》卷一百七十《人物志》]

成瓘（1764—1842），字肃中，号篛园。今邹平镇郭庄村人。生于官宦门第，祖父兆丰，乾隆癸未进士，官高唐州学政，著有《竹斋集》诗文四卷。自幼酷爱读书，富于卷轴。十七岁补县学生，二十一岁结文会于富相山。乾隆五十八年（1793），出馆长山，遇沾化进士韩逢伯，誉其为"字如金石，文呈云霞"。嘉庆六年（1801），以优廪生得中举人，文名渐起，然九入礼部春闱不第，自愧有负先人之望，遂放弃科举，专心著述。以湖北叶云素、江西刘金门为师，潜心经籍。晚年，手订《篛园日札》八卷，对音韵、训诂、注经、证史颇有见地，极受著名学者俞正燮推崇。嘉庆八年（1803），续订《邹平县志》。道光十一年（1831），受济南知府王霞九之聘，重修《济南府志》，历时两年。返回故里后，以所得酬金举办玉泉义学，传业授徒。精于算术，对医学也颇有研究，并著有《篛园医说》《篛园医说续编》。道光十六年（1836），续修《邹平县志》。

[《滨州市志·人物传略》]

[《滨州古今名人事略》]

[《济南市志》第十八卷《人物传》]

[《山东中医药志》第六篇《人物表》]

[《中医人物词典》]

[《中国历代医家传录》]

[《中医人名大辞典》]

成瓘墓，在城东南柳泉庄西。

汉阳叶志诜撰碑：叟既逝之明年道光壬寅（1842）春三月，其孤公苓不惮千里，走京师，以铭墓之文相属，知余两人交谊之深也。按状：姓成氏，名瓘，字肃中，一字篛园，晚号古稀迂叟。山东邹平县民籍。年十七，补县学生，试乡科十二，嘉庆辛酉始以第二人中式举人，试会科凡九，终未第。叟有《自叙》一篇，言家世、生平事甚悉。其行谊之纯笃，乡里儿童皆知之。学术之渊醇，儒林缙绅亟称之。何俟余言！余惟即所知者言之。叟为先中宪府君典试所得士，每计偕来都，皆主余家，先府君修辑会典，成书千七百卷，叟多佐理之。余家故饶书籍，叟勤披览，无间寒暑，《篛园日札》前五卷，多在余斋中所作也。时同居者，有黟县俞君正燮、武进吴君承烈，皆笃学士，文成辄以相质，偶有经余三人疑议者，即弃去。抗衡儒先，注经证史，《周髀》之径隅，方舆之沿革，以逮方术杂家，无疑不析，无义不搜，稿凡数削而成，一一折中□当而后已。自丙戌（1826）以后，或里居教授，或远馆他省，成《后稿》六卷、《续稿》四卷。癸巳岁，偕其弟琅就聘省中，重修《府志》，有《修志记略》二卷，每一卷成，辄手写寄质，以故余两家有藏本，今则已矣。叟素强，疾虽呻吟痛苦之中，不废笔墨。向夕，心辄怔忡，急和衣就卧，天方明，复理旧业，年未四十，两耳即重听，皆勤学所致也。配沈氏，生三女，长适长山李氏，次适本邑李氏，三适长山沈氏。以弟琅之子公苓为嗣。有孙四人。道光辛丑（1841）春正月寝疾卒，生于乾隆癸未（1763）五月，年七十有九，葬县城南柳泉。铭曰：济水蕴伏脉源长，灵钟大儒阐幽光，膴仕未副行则扬，等身著述名山藏，伏生古墓郁相望，经师千禩同颉颃。

邑举人李培撰碑：齐鲁之间于文学，其天性也，然如吾邑成公，道古训崇，朴学负经，师人师之，望者殆非今之人，抑古之学者欤！公讳瓘，字肃中，姓成氏，济南邹平人也，居县城里，以诗礼传家，自明科第不断，后移居城南之郭庄。公大父竹斋公，登乾隆癸未（1763）进士，得报甫浃月而公生，大父喜，明年周岁生日，设晬盘，公熟视众物，独取一册书，终不去手，大父□喜曰：此儿当以读书起家。十七岁补庠生，嘉庆辛酉以优廪生中本省举人第二，九入春闱，终未第。自愧负读书起家之望，因号篛园。篛者，弱也。实自志其愧也。至晚年，自置玉泉书院于富相山前，设教其中。又自号古稀迂叟，盖公尝言曰：老大方知气质恶，寻思祇为读书粗。余本山东布衣，浮华世味，半生未能。淡饭粗茶，一生本分，今年逾七十矣。不能为狂，不能为狷，道家虚无既非余所尚，佛家寂灭亦非余所知，满肚皮不合时宜，又不能为愿，人非迂而何？遂自定为号焉。然则公生平枕藉经史，无日废书。每遇快心之处，逸兴遄飞，即疾痛呻吟，与夫境遇之懊恼，一切忘之。是公自为迂叟者，非特今人不及，亦古所稀也，真可谓古稀之迂叟也哉！至道光辛丑春正月寝疾，终春秋七十有九，葬县城南之柳泉庄北。配沈氏，生女三人，嗣胞弟玥之次子公苓。有孙四人。长女适长山北旺庄李氏；次女适本邑辉李庄李氏，即吾族也；三女适长山沈家庄沈氏，即公妻族也。长女早殁，兹其次三女欲为立石，余闻而义之，噫！公去世于兹十有八年矣！品谊之方正，言行之纯笃，乡间儿童悉知之；学术之渊醇，著作之广博，叶公撰文尽录之。余亦何言！亦惟慕景行于仰望，睹吉地之盘结而为之铭曰：泰山苍苍，东海洋洋。钟灵毓秀，生大儒于齐鲁之邦。心契孔门所传，地与伏墓相望。溯流风于彼美，共山高与水长。清济为兮，长白为宗脉。蕴中心兮，于兹为屏砂。水朝护兮，君之幽宫恍。聚顺于一庭兮，永乐佳城。

[民国《邹平县志》卷九《坟墓》]

《大学古本通义》一卷，成瓘撰。瓘，字肃中，号篛园，晚号古稀迂叟。琅兄。嘉庆辛酉举人。是书初名《大学疑谳》，又审定易此名，载入《篛园日札》中。瓘"自跋"云：取诸章段依郑，诠义依朱，令今古两家，无所滞碍。《养中之塾文集》载《大学疑谳书后》云：今之读《大学》者，率以朱子《章句》，不复观古本，其知观古本者，又往往藉以驳程朱之学，于余心均有未安。我朝李文贞公《大学》古本说纯粹和平，邹平成篛园辨其诠义尚有异于朱子者，又以章段宜悉从孔《疏》，因著《大学疑谳》如上。余喜其说能归诸易简，敬识数语，以俟后之君子论定焉。

《古本大学心测续附》一卷，成瓘撰。亦载《篛园日札》中。凡十二节。首节总论大旨；二节、三节标目曰"首章五而后，二章七而后"；四节、五节、六节标目曰"次章六必先字字，一在字"；七节、八节标目曰"诚意根于致知测"；九节至十二节标目曰"《大学》三章、四章、五章，好恶异同心测"。

《论语说》，成瓘撰。俞正燮《癸巳存稿》引三条。

[宣统《山东通志》卷一百三十《艺文志第十·经部·四书》]

《石鼓辨证》，成瓘撰。瓘有《大学古本通义》，见四书类。是编载《篛园日札》中，《县志》标目作《岐阳十鼓辨证》，兹依《日札》原目标题。瓘既作《辨证》，又约其辞而书之屏，每幅拆鼓文为二，令字大利观。《县志》全载其文。屏首识语略云：昔读魏收书，疑是太平真君七年二月田岐山所刻，博考其事，作十五证。又从《说文》摘出史籀文二百有十，与鼓相涉者二十一，同者六，异者乃十有五，亦博考作十五辨按：同者六，谓则、囿、员、治、中、树六字；异者十五，谓是子、西、申、驾、车、马、速、四、六、大、陆、归、甸、皮十五字。甸从郑，作西。考瓘所定十鼓次序，与诸家有同有异，与朱氏《日下旧闻》所载则无一同。第一同薛、杨、朱第七。第二与诸家异,朱第十。第三与诸家异,朱第九。第四与诸家异,朱第一,第五与郑同,朱第四。第六与诸家异,朱第三。第七与诸家异,朱第二。第八与郑同,朱第五。第九与诸家异,朱第六。第十与诸家异,朱第八。

[宣统《山东通志》卷一百三十《艺文志第十·经部·小学》]

《邹平耆旧记》一册,成瓘撰。瓘有《大学古本通义》,见经部四书类。是编见《古稀迂叟广自叙》《叙》附《篛园日札》末。

[宣统《山东通志》卷一百三十二《艺文志第十·史部·传记》]

《济南府志初稿》,成瓘与其弟琅同撰。瓘有《大学古本通义》,见经部四书类;琅有《鉏经撫记》,见经部礼类。《篛园日札·古稀迂叟广自叙》云:癸巳正月,济南太守江西王霞九赠芳先生聘入署,重修郡志。未几,先生以升任去,属兄弟二人专志局十六属采访事。料急不能齐,前支支节节而为之。又念志本官书,人物之去留,宜官自主之,叟兄弟为同郡人,从宽从严,两不敢任,故于郡属所送,唯略芟文字之闲冗,全登其人,以待官之笔削。乙未六月秒,仅成荒稿一部,辞归。登莱青道前济南府王镇道光《济南志》"序"云:疆域之因革,水道之变迁,暨各目中草创规模,考古证今,具有精心卓识,则篛园之《初稿》,屹不可动考道光郡志纂修衔名,瓘、琅之后,尚有邹淦、冯云鵷、李同、冯阮、冷炬五人,又据王镇"序",自甲午至庚子,前后七年乃成书,随刻随校,尚有续加补缀之处。又托浑布"序"称,镇因《初稿》校订别白,覃精数年,甫克蒇役云云。瓘"自序"称,乙未六月辞归,则六月以后至庚子,此数年中所续补者,皆邹、冯等五人手笔,而镇总其成,非复成氏之原书矣。故今但录其《初稿》,而已刊之《府志》七十二卷,则不录。

《济南四征录》二册,成瓘撰。《广自叙》云:既归,念前日支支节节之文,心歉然不能置。更加排纂,别为舆地、山水、古迹、金石两册,名之曰《济南四征录》。丙申六月,闻经理府志者为冯集轩明府即云鵷,适府中专意来征书,因以《四征》附寄明府。非敢再预《府志》之议,乃为吾家私书求是正尔。

《续修邹平县志十》八卷,成瓘撰。刊于道光丙申。《广自叙》云:邹平县库中有嘉庆八年家静谿叔《重修县志》版,民不知也。《人物》一门,亦有未备。叟更访求三十年,在府志局所得又夥,为乡先达辨其冤诬,补其漏落,重新改纂,《艺文》及《节孝》均有增加。适湖南罗书田宗瀛父母莅县任,叟以《续订县志》底本上呈。罗父母问所需,慨然发京钱三百串,且芟润其书,委之刊补,凡三匝月而讫。今所校刻,一从罗父母所定,仍持官书主官笔削之义,未敢专擅也按:《明史纪事本末》以张延登为齐党,《志》据行状证其非是。邱磊为刘泽清所陷下狱死,《史可法传》谓邱磊谋航海降,为可法所诛。《志》据《南疆绎史》《绥寇纪略》辨其致诬之由,即《自叙》所称为乡先达辨诬者也。

[宣统《山东通志》卷一百三十三《艺文志第十·史部·地理》]

《句股开平方割平圜法》一册,成瓘撰。瓘见经部四书类。是编见《古稀迂叟广自叙》。

[宣统《山东通志》卷一百三十七《艺文志第十·子部·天文算法》]

《箧园日札》八册,成瓘撰。瓘见经部四书类。是书为道光丁酉瓘重定写本。第八册目录后"识语"云:学考据四十余年,道光己丑客江西,手定八册,其中一册皆蘘乡邦水地也。甲午客济南,别成《济南四征录》两大册,约十万言。因芟除水地册,以近日新得者补其阙,命曰《春晖载笔》,以年七十有五也。上七篇,为幅少长,故分为上卷;其少短者,分中、下卷。第一册首有庐陵王赠芳"序",略云:凡经史礼器《读三礼随笔》中有《古嘉量考》《木豆考》《瓦豆瓦登考》《疏匕亦木豆考》《古人器鬼器考》等篇、天文《读三礼随笔》中有《左传昭公十七年六月朔日食义证》《左传昭公三十一年十二月朔日食义证》《左传所言星土事》《左传岁在指掌图》《左传经文上六甲纪年之非古》等篇、**地理**《读尚书随笔》中有《三江异义》《西汉大河自贝邱南折考》等篇。《读三传随笔》中有《春秋豫章考》。《读三礼随笔》中有《郑注周礼乡遂都鄙受地之算》《郑注王制东田及里步之算》等篇。《读群书随笔》中有《邹平长白山考》《县以邹名考》《左丘明墓考》《伏征君墓考》《小清河考》等篇、以及方言俗说《读群书随笔中》有《亲属相沿之呼》《琐语琐事之沿》《官府中琐语琐事之沿》等篇,一一折中至当,无义不析据本书。按:是书一册为《读易偶笔》;二册为《读尚书偶笔》;三册为《读诗偶笔》;四册为《读三传读三礼随笔》;五册为《读史随笔》;六册、七册为《读群书随笔》;八册即《春晖载笔》,除中卷《邹平移今治后考》《读灵枢经本神篇》二条外,余皆考群经及性理;末附《古稀迂叟广自叙》,述生平为学著书次第甚详。又案:瓘说《易》深于象数;说《书》于古文、今文、伪古文考析最精;说《诗》申郑黜王,兼考三家;说《四书》则兼明汉、宋;论朱、王异同则,以方苞之说为得其平云。

《成氏丛书》四册,《县志》云:成瓘抄辑、成琅覆校。琅有《鉏经撮记》,见经部礼类。瓘自记云见《广自叙》后:第一册皆先世言行,为霞九公祖所嘉许,因以奉献,故缺此册,而弟琅尚有底本,稍暇,择子弟善书者抄补之。

[宣统《山东通志》卷一百三十九《艺文志第十·子部·杂家》]

◎ 李树元 ◎

李树元，景崞长子，太学生。性孝友，有读书癖，因患重听，废举业，究心岐黄术，方多奇验。弟树谷，官河南祥符县，元随之任所，值时疫流行，人赖以全活者，无虑千万，至今称之。

[民国《邹平县志》卷十五《人物考》]

李树元，清代邹平县人。太学生。究心岐黄术，方多奇验。

[《山东中医药志》第六篇《人物表》]

◎ 李绍宗 ◎

李绍宗，字会昌。枕藉经史，耄而好学，年七十余以诸生应咸丰乙卯（1855）乡试，恩赐副举人。精医术，济世，以陆宣公自况。卒年八十有五。

[民国《邹平县志》卷十五《人物考》]

李绍宗，字会昌。清代邹平县人。老而好学，年七十余，咸丰乙卯乡试，恩赐副榜。精医术，以之济世。

[《山东中医药志》第六篇《人物表》]

◎ 崔继祥 ◎

崔继祥，性敏达，有干才，公益所在，无不为之，如重修城东北三座桥，筑道十余里，栽树三百余株，此其尤著者。且精岐黄，活人无算，人咸德焉。以六品衔，举大宾。寿八十三岁。

[民国《邹平县志》卷十五《人物考》]

崔继祥，清代邹平县人。精岐黄术，活人无算。

[《山东中医药志》第六篇《人物表》]

◎ 马文魁 ◎

马文魁，乡饮大宾。精岐黄，活人无算。邻里公赠"德高望重"匾额。寿八十六。子在田，有父风，援例入贡，亦寿八十岁。

[民国《邹平县志》卷十五《人物考》]

马文魁，清代邹平县人。乡饮大宾。精岐黄术。邻里公赠"德高望重"匾额。

[《山东中医药志》第六篇《人物表》]

◎ 冯玉书 ◎

冯玉书，精医以济世，寿八十六。

[民国《邹平县志》卷十五《人物考》]

◎ 王凤诏 ◎

王凤诏，精岐黄，求必应之，施药不索谢，老而不倦。寿八十二。

[民国《邹平县志》卷十五《人物考》]

王凤诏，清代邹平县人。精岐黄术，求无不应。施药不索谢，老而不倦。

[《山东中医药志》第六篇《人物表》]

◎ 王守典 ◎

王守典，字礼堂。贡生。性行谦抑，与人无忤，事亲以孝闻，居丧哀毁，几至灭性，尤笃于友爱，兄弟析炊，让肥就瘠，见路有遗金，守之不去，其人至指，还之人，问姓名，不答，酬以金，亦不受。后携眷出馆胶州，买一婢，费十金，既询之，已许字，乃招其夫，并畜之；甫及笄，为备妆奁，成婚礼，遣之归。岁大饥，捐资助赈，倾囊无稍吝。大疫，施药饵，所费不赀，全活无算。轻财仗义，重然诺，好施与，有呼将伯者，竭力助之，无德色。数十年所得，尽为济急恤困之资，未尝一语诸人。有述其行谊者，则歉然不自安。卒年七十。

[民国《邹平县志》卷十五《人物考》]

王守典，五品衔。

[民国《邹平县志》卷十三《附贡》]

◎ 王守亮 ◎

王守亮，字熙采。乡饮大宾。孝友端方，慷慨乐施，急公好义，捐资不吝。精岐黄术，施药饵济人，毫无德色。年八十余，耳目聪明，行不扶杖，乡里钦其懿行，公赠"一乡善士"匾额。

[民国《邹平县志》卷十五《人物考》]

王守亮，字熙采。清代邹平县人。乡饮大宾。精医术，施药济人。

[《山东中医药志》第六篇《人物表》]

◎ 袁大宣 ◎

《天花精言》，清代邹平袁大宣著。

[《山东中医药志》第七篇《医籍·已出版问世》]

民国

◎ 王毓桐 ◎

王毓桐（1878—1937），字凤鸣。邹平镇鄢家村人。幼丧双亲，孑然一身，家境清寒，生计窘迫，因而锻炼出了一身坚毅之性。成年后，因妻跌伤，四方求医，倍尝艰难。从此立志学医，发誓解人之厄，济人之贫。

当时，西董上娄村有一夏先生，精于整骨，且有德行。凤鸣慕其名，每日往返五十余里，置寒暑于不顾，拜师求教。夏先生见其心诚质朴，聪敏好学，怜爱至极，遂纳于门下，亲授整骨之术，教习练武健身之法。历时五载，学业告成。后奋发自学，潜心医道，虽不识字，但记忆过人，志坚意刚。医学书籍，每请人宣读，自己潜心默记，滴水穿石，铁杵磨针，如《医宗金鉴·正骨心法总诀》竟能背诵如流。还极为重视人体的解剖实践，掌握人体骨骼结构，凡附近有迁墓者，必亲往细心观察其骨骼特征，铭记心中。而立之后，整骨术日臻娴熟，凡跌打损伤肢体者，经其施以手术，无不立时奏效。当时齐东、长山、青城、桓台、邹平等地求医者，接踵而至，络绎不绝。

医德高尚，扶危济贫，世人称颂。不但有求必应，而且闻病必往，对贫寒之患者，则每每接至家中精心治疗。临淄有一贫民车夫，被铁轮车碾压，多处骨折，血流不止，病情十分危急。接诊后，不分昼夜，废寝忘食，精心施治，并亲自安排食宿。百日后，病人痊愈，行走如常。病家贫寒，借银洋十元来酬谢，被婉言谢绝。为报救命之恩，遂送"妙手婆心"横匾一块，高悬门楣。此事，当地广为传颂。一次，出诊见一妇人泣于其门，遂问之。当知其因子摔伤无钱医治后，即慨然相助，将患者接到家中，馈饮食，安寓所，精心治疗，直到痊愈，分文不取。济贫救厄之事颇多，不胜枚举。

鄙权贵，重乡民，疾恶如仇，见义勇为。一天，长山县一富户派轿车请其看病，刚登车起程，一贫民急步上前，见状嗫嚅，遂急问之。知有急病人，当即弃车步行其家，先治疗急症，后去长山。一次集会上，见小偷将一商人钱搭盗走，便主动追赶为其索取，盗者不给，并持刀行凶。他施展武功，先发制人，将其胳膊拿下。盗者难忍疼痛，跪地求饶。于是令其归还钱搭，交出刀子，后将其肩关节复位，并教其改邪归正。

医术精湛，远近驰名。为旌其懿行，邹平县第三区于 1932 年 11 月建"仁术济世"功德碑一通。

[《邹平县志》卷二十八《人物传略》]
[《惠民地区卫生志》第十四篇《人物传记》]
[《山东中医药志》第六篇《传记》]

◎ 赵聘三 ◎

赵聘三（1897—1942），字伊堂，号希珍。邹平县明集乡兰芝里村人。幼年家贫，仅有亩半薄地，全家依靠为塾师的父亲的薪水糊口。只好随设馆于罗圈村的父亲就读，后考入青州师范学堂。然因家境贫寒，无力供读，肄业一年遂辍学。1915 年，在邹平县教师讲习所进修一年，结业后执教于段桥、罗圈、宋集等村。1923 年，因母年老多病，乃于从教之暇，兼习岐黄之术。1926 年秋，赴章丘县辛寨"济和堂"药店，坐堂行医，为时九载。1940 年，经考试获准，赴天津行医。目睹日寇横行，无法安心行医，又重返故里，诊余著书。

家境贫寒，倍尝穷人求医之苦，深谙"医关民生，其道重矣"之理，跻身医林为病人愈疾解苦。不仅医学造诣较深，而且非常注重医德，诊病热情周到，有求必应；遇贫者则每每资助药金。临症几十载，辨无失理，治无失策，随机应变，各因其宜，多有佳效，故远近慕名而来就医者，应接不暇。出诊拒绝病家招待，患者愈后又概不受馈，深得人们敬佩。

自幼天资聪慧，治学认真，毅力坚强，学识颇丰。绍述《内经》《难经》《伤寒论》《金匮要略》，旁涉后世诸家，理论精深，临床以内、妇科为长，而尤专于温病、痘疹。曾说：古今东西之先进家邦，莫不汲汲于是术。惟吾国文化落后，医道废弛，不但未见神农、黄帝、扁鹊、仲景之医术，而数圣所著《神农本草经》《内经》《难经》《金匮玉函经》《伤寒论》等，亦罕有解之者。历观古籍，细详新说，益见吾邦为文明古国之破产者，医术其一证耶。故欲明是途，须读古书，秦汉而下作为参考，不可奉为圭臬也。遂博采众长，摒弃门户私见，晓古通今，结合临床，多有著述。然仅存《摄生心法》一书，共八卷，余尽散失。

《摄生心法》共八卷，卷一为医源、脏腑、经络、四诊；卷二为伤寒、瘟疫；卷三为血证、针灸、眼科；卷四为妇科、幼科、痘疹；卷五至卷七为内科杂症，以表里、寒热、虚实分类，论述病症七十余种；卷八为十二方剂、经验方录、药性便用。从理论到临床各科以及处方用药，无不赅备；治法悉凭经验心得，由浅入深，由近及远，由粗及精，由显及微；广征博引，立论精当，颇多新意。卷首有社会名人和当时名医的题词，梁漱溟（时任邹平县乡村建设研究院院长）、陈亚三（时任邹平县乡村建设研究院副院长）的题词是"见道之言"和"仁心仁术"；济南挂牌名医马守义的题词是"医学津梁"。可见，伊堂的医德、医术俱为人景仰和称颂。手抄本，今尚存。

[《邹平县志》卷二十八《人物传略》]
[《惠民地区卫生志》第十四篇《人物传记》]
[《惠民地区中医药志·医林人物传》]
[《邹平文史资料选辑》第六辑]
[《山东中医药志》第六篇《传记》]

◎ 王乐之 ◎

王乐之（1910—1939），名钟鑫。邹平县魏桥镇刘王村人。父亲为清末武秀才，从小受到练好武功、报效祖国的熏陶。1927年，济南正谊中学毕业后，回村腾出自家五间住房兴办义学，自任教师。有学生四十余人，后因经济拮据，无力办学，遂拜当地名医为师，学习医学。同时参加江苏省无锡针灸学社函授班学习。勤学苦练，针灸技术日臻精熟，患者经其针灸治愈者，数以百计。

1937年"七七"事变后，孟昭进在齐东县组织抗日义勇军，器重其才干，任命为中队长。因屡立战功，遂晋升为工兵营营长。1938年，加入中国共产党。历经数十次战斗，打邹平、袭周村、攻济南，英勇杀敌，身先士卒，使周村一带胶济线上的敌人运输几度瘫痪。1939年初，孟昭进率大部队去河北，工兵营在王乐之、吕洗尘等领导下，继续在当地坚持抗日斗争。是年3月，工兵营编入八路军山东纵队第三支队。被命名为邹章齐边区独立营，王乐之任营长。6月1日，上级派他带三名战士前往台子乡邵庄村做齐东县县长田椿庭的工作，被汉奸告密，遭日军包围，田椿庭被捕，乐之突围脱险。他二次潜回村中营救田椿庭，被日军发现，乘汽车追赶。王乐之凭借马家庄东北角五棵柳树为掩护，与几十名日伪军展开激战，乐之枪法精奇，日伪军难以靠近。最后日军调机枪扫射，由于寡不敌众，王乐之受伤数处，面无惧色，一直坚持到最后一粒子弹，才把枪口对准自己胸口，壮烈殉国。

[《邹平县志》卷二十八《人物传略》]
[《滨州古今名人事略》]

◎ 石大夫 ◎

权枒山，亦名东陵，长白迤南之高峰也。有石高丈余，化为人，行医于章丘。明嘉靖初，自号石大夫，假星命至渭南，见刘生凤池，即拜曰：我邑父母也。后果登第，作令章丘。访之不得石见，梦曰：东陵山下大石即我也。凤池因立庙祭之。病者往祷，辄托之梦寐，医无不愈。今长邑城隍庙及各村多有石大夫祠。

[康熙《长山县志》卷七《轶事》]

东陵山下，大石高丈余，有神异，不时化为人，行医邑中。嘉靖初年，尝化一男子，假星命，自号石大夫，至渭南刘家。是时，前令刘凤池方为诸生，见其支干，即下拜曰：我父母也，异日登第，必令吾章邱。凤池谔然。后果登进士，谒选得章邱。迹其人，父老并不知。夜石见梦曰：我非人，东陵山下亭亭大石，即我也。凤池因往，祭其处，留诗刻之，为立庙。邑人有沉疾，多往祈祷，辄托之梦寐为人医，无不立愈。

[道光《章邱县志》卷十五《轶事志》]

《长山县志》：权杩山，亦名东陵，长白迤南之高峰也。有石高丈余，化为人，行医于章邱。明嘉靖初，自号石大夫，假星命，至渭南，见刘生凤池，即拜曰：我邑父母也。刘果登第，令章邱。访之不得石见，梦曰：东陵山下大石即我也。凤池立庙祭之。病者往祷，辄托之梦寐，医无不愈。今长山有石大夫祠。

[雍正《山东通志》卷三十六《杂记志》]

石大夫祠，在城外东北隅。长白山中有石，俗称为石大夫，病者祷焉。旧志有义祠在县西四百五十步，祀乡民之有行谊者。嘉靖十一年（1532）巡抚都御史袁宗儒檄各州县建，今废。

[顺治《邹平县志》卷二《祀典》]

石大夫祠，在城外东北隅。长白山中有石，病者偶祷愈，俗遂纷祷焉，号曰石大夫。

[康熙《邹平县志》卷二《坛庙》]

石大夫庙在黄山，长白山中有石，病者祷而愈，立祠祭之。

[嘉庆《邹平县志》卷十一《寺观》]

[道光《邹平县志》卷十一《寺观》]

[民国《邹平县志》卷十一《寺观》]

◎ 王廷扬 ◎

王应统，字绪光，号敏斋。父廷扬，武举人。好养生家言，高尚不仕。统年二十四，中康熙丁卯（1687）科武举，戊辰（1688）状元及第，授山西中路利民参将……

[康熙《长山县志》卷六《武功》]

王廷扬，中康熙甲子（1684）科。棐子。

[康熙《长山县志》卷五《武举人》]

[嘉庆《长山县志》卷六《武举人》]

王廷扬，以子应统贵，累封荣禄大夫、河北总兵。

[康熙《长山县志》卷五《貤封》]

[嘉庆《长山县志》卷六《貤封》]

清

◎ 于秉雍 ◎

《痘疹庸谈广编》十卷，于名鹏原稿，沈萃增订。名鹏，字秉雍，号友莲居士。萃，字聚九。俱长山人。

[《山东通志艺文志订补》子部《第一册》]

于秉雍，字友莲。邑增生。雅重名节，为文尚气骨。崇祯末，闻李自成陷京师，弃诸生，结茅南山下，以耕读课其子孙，足迹不入城市。子充升、充宏，庠生。诗书世其业。

[康熙《长山县志》卷六《隐逸》]
[嘉庆《长山县志》卷十《隐逸》]

◎ 于允宏 ◎

于允宏，字申岚。邑庠生。精痘疹科，施药活幼甚众，乡人戴德，称"善行公"，杨令以"大德曰生"旌其门。性孝友，有妹丧夫无依，宏遵母命迎养，且为之嫁女娶妇。其一生学问，多于伦常著力云。子湜，邑庠生。李署令旌曰"君子儒"。

[康熙《长山县志》卷六《孝义》]

于允宏，字申岚。邑庠生。精痘疹科，施药活幼甚众，乡人戴德，称"善行公"，杨令以"大德曰生"旌其门。性孝友，有妹丧夫无依，宏遵母命迎养，且为之嫁女娶妇。其一生学问，多于伦常著力云。子湜，邑庠生。

[嘉庆《长山县志》卷九《孝友》]

◎ 王廷俊 ◎

王廷俊，字敬之。太常王桢冢子。力脱纨袴之习，多制良剂以救人。每临事决疑，侠骨烈肠，浩然一往。季子应节，癸酉举人。

[康熙《长山县志》卷六《卓行》]
[嘉庆《长山县志》卷十《卓行》]

王廷俊，以父桢荫。见《人物》。

[康熙《长山县志》卷五《官荫》]
[嘉庆《长山县志》卷六《官荫》]

◎ 樊中枬 ◎

樊中枬，字荣之。昭勇将军世宁孙。隐居不仕，端严诚悫，从无戏言戏动。精医术，和药以济乡人，全活甚众。凡用药，必依《本草经疏》及《纲目》，考核精详，用辄灵效，四方多重其名焉。

[康熙《长山县志》卷六《隐逸》]

樊中枬，字荣之。昭勇将军世宁孙。隐居不仕，端严诚悫，从无戏言戏动。精医术，和药以济乡人，全活甚众。凡用药，必依《本草经疏》及《纲目》，考核精详，用辄奏效，四方多重其名焉。

[嘉庆《长山县志》卷十《隐逸》]

◎ 王衍霖 ◎

《香草园古今医鉴》，王衍霖撰。

[民国《续修惠民县志稿》卷十一《文献·著作》]

王衍霖，字雨青。辛卯（1771）科举人。鹿村，其别号也。巴州知州廷奏之孙。父应绂，读书有识解，为文不趋时好，不事生产，家道以替。顾赋性廉介，日用不给，不肯稍贷于人，有馈遗者必择人而后受。衍霖幼食贫□□□立，性至孝，以教授生徒养其亲，甘旨必供，□□□□□有所欲，必赴市购之，归则亲为烹饪，侍饮□□而后退，以故父忘其贫并忘其老云。质颖敏，五六岁时，母教以韵语即能诵记。既而失恃，衰毁如成人。短于视，然读书数行并下，过目辄不忘，淹贯博通同，并莫能及。尤长于古文诗赋，所著有《诗集》若干卷、《文集》若干卷、《多识典笺》四卷、《篱下闲谈》一卷。四方求诗文者，接踵于门，操笔立应。性嗜酒，不谨小节，怛臧否人物，舌锋甚锐，以此得狂名。屡困公交车后，亦绝意仕进。年六十三卒。

[嘉庆《长山县志》卷八《文学》]

王衍霖，字雨青，号鹿村。乾隆辛卯举人。祖廷奏，官巴州知州；父应绂，读书有识解，赋性廉介，日用不给，不肯稍贷于人。衍霖性至孝，教授生徒，甘旨必供，亲为烹饪，父忘其贫并忘其老。质颖敏，五六岁时，母教以韵语，即能诵记。短于视，读书数行并下，淹贯博通。长于古文诗赋，著有《诗文集》若干卷、《多识典笺》四卷、《篱下闲谈》一卷。卒年六十三。

[道光《济南府志》卷五十五《人物十一》]

《多识典笺》四卷，王衍霖撰。衍霖，字雨青，号鹿村。长山人。乾隆辛卯举人。是书见《府志》。

[宣统《山东通志》卷一百三十九《艺文志第十·子部·杂家》]

《篱下闲谈》一卷，王衍霖撰。衍霖有《多识典笺》，见杂家类。是编见《府志》。

[宣统《山东通志》卷一百四十《艺文志第十·子部·小说》]

《香草园集》，王衍霖撰。衍霖有《多识典笺》，见子部杂家类。是集见《山左诗续钞》。《县志》本传云：四方求诗文者，接踵于门，操笔立应。《憨斋诗话》云：鹿村孝廉著书多散亡，无从收拾。《春雨园杂记》中载其《题仲彝寓》五律一首，颇秀净无芜气，诗云：烟雨明湖岸，芙蓉越女村。燕梁空对榻，莺语久当门。若到秋来梦，应销别后魂。相如能涤器，一为倒芳罇。《乡园忆旧录》云：鹿村《遗贵人》诗云：误向门前通一顾，旁人错道卓文君。其有定守如此。

[宣统《山东通志》卷一百四十五上《艺文志第十·集部·别集》]

◎ 石予眉 ◎

督学，在旧治西，今废。现充医生石予眉。

[嘉庆《长山县志》卷二《公署》]

◎ 沈 萃 ◎

沈萃，字聚九。庠生。幼而颖异，读书一览辄记。十余岁，能通经史大义。少失怙，哀毁几灭性。事孀母，承颜顺志，四十年如一日。兄节卒，遗孤钦绩，甫七岁，育教如己子。比入泮，报至，泣曰：吾兄乃不获睹其成耶！家素裕，乐施予，里中赖以济者百余家。尤究心岐黄，利济甚众。精研痘疹一科，谓夭寿所关。著有《痘疹庸谈广编》，行于世。生平耻干谒，重然诺。治家谨而有法，子孙繁衍入庠序，成名者踵相接。寿七十六卒。

[嘉庆《长山县志》卷九《孝友》]

◎ 赵文松 ◎

◎ 方狮山 ◎

赵文松，字鹤龄。年五岁，以家贫，度为僧。阅二载，主僧殁，复还俗。值祖母丧，无以为葬。文松乞卖身，以助父母。泣许之。未几，父光玺卒，闻而恸绝者数四。潜以所积赢金，遗母令赎。及归家，无升斗，出游济南。方狮山先生，时以医显。即讱菴方伯之封翁也。见文松，奇之，留馆中。询其年，已十六。教之读，颖异过人，渐授以医。不数年，遂传其术。有淄川王生者，赴乡试得疾。文松诊之，曰：此易愈耳！但三日后，更有某疾，不可为矣。当速归。至家卒，果三日也。由是名大噪，家亦渐裕。事母尽色养。母殁，力请建坊。文松善知人，尝识方伯于髫龀，凡延师教读，悉倾囊助之。方伯常语人曰：如赵某者，乃余之鲍子也。又喜藏书，曰：遗有尽之金，不如遗无尽之书。卒年五十八，闻者惜之。

[嘉庆《长山县志》卷九《孝友》]

◎ 于 湜 ◎

于湜，字溧湄。邑增生。天性纯笃，继母病，不能寝，昼夜负以行，如是者三阅月。兄弟析爨，屋产多所推让。又施药活人，无间寒暑，人皆称德行焉。邑令李公旌其门曰"君子儒"。子元宗，庠生。丁母忧，哀毁骨立，寝虞□块，不入内室，三年如一日。阖学公举其孝。邑令杨公赠匾曰"百行首先"。

[嘉庆《长山县志》卷九《孝友》]

◎ 石方宠 ◎

石方宠，字龙章。性孝谨，周急施药，好行其德。母徐氏，年六旬，暑患疫疾，方宠夫妇侍汤药，晷刻不离，长跪祈减年以增母寿，逾两月始痊。余症须针期门穴，未审其处。因朝夕揣摩，恍惚间见绯衣人指曰：穴在此。如是者，三针之，果愈。母殁，庐墓三年。年六十卒。

[嘉庆《长山县志》卷九《孝友》]

石方宠，字龙章。长山人。性孝谨，周急施药，好行其德。母年六旬，患疫疾，长跪祈减年以增母寿，逾两月始痊。余症须针期门穴，未审其处。朝夕揣摩，恍惚见绯衣人指曰：穴在此。如是者，三针之，果愈。母殁，庐墓三年。卒年六十。

[道光《济南府志》卷五十五《人物十一》]

◎ 国象周 ◎

国象周，笃孝友，父晚年失明，事之维谨。及卒，哀毁尽礼。长兄殁，侄亦继亡，嫂无依，养以终身。尤精岐黄术，有求必应，远迩德之。卒年七十二。

[嘉庆《长山县志》卷九《孝友》]

◎ 赵象鹏 ◎

赵象鹏，字扶九。孔魁子。乾隆壬寅（1782）岁贡生。幼颖敏，早补诸生，食饩。教授生徒，多知名士。性孝友，母弟卒，妇寡，犹子毓珠年甫三岁，饮食教诲，抚如己出。迨授室析箸，所有应分产业，悉让其侄，以成侄母栢舟之志。晚善岐黄术，有裨于世。年六十六卒。

[嘉庆《长山县志》卷九《孝友》]

赵象鹏，长山人。壬寅岁贡。

[道光《济南府志》卷四十三《国朝贡生》]

◎ 张来宪 ◎

张来宪，字翰庭。庠生。事亲尽孝养，居丧疏食三年。精痘疹，施药以济，全活甚众。有别业在某村，村内□无水，为掘井以供汲。曾过孝妇河，值水暴发，有二叟扶之以渡。及岸，叟忽失。佥谓盛德之报。年七十二，乾隆三十三年（1768）卒。

[嘉庆《长山县志》卷十《耆硕》]

◎ 李长泰 ◎

李长泰，字景运。习医，以济世为心。年八十六至九十，以耆民两邀，赐金，复蒙赐七品职。嘉庆四年（1799），邑令倪以"礼重引年"额其门。现年九十六岁。

[嘉庆《长山县志》卷十《耆硕》]

◎ 董如威 ◎

董如威，字子仪。其先青城人，高祖朱衮，顺治己丑（1649）进士，山西学政。曾祖珵，盐运司运判。祖百祥，宁海卫教授，始迁长山。父锺岐，诸生。好交游，不问家人生产，家中落。如威少食贫，事亲孝，先意承志，称色养焉。亲殁，哀毁骨立，葬祭一准古礼。性严重，晨起危坐，子姓臧获皆屏息，庭以内闻读书声，不闻妇女语。留意《素》《难》之书，若有夙悟。久之，名噪远近，车骑填门，不先富贵而遗贫贱，时蓄药施人，不索其值。尤尚义节，族党间事无巨细，必身任而斡维之，期得当而后已。子元林，青城庠生。性坦直，恤贫解纷，人咸谓克继家声云。

［嘉庆《长山县志》卷十《侨寓》］

董如威，字子仪。其先由青城徙长山。性严重，晨起危坐，子姓臧获皆屏息，庭以内惟闻读书声。留意《素》《难》之书，若有夙悟。尤尚义节，族党间事无巨细，必身任而斡维之，期得当而后已。

［道光《济南府志》卷六十二《侨寓》］

◎ 牛梦卜 ◎

信氏，牛式士妻。年二十五，夫殁。子梦卜，甫六岁，家无儋石，门庭萧然。义方教子，名蜚黉序。苦节五十九年，年八十四卒。子梦卜，郡增生。性孝友，持身端方。事孀母，极色养。母殁，哀毁尽礼。兼习轩岐术，深入其奥，远迩仰德行焉。

［嘉庆《长山县志》卷十《节烈》］

◎ 马桐芳 ◎

马子琴，号西坡，名桐芳。长山人，苏山舅氏婿。余往外家，见诗一册，洒然异之。问之，知为马子琴作，是时年方十六也。好游荡，以诗见孟柳谷，柳谷与舅氏善，甚喜之，谓舅得佳婿。诗有咏孟氏掌拍，雄奇恣肆。记其五律有句云：雪飞山欲动，花落地还香。未几，刻《诗集》，旧作无一存者。《咏梅》有"绝无人处一枝寒"；五言有"虫犹唧唧，暮木尽萧萧"，皆为石子真所赏，为之作序。既而三刻其诗，存者益少。间有旧作，茫然不记，而新作或未胜前。听袁玉堂作诗须多读书，误以饾饤为富博，而清真秀拔之骨淹没大半，曾致书规之，不知其能从否也。近作佳句

《谒闵子墓》云："芦花秋水外，菜色野园中。"《和袁玉堂秋夕原韵》："月凉花影瘦，风嫩竹声微。"又如："麦苗侵水绿，松色入云苍。浓花常满院，高柳自成村。"皆有风韵。作诗话未成，弃去；继而又作，刻之亦不甚多，名《憨斋诗话》，未携来川。以天生诗才，而不自爱惜。初与王秋水游，诗近王、孟。至是乃莫知其趋向。大抵五律胜七律，五古胜七古。晚年多病，行不离杖。无子，一女归余子绍宗。

[《香园忆旧录》]

《伤寒论直解》八卷，马桐芳撰。桐芳，字子琴。长山人。是书见《憨斋诗话》。

[宣统《山东通志》卷一百三十六《艺文志第十·子部·医家》]

余以手颤，不能细书，遂弃举业而学医。最喜张南阳书，撰《伤寒论直解》八卷。于唐人诗爱少陵，有《杜诗集评》六卷。故周雨苍明经赠余诗云：诗律自来推杜甫，方书只是爱张机。又王潜甫茂才赠余诗云：偡有医方如李杲，若论书法让恒温。皆纪实也。

[《憨斋诗话》]

《饮和堂诗存》，马桐芳撰。桐芳有《伤寒论直解》，见子部医家类。是编见《山左诗汇钞》。《乡园忆旧录》"桐芳"条云：诗有《咏孟氏掌柏》，雄奇恣肆。记其五律有句云：云飞山欲动，花落地还香。未几刻诗集，旧作无一存者。《咏梅》有"绝无人处一枝寒"，《五言》有"一虫犹唧唧，万木尽萧萧"，皆为石子真所赏，为之作"序"。既而三刻其诗，存者益少。问其旧作，茫然不记，而新作或未胜前。听袁玉堂作诗须多读书，误以饾饤为富博，而清真秀拔之骨，淹没大半。近作佳句，《谒闵子墓》云：芦花秋水外，菜色野园中。《和袁玉堂秋夕原韵》：月凉花影瘦，风嫩竹声微。又如"麦苗侵水绿，松色入云苍""浓花常满院，高柳自成村"，皆有风韵。初与王秋水游，诗近王、孟。至是乃莫知其趋向。大抵五律胜七律，五古胜七古。

[宣统《山东通志》卷一百四十六上《艺文志第十·集部·别集》]

《诗约》三卷，林昌编，马桐芳集评。昌，见经部诗类；桐芳，见子部医家类。是编乃道光间聊城杨培林植亭刊。分上、中、下三卷，中卷又自分上、下。上卷为楚辞及汉魏六朝隋诗，中卷为唐诗，下卷为宋元明诗。桐芳"序"云：吾师皋言先生《河间试律矩》诸书，业已家传户诵，奉为圭臬矣。兹又有《诗约》者，先生所选以教弟子者也，盖取子舆氏博学反约之意耳。先生尝自言其例云：编诗以唐为主，取极盛也。上及楚骚、汉魏六朝，探其源也；下迄两宋、元明，沿其流也。五言古诗肇基汉京，较然两途。苏李《赠答》，无名氏十九首古诗体也。《饮马长城窟》，羽林郎乐府体也。当涂之世，曹氏父子略见梗概。仲宣《灞岸之篇》，隐侯所赏。步兵《咏怀》，兴会气味不及陈、张《感遇》。谭友夏已言之，故不多载。典午中，太冲丰骨峻上，茂先、潘、陆未能方驾，景纯《游仙》瞠乎其后矣。过江以来，陶公为最。迨至宋氏，体制渐变，声色大开，康乐神工默运，明远廉俊无前，允称二妙。齐、梁、陈、隋，风俗日卑，元晖而外，所收从略。唐人陈伯玉力排俳扰，直追曩哲；曲江供奉，相继争雄。右丞、韦、柳，祖述渊明者也。少陵材力标举，篇幅恢张，纵横挥霍，诗品又一变矣。中唐名作寥寥，昌黎、香山以还，称绝响矣。宋、元、有明，具体而已，七言古诗，三闾其权舆也。《秋风辞》《战城南》，接迹《风》《骚》；子桓《燕歌》，继体《柏梁》；鲍参军《行路难》，实启太白之途。初唐风调可歌，气格未上。王、李、高、岑，驰骋有余，安详合度，青莲鞭挞海岳，驱走风霆，非人力可及。杜陵沈雄激壮，奔放险幻，如万宝杂陈，千军竞逐，天地浑奥之气，至此尽泄。钱、刘以降，渐趋薄弱。退之崛起，踔厉风发。乐天近情，长于叙事，无惭后劲。苏文忠豪岸逸荡，故应独步炎宋，鲁直、无咎未宜鼎足。遗山金人巨手，终身未尝仕元，今并采入元诗，从张二铭《元诗百一钞》也。宋元诸公变态已极，明人但能学步，鲜开生面者矣。五言律诗，阴铿、何逊、庾信、徐陵已开其体。唐初研揣声音，稳顺体势，其制大备。陈、杜、沈、宋，绝去雕琢，自饶名贵。太白，摩诘分道扬镳，并推极胜。少陵自成一家，寓纵横颠倒于整密中，故当凌轹千古，不第于三唐为巨擘云。此后蹊径虽多，无出诸家之右者矣。七言律诗，初唐英华乍启，门户未开。至摩诘、东川春容大雅，崔司勋、岑补阙实堪同调；而大历十子及刘宾客、柳仪曹，其绍述也。杜老胸次闳阔，议论开辟，一时尽掩诸家；玉溪、香山，其余响也；后之作者，惟陆渭南入少陵之室矣。五言长律，独收工部，足概其余。七言长律，创自少陵，白文公、欧阳子俱效其体，而欲求一佳构，绝无有焉，故宁阙如。五言绝句，虽发源于六朝，但当于唐贤问津，宋元以下等之自郐已。七言绝句，龙标、供奉足称神品，后有嗣响，并收录之。乐府杂录于各体中，沈太师旧章也。四言不录，尽于《毛诗》矣。谪仙不及七律，少陵不及断句，退之、子瞻不及近体，放翁不及古诗，录其所长，遗其所短也。明诗不及茶陵、空同、沧溟三家，恶其剽窃盛唐而无君形在也。共得诗三百首，分为三卷。诗虽未备古人门径，要不外乎此尔。桐芳受而读之，窥见先生识力非常，披珠玉于泥沙，择嘉禾于稂莠，标新领异，剔隐探微，当与《河间试律矩》诸书并传不朽欤！是用勉缀詹言，述其旨概，并集评论如上据本书。

《六家诗选》，马桐芳编。桐芳，见子部医家类。是编见《憨斋诗话》。

《憨斋诗话》四卷，马桐芳撰。桐芳有《伤寒论直解》，见子部医家类。是编有道光壬辰刊本。桐芳"自序"云：壬辰长夏，余解聊城县馆，过平陵，逢金乡令袁公，留为校雠《宦游纪略》。联床旅舍，晨夕剧谈。袁公谓余于诗颇有涉历，盖著录之，以资学者。因将平生见闻，援述如上。时日既积，纸墨遂多，命曰《憨斋诗话》据本书。

《杜诗集评》六卷，马桐芳撰。见《憨斋诗话》。

[宣统《山东通志》卷一百四十六下《艺文志第十·集部·总集》]

◎ 袁恩诏 ◎

袁恩诏，字觐堂。济南府长山县人。为直隶总督守侗五世孙。世居焦家桥，称望族。家道中落，恩诏生而贫困，髫年即刻苦自励，年十八入邑庠，弱冠食饩，旋膺拔萃。咸丰辛亥年（1851），丁父忧，贫不能举丧，赖妻冼氏鬻奁资，乃得如礼。自是，肄业省垣泺源书院，以膏火自给，刻志勤学，文名日起，每试辄冠其曹。捻匪之乱，虑故乡不保，乃迎母及二弟至省，僦居城南朱氏宅。下帷攻苦，学日益进，尝累月不出，而宾客问字，户屦常满，所交多知名士。为学不专举业，凡经史、古文、诗歌、词赋，旁及医卜、星命之学，并深造有得。同治元年壬戌（1862）并辛酉（1861）科举于乡，乙丑（1865）成进士，授知县，分江苏。时曾国藩督两江，一见许为循吏，旋补宝应县知县。为治一本儒术，不邀功，不沽名，不谄上官，而劝学爱民，行以至诚。尝校童子试，前列十五名，院试并皆获售，阖邑士林传为佳话。听讼案，无留牍，然不轻准状。曰：一人构讼，十人失业。薄物细故之争，宁使负屈于乡里，犹愈于受累于公庭也。治逾年，士民爱戴，已而受代调省。居一年，充癸酉（1873）乡试同考官，得士六人，皆一时知名之士。事竣，奉檄回任。未及行，丁母忧去。在官数年，廉洁自矢，未尝妄受一钱。既奉丧归里，营葬毕，囊无余资。服阕，无力赴选，乃请就教职。值岁饥，饔飧不继，就食齐河，主讲督扬书院。院中肄业者，向日寥寥。及恩诏至，生徒麇集，斋舍为塞。时，士尚帖括，多空疏。每思救其失，月课必兼经古之学多，士服膺，至今称颂弗辍。居四年，选莱州府学教授，到任一年，以丁酉（1897）春二月卒于官，年六十有二。著有《一枝巢诗》《文集》各四卷、《制艺》六卷，藏于家。子崇镇，光绪丁酉科拔贡，癸卯（1903）科乡试举人，考取内阁中书。

[宣统《山东通志》卷二百《补遗·人物》]

同治四年乙丑科崇绮榜

袁恩诏，长山人。三甲六十九名。

[宣统《山东通志》卷九十六《学校志第六·进士表》]

袁恩诏，长山人。进士。（同治）八年（1869）任，九年再任。

[同治《续纂扬州府志》卷六《秩官·宝应县知县》]

（同治）八年

袁恩诏，长山进士。

[民国《宝应县志》卷九《官师表·知县》]

《一枝巢集》四卷 据本书，袁恩诏撰。恩诏，字觐堂。守侗五世孙。同治乙丑进士，官宝应知县，改莱州教授。是集乃其子崇镇所辑，凡《诗》三卷、《词》一卷，见《山堂诗文钞》。

[宣统《山东通志》卷一百四十六上《艺文志第十·集部·别集》]

◎ 李震甲 ◎

《木草须知》，不分卷。（清）李震甲撰。稿本，山东省图书馆藏。

[《山东文献书目》]

《木草须知》不分卷，清李震甲撰。成书年代未详。现存抄本，藏于山东省图书馆。

[《中国医籍大辞典》]

齐 东

明

◎ **乔 钫** ◎

◎ **乔文崇** ◎

医官掌疾病治疗之事，如狱囚有病，亦令察视之，而白其轻重真伪。

乔　钫

乔文崇

[康熙《齐东县志》卷四《医官》]

清

◎ **郭时中** ◎

◎ **赵　殿** ◎

◎ **郭一麟** ◎

◎ **张　本** ◎

医官

郭时中，顺治间授。

赵殿，顺治间授。

郭一麟，康熙间授。

张本，康熙二十三年（1684）授。

[康熙《齐东县志》卷四《医官》]

◎ 吴世彤 ◎

吴世彤，齐东人。监生。年十一，父殁，事继母以孝闻。习于医，唯以活人为念，尝以诊病至他村，独宿空斋，有邻妇夜奔之，闭户坚不纳。卒年六十三，无病而逝。

[道光《济南府志》卷六十五《人物志》]

◎ 王道南 ◎

王道南，性孝友，一乡重之。习于医，求无不应。喜读书，乡人子弟来学者，遇"孝悌"二字，必反复谆诲之。既殁，一村念其德，每岁二月二日犹释奠焉。

[民国《齐东县志》卷五《孝友》]

王道南，齐东人。性孝友，一乡重之。习于医，求无不应。喜读书，乡人子弟来学者，遇"孝悌"二字，必反复谆诲之。既殁，一村念其德，每岁二月二日犹释奠焉。

[道光《济南府志》卷六十五《人物志》]

◎ 边宗奭 ◎

边宗奭，字荫棠。附贡生。幼孤，事母以孝闻。母多病，躬奉汤药，衣不解带者数年。及母卒，形容枯槁，乡人至有不识者。初因母病，攻医学，遂精其道，全活甚众。复蓄良药，施于有疾而贫乏者，岁以为常，不受谢。城西灞河，数为邑患，与李仙洲鸠众筑堤，以故灞河以东不被水患者二十年。又与附近诸村结一义社，以除暴安良为务。自是，民赖以安，村厖不吠，邑侯何称其"有功于风化者不少"。

[民国《齐东县志》卷五《孝友》]

◎ 孙起献 ◎

孙起献，字羡哲。延安镇人。通医术，善针灸，为人诊治，概不受酬。又精算法，有账目、地亩难决者，至则立清。对于钱财收入，时不争钱色私，将沙钱剔出，投之于河用时，尽以青钱。传家有六字法：处世以"忍让"，持身以"勤俭"，教子以"耕读"。一时有"乡贤"之称。

[民国《齐东县志》卷五《义行》]

孙起献，字羡哲。清代齐东县延安镇人。通医术，善针灸，为人诊治，概不受酬。

[《山东中医药志》第六篇《人物表》]

◎ 赵清芳 ◎

赵清芳，字炳耀。国学生。性孝友，自幼失恃，事继母以孝闻。居乡恂恂如不能言，临大节，志不可夺。咸丰辛酉（1861），捻匪入境，举家被围，伯叔兄弟子侄等各执枪刀，拼命杀贼，时祖母年高，清芳负之以逃，自晨至申始得脱，合家亦俱各无恙。居恒嗜医，颇精其术，兼治药饵，施送贫困，全活无算。殁后，乡人高其谊，立碑墓前以表之。

[民国《齐东县志》卷五《义行》]

赵清芳，字炳耀。清代齐东县人。嗜医，术颇精。兼制丸散，施送贫困。

[《山东中医药志》第六篇《人物表》]

◎ 杨乃骅 ◎

杨乃骅，字星房。同治庚午（1870）岁贡。识见明通，性情浑厚，能谋善断，持正不阿，教授生徒，因材而施。读书外，兼治岐黄，一经诊视，沉疴立起。咸同间，黄水为患，举凡坝河筑堤、黄河修堰、筹赈济民、厢埽送料以及修书院、练乡团，邑中一切公事，几乎靡役不与。后任费县训导，训士之余，于地方利病，考求极细，县内有要事，官绅皆与商榷，必推诚相告，故当事奉为仪型，而费境人民亦得所庇荫云。

[民国《齐东县志》卷五《义行》]

◎ 杨兴礼 ◎

杨兴礼，又名桂林。麻张庄人。性诚朴雅，好宋儒性理书，以躬行实践为主。壮岁游幕东抚部署，恪恭将事，克勤厥职。道光二十六年（1846），承办曹属捻案，始终勤奋，曾蒙颁赏功牌示奖。嗣，辞职归家，习医术，专以活人为心，业之赢亏，弗计也。晚年，约合同志，提倡慈善事业，入社者类皆束身寡过，兼德善良云。

[民国《齐东县志》卷五《耆德》]

◎ 赵廷栋 ◎

赵廷栋,字松岩。幼读书,能强记,凡"六经"内外注,无不成诵在心。后入监,肄业,考取天文生,预知阴阳休咎。精堪舆,善岐黄,自制膏丹药饵施人,数十年无懈志,而于喉症尤为精绝。所著医书数种,因水患漂没,惟《占验书》一卷尚存。其纯孝,发于天性,年近七十而事亲无衰,饮食起居犹亲自省视。戒子孙,勖曾元,一皆有礼可法。同居五十余口,悉秉家训,无间言。寿七十有四,无疾而终。乡人追思,为之立碑颂德。

[民国《齐东县志》卷五《耆德》]

赵廷栋,字松岩。清代齐东县人。知阴阳,善岐黄,自制膏丹药饵施人,数十年无懈志。所著医书数种,因水患淹没。

[《山东中医药志》第六篇《人物表》]

◎ 张景贵 ◎

张景贵,字驭爵。陈家寨人。庠生。学行为一乡所景仰,村人有斗争事,多登门就正,以求排解。又精眼科医术,有患目疾者,每踵门求医,不受赞谢。享寿七十余而终。

[民国《齐东县志》卷五《耆德》]

张景贵,字驭爵。清代齐东县人。术精眼科。

[《山东中医药志》第六篇《人物表》]

◎ 张书田 ◎

张书田,字硕农。光绪间廪生。三民镇人。天资明敏,气质纯良,教授生徒四十年,始终无倦容。及至晚年,又以医道活人。

[民国《齐东县志》卷五《耆德》]

◎ 张会宽 ◎

张会宽,字子厚。少遇异人,遂精于岐黄之学。四方求医者,户外屦满。贫者与以药饵,不受值,以此全活甚众。子孙繁盛,三世同居,邑侯何榜其门以奖励之。

[民国《齐东县志》卷五《技艺》]

◎ 李 坪 ◎

◎ 李篯龄 ◎

◎ 李炳勋 ◎

李坪，字棠阶。码头乡人。邑庠生。光绪初年，以家势中落，弃儒学医，购《医宗金鉴》《景岳全书》《本草原始》等书，昼夜穷究，不辞劳瘁，于瘟疫一门又有心得。子篯龄，邑庠生；孙炳勋，中学毕业，并守家传，兼习新说，于《东医宝鉴》《皇汉医学》等书，尤能探其宗旨，故乡人称曰"三世良医"。

[民国《齐东县志》卷五《技艺》]

李坪，字棠阶。清代齐东县马头乡人。邑庠生。弃儒学医，精其术，子孙传其业，乡人称"三世良医"。

[《山东中医药志》第六篇《人物表》]

民国

◎ 黄春煦 ◎

黄春煦，字际清。河南潢川人。清附生。民国九年（1920）任齐东县知事，勤政爱民，不遗余力。未及三年，教化流行，几于家喻户晓。并精岐黄，创办慈善医院。公余之暇，亲自临诊，贫者施予医药，佛心仙手，活人无算。本县南境与章丘接壤，每夏秋之交，山洪暴发，水势汪洋，民不聊生。乃会同章丘县，详勘地形，严予交涉，督率灾民于绣江河东岸，筑堤俾山，水尽入小清河，顺流而下，岁则大熟。章丘灾区为送"德被邻封"匾额。本县士民亦感念不置云。

[民国《齐东县志》卷三《职官》]

◎ 边子申 ◎

边子申，字淦卿。世居边家庄。少嗜学，十八岁入邑庠，后以连年水患，弃学就医，全活无算。有弟三人，俱幼，以内顾忧，不能专力求学，且耕且读，抚养诸弟，次第成立。乡人思慕遗徽，立碑以表彰之。

[民国《齐东县志》卷五《义行》]

◎ 李梅山 ◎

李梅山，字馥岩。邑庠生。马头乡人。少多病，游于渔钓，尝临壩水吟咏，以自言其志，不趋炎势，雅慕仲子灌园事。接人交友，不尚周旋。凡烟赌等嗜好，绝恶之，每以此诫人，而不惮其烦。因亲老多病，兼习针灸、医药等书，自医并以医人，不营业以求利。光绪末年变法后，令子侄辈入学堂，或肄业师范，或留学日本，为一乡文明先导。寿七十五而终。

[民国《齐东县志》卷五《耆德》]

坝河垂钓

清附生李梅山邑人

养静爱垂纶，独钓坝河口。夜深月自明，风清两岸柳。为有羡鱼情，向晨坐未走。严滩今在斯，上与子陵友。

[民国《齐东县志》卷六《篇章》]

◎ 路立峰 ◎

路立峰，字子登。李家码头人。增生。聪颖嗜读，又工书法，为人朴诚浑厚，从无疾言厉色。村中士子业于其门者，不求值，无倦容。清季变法，弃儒业医，以救济一方夭札。捐馆后，乡党痛惜，皆为之挽灵送殡，至今犹称颂其遗德云。

[民国《齐东县志》卷五《耆德》]

◎ 仇毓藻 ◎

仇毓藻，字仲琴。仇家庄人。光绪间岁贡生。幼嗜学，手不释卷，故湛深经术。弱冠知名，然以数奇，终身困于场屋。设帐授生徒，循循善诱，无疾言遽色。凡列弟子籍者，亲爱之情，不啻家人父子，士林辄乐道之。中年，患眼疾，愈医愈剧，遂攻医学。积数年，精其业，活人无算。与人交，气色和蔼，笃于古谊。

[民国《齐东县志》卷五《耆德》]

◎ 马登泰 ◎

马登泰，字鹤村。旧城人。增生。家号素封，言行谨饬，处事接人，蔼然可亲。充农会会长有年，举办公益，具有条理。尤精医术，临症用药，煞有斟酌，一经诊治，均著成效。教子侄辈业读业耕业商贾，罔不出以勤劳。旧城向称繁华区域，至今犹不改儒素家风，诚难能可贵者也。

[民国《齐东县志》卷五《耆德》]

马登泰，字鹤村。清末民初齐东县旧城人。精医术，治多验。

[《山东中医药志》第六篇《人物表》]

◎ 范贞光 ◎

范贞光，字河荣。廪贡生。履慎子也。性情浑厚，学行俱优。精岐黄，一经诊视，无不立愈，活人无算，乡里均感其恩。

[民国《齐东县志》卷五《技艺》]

范贞光，字河荣。清末齐东县人。贡生。精岐黄术，一经诊视，无不立愈，活人无算。

[《山东中医药志》第六篇《人物表》]

菏泽

明

◎ **薛鹏升** ◎

薛鹏升，特科选拔，以亲老不仕。精于岐黄、堪舆诸书。著《四书日新录》。

［光绪《新修菏泽县志》卷六《贡生》］

◎ **刘 震** ◎

◎ **刘 塘** ◎

◎ **刘 绅** ◎

◎ **刘好学** ◎

◎ **曹 愨** ◎

◎ **丁秉节** ◎

◎ **楚 煌** ◎

◎ **黄 文** ◎

刘震，甘露人。

刘塘，震之子。

刘绅，曹县人。

刘好学。

曹愨，邦用子。

丁秉节，利用人。

楚煌，甘露人。

黄文，吕陵人。

上，明医学典科八人。

[光绪《新修菏泽县志》卷八《职官》]

医学典科

刘震，字腾霄。甘露人。

刘塘，字孟玉。震之子。

刘绅，字廷璋。曹县人。

刘好学。

曹慤，阴阳官邦用之孙。

丁秉节，利用人。

楚煌，甘露人。

黄文，吕陵人。

[康熙《曹州志》卷七《职官志》]

◎ 王 绍 ◎

王绍，字继宗。弘治六年（1493）进士。授南京太常博士，擢监察御史，巡按贵州。蛮寇刘五支党叛逆，监军督战，单骑，谕以大义，众皆胪拜解散。时，刘瑾忌，绍出为陕西按察副使，累官至南京光禄寺卿。致仕归，值大疫，捐金输粟施药，存活者甚众。嘉靖八年（1529），诏进大中大夫。

[光绪《新修菏泽县志》卷十《人物》]

王绍，字继宗。永阜人。举弘治癸丑（1493）进士。授南京太常博士，擢监察御史，巡按贵州。诸蛮刘五支党复逆，绍监军督战，单骑，谕以大义，众皆罗拜解散。时，阉瑾忌，绍出为陕西按察司副使，寻转参政，升本□廉使，进右布政使，转浙江左布政使，升南京光禄寺卿，考绩北上，次徐州，遇病，表求致仕。归，值大疫，公捐金输粟雇医，存活者十之七。嘉靖己丑（1529），诏进大中大夫，有司备仪问劳，月廪岁力，因题其堂曰"清朝存问"。

[康熙《曹州志》卷十五《人物一》]

王绍，字继宗。曹州人。弘治六年进士。授太常博士，擢御史，巡按贵州。蛮寇刘五支党复聚，绍单骑，以大义谕之，众皆罗拜解散。逆瑾忌，绍出为山西副使，累官光禄寺卿。致仕，值岁大疫，绍捐资抚恤，存活者众。

[宣统《山东通志》卷一百六十《人物志第十一·历代名臣》]

王绍，山东曹州人。弘治癸丑进士，十五年（1502）任。尝奏准简命风宪重臣专理陕西马政，又以商茶开卖，有妨易马，奏止之。

[嘉靖《陕西通志》卷十九《全陕名臣·巡茶御史》]

王绍，字继宗。山东曹州人。弘治癸丑进士。授太常博士，擢御史，巡按贵州。蛮寇刘五支党复聚，绍单骑，以大义谕之，众皆罗拜解散。累官光禄卿，致仕旧《山东志》。

[民国《贵州通志·宦绩志七》]

清

◎ **姚文焕** ◎

◎ **姚桂芳** ◎

◎ **萧理存** ◎

医学典科

姚文焕

姚桂芳，皆曹州人。

萧理存，邑人。

[光绪《新修菏泽县志》卷九《职官》]

医学典科

姚文焕，曹州人。

姚桂芳，曹州人。

[康熙《曹州志》卷七《职官志》]

◎ **李天锡** ◎

李天锡，字与三。解州安邑人。道光二十五年（1845）知曹郡。仁慈勤俭，抚字有方。建文昌宫,设义学,悬榜以达民情,施药饵,医民疾病。巨野旱,蝗大起,乃集贫民捕蝗,多与之钱,以代赈。土匪聚棘承寺,将为乱,率兵剿击,境内久安。旋知济南府。祀名宦。

[光绪《新修菏泽县志》卷九《职官》]

李天锡,号与三。山西安邑人。军功。(道光)元年(1821)十一月署任。补巨野,升德州、临清直隶州,署武定知府。

[道光《济南府志》卷三十一《秩官九·国朝禹城知县》]

李天锡,字与三。山西安邑人。吏员。(道光)十三年五月任。升临清知州,署武定知府。

[道光《济南府志》卷三十二《秩官十·国朝德州知州》]

李天锡,字与三。山西安邑人。以巨野令擢德州、滨州,迁平度。承前牧方熙之后,民物丰庶,置公田,设义塾,筹膏奖,恤茕独,百废俱举。及再任德州,闻平度饥,犹以千金助赈。道光十七年(1837),权武定府事。邑有赵松者,横行城市,缘事杖毙之,一时称快。复置四门义塾,月必周视,生徒环立,以听告诫。每听讼判决后,亦必剀切诲导焉。二十五年,知曹州府。建文昌宫,设义学,施药饵。巨野旱,蝗,集贫民捕蝗,辄多与之钱,以代赈。土匪聚棘城,将为乱,亟掩击之,匪党解散,属境又安。旋知济南府。祀名宦《菏泽志采访册》《武定志》。

[宣统《山东通志》卷七十六《宦绩三·曹州府》]

李天锡,字与三。山西安邑人。道光十六年,知州事。时边境有窝盗,历任捕之不能得。天锡初莅任,访得之,即于元夜率干役,协同都司顾扶纲潜捣其巢,盗悉就擒,州境肃然。鳌头矶干河,旧运河也,值新河沙淤,碍运,大吏议浚旧河塞新河,区划已定。天锡禀牍凡数十上,极以民间利病为言,事遂寝。夹岸居民栉比,赖免荡析。天锡勤政爱民,民立生祠今名甘棠祠,升任济南府知府,绅民祖饯至四十里。后升登、莱、青兵备道,以积劳卒于官。

[民国《临清县志》秩官志《历代名宦传》]

◎ 郭民望 ◎

郭民望,字得巳,号振畿。屏国长子。潜心家学,为文黜浮崇理。举明经,不仕。性孝友,甘淡泊,足迹罕至公庭。平居静坐一室,必正衣冠,无遽色。晚精于医。

[光绪《新修菏泽县志》卷十《人物》]

郭民望，字得巳，号振畿。屏国长子。潜心家学，为文黜浮崇理。举明经，未仕。性孝友，甘淡泊，履迹罕至公庭。其襟怀冲漠，见者鄙吝俱消。平居静坐一室，必正衣冠，无疾言遽色，与物少忤。晚精岐黄，以寓济世之志焉。

[康熙《曹州志》卷十六《隐逸》]

效霞按：据康熙《曹州志》卷十二《贡士》，郭民望为"顺治年贡"。

◎ 何迥生 ◎

何迥生，字又人。马邱人。太学生。族党贫乏者，辄周恤之。善医术，贫不能药，助以资。

[光绪《新修菏泽县志》卷十一《人物》]

◎ 刘慎友 ◎

刘慎友，字益三。郡庠生。永平都人。品行端方，举乡饮大宾。精眼科，有求必应，贫者予以药，不索值。里人德之，为立"感戴碑"。

[光绪《新修菏泽县志》卷十一《人物》]

◎ 谷维寅 ◎

谷维寅，字位东。嘉庆十八年（1813），教匪煽乱，近村多为焚掠，独至维寅村，众贼相戒曰：此良善谷家，不可犯。贼去后，乡邻多饥困，分粟济之。素肄岐黄术，尤精痘疹科。求医者，络绎于门，邻里咸感颂焉。

[光绪《新修菏泽县志》卷十一《人物》]

谷维寅，字位东。太学生。以孙韫璨贵，封武显将军，晋封振威将军，配王氏封一品夫人。

[光绪《新修菏泽县志》卷六《封赠》]

◎ 孙省三 ◎

孙璋，字奉峨。永康都人。端品好学。嘉庆年间岁贡生。教授马赠极联：福禄寿三星共照，老少壮五世同堂。纪实也。年九十卒。子励修，字勉旃。道光间岁贡。晚年失明，从学益众，讲论经学，原本俱析，门人为立"德教碑"。孙省三，字化鲁。道光间岁贡生。精医理；省成，字钦宪。邑增生。好学善诲，门人亦立

"德教碑"。曾孙严恭、严曾、严正,皆入邑庠。元孙其昌等二十余人,世其业。

[光绪《新修菏泽县志》卷十一《人物》]

效霞按:据光绪《新修菏泽县志》卷六《贡生》,孙省三为"咸丰(府学)年贡"。

◎ 王柱峰 ◎

王柱峰,字庐瞻,号回澜。奇之子。邑庠生。善书画。弱冠失怙恃,衔哀尽礼。事祖父母,以孝闻。从祖任远,官定州州同,解组归,贫甚。柱峰分宅与居,并供衣食费,终其身,无少缺。业精岐黄,求医者,门庭几若市。年七十一卒。

[光绪《新修菏泽县志》卷十一《人物》]

◎ 尚子登 ◎

◎ 尚锡爵 ◎

尚子登,字新魁。太学生。永康都人。幼失恃,孝事继母。舅母贫,割田四十亩、宅一区,与之。嘉庆十八年(1813),岁饥,族人赖以举火者数家,邻右亦多全活。兼精痘疹科,贫无药资者,概施焉。四方为立"戴德碑"。次子锡爵,邑庠生。亦精医理,有父风。

[光绪《新修菏泽县志》卷十一《人物》]

尚锡爵,光绪元年(1875)举孝廉方正,恩赐六品顶戴。

[光绪《新修菏泽县志》卷六《征辟》]

◎ 张 溥 ◎

张溥,字瀛堂,号松巷。乙酉(1825)拔贡。品行端方,博学工诗,训徒多所成就。晚精岐黄,全活甚众。殁后,及门思慕师范,立"教泽碑"于墓。

[光绪《新修菏泽县志》卷十一《人物》]

◎ 邓凤泰 ◎

邓凤泰,精岐黄,每施药以活人。有贫者,馈以钱帛,辄告曰:归遗尔父母,分给诸昆弟,即所以报我也。卒不受。

[光绪《新修菏泽县志》卷十一《人物》]

◎ 程 潼 ◎

程潼，庠生。李二庄人。习内科而通其妙，尤善针灸，常见奇效。病夫日集于门，不厌。既愈，未尝索财贿，有德色。卒之日，四方吊者，尽十日不止。盖贤而隐于医者焉。

[光绪《新修菏泽县志》卷十一《人物》]

民国

◎ 朱允治 ◎

朱允治（1832—1912），菏泽城西北十里朱庄村人。光绪初年外科名医。精炼丹，熟经络，以治内痈驰名城乡。其治内痈，必据经络折量同身寸取穴决脓，极为准确。如治肠痈，同身寸折量至肛门附近取穴，放脓即愈。曾为秀才李守训之嫂治疗肠痈，用同身寸折量至脐右下方取穴，拔其针刀，脓即排出。又如治胆痈，患者为一壮汉，令将其缚于一株树上，使人在患者面前磨一铡刀，在患者右肋下刺入针刀，把脓排出。围观者究问其故，他说：因痈在肝下胆内，使用此法，可令患者肝叶上举，刺入针刀时以免伤肝，故不得不如此。

治病皆以脏腑经络辨证为准，不知者皆认为神奇。后传技于门人李元贞，从学多年，尽得其秘。尝告门人说：欲学好外科，必先精通经脉。《医宗金鉴》之所以把经脉编排在《外科心法》之前，意即在此。

1912年卒，终年八十岁。村众为其立"扬名碑"，以颂其术。

[《菏泽市志》第二十三编《古今名人》]
[《菏泽市志·卫生志》第三章《历代名医》]

◎ 李绍仙 ◎

李绍仙，菏泽城东北十里李集人。光绪初年菏泽外科名医。秉受家传，擅长炼丹，治方多奇验，法则不拘一格。如治疗一秃疮患者，令其在葱沟中爬来爬去，累得满头大汗，其秃疮却因此而愈，人称其为"挪疮术""李半仙"。不过，仍以红升丹和白降丹治疗痈疽为主。得其术者，唯郭大鹏一人。后，郭亦为外科名医。

[《菏泽市志·卫生志》第三章《历代名医》]

◎ 韩化溥 ◎

韩化溥（1841—1914），字济昌。菏泽县人。业医，工脉诊，治重肝脾。

[《山东中医药志》第六篇《人物表》]

◎ 李继昌 ◎

李继昌（1842—1915），菏泽城内府衙门西街（今中学西街）人。承家传，精经典，善方脉，通晓多科，光绪年间内科名医。其先人李仁瞻，原籍陇西成纪，宋初为江西抚州刺史。真宗时，退隐临川李坊桥上行医。自此，李氏累世业医，在临川行医十五世。期间，李駉曾集注《王叔和脉诀》《难经》等书（见《难经句解序》）。十六世孙李从善于明代嘉靖年间迁菏泽，至继昌已为三十世。继昌孙李全治（三十二世）为菏泽市中医医院业务骨干。

[《菏泽市志·卫生志》第三章《历代名医》]

◎ 韩　渭 ◎

韩渭（1843—1924），字清溪。菏泽县人。工医术，善治脾胃。

[《山东中医药志》第六篇《人物表》]

◎ 王端智 ◎

王端智（1853—1929），字上之，号子哲。菏泽县人。承家训业医，工喉科，术精德高。著有《王氏传家宝》，未刊。

[《山东中医药志》第六篇《人物表》]

◎ 赵润普 ◎

◎ 赵映斗 ◎

赵润普（1864—1944），字名亭。世居菏泽市城东赵水洼村。八岁入私塾读书，自幼聪慧好学，勤于钻研。弱冠，操童子业，试府、县，屡列前茅。十六岁时，因家资衰微，生活窘迫，不得不暂居别馆教书，同时攻习医学书籍。数年后，舍儒改医,拜曹县名医赵映斗为师,进一步深造。

朝夕研讨历代名医著作,废寝忘食,刻苦学习。由于聪慧敏快,文底较厚,临床和医药理论提高很快,对常见之症,有独到见地。于是,声名鹊起。

二十四岁时,在本村开设"普化堂"药铺,独立行医,并继续精读《内经》《伤寒论》《金匮要略》《本草纲目》等经典著作。精于中医内科,尤善于伤寒、虚劳、水鼓诸症的治疗。声名达于鄄城、巨野、定陶及曹县等地,登门求医者络绎不绝。师法古人而不囿于古人,用药谨慎,注重疗效,不务虚名。医德高尚,医病不分富贵贫贱,有时贫困之人分文不取。闻附近村庄有病人,不论天气好坏、时间早晚,即撩衣前往,深受群众崇敬,被誉为"神医妙手"。后授徒十余人,并在辛集开设分堂"普化生",委其子经营。

1946年,当地群众自发为先生树"青囊春暖"石碑,以示怀念。石碑现存赵水洼村,碑文尚完好。

[《菏泽市志》第二十三编《古今名人》]
[《菏泽市志·卫生志》第三章《历代名医》]
[《菏泽地区卫生志》第十二篇《医林人物》]

◎ 冯 郎 ◎

冯郎,菏泽城西北吴店人。精内科,善方脉,医誉冠城西。有一壮汉,不信冯技,滚地呼叫,故装急病,请冯试脉。把脉后,断其为"死症"。壮汉从地上爬起,捧腹大笑而去。回家后,果然暴死。或问其因,曰:此人,外形虽壮,而元气早衰,复因装病,伤其内脏,故见坏脉。断其为死症者,实据其脉而言之。故相传,冯郎"断病如神"。

[《菏泽市志·卫生志》第三章《历代名医》]

◎ 伊 尹 ◎

伊尹，名挚。莘人。乐尧舜之道，耕有莘之野。守道义，严取予。汤以币聘者三，相之以伐夏救民。受天明命，为开国元勋。汤崩，复相太甲，为保衡。及老，复政以归。

[光绪《曹县志》卷十二《历代名贤》]

按皇甫谧《甲乙经序》：伊尹，亚圣之才，撰用《神农本草》以为汤液。

按《通鉴》：伊尹佐汤伐桀，放太甲于桐宫，悯生民之疾苦，作《汤液本草》，明寒热温凉之性，酸苦辛甘咸淡之味，轻清重浊，阴阳升降，走十二经络表里之宜。今医言药性，皆祖伊尹。著有《汤液本草》，今行世。

[《古今图书集成医部全录》卷五百四《医术名流列传》]

伊尹（约公元前16世纪），名伊挚。夏朝有莘国（今曹县北莘家集一带）人。出身奴隶，被商汤拜为右相，辅佐商汤灭夏，建立了商朝。相传伊尹的母亲是一位住在有莘国伊水岸边的采桑女，怀有身孕。一天夜里，梦见神人告诉她，如果有一天看到家里的石臼里出水，要赶紧往东跑，千万不要回头，神人说完就不见了。第二天早晨，她果然看到自己家石臼里出了水，就赶紧告知邻居，并往东跑去。大约跑了十多里，身体实在累坏了，就停下来忍不住回头一看，见自己家变成了一片泽国。因违背了神人的话，她的身体变成了一棵空桑树。不久，一位有莘国的女子来到桑田采桑，听到远方传来婴儿的哭声。她顺着哭声来到一棵大桑树前，看到树洞里有一男婴正在啼哭，于是她把男婴抱回去献给国君，国君又把男婴交给他的厨师抚养。由于这个男婴是在空桑间拾到的，不知名姓，就称他为伊。清光绪十年（1884）《曹县志》记载，莘家集东约十里有龙泉寺，其碑亭后就是空桑。伊尹是个聪明勤恳且有心计的人,虽耕于莘野,却胸有大志,乐尧舜之道。商汤三聘之后,作为有莘氏的陪嫁奴隶负鼎俎入商。伊尹的烹调技术高超,做出的饭菜味道极好。汤吃后赞不绝口,就召见伊尹询问做菜的技巧。伊尹就以烹调为例,向汤阐明自己的治国主张,说:做菜既不能太咸,也不能太淡,要调好佐料才行;治国如同做菜,既不能操之过急,也不能松弛懈怠,只有恰到好处,才能把事情办好。商汤十分佩服,认定伊尹是个治国安邦之才,要拜其为相授以国政。伊尹认为,汤虽仁慈,但国小民少,即使采纳他的意见,其功效也少而慢;夏桀虽不仁,但为天下之主,若采纳他的意见,立即改进政治,很快可以取得成效。伊尹于是到夏,劝说夏桀修德政,行尧舜之道,为万世立法。夏桀却说:吾先祖禹以功得天下,今天下一统,万民各安其业,为君主理当享乐,声色犬马,珠宝玉器,应有尽有之;为民理当效力君主,出力吃苦,产物先供君,有宝必献主。君民身份不同,何得同甘共苦。哪个国家不纳贡,我必征伐;哪个庶民不服从,我就派官吏斩杀他。只有天下人畏惧君主,哪有君主心忧天下人的!伊尹进言多了,夏桀不耐烦,群臣生疑忌。有人向夏桀献计,杀掉伊尹,以消除隐患,夏桀叹气说:这个人说的也不错,但我就是不想实行他这一套,反正他这一套也没人听。我杀个人也不过像踩死个蝼蚁一样,可是我不能乱杀人,现在杀了这个"东方仁人",不是让天下人嗤笑我吗!你们不要给我出馊点子了!也许说不定有一天,我会改变主意,采纳他的道理哩。从此伊尹既不被用,也未受贬,生活待遇还更好了,群臣越发不服气,纷纷想办法赶走这位"东方仁人"。一天,伊尹走到野外,听到夏人唱道:桀王无道啊!我们累死也吃不饱。商汤仁慈啊!亳人福分好,我们逃到亳地去吧,何必受这穷苦的煎熬!伊尹听了,不觉泪流满面。第二天,他又向夏桀进言:禹王创建夏朝,至今四百余年,大王若恪守祖训,使民以时,用物俭约,夏将福祚万年,若……夏桀没听完,就打断了他的话,挥手说:先生高明,您走吧!让我耳边清静清静,快快乐乐地过下去吧!群臣都哈哈大笑,伊尹尴尬地走下殿。他明白夏桀已毫无悔改之意了,就立即束装东归。夏桀不听伊尹劝告,又杀了向他进谏的大臣关龙逢,从此身边无人进谏,更加暴虐无道。伊尹回到商亳,在北城门遇到商汤的贤臣女鸠、女房,作《女鸠女房》,述说离夏返商的心情,告以夏国的情形。伊尹决心辅佐商汤,使商汤取代夏桀,他给商汤讲述远古帝王的业绩和九类君主不同的作为及结局,劝汤替天行道,伐灭夏桀而有天下。商汤拔簪折之为二,盟誓说:愿戮力伐夏,同奋斗,共安乐。汤又说:人照一照水就能看出自己的容貌,看一看民众就知道国家治理的好不好。伊尹赞扬说:英明啊!听得进善言,德行才会进步。要能治理国家，抚育万民，应任用有德行做好事的人为官吏。王，您努力再努力吧！汤在伊尹的辅佐下，行德政，宽民力，大力发展农耕，铸造兵器，训练军队，伐葛、载，征洛、荆，使商的国力迅速强大起来，几年时间，商成了东方大国。商汤的强大，使桀受到威胁。夏桀二十二年，商汤朝见夏桀，有人告发汤有反叛之意，夏桀把商汤囚禁于夏都钧台。伊尹献上许多美女和珍宝给夏桀，请求赦免商汤，并说商征伐诸侯是履行夏方伯的职责，是为夏朝树立威望，并非反叛夏朝。夏桀说：看在献来美女、珠宝的敬意上，就饶了汤吧，料想你们也翻不了天。伊尹又暗中贿赂夏桀宠信的近臣赵梁。第二年春天，夏桀释放了商汤。为了表示安抚，又把位于亳东北的赞茅（今成武与单县之间）赏给了商汤。汤回到亳地，更坚定了灭夏的决心。夏桀二十七年，伊尹教汤以停止向夏桀纳贡的办法，试探夏桀在诸侯中的影响力，待九夷之师不听夏桀号令时，伊尹建议商汤开始伐夏，与商汤一起率兵北伐韦、顾、昆吾，剪除桀的羽翼。此前，伊尹还多次到夏探查情报，取得夏桀元妃妹喜的信任，了解到夏桀有梦：西方有日，东方有日，两日相斗，西方日胜，东方日不胜。知道夏桀自以为居于西方，上天预示他将胜利，只在夏国东方设防，放松了都城守卫，就力劝商汤绕道夏国以西，奇袭夏都，同时应"西方日胜"之象。夏桀三十一年，商汤按照伊尹建议，不顾天旱和农时，兴师伐夏，亲率死士六千，绕道夏都以西，出其不意，一举攻入夏都。夏桀毫无防备，仓皇东逃，战于有娀、鸣条，连战皆败，退守三朡（定陶西南），又被汤攻破，最后夏桀被擒于焦门，放于南巢，夏亡。汤灭夏建立商朝，登上天子位。伊尹作《咸有一德》，歌颂商汤品德纯正，宜为天下主。汤称伊尹为元圣，灭夏建商立首功，训示商族世世代代尊崇伊尹，一如商王。商朝建立后，伊尹又辅佐汤王健全国家制度，使官吏尽心尽力为国家效力，否则就受到责罚，甚至贬为奴隶。伊尹注意体察民情，改善民生，注重发展农业生产，发展经济，爱护民众。因此，商朝初期，政治安定，经济繁荣，国家大治。商汤崩。太子太丁已先亡，伊尹立太丁弟外丙为王，外丙在位三年，崩。伊尹又立外丙弟中壬为王。中壬在位四年，崩。伊尹又立太丁子太甲为王。太甲即位后，伊尹更是尽心尽职，作《伊训》，作《肆命》，作《徂后》，教导太甲怎样做贤能君主，如何治理国家。太甲不听，无视汤法，暴虐乱德，一意孤行，使国家出现混乱。为了拯救国家，伊尹将太甲放逐至商汤陵旁桐宫反省，自己摄行国政，接见诸侯。这就是史籍所载"伊尹放太甲"之事。伊尹理政之余，常去桐宫训教太甲，太甲渐有悔过之意。三年后，伊尹认为太甲确已悔过自责，改恶向善，就亲自迎太甲回朝，还政于太甲。太甲修养道德，诸侯归服，百姓安宁。太甲死后，谥号太宗。伊尹为褒扬太甲,作《太甲训》三篇。伊尹又立太甲之子沃丁为王。沃丁临政后,伊尹因年迈,不再过问朝政。伊尹享年百岁去世,沃丁以天子礼葬伊尹于亳城东北(今曹县东南殷庙村)。后世商王对伊尹与商汤同等祭祀。伊尹不但是政治家、军事家,也是发明家。史载汤时大旱,"伊尹教民田头凿井,用以灌田,今之桔槔是也"。他还教民作区田法,提高作物产量。伊尹还是熬制中药的发明人,商之前,人们有病靠嚼食中草药疗治,伊尹教民切碎中草药,用陶器煎煮后,服用药液,后世称为"汤液疗法",这既增强疗效,又减轻毒性,成为几千年来中药疗法的主要剂型。伊尹还被尊为食圣,他在实践中总结出了一套精辟的烹调理论,他"善均五味",提出了"凡味之本,水最为始。五味三材,九沸九变,火为之纪。时急时徐,灭腥去臊除膻,必以其胜,无失其理。调和之事,必以甘酸苦辛咸。先后多少,其齐甚微,皆有自起。鼎中之变,精妙微纤,口弗能言,志弗能喻。若射御之微,阴阳之化,四时之数"的调味理论,伊尹认为,经过精心烹饪而成的美味之品,应该"久而不弊,熟而不烂,甘而不浓,酸而不酷,咸而不减,辛而不烈,淡而不薄,肥而不腻。"他的"五味调和论"对于后世的烹调技术影响深远,成为中华烹饪与中华饮食调味理论的源头。伊尹也被尊为烹饪鼻祖和厨圣。他高超的烹调技术和烹调理论,至今为烹饪界所推崇。伊尹被称为"千古贤相第一人",又以"伊、吕(望)"并称,杜甫诗赞:"伯仲之间见伊吕,指挥若定失萧曹。"苏东坡著《伊尹论》称赞他是"辨天下之事者,有天下之节者"。夸赞他不以私利动心,"故其才全,以其全才而制天下,是故临大事而不乱"。班固《汉书·古今人物表》列伊尹于"仁人"。曹县东南二十里有伊尹墓,墓前是元圣祠,后人世世代代祭祀。

[《曹县志》第十三卷《人物传略》]
[《曹县医药卫生志》第七篇《名老中医传略》]

伊尹墓,《后汉·郡国志》引《皇览》曰:巳氏城有平利乡,乡有伊尹冢。即此。在楚邱西二十里余,西望汤陵,前有祠。宣德间,知县范希正徙置墓上。在商为亳都,《史记》曰:帝沃丁葬伊尹于亳。是也。今归德亦称有伊尹墓,恐非。余详《祠祀志》。

[光绪《曹县志》卷一《陵墓》]

伊尹墓,在县东南楚邱集西二十里,墓前有庙。

[宣统《山东通志》卷三十六《古迹三·曹县》]

阿衡祠,在城北十八里莘冢集。原祀伊陟,后宣德元年(1426)重修,并祀伊尹，有安佐记都御史刘恺诗。

[光绪《曹县志》卷六《祠典》]

元圣祠，一在城东南旧楚邱城西，一在城北莘冢集，祀伊尹、伊陟。

[宣统《山东通志》卷三十八《疆域志第三·建置·曹县》]

任圣寺，在阜城里。按：伊尹薨于沃丁二年，葬于北亳。《地舆志》：济阴为北亳，今曹即济阴故地也。寺建于前明，考旧碑文，盖因所葬处以立祠，与汤陵、寺同例。同治八年（1869），孙伟人、姚金吾等重修之。功竣之夕，近村见寺中红光冲天，群奔救之，竟非火光，至鸡鸣方灭，共惊为异云。

[光绪《曹县志》卷六《寺观》]

伊尹庙，在莘县城北八里莘亭。汉时建，有碑数通，后毁于火。明正统间，知县戴彬移置路东。天顺间塑像。弘治间，知县孟隆移置邑厉坛西。正统九年（1444），知县王琛重修。按：伊尹耕有莘之野，莘野在河南开封府，与空桑城相近。《路史》：尹伊生于空桑。是已今立庙，止据莘冢，然实莘仲国君之墓。又《史记》：伊尹葬于亳。则立庙为无据矣。

[康熙《山东通志》卷二十《祀祠·东昌府》]

伊尹庙，旧在城北莘亭东，嘉靖间移置城内城隍庙西，亦名元圣庙。

[宣统《山东通志》卷三十八《疆域志第三·建置·莘县》]

城西北十八里莘冢集，相传为伊尹躬耕处。城东南三十里。有伊尹祠及墓。城东南三里，有观稼亭，为邑人纳凉之所。

[民国《山东省志》第四卷上《道县汇志·济宁道·曹县·古迹名胜》]

宋

◎ 任中师 ◎

中师，字祖圣。进士及第，试秘书省校书郎，知平陆县。真宗将祀汾阴，命陈尧叟判河中府，以经制祀事，辟掌笺奏，累迁著作佐郎，历知千乘、襄邑县，改秘书丞。以张知白荐，遂为右正言。中正贬，中师亦降太常博士、监宿州酒税。未几，通判应天府。曹利用辟为群牧判官，徙知滑州，入为开封府判官。累迁尚书度支郎中、直史馆，知澶州。以太常少卿、直昭文馆知广州。视事之明日，吏白，故事当谒诸祠庙，而廨有淫祠，中师遽命撤去之。兼市舶使，市舶置使自此始。还，为谏议大夫、判尚书刑部。加集贤院学士，再知澶州。未行，进龙图阁直学士、知并州，许便宜从事。改枢密直学士、知益州。先是，转运使韩渎急于笼利，自薪刍、蔬果之属皆有算，而中师尽奏蠲之。康定中，任布守河阳，数上书论事，帝欲用之。吕夷简荐中师才不在任布下，遂并召为枢密副使。明年，建北京，令中师领修建。进给事中，宣抚河东，不行。求补郡，以尚书礼部侍郎、资政殿学士知永兴军。求内徙，得知陈州。逾年，上书言：臣老矣，家本曹人，愿得守曹。遂以知曹州。改户部侍郎。明年，请老，拜太子少傅致仕，进少师。卒，赠太子太傅，谥"安惠"。中师性乐易，平居自奉甚俭约。晚知养生之术，号"大块翁"。

[《宋史》卷二百八十八《列传第四十七》]

任中师，中正弟。举进士及第，累官知益州。康定中，为枢密副使，寻以资政殿学士知永兴，后以太子太傅致仕。卒，谥"安惠"。

[光绪《曹县志》卷十二《人物》]

任中师，中正弟。举进士，知洛川县。民有罪，妨其农时，必遣归，令农隙自诣吏。租税皆先期而集，民负官茶追系者甚众，中师为宽其期。康定中，累官枢密副使，寻以资政殿大学士知永兴军，后以太子太傅致仕。卒，谥"安惠"。中师性乐易，自奉俭约。晚知养生术，号"大块翁"。

[康熙《曹州志》卷十五《历代名贤》]

大块翁，姓任，名中师。曹州人。举进士，累官枢密副使，寻以太子太傅致仕。晚年得养生术，熊经鸟伸，逍遥物外，号曰"大块翁"。

[康熙《曹州志》卷二十《方外》]

任中师，中正弟。字祖圣。举进士，知洛川县。民有罪，恐妨其农时，必遣归，令农隙自诣吏。租税皆先期而集，民负官茶追系者甚众，中师为宽其期。康定中，累官枢密副使，寻以资政殿大学士知永兴军，后以太子太傅致仕。卒，谥"安惠"。中师性乐易，自奉俭约。晚知养生术，号"大块翁"。

[乾隆《曹州府志》卷十四《乡贤》]

任中师，字祖圣。中正之弟。举进士及第。尝知广州，吏白，故事当谒祠庙，廨有淫祠，中师遽命撤去。累官枢密、直学士，知益州。先是，转运急于笼利，自薪刍、蔬果之类皆有算，中师尽奏蠲之。康定中，以资政殿学士知永兴军，迁户部侍郎。卒，谥"安惠"。

[万历《兖州府志》卷四十《乡贤列传》]

任中师，字祖圣。中正之弟。举进士及第。尝知广州，吏白，故事当谒祠庙，廨有淫祠，中师遽命撤去。累官枢密、直学士，知益州。先是，转运使急于笼利，自薪刍、蔬果之类皆有算，中师尽奏蠲之。康定中，以资政殿学士知永兴军，迁户部侍郎。卒，谥"安惠"。

[嘉靖《山东通志》卷三十《人物三》]

任中师，曹州济阴人。中正之弟。字祖圣。进士及第。性乐易，自处俭约。历知外县，张知白荐为右正言，累迁至昭文馆学士，知广并益等州，俱有恩惠及民。又以吕夷简荐，授枢密副使、礼部侍郎。中师兄中正曾任益州，后补曹州，中师先后一揆，时以为荣。进少保致仕。卒，谥"安惠"。

[雍正《山东通志》卷二十八之二《人物二》]

任中师，字祖圣。中正之弟。举进士及第，尝知广州，吏白，故事当谒祠庙，廨有淫祠，中师遽命撤去。累官枢密、直学士，知益州。先是，转运使急于笼利，自薪刍、蔬果之类皆有算，中师尽奏蠲之。康定中，以资政殿学士知永兴军，迁户部侍郎。卒，谥"安惠"。

[康熙《山东通志》卷四十《人物》]

任中师，字祖圣。中正弟。及第，试校书郎，累官龙图阁直学士、知益州。先是转运使韩缜（渎）急于笼利，薪刍、蔬果之属皆有算，中师咸奏蠲之。官至户部侍郎，以太子少傅致仕。卒，谥"安惠"。

[宣统《山东通志》卷一百五十七《人物志第十一·历代名臣》]

广南东路提举市舶

任中师，崇宁初年，兼市舶。

[万历《广东通志》卷十《藩省志十·秩官》]

任中师，《宋史·任中正传》：弟中师，字祖圣。进士及第。以枢密、直学士知益州。先是，转运使韩渎笼利，自薪刍、蔬果之属皆有算，中师尽奏蠲之。吕夷简荐其才，召为枢密副使。

[嘉庆《四川通志》卷一百九《政绩一》]

任中师，字祖圣。进士及第，试秘书省校书郎，知平陆县。真宗将祀汾阴，命陈尧叟判河中府，以经制祀事，辟掌笺奏，累迁著作佐郎。历知千乘、襄邑县，改秘书丞。以张知白荐，遂为右正言。中正贬，中师亦降太常博士、监宿州酒税。未几，通判应天府。曹利用辟为群牧判官，徙知滑州，入为开封府判官。累迁尚书度支郎中、直史馆，知澶州。以太常少卿、直昭文馆，知广州。视事之明日，吏白，故事当谒诸祠庙，而廨有淫祠，中师遽命撤去之。兼市舶使，市舶置使自此始《宋史》本传。

[道光《广东通志》卷二百三十七《宦绩录七》]

任中师，字祖圣。进士。累官知滑州，又知澶州，后乃召为枢密副使，领北京修建，进给事中，晚以太子少师致仕，赠太子太傅。性乐易，自奉甚俭。其在广州也，毁滛祠；在益州也，蠲冗税。吕夷简称其才不在任布下。

[咸丰《大名府志》卷十三《名宦》]

任中师，字祖圣。曹州济阴人。进士及第，试秘书省校书郎，累迁著作佐郎，知襄邑，改秘书丞，官至户部侍郎、太子少傅，致仕进少师。卒，谥"安惠"。

[光绪《续修睢州志》卷四《州官名宦》]

任中师，景祐二年，知广州军州事。

[光绪《广州府志》卷十七《职官表一》]

◎ 黄冠道人 ◎

黄冠道人，姓名不传。熙宁间，曾见于楚邱枣堌村，青衣黄冠。以医名，一方有疾者往求，一与之语，不药而愈。居数月，忽不见，人皆神之，疑其为扁鹊，立祠祀焉。至今犹有扁鹊祠。

[光绪《曹县志》卷十四《仙释》]

黄冠道人，姓名不传。熙宁间，曾见于楚丘枣堌村，黄冠青衣。以医名，一方有疾者往求，一与之语，不药而愈。居数月，忽不见，人皆神之，疑为扁鹊，立祠祀焉。

[康熙《曹州志》卷二十《方外》]

黄冠道人，姓名不传。熙宁间，以医游于楚邱枣堌村。一方有疾者往求，一与之语，不药而愈。居数月，忽不见，人皆神之，为立祠。

[乾隆《曹州府志》卷十六《方技仙释》]

黄冠道人，姓氏、里居不传。熙宁间，以医游于楚邱枣堌村。不事方剂，但令病者见之，一与之语，即愈。居数月，忽不知所在。

[雍正《山东通志》卷三十《仙释志》]

按《曹州志》：黄冠道人，姓名不传。熙宁间，曾见于楚丘枣堌村，黄冠青衣。以医名，一方有疾者往求，一与之语，不药而愈。居数月，忽不见，人皆神之，疑为扁鹊，立祠祀焉。

[《古今图书集成医部全录》卷五百七《医术名流列传》]

明

◎ **胡　进** ◎

◎ **侯　铎** ◎

◎ **侯　山** ◎

◎ **侯　鉴** ◎

◎ **梁　裕** ◎

◎ **管　铉** ◎

◎ **岳宗岱** ◎

◎ **王尚信** ◎

◎ **朱　坊** ◎

◎ **刘静修** ◎

医学训科

胡进，东隅人。

侯铎，甘甘露人。

侯山，甘露人。

侯鉴，甘露人。

梁裕，安仁人。

管铉，大黄人。
岳宗岱
王尚信
朱坊
刘静修

[光绪《曹县志》卷九《历代建设》]

◎ 王 仕 ◎

王仕，字守义。崇让子，佸之弟。鸿胪序班。精于医，轻利好施。

[光绪《曹县志》卷十一《援纳》]

◎ 朱惟肖 ◎

朱惟肖，字子孝。都宪纲冢嗣也。十六入邑庠，试辄高等，饩学宫。颖泉邹公较士省郡，以阳明良知之说，问多士，无能应者。次及生，悬悟若夙契。邹大赏，谓必以理学名世。归，遂筑室静悟，不复萌功名荣禄之念矣。尝谓：学者精以治身，绪以治人。吾精之未能，而遑他为。时历下湖南书院初建，求四方知名士以实之，直指台特徼取，弗应也。已而岁荐，亦不赴部。邑令劝驾，笑谢之。郡县令长暨藩臬台司求一见，不可得。兵备公三及门一苍头，谢疾不任客。虽僻寂中，实渟蓄博洽。凡六经子史、贝叶道笈、象纬堪舆以及阴阳医卜，靡不总究，尤精《参同》《悟真》之旨，以为自文始后无的传，《淮南鸿宝》杂而未粹，中垒用而弗效，固宜。则其所得可知也。所著有《就正》《理性》《达意》等录及《还淳雅述》等集。

[光绪《曹县志》卷十三《贤祠》]

《就正录》《理性录》《达意录》《还淳雅述》，朱维肖撰。维肖，字子孝。曹县人。诸生。《县志》本传载诸编。又云：凡六经子史、贝叶道笈、象纬堪舆以及阴阳医卜，靡不总究。尤精《参同》《悟真》之旨，以为自文始后无的传，《淮南鸿宝》杂而未粹，中垒用而弗效，固宜。则其所得可知也。

[宣统《山东通志》卷一百三十九《艺文志第十·子部·杂家》]

效霞按：据光绪《曹县志》卷十一《岁贡》，朱维肖为"嘉靖年间贡"。

◎ 张一中 ◎

张一中，安仁人。幼业儒，因母病，求医弗效，焚香祷天，愿弃儒学医，且医不责报，以祈母生。母果愈，遂研穷医理，得其精微。万历初年，试辄效。邳州浚河役夫数十万，瘟疫相染，半不能起。一中不远数百里，携资货药，露居河壖，以疗群夫，全活甚众。抚按藩臬屡移檄褒嘉，劳以金币，皆辞不受。曰：此岂吾所祈母施药初心哉！人咸称其孝且义。

[光绪《曹县志》卷十三《贤祠》]

张一中，明代曹县人。业岐黄术，以善治温病而闻名县邑。

[《山东中医药志》第六篇《人物表》]

清

◎ 吕成龙 ◎

吕成龙，本河夫也。世居曹县塔湾。生三岁，有道士至其家，自称成龙师。及长，遇道士于田间，授以方术，渐能疗病。其法主按摩，或自运气，嘘病者患处，不用药剂。自河帅赵世显召之至署，遂遍游公卿间。原任大学士高斌尤笃信之。成龙尝至京师，平郡王从受炼气之方。有求诊视者，或予以枣，或树叶，令剪饮，多愈。乾隆八年（1743）秋，忽谓家人曰：吾师将至矣。道士果如期至。又数日，成龙无疾而逝。

[乾隆《曹州府志》卷十六《方技仙释》]

吕成龙（1666—1743），曹县留庄里塔湾集村人。遇异人授之以医术，后长于各科，所治各病无不奇效。总河白公之母，失明多年，成龙以药水洗之，目遂能视。都堂高公有癖疾，成龙为之剖腹以活之。南阳府一王姓者，面有黑痣，成龙以水洗之，随手光洁。

[《曹县医药卫生志》第七篇《名老中医传略》]

◎ 朱毓秀 ◎

◎ 沙应元 ◎

◎ 王尧天 ◎

◎ 焦宏谟 ◎

医学训科

朱毓秀

沙应元

王尧天

焦宏谟

[光绪《曹县志》卷九《国朝员额》]

◎ 韩复常 ◎

韩复常,精于岐黄。举乡饮大宾。

[光绪《曹县志》卷十一《附贡》]

◎ 陈讷 ◎

陈讷,字良翰。王泽里人。精岐黄。寿九十四。

[光绪《曹县志》卷十一《耆老》]

◎ 董兰 ◎

董兰,楚天里人。精岐黄。寿九十岁,乡饮耆宾。

[光绪《曹县志》卷十一《耆老》]

◎ 李珣 ◎

李珣,字克己。王泽里人。精岐黄,行医五十余年,未尝责报。现年九十三岁,间党称之。

[光绪《曹县志》卷十一《耆老》]

◎ 谢际泰 ◎

谢际泰，号运昌。先世金陵人，明初籍曹。世积德，传至其父九兴，耆年卓行，岁祲，粥赈施豆佐爨，邑侯郭公、张公皆匾奖，今犹可。泰生而颖卓，好读奇书。弱冠入庠，小试有声，然数奇，屡困棘闱。年强仕，补鸿胪寺序班，改授布政司理问。早失怙，事母李以孝闻。母殁，葬祭尽礼，哀痛必出于诚。性好施，有父风。族人贫者必赒之，姻丧不能举者则助之。其庄人之负租，贫苦不给者，悉焚其券，不之较。常好岐黄之术，录秘方，悬肘后，每出游必令仆负药笼从之，所在活人，不计利而去人胥德焉。谒选京师，贵官达者皆喜与游。如邑侯萧公誉、霍公达、广文孝廉李公茂松，未莅曹时，悉称最契；及任，尤敬礼之。大抵泰秉性刚直，不谐俗尚，不畏疆御。至于孤弱无依者，偏加轸恤，以故人多畏爱之。子四人，长国胤，原配李出，早列胶庠；次国瑞、国璧、国琪，继室侯出。泰殁后，侯氏恪守遗训，慈而能严教，子国瑞、国璧俱勤苦向学，食饩于庠，为邑名士；国琪亦入黉序。孙枝繁衍，识者卜山东氏之福泽正未艾也。

［光绪《曹县志》卷十三《贤祠》］

谢际泰，明代曹县人。精岐黄术。

［《山东中医药志》第六篇《人物表》］

谢际泰，附监。鸿胪寺序班，改授布政司理问。见《人物》。

［光绪《曹县志》卷十一《援纳》］

◎ 王士鹤 ◎

王士鹤，字玉羽。盘庚人。元左丞之后也。游邑庠，谦抑粹穆，沉密寡言，不妄交游，外和而内庄，独居一室，严若朝典。弟早亡，侄女甫一周，抚养备至。及其嫁也，治装倍于己女。黉宫坏，破产修之。明季岁饥，开场于城西之黄冠寺，输粟煮粥，全活甚众。喜岐黄术，施药济人。霍邑侯奉旨砖城，分工督催，日携羊、酒以劳之。役人感激用命，如期告竣。性嗜琴，筑芳园，树名花，构草堂于中，竟日垂帘，每至海棠月出，梧桐露下，正襟危坐，一弹再鼓，真如岭上白云，止足自娱，不堪持赠者也。石邑侯屡造其庐，有"盛世巢由"之称。都人氏雅重其品，有"人澹如菊"之誉。乡饮大宾一再举行，以寿终于家。子孙济济，克世其业。长孙瑞，尤有文名，食饩于庠。

［光绪《曹县志》卷十三《贤祠》］

◎ 张金堂 ◎

张金堂,字容庄。廪贡。历署滕县、潍县、利津、聊城、齐河、定陶、博平、汶上等学训导,历任清廉,性好施予。嘉庆十八年(1813),教匪陷城,县令姚公城汛,杨公殉难,公为治殓具。抚慰四民,出家资以行赈济。熊观察极为褒奖,抚宪陈予以"尚义急公"匾额。兼精岐黄术,以医名世。

[光绪《曹县志》卷十四《仕绩》]

◎ 韩志杰 ◎

韩志杰,字健伟,号秋舫。廪贡生,敕褒孝行,中书科中书。壬午(1822),署德州训导,闻母病,即日解任,默祷于神,愿减己寿,益亲年。及抵家,母病已愈。后迁福山县教谕,以亲老乞养旋里。独修《家乘》,重修祖祠,捐输一千六百金于茔石,输基建祠。又为外祖母立祠,以慰亲心。亲殁,省墓守祠,二十年如一日。癸酉(1813),教匪陷城,熊观察拥兵来县时,转输未至。公捐谷数百石,以充饷。匪平,奏闻抚宪陈公,榜其门曰"尚义可风"。癸酉、癸巳(1833)两岁,大饥,仆佃负金万数千锾,悉举券焚之。按月给粟,计口授食,族人贫乏者亦如之。亲邻求贷者,无不周济。晚年善医,施药饵,济危急。于学人尤加厚焉,或应考试,或赴书院肄业,赆仪之费,虽数百金不惜。咸丰八年(1858),南匪压境,公被虏。贼人知其名,曰:善士也。送之还里后,卒于郡,路隔挑河数道,及灵舆至近村,已代为砥平矣。著有《伦言集》《谏寿赠言》《西东冷吟集》行世。

[光绪《曹县志》卷十四《仕绩》]

韩志杰,同知衔、中书科中书,署德州学正。有"传"。

[光绪《曹县志》卷十一《廪贡》]

《伦言集》《谏寿赠言》《西东冷吟集》,韩志杰撰。志杰,字健伟,号秋舫。曹县人。廪贡。官福山教谕。诸编见《县志》。

[宣统《山东通志》卷一百四十六上《艺文志第十·集部·别集》]

◎ 袁宗瑜 ◎

袁宗瑜,字绍廷,号星彩。候选主事员外郎衔,赏戴蓝翎,晋保四品衔,诰授通奉大夫。性懿良,笃孝友。三岁失怙恃,乃祖静庵公以育。甫成童,静庵公殁,尽哀尽礼。昆弟二人,越数岁,兄亦殁,茕茕独立。事母以孝闻,母有疾,躬奉汤药。母卒，凡母所嗜食，终身不忍食。事孀嫂如兄，有大故必禀而行。其姊贫，以时赒给之，亦渐资小裕。家素封，族间之贫者多仰给焉。其什物秸禾，间有攘窃。所亲者隐以告，则曰：彼无我有，何较焉！淡如也。其出也，遇有乞丐载途，必赒之。故归或暮，丐子辈群拥护送之。相率而呼曰：恐惊吾袁善人也。束堤口水深数尺，独出资修堤南桥；又倡修堤北桥。后，桥圮，又捐资重修，题其名曰"永济"，行人便之。咸丰戊午（1858），豫匪骚动，出膏腴数顷，筑寨凿池，保护乡邻，军火皆自置，结庐数十间，与客民居，兼给其食用之缺乏。城武民刘景山倡乱，督率团丁，擒其父兄，送县置于法。会僧忠王拥兵至，捐送饷需。蒙奖，晋保职衔。重修文庙，建考棚书院、祠祀忠亲王，罔不竭力输将，襄成厥事。晚年，精疡医。刀圭之珍，不惜重资。迎求者，不拘明夕，辄命驾。虽百里外，不以劳勤辞。就医者，留给其食，药饵为所用。愈而去询，亦不受也。

[光绪《曹县志》卷十四《仕绩》]

袁宗瑜，字星彩。候选主事员外郎衔，赏戴蓝翎，保四品衔加三级，诰授通奉大夫。

[光绪《曹县志》卷十一《援纳》]

效霞按：同一本《县志》，袁宗瑜之字，一作"绍廷"，一作"星彩"，当以"绍廷"为是。

袁宗瑜，字绍廷。清代曹县人。业医，术精疮疡刀圭。

[《山东中医药志》第六篇《人物表》]

◎ 王景圣 ◎

王景圣，字岂凡。盘庚里人。人植品高洁，读书不务功名，著有《辨情理说》《河图洛书管见》，待梓。精岐黄理，寿八十余岁，无疾终。

[光绪《曹县志》卷十四《行谊》]

◎ 王培薰 ◎

王培芸，字避鱼。从九衔。举介宾。元尚书东村公十五世孙也。少笃志，读书后，身受劳疾，不能应试，作《四时行乐》诗以自娱。府教授赵予以"品重圭璋"匾额。其胞弟监生培薰，博览《素问》诸书，精岐黄业。凡有请者，不论贫富，无不立赴。邑侯刘公书"寿世德邵"匾额赠之。

[光绪《曹县志》卷十四《行谊》]

◎ 王如彭 ◎

王如彭，字绵亭。盘庚里人。监生。精于医学，求医者，门如市，活人亿万，共呼为"海上仙风"。

[光绪《曹县志》卷十四《行谊》]

◎ 李 格 ◎

李格，字至甫。候选卫守备品珍之弟。性孝友，崇俭守礼，事母惟谨。戊午（1858）之乱，尝奉母避难东明，途遇红巾贼，未尝加害。因母患痹疾，遂习医术，全活甚众。子焰，捐游击加副将衔。

[光绪《曹县志》卷十四《行谊》]

◎ 郭逸翩 ◎

郭善民，字得新。盘庚里人。监生。清洁慕古，与人交，直言无隐。善丹青、数学，尤精地理。长子凌云，入庠；仲子逸翩，监生。精医理，亦通丹青；季子登云，英年游泮，皆通数学、地理。

[光绪《曹县志》卷十四《行谊》]

◎ 董揆一 ◎

董揆一，庠生。内科极精，神于疮疹，出花之童，闻气知其症。遇一切危险之症，手能回生。

[光绪《曹县志》卷十四《行谊》]

◎ 董玉琤 ◎

董玉琤，监贡。习岐黄，轻财好义，捐施药料，兼周饮食，盛德咸推。

[光绪《曹县志》卷十四《行谊》]

◎ 朱伯琴 ◎

朱伯琴，字叶庵。候选卫千总。精医道，精外科。贫苦者馆于家，赐刀圭，备饮食，四方多感颂云。

[光绪《曹县志》卷十四《行谊》]

◎ 司嘉宾 ◎

司嘉宾，邑增生。精内科。有请者，风雨不辞劳瘁。七十有余岁，仍能应一方之求。

[光绪《曹县志》卷十四《行谊》]

◎ 李贤举 ◎

冯氏，监生李永吉妻。二十四岁，夫故。长子甫三岁，次子在襁褓，与孀姑茕茕相依。长子贤举，业儒精医。长孙仰周，补增广生；仲孙纯修、忠一，同入监。氏七十七岁，无疾终。

[光绪《曹县志》卷十四《节孝》]

◎ 练秉礼 ◎

徐氏，练治民妻。守贞训子，奉旨旌表。长子秉礼，援纳从九品，为时名医。

[光绪《曹县志》卷十四《节孝》]

◎ 韩惠兆 ◎

黎怀韩公传
萧季卜

韩善人黎怀，讳惠兆。曹之青堌人。其先世，自晋之洪洞迁曹。世耕读，无显仕。公生而懿良，从兄居，事兄如严父。故公之行事，不胜纪而悌道。尤著读书，工楷法，得鲁公笔意。兼理医药，艺既精，远近相延，必请于兄，命之往，往；不命之往，不往。即得如所请，而颜色之间几微之，有不惬于心者亦不往。至于乡里姻族，贫乏困苦，他乡逃窜，流离无告诉，则不待其请，而一至再，至数十至，甚且捐以药味，助以药资，除馆舍，助行粮，若是者屡屡，亦无非从兄之志也。由是，乡间咸以"善人"称。乾隆三十五年（1770），总制两河、兵部侍郎、大帅白公驻节于曹，遘沉疴，几不起矣，上下震惧。檄公至，一药而愈。河帅喜，赐金币，不受；赐衣冠，不受，后欲赠以匾额，光其门闾，时韦某与河帅善，托之辞曰：名与利一也，不受利，庸受名乎？且大人保障河防，吾辈部民，免其昏垫，受赐多矣！况恐失吾兄意，卒不受。晚年，厌人事于中门外，辟一舍，每夕掌灯后，兄弟端坐，命酒出肴脯，召子孙，咸集其间，问桑麻，课诗书，申严家训，曰：吾家惟耕读两事，务尽心其间，至于出入公门，干预公事，争讼构衅，欺侮乡里，吾兄弟终身未尝为愿。汝辈世世无为之也。漏再下，送兄至寝所。兄寝，然后协子孙以次归室。如是者以为常。余以道光壬午（1822）来游河干，识用璇先生。先生，公之孙也。至其家，内外斩斩，上下肃然。异之，先生曰：此先祖之家法也。余心识之后，与魏历亭、赵虚庵两先生游。具言先生生平，纤毫悉备，始信"善人"之称，言之者非虚，非其子孙私誉之而私美之也。道光十八年（1838），公从孙孝廉慕闵增修《家谱》，遅余较订，询公事不能尽记也。因参互书之，以补其"大传"之缺云。

论曰：孝弟者，百行之原也。然依古以来，称孝者多，而称弟者，自琅琊王览河、东柳公权外，不多见。而参商时闻，盖内行若是之难乎！公之持身处世，一以从兄为本，"善人"之称由此博焉。至以药济人，不享其利，或以为好行其德，然以视一术一技，辄以丰大其私业，而厚殖其子孙者，其于人何如耶！

[光绪《曹县志》卷十六《序传》]

◎ 曾传谟 ◎

曾传谟，附生。精医术。宅后大榆树能施药治病，祷无不应。值拾棉花时，往观者将花拾尽。生怒，以粪灌榆树，上下殆遍。言：树若有灵，咎在吾身；如其不能，皆不必来讨药也。众人遂散。向晚，南村有童子，自言：予以曾楼后榆树为家，今被曾传谟污辱极矣！万不可令曾传谟知其家。人患为邪病，即请生至家。童子见之，有惧色。生加以呵吓，以二术汤兼朱砂饮之，遂愈。亦邪不侵正之证也。

[光绪《曹县志》卷十六《序传》]

民国

◎ 张东淼 ◎

张东淼，曹县东南赵云集人。清末民初曹县名医。精于内科杂症，治愈疑难病甚多，名重曹县城乡。

[《曹县医药卫生志》第七篇《名老中医传略》]

◎ 曾伦元 ◎

曾伦元（1865—1943），字秀昇。曹县人。以善治妇科病知名。

[《山东中医药志》第六篇《人物表》]

◎ 万树德 ◎

万树德（1870—1929），又名树楠，字让木。曹县安蔡楼乡万楼村人。十八岁中秀才，后习中医，师从张东淼，得其真传。对《内经》《伤寒论》《金匮要略》等经典著作，无不谙熟。善诊脉，精通《赤水玄珠》，长于内科杂病，活人甚多。在群众中享有很高的声望，人称"万二神仙"。

[《曹县志·人物简介》]

[《曹县医药卫生志》第七篇《名老中医传略》]

[《菏泽地区卫生志》第十二篇《医林人物》]

[《山东中医药志》第六篇《人物表》]

◎ 贾文安 ◎

贾文安（1870—1947），曹县人。业医，善治时疫病，闻名于时。

[《山东中医药志》第六篇《人物表》]

◎ 陈士纯 ◎

陈士纯（？—1940），曹县仵楼乡陈楼村人。正骨名医。因兄弟排行第五，人称"五半仙"。自幼务农，精通农活。对于人体骨骼结构，有特别的研究兴趣。每逢人家掘厝检骨，总是前去帮忙。对于人体骨骼，无不潜心研究。别人宰杀牲畜，从不放过机会，仔细观察，精心揣摩。久之，对人体骨骼结构了如指掌，还逐渐摸索独创出一套正骨接骨法。四十岁成名，曹县、商丘、亳州、徐州、开封的骨折患者，前来求医者络绎不绝。民国年间，一要员曾用吉普车、飞机接其到南京诊治骨折，声誉更高。治疗脱臼，成竹在胸，易如反掌，略施小术，即复原位，然后外贴黑绿膏药，膏落即可病除。对骨折者，正骨后外贴"生肌接骨膏"，经五十至一百天复原，无后遗症。

医术精湛，后继有人。其子陈庆锡，子承父业，继往开来，对陈氏伤科医术有所发展，使之更臻完善。大徒弟刘凤成是曹县正骨名医；另一出名弟子魏指薪，当年为生活所迫，怀士纯先生亲授医术，行医大江南北，后流落上海，成为上海伤科十大名医之一。

新中国成立后，人民政府为了使陈氏骨科专技得以发扬光大，特在梁堤头医院设正骨科（现已改为曹县梁堤头正骨医院），令其子陈庆锡为主治大夫。陈氏正骨医术，已经誉满全国。

[《曹县志·人物简介》]
[《曹县医药卫生志》第七篇《名老中医传略》]

◎ 陈子春 ◎

陈子春，相传唐贞观时人。居单西北马兰村。美姿容，少年登第，好道不仕，遨游四方，寻真采药，拯物济人。至东海之滨，龙神见而悦之，妻以三女，各诞一子，生而神明。稍长，俱入山学道。道既成，证位三元，为天、地、水三官。子春亦得道，归而尸解，葬于故里。土人称"陈祖墓"，建三元庙，肖子春像于后寝，岁时供献。

[康熙《单县志》卷八《仙释》]
[民国《单县志》卷九《仙释》]
[乾隆《曹州府志》卷十六《方技仙释》]

陈子春，唐贞观年间人。居住在单父城西北不远的马兰村。姿容美好，少有才华，年轻时考中进士，但他爱好道术而不愿做官，四处游历名山大川，探访道家真谛。采摘灵药，治病救危，接济人民。陈子春死后葬于家乡，其墓称为陈祖墓。后人为了纪念他，建了三官庙，将子春的塑像置于后寝殿，年年按时供奉。今单县西北有三官庙，即古时马兰村，该村陈姓村民自称与陈祖同宗。

[《单县志》第三十一篇《人物传略》]

[《单县古今人物》]

三元庙，一在城西北五里马兰村。相传三官神父陈子春故里有墓，土人呼为"陈祖墓"。详《丘墓》，又详《仙释》。一在九龙口。庙貌巍峨，每逢上元、中元、下元，远近进香云集；又三月二十五日，云是陈祖诞辰，土人亦皆报享。其余各处，建庙甚多，不能悉载。

[康熙《单县志》卷二《坛庙》]

陈子春墓，在城西北五里，俗称"陈祖墓"。相传为三官之父墓，即其。所居故里有庙。

[康熙《单县志》卷二《丘墓》]

宋

◎ 甄栖真 ◎

甄栖真，字道渊。单州单父人。博涉经传，长于诗赋。一应进士举，不中第，叹曰：劳神敝精，以追虚名，无益也。遂弃其业，读道家书以自乐。初访道于牢山华盖先生，久之出游京师，因入建隆观为道士。周历四方，以药术济人，不取其报。祥符中，寓居晋州，性和静无所好恶，晋人爱之，以为紫极宫主。年七十有五，遇人，或以为许元阳，语之曰：汝风神秀异，有如李筌。虽老矣，尚可仙也。因授炼形养元之诀，且曰：得道如反掌，笃行之惟艰，汝勉之。栖真行之二三年，渐反童颜，攀高蹑危，轻若飞举。乾兴元年（1022）秋，谓其徒曰：此岁之暮，吾当逝矣。即宫西北隅，自凿殡室。室成，不食一月，与平居所知叙别，以十二月二日衣纸衣卧砖塌卒。人未之奇也。及岁久，形如生，众始惊，传以为尸解。栖真，自号神光子。与隐人海蟾子者以诗往还。论养生秘术，目曰《还金篇》，凡两卷。

[《宋史》卷四百六十二《列传第二百二十一·方技下》]

甄栖真，字道渊。单人。举进士不第，遂访道于牢山华盖先生，久之因入建隆观为道士。后遇许元阳授炼形养元诀，行之二三年，渐反童颜，攀高蹑危，轻若飞举。乾兴元年秋，谓其徒曰：此岁之暮，吾当逝矣。即宫西北隅，自甃殡室。室成，不食。后月余，衣纸衣卧砖塌卒。及久形如生，众始惊，传以为尸解，号曰神光子。尝与海蟾子以诗往还。有养生秘术，曰《还金篇》。

[康熙《单县志》卷八《仙释》]
[嘉靖《山东通志》卷三十四《仙释·兖州府》]

甄栖真，字道渊。单父人。举进士不第，叹曰：劳神疲精，以追虚名，无益也。遂访道于牢山华盖先生，久之因入建隆观为道士。后遇许元阳授炼形养元诀，行之二三年，渐反童颜，攀高蹑危，轻若飞举。乾兴元年秋，谓其徒曰：此岁之暮，吾当逝矣。即宫西北隅，自甃殡室。室成，不食。后月余，衣纸衣卧砖塌卒。及形久如生，众始惊，传其尸解，号曰神光子。尝与海蟾子以诗往还。有养生秘术，曰《还金篇》。

[万历《兖州府志》卷四十六《仙释》]

甄栖真，字道渊。单父人。举进士不第，遂访道于牢山华盖先生，久之入建隆观为道士。后遇许元阳授炼形养元诀，行之二三年，渐反童颜，攀高蹑危，轻若飞举。乾兴元年秋，谓其徒曰：此岁之暮，吾当逝矣。即宫西北隅，自甃殡室。室成，不食。后月余，衣纸衣卧砖塌卒。及久形如生，众以为尸解。栖真，自号神光子。尝与海蟾子以诗往还。论养生秘术，目曰《还金篇》。

[乾隆《曹州府志》卷十六《仙释》]

甄栖真，字道渊。单州单父人。博涉经传，长于赋诗。一应举不中第，叹曰：劳神敝精，以追虚名，无益也。遂弃其业，读道家书。尝以药术济人，不取其报。游晋州，晋人以为紫极宫主。年七十有五，遇异人许元阳，授以炼形养元之诀。栖真行之三年，渐反童颜，攀高蹑危，轻若飞举，自号神光子。乾兴元年秋，谓其徒曰：此岁之暮，吾当逝矣。即宫西北隅，自甃殡室。先一月，绝饮食，与相知叙别，以十二月二日以纸衣卧砖榻卒。人未之奇也。岁久，形如生，众始惊，传以为尸解《宋史·方技传》。

[宣统《山东通志》卷一百六十八《人物志第十一·历代艺术》]

甄栖真，字道渊。单父人。举进士不第，遂志道以自乐。初访道于牢山华盖先生，久之因入建隆观为道士。后遇许元阳授炼形养元诀，行之二三年，渐返童颜，攀高蹑危，轻若飞举。乾兴元年秋，谓其徒曰：今岁之暮，吾当逝矣。即宫西北隅，自甃殡室。室成，不食。后月余，衣纸衣卧砖榻卒。及久形如生，众始惊，传以为尸解。号曰神光子。尝与海蟾子以诗往还。有养生秘术，曰《还金篇》。

[宣统《山东通志》卷二百《杂志下·仙释》]

《还金篇》四篇，甄栖真撰。栖真，字道源。单州单父人。举进士不第，因入京师，建隆观，为道士。后居晋州，为紫极宫主。《宋史》本传云：栖真，自号神光子。与隐人海蟾子者以诗往还。论养生秘术，目曰《还金篇》，凡四卷。

[宣统《山东通志》卷一百四十《艺文志第十·子部·道家》]

华盖真人刘若拙墓，在县北一里高真宫前。太平宫即其道场。宋初敕建。《通志》华盖真人载入五代，《府志》俱以为元人，又有"订误"一条云：华盖真人墓，而《志》俱称为唐人，引杜诗为证。而《仙释》又载五代时人。前后互异，皆臆说也。按：即墨高真宫，前碑碣尚在，称为元人。若《金史·仙释》：甄栖真，初访道于牢山华盖先生。则谓真人道行于金，而卒于元，当为近之。此《府志》之文也。周翕鐄"正误"云：按元学士张起岩《劳山聚仙宫碑铭序》云：当五代时有华盖真人，刘姓者自蜀而来，遁迹兹山。宋太祖闻其有道，召至阙廷。留未几，坚求还山，敕建太平兴国院以处之。上清、太清，其别馆也。《通志》载入《五代》，《县志·寺观》以为宋初建，皆据此文。则非元人可知。《府志》谓非唐人，是也。又谓高真宫碑碣尚存，称为元人。此乃明人所立，不足为据。张公"序文"作于泰定二年（1325），若系元人，张公不应不知，一也；建聚仙宫，系隐真子李志明。"序"称其年八十，步履轻健。计元初时，志明已三十余岁。若系元人，志明不应不知，二也；《府志》又据《金史·仙释》：甄栖真，初访道于牢山华盖先生，遂谓真人道行于金，而卒于元。不知甄栖真亦载《宋史·方伎传》，云：甄栖真应进士举不第，遂弃其业，读道家书以自乐。初访道于牢山华盖先生。祥符中，寓居晋州。乾兴元年卒，年七十有五。据此，甄栖真尚卒于宋真宗时，安得谓真人卒于元？其非元人，三也。计甄栖真之年，其访道约在宋太祖末年，真人尚在，是真人入宋将及二十年，安得谓真人道行于金？其非元人，四也。况张公碑文，俱载入《艺文》，又自相矛盾，又误之误矣。真人虽五代时人，而入宋已久，宜称宋人为是。

[同治《即墨县志》卷十二《辨误》]

刘海蟾，初名操，改名元英。广陵人。第明经，仕燕刘守光为相。素好黄老，遇正阳子，为演清净无为之宗、金液还丹之要。辞燕适秦，韬光隐晦，遇尚书郎李观，语曰：烦寄语养素先生蓝方，十月怀胎，如何得出？观至南岳，语方，方惊曰：吾养圣胎已成，念非海蟾不足以成吾道。是年方卒，海蟾与陈抟为方外友。晁文元尝问不死之道，海蟾笑曰：人何曾死，而君乃畏之求生乎？所可死者形耳，不与形俱灭者，固常在也。祥符间，单父甄栖真，号神光子，海蟾以诗往还。论养生秘术，目曰《还金篇》，凡两卷。又有《海蟾子诗》一卷见《续通考》暨《鹤林玉露》《宋史·方伎·甄栖真传》。《唐书·艺文志·神仙家》有海蟾子元英《还金篇》。盖与甄并著。又《通志·艺文略》《宋史·艺文志》作《刘海蟾诗》一卷。

[嘉庆《重修扬州府志》卷五十四《释老》]

甄栖真，字道渊。单州单父人。博涉经传，工诗赋。应进士举不中，遂读道家书，访道于牢山华盖先生。久之，出游汴，因入建隆观为道士，以药术济人，不取其报。祥符中，寓晋州，晋人爱之，以为紫极宫主。年七十有五，遇许元阳，曰：汝风神秀异，有如李筌，虽老矣，尚可仙也。因授炼形养元之诀，栖真行之二三年，渐反童颜，攀高蹑危，轻若飞举。乾兴元年秋，谓其徒曰：此岁之暮，吾当逝矣。即宫西北隅，自甃殡室。室成，不食一月，十二月二日衣纸衣卧砖榻卒。岁久形如生，众传为尸解。栖真，自号神光子。与海蟾子以诗往还。论养生秘术，有《还金篇》两卷。

[雍正《平阳府志》卷二十六《仙释》]

明

◎ 喻言慎 ◎

喻言慎，太医院吏目。崇祯年，介宾。寿一百五岁。

[康熙《单县志》卷九《饮宾》]

喻言慎，太医院吏目。崇祯年间，乡饮介宾。寿一百五岁。

[民国《单县志》卷九《乡贤》]

◎ 朱王佐 ◎

朱王佐，字赞明。弱冠入庠，屡试异等。行敦孝友，学探渊源。崇祯八年（1635），举贤良方正，屡征不就。明季，防兵乏饷，鼓噪劫杀，全城不保。王佐亲诣营垒，谕以大义，赍以钱币，众皆革心，民赖以安。辛巳大祲（1641），人相食。王佐倡议输粟，设粥厂数处，修养济院，生活垂毙、收育遗孤无数。置义田以赡族人，施隙地以瘗枯骨，义馆、药局、古刹、桥路，莫不修建。以子廷焕贵，敕封承德郎、工部营缮司署郎中事主事。笃学不倦，设帐造士，凡执经者，科第显达甚众。其教子弟，惟以忠孝劝勉，故廷焕殉难，大节虽出天性，亦由庭训习成也。年既高迈，三次敦请乡饮大宾。卒，祀乡贤。诗文纪事，详见《艺文》。

[康熙《单县志》卷七《乡贤》]

朱王佐，字赞明。早为诸生，有学行。崇祯八年，举贤良方正，不就。防兵乏饷，鼓噪将攻城。王佐亲诣其营，为开陈大义，以钱币赍之，乃定。辛巳大祲，人相食。王佐输粟，设粥厂数处。置义田，赡族人，施义冢地，置药局以济病者，修桥梁，平道路，为善如不及。晚，更设义塾，来学者亲教之，成就者甚多。以子廷焕贵，封承德郎、工部营膳司主事。三为乡饮大宾。卒，祀乡贤。

[民国《单县志》卷九《乡贤》]

朱王佐，字赞明。单县人。崇祯八年，举贤良方正，屡征不就。明季，防兵乏饷，鼓噪劫杀，全城不保。王佐亲诣营垒，谕以大义，赍以钱帛，民赖以安。辛巳大祲，人相食。王佐输粟，设粥厂数处，修养济院，收育遗孤，置义田，赡族人。三为乡饮大宾。卒，祀乡贤。

[乾隆《曹州府志》卷十五《乡贤》]

朱王佐，崇祯八年，举贤良方正，屡征不就。品诣纯粹，才德兼优。详见《乡贤》《封荫》《饮宾》各条。

[康熙《单县志》卷七《荐辟》]

朱王佐，已膺荐，辟不就。后以子廷焕贵，封承德郎、工部营缮司署郎中事主事。配崔氏封安人。详《乡贤》《荐辟》各条。

[康熙《单县志》卷七《封荫》]

朱王佐，敕封承德郎、工部主事。崇祯年，三次大宾。见《乡贤》诸条。

[康熙《单县志》卷七《饮宾》]

清

◎ 郭鸿嘉 ◎

郭鸿嘉,字渭儒,号巳轩。邑增监生。天性孝友,经学渊邃。弱冠,读《近思录》,即慨然有志圣贤之学。既见《伊洛渊源录》,曰:作圣梯航,在是矣!潜心研究有年,豁然贯通,于天文、地理、农工、卜医诸术,无不精彻,而尤长于《孝经》。以《孝经》为圣人吃紧为人下手功夫,学者从此悟入,即可明天察地,即可无声无臭。问学者,履满户外,鸿嘉反复训诲,不以为疲。子愚,已魁东省,犹耳提面命。或有劝其过虑者,曰:吾望若为圣贤,不望若能远达也。非沉酣理窟,乌克有此!工草书,从不轻以示人。祀乡贤。

[康熙《单县志》卷七《乡贤》]

郭鸿嘉,字渭孺。弱冠,读《近思录》,慨然有志圣贤之学。喜为人说《孝经》,反复譬解,不以为疲。子愚,已魁乡荐,常教之曰:吾望若以圣贤,不望若以富贵也。卒,祀乡贤。

[民国《单县志》卷九《乡贤》]

郭鸿嘉,字渭孺。单县人。弱冠,读《近思录》,慨然有志于圣贤。母殁,遂不复就试,潜心理学十余年,豁然贯通。凡执经问难者,履满户外,训诲不少倦。子愚,魁甲子乡荐,常教之曰:吾望若为圣贤,不望若徒富贵也。卒,祀乡贤。

[乾隆《曹州府志》卷十五《乡贤》]

郭鸿嘉,字渭孺。单县人。弱冠,读《近思录》,慨然志于圣贤。母殁,遂不复就试,潜心理学十余年,豁然贯通。凡执经问难者,常履满户外,训诲曾不少倦。子愚,已魁甲子东省乡荐,犹谆谆提命曰:吾望若为圣贤,不望若徒富贵也。

[雍正《山东通志》卷二十八之四《人物四》]

郭鸿嘉,字渭孺。单县人。读《近思录》,志于圣贤。母殁,遂不复进取,潜心理学。执经者,履满户外。子愚,领乡荐,鸿嘉曰:吾望汝为圣贤,不望汝富贵也。

[宣统《山东通志》卷一百七十三《人物志第十一·国朝曹州府》]

◎ 卢 铸 ◎

卢铸，字鼎臣。岁贡生。事两继母，以孝闻。季弟锐，客锦州不返，抚其女，为择配，奁具与己女均。少贫力学，盛暑严寒，未尝释卷，自六经、子史、濂洛关闽以至星历、医卜、稗官、野乘之书，罔不博观而详核之。人有问，辄疏其所以，未尝误。所著古文辞，朴厚如两汉，邑人士从学者，多负文誉，举于乡者五人。子锡晋。

[民国《单县志》卷九《乡贤》]

《尚志馆古文》，卢铸撰。铸，字鼎臣，号象九。单县人。顺治乙未（1655）岁贡。《县志》载是编，云：博大精深，直逼两汉。

[宣统《山东通志》卷一百四十三《艺文志第十·集部·别集》]

◎ 黄 捷 ◎

◎ 黄梦斗 ◎

黄捷，字胜三。十岁，熟"五经"，初作文即大气鼓铸。弱冠食饩，科岁试，多冠军。七战棘围，皆膺鹗荐，不售，士论惜之。尤熟于兵书、奇门、六壬。咸丰八年（1858），皖匪北窜，与朱元凯、黄簏、刘云随等续办团练，连村结寨以自固。同治三年（1864），逆匪由曹抵丰沛，夹其寨而驰，一月之中，往来四次。捷奖励寨丁，授以方略，贼连攻数次，皆败走，死者百余人。晚年，究心医道，活人无算。子梦斗，岁贡生。亦以医名。

[民国《单县志》卷九《乡贤》]

◎ 谢柳东 ◎

谢柳东，原名金城，号棉村。岁贡生。少孤贫，母徐氏教养有方，柳东恪遵母训，衣食务从俭约，为人质实，言多朴讷。屡膺秋荐，设帐授徒，贫者每济以膏火。子侄入庠者，五六人。旁通医药、阴阳。殁后。门人立碑以纪其事。子蕙清，字馥渠。岁贡生。

[民国《单县志》卷九《乡贤》]

《四书字义》，谢柳东撰。

[民国《单县志》卷二十四《撰著目录》]

◎ 李迈基 ◎

李迈基，字陶甫。邑增生。精医术。咸丰十年（1860）春，由济宁南旋，遇贼于金乡北之十里铺，命负锅，不应。又厉声呼之曰：吾读书，粗知大义，恨无力扑灭尔辈，岂为尔任役耶！遂死之。

[民国《单县志》卷九《乡贤》]

◎ 刘春峰 ◎

刘春峰，业儒，精医术。五世同堂，子孙曾元，相继业，儒医同替。

[民国《单县志》卷九《乡贤》]

刘春峰，清代单县人。儒医，精岐黄术。

[《山东中医药志》第六篇《人物表》]

◎ 王守藩 ◎

王守藩，字价亭。武庠生。家素封，好施予，兼精医术。出重资合药，贫不能购者，即施与之。诊视不惮烦秽，岁逢凶札，具饘粥，施楄柎，终其身不倦。

[民国《单县志》卷九《乡贤》]

◎ 张有庆 ◎

◎ 张允庄 ◎

张有庆，字辅廷。性至孝，朝夕奉养，务得欢心。又通医术，施药济人，不取偿，不受谢。同治元年（1862）卒。乡人思慕公，送匾额，谥曰"孝毅"。子允庄，字信轩。咸丰十一年（1861），会匪扰乱，僧忠亲王督师来单，慨捐军粮五十石。允庄习父业，尤精外科，贫者施药救之。得其方者，恒宝存之，一时称为"医学世家"。卒后，亲友集资树碑，以表其行。

[民国《单县志》卷九《乡贤》]

张有庆，字辅廷。清代单县人。工医，施药与人，不取值，不受谢。

张允庄，字信轩。清代单县人。传父术业医，精外科。诊治贫病，舍药不收费。

[《山东中医药志》第六篇《人物表》]

◎ 吴贞祉 ◎

◎ 刘圣则 ◎

吴贞祉,字介庵。岁贡生。乡荐不售,曰:不为良相,必为良医。从丰邑刘圣则游,以谋济世。

[民国《单县志》卷九《乡贤》]

◎ 王敬与 ◎

王敬与,字式训,别号尹东主人。邑诸生。性高迈,务实学,精岐黄。咸同际,悬壶王小庄寨,时远近三四十里归此一寨,人烟稠密,守望之事多依赖焉。本"君子务本"之义,著《立本小说》一册,以醒世。一时士人题跋,至今脍炙。公举乡饮大宾,卒年七十八岁。

[民国《单县志》卷九《乡贤》]

《立本小说》,王敬俭撰。

[民国《单县志》卷二十四《撰著目录》]

效霞按:同一本《县志》,所记不同。敬与?敬俭?未知孰是。

◎ 刘衍刚 ◎

刘衍刚,字镜渠。曾生。性高简,博究群书。咸同间,戎马仓皇,而讲读不倦。著有《春秋三传合编》。晚年家贫,精岐黄。

[民国《单县志》卷九《乡贤》]

◎ 李枚卜 ◎

李枚卜,字兆勋。岁贡生。性鲠介,无私干谒。设帐授徒,游其门者,恭送匾额曰"鹿洞清规"。又精于眼科,施药启瞆,利济无倦。子五人,均由庭训成名。孙十五人,书香罔替。

[民国《单县志》卷九《乡贤》]

效霞按:据民国《单县志》卷七《科第表》,李枚卜为光绪元年(1875)岁贡。

◎ 揭廷绍 ◎

揭廷绍，字祝灵。兄弟皆以药肆起家，兄折阅不自赡，助以财，无吝色。尝购药归，检囊中藏巨金，曰：此售药人误仵者，亟返之。人称"长者"。胶西柯劭忞表其墓。

[民国《单县志》卷九《乡贤》]

揭君墓表
典礼院学士胶县人柯劭忞凤荪

君揭氏，讳廷绍，字祝灵。本江西南昌人，考茂元始迁于单县，遂家焉。君以孝友称于里闬，侍父母疾，匝月衣不解带，服药尝而后进。居丧哀逾于礼，服阕犹每食必祭，终身如一日。君兄弟二人，析居矣。兄贸易折阅无以自赡，君助以财，无吝色，岁以为常。教子以敦行孝悌为先，不汲汲于仕宦也。君起家药肆，至富饶，然持廉，无苟得之财。尝购药归，检其药裹，则巨金在焉。肆中人皆喜，以为天赐。君愀然曰：此售药人误仵者，恶可留？命亟返之。至今县人传其事，以为美谈。古之君子，其所自勉者皆庸行也。以此，坊民故有谨愿之俗，而无浮嚣之士，今世风稍下矣，如君之谊行，亦坊民者所应为表襮者乎！君生于道光十年（1830）十二月十五日，卒于光绪二十四年（1898）十二月初三日，享年六十有九。配谢夫人，有贤德，能佐君之内治。子一，子寿，县学生。孙二，长曰典，次曰训，师范学堂、举人、第一届国会参议院议员、冠县邱县知事。曾孙二，继广、继展。玄孙一，世温。胶西柯劭忞表。

[民国《单县志》卷二十三《墓表》]

◎ 古震宇 ◎

◎ 刘尹甫 ◎

◎ 刘光宇 ◎

古震宇，字朗汉。邑诸生。刘尹甫，字慕莘。监生。布衣。刘光宇，字文远。同光间，均以医术显。震宇，家居就诊者，踵接于门；来请者，因无暇，屡谢绝。尹甫、光宇，则求无不应，虽风雨载道，未尝拒而弗往，故三医活人无算。

[民国《单县志》卷九《方技》]

古震宇，字朗汉。清代单县人。以工岐黄术闻名。

刘尹甫，字慕莘。清代单县人。以医知名。

刘光宇，字文远。清代单县人。精岐黄术。

[《山东中医药志》第六篇《人物表》]

◎ 董延正 ◎

张氏，医官董延正妻。

[民国《单县志》卷九《列女》]

◎ 朱 珵 ◎

《朱氏验方》，朱珵撰。

[民国《单县志》卷二十《撰著目录》]

朱珵，字公琢。事亲以孝称。由教习授山西祁县知县，铲除积币，政声翕然，迁太原同知。驻偏关，政平讼简，治为边疆最署大同府知府，差务繁，呫嗟立应，事举而民不扰。丁母忧归，岁饥助赈济，全活甚众。

[民国《单县志》卷九《乡贤》]

朱珵，山东单县人。岁贡。正黄旗教习。（康熙）四十二年（1703）任。

[光绪《祁县志》卷五《职官》]

成 武

明

◎ 宋良弼 ◎

宋良弼,大医。

[道光《城武县志》卷八《吏选》]

◎ 郭 浩 ◎
◎ 杨 暹 ◎
◎ 郭 璞 ◎

赠承德郎兵部武库司主事郭公墓表

张汝弼

城武,兖之属邑也。民居实稠,而族之称望者,惟曰郭氏焉。郭氏不过中人之家,非以富雄于乡也。世业医,近始有人朝著列大夫者,非素贵也。特以人之克知孝义,既和且肃,足以耸人之,天衷物则,是以为望耳。其人生为邑望,死则泯之,无以树风声,固人向善之心。故表之曰:此敕赠承德郎兵部武库清吏司主事郭公之墓也。公,名浩,字泰然。曾祖,讳某;祖,彦礼;父,升,母胡氏。公生六岁而孤,门祚单弱,且当太宗文皇帝入继之时,师旅扰攘,赖母氏抱携窜匿,备尝险阻,卒育于舅氏,以延郭祀。盖母氏寡居三十余年,冰蘖之操可想见矣。公稍长,辄自奋厉,问母曰:吾父在时何为?曰:读书业医。又问诸父友,咸举质直好义之事,遂慨然以继志自任。有杨暹者,以医鸣,即从受学。未几,尽其术,求疗辄赴,病家多德之。有司闻其名,俾领医学事。时方营建北京,俾督丁夫、陶甓于临清,徒众辏集,疠气大行,枕藉蒸郁,鲜有苏者。公乃命取杂材,楮而为床,躬为注糜给药，得生者众。他督工仿而行之，全活者不可胜计。宣德间，藩臣征其邑之逋赋甚急，令佐相祝骇愕，不知所措。皆曰：此非郭浩不可。乃即委之……生不喜释老，尝谓诸子曰：吾死，殡殓葬祭惟以儒礼，勿为彼惑也。邻里亦颇化之。寿六十四，天顺丁丑（1457）八月十五日殁，葬邑城北之金庄社。配刘，先卒，贾、郝其侧室也。子：营、玘、瓒、玟、玺、璞、琮、瑀、琦、瑄、珺，凡十一人。营，领乡荐，仕至庆府；玘，善玺，由进士任兵、工二部，推封于公；璞，任医学训科。女四，皆归士族。孙男十八人，曾孙三人。既葬十有八年，玺升兵部武选员外郎，与予同寅，且厚俾著表文，予故论其所当表，序而铭之。铭曰：伟哉！是夫也。邑之望乎！美哉！是邱也地之望乎！过者必恭也！永保厥藏乎！

[道光《城武县志》卷十一《表》]

郭浩，字泰然。清代成武县人。以医知名。

[《山东中医药志》第六篇《人物表》]

◎ 李 潭 ◎

李潭，业岐黄之学，晚年益精，诊视无不验。崇正十四年（1641），瘟疫流行，潭施药，大半生，全县申详给冠带表闾。年八十，犹善饮，健步。八十四，无疾而终。子八人，孙四十余人。其子廷机，八十四，亦壮捷如少年。

[道光《城武县志》卷九《懿行》]

按《成武县志》：李潭，善岐黄之学，晚年益精诊视，定病者吉凶。崇正十四年，瘟疫流行，潭施药救贫，病者大半生，全县申详给冠带表闾。年八十，犹善饮，行步如飞。八十四，无疾而终。子八人，孙四十余人。今其子廷机，八十四，亦壮捷无比。

[《古今图书集成医部全录》卷五百十七《医术名流列传》]

◎ 邵时荐 ◎

邵时荐，号槐亭。康熙乙酉（1705）副贡，官商河县教谕。性孝才敏，工诗善医。甫至商，见学宫颓败，慨然倡修。按月督诸生课，随其才之高下，详为启迪。自是，甲乙科始盛。年四十，告归。邑侯李重其品学，聘为文亭书院主讲。当时采芹侑饭者，半出其门。

[道光《城武县志》卷九《宦绩》]

◎ 学鸣皋 ◎

学鸣谦，字牧齐。岁贡生。二弟鸣皋，三弟鸣冈。家素贫，事亲最孝，兄弟亦极友爱。鸣谦授徒曹南，鸣皋从之学。一日，鸣皋归省，适父目水泾患疮，鸣皋仰天大恸，曰：人子不能为亲服劳，虽读书成名，何益也！即率鸣冈同执稿事月余。鸣谦迟之，亦归省。鸣皋语之故，兄弟相向哭，即嘱两弟弃学业农，为不劳其亲也。菽水之奉，务得欢心。父母相继殁，兄弟三人誓不析居。鸣皋中年精医，诊视无不立效。邑侯程为之纳资捐职，自是家稍裕。以长兄授徒太劳，留之家奉养，有加礼。鸣谦既贡成，均染沉疴，其子早世。两弟奉汤药，衣不解带者，数旬。及殁，身后事一如富家焉。时人多鸣谦之能为兄，亦多鸣皋、鸣冈之能为弟云。

[道光《城武县志》卷九《宦绩》]

◎ 徐安仁 ◎

徐安仁，增生。挥霍，尚气节。国初兵荒，族人失业，仁百计赎其产，全活数十家。养瞻姑姊，终其身，无间言。朱直指有"行笃庭帏"之奖。徐道违合家病，施药救之，皆愈。李元景负粮，将及于罪，为之代输，乃免。寿六十余。

[道光《城武县志》卷九《懿行》]

◎ 徐思信 ◎

徐思信，字原修。增贡生，公举乡宾。积学好善，兼精医，施药救病，全活甚多。有流寓某病甚，济以药，且命仆事之；及愈，资费以归。又有以病死者，呈验毕，并为殓葬，毫不少吝。永平桥，独力捐修，后以鉴修文庙，邑侯旌其闾。寿八十有二。三子，长楫，青城县训导；次檀，监生；次桓，增广生。

[道光《城武县志》卷九《懿行》]

徐思信，以子楫封修职郎、青城训导。有"传"。

[道光《城武县志》卷八《封赠》]

徐思信，字原修。清代成武县人。以医闻名。

[《山东中医药志》第六篇《人物表》]

◎ 于 祁 ◎

于祁，字景福。职贡生。康熙二十年（1681）灾，助官赈杂粮四十余石。母病，施棺百口。至二十七年，大疫，施药济人，存活者无算。

[道光《城武县志》卷九《懿行》]

◎ 刘毓通 ◎

刘毓通，字贯一，号菊圃。监生。父病，欲食鱼，时正酷暑，毓通走百里购求，父得痊。乾隆四十六年（1781），河决，出藏粟百余石，以济邻里。五十一年，大饥，见一妇哭于路，诘之，知为夫所鬻，已立券矣。召其夫，济之，始得完聚。晚年精医，施药与棺，一时其门如市。

[道光《城武县志》卷九《懿行》]

刘毓通，字贯一。清代成武县人。工岐黄术。

[《山东中医药志》第六篇《人物表》]

◎ 刘毓泰 ◎

刘毓泰，字来瑞。为人尚气节，慷慨好义，家不甚丰，求者无不应，亦从不责偿。晚岁精医，尝施药救病，赖其存活者甚多。寿七十有六。

[道光《城武县志》卷九《懿行》]

刘毓泰，字来瑞。清代成武县人。工医术。

[《山东中医药志》第六篇《人物表》]

◎ 张于魏 ◎

张于魏，字星纬。贡生。以母病弃举子业，究轩岐之旨，遂通其秘。内、外科各极精妙，遇危证投药立起，有奇证不可识者亦能疗之，同郡诸邑罕有其匹。李化鲸作乱，素悉于魏孝友纯白，饬其属剽张氏第者死。其为异类所钦服如此。

[道光《城武县志》卷十三《技术》]

张于魏，城武人。贡生。以母病弃举子业，究轩岐之旨，遂通其秘。内、外科各极精妙，遇危症投药立起，有奇症不可识者亦能疗之，同郡诸邑罕其匹。李化鲸作乱，素悉于魏孝友纯白，饬其属剽张氏第者死。其为异类所钦服如此。

[乾隆《曹州府志》卷十六《方技仙释》]

张于魏（1651—1727），字星纬。成武县城关镇金庄村人。清初贡生。因母亲有病，就放弃了举子业，悉心学习医术。博览群书，并漫游大江南北，遍访各地名医，历时十年之久，广采各家之长，终使医术大进，精通内、外科，尤善妇科。有奇症不可识者，亦能治疗。因而医名大振，方简而法严谨，求医者纵横数百里。《曹州府志》说他"同郡诸邑罕有其匹"。

医疗实践，使张于魏的医术达到了"望""切"能决生死的程度。但他却"名高而不孤傲，任劳苦而不受酬"。因而在群众中，德高望重，被誉为"活华佗""张半仙"。康熙年间，曾被召去曲阜，为衍圣公母治病，经其调治，久病渐愈，孔府酬以重金，但他不受，并说：耕读为本，济世为愿。遂请赐拖车，得到应允。拖车用木制，雕有龙头凤尾，涂以漆彩，装置坐具。并特赐乘拖车可进出府州县衙。死后，当地群众曾于其村西塑像立庙，以祀之。

一生多所著述，但由于慷慨行医，家境困乏，均未刊印。现收集到的只有手抄本《妇科汇集秘要良方》上、下两册。推崇朱丹溪。他在《妇科汇集秘要良方》"总论"中说："妇女之疾，以寒、热、火三者论虚实，再审其内因、外因和症状上的内观、外观，三者诚能分辨明白，则未有不中者也。"在治疗上，他常用的有四个主要方剂，即调经以四物汤，胎前以丹溪安胎饮，产后以生化汤，气虚以四君子汤。他认为，"如能加减得当，照症定量，谁谓十能失一乎！"

张于魏在"调经门"，分为藏经、暗经、断复、崩漏、怯痨、癥瘕等九十二种。在"胎元门"，注重"补母益子"，分胎名为胚胎、双胎、滑胎、气胎、鬼胎等十六种。分胎病为恶阻、滑胎、子肿、子痫等八十二种。在"难产门"，分用力太早、横生倒产、血流衣中、盘肠、产晕等七种。产后急症分崩漏形脱、子宫不收、类疟、妄见等症。每症下，有论有方，病分轻重，药有化裁。并认为月经不调诸症，热者居多，寒者较少，所以方中清热凉血药远远多于温热药。在四十个方中，四物汤占三十五个，配清热凉血药者二十二个，配活血行瘀药者二十二个，配温热药者只有十个。张于魏喜用麦冬，在配制清热凉血药的二十二个方中，就有十二方用麦冬。他认为"产后劳甚，气血俱虚"。所以在他所论及的产后五急症、新产十九危症，均以生化汤为主，每于方中加用人参，这样既使生化有源，更使生化有力，较生化汤原方更进一步。

张于魏在辨证上，详审深微；在施治上，用药平中有奇。重视养阴，而不忽略寒症之治；产后强调扶正，而要在去瘀。张于魏医论、医术、医德，均为后世之楷模。

[《菏泽地区志》第二十三编《传记》]

[《成武县志·人物传略》]

[《菏泽地区卫生志》第十二篇《医林人物》]

[《成武县卫生志》第十二章《人物传略》]

[《山东中医药志》第六篇《传记》]

[《成武文史》第一辑]

◎ 刘世醒 ◎

刘世醒，字连九。清代成武县人。擅长内科。

[《山东中医药志》第六篇《人物表》]

民国

◎ 傅朝宪 ◎

傅朝宪（1839—1926），成武县汶上集镇傅坛村人。县内正骨名医。相传，明朝万历年间，有一山西行商，推车至傅坛村后树林休息，听说村内傅家一人骨折，痛苦难忍。该行商即慨然入村，予以治疗。愈后，傅家再三挽留，并求教医术。该行商即留住传授正骨术，并留下了接骨膏验方。从此，这一正骨术即在傅家逐代相传。

开始，傅家只是义务行医，给邻近骨伤患者解除病痛。后来，名声日振，就诊者愈来愈多。传到傅朝宪，声望愈高，方圆数百里之骨伤患者，常慕名前来就诊。他为方便远来病人，还特在东西厢房专设许多病床。

随着就诊者日多，临床病例也愈加复杂。除一般性骨伤患者外，还有开放性骨折、粉碎性骨折、陈旧性脱位、陈旧性骨折畸形愈合等等。傅朝宪为适应病例日渐复杂之需要，医术也不断改进提高。精心摸索出"热酒按摩，分散精力止痛麻醉术"等用于临床。如对尺、桡骨折畸形愈合患者，诊断后，先不给病人讲明什么病，只是看看摸摸，跟病人谈些与疾病无关的事情，以分散病人的注意力，专等病人不在意的时候，突然用脚蹬等方法，将骨折端重新折断，再重新正骨复位，妥加处理。处理骨折的基本措施是：诊断后，先选用适当手法（主要有扛抬、牵引、推按、拿、挤等）正骨复位，再外敷自制接骨膏（其组成为：煅牛角粉、鹿角霜、土元和地龙，研成细末，外加30%的细黎面，用食醋熬成糊状），止痛活血，促使骨痂形成；最后，用簸箕柳夹板术固定，必要时还外垒砖洞，加强固定。对开放性骨折，除采用上述措施外，还强调用盐水冲洗伤口、扎带止血，并要患者日服三次老母鸡汤和甜瓜子面，以促进骨痂形成。

一生行医，经常强调"不识病理，盲施暴力者必败"和"要明确骨伤之部位与类型"。还反复提倡"手摸心会，机触于外，巧生于内，手随心转，法从手出"。在继承其祖先所传正骨术的基础上，又在长期的临床实践中，摸索积累了一套成熟的正骨经验。概括起来，其核心就是"认症要准，手法要稳，一次复位，愈合理想"。

傅朝宪非常重视医德。实践中，采取"以富补贫"的办法，曾多方资助贫穷病人。

[《成武县志·人物传略》]
[《成武县卫生志》第十二章《人物传略》]
[《成武文史》第三辑]
[《山东中医药志》第六篇《医林寿星小传》]

◎ 康心俭 ◎

康心俭（1856—1927），成武镇笆堤村小康楼人。出生于诗书门第，自幼聪慧好学，熟通经史。目睹众多婴儿因患痘疹而死亡，深感痛心，遂立志发愤学医，攻读痘疹科。后因医术高超，声名大振，求医者络绎不绝。医德高尚，不分贫富贵贱，一视同仁。一次，县城驻防部队马二营的营长，因孩子患痘疹，乘坐轿车亲自来接。但此时已有三家农民，早已推小土车排号等候。营长想请他乘轿车先进城，坚决不允，并提议：为抢救患儿，让轿车载着他先去前三家，再去驻军营房。这一举动，深受群众赞扬。出诊不避严寒酷暑，从不受礼，不赴宴，还常以茶饭招待就医者。对无力购药的贫困患者，常解囊相助。乡里感恩其德惠，集资树立"扬名碑"。

[《成武县卫生志》第十二章《人物传略》]
[《成武文史》第三辑]

◎ 马文炳 ◎

马文炳（1846—1930），成武县大田集村人。自幼攻读"四书""五经"，二十岁时拜师学医。随师近十年，一面苦读医学经典，一面跟师临床实践。1876年，在大田集开设"德和堂"药铺，坐堂行医。医术精湛，医德高尚。凡求医者，无论贫富老幼，一视同仁。教徒甚严，全都"戒烟酒，不受礼"，药真价实。为方便病人用药，制成很多膏、丹、丸、散，标明"主治、功效、用法、禁忌"等。为防止假冒，并刻上"巨县南七十五里大田集德和堂"标记。

治疗疾病，既善用经方，又兼用单方。一次，"干霍乱"流行于附近村庄，死亡三十多人。冯广济得此病前来诊治，教用炒小盐加童便，冲服即愈。后用此法，治愈很多"干霍乱"患者。

在方圆几十里内，享有很高的声望。去世后，群众在卜楼华佗庙，塑像以为纪念。

[《成武县卫生志》第十二章《人物传略》]
[《成武文史》第三辑]
[《菏泽地区卫生志》第十二篇《医林人物》]
[《山东中医药志》第六篇《人物表》]

◎ 王印华 ◎

1840年，成武县城只有一家"全生堂中药铺"。店主王印华系山东武城县人，因其父任成武教谕，落户西关，教以学药习医，有官府做后盾自开药铺。

[《成武县医药志》第五章《私营药店》]

◎ 田进宝 ◎

◎ 孙 爽 ◎

1881年后，燕庄村人田进宝，聘请名医孙爽坐堂，在宝丰集租房六间开设"太元堂"药铺，生意兴隆，名闻城乡。

[《成武县医药志》第五章《私营药店》]

◎ 刘云章 ◎

"中和堂"在1911年至1939年间，是成武县最大的批零兼营的中药店。坐落在东门里路北。"中和堂"的前身"颐和堂"是清咸丰年间的老药店。1911年，县政府钱粮总管李玉久将"颐和堂"买下，改称"中和堂"。从单县请来行家里手刘云章任经理，后又增副经理一人、账房一人、柜员四人，有三名学徒工。有房屋十七间，包括门面三间、柜房二间、厨房二间、库房十间。进货，多购于河南省禹县和安徽省亳县，少部分贵重药材从济宁、济南购进，成药进自上海、定州等地。地产药物如桑白皮、艾叶、蝉蜕等就地收购。为扩大销售，门面旁有"货真价实""童叟无欺"的招牌，包装纸上印有"中和药店，历史悠久，品种齐全，质优价廉"的字样。为便于用户查看，采取分样各包。1931年，疟疾流行，政府出资，加工药丸，施放全县。1935年，根据当局戒除鸦片的政策，广求验方，制成"戒烟药丸"，免费施给求药者，受益者送些礼品，有的富家捐些钱财，政府也稍加照顾，使其名利双收。

经理刘云章，参阅医书记载，广求名医指导，选配成药处方，自制膏、丹、丸、散二十余种，选料纯净，制作得当，确有疗效。风行畅销的有瓜子眼药面、拨云散、白云散、天王补心丹等，天王补心丹在汶上集一带称"救命丹"，传说能起死回生。

"中和堂"最兴盛的时期是1924年前后，年盈利银元千元以上，其分配是：工人年薪六至七元，柜员每年三十六元，经理每年七十三元，剩余者归店主。

1938年，成武县城沦陷后，居民不能随便进出城门，农民进城更难，药店生意萧条，人员多数辞退，留下三人，迁往陈楼村，次年停业。

[《成武县医药志》第五章《私营药店》]

◎ 李端愿 ◎

　　端愿，字符伯。性和厚，喜问学，颇通阴阳、医术、星经、地理之学。七岁，授如京副使，侍真宗东宫，尤所亲爱，尝解方玉带赐之。稍长，出入宫禁如家人。七迁济州防御使，为群牧副使。杜衍为枢密，择外戚子弟试外官，乃以端愿知冀州。为政循法度，民爱其不扰。转运使移州捕妖人李教，教已死。恩州王则据城叛，人有言教不死，在贼军中。遂降单州团练使、知均州，改滑州兵马钤辖。贼平，实无李教者，乃以为汝州防御使、提举在京诸司库务。迁蔡州观察使、同勾当三班院。徙华州观察使。以母丧，起复为镇国军节度观察留后，愿终制，许之，仍给全奉。服除，提举集禧观，出知郓州兼京东西路安抚使。是岁，京东水，民多饥，大发仓廪以赈之。置弓手局，教以战斗，遂如精兵。治汶阳堤百余里，以却水患，民便之。寻除宁远军节度使、知澶州。御史中丞韩绛奏端愿无功，不当得旄节，不拜。以留后赴澶州，数月卒。讣闻，帝方宴禁中，为彻乐，赠其家黄金三百两，赠感德军节度使，谥"良定"，再赠兼侍中。端愿能自刻厉，闻善士，倾身下之，以故士大夫与之游，甚得名誉。

[《宋史》四百六十四《列传第二百二十三》]

　　李端愿，字符伯。性和厚，喜问学，通阴阳、医术、星经、地理之学。七岁，授如京副使，侍真宗东宫，尤所亲爱，尝解方玉带赐之。稍长，出入宫禁如家人。七迁济州防御使，为群牧副使。杜衍为枢密，择外戚子弟试外官，乃以端愿知冀州。为政循法度，民爱其不扰。转运使移州捕妖人李教，教已死。恩州王则据城叛，人有言教不死，在贼军中。遂降单州团练使，后知郓州兼京东西路安抚使。是岁，京东水，民多饥，大发仓廪以赈之。置弓手局，教以战斗，遂如精兵。治汶阳堤百余里，以却水患，民便之。卒谥"良定"《宋史·外戚传》。

[道光《巨野县志》卷十《口碑》]

李端懿，字伯元。驸马都尉遵勖之子。喜问学，通阴阳、医术、星经、地理之说。侍真宗东宫。七迁济州防御使。以捕妖人李教事，降单州团练使。母丧，请终制。服除，出知郓州兼京东西路安抚使，寻以节度使知澶州，遂卒于澶。谥"良定"。端懿能自刻厉，闻善士，倾身下之，士大夫多与之游，甚得名誉。

[乾隆《曹州府志》卷十二《名宦》]

李端懿，真宗时，历济、单二州防御团练使，后知郓州兼京东西路安抚使。是岁，京东水，民多饥，乃发仓廪以赈之。置弓手司，教以战斗。修汶阳堤百余里，以却水患，民便之。

[万历《兖州府志》卷三十八《循吏》]

[嘉靖《山东通志》卷二十六《名宦中》]

李端懿，字伯元。历济州、单州、郓州，兼京东西路安抚使。治汶阳堤百余里，以却水患，民甚便之。卒谥"良定"。

[乾隆《兖州府志》卷二十二《宦绩》]

李端懿，字伯元。真宗时，为单州防御团练使，后知郓州兼京东路安抚。值大水，民饥，发仓赈之。置弓手局，教民习战斗。修汶阳堤百余里，以却水患，民甚便之。

[康熙《单县志》卷六《宦绩》]

李端懿，字伯元。潞州上党人。七岁，授如京副使，侍真宗东宫。七迁济州防御使，为群牧副使。知冀州，为政循法度，民爱其不扰。降单州团练使，后知郓州兼京东西路安抚使。是岁，京东水，民多饥，大发仓廪以赈之。置弓手局，教以战斗，遂如精兵。治汶阳堤百余里，以却水患，民便之。赴澶州。卒，赠感德军节度使，谥"良定"。

[道光《济宁直隶州志》卷六之六《宦绩》]

李端懿，字伯元。七岁授官，历济州防御使、单州团练使，后知郓州兼京东西路安抚使。是岁，京东西民多饥，乃发仓廪以赈之。置弓手局，教以战斗。修汶阳堤百余里，以防水患，民甚便之。谥"良定"。

[光绪《东平州志》卷十四《宦绩》]

李端懿，真宗时，历济、单二州防御团练使，后知郓州兼京东西路安抚使。是岁，京东水，民多饥，乃发仓廪以赈之。置弓手局，教以战斗。修汶阳堤百余里，以却水患，民便之。

[康熙《山东通志》卷三十三《名宦》]

李端懿，上党人。真宗时，历济、单二州防御团练使，后知郓州兼东西路安抚使。京东水灾，大发仓廪以赈。又置弓手局，教以战阵。又修汶阳堤百余里，以捍水患，民皆赖之。

[雍正《山东通志》卷二十七《宦绩志》]

李端懿，上党人。真宗时，历济、单二州防御团练使，后知郓州兼东路安抚使。京东水灾，发仓廪赈给。又置弓手局，教以战阵。又修汶阳堤百里，捍水患，民皆赖之。

[宣统《山东通志》卷六十八《宦绩三》]

元

◎ 王安仁 ◎

王安仁，济宁路官医提举，至元时任。见《济宁路总管府碑记》。

[道光《巨野县志》卷九《职官》]

◎ 何汝楫 ◎

何汝楫，济宁路官医副提举，至元时任。见《济宁路总管府碑记》。

[道光《巨野县志》卷九《职官》]

◎ 董　谦 ◎

董谦，济宁路官医提领，至元时任。见《济宁路总管府碑记》。

[道光《巨野县志》卷九《职官》]

◎ 马　彦 ◎

马彦，济宁路官医提领，至正时任。见《加封鲁王碑记》。

[道光《巨野县志》卷九《职官》]

◎ 潘 亨 ◎

潘亨，济宁路官医副提领，至正时任。见《加封鲁王碑记》。

[道光《巨野县志》卷九《职官》]

◎ 王国宾 ◎

王国宾，济宁路医学教谕，至元时任。见《加封鲁王碑记》。

[道光《巨野县志》卷九《职官》]

◎ 平 贞 ◎

平贞，济宁路医学教授，至元时任。见《加封鲁王碑记》。

[道光《巨野县志》卷九《职官》]

明

◎ 姚 崑 ◎

姚崑，以子默贵，封承德太医院院判。

[道光《巨野县志》卷十三《封赠》]

◎ 姚 默 ◎

姚默，御医，仕至太医院院判。

[道光《巨野县志》卷十一《选举》]

姚默，太医院院判，授承德郎。

[道光《巨野县志》卷十三《封赠》]

姚默，字缄堂。少读书，不就，习外科。有术者相其应登仕籍，默曰：吾一衿尚难顾，安所得官耶！相者曰：争名于朝，子赴都，当有意外机缘。默然其言。值万历末，各县出战马二匹，送部交纳。房书逡巡不敢行，默请代之。至都，则部吏需索规费，至三月不能交纳，马皆羸瘦，旅资尽竭，计无所措。因念某系同乡，在京业医，过访求助，适医者外出，候于门。突有中官率校尉数人，挟默以行，则以神宗目疾肿痛，服清凉剂不效，误以默为某医也。默入大内，不敢白，只谨遵外科术，呈一方，肿痛立愈。神宗大悦，授八品御医，寻升院判。具奏解马事，即命兵部验收，同时解马者，胥得交割。著有《家藏外科》，所著多可录者。

[道光《巨野县志》卷二十四《杂稽志·技艺》]

◎ 张世瑢 ◎

张世瑢，字方水，号醉庵。邑拔贡，元纶子也。醇质自天，至性过人。年十二，父廷试入都，忽遭祖丧，郎哀礼兼尽，识者奇之。事亲，先意承志，能以色养。父病，祷于神，请以身代。及殁，哀毁柴立，体为之羸。又善事继母，施及母族。待弟情义笃挚，其弟世城早亡，以三子惟人为之嗣。且敦睦本族，从堂兄世琉故，嫂氏、子女胥为收养，毕其婚嫁者五人。复为从堂兄世珍，置棺以葬。至乡邻故旧，凡有缓急，求无不应。常施黑神丸药并方，增修落凤桥，以便行人，多费弗计。遇邑有公事，便民者辄倡先为之，无难色。癸未（1703），邑凶歉，施馒首及钱，以赈饥民。学宫狭隘，首先捐资倡修，比落成，为远近巨观。生平立心宽厚，不乐置人于不肖之地。一日，佃丁拥二窃盗至，斥之曰：若岂为盗者乞食耳！释之。以故人无贤愚，皆称为"盛德长者"。由廪生登康熙丙子（1696）科贤书，闱墨及试牍行世，草书，人竞珍之。卒年六十九岁。邑人高其行，请从祀乡贤。学使者批曰：砥砺惟勤，孝廉不愧。读书知大义，敦至于家庭，处世有仁风，式芳型于乡党。宜崇祀典，以洽公评。

[道光《巨野县志》卷十二《乡贤》]

张世瑢，字方水。巨野人。康熙丙子举人。事亲能色养，疾笃尝粪。又善事继母。其从堂兄世琉故，嫂氏、子女胥为收养，毕其婚嫁者五人。常施药，修桥梁。值岁歉，施饭及钱，以赈饥民。首先捐资修学宫。佃丁拥二盗至，斥之曰：若岂为盗者乞食耳？释之。卒祀乡贤。

[乾隆《曹州府志》卷十五《乡贤》]

张世瑢，巨野人。康熙丙子举于乡。性孝友。年十二，居祖丧，即能尽哀尽礼，宛如成人。家贫，每自啖粗粝，而甘旨奉亲无少缺。与胞弟世城同居三十年，了无间言，而疾则亲药饵，卒则具丧葬。盖备极亲爱焉。卒祀乡贤。

[雍正《山东通志》卷二十八之四《人物四》]

◎ 姚 宏 ◎

姚宏，幼读书不售，潜心岐黄术，博通医书，不拘成方，以意施治，应手辄效。家故饶，多设药品，合丸散，以济人，不取其值。求医者，填门无虚日。有直指巡察至县，感剧疾，势甚笃，众医束手，延宏诊视，投以药，立瘳。直指大加器重，以为"扁和复出"也，公举医学训科。寿八十余。著有《本草补遗》《医学辨谬法》《指南书》，藏于家。

[道光《巨野县志》卷二十四《杂稽志·技艺》]

清

◎ 姚学甲 ◎

姚公半塘墓志

公讳学甲，字联芳，号半塘。先世居大宁，其始祖讳清，元初由陕州迁巨。忠厚传家，科第不辍。至其七世祖会极，嘉靖戊子（1528）科举人，累仕至口北监军道。而家始大公曾祖，讳璠，增广生；祖讳华宗，太学生，貤赠文林郎；父讳恪，太学生，敕赠文林郎，晋赠奉直大夫。公六岁入塾，日诵百行，过目不忘。为文原本经史，自成一家。弱冠，受知于金学宪，入郡庠，第一科试一等第一名，食饩。中乾隆壬午（1762）经元丙戌科，成进士，诠选江苏太仓、直隶州嘉定县知县。到任未月，判数年不决之狱，除历载久淹之弊。以地势不甚宜稻，劝种木棉，而邑日富。逢岁大裖，公以请赈不及，自捐米数千石。又劝绅民量力捐输，于各镇设场，施米粥，以济饥，而邑民俱赖存活。邑南刘河久壅，夏秋常溢，公捐廉疏瀹，遂汪洋而河之两岸，永无垫隘。南城钟楼，为风会所关，久经坍壤。公自购土木，增其旧制，而文风较前益振，甲科倍增。于署之西偏，营书舍数十间，邻村名士多就之。公助其资，斧正，暇讲课，士风蒸蒸日上。其间，如仪征榜眼江德量、董太仓、李锡恭，丹徒张秉锐，吴县刘敬熙及邑之李庆芸、叶长春、时铭等，俱以受业登甲榜，为江左名流。自任嶧城，甲寅（1764）、己亥（1779）、庚子（1780）、壬子（1792）前后六科江南乡试同考官。公所荐，拔擢巍科，登显仕者，不可枚举。所著有《公余课艺》《薄书偶寄》《半塘诗钞》《石门杂集》行世。公族繁昌，自输俸金，修增宗祠，以妥先灵；重刊族谱，以析友派；善丹青术，妙岐黄理，参堪舆多能，又其余事。公从弟陕西按察使，讳学瑛。任沁州时，延公修《潞安府志》《凤台县志》《沁州志》，其间采录确实，记载详明。公母张太宜人，年届八秩，遵例请假终养，治装回籍，邑称"有官贫于无官日，去任荣逾到任时"之句以送之，兼进以万民衣伞、姚公美政诗卷。及太夫人寿终，服阕引见，仍发江苏，遇缺即补，又署嘉定数月，缺出遂补。邑人于公堂上进"三至青天"匾额，建立生祠。不数月，调任无锡。地系冲繁，力革积弊。善俗宜民，政绩亦如嶧。深洽民隐，又于署傍建祠，供长生禄位牌坊。公年高政繁，捐授主事。公生于雍正八年（1730）三月十六日，终于嘉庆四年（1799）二月二十二日锡山官廨，享年七十岁。所仕两县士民闻之，无不流涕。公配武氏，敕封安人。子三人，孙十一人，曾孙十五人。墓在城东保姚家楼之东南隅，安厝于道光戊子（1828）之春。阅三十余稔，当时未经志圹。及咸丰壬子（1852），余奉简命，视学山左。于公之生前政声，已悉大略。迨同治壬戌（1862）之春，公之从侄孙芜湖观察秋浦同年，综述其从叔祖德政，邮寄京邸，征余铭。余观其文章经济，心钦慕之，是为志，以垂来兹。

[民国《续修巨野县志》卷七《墓表》]

姚学甲，号半塘。进士。宰江南嘉定县，多善政，士绅赋诗志感，□为《姚公美政集》。邑旧有陆清献公士民感恩祠，因公议设姚公神位于右，取"先后媲美"之意，以志不忘。其人心惟重如此。聘修山右《潞安府志》，晋人称为良史。分校江南棘闱，拔取皆知名士。《制艺二十名家选》，李锡恭、陈钟麟、姚文州诸老宿，皆其门下士。著有《公余课艺》《簿书偶寄文稿》行世，外有《石门杂著》未梓。

[道光《巨野县志》卷十二《政绩》]

姚学甲，《制艺二十名家选》《簿书偶寄》《公余课艺》《石门杂著》。

[道光《巨野县志》卷十五《书目》]

《簿书偶记》《石门杂著》，姚学甲撰。学甲，号半塘。巨野人。乾隆丙戌进士。官嘉定知县。二编见《县志》本传。按本传：聘修山右《潞安府志》，晋人称为良史。史部地理类失载，补识于此。

[宣统《山东通志》卷一百四十五上《艺文志第十·集部·别集》]

姚学甲，字半塘。巨野人。丙戌进士。（乾隆四十三年）十月任。

[光绪《嘉定县志》卷十一《县职》]

◎ 向天衢 ◎

向天衢，武庠生。总镇挺元孙，都司日美曾孙，游击纬孙太学生三乐子。以武世其家，弓马技击艺，驰名曹属。嘉庆癸酉（1814），教匪滋事，从运宪刘清招募义勇，总理行营，生擒牛七楮二等诸巨匪，一境获安。事平，赏赐千总职。嗣，家居授徒，如张明台、吴景元、王□等，皆擢高科。晚年，精医术，活人无算。他如周贫济急，排难解纷，皆盛德事也。现年八十有五。道光己亥（1839），邑宰黄以"鲁国灵光"旌其门。

[道光《巨野县志》卷十三《义举》]

◎ 李执礼 ◎

李执礼，字东雅。慷慨好义。精岐黄，济人不望报。卒之日，乡议谥"惠义"。行，详本传。

[道光《巨野县志》卷十三《义举》]

李东雅墓表

冯鸣冈

先生讳执礼，字东雅，姓李氏。巨野人。世居昌邑南之李村。其先曾大父锡祉公、大父澄源公、考兴之公，皆以厚德称。母冯氏，生二子，先生其仲也。生而颖异，敦孝友，一时见者，咸卜为远到器继。乃弃举子业，肆力岐黄之术，远近求者，贫富无不应，虽冬寒暑雨，不以为瘁。德先生者，或欲以财物谢，概辞不受。嗣是，人亦皆知先生志在济人，不望报，亦竟无有持物馈遗者。由是，家计日落，至典地以给衣食，而处之泊如。且益慷慨好义，排难解纷，事无巨细，凡义所当为，靡不毅然首倡。乾隆十七年（1752），邑中浚潴水、万福二河，当事者已定议南北互调，人皆苦之，然卒逡巡无敢出一言者。先生独以身任，面谒邑尊，恺切开陈，乃得各于近地浚导两河，既无淤滞，而民亦免奔命之劳。凡所行为，总期合天理、顺人情而止，往往类是。迨弥留之际，四壁萧然，诸问疾者莫不泣下，以为先生不应困穷至此极也。而先生目已渐瞑，尚咿唔曰：吾得正而毙，岂不有余于富贵乎！呜呼！是可想见先生之为人矣。乾隆四十年（1775）六月戊子卒，年七十有六。以七月甲寅葬于村东南之先人兆，惟时助丧者数百人，乡议谥"惠义"。

[道光《巨野县志》卷十九《墓表》]

◎ 王悦峰 ◎

王悦峰，字景高。太学生。性慷慨，好行阴德事。乾隆丙午（1786），岁大祲，蒸馒济饥，每人各二，早晚两次，日以为常，邻里族党，多赖以全活。道光辛巳（1821），瘟疫流行，捐资施药，求者如市。举乡饮大宾。

[道光《巨野县志》卷十三《义举》]

王悦峰，太学生。以子璘贵，封儒林郎。

[道光《巨野县志》卷十二《封赠》]

◎ 解 灼 ◎

解灼，字烛蕴。性至孝，精岐黄术，以利济为心，尤多义举。金山文昌阁、魁星楼暨金岭书院等工，虽由集腋而成，而首先倡率，灼之力为多。嘉庆戊午（1738），寿八十有四，同里进士魏起睿等公制寿文，纪其实行甚详。

[道光《巨野县志》卷十三《义举》]

◎ 樊华岭 ◎

樊华岭，庠生。性孝友，敦品行，施药济人。卒年八十有二。

[道光《巨野县志》卷十三《耆寿》]

◎ 刘有年 ◎

刘有年，寿八十有一。幼业儒，不图进取，遂业医，无贫富亲疏，求无不应，兼施药饵，乡里咸感慕之。道光庚子（1840），邑宰黄奖以"年高有德"匾额。

[道光《巨野县志》卷十三《耆寿》]

◎ 樊龙升 ◎

樊龙升，太学生。承父志，施药济人。教子课孙，一以读书为事，乡邻重之。现年八十有五。道光庚子（1840），邑宰黄奖以"耆寿如山"匾额。

[道光《巨野县志》卷十三《耆寿》]

◎ 王贵卿 ◎

刘氏，王治平妻。于归甫九月，治平卒，氏欲自尽，因身有遗孕，忍痛延生。后月余，生一子。祖姑欲令他适，氏剪发自矢。历经府院匾奖，享寿七十八岁。子贵卿，以医术行世。孙九人，肇基、肇音，俱诸生。

[道光《巨野县志》卷十四《节孝》]

◎ 高毓羲 ◎

高毓羲，儒童高志申妻节孝逯氏之子。精岐黄，人有求，随手辄应，且心肠最热义举，多所成就。

[道光《巨野县志》卷二十四《杂稽志·技艺》]

◎ 蔡登瀛 ◎

蔡登瀛，厚重端方，乡间矜式。业岐黄术，有求必应。合里出资，公举乡饮。其为人可知。

[民国《续修巨野县志》卷四《乡饮大宾》]

蔡登瀛，清代巨野县人。工于医。

[《山东中医药志》第六篇《人物表》]

◎ 杜韵珂 ◎

杜韵珂，监生。为外科名医。孝友敦朴，乐善好施。昭武都尉。

[民国《续修巨野县志》卷四《乡饮大宾》]

◎ 黄汝勉 ◎

黄汝勉，字懋齐。善医道，尤精痘疹科，邑人为立"良医碑"。光绪十一年（1885），公举乡饮大宾，并树匾额。

[民国《续修巨野县志》卷四《乡饮大宾》]

◎ 朱恒勉 ◎

朱恒勉，以医学济人，求无不应，贫家则徒步以往，全活甚多。四方感恩，醵金，公举大宾，并制匾，悬挂药肆。

[民国《续修巨野县志》卷四《乡饮大宾》]

◎ 宁光灿 ◎

宁光灿，工医学。事嗣母，以孝闻。

[民国《续修巨野县志》卷四《乡饮大宾》]

◎ 程作黻 ◎

程作黻，早年入邑庠，工诗，善属文。性清介淡，清末季，深厌宦途龌龊，光绪间例授恩贡，门斗来索例银，慨然曰：出贡做诗文足矣！何用钱文哉！遂弃置不就。杜门谢客，垂二十年。论诗，推重渔洋。晚年，深沉医理，兼精数学。著有《碧梧轩诗草》《灾异录》《本草征要》《大乙统宗卦象》。卒年六十有四。

[民国《续修巨野县志》卷五《文学》]

程作黻，清代巨野县人。业医，精于方药。著有《本草征要》，未刊。

[《山东中医药志》第六篇《人物表》]

◎ 姚来旬 ◎

姚来旬，字运三。监生。坦易近人，习岐黄术，济人无算。接办团练，堵塞黄流，勤劳十余年，乡人阴忧其赐，公题"薰德善良"，勒诸贞珉，垂不朽焉。

[民国《续修巨野县志》卷五《孝义》]

姚来旬，字运三。清代巨野县人。以医知名于时。

[《山东中医药志》第六篇《人物表》]

◎ 高继颜 ◎

高继颜，字陋亭。因母多病，弃儒业医，以名干世。不泥古人成迹，以意疗病，辄能应手愈，不居功，不望报。寻以团练、河工，保举五品职衔。殁后，四乡公为树碣，以志不忘。

[民国《续修巨野县志》卷五《孝义》]

高继颜，清代巨野县人。工医术。

[《山东中医药志》第六篇《人物表》]

◎ 吴瑞占 ◎

吴瑞占，少读书，积年未售，因弃儒业医，颇有心悟，遂名驰乡里，延请即往，但知济人之急，药价概不计值。负累既深，则质地以补之。乡人感其德为，公举乡饮大宾。

[民国《续修巨野县志》卷五《孝义》]

吴瑞占，清代巨野县人。好方书，以医为业，济世活人为怀。

[《山东中医药志》第六篇《人物表》]

◎ 韩郁邕 ◎

韩郁邕，性嗜理学，乐善好施，并精医术，常施药济人。著有《元机秘要》，待梓。

[民国《续修巨野县志》卷五《孝义》]

韩郁邕，清代巨野县人。以业医闻名于时。

[《山东中医药志》第六篇《人物表》]

◎ 毕毓枋 ◎

毕毓枋，字九真。附贡生。孝友刚直。以父有疾，攻岐黄，遂精焉。侍父疾，数年不倦。事母，终身承志。父殁，家事艰难，身独任之。恐妨弟毓楷读，故不令知。光绪十五年（1889），岁大祲，乞贷概不计偿。来医者，贫则资以膏火，病愈然后去。黄河决口，灌入赵王河，水势汹，与冯公拱辰，倡筑河堤，河东之民，无其鱼之患。奉宪积仓谷，岁歉支放各村，饥民赖以生活，毫无隐欺，有"廉正"之目，上宪奖以五品衔。

[民国《续修巨野县志》卷五《孝义》]

毕毓枋，字九真。清代巨野县人。业医，善治瘟疫病。

[《山东中医药志》第六篇《人物表》]

◎ 吴克慎 ◎

吴克慎，字养粹。五品衔。天性孝友。祖传救急良方，每岁出资若干，修合施送，借以起死回生者千百计。尝赴郓，路遇数寇，问其名，皆惭谢不遑。又与例贡郭清沚等于杨家庄东偏，创建僧亲王祠。

[民国《续修巨野县志》卷五《孝义》]

吴克慎，字养粹。清代巨野县人。工岐黄术，施祖传救急良方，活人甚众。

[《山东中医药志》第六篇《人物表》]

◎ 李氏鲤 ◎

李氏鲤，以外科著名。专以普济为心，施舍膏散，不取分文。四乡感其德，为立"德行碑"。

[民国《续修巨野县志》卷五《杂稽》]

李氏鲤，清代巨野县人。业医，术精外科。

[《山东中医药志》第六篇《人物表》]

◎ 韩理经 ◎

◎ 韩华竹 ◎

◎ 韩建规 ◎

韩理经，字维常。精医，济人。与子华竹、孙建规，并以"良医"称，乡人赠有"济世鸿慈，功同良相"匾额。

[民国《续修巨野县志》卷五《杂稽》]

韩理经，清代巨野县人。精岐黄术，以医知名于邑。

[《山东中医药志》第六篇《人物表》]

◎ 韩康武 ◎

韩康武，庠生。精医术，活人甚多，门弟子为之立碑。

[民国《续修巨野县志》卷五《杂稽》]

◎ 姚家绪 ◎

姚家绪，精岐黄术，遐迩驰名，公赠以"和缓真传"匾额。

[民国《续修巨野县志》卷五《杂稽》]

姚家绪，清代巨野县人。精岐黄术，以医名时。乡公赠"和缓真传"匾。

[《山东中医药志》第六篇《人物表》]

◎ 黄自省 ◎

黄自省，名著医林。同治八年（1869），河决，郓城丁抚督办河工，有疾，延为医治，立起沉疴，赐以职衔，不受。

[民国《续修巨野县志》卷五《杂稽》]

黄自省，清代巨野县人。以医名时。

[《山东中医药志》第六篇《人物表》]

◎ 毕大安 ◎

毕公又亭墓志

崔凌霄

吾邑城西南毕家垓，毕氏为大野世族，其族望。云亭君与余，有越坛之拜，不时过从，因获交。其族侄孙秋浦茂才，其为人醇谨温文，真负重器也。日者，齐其先大父行状，问志于余，将勒诸贞珉，以垂不朽。余谊不容辞，遂胪次其懿行，以表诸墓道焉。按：公讳大安，字父亭。武学生。行一，其先世。旧德闻人，具载家邑乘，不复述。其曾祖两世，皆国学生。父讳凤醴，有隐德，轻财好义，急人之难。痛母氏田苦，节不彰，请旌建坊，馨家抚恤乡人，私谥"孝德先生"。聘李氏，育公同怀五人，公其震也。自束发受书，即识大义。性嗜博览，不屑为帖括业。工书法，暇辄练习弓马，精研韬略，有投笔请缨之志。以故改文就武，厕身泽宫。奈数奇不第，遂绝意进取，读《灵枢》《素问》诸书，以济世。其生平，坦易近人，胸无城府，然临事持大体，动必以礼，未尝以词色徇人。虽家徒壁立，而一介不取，率诸弟拮据操作，恬如也。父殁后，祭葬如礼。追母年登期颐，奉侍不离侧，恒弥月不解衣带，乡人称之。适值皖匪之扰，联团筑寨，一方赖以生。全家遭回禄，公躬亲冒火，与二弟又安公，身卫母出，而竟立刻殒命。呜呼！公之孝烈，与其祖母救姑出火事，如出一辙，而公独当其惨，非所谓一死重于泰山者耶！时邑侯以"尽孝致身"楔其门。而田君芸其做长歌以纪其实，中有警句云：介推不下绵山巅，母子并命古今怜。悱悱之心累阿母，何如毕公孝德全。公之亡日，天雨泣。闾里于今尚禁烟，是公之不幸在此，公之不朽亦在此也。德配于氏，生子如范；继徐氏，生子三人，次清、远三、华远，俱举乡饮。如燮早卒，先公亡，女适贡生逯君时偕。孙四人，鸿宾，廪生；鸿卿，邑庠生；曾孙四人，俱克世其家。

[民国《续修巨野县志》卷五《墓表》]

毕大安，武庠生。早岁失怙，事母曲尽色养。追母年高，动辄需人，与弟又安举孺慕膝前，恒弥月不解衣带。寻以练团筑寨，家遭回禄，公与弟冲火焰卫母出，而公竟立刻陨命，闻者悲之，邑侯赵"以尽孝致身"额其门。事详崔君凌霄《墓志》。光绪八年（1882）恩准建坊。

[民国《续修巨野县志》卷五《孝义》]

◎ 田生槐 ◎

田生槐,字又三。同治五年(1866),带团兵助僧王破南匪于丕山附近,以军功授云骑尉。光绪三年(1877),帮办河工事务,东抚丁保五品衔。八年,办积谷事,奉上,论赏五品顶戴。又精华佗青囊术,每出刀圭,著手成春,遐迩无不感德。

[民国《续修巨野县志》卷五《孝义》]

田生槐,清代巨野县人。业医,长于外科刀圭。

[《山东中医药志》第六篇《人物表》]

◎ 李玉堂 ◎

李玉堂,清代巨野县人。工岐黄术,活人甚多。

[《山东中医药志》第六篇《人物表》]

◎ 戚学中 ◎

戚学中,清代巨野县人。工医,善治瘟疫。

[《山东中医药志》第六篇《人物表》]

◎ 蔡志敏 ◎

蔡志敏,城西蔡坊村人。曾任曹州镇台书版之职。经名医秘传,得医术之妙,四方求医者,络绎不绝。

[《巨野县志》第二十五编《医疗》]

◎ 姚学瑛 ◎

《奇效丹方》八卷,巨野姚学瑛辑。学瑛有《平定州志》,史部地理类著录。是书现存:清乾隆四十七年刻本,浙江医科大学图书馆藏,《贩书偶记续编》、《中医图书联合目录》(无卷数)、《中国中医古籍总目》著录。

[《山东通志艺文志订补·子部·第一册》]

姚学瑛,贡生。任直隶南宫、顺义县知县,升山西沁州知州、泽州府知府,历任贵州恩州、大定、遵义各府知府,贵西兵备道,陕西按察使司。

[道光《巨野县志》卷十一《仕籍》]

民国

◎ 李葆真 ◎

李葆真,字朴村。太学生。性仁厚,慷慨好施。民国九年(1920),岁大祲,出粟数十石,分给乡里,一方赖以存活。尤好慈善事,若刀圭药、兔脑丸以及经验良方,自行配制,恣人取求,每年辄耗数百金,邑人公制"仁被梓里"及"急公好义"匾额,旌其门。

[民国《续修巨野县志》卷五《孝义》]

◎ 张东思 ◎

张东思(1860—1927),巨野县人。业医,善治内科病。

[《山东中医药志》第六篇《人物表》]

◎ 田庆弟 ◎

田庆弟(1864—1935),巨野县人。业医,精内科。

[《山东中医药志》第六篇《人物表》]

◎ 毕于兰 ◎

毕于兰(1875—1946),巨野县人。工岐黄术,精内科。

[《山东中医药志》第六篇《人物表》]

◎ 王遵职 ◎

  大成殿，居中五楹。成化间，任公昶建；嘉靖间，太医吏目王遵职捐资重修。每岁春、秋二仲上丁日，释奠如仪。两庑，东西各十一间。

［崇祯《郓城县志》卷二《学宫》］

  大成殿，五楹。成化间，任公昶建；嘉靖间，太医吏目王遵职捐资重修。

［光绪《郓城县志》卷二《文庙》］

  王遵职，江西人，寓居郓城。抚孤侄，逾于己子。岁凶，输谷以赈贫民。郓学宫颓圮，有司艰其工，遵职慨然捐资约千余金，庀材鸠工，凡门殿堂庑，焕然一新，当道旌其义。嘉祥新挑河为东西冲道，往来病涉，遵职出资为石梁以济，居人立碑颂之。

［崇祯《郓城县志》卷五《孝义》］

  王遵职，江西人，寓居郓城。抚孤侄，逾于己子。岁凶，输粟济贫民。学宫颓圮，有司艰其工，遵职慨然捐资约千金，庀材鸠工，门殿堂庑，焕然一新，当道旌其义。嘉祥新挑河为东西冲道，往来病涉，遵职出资为石梁，以济行人，众立碑颂之。

［光绪《郓城县志》卷五《义行》］

  王遵职，江西人，寓居郓城。岁凶，输谷赈贫。学宫颓圮，捐资千金增修。嘉祥新挑河，往来病涉，出资为石桥，以济行人。官旌其义。

［乾隆《曹州府志》卷十六《孝义》］

◎ 侯应麒 ◎

生员陈雅抱妻侯氏，医官侯应麒女。抱早卒，氏因夫无子，欲死殉，其老姑无依，百计曲谕，因立侄为嗣。姑病，氏左右服勤，历三年如一日。

[崇祯《郓城县志》卷五《贞烈》]

侯氏，医官侯应麒女，生员陈雅抱妻。夫早卒，氏因夫无子，欲以死殉，姑老无依，百计曲谕，因立侄为嗣。姑病，氏左右服勤，历三年如一日。

[光绪《郓城县志》卷十二《节妇》]

清

◎ 周宗正 ◎

周宗正，字秉直。庠生。性仁爱，家号素封。精岐黄术，常以济人为心，出资施药，全活者甚众。道光二十二年（1842），邑侯范公为立"好施重义碑"于孔道。

[光绪《郓城县志》卷五《义行》]

◎ 张士然 ◎

张士然，孝子彦龙公九代孙。性孝友，克绍先人风。待犹子至厚，产业三分之，兄子得其二，己得其一。中年无子，学医，精针法，有求必应，不避风雨。甫后，得孪生二男，长存谦，次存让。咸丰十年（1860），寇至，率众守御，遇害，长子亦死。迄今三十余年，谈及者犹有余哀。

[光绪《郓城县志》卷五《义行》]

◎ 符 合 ◎

符合，字辑五。监生。以团练功，保举主簿，举乡饮正宾。精于医，有求必应。时人感其德，为勒碑、致赧词、奉匾者甚多。

[光绪《郓城县志》卷五《义行》]

符合，字辑五。清代郓城县人。业医，善治妇科病。

[《山东中医药志》第六篇《人物表》]

◎ 仝云集 ◎

仝云集，城北仝老家庄人。善治折跌伤骨诸证，妙由心悟。濒于危者，经其医治，莫不获痊。有求者，皆随时以应。贫者，或时饭之，或赠以药饵，不受人谢。自壮及老，惟以活人为心，乡人感其德，为立碑以志。以齿德俱优，与乡饮酒礼。

[光绪《郓城县志》卷五《技术》]

仝云集（1802—1884），字呈祥，号海航。郓城县仝老家村人。正骨医术高超，善治折跌骨伤多种病症。凡危急患者，经其治疗，无不痊愈。清光绪年间，常庄附近修堤，曹州镇台万年青骑马前往工地视察，不慎从马背上跌下来，肱骨骨折，经仝云集诊治，很快痊愈。万年青为表谢意，赠元宝两只，仝云集谢绝。本县祝桥村举人祝汝鸿之子龙跃，坐马车探亲，突然车惊，从车上摔下来，前臂骨折，求仝云集整复痊愈。有一患者，坐车求医，仝云集在路旁坐着，未交谈已知病人是肩关节脱位，趁扶病人下车之势医治复位。当病人说明来意时，仝云集说：我已给你治好了。病人愕然，活动了一下，确实好了。自此，群众称他为"神医"。

不仅正骨医术高明，而且医德高尚，无论谁有病求他诊治，都随时为人施术。穷苦人找他看病，不仅无偿赠药、赠食，而且不接受礼物，方圆百里，德高望重。仝云集晚年培养了不少弟子，如仝作禹、仝宣教、仝宣从、仝昭宾、仝建祥、孙传芳、崔大昌、晁秀文、李秀芳等，使正骨术后继有人，流传至今。

[《郓城县志》第二十四编《人物》]

[《曹州名人大典》]

[《菏泽地区卫生志》第十二篇《医林人物》]

[《山东中医药志》第六篇《人物表》]

◎ 郑　腾 ◎

◎ 张腾鸿 ◎

◎ 李　玠 ◎

◎ 王　凝 ◎

◎ 张文忠 ◎

◎ 李志盛 ◎

◎ 张再良 ◎

医学训科
郑腾
张腾鸿
李玠
王凝
张文忠
李志盛
张再良。

[光绪《郓城县志》卷六《医学训课》]

◎ 颜承典 ◎

颜承典,字式型。举乡饮正宾。居邑西八里郭家庄。积学不遇,因留意岐黄之术。汤液之外,兼精针砭,多应手而效。

[光绪《郓城县志》卷五《技术》]

颜承典,字式型。清代郓城县人。工医,精针灸术。

[《山东中医药志》第六篇《人物表》]

◎ 马占甲 ◎

刁氏,监生府经历马树成妻。年二十九,夫亡,守节终身,义方教子。长子占甲,精岐黄;次子殿甲,入邑庠。

[光绪《郓城县志》卷十二《节妇》]

◎ 杨 显 ◎

◎ 杨 合 ◎

太学生杨廷符君墓表
侯 垣

盖闻《周礼》贤书重睦姻之典,《益都人物传》"耆旧"之篇用能振拔颓风,敦崇善俗，若乃名堪贞石，论定盖棺，松楸之木成围，桑梓之言无间，则得诸吾乡杨廷符君矣！君讳显，字扬廷。世居于郓。其先鲁顷公孙雅仕于秦，为符玺令，遂以为氏。称鲁邦之望族，实元圣之苗裔。祖克、从父继宗，莫不德崇天爵，道重人伦，肃肃乎有纯修焉，有令望焉。君渊涵雅量，俊顾高风，不违道以干时，必实心以利物。亲知告急，则米囷可捐；邻里有丧，则麦舟可助；穷而无告，待以举火者数家；壮不能婚，资以娶妻者几户。庶乎盗牛之子，耻为所闻；借马之风，喜犹及见者欤！乃为仁而不富，竟行义以致贫。始则家道素封，施药而君臣能辨；继则财源屡匮，焚券而子母皆空。生于乾隆三十六年（1771），卒于嘉庆二十四年（1819）。赍志长，辞行路，增恻然，而达尊得二，不朽有三。好施不倦者五十年，颂义无穷者三十载。较诸家藏厚积，位列崇阶，生无益于时，死无称于后者，其相去为何如矣！况夫喆嗣成家，兰孙竞秀，贻谋既远，余庆方长。子合，搜岐伯之《灵枢》，采伊尹之《汤液》，不为名相而为名医，所以济人危也，亦以承先志也。邑人士咸蒙斯惠，追念前徽，饮橘井而思其源，树杏林而返其本，将贞砥以垂后，请属笔而为文。垣素仰高山，居邻仁里，汉太史立仓公之传，敬谢弗遑；蔡中郎书有道之碑，庶云无愧。乃为铭曰：鲁称宗国，礼义之乡。笃生贤俊，振作颓唐。解纷排难，济厄救荒。哀鸿宅定，涸鲋波扬。其财虽散，其后必昌。何以贻后，惟有青囊。隔垣能视，二竖潜藏。梓能济美，乔德益彰。余生也晚，志切景行，为铭勒石，日月争光。

［光绪《郓城县志》卷十四《碑文》］

◎ 张志贤 ◎

希圣张公碑

教谕高徽翰胶州人

从来施厚者，报必隆；实存者，名自著。何则？天有佑善之理，人有向善之心；一身之德备，即一时之望归，观于张公而知之矣！公讳志贤，字希圣。天性醇笃。父受风疾，起坐需人，公侍茵褥，刻不离身，一切药饵饮食，必亲尝而后进，越数年如一日。母氏早卒，悲哀尽礼。后事继母，先意承志，一如所生，内外无间言。他如，相亲相睦宗族而不失其伦，相恤相赒乡邻而不怨乎义，而其友爱性成，尤敦手足之谊。公与少弟同爨三十余年，暨弟如勃出嗣，业经受产，公仍慨然出己产业，中分为二，自取硗田而以沃壤予弟。求诸古人，殆有薛包之风焉。公幼习诗书，意谓虚名不如实德，专以济人为志，旋弃童子业，研究岐黄之术，而于疹痘科尤精。嗟乎！世之操业以游者众矣，非吝其术而不以施人，即贪其利而专以益己。若公之行谊卓卓，遐迩莫不共称之。公守己廉，与人让，名噪一时，踵门求医者，户外屦常满。每先贫后富，裹药随身，施舍不厌。视有急证，虽疾风骤雨，必先就其家调理之，儿辈赖以活者无数。昔，郭玉精方诊六微之技，仁爱不矜，恒尽心力于贫贱，贵人求疗者必易服，变处而玉，方为尽其术。公之所行，类如是欤！道光七年（1827），乡人以宾礼推公。越十四年，寿终于家。士林追慕之，愿勒一言以垂不朽，因请于予。夫阐扬表章，固司训志也。矧公高谊心佩者已久，予不敢以不文辞而乐为之述其略云。

[光绪《郓城县志》卷十四《碑文》]

◎ 王宏嗣 ◎

王宏嗣，字鹤年。增生。以子应抡贵，赠文林郎。公天怀洒落，遇族党公事，争先乐输，为文以发抒性灵为主。留心医学，有求必应。

[光绪《郓城县志》卷十六《封赠》]

◎ 刘颖滨 ◎

刘颖滨，增贡生。精医术，凡贫无资者，施药调治。殁后，乡人私讣曰"义惠先生"。

[光绪《郓城县志》卷十六《援例》]

◎ 刘慎言 ◎

刘慎言，字廷扬。寿九十二岁。通医术，尤精疮科。不论贫富，有求必应。殁后，邻里为立"追思碑"。

[光绪《郓城县志》卷十六《耆寿》]

◎ 李世逸 ◎

李世逸，清代郓城县人。业医，擅长妇科，尤精瘟疫。

[《山东中医药志》第六篇《人物表》]

◎ 褚慎术 ◎

褚慎术，清代郓城县人。业医，术精内科。

[《山东中医药志》第六篇《人物表》]

◎ 董树荣 ◎

董树荣，字德滋。清末郓城县人。术精外科。

[《山东中医药志》第六篇《人物表》]

民国

◎ 于念典 ◎

于念典（1856—1948），郓城县前于阁村人。少年学医，三十岁开始行医，历六十余年。精于外科，治好了不少搭背疮、附骨疽、骨槽风疮等一般医生所不治之大症。还精通内科和妇科，对症投药，有独到之妙。

行医济世，对患者热情耐心，极为负责，尤其对贫苦病人更是如此。每次对重病人诊治后，均谆嘱如何护理、注意事项、何时再来复诊等。对贫苦病人，不仅有求必应，而且常不收药费。在八十岁高龄时尚不断出诊。为不给患者家庭带来麻烦，一生出诊，从不在外住宿。由于治医严谨，品格高尚，求医者不绝，深受百姓信赖和爱戴。

[《郓城县志》第二十四编《人物》]

◎ 龚怡汉 ◎

龚怡汉（1859—1935），祖籍江西南昌府新昌县龚家城村，光绪四年（1878）随父迁居郓城县郭屯镇。初为银匠工，在郭屯镇设立"万胜楼"银铺，专门制作银坠、银簪、银钗、耳环等首饰。平日走街串巷，逢集日，设摊于银品市销售，获取薄利，聊以谋生。郭屯镇张氏家族，是附近有名的一大家族，经营着仁和药店。怡汉深知自己是外地户，欲站住脚，需靠张家势力。于是，遂与其结亲通婚，认义亲。起初，无偿给仁和药店干些杂活、脏活，加工炮制，审方抓药，文武粗细，在所不辞。久之，药房活计，得心应手。同时，潜心学习，不耻下问，逐步增长了经营药业的才干。光绪十年（1884），办起了批发兼零售的"万春堂"药店。奉行和气生财、信誉至上的宗旨，上至官长，下至平民，一视同仁。营业柜台，备有招待客人用的茶水，夏天还备有扇子。大宗货主登门购药，酒菜招待，热情备至，客户无不满意。

对镇上平民百姓购药，给以优惠；对穷苦人家，常常不收钱。常对人说：天下穷人多，富人少，而财产富人多，穷人少，穷人欠的钱，从富人身上找。1930年，积劳成疾，双目失明，但仍坐堂门市，谈仁义，论道德，曲尽人情，顺乎民意，与子孙谈经营之道。1935年卒，终年七十六岁。

[《郓城文史资料》第四辑]

定 陶

唐

◎ 孙迥璞 ◎

孙迥璞，济阴人。殿中侍御医。贞观十三年（639），从驾幸九成宫三善谷，与魏太师征邻。夜二鼓，璞闻唤孙侍御，心疑太师命，出视，见二人曰：官唤。璞曰：我不能行。即取马乘之以随，光明如昼，璞怪讶而不敢言。行六七里，至苜蓿谷，见两人持韩凤方以行，语引璞二人曰：我所得者是，汝错也，宜放之！二人即放璞。璞循路而还，了了不异平日行处。既至门，系马，见婢当户眠，唤之不应；

入户,见身与妇并眠,欲就之不得,但见屋内甚明,壁角蜘蛛网二蝇及梁上所着药物。惟不得就床,自知是死,倚壁久之,忽惊觉,身已卧床上,而屋内黑暗无所见。唤唤妇起燃火,而璞方大汗,视蜘蛛网等处,历然不殊。马亦大汗,急遣人觇风方,果是夜暴死。至十七年,璞奉敕往疗齐王佑疾,还至洺州孝义驿,忽然见一人问曰:君是孙迴璞否?我鬼也。魏太师有文书追君。璞视之,则郑公征署也。璞惊曰:郑公未死,何有此?鬼曰:已死矣。今为太阳都录太监,故令召君耳。璞引坐共食,甚欢。请曰:待还京奏事毕,然后应命可乎?鬼许之。于是昼夜相随,至阌乡,鬼辞曰:吾度关待君。及璞度关,而鬼已先至,复同行至滋水,又与璞别曰:待君奏事讫相见也,可勿食荤辛。既奏事毕,出访郑公已薨,校其薨日,则孝义驿之前日也。璞自拟必死,与家人诀别。可六七日,夜梦前鬼来召,引璞上高山,山巅有大宫殿,入见众君子迎谓曰:此人有修福,不可留也。即推璞堕山,乃惊悟。

[康熙《曹州府志》卷二十《杂志》]

孙迴璞,济阴人。为御医。贞观十三年,从驾幸九成宫三善谷,与魏太师征邻。夜二鼓,迴璞闻唤孙御医,心疑太师命,出视,见二人曰:宫唤。即取马乘之,光明如昼。行六七里,至苜蓿谷,见两人持韩风方以行,语引迴璞二人曰:我所得者是,汝错也,宜放之!二人即放迴璞。乃循路而还,不异平日行处。既至门,系马,入室,室内甚明,见身眠于床,自知是死,倚壁久之,忽惊觉,身已卧床上,而屋内黑暗无所见。唤妇起燃火,而迴璞方大汗,马亦汗,急遣人觇风方,果是夜死。至十七年,迴璞奉敕往疗齐王佑疾还,至洺州孝义驿,忽一人问曰:君是孙迴璞否?我鬼也。魏太师有文书追君。迴璞视之,则郑公征署也。迴璞惊曰:郑公未死,何有此?鬼曰:已死矣。今为太阳都录太监,故令召君耳。迴璞引坐共食,甚欢。请曰:待还京奏事毕,然后应命可乎?鬼许之。于是昼夜相随,至阌乡,鬼辞曰:吾度关待君。及迴璞度关,而鬼已先至,复同行至滋水,又曰:待君奏事讫相见也,可勿食荤辛。奏事毕,出访郑公,已薨,校其薨日,则孝义驿之前日也。迴璞以为必死,与家人诀。后六七日,夜梦前鬼来召,引璞上高山,山巅有大宫殿,入见众君子迎谓曰:此人有大福,不可留也。即推璞堕山,乃惊悟。

[乾隆《曹州府志》卷二十二《杂志》]

孙迴璞,济阴人。殿中侍御医。从太宗幸九成宫,夜二鼓,闻唤孙侍御。璞出视,见二人曰:官唤。即取马乘之以随,光明如昼。行六七里,至苜蓿谷,见两人持韩凤方以行，语引璞二人曰：我所得者是，汝错也，宜放之！璞循路而还，了了不异平日行处。既至门，系马，见婢当户眠，唤之不应；入户见身与妇并眠，欲就之不得，但见屋内甚明，壁角蜘蛛网二蝇及梁上所着药物，惟不得就床，自知是死，倚壁久之，忽惊觉，身已卧床上，而屋内暗黑无所见。唤妇起燃火，而璞方大汗，视蜘蛛网等处，历然不殊。马亦大汗，急遣人觇凤方，果是夜暴卒。

[雍正《山东通志》卷三十六《杂记志》]

按《曹州志》：孙迴璞，济阴人。殿中侍御医。贞观十三年，从驾幸九成宫三善谷，与魏太师征邻。夜二鼓，璞闻唤孙侍御，心疑太师命，出视，见二人曰：官唤。璞曰：我不能行。即取马乘之以随，光明如昼，璞怪讶而不敢言。行六七里，至苜蓿谷，见两人持韩凤方以行，语引璞二人曰：我所得者是，汝错也，宜放之！二人即放璞。璞循路而还，了了不异平日行处。既至门，系马，见婢当户眠，唤之不应；入户，见身与妇并眠，欲就之不得，但见屋内甚明，壁角蜘蛛网二蝇及梁上所着药物。不得就床，自知是死，倚壁久之，忽惊觉，身已卧床上，而屋内黑暗无所见。唤妇起燃灯，而璞方大汗，视蜘蛛网等处，历然不殊。马亦大汗，急遣人觇凤方，果是夜暴死。至十七年，璞奉敕往疗齐王佑疾，还至洛州孝义驿，忽然见一人问曰：君是孙迴璞否？我鬼也。魏太师有文书追君。璞视之，则郑公征署也。璞惊曰：郑公未死，何有此？鬼曰：已死矣。今为太阳都录太监，故令召君耳。璞引坐共食，甚欢。请曰：待还京奏事毕，然后应命可乎？鬼许之。于是昼夜相随，至阌乡，鬼辞曰：吾度关待君。及璞度关，而鬼已先至，复同行至滋水，又与璞别曰：待君奏事讫相见也，可勿食荤辛。既奏事毕，出访郑公已薨，校其薨日，则孝义驿之前日也。璞自拟必死，与家人诀别。可六七日，夜梦前鬼来召，引璞上高山，山巅有大宫殿，入见众君子迎谓曰：此人有修福，不可留也。即推璞堕山，乃惊悟。

[《古今图书集成医部全录》卷五百六《医术名流列传》]

明

◎ 李舒芳 ◎

李舒芳，字万英。先世江西丰城人。门阀，详载湖茫《李氏谱》中。曾祖福，成化八年（1472）始居巨野安兴镇。相传及芳，以书经登万历己卯（1579）乡荐，知武功县。武瘠邑，当三省之冲。芳清驿递，均审编，务协舆情，又以科名寥寂，于梁山建塔，创书院，以课士，科第增盛，多名臣。考绩，升无为知州。州滨江，多盗。芳教以习射，守御有方，盗遂屏息。戊申（1608），水灾异常，漂没无算。芳救生瘗死，力请上，借稻万余石，以赈饥。复恳题疏，停征。水消，捐俸募缘，筑鲊坝四十里，以杜后患，民赖以安。考绩，升庆阳府同知。府近边，民贫，少行旅。芳摄守篆，加意轸恤，行户德之。两院以廉能，移芳西安府，典御用织造，因尽罢机户。常例且省多缺员，凡五摄篆，无不赡举。会以手病乞休。庆之士民，状诣当事，哭留，决意致仕。归家，僻居安兴镇，有司经年不晤，惟事著述，课子孙而已。他如助婚丧，救急难，施医药，乐之不倦。每乡饮大典见请，固辞不出。所著有《学庸说旨》《治胎须知》《医方摘要》，藏于家。两膺宠诰，貤封父为大夫、母为宜人，年七十六卒。

[顺治《定陶县志》卷五《乡贤》]

李舒芳，字万英。先世江西丰城人。曾祖福，成化八年始居巨野安兴镇，后以陶有田，乃移居，占籍焉。芳领万历己卯乡荐，知武功县。武瘠邑，当三省之冲。芳清驿递，均审编，务协舆情，又以科名寂寥，于梁山创建书院课士，科第增盛，多名臣。考绩，升无为州知州。州滨江，多盗。芳教以习射，守御有方，盗遂屏息。戊申，水灾异常，漂没无算。芳救生瘗死，力请上，借稻万余石，以赈饥。复恳题疏，停征。水消，捐俸募缘，筑鲊坝四十里，民赖以安。考绩，升庆阳府同知。近边，民贫，少行旅。芳摄守篆，加意轸恤。两院以廉能，移芳西安府，典御用织造，罢机。户常例且省多缺员，凡五摄篆，无不赡举。会以手病乞休。庆之士民，诣当事，哭留，决意致仕。归家，僻居安兴镇，有司经年不晤，惟事著述，课子孙。他如助婚丧，救急难，施医药，乐之不倦。每乡饮大典见请，固辞。所著有《学庸说旨》《治胎须知》《医方摘要》，藏于家。两膺宠诰，貤封父为大夫、母为宜人。年七十六卒。

[民国《定陶县志》卷六《乡贤》]

  李舒芳，字万英。定陶人。万历己卯举人，知武功县。武瘠邑，当三省之冲。舒芳清驿递，均审编，务协舆情，创建书院课士，科第增盛。升无为州知。州滨江，多盗。舒芳教以习射，守御有方，盗遂屏息。戊申，水灾，漂没无算。舒芳捐俸，倡劝筑坝四十里。升庆阳府同知，调西安府。以病乞休归。

[乾隆《曹州府志》卷十五《乡贤》]

  李舒芳，字万英。明代定陶县人。业医，善治妇科病而闻名。

[《山东中医药志》第六篇《人物表》]

  李舒芳，万历己卯科书经。初任武功知县，升无为知州，又升庆阳府同知，两膺诰命。见《人物志》。

[顺治《定陶县志》卷五《乡荐》]

  李舒芳，万历己卯科。初任武功县知县，升无为州知州，又升庆阳府同知。见《人物志》。

[民国《定陶县志》卷五《乡荐》]

万历七年己卯科

  李舒芳，定陶人。庆阳府同知。

[乾隆《曹州府志》卷十三《举人》]

万历七年己卯乡试解元饶位

  李舒芳，字万英。篠塘人。山东榜。庆阳同知。

[道光《丰城县志》卷七《文科》]

[同治《丰城县志》卷八《文科》]

  李舒芳，山东定陶人。由举人（万历）三十五年（1607）任。

[乾隆《无为州志》卷十一《知州》]

[嘉庆《无为州志》卷十二《知州》]

  《学庸说旨》，李舒芳撰。舒芳，字万英。定陶人。万历己卯举人。历官庆阳同知。是书见《县志》。

[宣统《山东通志》卷一百三十《艺文志第十·经部·四书》]

清

◎ 曹 滕 ◎

◎ 沈洪泽 ◎

◎ 李维茂 ◎

◎ 朱 珣 ◎

◎ 曹恒新 ◎

  医学训课
  曹滕
  沈洪泽
  李维茂
  朱珣
  曹恒新

[民国《定陶县志》卷四《医学训课》]

◎ 李本盛 ◎

  李本盛，字瞻明。同知舒芳子。学行兼优，事继母孝。父牧无为州，州人歌咏其德，咸辑录之，为《秦淮政纪》四卷。尝游中州，客广陵，结纳贤豪，知名之士多附之。论时务，考诗律，书法尤精，乞书者户尝满，时有"陶邱文献"之目。施棺掩骨，修文庙，修邑志，盛皆与焉。筑园于城西北隅，曰"存果巷"。以岐黄术济人。卒年六十九。

[民国《定陶县志》卷六《学行》]

  李本盛，字瞻明。清代定陶县人。以医知名于时。

[《山东中医药志》第六篇《人物表》]

  效霞按：据民国《定陶县志》卷首"五修清顺治十二年"《定陶县志》姓氏，李本盛为"廪生"。

◎ 阎鼎铭 ◎

阎惟桢，字公辅。进士临川弟。生而颖异，年十一岁入庠。次年院试，友人沈润芳谓同试者曰：此君入庠时，学使出联云"宇宙奇男子"，对"古今大丈夫"。学使奇之。又云：未开笔时，伊父禁其作文，后见所作《阙党童子章》，题文曰：奇才也。遂不禁。桢尝谓：二事皆无，不知奚以传？因自加励。道光乙酉（1825）科获隽。是秋乡试，已荐元，缘考官意见歧，摈不售。朝考，膺镶白旗教习二十年。庚子（1840），中顺天举人。教习满，叙知县，不安小成，未就。竟赉志殁。子昌平，庠生；鼎铭，廪贡。孙稔，同治癸酉（1873）拔贡，槙郡庠生、羚郡增生。曾孙子谦，廪生。鼎铭，字立臣。弱冠以授徒为业，初在本邑，后设馆于曹城、郓等县，口讲指画，谆谆不倦，受教成名者众，且精于天文、地理、医卜诸术，擅"曹南博学"之誉。

[民国《定陶县志》卷六《学行》]

◎ 刘高仲 ◎

刘高仲，字泉石。早岁入庠，性忠厚，品行端，能文，工诗，绘事、医术俱精。轻财好施，一方德望。著有《种梅斋诗集》。

[民国《定陶县志》卷六《学行》]

◎ 曹蕴铢 ◎

曹墀，字丹亭。曾生。进士以爌次子。其胞叔夫妇早亡，墀承其嗣。长随父兄读，性聪慧，弱冠入庠，博览群书，学问瞻洽，精诗赋。嗣理家政，身弱废学。与本生兄弟析产，仅取四分之一，亲族称其让德。襄办本县公务，利弊陈于官，直言无隐，官亦服其诚。与人，置腹推心，坦无城府。幼年时，冒险出入于厄处之夷，然以弟垣移封朝议大夫，卒年六十三。子蕴钰，廪生。绩学有文誉，早逝；次蕴铢，精医术。三蕴钤，孙常清，俱庠生。

[民国《定陶县志》卷六《学行》]

◎ 朱见龙 ◎

朱见龙，字施普。光绪甲午（1894）岁贡。少入庠，食饩，负文誉。乡举不利，以明经终。授徒廿余年，成就者众。殁后，门人立石报德，广文鞠正色为之记。著有《易义解》《乐易轩稿》《春居杂咏》《药物考》《医学辑要》诸书，藏于家。明占卜术，尤精岐黄。被其诊治者，恒著手成春，乡党咸称"善良"。

[民国《定陶县志》卷六《学行》]

朱见龙，字施普。清代定陶县人。工医术，善于药物考证。

[《山东中医药志》第六篇《人物表》]

《乐易轩诗草》一卷，朱见龙撰。见龙，字施普。定陶人。岁贡。是集见《曹南文献录》。

[宣统《山东通志》卷一百四十六上《艺文志第十·集部·别集》]

◎ 潘 道 ◎

潘道，字大路。历城教谕凤翱孙，候选州同永锡子。天性孝友，慷慨有大节。早岁入庠，以两弟继逝，母年高不获，专心举业，入贡成均。事慈帷，不离左右，暇则留心岐黄，遂精于医。第三妹为王氏妇，遂翁姑赴任所，夫翁俱丧京师，姑亦殁于任城。道奉母命，跋涉万里，助妹茔墓。事毕，妹无所归，迎之回陶，节孝两全，道成之也。子其恪，贡生。

[民国《定陶县志》卷六《忠义孝悌》]

潘氏，候选州同潘永锡女，福建闽县知县王大用子、候选州同淑曾妻。淑曾随父办买官木，之京师，相继而卒。氏年二十一岁，无出，与姑由任寄居扬州。氏兄例贡潘道，往迎姑，愿留女家，命氏偕兄归陶。姑，后卒扬州，氏同兄往葬。王门无依，因同兄归陶，事其母百岁。安人守节六旬，寿征八十，先母卒。侄贡生潘其恪，葬于潘茔后，勒石记事。

[民国《定陶县志》卷七《节孝》]

◎ 黄 俊 ◎

黄俊，幼失恃，继母横遇之，后见逐，乞食为生，然晨昏定省，犹无缺，历数十年如一日。善医疹，谢仪悉奉母，不私取一物，母为所感，悔过转慈，爱逾所生。寿臻耄耋，子孙繁衍，咸以为纯孝之报云。

[民国《定陶县志》卷六《忠义孝悌》]

◎ 齐景巙 ◎

◎ 齐文藻 ◎

◎ 齐文管 ◎

齐景巙，字爱冬。乡饮介宾。平居庄严，泊然寡欲，喜怒不形于色。存心甚厚，遇亲友颠苦，必为筹安全。通医道，喉科尤精。子文藻、文管，世其业。寿九十七岁卒。

[民国《定陶县志》卷六《善行》]

◎ 潘　建 ◎

潘建，庠生。历城教谕凤翱孙，候选州同永高长子。少孤，事祖父母及母举得欢心。与出嗣弟遂，式好无间。戚族间党，丧葬给以棺木，饥寒给以衣食。善岐黄术，济者甚众，未尝受人馈遗。寿八十有六。子其淳，孙麟璜，俱入庠。

[民国《定陶县志》卷六《耆德》]

潘建，清代定陶县人。以医术闻名于邑中。

[《山东中医药志》第六篇《人物表》]

◎ 卢清健 ◎

卢清健，善医。寿八十二岁。其侄振岭，寿九十二岁。

[民国《定陶县志》卷六《耆德》]

◎ 李宪典 ◎

李宪典，字屏堂。佾生，入国学，举乡饮大宾。庠生贞子。居父丧，未尝露齿。母老，侍奉无间。幼嗜学，博极群书，授徒不计脩脯。善风鉴，尤精医术。治臌证，活者甚多，未尝受馈。里人与弟子，立碑颂之。性质朴，衣冠有古人风，轻财好义。值岁荒，流民饥且疫，为药调治，死则埋之，于困乏，多周济。人有犯，不与较。治家节俭，有义方训。子寿昌，入庠。卒年八十二岁。

[民国《定陶县志》卷六《耆德》]

李宪典，字屏堂。清代定陶县人。业医，善治臌症。

[《山东中医药志》第六篇《人物表》]

◎ 牛启笃 ◎

牛启笃，字诚甫。性忠厚，精按摩。公举耆宾。八十五岁卒。

[民国《定陶县志》卷六《耆德》]

◎ 杜凤岐 ◎

杜凤岐，字维周。性好善，施药济人。妻邵氏，育子四，孝友睦和。孙曾蕃衍，家属四十六口，五世同居，不闻诟谇声。夫妻俱寿九旬余，学使华旌之。

[民国《定陶县志》卷六《耆德》]

◎ 刘秀世 ◎

刘秀世，字凤之。庠生。忠义祠太清第四子，忠义殉国时，甫六岁，生母相继亡，依嫡母范能得欢心。尝曰：是儿善事我。年九十有三，依之，未尝别居。长兄早卒，事二兄、三兄如父。生平扶危济急，本房勿谕。他如：与仲兄经世保全族人宗文等一门孀孤，周旋外亲田氏，三世零丁，以至遇远族用世，尽室流落于单邑，劝令还乡，割已产五十亩周之。又以治痢奇方济人五十余年，未尝或厌。年八十九岁而终。乡里称"德寿先生"。常命子珠，恩贡生。勤学诲人，以为家法。

[民国《定陶县志》卷六《忠义孝悌》]

刘秀世，字凤之。清代定陶县人。工医，善治痢疾。

[《山东中医药志》第六篇《人物表》]

◎ 吕德桎 ◎

吕德桎，清代定陶县人。业医，善治小儿麻疹。著有《痘疹摘要》《麻疹摘锦》，未刊。

[《山东中医药志》第六篇《人物表》]

民国

◎ 李方华 ◎

李方华（？—1922），字含芳。定陶县力本屯乡力本屯村人。乡饮大宾。擅长内、外科疾病的诊治，在当地民间享有较高的声誉。

自幼聪慧，性情温和。早年即受儒家学说之启蒙，遇事一秉公正，在街坊邻居间威望颇高。在官宦爵位显赫的清代，其居然以医术而择途。后，勤奋好学，悉心研究。未几，各科医理通晓，尤精脉学。凡经诊疗者，都细审脉理，慎思处方。

医德高尚，无论贵贱亲疏，有求必应。遇有危急重症，总是守候病榻，诊察病情。有时数日不能归家，不取分文报酬。经其治疗之人数众多，活人无算，足迹遍及方圆近百里。不但医术精湛，而且乐于提携后进，诸多名医多出其门下，如程世瑞、时年籍等。先生医德被众民所仰，去世后立"扬名碑"。

[《定陶县卫生志》第七篇《现代名医传略》]

◎ 李继增 ◎

◎ 李西贤 ◎

李继增（1885—1946），字省斋。黄店镇眼药李庄村人。擅长内、眼两科，眼科尤为独步。出生于世医之家，明代建文年间（1399—1402），其祖辈从山西省洪洞县迁来时，带来一个治疗眼疾秘方——十三宝丹（元寸、牛黄、熊胆、炉甘石、大珍珠、冰片等），以治疗眼疾为业。其后，子孙承袭，且声誉渐大，故乡民贯称其村为"眼药李庄"（现正式称谓）。民国十年（1921），其祖父李西贤医治眼疾，医技精湛，疗效卓著，其门生为颂其医技、医德，敬赠"道接华佗"匾额。

李继增将祖辈的临床经验与众家之长融为一体，以"眼疾内治"的方法，辨证施药，除外用"导赤散""拨云散""清凉散""红眼散"外，根据发病机理，内服"明目地黄汤""逍遥饮""知柏地黄汤"等，效果甚佳，享誉方圆百里。1941年5月，定陶、曹县、成武、单县、巨野、菏泽六县民众，恭送"四世名医"巨匾。1942年，日本侵略军在定陶境内发动大规模的扫荡，继增流亡他乡，为人医病。

1946年，因染痼疾，客死于商丘。现其子仍用秘方医治眼疾，便民一方。

[《定陶县志·人物》]

[《定陶县卫生志》第七篇《现代名医传略》]

◎ 李 景 ◎

◎ 李营禄 ◎

◎ 李营福 ◎

◎ 李振铎 ◎

◎ 李雷波 ◎

　　李景，河北省武安县人。1806年，在定陶县大隅首西路南开设"天合成药铺"。1941年，改名"天合成"，由李营禄经营，其后分别由李营福、李振铎、李雷波经营。这是一家以批发为主兼零售的中药铺，经营中药五百余种，有店员四人、徒弟二人。与杭州、云南、上海、广州、天津、亳州等地有业务联系。民国初期，开始自制中成药，逐渐发展到能自制附子理中丸、六味地黄丸、补中益气丸、木香丸、四消丸、金黄散、拔毒散、消凉散、七厘散、玉红膏、一扫光、天王补心丹等五十余种。1956年，与其他药店等合并为联合诊所，不久并入城关医院。

[《定陶县医药志》第四章《私营药店》]

◎ 李玉璞 ◎

　　李玉璞，河北省武安县人。1916年，在定陶大街路南开设"兴盛公药铺"。这是一家以批发为主兼零售的中药铺。后来，请坐堂医生二人，有店员二人，能加工膏、丹、丸、散七十余种。与郑州、亳州、禹州、齐州等地有业务联系。1956年，并入城关医院。

[《定陶县医药志》第四章《私营药店》]

鄄 城

唐

◎ **杜鹏举** ◎

◎ **崔 沔** ◎

◎ **萧 亮** ◎

　　暹族子鸿渐。鸿渐字之巽。父鹏举,与卢藏用隐白鹿山,以母疾,与崔沔同授医兰陵萧亮,遂穷其术⋯⋯

[《新唐书》卷一百二十六《列传第五十一》]

　　杜鸿渐,字之巽。杜暹族子也。父朋举与卢藏用隐白鹿山。以母疾与崔沔同受医兰陵萧亮,遂穷其术⋯⋯

[嘉靖《濮州志》卷五《郡人志·杂志》]

　　鸿渐,字之巽。暹兄鹏举子也。鹏举与卢藏用隐白鹿山,以母疾与崔沔同受医兰陵萧亮,遂穷其术。

[康熙《濮州志》卷三《乡贤》]

[乾隆《濮州志》卷三《乡贤》]

[宣统《濮州志》卷四《乡贤》]

　　杜鹏举,其先京兆人,后魏时为濮阳守,子孙遂居东郡。至鹏举,为安州刺史。

[正德《大名府志》卷七《材望》]

　　杜鹏举,暹族兄也。与卢藏用隐白鹿山,授医兰陵萧亮,遂穷其术。后历官拾遗。玄宗东行河,因游畋,上赋以讽。终安州刺史。

[嘉靖《开州志》卷六《人物志》]

杜鹏举，濮阳人。与卢臧用隐白鹿山，以母疾，与崔沔同授医于兰陵萧亮，遂穷其术。历右拾遗。玄宗东行河，因游畋，上赋以讽。终安州刺史。

[咸丰《大名府志》卷十四《列传》]

杜鹏举，佚其字。流寓滑州数世，后为安州刺史，卒于官舍，葬于寿安之南原。唐杨炎撰《故安州刺史杜鹏举碑》，略云：杜公，其先京兆人，自七代祖模为后魏濮阳太守。卫人宜之，世居东郡按：同治丁卯《志》云：旧志脱简殊多，鹏举名列流寓，而不详其事。兹按《唐书》：鹏举与卢藏用隐居白鹿山，后官至安州刺史。未尝寓滑，不知旧志何据云？然姑存之。今考鹏举寓滑数世，有碑文可证。文载本志《艺文录》。

[民国《重修滑县志》卷十八《流寓》]

故安州刺史杜鹏举神道碑

唐杨炎

受正性者，德之元；纂重侯者，业之盛。君子体仁以合德，积厚以感通，著于神明，光于祚胤者，其惟杜公乎！公，讳鹏举，字某。其先京兆人也，七代祖讳模，后魏为濮阳守。卫人宜之，子孙世居东郡。故今为濮阳人。夏有豢龙之官，周封唐杜之国。世载侯伯，勋藏晋鲁。周公锡命，元旗火龙。拯三代之衰，参五霸之业。斯保性之始也。汉有建平侯，策定中兴；晋有当阳侯，克并南夏。其食酆鄗，盛西郊之敝冤；其分邢濮，祚东国之山河。斯不朽之宗也。濮阳生陈留太守，讳亮。陈留生高祖、北齐胶州刺史竟陵公，讳加。竟陵生隋雁门太守，讳保。雁门生大父、唐苏州司马，讳义宽。苏州生皇建平侯、荆益二州大都督、府长史讳慎行。洎贞孝公秉哲以辅先朝，今黄门戴天，以成大业。自魏七代，以方岳登闻；在唐两朝，以台衡致理。斯迈种之仁也。公贞孝之兄，黄门之孝，天修其爵，地富其才，神抱虚廓，智藏著蔡，□目河海，仪型嵩华，学可以掌邦教，词可以宣国风。少与范阳卢藏用隐于白鹿山，以太夫人有疾，与清河崔沔同受医于兰陵萧亮，声色之微以诚达，疵疠之祥以气变。属先府君，作镇荆楚，有诏门子亲侍禁闱。起家修武县尉。岁满，以书判超等授济源尉。以正议登朝，拜右拾遗，升玉堂以谒圣君，陈格言以利天下。黄门侍郎张廷珪，国之髦硕。洛州刺史皇甫知常，人之标准。美公志行，尝与请交。公精义入神，洞究奥赜。初睿宗践祚，冥感祥符。睹元期于化元，启成命于幽教。人所以仃非常之运，天所以归亿兆之心。玄宗时在东宫，表公所言，请编史册。时应令赋诗，御札批云：毕公之任，谅籍伊人，思入风雅，灵通神鬼。后以亲累，出为岐州司仓，转同州司士。开元初，以中都稍食，省河漕之徭，大农器用，赋晋山之铁，牧马于归兽之野。考室于迎春之宫，关中始置疏决盐铁长春宫三使，诏以公为判官。明年，天子东行河堤，陆格兽之场，开濯龙之沼，停銮上苑，留宴天泉，酒酣乐过，公赋诗以讽。于是有采章之锡，迁著作佐郎、太子佐赞善大夫、都水使者、邠王府司马、丰王府长史、中散大夫、安州刺史。公为政，在上位畏于上，贞一以守之，斋庄以莅之。其始也，居右正词，王侯向慕；其终也，疏通简易，礼化兴行。方将坐周召之堂，陈歌训之典。法象魏，登天庭，而明德寿于终年，壮图悲于下国，命矣。以某年月日，终于官舍。明年二月，葬于寿安之南原，遵遗命也。夫人河南郡君，尉迟鄂国之孙，邛州刺史瑰之女也。抱含一之德，友于君子；受降神之祥，克生元辅。天宝四载，终于山阳别业。其终祔焉，从周礼也。长子灵琼，陈州太康主簿。绍家祚而命夺其禄。次子奉遥，有异学而夭丧其文。苟陈同德，颜闵齐化。季子，山南、剑南道副元帅、特赠黄门侍郎、同中书门下平章事、卫国公鸿渐，身负苍旻，气和鼎饪，以符合斯运，以道佐唐虞。文系训谟，化齐混象。大勋格于皇极，厚宠扬于祖考。某府君先赠太常，再荣师保。夫人旧封宜阳，增号某郡。三锡桓公之命，是尊孟母之贤。惟公主忠孝，根仁义，事亲有极致之道，执丧有宁戚之哀，威废鞭笞，愠忘诮让。其立身也。冥观天理，合含幽鉴；强志通于众艺，敏行求于古人；考声教，观历象；动合灵祇之赞，居顺阴阳之和。其达诚也。忧喜极中，权利交丧；历官十二，远悔吝之形；春秋七十，抱纯精之气。其保终也。君子谓探命历，诚也。专药膳，孝也。补衮职，仲志之志也。颂王风，吉甫之才也。济美，栾武之德也。有后，藏孙之庆也。宜乎正训百代，垂名千古，存被先公之冕服，没为天子之元老，勒钟鼎，建庙堂，金石以颂声，丘陵以表隧。乃假词末学，观德将来。铭曰：于赫太师，德音孔遐。道之气象，物之精华。文学邹鲁，羽仪邦家。选于帝廷，帝廷有仪。闻于宫府，宫府允厘。明晦光耀，际含天机。识真紫极，建旟青蒲。熊负金印，蛇蟠朱组。时哉功名，海变今古。精魄归复，宜阳下土。我有家嗣，为王宝臣。德延后世，功被生人。岸谷磅礴，丘陵故新。苍苍颂石，万世遗尘《文苑英华》。

按：乾隆丁丑《滑县志·流寓》杜鹏举注云：旧志脱简殊多，鹏举名列流寓，而不详其事。今按《唐书》：鹏举与庐藏用隐白鹿山，在今辉县。后官至安州刺史，未尝寓滑。不知旧志何据？姑存之，以俟博雅。今据《文苑英华》所载此碑文，鹏举，其先京兆人，七代祖模，后魏为濮阳守，卫人宜之，子孙世居东郡。故今为濮阳人。则旧志列入"流寓"，允为名实相符。因五代以前之濮阳，均在滑境也。至《开州志》，"艺文"内亦录此碑文，并列杜暹、杜鸿渐于人物"名臣"内，皆引

《唐书》本传。以唐之濮州濮阳人，入于五代以后所移治之濮阳，则名是而实非矣。

[民国《重修滑县志》卷七《碑志》]

开元□年故滕王府议杜公神道碑

见《文苑英华》。在古濮阳，即今城北乡之高阳里。孙逖撰。久佚。

公讳义宽，字某，姓杜氏。东郡濮阳人也。其先在周者为侯，在汉者为三公，在魏者以许昌居守，在晋者以荆州作镇，则杜氏之世德，厥惟旧哉。若乃其泽雷夏，其州河济，颛顼起焉，昆吾理焉。则濮阳风化，所凭厚矣。不有纯嘏，孰生大贤。公，魏陈留郡守之曾孙，北齐胶州刺史竟陵县侯保之孙，隋本郡中正雁门郡守伽之子，承迈种之遗训，体清醇之上姿，童而典学，冠而好古。于是，东涉汶泗，北登邹峄，讲周公之德，观孔子之艺。则《易》之变、《诗》之风、《乐》之和、《礼》之节、《书》之政、《春秋》之理，人一以贯之，达其本矣。由是，大业九年，以孝廉高第授河东郡法曹。已而，隋氏弗纲，世充窃命，我太祖文武圣皇帝是以有陕东之师，公转饷如役，赢粮从径，军无后爨，士有余勇，郑是以陨，唐是以兴。帝将策勋，公乃辞赏。既不获命，请从叙迁，因授虞州司仓参军。贞观二年，改授晋州安康令，稍迁合州侍中，转恒州别驾雍州高陵令，拜朝散大夫饶州长史，迁苏州司马兼滕王府咨议。凡宰二邑，佐六郡，大小必诚，远近如一。其所在也，使者升闻。其所去也，邦人颂德。且有兼官之拜，实固太宗之屏。宜享三寿，以谐百工。天难谌斯，不可黩矣。春秋七十有二，永徽六年某月日，终于苏州。某月日，乃葬濮阳叠城之旧原。礼也。噫！公之为人，应变当理。有庆卿之善画，征□考祥。有董生之博览，威敌□附。有穰苴之大略，摧刚为柔。有季布之高义，虽运逢板荡，而才偶经纶。而或出当聘奇，干赏蹈利，托风云之会，邀日月之光。则万户之封，不足致也。三旌之位，曷云贵也。而能卷其舌，塞其兑，实若虚，明若昧，不贪骤雨之福，以远浮焱之害。斯大雅之保身，亦君子之向晦也。洎天衢开泰，皇运清明，从官以养人而不为禄，谨身以报主而不近名。回翔郡邑，三十余载，出处之际，优游自得。其古之恬势利者欤！初，公之裔祖始宅帝丘，时更大乱，室无遗堵，因谓所亲曰：吾之世业，为郡中正，遗爱不泯，阴德在人，施有子孙，必有兴者，于公高门之事，可不务乎？用是，改卜鲜原，大起层构。垣墉既曼，栋宇斯飞，轮焉奂焉，爰笑爰语。及公之后，斯事果征。一世其昌，既开方国，再世而大，遂为相门。论者以为知言矣。尔其乡党之行，闺门之德，孝乃天继，仁为己任，蒸尝尽敬，宴喜无荒，禄利必赒于外姻，谯让不行于私。故子弟趋教，州里向风，虽有严刑峻法，不如公之潜道也。《诗》所谓行归于周，万民所望，有令名矣夫，令德矣夫。有四子，长曰俭，早世；次无忝，终于朝散大夫、梓州盐亭令；次曰慎行，终于益州长史、建平县开国男，赠蜀州刺史；次曰惟志，终于吏部员外郎，赠吏部□咸以大名，克绍前烈，丰碑未树，梁木先摧。孝孙，户部尚书暹，国之故相也。俭德为辅，正身立朝，以伯夷之直清，兼张仲之孝友。是用祗率理命，奉扬祖风，作颂称代，刊石表墓。留侯大父，已传班固之书。陈氏先生，何愧蔡邕之述。词曰：昔公之先，于周为侯。及公之胤，于唐为辅。一德贻孙，千龄续祖。身隔徂谢，名存宪矩。在濮之阳，居河之浒。畇畇原隰，济济榛楛。别业年深，先茔地古。丰碑颂德，式是东土。

按：上列《杜公神道碑》，自《文苑英华》本录入。碑云：竟陵县保。唐《宰相世系表》作"伽"。又云：雁门郡守伽。唐《宰相世系表》作"保"。又云：有四子，曰惟志。《唐书》作"承志"。《英华》原本校正之字，如此。证以唐杨炎撰《安州刺史杜鹏举碑》，云：杜公，其先京兆人，至七代祖模，后魏为濮阳守，卫人宜之，世居东郡。故今为濮阳人。濮阳生陈留太守讳亮，陈留生高祖、北齐胶州刺史竟陵公讳伽，竟陵生雁门太守讳保，雁门生唐苏州司马讳义宽。正与《世系表》相合。至安州刺史杜鹏举，《滑县志》列入"流寓"：卒，葬寿安之南原。寿安，为今之宜阳。碑不在滑境，故另入《艺文录》。

[民国《重修滑县志》卷二《金石录》]

杜鹏举，初为济源县丞。暴卒，其妻尉迟氏不肯殓，曰：夫君算术神妙，每言官至方伯，必不长往。越三夕，甦。云：初至一公廨，有碧衣官出，命鹏举前，曰：误同姓名，非此人也。笞使者改符去。有一吏挥手令出，碧衣官拜送门外，云：我是生人，安州户籍，少府当为安州都督，故施敬耳。先挥手吏引鹏举入一院，四周簿籍山集。鹏举开视之，时鹏举三男未生者，簿名已定，乃求笔，记其名于臂。西行过一城，曰：相王在此，将为天子。及甦，视臂上所记如朽木，字尚分明。假还京师，诣相王，述其事。后三年，相王登极，拜鹏举右拾遗。制词曰：思入风雅，灵通鬼神。后果仕至安州都督《太平广记》。

[光绪《德安府志》卷末《补遗》]

杜鹏举，濮阳人。少隐于白鹿山。起家修武县尉。岁满，授济源尉。以正议登朝，拜右拾遗。开元初，关中置疏决盐铁长春官三使，诏以为判官。明年，迁著作佐郎、安州刺史。终于官舍。夫人河南郡君，尉迟鄂国公之孙也。天宝四载，终于山阳别业节录杨炎《安州刺史杜公神道碑》。鹏举季子，黄门侍郎、卫国公鸿渐，有《重修百家岩寺碑》。

[道光《修武县志》卷七《县秩官·唐县尉》]
[民国《修武县志》卷五《宦绩》]

杜鹏举，鸿渐之父。濮阳人。与卢藏用隐白鹿山，以母疾，与崔沔同受医兰陵萧亮，遂穷其术。历右拾遗。玄宗东行河，因游畋，上赋以讽。终安州刺史《新唐书》杜暹族子鸿渐传。

[道光《修武县志》卷八《流寓》]
[民国《修武县志》卷十五《流寓》]

崔沔，京兆长安人。周陇州刺史士约玄孙也。自博陵徙关中，世为著姓。父皑，库部员外郎、汝州长史。沔淳谨，口无二言，事亲至孝，博学有文词。初应制举，对策高第。俄被落第者所援，则天令所司重试，沔所对策，又工于前，为天下第一，由是大知名。再转陆浑主簿。秩满调迁，吏部侍郎岑羲深赏重之，谓人曰：此今之郄诜也。特表荐擢为左补阙，累迁祠部员外郎。沔为人舒缓，讷于造次，当官正色，未尝挠沮。睿宗时，征拜中书舍人。时沔母老疾在东都，沔不忍舍之，固请闲官，以申侍养，由是改为虞部郎中。无何，检校御史中丞。时监察御史宋宣远，恃卢怀慎之亲，颇犯法，沔举劾之。又姚崇之子光禄少卿彝，留司东都，颇通宾客，广纳贿赂，沔又将按验其事。姚、卢时在政事，遽荐沔有史才，转为著作郎，其实去权也。开元七年，为太子左庶子。母卒，哀毁逾礼，常于庐前受吊，宾客未尝至于灵座之室，谓人曰：平生非至亲者，未尝升堂入谒，岂可以存亡而变其礼也。中书令张说数称荐之。服阕，拜中书侍郎。或谓沔曰：今之中书，皆是宰相承宣制命。侍郎虽是副贰，但署位而已，甚无事也。沔曰：不然。设官分职，上下相维，各申所见，方为济理。岂可俯默偷安，而为怀禄士也！自是，每有制敕及曹事，沔多所异同，张说颇不悦焉。寻出为魏州刺史，奏课第一，征还朝廷，分掌吏部十铨事。以清直，历秘书监、太子宾客。二十四年，制令礼官议加笾豆之数及服制之纪。太常卿韦縚奏请加宗庙之奠，每坐笾豆各十二。外祖服，请加至大功九月，舅服加至小功五月，堂姨、堂舅、舅母服，请加至袒免。时又令百官详议可否。沔建议曰：窃闻识礼乐之情者能作，达礼乐之文者能述。述作之义，圣贤所重；礼乐之本，古今所崇。变而通之，所以久也。所谓变者，变其文也；所谓通者，通其情也。祭祀之兴，肇于太古，人所饮食，必先严献。未有火化，茹毛饮血，则有毛血之荐；未有曲蘖，污樽抔饮，则有玄酒之奠。施及后王，礼物渐备，作为酒醴，伏其牺牲，以致馨香，以极丰洁，故有三牲八簋之盛，五齐九献之殷。然以神道至玄，可存而不可测也；祭礼主敬，可备而不敢废也。是以血腥烂熟，玄樽牺象，靡不毕登于明荐矣！然而荐贵于新，味不尚亵，虽则备物，犹存节制。故《礼》云：天之所生，地之所长，苟可荐者，莫不咸在。备物之情也。三牲之俎，八簋之实，美物备矣；昆虫之异，草木之实，阴阳之物备矣。此则节制之文也。铏俎、笾豆、簠簋、樽罍之实，皆周人之时馔也，其用通于宴飨宾客。而周公制礼，咸与毛血玄酒同荐于先。晋中郎卢谌，近古之知礼、著《家祭礼》者也。观其所荐，皆晋时常食，不复纯用《礼经》旧文。然则当时饮食，不可阙于祭祀明矣，是变礼文而通其情也！我国家由礼立训，因时制范，考图史于前典，稽周、汉之旧仪。清庙时享，礼馔毕陈，用周制也，而古式存焉；园寝上食，时膳具设，遵汉法也，而珍味极焉。职贡来祭，致远物也；有新必荐，顺时令也。苑囿之内，躬稼所收，蒐狩之时，亲发所中，莫不割鲜择美，荐而后食，尽诚敬也。若此至矣，复何加焉！但当申敕有司，祭如神在，无或简怠，勖增虔诚。其进贡珍馐，或时物鲜美，考诸祠典，无有漏落。皆详名目，编诸甲令，因宜而荐，以类相从。则新鲜肥浓，尽在是矣，不必加于笾豆之数也。至于祭器，随物所宜。故大羹，古食也，盛于甄。甄，古器也；和羹，时馔也。盛于铏。铏，时器也。亦有古馔而盛于时器，故毛血盛于盘，玄酒盛于樽。未有荐时馔而追用古器者，由古质而今文，便于事也。虽加笾豆十二，未足以尽天下美物，而措诸清庙，有兼倍之名，近于侈矣！鲁人丹桓宫之楹，又刻其桷，《春秋》书以"非礼"。御孙谏曰：俭，德之恭也；侈，恶之大也。先君有恭德，而君纳诸恶，无乃不可乎！是不可以越礼而崇侈于宗庙也。又据《汉书·艺文志》：墨家之流，出于清庙，是以贵俭。由此观之，清庙之不尚于奢，旧矣。太常所请，恐未可行。又按太常奏状：今酌献酒爵，制度全小，仅未一合，执持甚难，不可全依古制，犹望稍须广大。窃据礼文，有以小为贵者，献以爵，贵其小也。小不及制，敬而非礼，是有司之失其传也。固可随失厘正，无待议而后革。然礼失于敬，犹奢而宁俭，非大过也。未知今制，何所依准。请兼详令式，据文而行。又按太常奏状"外祖服请加至大功九月，舅服请加至小功五月，堂姨、堂舅、舅母请加至袒免"者。窃闻大道既隐，天下为家，圣人因之，然后制礼。礼教之设，本于正家，家道正而天下定矣！正家之道，不可以贰；总一之义，理归本宗。所以父以尊崇，母以厌降，岂亡爱敬，宜存伦序。是以内有齐斩，外服皆缌，尊名所加，不过一等，此先王不易之道。前圣所志，后贤所传，其来久矣。昔辛有适伊川，见被发而祭于野者，曰：不及百年，此其戎乎！其礼先亡矣！往修新礼，时改旧章，渐广《渭阳》之恩，不遵洙、泗之典。及弘道之后，唐元之间，国命再移于外族矣。礼亡征兆，倘或斯见，天人之际，可不戒哉！开元初，补阙卢履冰尝进状论丧服轻重，敕令佥议。于时群议纷挐，各安积习，太常礼部奏依旧定。陛下运稽古之明，特降别敕，一依古礼。事符典故，人知向方，式固宗盟，社稷之福。更图异议，窃所未详。时职方郎中韦述、户部郎中杨伯成、礼部员外郎杨仲昌、监门兵曹刘秩等，亦建议与沔相符。俄又令中书门下参详为定。于是宗庙之典，笾豆每座各加至六，亲姨、舅为小功，舅母加缌麻，堂姨至袒免，余依旧定，乃下制施行焉。沔既善礼经，朝廷每有疑议，皆取决焉。二十七年卒，时年六十七，赠礼部尚书。

[《旧唐书》卷一百八十八《列传第一百三十八》]

崔沔，字善冲。京兆长安人。后周陇州刺史士约四世孙，自博陵徙焉。纯谨无二言，事亲笃孝，有才章。擢进士。举贤良方正高第，不中者诵訾之，武后敕有司覆试，对益工，遂为第一。再补陆浑主簿，入调吏部，侍郎岑羲叹曰：君今郤诜也！荐为左补阙。性舒迟，进止雍如也，当官则正言，不可得而诎。睿宗召授中书舍人，以母病东都不忍去，固辞求侍，更表陆浑尉郭邻、太乐丞封希颜、处士李喜以代己处。诏改虞部郎中，俄检校御史中丞。请发太仓粟及减苑囿鸟兽所给以赈贫乏，人赖其利。监察御史宋宣远与卢怀慎姻家，恃以弄法；姚崇子彝留司东都，通宾客，招贿赂。沔将按劾，崇、怀慎方执政，共荐沔有史才，转著作郎，去其权，盖惮之也。久之，为太子左庶子。母亡，受吊庐前，宾客未尝至柩室。语人曰：平生非至亲不升堂入谒，岂以存亡变礼邪？中书令张说数称之。服除，迁中书侍郎。玄宗以仙州数丧刺史，欲废之，沔请治舞阳，舞阳，故樊哙国也，更为樊州，帝不纳，州卒废。沔既喜论得失，或曰：今中书宰相承制，虽侍郎贰之，取充位而已。沔曰：百官分职，上下相维，以成至治，岂可俯首怀禄邪？凡诏敕曹事，多所异同，说不悦，出为魏州刺史。雨潦败稼，沔弛禁便人。召还。分掌吏部十铨，以左散骑常侍为集贤修撰，历秘书监、太子宾客。是时，太常议加宗庙笾豆，又欲增丧服，于是卿韦縚请坐增笾豆至十二；外祖服大功，舅小功，堂姨若舅、舅母袒免。沔曰：祭祀上矣，古者饮食必先严献。未有火化，故有毛血之荐，未有曲糵，故有玄酒之奠。后王作为酒醴、牺牲以致馨香，故有三牲、八簋、五齐、九献。神道主敬，可备而不敢废也，虽曰备物，而节制存焉。铏俎、笾豆、簠簋尊罍之实，皆周时馔，其用通宴飨宾客，而周公与毛血、玄酒同荐于先祖。晋卢谌家祭礼，所荐皆晋时常食，不纯用古。此圣贤变文而通其情也。然当时饮食不可阙于祭，明矣。国家清庙时享，礼馔具设，周制也，古物存焉。园寝上食，时膳备列，汉法也，它珍极焉。职贡来祭,致远物也。有新必荐,顺时令也。苑囿躬稼所收,搜狩亲中,莫不荐而后食,尽诚敬民。若此至矣,无以加矣。诸珍羞鲜物,第敕有司悉使著于令,因宜而荐,不必加笾豆以为嫌也。大羹,古食也,盛于古器。和羹,常馔也,盛于时器。毛血盛于盘,玄酒盛于尊。未有荐时馔而用古器者,繇古质而今文,便事也。故加笾豆未足尽天下美物,而措诸朝,徒近侈耳。鲁丹桓宫之楹,刻其桷,《春秋》非之。班固称:墨家出于清庙,是以贵俭。然清庙不奢,旧矣。太常所请,臣所未安。又太常言:爵小不及合,执持至难。沔曰:礼有以小为贵者,献以爵是也。然今不及制,则非礼,自有司之陋也。随失制宜,不待议而革云。又言:礼本于家正,家正而天下定。家不可以贰,故父以尊崇,母以厌降。是以内服齐斩,外服緦,尊名所加,不过一等,今古不易之道也。昔辛有适伊川,见被发而祭,知其将戎,礼先亡也。比制《唐礼》,推广舅恩,故弘道以来,国命再移于外姓,本礼验亡,可不戒哉! 时职方郎中韦述、户部郎中杨伯成、礼部员外郎杨仲昌、监门兵曹参军刘秩等议与沔合,又诏中书门下参裁,于是宗庙笾豆坐各六,姨若舅小功,舅母緦麻,堂姨袒免,余仍旧制。每朝廷有疑议,皆咨逮取衷。卒,年六十七,赠礼部尚书,谥曰"孝"。沔俭约自持,禄稟随散宗族,不治居宅,尝作《陋室铭》以见志。子祐甫,至宰相,别传。

[《新唐书》卷一百二十九《列传第五十四》]

崔沔,字善冲。长安人。事亲笃孝。有才华,擢进士,举贤良方正高第。岑羲荐以为左补阙。唯舒迟,进止雍如,当官则正言,不可得而诎。睿宗时,检校御史中丞。请发太仓粟,及减苑囿鸟兽所给以赈贫乏,民赖其利。迁中书侍郎。或曰:今中书宰相承制,虽侍郎贰之,取充位而已。沔曰:百官分职,上下相维,以成至治,岂可俯首怀禄耶? 凡敕敕曹事,多所异同,说不悦,出为魏州刺史。雨潦败稼,沔弛禁便民。会天子东巡,还次宋州,帝曰:魏州刺史崔沔,遣使供帐,不施锦绣,示我以俭,此可以观政也。召还,分掌吏部十铨。历太子宾客。卒,赠礼部尚书,谥曰"孝"。

[嘉庆《东昌府志》卷二十《名宦》]

崔沔,字善冲。京兆长安人。擢进士,举贤良方正高第。岑羲荐为左补阙。睿宗时,检校御史中丞。请发太仓粟,减苑囿鸟兽所给以振贫乏。迁中书侍郎,出为魏州刺史。雨潦伤稼,弛禁便民。会天子东巡,还次宋州,帝曰:魏州崔沔遣使供帐,不施锦绣,示我以俭,此可以观政也。召还,分掌吏部十铨。历太子宾客。

卒，赠礼部尚书《东昌志》，参本传。

［宣统《山东通志》卷六十八《历代宦绩》］

崔沔，京兆长安人。为魏州刺史，奏课为列郡第一。

［正统《大名府志》卷五《宦绩》］

崔沔，长安人。奏课为列郡第一。

［正德《大名府志》卷六《名宦》］

崔沔，字善冲。长安人。纯谨无二言，事亲笃孝。擢进士，举贤良方正高第。再补陆浑主簿，入调吏部，荐为左补阙。性舒迟，进止雍容，当官则正言，不诎。睿宗召授舍人，俄检校御史中丞。请发大仓粟以赈贫乏，人赖其利。后迁中书侍郎。沔既喜论得失，或曰：中书宰相承制，侍郎取充位而已。沔曰：百官分职，上下相维，以成至治，岂可俯首怀禄耶？后为修撰，历秘书监。议定宗庙笾豆及丧服。每朝廷有疑议，皆咨逮取衷。卒，赠礼部尚书，谥曰"孝"。沔俭约自持，禄廪随散宗族，不治居宅，尝作《陋室铭》见志。

［嘉靖《陕西通志》卷二十《名宦》］

崔沔，字善冲。京兆长安人。纯谨无二言，事亲笃孝。有才章，擢进士，举贤良方正高第。再补陆浑主簿。睿宗时，召授中书舍人。固辞，求侍母病，更表陆浑尉郭邻、代己。沔俭约自持，禄廪随散宗族，不治居宅，尝作《陋室铭》以见志。累迁中书侍郎。卒。子祐甫，至宰相《唐书》。

［乾隆《河南府志》卷二十三《名宦》］
［乾隆《嵩县志》卷二十三《宦绩》］

崔沔，《旧唐书》：京兆长安人。自博陵徙关中，为著姓。沔醇谨，口无二言，事亲至孝，博学有文词。初应制举，对策高第。俄被落第者所讦，则天令重试，沔所对策，又工于前，由是知名。累迁祠部员外郎。当官正色，未尝挠沮。睿宗时，征拜中书舍人。时沔母老疾在东都，沔固请闲官，以申侍养，改虞部郎中。开元七年，为太子左庶子。母卒，哀毁逾礼，常于庐前受吊，谓人曰：平生非至亲者，未尝升堂入谒，岂可以存亡变礼？服阕，拜中书侍郎。寻出为魏州刺史，奏课第一。征还，分掌吏部十铨事。以清直，历秘书监、太子宾客。沔善《礼经》，朝廷每疑议，皆取决焉。卒年六十七，赠礼部尚书。

［乾隆《西安府志》卷三十一《人物志》］

崔沔，京兆长安人。自博陵徙关中，世为著姓。沔醇谨，口无二言，事亲至孝，博学有文词。初应制举，对策高第。俄被落第者所讦，则天令重试，沔所对策，又工于前，由是知名。累迁祠部员外郎。当官正色，未尝挠沮。睿宗时，征拜中书舍人。时沔母老疾在东都，沔固请闲官。以申侍养，改虞部郎中。开元七年，为太子左庶子。母卒，哀毁逾礼，常于庐前受吊，谓人曰：平生非至亲者，未尝升堂入谒，岂可以存亡变礼？中书令张说数称荐之。服阕，拜中书侍郎。寻出为魏州刺史，奏课第一。征还，分掌吏部十铨事。以清直，历秘书监、太子宾客。沔善《礼经》，朝廷每疑议。皆取决焉。卒年六十七，赠礼部尚书《旧唐书》本传。

[雍正《陕西通志》卷六十二《孝义》]

[雍正《敕修陕西通志》卷六十二《孝义》]

崔沔，字善冲。京兆长安人。纯谨无二言，事亲笃孝。有才章，擢进士，举贤良方正高第。再补陆浑主簿。睿宗时，召授中书舍人。固辞，求侍母病。更表陆浑尉郭、邻代己。沔俭约自持，廪禄随散宗族，不治居宅，尝作《陋室铭》以见志。累迁中书侍郎，卒。子祐甫，至宰相。

[道光《伊阳县志》卷三《宦绩》]

崔沔，自博陵徙关中，为长安人，世为著姓，沔醇谨，口无二言，事亲至孝，博学有文词。初应制举，对策高第。俄被落第者所援，则天令重试，沔所对策，又工于前，由是知名。累迁祠部员外郎。当官正色，未尝挠沮。睿宗时，征拜中书舍人。时沔母老疾在东都，沔固请闲官，以申侍养，改虞部郎中。开元七年，为太子左庶子。母卒，哀毁逾礼，常于庐前受吊，谓人曰：平生非至亲者，未尝升堂入谒，岂可以存亡变礼？中书令张说数荐之。服阕，拜中书侍郎。寻出为魏州刺史，奏课第一。征还，掌吏部十铨事。以清直，历秘书监、太子宾客。沔善《礼经》，朝廷每疑议，皆取决焉。卒年六十七，赠礼部尚书。

[嘉庆《长安县志》卷二十六《先贤传上》]

崔沔，字善冲。长安人。擢进士，贤良方正。当官正言，不诎。从中书，出刺魏州。时，雨潦败稼，沔弛禁便人。玄宗东巡，还次宋州，谓张说曰：魏州刺史崔沔，遣使供帐，不用锦绣，示我以俭。终太子宾。

[咸丰《大名府志》卷十三《名臣》]

崔沔，字善冲。京兆长安人。开元中，历官中书侍郎，出为魏州刺史《旧唐书》本传。玄宗东巡，还次宋州，谓张说曰：魏州刺史崔沔，遣使供帐，不用锦绣，示我以俭《通鉴》。时，雨潦败稼，沔弛禁便人《新唐书》本传。奏课第一，征还。历秘书监、太子宾客《旧唐书》本传。

[民国《大名县志》卷十三《政绩》]

元

◎ 周文胜 ◎

翰林学士承旨程巨夫《历山书院记》曰：历山书院，历山公所建也。山在古东郡鄄城，相传帝舜尝耕于此，因祠祀之，尚矣。公大父某，国初来居历山之下。有斩将搴旗之功，殁于王事。庆钟其子，是为提刑公。公少长戎行，克辅先正，尝以郎中佐征南军。众议屠长沙，提刑公独争之曰：杀降不义，且皆吾民也。由是，活且百万人。终浙西肃政廉访使。历山公以名臣子奉宿卫，受世祖皇帝眷知起家，持宪节，历七道，入尹神皋赞中书，以平章政事参右府。勤于学，所至，必先之。莅官之余，且淑于其乡，而历山书院以成，聚书割田，继以廪粟。以曹人范秀为之师，自子弟与乡邻，凡愿学者偕集。与昆弟约：谨丞尝，护松楸，相与为忠信孝弟之归。又与其子侄约：凡胜衣者悉就学，暇日习射御。备戒曰：毋荒，毋逸，毋为不善，以忝所生也。又曰：再舍而谒医，以防有疾。复藏方书，聘定襄周文胜为医师，以待愿学者与乡之求匕剂者。于是，郡邑上其事，有司乃定名曰：历山书院。就俾范秀为学官，而督教事焉。广平程巨夫闻而叹曰：斯古人之事也，有三难焉：非得其时而为其事，难也；崛然特为于众所不顾，又难也；矧资非有余，而黾勉为之，噫！难矣哉。其虑之周者，爱之厚也。爱之厚者，以君之所仁，亲其所亲也。推亲亲仁民之心以及是，忠孝之道备焉。且彼知舜之当法故也。鸡鸣而起，孳孳为善，独非舜之徒欤！顾善孝善继何如耳！范秀闻而请曰：是故我公建学之志也。请以告而刻之。巨夫曰：诺。若夫栋宇之隆，简篇之富，畎亩之广，则载在碑阴。历山公名千奴，荣禄大夫、平章政事、谪议枢密院事。笃于学问，博古通今，有经济之具，能世其家云。延祐元年（1314）三月望。

[嘉靖《濮州志》卷九《艺文志》]
[康熙《濮州志》卷六《文类》]
[乾隆《濮州志》卷六《文类》]
[宣统《濮州志》卷八《艺文志》]

明

◎ 辛 宽 ◎

辛宽，字德宏。濮州人。少聪警轶群，书过目辄成诵。博学，工文词，精于医理，授医学典科。宽器量弘裕，富于材猷，郡有大事，多咨决焉。正统中，河决，张秋运道为阻。都御史徐珵奉命来治，徐素有猷识，访可与议者，或荐宽。宽陈顺道分疏之策，与徐意合，遂任之。及河功成，奏上言宽有劳，予九品俸。盖越常制。年八十而卒。子孙具业儒，能世其家。

［嘉靖《濮州志》卷六《郡人志·国朝》］

◎ 吕希端 ◎

吕希端，字调华。崇祯戊寅（1638）廪监。为忠厚和平。所著《痘疹摘锦书》行世，时称"医中之圣"。

［康熙《濮州志》卷二《例贡》］
［乾隆《濮州志》卷二《例贡》］
［宣统《濮州志》卷三《例贡》］

◎ 周显宗 ◎

周显宗，字惟孝。濮州人。嘉靖己丑（1529）进士。筮仕秀水，尹以造黄册，速完不爽，人以为神。擢工部主事。尝理芜湖榷务，凡称兑收贮商人银两，各为所属，不经自手，惟为判封押而已。转户部太仓郎中。善调停会计。自谓：吾理财，刘晏不如也。出授汉中太守，不赴。居家，家政严饬，不遗纤悉，而僮仆、侯门亦各执手技，竹头、木屑皆有用也。善技，能兵法、医卜、绘画之事。

［康熙《濮州志》卷三《乡贤》］
［乾隆《濮州志》卷三《乡贤》］
［宣统《濮州志》卷四《乡贤》］

嘉靖元年（1522）壬午科
周显宗，濮州人。

［乾隆《曹州府志》卷十三《举人》］

嘉靖八年己丑（1529）罗洪先榜

周显宗，濮州人。汉中知府。

[乾隆《曹州府志》卷十三《进士》]

己丑科

周显宗，濮州人。现任知县。

[嘉靖《山东通志》卷十七《科目》]

（嘉靖）八年

周显宗，濮州人。进士补。

[万历《秀水县志》卷四《知县》]

周显宗，山东濮州人。进士。主事。嘉靖十二年接任。

[嘉庆《芜湖县志》卷七《榷使》]

《周汉中集》四卷，周显宗撰。显宗，字惟孝，号桃村。濮州人。嘉靖己丑进士。官户部郎中，出授汉中知府，不赴。是集，《四库存目提要》曰：前三卷为《自适稿》，皆所著诗词、杂文；后一卷为《感寓录》，则随笔札记也。诗不入格，《感寓录》亦多杂禅语，以空悟为宗。

[宣统《山东通志》卷一百四十二《艺文志第十·集部·别集》]

◎ 冯 淳 ◎

冯淳，字厚之。濮州富春集人。性朴实，善医技，事继母孝，生财有道，致富。弘治间，荒旱，有司劝粟千石济饥。乡人持券来贷者不吝，年丰不偿者亦不索。过期，券悉焚之。其子冯梓，出资授济宁卫千户。正德六年（1511），官军为捕流贼至，淳自出料豆三百石、草千束，以给军需。父子以忠义闻，郡邑咸重之。

[康熙《濮州志》卷四《隐德》]

[乾隆《濮州志》卷四《隐德》]

[宣统《濮州志》卷五《隐德》]

◎ 许 朴 ◎

许朴，濮州人。性真率，论事多直，常触忤人。偶得辟谷术，数日不饮食，颜色如常。未四十，弃妻，栖东阿深山中居焉。能医人病，欲其死心，同居数日，不药而愈。兵部谭尚书聘至京，与语不合。谭欲用女鼎，而彼守清静，遂厚遣归。辞曰：翁老而面赤，好动，健于房欲，必有授以吐纳之术者。晓起，试看溺器中溷汁，是遗精也。恐一旦火发，救之迟耳。后数月，谭逝。人以为仙见。

[康熙《濮州志》卷四《仙释》]
[宣统《濮州志》卷五《仙释》]

许朴，濮州人。得辟谷术，数日不饮食，颜色如常。未四十，弃妻，栖东阿深山中居焉。能医人病，欲其死心，同居数日，不药而愈。谭尚书聘至京，与语不合。谭欲用女鼎朴守清净，遂厚遣归。辞曰：翁老而面赤，好动，健于房欲，必有授以吐纳之术者。晓起，试看溺器中溷汁，是遗精也。恐一旦火发，救之迟耳。数月，谭逝。

[乾隆《曹州府志》卷十六《方技仙释》]

◎ 高升学 ◎

尚书张溁撰《赠刑科给事中怡菴高公墓碑铭》

正德壬辰，予以四疏乞休，时南京刑科给事中高君德章偕其同寅屡修刺焉。未几，邸报至，德章有湖广金宪之擢。将奉其考怡菴公、妣洪氏行状，介于邻好袁节推大经来言，以墓表为托。予恻然曰：德章不忘其亲，可谓孝矣。谨按：公讳斌，字文质。世为濮人。曾祖讳仲岩，祖讳升学，通轩岐方术，药人之疾，不择于贫富，阴德之裕，衣被后昆……

[宣统《濮州志》卷八《艺文志》]

◎ 张联芳 ◎

郡人石光撰《张新城墓志铭》

张新城捐馆且三祀矣，兹将卜日归于先窆。嗣子太学君托所亲武元邢星岩持选贡陈春阳所为状，乞余为墓志铭。顾余碌陋，且年逾七旬矣，其何能铭公！然居相比，又辱同社，其何能辞！按状：公姓张氏，讳联芳，字子荐，号桂亭。其先曹南人，远祖元西台御史，明兴徙居濮东北一里许之郊原。始祖全，生曾祖云，云生祖镗，生汝相、汝弼，家传文武，世积忠厚。汝弼，号近泉。娶邢氏，实生公。公生而颖异，嶷隽秀发，见者咸推为大器。弱冠，下帷发愤，潜心举子业，论议必根于理，下笔数千言立就，未尝蹈袭陈言。戊辰岁（1508），文衡校艺，补郡庠弟子员。丁丑（1517），丁外艰，服阕，省试补廪饩。壬午（1522），以义经鹗荐山东，然以数奇不偶，屡踬春闱。丙戌（1526），授直隶新城县县令，密迩畿辅，最称烦剧难治。公下车，询其利弊，权其缓急，次第兴革之。首建义学，敦教化于乡鄙，建社学三十余所，群弟子教以孝弟。力田游荡者有惩，准常平遗制，建社仓，储蓄得谷七千有奇，备凶歉，虑赋役无经，凡征输不责耗，仍给编户，以地粮额目，使飞诡者无所舞智。革衙役□法者三十余人，而良善获安，民有犯，爰书则哀矜下之，多所平反。至赈恤贫乏，招集流亡，存活复业者，殆不可以数计。存问病苦，设义药局，调剂之，病而甦生者，又不知其几多也。或巡行阡陌，劝民垦田，复其身，给以牛种，墩埆之土不忍弃遗，坂家窝素被水患，为筑堤防障之，而原湿皆沃壤矣。邑中南北通衢，轮蹄纷沓，供亿繁费，公调停，立为程制，虽使客剽悍者不至冒滥，亦不饰厨馔以取媚悦。又是邑中贵无虑百家，素煽威虐，公制驭有法，胥循循就约束，不敢横肆。暨政成奏最，天子嘉，乃丕绩。龙章覃恩赠父，汝弼如其官，母邢氏赠太孺人，配刘氏赠孺人。荐剡凡十四上，迁乔指日，寻以病乞休致政。归家，开园东郊，种竹栽花，漱流枕石，为林泉之乐。又与郡中耆硕，结真逸之会，诗酒相邀，杖履相随，称林下一人。己酉（1549）十月，自东庄回，偶违和，卧病越旬，竟尔易箦。惜哉！公孝友天成，家国一视，重然诺，慎取予，交游不泛，言动不苟，不为比昵，不厉孤暌，莅官以廉慎节爱为本，不务赫赫名，而德让凛凛，有古循良之风。不然何贞珉表去后之思也。居乡乐易信厚，恭逊雅饬，荐饮于乡，人无间言，而纯德可稽矣。因为之铭：岂弟君子，惟德之基。胡官羁一令尹，而耳顺之为期？盖将流不尽之泽，以延后禄之绥。膴膴郊原，位震效奇，庶其永奠于斯。

[康熙《濮州志》卷六《文类》]

[乾隆《濮州志》卷六《文类》]

[宣统《濮州志》卷八《艺文志》]

张联芳，字子荐。新城知县。（嘉靖）壬午。

[乾隆《濮州志》卷二《科第表》]

◎ 李先芳 ◎

北山野史传

北山野史郡人李先芳曰：或问：君作郡《志》，自名野史，何也？曰：予尝待罪符台，卿贰出入广内，人谓之内史；今山居而野处，故自谓野史。又，史本记事之官，予素不娴于文辞，则质胜文矣，又谓之野；言浮于行，则文胜质矣，又强名之曰史，愧词也。曰：左氏浮夸，庄生寓言，类称经典，何愧之有？曰：不敢也。予尝曰：凡著述者，无裨于鉴诫，虽工奚为哉？韩子曰：圣人之作《春秋》也，既深其文辞矣，犹不敢公传道之口授弟子，至其后世而书出焉，所以防患之道微也。今殊不然。春秋之时，王风不兢，公议不明，圣人不得已微言隐意，寄一字于予夺之间，犹惧有罪我者，不置诸口。方今之时，何时也？孔子曰：邦有道，危言危行。立无讳之朝，际循良之会，而顾揶揄觊觎以媚于世，是负明时而甘自罪也。故纪沿革，惟恐考核之未精；论官人，惟恐臧否之未确；较钱谷，惟恐调停之未当；品人物，惟恐表里之未符；正风俗，惟恐感化之无机。使多识者观之，如此而古可博而今可征；任官者观之，如此而贤可法否可畏；归田者观之，如此而身可立家可理；为士者观之，如此而上达而下流；在市农者观之，如此而害可除利可兴；务于官箴有儆、节义不亏、国是著明、人情允协，而人之罪否不遑恤焉，以其无所私也。若夫连编剩语、眩口炫目以为粉饰太平之具者，或仍其贯，或缀其新，亦辞之不可以已者哉。故事由实录有野之名焉，文取其概有史之名焉。或又问曰：野史见于郡《志》，或非因《志》而得，抑别有说乎？曰：予本樗散不羁人也，弱冠荐名于乡，至三十有七岁而始释褐。时与济南李于鳞、殷正夫，姑苏王元美，长兴徐子与，扬州宗子相，临清谢茂榛为文字之交，立吟社，朝夕聚首，甚欢也。无何，筮仕江右，风壤不宜，龃龉俯仰者三年。次转小司徒，复任比部郎，与楚人高伯宗、吴明卿，括仓何振卿，太和胡正甫友，犹夫于鳞辈也。寻补内台尚玺郎，内台多权贵，任子鲜可谈文字者。步步趋趋，世所谓"足欲进而趑趄，口欲言而嗫嚅"也。比时，于鳞、伯宗辈外补，惟岭南中舍黎惟敬，与之缔交，犹恐寮侪知之，譬之沧海一穷鳞矣。以不能阿附巧宦，故八年不调，一调即遣去，沦落濠梁敬亭之间，求庄惠观鱼之故址，登谢朓叠嶂之高峰，觅太白水西之遗事，飘然形骸之外，虽谴谪实超擢也，适所性也。兴尽而反，辄自投劲林下十余年矣。余惟既不能迥飞直上，尽发所藏以建太平康济之业，又不能吐纳引导、抱元守一以授神仙翀举之术，又不能摧眉折腰、苟图富贵、奔走权贵势要之门，又不欲小廉曲谨、布被恶食以钓孤耿节义之誉，又不欲剖腹藏珠、籯金埋玉以为子孙马牛之役。感山漆入室之言，为秉烛夜游之计，诵大鳌鼓缶之歌，守蟋蟀太康之戒，焉往而不得为达生适性者哉。又平生不喜积贮，常于在官在乡，多所赒贷匮乏艰苦之家及药饵殡葬之具，起高年会，养老给贫，所费不赀，即田产半附之弟同芳，且为之出资，拜赵藩审理，以子殇抱弟孙养之，胸次脱然，无所芥蒂也。作《达生论》，曰：所谓达者，非绝圣去智、弃礼背义、刍狗万物、尘芥六合，如佛、老氏之虚无元同之谓也；亦非厌生乐死、以吾丧我，如庄、列氏之荒诞不经之说也；亦非如田子方以富不如贫、逾垣绝世、矫情钓誉、营性于山水之间，而无所忌惮自以为贤也；亦非清谈任放、宅心事外，如阮嗣宗穷途之悲、王子猷爽气之望、庾太尉登楼嬉戏自称老子，及何晏、卫玠之徒弛废职业、遗落世事者之为也；亦非与世浮沉、脂韦俯仰、漫无可否之谓也；亦非适志快心，如王良轻车就熟、道无不顺利之谓也。我之所谓达者，不执于一偏，不狃于己见，无可无不可耳。盖人一心之外皆物也，虽耳目口鼻亦物也。心为四者所役，则心一物也。如巢由洗耳，是心为耳役也；子陵张目熟视，是心为目役也；陈仲子不食鶂鶂之肉，是心为口役也；海夫食臭，是心为鼻役也。之数者与迷于声色，饕于口腹者同科，何也？皆过也。凡事但著一偏则过矣。夫小人以得志为达，君子以任放为达。以得志为达，不得志则索然而馁，此不过为鄙夫，不足道也；以任放为达，则招尤贾祸、丧身亡家，如嵇康、郭璞，尽被"达"之一字误之，盖学巢由、子陵之过也，不知命故也。使中散见钟会如孔子见阳货，景纯处王敦如班彪处隗嚣，必无杀身之祸，何取于《养生》之论、《游仙》之说乎？彼达生者，岂薄富贵功名、妻子财产、寿命延长而故绝人逃世，为是不近人情者哉？以富贵功名、妻子财产、寿命人己之间，有必然不可易者，主之当听其自至耳。彼人逞其智力机巧，凡可以图取者无所不至，自信欺天罔人，徒终于困败死绝而已。达人既知性命之本源，又知不知命者其流之害至此，故有之而不自多，无之而不自取；处纷华而不乱，履盈满而不溢；入污秽而不染，极窘辱而不挫；杂声色而无所见闻，和而不同，方而能圆，如此而已矣。是故，无人己，无内外，无贵富贫贱，无穷通得丧；可以出处，可以语默，可以彝狄，可以患难，可乞斗升之水，可辞万乘之国，可与坐怀，可与闭户，可与彭祖齐年，可与殇子同寿，而不可出乎立命之外；可为雷、为电、为和风丽日、为孤云野鹤、为春生秋杀，而不可不执天之行。以其可得可行者善吾之生，以其不可得不可行者善吾之死。其来也如寄，其居也如归，其大也弥满六合，其细也潜入无间，盖其所见素定，故其守不易也。昔大舜饭糗茹草若将终身及，被袗鼓琴若固有之，盖善处富贵之时。伊尹一介不与，而匹夫匹妇引为己责；柳下惠不辞小官，亦不以三公易其介，盖善处功名之际者。伯夷、叔齐不与乡人处，而亦不念旧恶，盖善处人己之分者。周公卜居曲阜，命龟作邑于山之阳，曰：贤则茂昌，不贤则速亡。盖善为子孙之计者。庄蒙鼓盆以作歌，孔子逍遥而曳杖，盖能了死生之说者。数圣人者，非不欲富贵功名、子孙寿命之加诸我也，抑得之有分、处之有道耳。又尝笑世称尚平、陶潜为达人；尚平薄富贵而不知生死，且欲婚嫁毕而游五岳，犹所谓东家食而西家宿也；陶潜亦知薄富贵，且自祭又知生死，却于五男责其不好纸笔，则儿女之关犹未莹澈。故人畏莫如死，爱莫如子，能克之者鲜哉！性惟好读书，著《大学古本》及《四书各解》，发明《论》《孟》、朱注未逮者。复考《诗》注，《邶》《鄘》诸风，多解淫奔，疑而未安者，索汉以下注疏及吕氏《读诗记》，考正其说。辨《春秋》"春王正月"诸注之谬，并考"获麟"之后、威烈之前经史不传之续。修《五岳志略》、编类象纬、堪舆、岁时、人物四十卷，名为《拾翠轩杂纂》。又《本朝安攘新编》三十卷。其论古体，断自魏晋以上为上乘；近体十二子，李、杜以上为大家。复选宋元诗，备一代文献。订明诗为十七卷，中采国初郊庙朝会乐章，应周诗《雅》《颂》；折两畿十三省歌谣，比十五《国风》。又见世情之薄，序《古交编》二卷；见卑幼之负其上，序《闸微录》一卷。又读岐黄气运诸书，作《医家须知》；又集救急方为《一壶千金》。又著《老子本义》《阴符心经》各一解及。又著养生一书，为《壶天玉镜》。又收《山房诗文稿》十六卷、《蓬元杂录》十卷。复读《易》，余家世相传，曾著《折衷录》五卷。至阴阳消息之变通，圣人扶阳抑阴之微意，鲜有知者，窃欲更撰一书而未之逮也。凡此，非无窥管之能，终为覆瓿之计。国史所不录，民谣所不传，非野史而何？志既成，并述其大都，载之简末云。

[康熙《濮州志》卷八《北山野史传》]
[乾隆《濮州志》卷六《北山野史传》]
[宣统《濮州志》卷八《北山野史》]

东阿于慎行撰《李符卿墓志铭》

北山先生，姓李氏，讳先芳，字伯承。其先，湖广监利人也。国初，以士伍北徙，因籍濮州。高祖以下，五世同居。考赠尚宝司丞双泉公，讳鉴，配刘太安人，举二子，长者先生。先生生而蚤慧，风姿甚都，从伯父蒙泉公受经，十六能赋诗，诗工，伯父器之。会选良家子尚主，使者入先生名，例补博士诸生，先生谢不受也。逾岁，试而为诸生。年二十，当嘉靖辛卯，举省闱高第。六上南宫不中，中丁未进士。时先生诗名已著，而不与馆选，识者惜之。乃与历下殷文庄公、李宪使于鳞、任城靳少宰、临清谢山人，结社赋咏，相推第也。明年，选为新喻知县。新喻者，江右陋邑，民吏顽梗，惜不畏法，虎夜入城，蛇斗于寝，先生弗慑也。而絷令陈纪，柎循元元，久之，三尺布矣。城北蒙山，大盗谢甲聚数百人，城西分宜戒上，矿盗亦数百人，久不伏法。先生次第平之，封内以安。邑豪裴氏，睚眦杀人，无敢忤视。先生发其死罪，设法捕系，论诛二人，适戍一人，士民快之。举人罗生，淫于刘氏，已而携资谒选，舟行数日，不知所终，七年无能踪迹。先生一日论盗，微得杀罗者刘氏子本也。自实侦罗北上，夜尾其舟，胠橐而沉诸江。语伏，遂正爰书，上官诧以为神。富人章浚有冤，遇公而白，以一砚为献，受而付之史记，异日发之，银也。笑曰：陶泓清士，辱以朱提。召浚叱还之。三年政成，擢为户部主事。旋丁外艰，复补刑部。先生既负时名，不得一当艺苑，又出试吏，仆仆对牒，非其好也。及入为曹郎，居多暇日，而海内名能诗家，吏部宗子相、张助甫，兵部张肖甫、同部王元美、徐子与辈，云集阙下，先生尽与之交，朝夕倡咏，期为复古，而诸子之名大噪长安，称一代盛际矣。顷之，改尚宝司丞，一奉使册封德藩，再供殿试两考，升少卿。浮湛避世，不干进取，有以自适也。而尝以赋诗调谑得过两吏部，又尝以受印诎两御史，御史内惭。癸未，大察，其人皆在事，共欲伤之。少宰淮南李公、江右朱公交为力解，弗能得也。左迁亳州同知。亳士故习滔漫，先生绳之以礼，师生滋不自安。又尝至广陵，坐淮阳别驾上，别驾恨之，适以公事至亳，师生为飞语入之别驾。会先生擢宁国府同知，人贺过家，而江北使者犹用亳师生语传成白简，先生因卧不出矣。先生两佐府州，不鄙其官，奉职甚修，击断无讳，二千石以下严之，而赋性豪迈，不能少有颛卬以谐时俗，卒以见忌。于是先生叹曰：嗟乎！仕宦有命耳。藏山之业十，吾得其二三而兼六七，天其假我余年，使竟厥绪，此不足千古耶。归而坐卧一阁，尽发藏书，日有伏读。经史百家之言，钩悬抉精，毋不有所论著，而于有韵之文，自汉、魏、初唐，下及近代，握枢综要，如衡万宝而锱铢焉。雅精计然策废著，饶足而不啬于用，时时为具飨客，撅竽挈瑟，二八失侍，仰天鸣鸣，乐而相忘也。先生为人慷慨任侠，内敦孝友，外施德义，赈瞻贫乏，唯恐不足。念弟仲同芳业儒不就，出秩金二百仕仲为王家郎，又为多买田宅，几与己等。养从父四老，日具饔飧；养业师黄先生，月给廪粟。环濮、鄄之间，所举高年盛会，施衣履而寿者几四百人；岁疫，所施药而疗者四百五十人；贫不能收，所施椁而掩者几六十人。最著者，治倪明经之丧于长安，归吴郡博之丧于建业，代赵文学之赃而释其系，赎刘进之妻而保其婴，护龚观察之墓，表陈解元之里，郡人至今称焉。方先生在官，所交皆天下名流，及罢吏家居，不通造请，唯从苏大司马游及与诸郎君酬唱，久之，又皆先逝，而东省才士邢子愿、傅伯俊辈，稍得雁行前矣。晚以目眚屏去声乐，游心悬晏，著《达生道人传》以自喻，大指归与知命适情、不近名利，迹其隐见方圆之间，殆仲长公理、白乐天氏之流与！先生得寿八十有四，以某年月日葬于城西北二里黄村之北。所著《东岱山房稿》三十卷、《清平阁集》十二卷、《明隽》二十卷已行于世外，为《大学古本》《四书各解》《毛诗考正》《春秋辨疑》《汉注疏臆》《老子本义》《阴符经解》《五岳志略》《拾翠轩杂纂》《本朝安攘新编》《古交编》《阐微录》《医家须知》《壶天玉镜》《蓬悬杂录》《泰然亭乐府》诸书藏于家。先生且卒，呼孙业曰：铭我必东阿也，其以临邑为介。业奉子愿状来请，念先生为父友，又辱忘年，义弗敢辞。论曰：国朝之设诗赋，盛于嘉隆之际，吾里有两李先生。两李先生者，同时同官，名相比也。其致有不同者，历下以气骨合神，湛涵万有而发以雄迅，意常超于象之表；濮阳以才情赴调，融治象采而出以和平，力常蓄于法之中。此其趣操也。比以五音，历下则轩辕之鼓，素女之弦，高张急节，铿锵骀荡，洞心骇耳，而世不能究其变；濮阳则昭华之琯，嬴台之箫，肃雝和鸣，龙吟凤下，而世不能写其真。盖所谓异曲同工者与！夫风会之流日趋绮靡，而以遗世独立之标振薄激颓，虎视千古，斯为至矣。要以温柔敦厚、不窕不摦，嗣三百之响以考天地之中而导其和，必有由焉。悲夫！作者之难也，品其流别，亦何容易哉！子愿之旨亦然。铭曰：不溢以其名而胡匪厥成，不丰以其岁而胡啬厥蜕。天之道也，名非我亲，生非我有。佳哉兹丘，在濮之皋。左顾陈王，右望庄叟。达生者无涯，立言者不朽。胡秩斯崇，胡胤斯久。咨嗟先生，此维与偶乎。

[康熙《濮州志》卷三《乡贤》]
[宣统《濮州志》卷八《艺文志》]

　　李先芳，字伯承。父鉴，忠信仁厚，以公贵，赠尚宝司丞。公生而蚤慧，美风姿。年二十，举于乡，六上南宫，中嘉靖丁未（1547）进士。明年，选新喻知县。时，公诗名噪日下，与历城李攀龙、临清谢榛、孝丰吴维岳辈唱诗社。王世贞初释褐，公引入定交，互相推第，人人负艺苑之望，而公出为外吏，识者惜焉。新喻，故江右陋邑，公拊循之余济，以严明发奸，摘伏上官，诧以为神。三年，擢户部主事。丁外艰，复补刑部曹郎。多暇，更肆力吟咏。顷之，改尚宝丞，升少卿。然以诗故得过两吏部，左迁亳州同知。旋罢归。公行谊卓卓，人寰居平。著述甚夥，《濮志》之修，自公始。

[宣统《濮州志》卷四《乡贤》]

　　李先芳，字伯承。濮州人。嘉靖丁未进士。知新喻县，擢户部主事。以艰归，后补刑部，改尚宝司丞，奉使册封德藩，迁少卿。以事谪亳州州同，量移宁国府同知。被劾而归，遂不复出。先芳在部曹，与历城李攀龙、临清谢榛、孝丰吴维岳辈倡诗社。太仓王世贞初释褐，先芳引入社。及先芳出为外吏，而宗臣梁有誉与攀龙辈称"五子"。未几，徐中行、吴国伦亦入，改称"七子"。诸人多少年，才高气锐，互相标榜，"七才子"之名播天下。摈先芳，使不得与并；摈维岳与榛，而人之称先芳者如故；且并攀龙称"山东二李"，临邑邢侗亦最推重之。所著述甚富。大学士东阿于慎行为铭其墓。祀乡贤。

[乾隆《曹州府志》卷十五《乡贤》]

李先芳，字伯承。濮州人。嘉靖丁未进士。由新喻知县，累迁至宁国府同知。少以能诗名，与李攀龙、谢榛等结社。及为曹郎时，宗臣张佳尹、王世贞、徐中行辈同集都下，朝夕唱和。

[雍正《山东通志》卷二十八之三《人物三》]

李先芳，字伯承。濮州人。嘉靖丁未进士。由新哈知县，累迁至宁国府同知。少以能诗名，与李攀龙、谢榛结社。及为曹郎时，宗臣张佳尹、王世贞、徐中行辈同集都下，朝夕唱和。

[宣统《山东通志》卷一百六十三《人物志第十一·历代文苑》]

李先芳（1510—1594），字伯承，号北山。祖籍湖北监利，其祖迁居濮州李庄（今李进士堂村）生而早慧，美风姿。二十岁中举，嘉靖二十六年（1547）中进士，翌年任新喻知县。新喻县贫穷落后，风俗不正。安抚之余，济以严明法令，奸邪为之折服，境内安宁，深受朝廷赞赏。二十九年（1550）升为户部主事，不久改任刑部曹郎，累官至尚宝司丞、陛少卿。后因得罪权要，降为亳州同知、宁国府同知。万历初，辞官回归故里。先芳急公好义，热心乡里事业，遂联络郡人祝尧焕、陈忠翰、苏濂、桑绍良等，编修《濮州志》。万历十八年（1590）《志》成，先芳为之序，自号"北山野史"。

才华横溢，以诗作著称于世，名籍齐鲁，为嘉靖名士。与历城李攀龙、临清谢榛、考丰吴继岳等倡导诗社。谙晓音律，尤妙琵琶，当时琵琶名家江东查十八曾折服于他。爱好广泛，对医学、道教、佛教研究均有一定造诣。

著作宏富，留有《李氏山房诗选》《江右诗稿》《十三省歌谣》《东岱山房稿》《来禽馆集》《读书私记》《李先芳杂撰》《清平歌集》《周易折衷录》《春秋辨疑》《大明濮阳李氏世系先茔图记》《阴符经心解》《医学须知》《一壶千金》等书。

[《鄄城县志》第二十五编《人物传略》]

《周易折衷录》五卷，李先芳撰。先芳，字伯承。濮州人。嘉靖丁未进士。是书见《经义考》。先芳《北山野史传》云：余家世相传，著《折衷录》五卷。至阴阳消息之变通，圣人扶阳抑阴之微意，鲜有知者，窃欲更撰一书，而未之逮也。

[宣统《山东通志》卷一百二十七《艺文志第十·经部·易》]

《读诗私记》二卷，李先芳撰。先芳有《周易折衷录》，见易类。是书，文渊阁著录。《四库提要》曰：议论平和，绝无区分门户之见。如说《郑风·子衿》，仍从学校之义，则不取宋学；谓《国风》《小雅》，初无变正之名，则不从汉说；至《楚茨》《南山》等四篇，则《小序》与《集传》之说并存，不置可否。盖《小序》皆以为刺幽王，义有难通；而《集传》所云，又于古无考，故阙所疑也。

《毛诗考正》，李先芳撰。见《经义考》。《北山野史传》云：《邶》《鄘》诸风，多解淫奔，疑而未安者，索汉以下注疏及吕氏《读诗记》，考正其说。

[宣统《山东通志》卷一百二十八《艺文志第十·经部·诗》]

《春秋辨疑》二卷，李先芳撰。先芳，见易类。是书见于慎行所撰《墓志》。《曹州志》云二卷。《北山野史传》曰：辨《春秋》"春王正月"诸注之谬，并考获麟之后、威烈之前经史不传之续。

[宣统《山东通志》卷一百二十九《艺文志第十·经部·春秋》]

《大学古本》一卷、《四书汉注疏引》，李先芳撰。先芳，见易类。二书见《经义考》。于慎行撰《墓志》，但云《大学古本》《四书》各解，《汉注疏臆》则别为一书，在《春秋辨疑》之后。《北山野史传》亦但云著《大学古本》及《四书》各解，发明《论》《孟》、朱注未逮者，并无《汉注疏臆》之名。

[宣统《山东通志》卷一百三十《艺文志第十·经部·四书》]

《安攘新编》三十卷，李先芳撰。先芳有《周易折衷录》，见经部易类。是书见《明志》。《北山野史传》作《本朝安攘新编》，卷同。

[宣统《山东通志》卷一百三十一《艺文志第十·史部·杂史》]

《古交编》二卷、《阐微录》一卷，李先芳撰。先芳，见经部易类。《北山野史传》云：见世情之薄，序《古交编》二卷；见卑幼之负其上，序《阐微录》一卷。

[宣统《山东通志》卷一百三十二《艺文志第十·史部·传记》]

《濮州志》六卷，李先芳撰。先芳，见经部易类。宣统《濮州志》载顺阳李裵是编"序"云：《志》凡六卷，成于万历九年（1581）之冬。《志》有附《北山野史传》，其所以自本者悉矣。

《五岳志略》，李先芳撰。见《北山野史传》。

[宣统《山东通志》卷一百三十三《艺文志第十·史部·地理》]

《拾翠轩杂纂》四十卷，李先芳撰。先芳，见经部易类。是书，《明志》著录。

《北山野史传》云：编类象纬、堪舆、岁时、人物四十卷，名为《拾翠轩杂纂》。

[宣统《山东通志》卷一百三十九《艺文志第十·子部·杂家》]

《心经解》一卷，李先芳撰。先芳，见经部易类。《北山野史传》云：著《老子本义》《阴符心经》各一解。

[宣统《山东通志》卷一百四十《艺文志第十·子部·释家》]

《阴符经解》一卷，李先芳撰。先芳，见经部易类。是书见《明志》。

《老子本义》，李先芳撰。见《北山野史传》。

《蓬元杂录》十卷，李先芳撰。见《明志》。

[宣统《山东通志》卷一百四十《艺文志第十·子部·道家》]

《东岱山房稿》三十卷、《清平阁集》十二卷，李先芳撰。先芳有《周折中录》，见经部易类。二集见于慎行所撰《墓志》。其《东岱山房稿》，《明志》著录，卷同。然先芳自作《北山野史传》云：又收《山房诗文稿》十六卷。考《北山野史传》作于撰《濮志》时，十六卷盖就当时所有计之。其晚年所定之本，则为三十卷也。

《江右诗稿》二卷，李先芳撰。《四库存目提要》曰：宋弼《山左明诗钞》称其有《李氏山房诗录》，不著卷数。邢侗《来禽馆集》有《先芳行状》，称所著《东岱山房稿》三十卷。此集总题为《东岱山房诗录》，而子目则作《江右诗稿》，盖其集中之一种，嘉靖戊申（1548）知新喻县时作也。嘉、隆诗社，先芳首倡。厥后王、李踵兴，遂摈斥先芳，不与"七子"之列。继以先芳愤激，乃收之"广五子"中。于慎行称其诗，与李攀龙异曲同工。邢侗亦称：历下名愈高，濮阳苦为所掩。然修戈俟备，未尝一日忘于鳞。今观其诗，才力实出攀龙下。慎行等以乡曲情均，不欲分左右袒耳。明末攻"七子"者，遂欲以跻攀龙之上，非笃论也。

《李氏山房诗选》六卷，李先芳撰。《四库存目提要》曰：此本乃皇甫汸所选，分体编次，亦间有评语，盖非其全集也。

[宣统《山东通志》卷一百四十二《艺文志第十·集部·别集》]

《宋元诗选》，李先芳撰。先芳，见经部易类。《北山野史传》云：选宋元诗，备一代文献。

《明隽》二十卷，李先芳撰。见于慎行所撰《墓志》。《北山野史传》云：订明诗为十七卷，中采国初郊庙朝会乐章，应周诗《雅》《颂》；采两畿十三省歌谣，比十五《国风》。按：先芳所订明诗，度即《明隽》，而卷数不同，俟考。

《海内十二名家诗选》，李先芳编。《范县志·张调传》云：调，号西野。晚年吟咏甚多，李北山刻《海内十二名家诗选》并《濮州志》，俱载调诗。

[宣统《山东通志》卷一百十六下《艺文志第十·集部·总集》]

《泰然亭乐府》，李先芳撰。先芳，见经部易类。是编见于慎行所撰《墓志》。

[宣统《山东通志》卷一百十六下《艺文志第十·集部·词曲》]

嘉靖十年辛卯（1531）科

李先芳，濮州人。

[乾隆《曹州府志》卷十三《举人》]

嘉靖二十六年丁未李春芳榜

李先芳，濮州人。尚宝司少卿。

[乾隆《曹州府志》卷十三《进士》]

李先芳墓，在州西北黄村。

[乾隆《曹州府志》卷四《陵墓》]

清

◎ 王一豸 ◎

王一豸，守正之子。字少西。授太医院吏目。醇朴恭俭，享年八十有八。子六人，贡一、庠生一。长子延祚，性正直，亦享年八十有八。人称其为世德之报云。

[康熙《濮州志》卷二《儒官》]

[乾隆《濮州志》卷二《儒官》]

[宣统《濮州志》卷三《儒官》]

◎ 南国垣 ◎

南国垣，太医院吏目。

[康熙《濮州志》卷二《儒官》]

[乾隆《濮州志》卷二《儒官》]

[宣统《濮州志》卷三《儒官》]

◎ 苏光颐 ◎

苏光颐，字正宇。岁贡。父孟，以庠生考礼部儒官，正直端方，两为乡饮宾。公天性纯孝，族党之间，靡有间言。母马氏早逝，遗一床，公方十岁，每朔望就床，焚香下拜，泪流湿襟，过五旬，与亲朋饮会，言及父母，犹泪下如雨。敬从兄命，虽严苛及之，莫有违言，侍兄疾如侍父，尤人所难。授曹州训导，正身率士，师道严明，人谓有月川先生遗风。晚益肆力博通，凡经史子集及堪舆、岐黄之书，无不探究。倡建奎楼，开二十年文风之盛，尤大有功于濮孝廉。金铉即公孙，德学兼全，汪汪未可量。天之报施善人，盖不爽云。

[康熙《濮州志》卷四《孝友》]
[乾隆《濮州志》卷四《孝友》]
[宣统《濮州志》卷五《孝友》]

苏光颐，字正宇。濮州人。岁贡。父母早逝，遗一床，颐方十岁，每朔望就床，焚香下拜，泪流湿襟，过五旬，与亲朋饮会，言及父母，犹泪下如雨。兄严苛，颐莫有违言。授曹州训导。

[乾隆《曹州府志》卷十六《孝义》]

◎ 李主中 ◎

◎ 李主和 ◎

庠生李主中，号浦鹤。弟主和，号汀渔。符卿北山先生曾孙，鸿胪序班。朴斋公业子，业室苏氏贤。业早逝，两孤方舞象勺之年，奉母教，治丧如礼，倚庐垩室中，不怠不解，有大连、小连风。葬祭毕，服阕，各婚娶，相次列胶庠。同爨，终身无间言。苏氏故，昆仲复读礼，倚庐饘粥三年。戊寅、己卯，饥疫，施药给食，存活甚多。博稽吟咏，继先人诗学。著有《松崿山房集》。中子贞，字石林。丙子科举人。遇变，救父殉难，无愧忠孝之裔。

[康熙《濮州志》卷四《孝友》]
[乾隆《濮州志》卷四《孝友》]
[宣统《濮州志》卷五《孝友》]

《松崿山房集》，李主中及其弟主和同撰。主中，号浦鹤；主和，号汀渔。濮州人。先芳后，俱诸生。同爨，终身无间言。博稽吟咏，继先人诗学。其集见

《县志》。

[宣统《山东通志》卷一百四十六上《艺文志第十·集部·别集》]

◎ 孙 格 ◎

孙格,字行知。北红船里孙家堂人。增生。始就学,见塾师写先正格言,即心向之。及长,理究程朱,不为章句记问之学,号其斋,曰"主敬"。尤笃内行。幼时,见父酣眠烈日中,不忍惊呼,徐解衣以覆之。嗣应乡举赴省,闻母疾,试未毕而归。自是,遂不复远游。母病,思食荠菜,时值严冬,格寻觅之,竟得荠盈把,人以为孝感云。居乡里教授,一以实行励生徒,而色养承欢,则风雨寒暑无间也。父母殁,皆庐墓三年;每晨起,必盥漱,叩谒木主前;凡时食,必先荐,如是者终身未尝一日懈。同治间,寇匪蹂躏,与堂兄某同避乱,途遇贼,执其兄,将杀之,格固求以身代,贼重其义,得俱释。年九十七而终。所著有《孝经说》《永言集》《运气歌》各数卷。

[宣统《濮州志》卷五《孝友》]

同邑孙格,字行知。生员。父母殁,皆庐墓三年;每晨起,必盥漱,叩谒木主前;凡时食,必先荐,终身不懈。著有《孝经说》《永言集》各若干卷。

[宣统《山东通志》卷一百七十三《人物志第十一·国朝曹州府》]

《永言集》,孙格撰。格,字行知。濮州人。诸生。有孝行。是集见《州志》。按:格有《孝经说》,经部孝经类失载,补识于此。

[宣统《山东通志》卷一百四十六上《艺文志第十·集部·别集》]

《姜桂编》,孙格撰。格有《永言集》。《州志》载格是编"序"略云:尝见人之相聚也,有谈忠臣、孝子、义士、节妇等之行与言者,辄毛发悚然,凛凛如生。朱子所以谓孔子如参苓、芝术,平居有养性之功;伯夷、柳下惠如大黄、姜桂,虽非中和,其去病之功最捷也。然则节义文章,岂非学问中奇效方药哉?国朝以文取士,君臣之义于是乎行。文亦言也,虽亦有理,然不专意则不工,专意又志局于此,不能与天地同其高大。因取古之忠臣、孝子、义士、节妇等所作读之,庶几砭愚起痼,以扩充稼书先生《国策去毒》之意云尔,因名曰《姜桂编》,而自序其意如此。

《咏孝烈诗》一卷,孙格编。《濮州志·孝友传》云:王经邦,字燮菴。州庠生。事父母,每饭必亲视膳,若饮馔稍减少,顷必问饥否,若是者以为常。亲殁,事兄如父。学务实行,尝曰:读书何愧?愧不识"忠孝"字耳。庚申冬,病已笃,适闻寇至，命家人移之宗祠。被胁不屈，遂殉焉。年七十有六。增生孙格有征诸友《咏孝烈诗》一卷。

[宣统《山东通志》卷一百四十六下《艺文志第十·集部·总集》]

◎ 霍 润 ◎

霍润，濮州人。初以增广生，有疾废学，得茅山赵道人医术，济瘟疫如神，乞药者如市，不受一钱。好读书，莳花木。不见人三十余年，郡北之朱清云。

[康熙《濮州志》卷四《隐德》]

[宣统《濮州志》卷五《隐德》]

◎ 许 珫 ◎

许珫，濮州庠生。学医，通太素脉，知人贵贱修短之数。每诊视，先叩其数，然后用药，屡有奇中。凡有疾之家，造门请者，虽风雨百里之外，必赴。曰：人有急难而不救，是我杀之也。济否在命耳。郡中生活者数百人。年八十七而卒。

[康熙《濮州志》卷四《隐德》]

[乾隆《濮州志》卷四《隐德》]

[宣统《濮州志》卷五《隐德》]

[乾隆《曹州府志》卷十六《方技仙释》]

许珫，清代郓城县人。业岐黄术，尤精脉学。

[《山东中医药志》第六篇《人物表》]

◎ 苏 㺲 ◎

苏㺲，庠生。恬淡安和，与物无忤。工诗赋，善书画，好事者求之，无弗应者。尤究心于岐黄之学，每出良剂以活人，或感恩致谢，笑而却之。以子金铉贵，敕封承德郎。寿八十九。

[康熙《濮州续志》卷下《隐德》]

[乾隆《濮州志》卷四《隐德》]

[宣统《濮州志》卷五《隐德》]

◎ 李会霖 ◎

李会霖，州贡生。李公晟七世孙。博洽多闻，长于诗歌，通《周易》，善草书，偕任焕续修《州志》，议澶濮河渠甚悉。尤精岐黄术，诊视所到，奏效若神，不望报。有厉疫，州牧就霖请医方，必按其年之司天、在泉，斟酌佐使，全活人至不可计。所著《伤寒论辨脉诗》，意旨盖仿佛朱丹溪、王肯堂者。

[乾隆《濮州志》卷四《隐德》]

[宣统《濮州志》卷五《隐德》]

李会霖，清代鄄城县人。工于医。著有《伤寒辨脉诗》，未刊。

[《山东中医药志》第六篇《人物表》]

郡人李会霖曰：濮境旧有洪、魏、小流三河，洪、魏二河，上接开、澶；小流一河，来自曹南，皆非有源川流之水。或值霖雨泛滥，开、曹二州以濮为壑，致濮万顷禾稼，半委波臣。况水势就下，遂由三河故道，经郡新治东南、旧城东北，迤逦至杨二庄，合而为一波。及范县竹口、寿张张公桥，递入张秋澶河，北流抵天津入海，由来旧矣。尝闻黄河奔放汹涌，尚借清、浦、淮渠泻归海口。宋景濂有曰：淮犹胃，海犹腹也。兹则天津海，犹腹；会通漕，犹胃也。按会通河由永乐九年工部宋礼发丁夫疏浚故元运道，自东平州安民山，北抵临清二百五十里，又用老人白瑛策筑坝于汶上之戴村，遏汶匆泄东流，令其尽出于南旺，至分水龙王庙，条分为二，南条四分以接徐、沛，北条六分以负运舟。夫以二百五十里之漕运，仅资六分北流之汶水，窃恐会通河浅，不克转各省重运也。因增修水闸三十有一，以时蓄泄启闭，为其无他水之接济也。迨临清迤北，得会御水夹流，始不需闸。若临清以南，水浅任重，设有支流增益，而壅塞阻滞不令入河，譬之扼其胃而欲实其腹，岂可得乎？前《志》记载虽详，而濒河州县，动云：濮水入漕，虑妨运道。不知建闸蓄泄，原患水少，非患水增也。古人云：引汶截济，直属御河。其斯之谓欤！

[康熙《濮州续志》卷上《河渠议》]

效霞按：据康熙《濮州续志》卷上《岁贡考》，李会霖为康熙间"恩贡"。

◎ 范越州 ◎

范越州，监生。慷慨好施。每值岁歉，必捐谷二三百石以助赈。亲友中贫不能婚娶、殡葬者，及无力资生者，皆尽力营办，使得所焉。家置药室，视病而贫者给之，不计值。固所谓好行其德者欤！

[乾隆《濮州志》卷四《隐德》]

[宣统《濮州志》卷五《隐德》]

◎ 王 绪 ◎

王绪，字子承。白衣阁里人。赋性纯笃。自五六岁时，遇父母有疾，即涕泣不食。八岁从父读，十七父殁，哀毁几灭性。弟栋仅十岁，母李氏素多病，绪因研究医术。为弟延师课读，及弟出继异居，财产悉让弟先取。弟殁，抚侄如己出。族中有贫不能娶、死无以葬者，皆给资以助成之。子凤翔、孙庠生灿琳，亦长厚，能不坠家风云。

[宣统《濮州志》卷五《孝友》]

◎ 卢振铎 ◎

卢振铎，字符徇。李康店里人。州庠生。天性纯笃。十余岁时，祖父虎，沾染沉疴，虽日用药，必手摩乃得眠。父秀岩，以一人应医药，劳瘁过甚。振铎以童子知分亲忧，奉药侍寝者数年。祖愈后，乃入庠。继因祖病复发，遂弃举业，而习按摩，祖父以是得终天年。振铎六十岁后，父已八十余，行动需人，凡出入必身负之，一饮食必亲手奉，虽有妻子不使代也。弟鸣周早逝，侄幼冲，抚如己出。咸丰辛酉（1861），捻匪陷城，知州来，不得到任。振铎密谋驱贼，护送知州入城，力居多焉。

[宣统《濮州志》卷五《孝友》]

◎ 高金城 ◎

高金城，字子垣。太学生。世有隐德，至金城以廉直，公举为南里正。排难解纷，人咸感服。尤精外科医术，得先世家传，尝以药囊自随，求则施予，不取值。登门求者常如市，即雨晦雪夜，不辞也。拯救无算，从未尝问其姓名。他如联乡团，助官赈，建义学，善行尤多。及殁，里党感其德，为建"懿行碑"。古澶太守董鸿勋为之记。

[宣统《濮州志》卷五《懿行》]

高金城，字子垣。清代鄄城县人。业医。术精外科，登门者常若市。

[《山东中医药志》第六篇《人物表》]

◎ 南贤举 ◎

南贤举，字书升。城南门里人。监生，保授六品衔。性至孝。父病风痰，卧床年余，侍汤药，始终不离侧。同治二年（1863），大疫，母兄相继殁。时，黄流围城，寄柩家祠。未几，水入城，平地深丈余，两柩已随流去。贤举不避艰险，泅行，寻至城西北隅，用绳系腰，牵挽而回，人皆嗟异焉。兄殁后，两侄俱幼，抚如己出。稍长，为延师课读。侄佩兰，由廪贡选金乡训导；佩萱，由附贡举乡饮大宾；佩芝，由廪生授鸿胪寺序班；子佩莫，由附贡用训导，皆其督教力也。堂弟乡举，析居已久矣。以岁荒流亡复归，贫无依，慨然予以三百金，资其生业。经理八里社仓，春粜秋籴，粟不朽蠹，盈余递增。光绪戊子（1888），岁饥，附城居民咸赖之。家传治咽喉专门，求医者，富予以方，贫施以药，且常备茶饭，至病愈而后已。他如修文庙，筑护堤，整火神庙，兴复家祠，劳必殚力，捐产助资，又其余事云。

[宣统《濮州志》卷五《懿行》]

◎ 毛佩萱 ◎

毛佩萱，监生。医治贫人，施送药物。乡族有婚葬无资者，量力助之。里人匾其门曰"乐善好施"。

[宣统《濮州志》卷五《懿行》]

◎ 杨毓芬 ◎

杨毓芬，有勇略。咸丰间，南匪扰境，率众把河防御，经数十昼夜，勤劳不恤，保全甚多。又善医术，施药饵，活人无算。州里咸德之。

[宣统《濮州志》卷五《懿行》]

◎ 周若兰 ◎

周若兰，字芳谷。州庠生。精医术，备药施舍，费钱千余缗。后办理堤工八年，赔钱六百余缗。人皆感德。

[宣统《濮州志》卷五《懿行》]

◎ 张抡才 ◎

◎ 张梦梅 ◎

张抡才，字登策。李康店里。候选吏目。筮仕未就，因卖药，效韩康伯，兼精内、外科。有贫寒不能偿药值者,悉焚其券。道光廿余年来,家产赔累殆尽,不恤也。子梦梅,世其业,能承父志,遵行遗训,无少违。父子殁后,里人为勒石志美,名曰"寄思",列碑阴者四百余人,且有以未得列名为憾者。其德行概可想见。

[宣统《濮州志》卷五《方技》]

◎ 李步瀛 ◎

李步瀛,善岐黄,尤精祝由。凡受伤,赖以全活者无算。

[宣统《濮州志》卷五《方技》]

◎ 于朝干 ◎

于朝干,监生。为人朴诚忠厚,有古风,一乡推为里长。办公数年,人无间言。又精疹痘科,有求医者,虽甚风雨,不避也。殁后,人思其德,为勒碑以志不朽。

[宣统《濮州志》卷五《方技》]

于朝干,清代鄄城县人。工岐黄术。善治痘疹。

[《山东中医药志》第六篇《人物表》]

◎ 刘进才 ◎

刘进才,西武安里随庙人。擅接骨妙术,凡折跌损伤,濒于危者,经其医治,莫不获痊。有求者,随时以应。贫者则饭之,或予以药饵,不取值,亦不受馈遗,州里皆感德焉。

[宣统《濮州志》卷五《方技》]

刘进才,清代鄄城县人。业医,善接骨术。

[《山东中医药志》第六篇《人物表》]

◎ 宋灿芳 ◎

宋灿芳,事母孝。母病,药弗效,祷于神,施地七十五亩。自是,研精医术。求医至门者,必备茶饭,不受谢,贫者予以药,不取值。

[宣统《濮州志》卷五《方技》]

宋灿芳,清代鄄城县人。以精岐黄术知名。

[《山东中医药志》第六篇《人物表》]

◎ 刘永安 ◎

刘永安，引马里刘双楼人。幼读书，屡试未售，遂习岐黄业，而时疫、咽喉尤称妙手。远近活人无算，贫者并施送丸散，不取值。所著《咽喉七火论》传于世。

[宣统《濮州志》卷五《方技》]

刘永安（1834—1914），字恒泰。鄄城县引马里刘双楼村人。幼而颖悟，熟读《诗经》，造诣颇深，弃科举，克承祖业，专志于医。上自《内经》《难经》《神农本草经》，下至百家先哲，无不精研细究。对咽喉科，博采诸家咽喉科之精华，独出新意，集一生行医之经验，著成《咽喉七火论》一书。

以济世救人为宗旨，医德高尚，不分贫贵之人，有求必应，不辞劳苦，常携药到病家，为其医治。其学术思想，以清凉火热养阴为主辨证论治。如对白缠喉一症，自古以来均无明论，唯独自认为"相火势速，治则宜急，需大剂连服，方可见愈"，并创"清咽利喉一贯汤"为治疗一切火发咽喉之基本方剂。

医高胆大，常救人于危笃之际，对诸医束手之症，多以大剂而活之，为此而扬名乡里。卒后，乡民感德，立碑颂之，迄今六十余载犹存。

[《山东中医药志》第六篇《传记》]
[《菏泽地区卫生志》第十二篇《医林人物》]

◎ 王居仁 ◎

王居仁，字子静。州南关。增生。聪慧好学。母病，多方延医，不时至，遂愤弃举业，而习岐黄。母病愈后，踵门延请者甚夥，往往应手奏效。家颇饶，有贫不能药者代购之，富者亦不受酬谢，遐迩称焉。

[宣统《濮州志》卷五《方技》]

王居仁，字子静。清代鄄城县人。工医术。

[《山东中医药志》第六篇《人物表》]

◎ 贾理成 ◎

贾理成，字青阳。明京营都司大亨次子。大亨当怀宗甲申之变，力战死节，理成同兄性成奉母还濮。性成出为州同知，而理习韬钤家言。顺治初，受天雄部院马公，录为储将。平山县土寇窃发，奉委剿除之。擢督标千总，调防唐县，平贼王二、王三。明年，土贼剽掠四出，官兵莫能支。理亲冒矢石，斩馘百余，擒贼首，遂平。会江南海寇薄润州，朝命刘大将军率兵南下，理从之。比至，寇逸，随擢都司，分防京口。教水战，缮器械，谨斥堠，民赖以靖，升海防掌印守备所，条陈减步增马。会操、夜操、养马、防渡诸法，皆堪永久，寻报升山海关都司。以亲老乞归，巡抚赵公三征不起。居乡能济人缓急，散谷施药，惠及乡里。设义学于开、濮之间，成就后进，优游林下者数十年。

[乾隆《濮州志》卷四《武烈》]
[宣统《濮州志》卷五《武烈》]

贾理成，山海关都司。

[乾隆《曹州府志》卷十三《仕籍》]

◎ 彭守礼 ◎

彭守礼，字循规。性嗜读书，尤笃好《礼记》及《春秋》。居乡，奖善惩恶，人有美行必赞不容口，为非者恒严责之，不稍贷，故乡里皆敬畏之。精岐黄，尤善女科，活人无算。治家严整有规。次子学舜，入武庠，从忠亲王剿贼出力。孙占魁，壬午科武举。现任曹州把总；占甲，入武庠；占元、占勋，俱文庠，有名，诸生。敕封云骑尉，寿九十八岁，无疾而终。

[宣统《濮州志》卷五《寿耆》]

彭守礼，字循规。清代鄄城县人。工医，术精妇科。

[《山东中医药志》第六篇《人物表》]

◎ 彭伯祥 ◎

彭伯祥，字瑞麟。常施方药以济人。寿九十七岁卒。

[宣统《濮州志》卷五《寿耆》]

◎ 南　岳 ◎

本朝秘书院大学士成公克巩撰《文林郎南公墓志铭》

宫录南公，湖广左方伯生鲁公之父，其配许孺人，方伯公母也。公卒于皇清康熙丙午（1666）八月之六日，距其生万历戊子（1588）十二月十七日，享年七十有九。孺人以天启壬戌（1622）四月之八日卒，距其生万历庚寅（1590）三月十八日，享年三十有三。方伯公卜于康熙戊申（1668）二月二十一之吉，奉公柩，启孺人之墓而合葬焉。前一月，躬捧其乡先达给谏罗公所为状诣余，请志其墓，且请铭。余不俟，与方伯公称莫逆交。余弟之女，妻方伯公长子；余侄之女，字方伯公长孙。婚姻世好，谊不可辞。按状：公讳岳，字宫录。于姓谱，盖周乡土南仲之苗裔，而其后散处秦晋间，世系莫可稽考。祖有讳兴者，偕配于氏，迁于濮南，氏遂为濮水著姓。兴生昱，昱传良贵，世有隐德。良贵娶吴氏，生金宪公兆，实公王父也。兆配胡氏，封宜人。生丈夫子三，国疆、国垣、国堵。堵，号言城。邑庠生。是为公父。娶尚宝卿李北山公女，实生公。公生而岐嶷，具富贵福泽相。年十六，许孺人来归。孺人，本州许隐君女，女也而有士行。与公倡和，事方城翁与李太夫人，子职妇道，皆曲尽。公年弱冠，补博士弟子员。孺人篝灯佐读书，无倦色十余年。间举方伯公以下五男子，公教之于外，孺人教之于内，褓抱中口授《孝经》《论语》，爱而能劳，卓有义方。方城翁捐馆舍，公哀毁如礼，鬻田宅卜新阡，孺人亦出其奁箧以助襄事。岁辛酉（1621），甫为方伯公娶妇。壬戌，而许孺人殂，齐眉永诀，公之戚可知矣。时，公年才三十有五，李太夫人谕之续弦，公辞曰：弟妹婚嫁未毕，恐萦老母怀抱。迨妹于归，弟游于庠，公乃娶汪氏。汪生二男子，为公持内政者十年，亦殂。公视之如许孺人然，不以继室称也。丙子（1636），方伯公荐于乡，丁丑（1637）成进士，谒选得余郡司李，公时年五十矣。顾方伯公色喜，拜李太夫人膝前，曰：孙足以娱太母矣。恸吾父不及见耳。时，公中馈久虚，太夫人念之殷，公重违慈母意，乃再娶张，张即举公三少子者。绳绳继起，公之积德亶厚云。方伯公为余郡司李，政称明允，皆推服公之教。公奉李太夫人板舆就养，聚顺承欢，备极愉婉。会有弄兵于潢池间者，恐惊太夫人眠食，遂奉之还濮。方伯公以司李报政，貤恩封公文林郎如子官，原配许赠孺人。焚黄告墓有余荣。方伯公由司李擢南兵曹，适公居李太夫人忧留濮，方伯公再由南兵曹擢守上谷，过濮省，公悲喜交集。方伯公由上谷守擢井陉道，值寇乱，解印绶归。公曰：吾志也，加三岁便周甲子儿，正好聚首一堂，以娱吾老。甲申（1644），世祖龙飞，方伯公补山西按察司副使，公趣之赴任，旋以叙招抚功，晋湖广左布政使。公闻之益喜，朝夕游咏于恕醉斋中，与二三老友，结香山洛社之盟，谊甚洽也。会方伯公以钱法累左迁浙江参议，过里省公，视曰：东西南北，惟君命。方伯公再拜受教，将之浙，固请公，公不行。己丑（1649），公有痰疾，方伯公在浙心动，因赍捧之，便奉公就医于浙。浙有名医，即勿药有喜。公乃乘兴遍访名胜，日与骚人词客，共盘桓，恣觞咏。方伯公迁臬司副使者，分视东瓯，公曰：吾不复南辕矣。遂还濮。越一载，方伯公拜疏乞侍养，予告旋里。父子兄弟，熙然快聚，子子孙孙，环列左右，或问寝视膳，或炷香奉匜，或含饴抱弄于前，或负剑辟咡于后，从来家庭天伦之乐，未有如公者。公胸怀扩落，慷慨慕义。里族待以婚葬者，常以数十百计。每岁夏秋施药，活人无算。与人交，必规以正直忠厚。乡里有气节德行者，敬之重之。至设馔相饷，敦族属，教子孙，亲故旧，睦乡邻，岁时伏腊，揖让酬酢，无废事。盖乐善不倦，虽年及大耋，而聪明便健，犹如少年时也。公于其卒之前一年，趋具木；于其卒之年，趋治衣；于其卒之前两月，常语方伯公曰：儿能友诸弟，顾诸子曰，儿等当知克恭兄。于其卒之日，沐浴更衣，焚香默坐，数问日蚤晚，方伯公等牵衣号泣，公但曰：数也。遂溘然而逝。殆参悟既久，若有先知者矣。余向往公久，仆仆未获晤颜采，窃意公倜傥卓荦，不斤斤修细行小节者。既而迹其所为，于其事，方城翁及李太夫人也，生死存殁，极人子之情，纤悉毫发，无不尽，则钦其孝；于其抚，若弟妹，穷竭心力，营婚营嫁，务极丰备也，则钦其友；惩一寒三单之语，凡再娶皆继室也，而靳其名，为诸郎君计久远，则钦其慈。画奇谋，定秘计，擒斩马春龙等封豕长蛇之口，则钦其勇；且智散积粟，活饥民，理道殣七十余冢，而无德色，则钦其仁。虽未尝遭时遇主，目致青云，然食天禄，享荣封，年垂八十，以富贵福泽终，亦可谓砥砺名行，齐鲁大国间一伟男子矣。许孺人名阅淑女，事舅姑极孝。姑有疾，吁天请代，茹不荤、衣不絮者三年。又诞育凤毛麟趾，以昌太平南氏。岂区区闺阁中儿女子流者与？真公之贤助也。余既志其隧道之石，因系以铭。铭曰：公而生，濮水清；公而荣，濮水泓。公屹乎，若山之崑仑；公浩乎，为海之星宿。天上飞来，排空走陆，合于济，注于濮，历八极，流乃伏，偕厥贤，配吉壤，共卜：吁嗟乎！沧海可田，高岸可谷，惟公与孺人之阡，则百千万亿斯年，而日听松风之谡谡，阴隋其弓之箕，而亦常歆其鼎之餗。

[乾隆《濮州志》卷六《文类》]
[宣统《濮州志》卷八《艺文志》]

民国

◎ 张萝花 ◎

张萝花（1853—1929），鄄城县人。业医，学本东垣，治重脾胃。

[《山东中医药志》第六篇《人物表》]

◎ 周武典 ◎

周武典（1854—1928），鄄城县人。以医术闻名，乡公赠"术同和缓"匾。

[《山东中医药志》第六篇《人物表》]

◎ 王文典 ◎

王文典（1859—1924），鄄城县人。业岐黄术，精于经典。

[《山东中医药志》第六篇《人物表》]

◎ 石远来 ◎

石远来（1860—1948），字萃甫。什集乡什集村人。清光绪年间廪生。感奋罹病之苦，求医之难，遂弃儒学医。对医学之百家名著，无不苦读细究。对瘟病学和瘟疫论，有独到见解，著成《瘟疫论书后》一书。1947年散失。

石远来治病，师古不泥古，择善从优，取精用宏，既用经方，也用时方。因擅长瘟病，故对杂气所致温热重病治愈很多，鄄城县医林公认为"杂气派"之首，声誉甚高，百里之外慕名求师者颇多。

为传承医道，广收门徒，在鄄城北街"再生堂"药铺设讲学点。春冬两季，于此住宿，晚间为徒讲解医学经典。注重医德，常教导门徒说：医者，非仁爱之士不可托也，非聪明理达不可任也，非廉洁淳良不可信也。医生之道，要时时刻刻关心病人的疾苦，视人病如己病。凡有求治，风雨寒暑不能避，远近晨夜不能嫌，贵贱贫富不能分，爱恶亲疏不能拘；医道之理甚奥，其责甚重。论治立方，性命攸关，不应草草逞能，以沽名钓誉，亦不得瞻前顾后，自虑吉凶，护惜身名。对危急病人，即其病不能治，亦须竭力抢救，以图万一可生。他身体力行，为其弟子之典范。1937年冬，邻村王某推车来请，为母求治。王某下着单裤，鞋露脚趾，浑身发抖。石远来拿出自己的棉裤、棉鞋给王某穿上，即随其往，为其母诊治，取了两剂药也未收钱。病愈后，王某送来一只老母鸡以作谢礼，石远来给王钱，王坚决不收。他说：你不要我的钱，我也不收您的礼。王将鸡收回，感激得流泪而回。

1942年，汉奸王文宪部一中队长头疼剧烈，着人请石远来，诊毕草方后说：病情严重，我技术低劣，不能耽误其病，可另请高明，请原谅！回来后对门徒说：我被权势所迫，不敢拒绝所请，给汉奸贼子、民族败类看病，等于助纣为虐，造罪于群众，我不为也。

[《鄄城县志》第二十五编《人物传略》]

［《鄄城人物志》］

［《菏泽地区卫生志》第十二篇《医林人物》］

［《山东中医药志》第六篇《人物表》］

东 明

唐

◎ 李 勣 ◎

《本草》二十卷、《目录》一卷、《药图》二十卷、《图经》七卷，孔志约、吕才等撰。志约，见史部传记类。才，见史部编年类。诸书见《新唐志》，注载：显庆四年，李勣、长孙无忌等撰，志约及才与焉。志约"序"略云：苏恭摭陶氏之乖违，辨俗用之紕紊，素请修定。诏无忌等二十二人，与苏恭详撰，遂乃详探秘要，博综方术，《本经》虽缺，有验必书，《别录》虽存，无稽必正，考其同异，择其去取，撰《本草》并《图经》《目录》等，凡成五十四卷。《旧唐书》本传云：苏敬上言：陶弘景所撰《本草》，事多舛谬。诏中书令许敬宗与才及李淳风、礼部郎中孔志约并诸名医，增损旧本，仍令司空李勣总监定之，并《图》合成五十四卷，大行于代。盖即《唐志》所载，而卷数有不同。

［宣统《山东通志》卷一百三十六《艺文志第十·子部·医家》］

李勣，字懋功。曹州离狐人。本姓徐氏，客卫南。家富，多僮仆。积粟常数千钟。与其父盖皆喜施贷，所周给无亲疏之间。隋大业末，韦城翟让为盗，勣年十七，往从之。说曰：公乡壤不宜自剽残，宋、郑商旅之会，御河在中，舟舰相属，往邀取之，可以自资。让然之。劫公私船取财，繇是兵大振。李密亡命雍丘，勣与浚仪王伯当共说让，推密为主。以奇计破王世充。密署勣右武候大将军、东海郡公。当是时，河南、山东大水，隋帝令饥人就食黎阳仓，吏不时发，死者日数万。勣说密曰：天下之乱本于饥，今若取黎阳粟以募兵，大事济矣。密以麾下兵五千付勣，与郝孝德等济河，袭黎阳，守之。开仓纵食，旬日，胜兵至二十万。宇文化及拥兵北上，密使勣守仓，周掘堑以自环。化及攻之，勣为地道出斗，化及败，引去。武德二年（619），密归朝廷，其地东属海，南至江，西直汝，北抵魏郡，勣统之，未有所属。谓长史郭孝恪曰：人众土宇，皆魏公有也。吾若献之，是利主之败为己功，吾所羞也。乃录郡县户口以启密，请自上之。使至，高祖讶无表，使者以意闻。帝喜曰：纯臣也。诏授黎州总管，封莱国公。赐姓，附宗正属籍，徙封曹，给田五十顷，甲第一区。封盖济阴王，固辞，改舒国公。诏勣总河南、山东兵以拒王世充。及密以谋反诛，帝遣使示密反状。勣请收葬，诏从之。勣为密服缞绖，葬讫乃释。俄为窦建德所陷，质其父，使复守黎阳。三年，自拔来归。从秦王伐东都，战有功。东略地至虎牢，降郑州司兵沈悦。平建德，俘世充，乃振旅还，秦王为上将，勣为下将，皆服金甲，乘戎辂，告捷于庙。盖亦自洺州与裴矩入朝，诏复其官。又从破刘黑闼、徐圆朗，累迁左监门大将军。圆朗复反，诏勣为河南大总管，讨平之。赵郡王孝恭讨辅公祏也，遣勣以步卒一万度淮，拔寿阳，攻江西贼壁，冯惠亮、陈正通相次溃，公祏平。太宗即位，拜并州都督，赐实封九百户。贞观三年（629），为通漠道行军总管，出云中，与突厥战，走之。引兵与李靖合。因曰：颉利若度碛，保于九姓，果不可得，我若约赍薄之，不战缚虏矣。靖大喜，以与己合，于是意决。靖率众夜发，勣勒兵从之。颉利欲走碛，勣前屯碛口，不得度，由是酋长率部落五万降于勣。诏拜光禄大夫，行并州大都督府长史。父丧解，夺哀还官，徙封英。治并州十六年，以威肃闻。帝尝曰：炀帝不择人守边，劳中国筑长城以备虏。今我用勣守并，突厥不敢南，贤长城远矣！召为兵部尚书，未至，会薛延陀子大度设以八万骑侵李思摩，诏勣为朔方道行军总管，将轻骑六千，击度设青山，斩名王一，俘口五万。以功封一子为县公。晋王为皇太子，授詹事，兼左卫率，俄同中书门下三品。帝曰：吾儿方位东宫，公旧长史，以宫事相委，勿以资屈为嫌也。后帝自将征高丽，以勣为辽东道行军大总管。破盖牟、辽东、白崖等城，从战驻跸山。功多，封一子为郡公。延陀部落乱，诏将二百骑发突厥兵讨之，大战乌德鞬山，破之，降其首领梯真达干，而可汗咄摩支遁入荒谷，碛北遂定。改太常卿，仍同中书门下三品，复为詹事。勣既忠力，帝谓可托大事。尝暴疾，医曰：用须灰可治。帝乃自剪须以和药。及愈，入谢，顿首流血。帝曰：吾为社稷计，何谢为！后留宴，顾曰：朕思属幼孤，无易公者。公昔不遗李密，岂负朕哉？勣感涕，因啮指流血。俄大醉，帝亲解衣覆之。帝疾，谓太子曰：尔于勣无恩，今以事出之，我死，宜即授以仆射，彼必致死力矣！乃授叠州都督。高宗立，召授检校洛州刺史、洛阳宫留守，进开府仪同三司、同中书门下，参掌机密，遂为尚书左仆射。永徽元年，求解仆射，听之，仍以开府仪同三司知政事。四年，册进司空。始太宗时，勣已画象凌烟阁，至是，帝复命图其形，自序之。又诏得乘小马出入东、西台，卑官日一人迎送。帝欲立武昭仪为皇后，畏大臣异议，未决。李义府、许敬宗又请废王皇后。帝召勣与长孙无忌、于志宁、褚遂良计之，勣称疾不至。帝曰：皇后无子，罪莫大于绝嗣，将废之。遂良等持不可，志宁顾望不对。帝后密访勣，曰：将立昭仪，而顾命之臣皆以为不可，今止矣！答曰：此陛下家事，无须问外人。帝意遂定，而王后废。诏勣、志宁奉册立武氏。帝东封泰山，为封禅大使。尝坠马伤足，帝以所乘马赐之。高丽莫离支男生为其弟所逐，遣子乞师。诏勣为辽东道行军大总管，率兵二万讨之。破其国，执高藏、男建等，裂其地州县之。诏勣献俘昭陵，明先帝意，具军容告于庙。进位太子太师，增食千一百户。总章二年（669），卒，年八十六。帝曰：勣奉上忠，事亲孝，历三朝，未尝有过，性廉慎，不立产业。今亡，当无赢资。有司其厚赙恤之。因泣下。举哀光顺门，七日不视朝。赠太尉、扬州大都督，谥"贞武"。给秘器，陪葬昭陵。起冢象阴、铁、乌德鞬山，以旌功烈。葬日，帝与皇太子幸未央古城，哭送，百官送古城西北。初，勣拔黎阳仓，就食者众，高季辅、杜正伦往客焉，及平虎牢，获戴胄，咸引见卧内，推礼之，后皆为名臣，世以勣知人。平洛阳，得单雄信，故人也。表其材武，且言：若贷死，必有以报，请纳官爵以赎。不许。乃号恸，割股肉啖之曰：生死永诀，此肉同归于土！为收养其子焉。性友爱，其姊病，尝自为粥而燎其须。姊戒止。答曰：姊多疾，而勣且老，虽欲数进粥，尚几何？其用兵多筹算，料敌应变，皆契事机。闻人善，抵掌嗟叹。及战胜，必推功于下。得金帛，尽散之士卒，无私贮。然持法严，故人为之用。临事选将，必瞽相其奇庞福艾者遣之。或问故，答曰：薄命之人，不足与成功名。既殁，士皆为流涕。自属疾，帝及皇太子赐药即服，家欲呼医巫，不许。诸子固以药进，辄曰：我山东田夫耳，位三公，年逾八十，非命乎！生死系天，宁就医求活耶？弟弼，始为晋州刺史。以勣疾，召为司卫卿，使省视。忽语曰：我似少愈，可置酒相乐。于是奏乐宴饮，列子孙于下。将罢，谓弼曰：我即死，欲有言，恐悲哭不得尽，故一诀耳！我见房玄龄、杜如晦、高季辅皆辛苦立门户，亦望诒后，悉为不肖子败之。我子孙今以付汝，汝可慎察，有不厉言行、交非类者，急榜杀以闻，毋令后人笑吾，犹吾笑房、杜也。我死，布装露车载柩，敛以常服，加朝服其中，傥死有知，庶著此奉见先帝。明器惟作五六寓马，下帐施幔，为皂顶白纱裙，中列十偶人，它不得以从。众妾愿留养子者听，余出之。葬已，徙居我堂，善视小弱。苟违我言，同戮尸矣！乃不复语。弼等遵焉。勣本二名，至高宗时，避太宗偏讳，故但名勣。后配享高宗庙廷。季弟感，年十五，有奇操。李密败，陷于世充。世充令做书召勣，对曰：兄尚节义，今已事主，昆弟不能移也。固不从，杀之。勣子震嗣，终桂州刺史。震子敬业、敬猷。敬业，少从勣征伐，有勇名。历太仆少卿，袭英国公，为眉州刺史。嗣圣元年，坐赃，贬柳州司马。会给事中唐之奇贬括苍令，詹事府司直杜求仁贬黟令，长安主簿骆宾王贬临海丞，敬猷自盩厔令坐事免，俱客扬州，失职怏怏。时武后既废中宗，又立睿宗，实亦囚之。诸武擅命，唐子孙诛戮，天下愤之。敬业等乘人怨，谋起兵，先谕其党监察御史薛璋，求使江都。及至，令雍人韦超告州长史陈敬之反，璋乃收系之。敬业即矫制杀敬之，自称州司马，且言奉密诏募兵，讨高州叛酋。即开府库，令参军李宗臣释系囚、役工数百人，授甲，斩录事参军孙处行以徇。乃开三府，一曰匡复府，二曰英公府，三曰扬州大都督府。自称匡复府上将，领扬州大都督，以子奇为左长史，求仁右长史，宗臣左司马，璋右司马，江都令韦知止为英公府长史，宾王为艺文令，前盩厔尉魏思温为军师。旬日，兵十余万。传檄州县，疏武氏过恶，复庐陵王天子位。又索状类太子贤者奉之，诡众曰：贤实不死。楚州司马李崇福率所部三县应之。武后遣左玉钤卫大将军李孝逸兵三十万往击之，削其祖父官爵，毁冢藏，除属籍，赦扬、楚民胁从者。购得敬业首，授官三品，赏帛五千；得之奇等首，官五品，帛三千。敬业问计于思温，对曰：公既以太后幽絷天子，宜身自将兵直趋洛阳。山东、韩、魏知公勤王，附者必众，天下指日定矣！璋曰：不然。金陵负江，其地足以为固。且王气尚在，宜先并常、润为霸基，然后鼓行而北。思温曰：郑、汴、徐、亳士皆豪杰，不愿武后居上，蒸麦为饭，以待我师。奈何欲守金陵，投死地乎？敬业不从。使敬猷屯淮阴，韦超屯都梁山，自引兵击润州，下之。署宗臣为刺史。始回兵屯高邮，下阿溪。思温叹曰：兵忌分，今敬业不知扫地度淮，率山东士先袭东都，吾知无能为也！武后又使黑齿常之将江南兵为孝逸援，进击，淮阴、都梁兵皆败。后军总管苏孝祥率奇兵五千夜度击敬业，孝祥死，兵溺者过半，孝逸军退守石梁。有鸟群噪敬业营上，监军御史魏真宰曰：贼其败乎！风顺荻乾，火攻之利也。固请战，遂度溪击之。敬业置阵久，士疲，皆顾望不正列，孝逸乘风纵火逼其军，军稍却。敬业麾精兵居前，弱者在后，阵乱不能制，乃败，斩七千余级。敬业与敬猷、之奇、求仁、宾王轻骑遁江都，悉焚其图籍，携妻子奔润州，潜蒜山下，将入海逃高丽，抵海陵，阻风遗山江中，其将王那相斩之，凡二十五首，传东都，皆夷其家。中宗反正，诏还勣官封属籍，葺完茔冢焉。初，敬业之叔思文为润州刺史。敬业兵起，以使间道闻，固守逾月。城陷，敬业责曰：庐陵王继天下，无罪见废，今兵以义动，何过拒邪？若太后是助，宜即姓武。思温等欲杀之，敬业不许。及扬、楚平，乃独免。后遂赐武姓，历春官尚书。或言本与敬业谋者，乃复徐氏，卒。子钦宪，开元中，仕至国子祭酒。赞曰：唐兴，其名将曰英、卫，皆擢罪亡之余，遂能依乘风云，勒功帝籍。盖君臣之际，固有以感之，独推期运，非也。若靖阖门称疾，畏远权逼，功大而主不疑，虽古哲人，何以尚兹？勣之节，见于黎阳，故太宗勤勤于托孤，诚有为也。至以老臣辅少主，会房帷易夺，天子畏大臣，依违不专，委诚取决，惟议是听。勣乃私己畏祸，从而导之，武氏奋而唐之宗属几歼焉。及其孙，因民不忍，举兵覆宗，至掘冢而暴其骨。呜呼，不几一言而丧邦乎？惜其不通学术，昧夫临大节不可夺之谊，反与许、李同科，可不戒哉！世言靖精风角、鸟占、云祲、孤虚之术，为善用兵。是不然，特以临机果，料敌明，根于忠智而已。俗人傅著怪诡禨祥，皆不足信。故列靖所设施如此。

[《新唐书》卷九十三《列传第十八》]

李勣，字懋功。离狐人。本徐氏，唐兴，赐国姓焉。隋末，客卫南。家富，多僮仆。积粟数千钟。与父盖均喜施与，好宾客。大业末，韦城翟让起为盗，勣时年十七，往从之。乃说让曰：乡土不宜自掠，而宋、郑商旅之会也。御河在中，舟漕相属，取以自资，霸王之业也。让然之。兵由是大振。李密亡命雍邱，勣与王伯当说让，推密为明主。首以奇计破王世充。密署勣右武侯大将军、东海郡公。时，河南、山东大水，炀帝在江都饬饥者就食黎阳仓。勣因说密曰：天下之乱本于饥寒，今若取黎阳，得仓粟而募兵，大事集矣。密以麾下兵五千付勣，及郝孝德渡河，袭黎阳，守之。开仓纵食，旬日，得兵至二十万。宇文化及弑帝后，拥兵北来，勣出奇败之，化及遂引去。武德二年，密归诚于唐，献地方数千里，而以勣统之。谓长史郭孝恪曰：人与地，魏公有也。吾若献之，是利主之败而自为功，吾不为也。乃录户籍启密，请自上之。使至，高祖讶无勣表，使者以告。帝喜曰：纯臣也。即授黎州总管，封英国公。赐姓李氏，列籍宗正，徙封曹，给田五十顷，甲第一区。封其父盖，济阴郡王，固辞，改舒国公。命勣总河南、山东兵拒王世充。及密以谋反诛，帝遣使示密反状。勣请收葬，诏从之。并为密缞绖，葬讫乃释。俄为窦建德所陷，质其父盖，使复守黎阳。三年，自拔来归。太宗时为秦王伐东都，勣从战，数有功。略地虎牢，降郑州司兵沈悦。遂平建德，俘世充，振旅还京师，勣与秦王皆服金甲，乘戎辂，告捷太庙。会盖与裴矩入朝，诏复其官。又从破刘黑闼、徐圆朗，累迁左监门大将军。圆朗复反，诏勣以河南道大总管，讨平之。赵王李孝恭讨辅公祐，先遣勣以步兵万人度淮，拔寿阳，攻江西贼垒，冯惠亮、陈正通相次溃，公祐遂平。太宗即位，拜并州都督，实封九百户。贞观三年，为通漠道行军总管，出云中，与突厥战，走之。引兵与李靖合。因曰：颉利度碛，保于九姓，不可得也。我若约赍薄之，则虏不战而成擒矣。靖大喜。率众夜发，勒兵从之。颉利果欲度碛，不得前。由是酋长率部落五万降于勣。事闻，诏拜光禄大夫，行并州都督府长史。父丧解任，夺情还官，仍徙封英。治并州十六年，以威肃闻。帝曰：炀帝不择人守边，徒修长城。今我用勣，突厥不敢南，牧贤长城远矣。召为兵部尚书，未至，会薛延陀子大度设侵李思摩，诏勣以朔方道行军总管，将轻骑，击度设，计斩名王一，俘口五万。论功封一子县公。晋王立为皇太子，授詹事，兼左卫率，俄同中书门下三品。帝谕之曰：吾儿方位东宫，公元勋旧德，故以宫僚见委，勿以资屈为嫌也。后帝亲征高丽，改勣为辽东道行军大总管，连破盖牟、辽东、白崖等城，从战驻跸山。功多，封一子为郡公。延陀部落乱，命勣将轻骑两万发突厥兵讨之，碛北遂定。授太常卿，仍同中书门下三品，兼詹事。勣既忠恳，帝每谓可托大事，如汉武之留意霍光焉。勣曾得暴疾，医曰：用须灰可治。帝乃自剪须和药。及愈，入谢，顿首流血。帝曰：吾为社稷计耳，何谢为！一日留宴，帝谓勣曰：托孤属事，无易公者。公不遗李密，岂负朕乎？勣感涕，因啮指流血，俄大醉，帝亲解衣覆之。帝疾，谓太子曰：汝于勣无恩，我今出之，我死，汝即授以仆射，彼必致死力矣。乃授勣叠州都督。高宗即位，召进开府仪同三司、同中书门下，参掌机密，遂为尚书左仆射。永徽元年，求解仆射，许之，仍以开府仪同三司知政事。四年，册拜司空。太宗时，勣已画像凌烟阁，至是，帝复命图形内府，制序美之。又诏得乘小马出入两府，卑官日一人迎送。帝欲立武昭仪为皇后，太尉长孙无忌、同门下三品褚遂良持不可，勣以老依违顾望，武氏竟立，识者惜之。帝东封泰山，授勣为封禅大使。偶坠马伤足，帝即以所乘马赐之。高丽莫离支男生兄弟相争战，男生来援。诏勣复为辽东道行军大总管，率兵讨之，破其国，裂地而郡县之。诏勣献俘昭陵，且告庙策勣。进勣太子太师，增食，实封千一百户。总章二年，卒，年八十六。帝诏曰：勣奉上忠，事亲孝，历三朝，官将相，勤慎未尝有过，有司其厚赗恤之。乃发哀光顺门，哭之痛，辍视朝七日。赠太尉、扬州大都督，谥曰"贞武"。给东园秘器,陪葬昭陵。起冢象、乌德鞬山,以旌其功烈。葬之日,帝与太子率百官,皆哭送。其生荣死哀之概,房、杜亦莫能望也。性友爱。平洛阳,获世充将单雄信,故人也。表其材武,且言:若贷死,雄信必有以报也。誓纳官爵以赎。不许。乃号恸,割股肉啖之,曰:生死永诀,此肉同归于土矣。并收养其妻孥。其姊病,尝自为粥,而燎其须。姊戒止之。勣曰:姊与勣老矣,即进粥,尚几何耶?闻者为感涕。尤善筹算,料敌应变,咸中事机。闻人一善,则嗟赏不去口。每战胜,必推功于下。金帛,散之士卒,无私贮也。故士卒皆愿为之效死,所在成功焉。后配享高宗庙庭。子一,震,袭爵,终桂州刺史。卒,长子敬业嗣。敬业少从勣征伐,有勇名。历太仆少卿,外转眉州刺史。嗣圣元年,坐赃,贬抑州司马。会唐之奇、杜求仁、骆宾王及警业弟敬猷,亦各因事谪官,与敬业同客扬州,怏怏终日,辄思一泄。时,武后既废中宗,立睿宗,实亦囚之。诸武擅命,唐子孙诛戮殆尽,天下愤之,而惮后之严酷,莫敢先也。敬业乃乘人怨,谋起兵,举骆宾王等密计,即矫制杀州长史陈敬之,自署州司马,且称奉密诏募兵,讨高州叛酋。即开府库,释系囚,斩参军孙处行以徇,乃开三府,一曰匡复府,二曰英公府,三曰扬州大都督府。自称匡复上将军,领扬州大都督。骆宾王代为文,传檄远近,历数武氏过恶,复庐陵王天子位。旬日间,楚州三县应之。武后遣玉钤卫大将军李孝逸将兵三十万往击之,削勣官爵,毁冢、暴骨、赦扬、楚民之胁从者。敬业问计于魏思温、薛璋,思温曰:太后当阳天子幽囚,公当身自将兵直趋东都。山东、韩、魏知公起义,附之者必众,天下指日定矣。璋曰:不然。金陵负江,地足自固,宜先并之为霸基,然后鼓行而北。思温曰:郑、汴、徐、亳士皆豪杰,不愿武后居上,蒸麦为饭,以待我兵,奈何守金陵,而自投死地乎?敬业不从,卒致于败,为其将王那相斩之。中宗复辟,诏复勣官爵。曰:故司空勣,往因敬业,毁废坟茔,朕追想元勋,永怀佐命。窦宪干纪,不累安丰之祀;霍禹乱常,犹全博陆之祠。罪不相及,国有通典。特垂恩礼,有司其速为起坟,所有官阶勋爵之一并追复,以称朕意。至是,子孙虽云灭绝,而勣之不白始获昭雪于天下。若曰:主立武氏求荣者,适以自杀。未免苛矣。

[民国《东明县新志》卷十一《乡贤》]

曹国公李勣,字懋功。离狐人。本姓徐,高祖时封英国公,赐姓李。从秦王伐东郡,继破刘黑闼等。太宗即位,拜并州都督,破降突厥颉利,从征高丽。历功,拜左仆射,徙封曹国公。卒,谥"贞武"。

[光绪《曹县志》卷八《封建》]

李勣，字懋功。曹州离狐人。本姓徐，客卫南。家富，多童仆。积粟常数千钟。与其父盖皆喜施贷，不间亲疏。大业末，说翟让，奉李密为主。密表勣东海郡公。遣勣渡河，袭克黎阳，开仓募众，旬日得胜兵二十万。屡立战功。武德二年，密归唐，勣未有所属。谓长史郭孝恪曰：人众士宇，皆魏公有也。吾若献之，是利主之败为己功，吾所羞也。乃遣使启密，请自献。高祖嘉之。诏授黎州总管，封英国公，徙封曹，赐姓李氏。令总统河南、山东兵以拒王世充。及密谋反诛，勣请收葬，诏从之。为密服缞绖，葬讫乃释。从秦王伐东都，累战有功。秦王为上将，勣为下将。又从讨刘黑闼、徐圆朗。贞观初，拜并州都督，为通漠道行军总管，出云中，与突厥颉利战，走之，并其部落五万余口而还。帝尝曰：炀帝筑长城，以备胡。我用勣守，并突厥不敢南，牧贤于长城远矣。征拜兵部尚书。复以破薛延陀功，封一子为县公。太宗亲征高丽，以勣为行军总管，攻破盖牟等城，封一子为郡公。勣既尽忠力，帝谓可托大事。尝暴疾，帝自剪须和药。后留宴，顾曰：朕思属幼孤，无易公者。公昔不遗李密，岂负朕哉？高宗立，诏授检校洛州刺史、洛阳宫留守，进开府仪同三司、同中书门下，掌机密，遂为尚书左仆射。永徽四年，进司空。复命图形凌烟阁，自序之。高丽乱，诏勣为辽东行军大总管，率兵二万讨之，破其国，裂为州县。进位太子太师。寻卒，八十六。赠太尉、扬州大都督，谥"贞武"。陪葬昭陵。勣友爱。姊病，尝自为粥而燎其须。姊止之。答曰：姊多疾，而勣且老，虽欲数进粥，尚几何？其用兵多筹算，临敌应变，皆契事机。战胜，亦推功于下。得金帛，尽散之士卒。故人为之用。既殁，闻者皆为流涕。子震、孙敬业、敬猷。敬业，别有"传"。

[光绪《新修菏泽县志》卷十《人物》]

　　李勣，字懋功。离狐人。本姓徐，隋末徙居滑州之卫南。家富，多童仆。积粟常数千钟。与其父盖皆喜施贷，拯济贫乏，不间亲疏。大业末，说翟让，奉李密为主。密遣勣渡河，掩袭黎阳，即日克之，开仓募众，一旬之间，得胜兵二十余万。屡立战功。武德二年，密归朝廷，勣据其旧境，未有所属。谓长史郭孝恪曰：魏公归唐，今此人众土地，魏公有也。吾若献之，是利主之败，自为己功，吾所羞也。乃遣使启密，请自献上。高祖嘉之，诏授黎阳总管，加右武侯大将军，封曹国公，赐姓李氏。令总统河南、山东兵以拒王世充。及密谋反诛，勣请收葬，诏从之。为密服齐经，葬讫乃释，朝野义之。后为窦建德所陷，质其父，使复守黎阳。三年，自拔来归。四年，从秦王伐东都，累战克之，振旅而还。论功行赏，秦王为上将，勣为下将，服金甲，乘戎辂，告捷太庙。又从破刘黑闼、徐圆朗，累迁左监门大将军。贞观三年,拜并州都督,为通漠道行军总管,出云中,与突厥战,走之。引兵与李靖合,降颉利,并其部落五万余口而还。帝尝曰:炀帝不择人守边,劳中国筑长城以备胡,今我用勣守,并突厥不敢南,牧贤长城远矣。在并州十六年,改封英国公,征拜兵部尚书。复以破薛延陀功,封一子为县公。十八年,太宗亲征高丽,以勣为行军总管,攻破盖牟等城,封一子为郡公。勣既尽忠力,功名日著,帝谓可托大事。尝暴疾,帝自剪发以和药。后留宴,顾曰:朕思属幼孤,无易公者。公昔不遗李密,岂负朕哉?勣感泣,因啮指流血。俄大醉,帝亲解衣覆之。二十年,延陀部落扰乱,诏勣将二百骑便发突厥兵讨,击破之,碛北悉定。二十三年,太宗□疾,出勣为叠州都督。帝崩,高宗立,诏授检校洛州刺史、洛阳宫留守,进关府仪同三司、同中书门下,掌机密。是岁,册拜尚书左仆射。永徽四年,进拜司空。复命图形凌烟阁,自序之。又诏得乘小马出入东、西台,日一人送迎。帝欲立武昭仪为皇后,畏大臣异议,未决。密访于勣,答曰:此陛下家事,何必更问外人?帝意遂定,而王后废。总章元年,高丽莫离支男为其弟所弑,遣子乞帅。诏勣为辽东道行军大总管,率兵二万讨之,破其国,执高藏、男建等,裂其地为州县。诏勣献俘昭陵,明先帝意,具军容告于庙。二年,进位太子太师,增食千一百户。寻卒,年八十六。帝曰:勣奉上忠,事亲孝。赠太尉、扬州大都督。谥曰"贞武"。陪葬昭陵,配享太庙。勣性友爱。其姊病,尝自为粥而燎其须。姊戒止。答曰:姊多疾,而勣且老,虽欲数进粥,尚几何?其用兵多筹算,临敌应变,皆契事机。闻人片善,扼腕而从。战胜,必推功于下。得金帛,尽散之士卒。故人为之用,所向可捷。既殁,闻者皆为流涕。勣,本名世勣,至高宗时避太宗讳,故但名勣按:勣"传",犹从《唐书》本传,非后世史□也。观者详之。

[康熙《曹州志》卷十五《历代名贤》]

　　李勣,字懋功。曹州离狐人。本姓徐。初从翟让为盗,李密亡命雍丘,勣说让,推密为主。武德二年,密归唐,其地勣统之。乃录郡县户口,使密自上之。高祖以为纯臣。诏授黎州总管,封英国公,赐姓李。从秦工伐东郡,略地至虎牢,降沈悦,平窦建德,又破刘黑闼,平辅公祐。太宗即位,拜并州都督,破降突厥颉利,又从征高丽。高宗立,进尚书左仆射。时欲立武昭仪为后,高宗密访勣。勣曰:此陛下家事,无须问外人。帝意遂定,而王皇后废。卒,谥"贞武"。

[嘉靖《山东通志》卷三十《人物三》]

　　李勣,字懋功。曹州离狐人今菏泽。本姓徐氏。年十七,从翟让为盗,与王伯当共说让,推李密为主。武德二年,密归朝廷,其地东属海,南至江,西直汝,北抵魏郡,勣统之,未有所属。谓长史郭孝恪曰:此人众土宇,皆魏公有也。吾若献之,是利主之败为己功。乃录郡县户口以启密,请自上之。使至,高祖讶无表,使者以意闻。高祖曰:纯臣也。诏授黎州总管,赐姓,附宗正属籍,封莱国公,改封英。后官至尚书左仆射。永徽(总章)二年卒,八十六,谥"贞武"。孙敬业,武后时起兵匡复,不克,死《唐书》本传。

[宣统《山东通志》卷一百五十六《人物志第十一·历代名臣》]

李勣(594—669),曹州离狐(今东明)人。本姓徐,名世勣,字懋功。唐赠以国姓"李",因避李世民讳,名勣。

智谋深广,通晓兵法,早年在瓦岗寨追随翟让、李密,瓦岗军失败后,跟随李密归唐,协助李世民为唐王朝的创建,立下汗马功劳。贞观三年(629),李勣担任通漠道行军总管,随李靖灭东突厥,被唐太宗李世民封为英国公。从高祖到高宗,李勣辅佐唐朝三代皇帝,功勋卓著。位至尚书左仆射,进位司空。

显庆二年(657),高宗命李勣负责,组织太尉长孙无忌、右监门府长史苏敬等二十二人,重修本草。显庆四年(659)正月修缮完毕,称为《新修本草》,又称《唐本草》。因李勣是本书的主要监修者,故本书又称《英公本草》,是我国第一部由政府主持编纂出版的本草典籍。

卒后,葬陕西礼泉县的昭陵。现昭陵文物陈列所,就设在李勣墓地。

[《东明县志》第七卷《人物》]
[《东明卫生志·古近代杏林人物传略》]
[《山东中医药志》第六篇《传记》]

己巳二年(669)冬十二月,司空、太子太师、英、贞武公李勣卒《通鉴》。

[宣统《山东通志》卷六《通纪四》]

唐封曹国公李勣,张《志》所载止此。其言曰:曹伯之封在定陶,郕伯之封属濮州,与今邑无涉。然在当日,介于定、濮之间。□其始封,则兹邑之所由来可知也。又曰:北魏之定陶子、唐之曹国公,皆非今境,而鹿愈李勣皆属邑人,故因人而志地也。旧志"藩封"一门,王侯、伯子多至五十余人。凡见史册,莫不备载。不知汉、魏之济阴,治在定陶;唐、宋之济阴,地当曹县。金、元以上,曹置左山,雷泽、成阳半涉濮境。乃人非菏产,封非乘氏,徒侈浩博,无乃滥乎。《府志》云:三代后之封建,皆世守其国,传之子孙。自晋及唐,凡诸爵赏,大率虚名遥领,无胙土之实。或食租京师,终身未尝治于其国。宋世封号,止及其身;金元之制，徒建空名。分封既少，无庸牵会。兹《志》之略，亦此意也。

[光绪《新修菏泽县志》卷十五《古迹》]

李勣，字懋功。曹州人。唐太宗举义兵，勣御，勇破敌，累以军功加英国公。解组，居衡山。卒，葬第六都沙泉。

[嘉靖《湖广图经志书》卷十二《衡州府》]

李勣，曹州人。太宗时为并州都督，以威肃闻。累败突厥，帝曰：朕用勣守并，突厥不敢南向，贤于长城远矣。尝筑东城，引晋水，驾汾水入城，以资民用，人皆便之。

[万历《山西通志》卷十六《名宦上》]

李勣，字懋功。曹州人。唐太宗举义兵，勣奋勇破敌。贞观中，拜并州都督。乾封元年，为辽东大总管，伐高丽有功，加英国公。解组，居衡山。卒，葬第六都沙泉。

[弘治《衡山县志》卷四《流寓》]

李勣，字茂（懋）功。英国公。贞观十一年六月，以为刺史，勣不愿远，阙下乃已。

[正德《姑苏志》卷二《古今守令表》]

李勣，字茂（懋）功。曹州离狐人。武德初，为河南大总管。时，徐圆朗叛，上命勣讨平之。

[嘉靖《河南通志》卷二十四《名宦一》]

李勣，字懋功。曹州人。尝从太宗，以军功进英国公。退居衡山，葬六都沙泉。

[万历《湖广总志》卷七十一《流寓》]

李勣，曹州人。从高祖、太宗战，征所至有功，拜同中书门下，最后伐高丽，破其国，裂其地，进太子太师，封英国公。县境有墓。

[康熙《考城县志》卷二《流寓》]

李勣，《府志》：字懋功。曹州离狐人。旧志载：勣，事太宗，以功封莱国公。贞观末，出为叠州都督。乾封元年，为辽东大总管，伐高丽，有功。寻解组，居衡山。卒，葬沙泉。今封墓宛然。按：勣，年八十六卒于家，且死犹敕其弟弼，谨持门户，勿使子孙如房、杜子不肖。其勋名赫赫，奕宠任无比，何嫌何疑而远居南霍耶？今仍存，以俟考。

[乾隆《湖南通志》卷一百三十五《流寓》]

李勣，字懋功。曹州离狐人。本姓徐。以军功授光禄大夫，行并州大都督、府长史，封英国公。在并十六年，令行禁止，号为称职。太宗谓侍臣曰：隋不能精选贤良，安抚边境，惟解筑长城，以备突厥。情识之惑，一至于此。朕今委任李勣于并州，遂使突厥畏威遁走，塞垣安静，岂不远胜筑长城耶？累拜尚书左仆射。卒，赠太尉，谥"贞武"。

［乾隆《太原府志》卷三十二《名宦》］

徐勣，字懋功。曹州离狐人。客卫南。家富，多僮仆。积粟常数千钟。与其父盖，皆喜施贷，所周给无亲疏之间。大业末，韦城翟让为盗，勣年十七，住从之。说曰：公乡壤不宜自剽残，宋、城商旅之会，御河在中，舟舰相属，往邀取之，可以自资。让然之。劫公私船，取财。由是，兵大振。后勣佐唐，封英国公，赐国姓。

［同治《滑县志》卷十《流寓》］

徐勣，字懋功。曹州离狐人。客卫南。家富，多僮仆。积粟常数千钟。与其父盖，皆喜施贷，所周给无亲疏之间。大业末，韦城翟让为盗，勣年十七，往。说之曰：公乡壤不宜自剽残，宋、城商旅之会，御河在中，舟舰相属，往邀取之，可以自资。让然之。劫公私船，取财。由是，兵大振。后勣佐唐，封英国公，赐国姓。今滑县有英公村。

［民国《续修滑县志》卷十八《流寓》］

李勣，字懋功。曹州离狐人。勣，事太宗，以功封莱国公。贞观末，出为叠州都督。乾封元年，为辽东大总管，伐高丽，有功。寻解组，居衡山。卒，葬沙泉。按：《唐史》：勣，年八十六卒于家。将死，敕其弟弼，谨持门户，勿使子孙如房、杜子不肖。似无居衡山事，今姑仍旧志。

［乾隆《衡州府志》卷二十六《流寓》］

李勣，邑旧志：字懋功。曹州离狐人。事太宗，以功封莱国公。贞观末，出为叠州都督。乾封元年，为辽东大总管，伐高丽，有功。寻解组，居衡山。卒，葬沙泉。按：《唐史》：勣，年八十六卒于家。将死，诫其弟弼，谨持门户，勿使子孙不肖如房、杜两家。似无居衡山事。今姑存旧志。

［道光《衡山县志》卷四十二《流寓志》］

李勣，字懋功。曹州离狐人。事太宗，以功封莱国公。贞观末，出为叠州都督。乾封元年，为辽东大总管，伐高丽，有功。寻解组，居衡山。卒，葬沙泉旧志。按：《唐史》：勣，年八十六卒于家。将卒，诫其弟弼，谨持门户，勿使子孙不肖如房、杜两家。似无居衡山事。

[光绪《衡山县志》卷三十四《流寓》]

李勣庙，般阳北廿五里。

[至元《齐乘》卷五《亭馆下》]

唐英国公李勣墓，在第六都沙泉。

[弘治《衡山县志》卷三《陵墓》]

李勣墓，在考城县南三十里。勣，司空，封英国公。

[嘉靖《河南通志》卷十九《陵墓》]

[康熙《河南通志》卷十九《陵墓》]

李勣墓，衡山都沙泉。谥号"公"。

[万历《湖广总志》卷四十四《陵墓》]

英国公李勣墓，在县南。

[康熙《考城县志》卷四《陵墓》]

李勣墓，在考城县南三十里。唐英国公《考城县志》。

[乾隆《归德府志》卷三十三《陵墓》]

李勣墓，在衡山之沙泉。按：《唐史》：英国公薨，诏赠太尉、扬州都督，谥曰贞武。给东园秘器，陪葬昭陵。葬日，高宗幸未央城，登楼临送，望柳车痛哭。所筑坟，一准卫、霍故事。则英公卒于长安，而非解组归衡，审矣！沙泉之墓，何以称焉？则旧志相沿之误耳。

[乾隆《衡山县志》卷六《陵墓》]

唐英国公李勣墓，相传在衡山县六都沙泉。按：《唐史》：英公薨，诏赠太尉、扬州都督，谥曰贞武。给东园秘器，陪葬昭陵。葬日，高宗幸未央城，登楼临送，望柳车恸哭。所筑坟，一准卫、霍故事。则英公卒于长安，而非窆于衡，审矣。沙泉之墓，何以称焉？则旧志相沿之误耳。

[乾隆《衡州府志》卷二十七《陵墓》]

英国公李勣卒，高祖诏冢象阴、铁、乌德鞬山，以旌功烈。其孙敬业起兵诛，则天遂削其冢。中宗反正，复茸如故《唐书》。按：则天削其冢而未毁其碑，非以碑乃高宗御制欤。

[乾隆《醴泉县续志》卷上《褐遗》]

李勣墓，相传在衡山之沙泉。据《唐史》：英国公李勣薨，赠太尉、扬州都督，谥贞武。给东园秘器，陪葬昭陵。葬日，高宗幸未央，登楼临送，望柳车痛哭。所筑坟，一准卫、霍故事。据此，则卒于长安，葬于昭陵。衡山沙泉之墓，何以称焉？考勣之子敬业，讨武氏，兵败，入衡山为僧。《纪闻》云：天宝初，南岳有老僧，年九十余，名住括者，乃敬业也。疑死后即葬衡山沙泉，而后人误指为勣墓，遂以讹传讹，无能辨也。

[道光《衡山县志》卷四十七《陵墓》]

唐英国公赠太尉扬州都督谥贞武李勣墓，在邑之沙泉旧志。按：《唐史》：李勣陪葬昭陵。无葬衡山之说。考勣子敬业，讨武氏，兵败，入衡山为僧。《纪闻》云：天宝初，南岳有老僧，年九十余，名住括者，乃敬业也。疑死后葬衡山沙泉，而后人误指为勣墓与？又，《一统志》载：在县南。

[光绪《衡山县志》卷三十七《陵墓》]

懋功祠，在淄川县西三十里，祀唐李勣，后有墓。唐吕和叔赞：横流莫拯，大乱无像；英公杰出，应运为将。与楚楚霸，与汉汉王；天时人事，随我所向。长蛇纵蚓，东据河洛；婪婪封豕，来济同恶。号吼连声，如雷如霆；万里震惊，时维英公。谅我太宗，斩豕以钺；取蛇于穴，群秽殄灭。乃定九鼎，乃开明堂；奄有大邦；金甲同光。告成于王，皇业用昌；帝命英公，北伐狁狁。雷鼓殷殷，旄头几殒；扫云黑山，布唐阳春。五原草绿，不见南牧；岛夷未庭，天子亲征。其锋维英，莫拒莫抗；是震是荡；破东海浪。天下既和，解鞍投戈；衮服委蛇，华发皤皤。终始三朝，无玷可磨。

懋功祠，在淄川县西三十里，祀唐李勣，后有墓。

[嘉靖《山东通志》卷十八《祠祀》]

赠太尉扬州大都督英贞武公李勣碑，在刘洞村。《金石录》云：高宗撰并行书，仪凤二年十月。又云：上，唐李勣碑。按：《唐史》：太宗属疾，出勣为叠州都督。高宗立，召授检校、洛州刺史。今以碑考之，其除洛州乃在太宗朝。高宗即位，授开府仪同三司尔。又新旧《史》皆云：勣，年八十六。而碑云：年七十六。碑，高宗自撰，其所书官爵、年寿皆可信而不疑也。按：碑阴有宋游师雄跋。

[乾隆《醴泉县志》卷十一《金石》]

明

◎ 东海孔道人 ◎

明隆万间，邑东南距邑五十余里金堤集北有老人，年七旬，平昔嗜食羊肉、点心，因病肠痈，旦夕且死。一日，思诣集释闷，厥子掖扶至道。一道士，迎面而来，谓其子曰：子父病肠痈，亡在旦夕，吾立刻能回尔父生，但未知肯罄资相谢否？厥子应声曰：诚得亲寿，家非所恤也。须臾，道士张口向病人口大呵，如大笑然，声闻里许。病者如吞甘饴，饮甘露，通体和畅，立刻大痊。厥子敦请道士至家，率家人罗拜，将践相谢之约。道士曰：吾活人，自是本等，但试尔孝心何如耳！余方辟谷茹芝，又奚事货利为父？若子送至道上，奄忽不见，因立望仙庙，以志不忘。今其遗址存焉。明万历四十一年（1631），一道士，修髯伟貌，羽衣挥尘，年近四旬，类有道术者，自号为东海孔道人。以卖药为业，因住持于县西第二寨之牛王社，乡人初未之奇也。有求医者，或给以锉剂、丸散，或假按摩，或施导引之术，所应无不立效，四境乃竞传其神。然率不取利，饮食之而已。识者以为东海故安期羡门之所居也，道人其壶隐者流欤！

[乾隆《东明县志》卷七《仙释》]

明隆万间，县东南五十里许金堤集有老人，年七旬矣。因素嗜羊肉、点心，病肠痈，旦夕且死。思一诣集市释烦闷，其子掖焉。途遇一道士，突谓其子曰：尔父病痈，亡在旦夕，吾能治之，肯罄资相谢乎？子应声曰：诚得亲寿，倾家非所计也。道士即张口向病人口大呵，如大笑然，声闻里许。病者如食甘饴，饮甘露，通体和畅，立刻痊。子顿首谢，且敦请至家，率家人罗拜，将践相谢约。道士曰：活人，吾分也。前言，聊试尔心耳。余方辟谷茹芝，奚事货财为父。若子送至道上，倏忽不见，因立望仙庙，志不忘。今遗址犹存见旧志。

明万历四十一年，有道士，修髯伟貌，羽衣挥尘，飘飘然，有神仙之概，自号为东海孔道人。卖药为业，因主持于县西之第二寨牛王社，乡人初未之奇也。求医者，或给以锉剂、丸散，或假按摩，或施导引术，无不立效，四境始竞传为神道人。且绝不取利，偶至人家，饮食之而已。识者以为东海故安期羡门之所居也。如道人者，其壶隐者欤见旧志！

[民国《东明县新志》卷二十一《轶闻》]

◎ 江百福 ◎

明万历季江百福者，身长几六尺，面深黑色，足躄，形貌古怪，言论飚发，由江左徽州随叔父经商兹地，因家焉。年三十许，忽染劳瘵，卧床累月，行且就木。一日，所亲谓之曰：何不招孔神仙乎？因备礼往延。既至，孔曰：劳瘵也。因用按摩，尽导引之术。甫三移时，而沉疴顿起，觉饥思食。孔曰：久不食，肠细矣。渐次增之，庶无患。自是服白米粥，日三次，次三钟，半饥半饱，教以导引，且晚不倦，匝月如初。孔辞去，嘱曰：须保重，勿犯，犯之不治。及两月，复犯病，视前较危。家人不得已，复泣恳孔。孔再至，曰：吾虽有回生术，不能救要死人。吾尽吾心焉耳！因仍用前法竟日，始效。江大惧，留孔，同寝食，日夜倾心学导引，始终约三百余日，天门大开，竟宽寸许。自是，凡一切调药立方，不傍成书，所经医无不奇中，发愿施真正万应膏，三年济及七省，群呼为"江神仙"云。后以身家念重，藐姑兴阑，惜未得偕孔道人同证仙果也。

[乾隆《东明县志》卷七《仙释》]

明万历末有江姓名百福者，自皖南来。身长几六尺许，面黧黑而足躄，貌古怪，偶高谈，辄屈座上客。经商斯邦，因家焉。后忽染劳瘵，床卧弥月，行将就木。一日，有人谓之曰：盍延孔神仙一诊乎？因请之。既至，孔曰：瘵也。乃如法按摩之，尽导引术。甫三移时，而江顿觉大快，呼病痊，亟思食。孔曰：久不食，肠细矣。渐增之，庶无患。匝月间，如无恙时矣。临别，嘱曰：须保重，勿再犯，犯之不治。又两月，复犯，视前更危。家人惶恐，泣恳孔。孔不得已，至，曰：吾虽术可回生，然不能救自觅死者。吾尽吾心焉耳。仍用前法，竟日始效。江大惧，留孔，寝食与俱，且倾心学导引，凡三百余日，天门大开，宽寸许。自是，江亦称玄解，调药立方，不傍成书，诊视者多奇中，更发愿施真正万应膏。三年，济及七省，群呼之为"江神仙"。迨以身家念切，藐姑兴阑，不得与孔道人同证仙果，里人氏为惜焉见旧志。

[乾隆《东明县志》卷七《仙释》]

◎ 朱清泠 ◎

创置漏泽园记

明李民质进士，本邑人

余邑故未有漏泽园，有之，盖我邑侯南阳清泠朱公也。莅任明年，是为戊子（1588），属岁饥乏，疫疠大作，四野萧条，百物彫耗，郊关之外有积骸数十，累累相望。公闻之，叹曰：嗟乎！此余之责也。彼虽无主，吾即为之主。奈之何为民父母，而使赤子白骨委弃。乃于北郭五里所，置地一区为园。已又取石为坊、为碑，冀垂不朽。不数日，告成。使枯骨掩藏，佳城见日，野火不燃，梧邱鲜沈首之悲鹄，亭无灰骨之恨矣。公之厚泽深仁，顾不渗漏无遗，而为吾民之永赖哉！自公之莅吾邑也，适饥馑，百姓嗷嗷。公为之散粟煮粥，多方以赈济之，而民得以更生。黄流骤至，民几鱼鳖。公为躬祷，而民得免于漂没。瘟疫之作也，十室而九。公为施医药以救济，而民多所全活云。又岁时，进耆老，问民疾苦，教以农桑、树艺之术，纤悉备至。苟有民害，又曲为庇护，即以身干上官之怒，至中伤之而不辞。视国如家，视民如子，其纯然一念，真足以质神明，对天地，以故人心感悦，天心协应，嘉禾瑞麦，见于闾巷之歌谣者，班班可考。然则公之大造于吾民，固不直漏泽一事，而生者死者咸为之所，则此其大端也。园既成，命余为之记。余虽不娴于文，目睹其事而心悦其成，遂据实而记之。时万历己丑（1589）正月之上元也。

[乾隆《东明县志》卷八《记》]

◎ 慧 通 ◎

重修福兴寺记

明刘辅进士，本邑人

寺在州巽，方八十里，台高丈许，基阔数百步，周围广一里，寺宇居焉。梁之贞明三年（917），僧徒李原创建，壮丽一时。宋属开州冤句县界。元季，经兵火，惟存台基。永乐癸卯（1423），郡之僧正张惟诚睹此佳境，命僧人悟景结庐居之。至僧正因福悟海，又命游僧岳氏圆清住持。正统改元（1436），僧人道成发虔心，不避寒暑，跣足募化，重建前后三殿，彫甍画栋，巍峨壮大。性海行玉装，演佛像，如其殿数。金碧鲜明，光彩炫耀。起盖楼阁，铸钟一口，晨昏听音，参禅礼佛。天顺庚辰（1640）间，慧通来住于此。同性海泊徒海贵、海善、本广，偕善士孟原辈，鸠工聚材，市买砖瓦，盖造后殿，塑绘圣像，起架两廊。创工于成化元年（1465）三月，落成于成化五年十一月。光前启后，可谓能振本教者矣。嗟夫！寺之兴废由僧之贤否，僧之贤否本乎心之诚伪。心诚则寺宇兴而事竟成，心伪则建于前而废于后。有于此而失于彼，欲人之瞻仰而敬畏，难矣。今众僧协力同心，以建此寺，无非阐扬释教于将来。因记其乡贯，以为后劝。道成，山西屯留人。行玉，临县人。慧通，郡之北司马陈仲和之次子。礼白丘智圆为师，不惟振扬宗风，又明医道以济人。性海，大郎中宋三之仲子。海善，慎德张林之亚嗣。海贵，长垣邓岗郝实嫡子。本广，澶渊李春之次子。是皆制行高洁，为时景仰，故能成功。己丑岁冬十一月长至。

[乾隆《东明县志》卷八《记》]

◎ 僧 录 ◎

兴智寺记

明 刘辅

　　漆园之兴智寺，在县治离方三十里许。创建莫知，从来说者谓在唐末。北临大河，水势迂曲而绕，故立宝塔九层，甃以瓴镝，户牖玲珑，以为远近之瞻眺。当时，殿宇、佛像必极烜赫。历宋暨元，沿革非一，废而弗存，惟宝塔昂然冲乎碧空，想有神物呵护者。国初，经营虽有其人，弗克竣事。迨永乐、宣德间，寺僧正广虽发心建置，规模未宏。正统岁，有名师洪旺者，来莅于兹，睹其地势，钟灵幽雅，可居，遂驻锡焉。因与众富庶谋曰：欲建此寺，功费倍万，非独力能就，仰借诸君之资可成。众欣诺。遂鸠工市材，期于底绩。于是，富庶辈有材木者载之以材木，有资用者助之以资用，倾囊罄箱，略无少吝。及殿宇、廊庑告成，嵌塑圣像，妆饬菩萨。凡为间者三，佛像如正殿数，尽饬四壁，伽蓝祖师各列东西，左右方丈俱在两隅。金碧相辉，绚彩相射。又建东西两庑三十余间，比屋相连，有栖僧之所，有谈经室。光前垂后，罕可比拟。若洪旺者，可谓能阐扬正教而振宗风者矣，亦可谓能成未成之业于悠久者矣。视彼溺流俗而游方，不知所止，不大径庭哉！岁辛巳（1461），谒师神京，命其徒装饰，殿宇、圣像皆毕。彼有珉记，兹不赘言。今蒙给领僧录，札付回寺主持。匪徒崇其本教，又能谙长桑诀，修合药饵，济世活人甚众。一时，痿痹者起，沉痼者苏。望庐而请，殆无虚日。医道与吾儒事最近，故儒者乐与之游，乃请文以纪其概。余嘉其请，姑砻石以书颠末焉，不徒为记岁月而已。

[乾隆《东明县志》卷八《记》]

清

◎ 高廷桢 ◎

高廷标，字建霞。家素封，性尤慷慨，喜施与，乡人德之。由都察院都事、户部郎中，在京曹几二十年，迭办要差，勤慎将命，胥吏悚其丰采，无敢滋弊者，满汉各尚侍深嘉许焉。京察一等，题补龙安府知府。陛辞日，咸皇帝问：前充何差？廷标以陵工对，帝慰勉者再。抵任，洁己率属，事必躬亲，杜苞苴，严篚篦。值岁凶，复捐廉以赈饥，民困为苏。用是，百姓爱之如父母，咸曰：两千石活我。道光四年（1824）大旱，廷标祷雨，立曝日中者络日，而甘霖果沛，人复称之为"太守雨公"。无何以冒雨致疾，迄未痊，竟卒于官。士民号泣，而送者数千人。弟廷桢，字良弼。仗义疏财，绝肖乃兄廷标，官师。廷桢居里，凡戚友穷困者，求无不应。每入冬，辄施粥施衣，且时施医药。贫死无所归者，或乞丐而死于道者，槽敛之。惟恐后与人言，亦未尝一自矜也。咸丰元年（1851），以事例纳资为员外郎。寻，外转同知，待次山东二年，署济南府同知。廉俸之外，即杯水不取于民也。旋奉命办理琉球贡差，更捐廉数百金，始告毕事。大吏闻而嘉之，以卓异荐。章未下，而廷桢病归，遂不复出。数年卒。又有廷标从弟曰廷梅，字鼎臣。同知衔。廷槐，字荫堂。候选千总。亦皆因富饶而好施与，里人之感，不翅廷标弟兄也。咸丰五年（1855），河决铜瓦厢东，明全县尽为泽国，饿殍载途，哀鸿遍野。廷梅潸然语其弟曰：黄河为灾，受害者，非吾亲戚，即吾邻里也。何忍坐视不一援手救乎！于是，出粟数千石，分给戚友、邻间，每按春秋两季，计口分散，如是者六年。至同治二年（1863），大河西徙始已，全活者盖万余人焉。里人无以为报，乃率为额以旌其门。呜呼！聚而能散，在古惟范少伯；在东明惟穆陈实、陈王前高氏弟兄，其亦三人之流亚欤！

[民国《东明县新志》卷十一《乡贤》]

高廷桢，廷标弟。以候补员外郎改同知，署山东济南府同知。

[宣统《东明县续志》卷二《丛举》]

高廷桢，由候补员外郎署济南府同知。为廷标弟。

[民国《东明县新志》卷十《议叙》]

◎ **何允升** ◎

◎ **何三元** ◎

◎ **何永清** ◎

◎ **何祥居** ◎

◎ **何系苞** ◎

◎ **何系易** ◎

◎ **何喜亭** ◎

何允升，字西园。乾隆间附贡生也。性慈祥，喜施与。慕宋范文正之为人，尝谓：人生天地间，如不能达而在上，即可操一行之长以济世而寿民，较之墨守占毕，目伴蠹鱼，为有用也。于是，遂改而习医。攻苦力研，数年后，始为人诊病。起死肉骨，赖以全活者甚多。每遇穷困，或逆旅而无所归者，一闻其病，则立至，且施之药，故人感之者，深结肺腑。尤淡定，不乐仕进。乾隆末，河督旗籍某公知允升良医也，延之诊病，即愈。拟荐于朝而官之太医，供内廷。允升坚辞，至再，始获已。卒年五十三。著有医书数种，藏于家。孙曾辈，世其业者有三元、永清、祥居、系苞、系易、系辰、喜亭等。

[民国《东明县新志》卷十一《技术》]

何允升（生卒年不详），字西园。东明县人。清代乾隆年间的附贡生。生性慈和，乐善好施，仰慕范文正之为人，常说：人生在世，如不能飞黄腾达，就该操一技之长，济世寿民，要比做一辈子书呆子有意义得多。于是，弃文习医。经过数年专研，始为人治病，赖以痊愈者甚多。每有穷困或旅居的人有病，听说后往往不请自到，深受人们称赞。乾隆末某年，河督某公得知允升医道高明，请他医治顽疾，竟豁然而愈，拟举荐为朝廷太医，允升婉言谢绝。年五十三而卒，著有医书数本，藏于家。受其熏陶，其后辈子孙，从医者众。

[《东明人物》]

[《东明卫生志·古近代杏林人物传略》]

[《山东中医药志》第六篇《人物表》]

效霞按：据民国《东明县新志》卷八《东明自治人员一览表》，何系易于民国十四年任"县议事会"会员。

◎ 刘丕显 ◎

◎ 刘金鉴 ◎

◎ 刘言恕 ◎

刘丕显，字文谟。亦乾嘉间儒童也。习外科，医痈疽等证，针灸之，罔不立愈。说者谓异人授之，秘事详《轶闻》，兹不赘也。尤精于制造，如黑虎膏、红灵丹之类，皆其手创。而某证则以某方应之，无不验。迨丕显卒，其后人承箕裘，迄今弗替，最著者有金鉴、言恕等。有清光宣间，金鉴应天津知府胡远灿之约，为其子某医疮，旬余即痊。远灿逢人啧啧称道，并予颂诸报端。盖京津诸名家皆已束手，嗟奈何矣！则丕显枕中之秘，抑何神哉！

[民国《东明县新志》卷十一《技术》]

刘丕显，乾隆中人。习外科医术。一日夜间，在柳林河边网鱼，有人于桥上呼之来。丕显至，授以疗脏痈方法，且嘱曰：尔世宝之。自是，凡认证、下针、用药及黑虎膏术，皆绝妙。当时仅识为庞眉老叟，不留姓名而翛然去矣。人多以为仙传，迄今将二百年，子孙犹世其业，守为枕中秘，远近全活者无算。

[民国《东明县新志》卷二十一《轶闻》]

刘丕显（1661—1771），字文谟。沙窝乡刘口村人。孺童时，即攻习外科。长而医痈疽，擅针灸，精于制造黑虎膏、红灵丹，疗效异常，遂成为乾隆间东明县一代名医。光绪年间，天津知府胡远灿之子生一奇疮，京、津诸名医皆束手无策。刘氏后裔金鉴，应胡之请，为其子医疮，仅十余天，即愈。胡远灿备赞刘氏医术高明，并颂诸报端，使之名震京津。子孙弘扬其医术，沿袭至今。

[《东明县志》第七卷《人物》]

[《东明卫生志·古近代杏林人物传略》]

[《菏泽地区卫生志》第十二篇《医林人物》]
[《山东中医药志》第六篇《人物表》]

◎ 穆方苞 ◎

◎ 穆鸿章 ◎

◎ 领一斑 ◎

◎ 穆典章 ◎

穆方苞,字新竹。明侍郎文熙后也。少读书,喜观大意。应童试未售,而以亲病延医难,延良医尤难,乃拊膺太息曰:天下事,有大于亲病者乎!有大于济世活人者乎!掇青紫如拾芥,去利济斯民尚远,矧又不可得耶!遂舍帖括而事岐黄。悬壶后,所诊辄效,名大噪,远近敦请者,填户巷。同治初,科尔沁亲王僧格林沁以钦差大臣督师剿捻,殁于曹南。提督陈国瑞率所部退屯东明,而兵士奔溃之余,十,九病。延方苞为诊治,赖全活者无算。国瑞感焉。临别赠方苞千金,且曰:报再生德也。方苞婉辞谢,不受。曰:公以一军当群捻兄锋,为斯民除大害,余亦编氓之一也。敢忘公恩!诊而愈,医之者分,抑亦国家之福也。国瑞闻其言,欣然许之。用是,远近称盛德。卒后,诸子仍业医。长鸿章,字华亭。父殁,承悬壶业,以供萱围菽水之养者数十年。性友爱逾常,诸弟均赖以成立。迨晚年,医术益邃密,臻玄妙,求诊者如市,问业者甚多,领一斑亦成名手云。卒年六十三。著《医学探源》行世。季典章,字鸿钧。读父兄书,亦以医名漆上。民国十八年(1929)始卒。迄今,其群从子姓,犹能世家而弗替也。

[民国《东明县新志》卷十一《技术》]

穆方苞(生卒年不详),字新竹。东明县城关镇东门里人。年轻时,因其父母生病请医难、请名医更难,舍士学而攻医术,终成。从医后所诊皆效,名声鹊起。远近慕名请医者,户巷为塞。同治初年,提督陈国瑞率溃兵退屯东明,病员多请方苞诊治,痊愈者甚多。国瑞感怀,赠以千金,方苞婉辞不受。卒后,子孙延其业者众。长子鸿章,医术最为邃密,求者若市。

穆鸿章,字华亭。穆方苞之长子。监生。绰号"小神仙"。著有《医学探源》行世。

穆典章(?—1929),字鸿钧。穆方苞之三子。据传,清末一位皇帝的叔父从家祭祖，返回途中，病在东明，住在东门里，由穆典章诊治。经数日治疗，亲王本人及随行者，全部治愈。亲王付银五十两，拒收。回京后，亲王赠"追终和远"匾，皇帝赠"第十一人"匾，以示皇家敬意。赠获民国内务部"一等名医"奖章。

[《曹州名人大典》]
[《东明人物》]
[《东明卫生志·古近代杏林人物传略》]
[《菏泽地区卫生志》第十二篇《医林人物》]
[《山东中医药志》第六篇《人物表》]

◎ 勾复华 ◎

勾复华，佚其字矣。读儒书，未及入学宫为弟子，罢而学医，诸科均可程，尤精于妇女病症，每有求医者，或望而知之，或诊而断之，未曾黍稷爽，甚至沉疴有年，群谓不起，一经其医治，则回生可望。用是，声名藉甚，咸谓"医林赤帜"也。迄今，其子若孙，仍世业云。

[民国《东明县新志》卷十一《技术》]

勾复华（生卒年不详），东明县人。知名内科医生。深通医道，尤精内科。每当有求医者，一看就能知道患了何病，以诊问就能断言，未尝有过毫发失误。甚至有的得病很多年，一经其手，即有回春之望。医德双馨，名声远扬，东明人称其是医林的一面赤帜。

[《东明人物》]
[《东明卫生志·古近代杏林人物传略》]
[《山东中医药志》第六篇《人物表》]

◎ 张　氏 ◎

张氏，王秋桂妻。二十九岁夫殁，氏事翁姑，抚遗孤，仰俯无愧怍，矢冰霜终身，而氏更能医术，精小儿科，乡人赖之且贤之。

[民国《东明县新志》卷十一《列女》]

◎ 油梦卜 ◎

彭氏，油普妻也。年二十三，夫逝世，无子女，只以翁姑在，弗忍死也。以从子美林嗣，尤以贤孝著闻。嗣子遵荻训，以慷慨闻州里焉。其孙梦卜，精于医。

［民国《东明县新志》卷十一《列女》］

民国

◎ 李　翼 ◎

李翼，佚其字。清诸生也。精岐黄，悬壶名。家居县南之里长营。民国十年（1921）七月初，东匪数百人蜂拥突至，围数匝。翼与其族人监生李得平率村人誓死守，凡三日，贼将退矣，忽大雨如注，守陴者饥且寒，股栗殊甚，而贼复猛攻，肉薄登寨，遂不守。翼与得平更巷战移时，杀贼十余人，卒遇害。

［民国《东明县新志》卷十一《忠义》］

◎ 蔡普庆 ◎

蔡普庆（1865—1935），字菏生。沙窝乡蔡寨村人。擅长内科，行医于东明、长垣、濮阳。著有《东明本草药集》。诊治慢性病时，善用运气学说和五行生克制化理论，判断预后，人称有决人生死之术。为受黄患灾民医病，不收报酬。乡民为颂其德，建庙立牌，赠匾额以纪念之。

［《东明卫生志·古近代杏林人物传略》］

［《山东中医药志》第六篇《人物表》］

参考书目

正史类

[1]（汉）司马迁撰，《史记》。中华书局 1959 年版。

[2]（汉）班固撰，《汉书》。中华书局 1962 年版。

[3]（宋）范晔撰，《后汉书》。中华书局 1965 年版。

[4]（梁）沈约撰，《宋书》。中华书局 1974 年版。

[5]（唐）李延寿撰，《南史》。中华书局 1975 年版。

[6]（唐）李延寿撰，《北史》。中华书局 1974 年版。

[7]（唐）李百药撰，《北齐书》。中华书局 1972 年版。

[8]（后晋）刘昫等撰，《旧唐书》。中华书局 1975 年版。

[9]（宋）欧阳修、宋祁等撰，《新唐书》。中华书局 1975 年版。

[10]（元）脱脱等撰，《宋史》。中华书局 1977 年版。

[11]（元）脱脱等撰，《金史》。中华书局 1975 年版。

[12]（明）宋濂等撰，《元史》。中华书局 1974 年版。

[13]（清）张廷玉等撰，《明史》。中华书局 1976 年版。

方志类

[1]（元）于钦纂修，至元《齐乘》。清文渊阁四库全书本。

[2]（明）陆釴纂修，嘉靖《山东通志》。明嘉靖抄本。

[3]（清）赵祥星修，钱江纂，康熙《山东通志》。清康熙四十一年刻本。

[4]（清）岳濬修，杜诏纂，雍正《山东通志》。清文渊阁四库全书本。

[5]（民国）杨士骧修，孙葆田纂，宣统《山东通志》。民国七年铅印本。

[6]（民国）白眉初纂修，民国《山东省志》。抄本。

[7]（清）王赠芳修，成瓘纂，道光《济南府志》。清道光二十年刻本。

［8］（明）朱泰修，包大爌纂，万历《兖州府志》。明万历刻本。

［9］（清）觉罗曾尔泰修，陈顾联纂，乾隆《兖州府志》。清乾隆二十五年刻本。

［10］（明）龙文明修，赵耀等纂，万历《莱州府志》。明万历三十二年刻本。

［11］（清）严有禧纂修，乾隆《莱州府志》。乾隆五年刻本。

［12］（明）杜思修，冯惟讷纂，嘉靖《青州府志》。明嘉靖刻本。

［13］（清）陶锦修，王柽纂，康熙《青州府志》。清康熙六十年刻本。

［14］（清）毛永柏修，李图纂，咸丰《青州府志》。清咸丰九年刻本。

［15］（清）颜希深修，成城纂，乾隆《泰安府志》。清乾隆二十五年刻本。

［16］（清）嵩山总裁，谢香开、陈可经、张熙先纂，嘉庆《东昌府志》。清嘉庆十三年刻本。

［17］（明）郑希侨修，刘继先纂，嘉靖《武定州志》。明嘉靖刻本。

［18］（明）桑东阳、邢侗纂修，万历《武定州志》。明万历十六年刻、清修补印本。

［19］（清）王清贤修，陈淳纂，康熙《武定府志》卷。清康熙二十八年刻本。

［20］（清）李熙龄修，邹恒纂，咸丰《武定府志》。清咸丰九年刻本。

［21］（清）佟企圣修，苏毓眉等纂，康熙《曹州志》。清康熙十三年刻后印本。

［22］（清）周尚质修，李登明纂，乾隆《曹州府志》。清乾隆二十一年刻本。

［23］（明）叶承宗纂，崇祯《历城县志》。明崇祯十三年刻本。

［24］（清）胡德琳修、李文藻等纂，乾隆《历城县志》。清乾隆三十八年刻本。

［25］（民国）毛承霖纂修，民国《续修历城县志》。民国十五年铅印本。

［26］（清）岳之岭修、徐继曾纂，康熙《长清县志》。清康熙十一年刻本。

［27］（清）舒化民修、徐德城纂，道光《长清县志》。清道光十五年刊本。

［28］（民国）李起元修、王连儒纂，民国《长清县志》。民国二十四年铅印本。

［29］（清）喻春林撰、朱续孜编纂，嘉庆《平阴县志》。清嘉庆十三年刊本。

［30］（清）李敬修纂，光绪《平阴县志》。清光绪二十一年刻本。

［31］（清）黄笃瓒撰，《平阴乡土志》。清光绪三十三年铅印本。

［32］（明）侯加乘修、邢其谏纂，万历《济阳县志》。抄本。

［33］（清）胡德琳修、何明礼纂，乾隆《济阳县志》。清乾隆三十年刊本。

［34］（民国）卢永祥修、王嗣鋆纂，民国《济阳县志》。民国二十三年铅印本。

［35］（民国）石毓嵩修、路程海纂，民国《重修商河县志》。民国二十五年铅

［36］（明）杨循吉纂修、戴儒补修，嘉靖《章邱县志》。明嘉靖修补蓝印本。

［37］（清）钟运泰纂修，康熙《章邱县志》。清康熙三十年刻本。

［38］（清）张万青纂修，乾隆《章邱县志》。清乾隆二十一年刻本。

［39］（清）吴璋修、曹楙坚纂，道光《章邱县志》。清道光十三年刻本。

［40］（清）杨学渊撰，《章邱乡土志》。清光绪三十三年石印本。

［41］（明）许铤修，杜为栋纂，万历《即墨志》。明万历八年刻本。

［42］（清）佚名纂修，康熙《纂修即墨县志》。清康熙十六年增刻本。

［43］（清）林溥修，周翕鐄纂，同治《即墨县志》。清同治十一年刊本。

［44］（清）保忠修，李图纂，道光《重修平度州志》。清道光二十九年刻本。

［45］（民国）丁世平修，尚庆翰纂，民国《平度县续志》。民国二十五年铅印本。

［46］（清）周于智修，刘恬纂，乾隆《胶州志》。清乾隆十七年刻本。

［47］（清）张同声修，李图纂，道光《重修胶州志》。清道光二十五年刊本。

［48］（民国）赵琪修，袁荣㟼纂，民国《胶澳志》。民国十七年铅印本。

［49］（民国）赵文运修，匡超纂，民国《增修胶志》。民国二十年铅印本。

［50］（明）王琮纂修，嘉靖《淄川县志》。明嘉靖刻本。

［51］（清）张鸣铎修，张廷采纂，乾隆《淄川县志》。民国九年石印本。

［52］（清）方作霖修，王敬铸纂，宣统《三续淄川县志》。民国九年石印本。

［53］（清）富申修，田士麟纂，乾隆《博山县志》。清乾隆十八年刻本。

［54］（民国）王荫桂修，张新会等纂，民国《续修博山县志》。民国二十六年铅印本。

［55］（民国）舒孝先修，崔象毂纂，民国《临淄县志》。民国九年石印本。

［56］（清）崔懋修，严濂曾纂，康熙《新城县志》。清康熙三十二年刊本。

［57］（民国）袁励杰、王采廷纂修，民国《重修新城县志》。民国二十二年铅印本。

［58］（民国）王元一纂修，民国《桓台县志》。民国二十三年铅印本。

［59］（清）方凤修，戴文炽纂，乾隆《青城县志》。清乾隆二十四年刻本。

［60］（民国）杨启东修，赵梓湘纂，民国《青城续修县志》。民国二十四年铅印本。

［61］（清）宋弼纂修，康熙《高苑县志》。清康熙十一年刻本。

[62]（清）古今誉修，刘大量纂，康熙《高苑县续志》。清康熙五十五年刻本。

[63]（清）余为霖修，郭国琦纂，康熙《齐东县志》。清康熙二十四年刻本。

[64]（民国）梁中权修，于清泮纂，民国《齐东县志》。民国二十四年石印本。

[65]（清）褚光镆纂，康熙《峄县志》。清康熙二十四年刻本。

[66]（清）王振录修，王宝田纂，光绪《峄县志》。清光绪三十年刻本。

[67]（清）王政修，王庸立、黄来麟纂，道光《滕县志》。清道光二十六年刻本。

[68]（清）生克中撰，宣统《滕县续志稿》。清宣统三年铅印本。

[69]（民国）崔公甫修，高熙喆纂，民国《续滕县志》。民国十三年刻本。

[70]（清）高熙喆纂，《滕县乡土志》。清光绪三十三年刻本。

[71]（清）韩文焜纂修，康熙《利津县新志》。康熙十二年刊本。

[72]（清）刘文确纂修，乾隆《利津县志续编》。乾隆二十三年刊本。

[73]（清）程士范纂修，乾隆《利津县志补》。乾隆三十五年刊本。

[74]（清）盛赞熙修，余朝菜纂，光绪《利津县志》。光绪九年刻本。

[75]（民国）王廷彦修，盖尔佶纂，民国《利津县续志》。民国二十四年铅印本。

[76]（清）李方膺纂修，雍正《乐安县志》。雍正十一年刻本。

[77]（民国）李传煦修，王永贞纂，民国《乐安县志》。民国七年石印本。

[78]（民国）潘莱峰修，王寅山纂，民国《续修广饶县志》。民国二十四年铅印本。

[79]（清）方汝翼修，周悦让纂，光绪《增修登州府志》。光绪刻本。

[80]（清）何乐善修，王积熙纂，乾隆《福山县志》。清乾隆二十八年刻本。

[81]（民国）王陵基修，于宗潼纂，民国《福山县志稿》。民国二十年铅印本。

[82]（清）卫苌纂修，于如川续纂，光绪《栖霞县续志》。清光绪五年刻本。

[83]（清）郑占春续修，牟国珑续纂，康熙《栖霞县志》。清康熙四十六年增修本。

[84]（清）包桂纂修，乾隆《海阳县志》。清乾隆七年刻本。

[85]（清）王敬勋修，王兆腾纂，光绪《海阳县续志》。清光绪六年刻本。

[86]（民国）宋宪章修，于清泮纂，民国《牟平县志》。民国二十五年铅印本。

[87]（明）李光先修，焦希程纂，嘉靖《宁海州志》。嘉靖刻本。

[88]（清）佚名纂辑，康熙《靖海卫志》。旧抄本。

［89］（清）舒孔安修，王厚阶纂，同治《重修宁海州志》。清同治二年刻本。

［90］（清）李蕃修，范廷凤纂，康熙《黄县志》。清康熙十二年刻本。

［91］（清）尹继美纂，同治《黄县志》。清同治十年刻本。

［92］（清）万邦维修，卫元爵纂，康熙《莱阳县志》。清康熙十七年刻本。

［93］（民国）梁秉锟修，王丕煦纂，民国《莱阳县志》。民国二十四年铅印本。

［94］（清）张思勉修，于始瞻纂，乾隆《掖县志》。清乾隆二十三年刊本。

［95］（清）张彤修，张诩纂，嘉庆《续掖县志》。清嘉庆十二年刻本。

［96］（清）杨祖宪修，侯登岸纂，道光《再续掖县志》。清光绪十九年刻本。

［97］（清）魏起鹏修，王续藩纂，光绪《三续掖县志》。清光绪十九年刻本。

［98］（民国）刘国斌修，刘锦堂纂，民国《四续掖县志》。民国二十四年铅印本。

［99］（清）王文焘修，张本纂，道光《重修蓬莱县志》。清道光十九年刻本。

［100］（清）郑锡鸿修，王尔植纂，光绪《蓬莱县续志》。清光绪八年刻本。

［101］（清）张作砺修，张凤羽纂辑，顺治《招远县志》。清道光二十六年刊本。

［102］（清）陈国器修，李荫纂，道光《招远县续志》。清道光二十六年刻本。

［103］（清）张耀璧修，王诵芬纂，乾隆《潍县志》。清乾隆二十五年刊本。

［104］（民国）常之英修，刘祖干纂，民国《潍县志稿》。民国三十年铅印本。

［105］（明）熊元修，马文炜纂，万历《安邱县志》。明万历刻本。

［106］（清）马世珍纂修，道光《安邱新志》。民国九年石印本。

［107］（清）王训纂修，康熙《续安邱县志》。康熙元年刻本。

［108］（民国）孙维均修，马步元纂，民国《续安邱新志》。民国九年刊本。

［109］（清）姚延福修，邓嘉缉纂，光绪《临朐县志》。清光绪十年刊本。

［110］（民国）周钧英修，刘仞千纂，民国《临朐续志》。民国二十四年铅印本。

［111］（明）朱木修，高凌云纂，嘉靖《昌乐县志》。明嘉靖刻本。

［112］（清）魏礼焯修，阎学夏纂，嘉庆《昌乐县志》。清嘉庆十四年刻本。

［113］（民国）王金岳修，赵文琴纂，民国《昌乐县续志》。民国二十三年铅印本。

［114］（清）周来邰纂修，乾隆《昌邑县志》。清乾隆七年刊本。

［115］（清）陈嘉楷修，韩天衢纂，光绪《昌邑县续志》。清光绪三十二年

刻本。

[116]（清）罗邦彦、傅赉予修，李勷运纂，光绪《高密县志》。清光绪二十二年刻本。

[117]（民国）余友林修，王照青纂，民国《高密县志》。民国二十四年铅印本。

[118]（清）陈食花修，钟锷等纂，康熙《益都县志》。清康熙十一年刊本。

[119]（清）张承燮修，法伟堂纂，光绪《益都县图志》。清光绪三十三年刻本。

[120]（清）卞颖修，王劝纂，康熙《诸城县志》。清康熙十二年刻本。

[121]（清）宫懋让修，李文藻等纂，乾隆《诸城县志》。清乾隆二十九年刊本。

[122]（清）刘光斗修，朱学海纂，道光《诸城县续志》。清道光十四年刊本。

[123]（清）刘嘉树修，苑菜池纂，光绪《增修诸城县续志》。清光绪十八年刻本。

[124]宋宪章修，邹允中等纂，民国《寿光县志》。民国二十五年铅印本。

[125]（清）徐宗干修，许翰纂，道光《济宁直隶州志》。清咸丰九年刻本。

[126]（清）卢朝安纂修，咸丰《济宁直隶州续志》。清咸丰九年刻本。

[127]（民国）潘守廉修，袁绍昂纂，民国《济宁县志》。民国十六年铅印本。

[128]（民国）潘守廉修，袁绍昂纂，民国《济宁直隶州续志》。民国十六年铅印本。

[129]（清）马得祯纂修，康熙《鱼台县志》。清康熙三十年刻本。

[130]（清）赵英祚纂修，光绪《鱼台县志》。清光绪十五年刻本。

[131]（清）李垒纂修，咸丰《金乡县志》。清同治元年刊本。

[132]（清）章文华修，官擢午纂，光绪《嘉祥县志》。清光绪三十四年刻本。

[133]（清）栗可仕修，王命新纂，万历《汶上县志》。清康熙五十六年补刻本。

[134]（清）闻元炅纂，康熙《续修汶上县志》。清康熙五十六年刻本。

[135]（清）赵英祚修，黄承騰纂，光绪《泗水县志》。清光绪十八年刻本。

[136]（清）王庆熙纂修，乾隆《梁山县志》。清乾隆二十年抄本。

[137]（清）符永培纂修，嘉庆《梁山县志》。清光绪二十年重刊本。

[138]（清）朱言诗纂修，光绪《续修梁山县志》。清光绪二十年刊本。

[139]（清）潘相纂修，乾隆《曲阜县志》。清乾隆三十九年刻本。

[140]（民国）李经野纂，民国《续修曲阜县志》。民国二十三年铅印本。

[141]（清）黄恩彤纂，黄师闿续纂，光绪《滋阳县志》。清光绪十四年刻本。

[142]（清）周元英纂，《滋阳县乡土志》。清光绪三十二年抄本。

[143]（明）胡继先纂修，万历《邹志》。明万历三十九年刻本。

[144]（清）娄一均修，周翼纂，康熙《邹县志》。清康熙五十四年刊本。

[145]（清）吴若灏修，钱台纂，光绪《邹县续志》。清光绪十八年刊本。

[146]邹县地方史志编纂委员会办公室编，《邹县旧志汇编》。1986年内部刊印本。

[147]（清）邹文郁修，朱衣点增纂，康熙《泰安州志》。民国二十五年铅印本。

[148]（民国）葛延瑛修，孟昭章纂，民国《重修泰安县志》。民国十八年铅印本。

[149]（清）李温皋纂修，康熙《宁阳县志》。清康熙四十一年刻本。

[150]（清）高升荣修，黄恩彤纂，光绪《宁阳县志》。清光绪五年刻本。

[151]（清）左宜似修，卢崟纂，光绪《东平州志》。清光绪七年刻本。

[152]（民国）张志熙修，刘靖宇纂，民国《东平县志》。民国二十五年铅印本。

[153]（清）宁养气续修，顺治《新泰县志》。清康熙二十二年增刻本。

[154]（清）江干达修，牛士瞻纂，乾隆《新泰县志》。清乾隆四十九年刻本。

[155]（清）凌绂曾修，邵承照纂，光绪《肥城县志》。清光绪十七年刻本。

[156]（明）王子卿撰，周郢校证，《泰山志校证》。黄山书社2006年版。

[157]（清）毕懋第原修，郭文大续修，乾隆《威海卫志》。民国十八年铅印本。

[158]（清）李祖年修，于霖逢纂，光绪《文登县志》。清光绪二十三年修、民国二十二年铅印本。

[159]（清）李天鹭修，岳濬廷纂，道光《荣成县志》。道光二十年刊本。

[160]（清）陈懋修，张庭诗纂，光绪《日照县志》。光绪十二年刊本。

[161]（清）许绍锦纂修，嘉庆《莒州志》。嘉庆元年刊本。

[162]（民国）庐少泉修，庄陔兰纂，民国《重修莒志》。民国二十五年铅印本。

［163］（民国）张梅亭修，王希曾纂修，民国《莱芜县志》。民国十一年铅印本。

［164］（民国）李钟豫修，民国《续修莱芜县志》。民国二十四年铅印本。

［165］（清）李希贤修，潘遇莘纂，乾隆《沂州府志》。乾隆二十五年刻本。

［166］（民国）沈兆祎修，王景祜纂，民国《临沂县志》。民国六年刊本。

［167］（民国）范筑先修，李宗仁纂，民国《续修临沂县志》。民国二十四年铅印本。

［168］（清）王植修，张金城续修，乾隆《郯城县志》。乾隆二十八年刻本。

［169］（清）吴埠修，陆继辂纂，嘉庆《续修郯城县志》。民国十七年铅印本。

［170］（清）李敬修纂修，光绪《费县志》。光绪二十二年刻本。

［171］（清）沈黻清修，陈尚仁纂，宣统《蒙阴县志》。民国间抄本。

［172］（清）张燮修，刘遵纂，道光《沂水县志》。道光七年刻本。

［173］（明）郑瀛修，何洪纂，嘉靖《德州志》。明嘉靖刻本。

［174］（清）王道亨修，张庆源纂，乾隆《德州志》。清乾隆五十三年刻本。

［175］（民国）李树德修，董瑶林纂，民国《德县志》。民国二十四年铅印本。

［176］（清）郝献明修，胡岳立纂，顺治《乐陵县志》。清顺治十七年刻本。

［177］（清）王谦益修，郑成中纂，乾隆《乐陵县志》。清乾隆二十七年刻本。

［178］（清）董鹏翱修，牟应震纂，嘉庆《禹城县志》。清嘉庆十三年刻本。

［179］（民国）沈淮修，李图纂，光绪《陵县志》。民国二十五年铅印本。

［180］（民国）苗恩波修，刘荫歧纂，民国《陵县续志》。民国二十五年铅印本。

［181］（民国）黄怀祖修，黄光熊纂，乾隆《平原县志》。民国二十五年铅印本。

［182］（民国）曹梦九修，赵祥俊纂，民国《续修平原县志》。民国二十五年铅印本。

［183］（清）汪鸿孙修，刘儒臣纂，宣统《重修恩县志》。清宣统元年刊本。

［184］（明）易时中修，王琳纂，嘉靖《夏津县志》。明嘉靖刻本。

［185］（清）方学成修，梁大鲲纂，乾隆《夏津县志》。清乾隆六年刻本。

［186］（民国）谢锡文修，许宗海纂，民国《夏津县志续编》。民国二十三年铅印本。

［187］（明）尤麒修，陈露纂，嘉靖《武城县志》。明嘉靖刻本。

［188］（清）房万达修，王惟明纂，顺治《武城县志》。清顺治七年刻本。

［189］（清）骆大俊纂修，乾隆《武城县志》。清乾隆十五年刻本。

［190］（清）厉秀芳纂修，道光《武城县志续编》。清道光二十一年刻本。

［191］（民国）王鼒铭纂修，民国《武城县志》。民国元年刊本。

［192］（清）蓝奋兴修，王道光纂，康熙《齐河县志》。清康熙十二年刻本。

［193］（清）上官有仪修，许琰纂，雍正《齐河县志》。清乾隆元年刻本。

［194］（民国）杨豫修，郝金章纂，民国《齐河县志》。民国二十二年铅印本。

［195］（清）陈起凤修，邢琮纂，顺治《临邑县志》。清顺治九年刻本。

［196］（清）沈淮修，陈鸿翩续修，同治《临邑县志》。清同治十三年续补刻本。

［197］（民国）崔公甫修，王树枏纂，民国《续修临邑县志》。民国二十五年铅印本。

［198］（清）钱大琛纂修，乾隆《德平县志》。清乾隆三十八年刻本。

［199］（清）凌锡祺修，李敬熙纂，光绪《德平县志》。清光绪十九年刊本。

［200］（民国）吕学元修，严绥之等纂，民国《德平县续志》。民国二十四年铅印本。

［201］（清）程裕昌续纂，康熙《宁津县志稿》。清康熙十三年增修本。

［202］（清）祝嘉庸修，吴浔源纂，光绪《宁津县志》。清光绪二十六年刊本。

［203］（清）李兴祖增修，康熙《庆云县志》。清康熙十九年刻本。

［204］（清）潘国诏修，崔旭纂，嘉庆《庆云县志》。清嘉庆十四年刻本。

［205］（清）戴絧孙修，崔光笏纂，咸丰《庆云县志》。清咸丰五年刊本。

［206］（民国）秦夏声修，刘鸿逵纂，民国《庆云县志》。民国四年石印本。

［207］（民国）郑希侨修，刘鸿逵纂，民国《续修庆云县志》。民国二十年石印本。

［208］（清）陈庆蕃修，叶锡麟、靳维熙纂，宣统《聊城县志》。清宣统二年刻本。

［209］（清）于睿明修，胡悉宁纂，康熙《临清州志》。清康熙十三年刻本。

［210］（清）张度修，朱锺纂，乾隆《临清直隶州志》。清乾隆五十年刻本。

［211］（民国）张自清修，张树梅、王贵笙纂，民国《临清县志》。民国二十四年铅印本。

［212］（清）王时来修，杭云龙纂，康熙《阳谷县志》。抄本。

[213]（民国）董政华修，孔广海纂，光绪《阳谷县志》。民国三十一年铅印本。

[214]（民国）董政华等重修，民国《阳谷县志》。民国三十一年铅印本。

[215]（清）庄洪烈、刘文烬修，王守谦纂，光绪《寿张县志》。光绪二十六年刻本。

[216]（明）吴宗器纂修，正德《莘县志》。明正德刻、嘉靖间增刻本。

[217]（清）张朝玮修，孔广海纂，光绪《莘县志》。清光绪十三年刻本。

[218]（民国）王嘉猷修，严绥之纂，民国《莘县志》。民国二十六年铅印本。

[219]（民国）孙观纂修，道光《观城县志》。民国二十二年铅印本。

[220]（清）王世臣修，孙克绪纂，康熙《茌平县志》。清康熙四十九年刊本。

[221]（民国）牛占诚修，周之桢纂，民国《茌平县志》。民国二十四年铅印本。

[222]（民国）盛津颐修，张建桢纂，民国《重修茌平县志》。民国十五年增补重印本。

[223]（清）杨祖宪修，乌竹芳纂，道光《博平县志》。清道光十一年刻本。

[224]（清）李维诚纂修，王用霖、彭宝铭续纂修，光绪《博平县续志》。清光绪二十六年刻本。

[225]（清）李贤书修，吴怡纂，道光《东阿县志》。清道光九年刊本、民国二十三年铅印本。

[226]（民国）周竹生修，靳维熙纂，民国《东阿县志》。民国二十三年铅印本。

[227]（民国）周竹生修，靳维熙纂，民国《续修东阿县志》。民国二十三年铅印本。

[228]（清）梁永康修，赵锡书纂，道光《冠县志》。清道光十年修、民国二十三年补刊本。

[229]（民国）侯光陆修，陈熙雍纂，民国《冠县志》。民国二十三年刻本。

[230]（清）刘佑纂修，康熙《高唐州志》。清康熙十二年刻本。

[231]（清）周家齐修，鞠建章纂，光绪《高唐州志》。清光绪三十三年刻本。

[232]（民国）赵仁泉修，王静一、张修一纂，《高唐县志稿》。高唐县史志编纂委员会办公室据民国二十五年稿本影印本。

[233]（清）王佐纂修，康熙《重修清平县志》。清康熙五十六年刻本。

［234］（民国）梁钟亭修，路大遵、张树梅纂，民国《续修清平县志》。民国二十五年铅印本。

［235］（明）艾梅修，毛似徐纂，万历《滨州志》。明万历十一年刻本。

［236］（清）李熙龄纂修，咸丰《滨州志》。清咸丰十年刊本。

［237］（清）沈世铨修，李勋纂，光绪《惠民县志》。清光绪二十五年校补刻本。

［238］（民国）王鸿继、赵仁泉修，阎容德纂，民国《续修惠民县志》。民国二十三年抄本。

［239］（清）周虔森修，张璿纂，康熙《阳信县志》。清康熙二十一年刻本。

［240］（清）王允深修，沈佐清纂，乾隆《阳信县志》。清乾隆二十四年刻本。

［241］（清）竣皆氏纂，同治《信邑志稿》。清抄本。

［242］（民国）朱兰修，劳迺宣纂，民国《阳信县志》。民国十五年铅印本。

［243］（民国）侯荫修，张方墀纂，民国《无棣县志》。民国十四年铅印本。

［244］（清）联印修，张会一等纂，光绪《沾化县志》。民国手抄稿本。

［245］（民国）梁建章修，于清泮纂，民国《沾化县志》。民国二十四年铅印本。

［246］（清）万云修，迟龙宾纂，康熙《青州府博兴县志》。清康熙十二年刻本。

［247］（清）周壬福修，李同纂，道光《重修博兴县志》。清道光二十年刊本。

［248］（民国）张其丙修，张元钧纂，民国《重修博兴县志》。民国二十五年铅印本。

［249］（清）严文典修，任相纂，乾隆《蒲台县志》。清乾隆二十八年刻本。

［250］（清）徐政修，马骕纂，顺治《邹平县志》。清顺治十七年刻本。

［251］（清）程素期修，程之芳纂，康熙《邹平县志》。清康熙三十四年刻本。

［252］（清）李琼林修，成瓘纂，嘉庆《邹平县志》。清嘉庆八年刻本。

［253］（清）罗宗瀛修，成瓘纂，道光《邹平县志》。清道光十六年刻本。

［254］（民国）栾锺垚修，赵仁山纂，民国《邹平县志》。民国二十二年刻本。

［255］（清）孙衍纂修，康熙《长山县志》。清康熙五十年刻本。

［256］（清）倪企望修，钟廷瑛纂，嘉庆《长山县志》。清嘉庆六年刻本。

［257］（清）凌寿柏修，叶道源纂，光绪《新修菏泽县志》。清光绪十一年刻本。

［258］（清）陈嗣良修，孟广来纂，光绪《曹县志》。清光绪十年刻本。

［259］（清）王镛修，秦寅纂，康熙《单县志》。康熙五十六年刻本。

［260］（民国）项葆祯修，李经野纂，民国《单县志》。民国十八年石印本。

［261］（清）袁章华修，刘士瀛纂，道光《城武县志》。清道光十年刻本。

［262］（清）黄维翰纂修，袁传裘续纂修，道光《巨野县志》。清道光二十六年续修刻本。

［263］（民国）郁濬生纂修，民国《续修巨野县志》。民国十年刻本。

［264］（明）米嘉穗修，孙鲸纂，崇祯《郓城县志》。明崇祯七年刻本。

［265］（清）赵翰銮纂，光绪《郓城县志》。清光绪十九年刻本。

［266］（清）赵国琳修，张彦士纂，顺治《定陶县志》。清顺治十二年刻本。

［267］（民国）冯麟溎修，曹垣纂，民国《定陶县志》。民国五年刊本。

［268］（明）邓鞦纂修，嘉靖《濮州志》。明嘉靖刻本。

［269］（清）张实斗修，南洙源纂，康熙《濮州志》。清康熙刻本。

［270］（清）郅玠修，任焕纂，康熙《濮州续志》。清康熙五十一年刻本。

［271］（清）邵世昌修，柴揆纂，乾隆《濮州志》。清乾隆二十年刻本。

［272］（清）高士英修，荣相鼎纂，宣统《濮州志》。清宣统元年刻本。

［273］（清）储元升纂修，乾隆《东明县志》。清乾隆二十一年刻本。

［274］（民国）周保琛修，李增裕纂，宣统《东明县续志》。民国十三年铅印本。

［275］（民国）任传藻修，穆祥仲纂，民国《东明县新志》。民国二十二年铅印本。

［276］（宋）董弅修，淳熙《严州图经》。清丁氏八千卷楼影宋抄本。

［277］（宋）赵不悔修，罗愿纂，淳熙《新安志》。清嘉庆十七年刻本。

［278］（宋）潜说友纂修，咸淳《临安志存》。清道光十年钱塘汪氏振绮堂刊本。

［279］（元）张铉纂修。至大《金陵新志》。清文渊阁四库全书本。

［280］（明）李辂修，赵本、吴骥纂，正统《大名府志》。明正统十年刻本。

［281］（明）张恒纂修，天顺《重刊襄阳郡志》。明天顺二年刻本。

［282］（明）陈让修，夏时正纂，成化《杭州府志》。明成化十一年刻本。

［283］（明）卓天锡修，孙仁增修，成化《重修毗陵志》。明成化刻本。

［284］（明）李侃修，胡谧纂，成化《山西通志》。民国二十二年影钞明成化十一年刻本。

［285］（明）张才纂修，徐珪续纂修，弘治《重修保定志》。明弘治七年刻本。

［286］（明）王珣修，胡汝砺纂，弘治《宁夏新志》。明弘治十四年刊本。

［287］（明）彭泽修，汪舜民纂，弘治《徽州府志》。明弘治刻本。

［288］（明）刘熙修，何纪纂，弘治《衡山县志》。明弘治元年修，民国十三年铅印本。

［289］（明）王鏊纂，正德《姑苏志》。明正德元年刻本。

［290］（明）王雄修，承天贵纂，正德《汝州志》。明正德元年刻本。

［291］（明）陈威修，顾清。正德《松江府志》。明正德七年刊本。

［292］（明）张钦纂修，正德《大同府志》。明正德刻、嘉靖增修本。

［293］（明）石禄修，唐锦纂，正德《大名府志》。明正德刻本。

［294］（明）薛纲纂修，吴廷举续修，嘉靖《湖广图经志书》。明嘉靖元年刻本。

［295］（明）赵廷瑞纂修，嘉靖《陕西通志》。明嘉靖二十一年刊本。

［296］（明）李玘修，刘梧纂，嘉靖《惠州府志》。明嘉靖二十一年刻本。

［297］（明）邹守愚修，李濂纂，嘉靖《河南通志》。明嘉靖三十五年刻本。

［298］（明）孟重修，刘泾等纂，嘉靖《怀庆府志》。明嘉靖四十五年刻本。

［299］（明）河东序修，汪尚宁纂，嘉靖《徽州府志》。明嘉靖四十五年刊本。

［300］（明）崔铣纂修，嘉靖《彰德府志》。明嘉靖刻本。

［301］（明）郜相修，樊深纂，嘉靖《河间府志》。明嘉靖刻本。

［302］（明）李复初修，嘉靖《蠡县志》。明嘉靖刻本。

［303］（明）李廷宝，孙铎纂，嘉靖《鲁山县志》。明嘉靖刻本。

［304］（明）王崇纂修，嘉靖《池州府志》。明嘉靖刻本。

［305］（明）郑相修，黄虎臣纂，嘉靖《夏邑县志》。明嘉靖刻本。

［306］（明）潘庭楠纂修，嘉靖《邓州志》。明嘉靖刻本。

［307］（明）刘启东修，贾宗鲁纂，嘉靖《高淳县志》。明嘉靖刻本。

［308］（明）林庭㭿修，周广纂，嘉靖《江西通志》。明嘉靖刻本。

［309］（明）东时泰纂修，嘉靖《范县志》。明嘉靖刻本。

［310］（明）孙臣鲸修，王崇庆纂，嘉靖《开州志》。明嘉靖刻本。

［311］（明）黄鏊修，冯光浙等纂，嘉靖《石埭县志》。清康熙十四年本。

［312］（明）王崇纂修，嘉靖《南宫县志》。民国二十二年影印本。

［313］（明）李明通纂修，隆庆《登封县志》。明隆庆三年刻本。

［314］（明）汤一贤纂修。隆庆《宝应县志》。明隆庆三年刻本。

［315］（明）冯惟敏纂修，王国桢续修，万历《保定府志》。明隆庆五年刻、万历三十五年增修本。

［316］（明）陈复亨纂修，隆庆《海州志》。明隆庆刻本。

［317］（明）杨守仁修，徐楚纂，万历《严州府志》。明万历六年刊本。

［318］（明）曹金撰，万历《开封府志》。明万历十三年刻本。

［319］（明）陈遴玮、王升等纂修，万历《宜兴县志》。明万历十八年刻本。

［320］（明）徐学谟撰，万历《湖广总志》。明万历十九年刻本。

［321］（明）吴敏道纂。万历《宝应县志》。明万历二十二年刻本。

［322］（明）李培修，黄洪宪纂，万历《秀水县志》。明万历二十四年修，民国十四年铅字重刊本。

［323］（明）刘应钶修，沈尧中纂。万历《嘉兴府志》。明万历二十八年刊本。

［324］（明）郭棐撰，万历《广东通志》。明万历三十年刻本。

［325］（明）聂心汤纂修，万历《钱塘县志》。明万历三十七年修、清光绪十九年刻本。

［326］（明）关廷访纂修，万历《太原府志》。明万历四十年刻本。

［327］（明）李思恭修，丁绍轼等纂，万历《池州府志》。明万历四十年刻本。

［328］（明）刘广生修，唐鹤征纂，万历《常州府志》。明万历四十六年刻本。

［329］（明）郭棐纂，万历《粤大记》。明万历间刻本。

［330］（明）杜应芳修，陈士彦纂，万历《河间府志》。明万历刻本。

［331］（明）沈应文修，张元芳纂，万历《顺天府志》。明万历刻本。

［332］（明）刘伯缙修，陈善纂，万历《杭州府志》。明万历刻本。

［333］（明）傅淑训等纂修，万历《泽州志》。明万历刻本。

［334］（明）吴道迩纂修，万历《襄阳府志》。明万历刻本。

［335］（明）程三省修，李登等纂。万历《上元县志》。明万历刻本。

［336］（明）杨瑞云修，夏应星纂。万历《盐城县志》。明万历刻本。

［337］（明）萧良榦修，张元忭纂，万历《绍兴府志》。明万历刻本。

［338］（明）杨洵修，徐銮纂，万历《扬州府志》。明万历刻本。

［339］（明）李维桢修，万历《山西通志》。明万历刻后印本。

［340］（明）程嗣功修，王一化纂。万历《应天府志》。明万历刻增修本。

［341］（明）佚名修，万历《卫辉县志》。明万历刻增修补刻本。

［342］（明）傅淑训修，曹树声纂，万历《平阳府志》。明万历四十三年刻、清顺治二年递修本。

［343］（明）何三畏撰。天启《云间志略》。明天启三年刻本。

［344］（明）马朴纂修，天启《同州志》。明天启五年刻本。

［345］（明）余文龙、谢诏纂修，天启《赣州府志》。清顺治十七年刻本。

［346］（明）方岳贡修，陈继儒纂。崇祯《松江府志》。明崇祯三年刻本。

［347］（明）沙蕴金修，苏育纂，崇祯《汤阴县志》。明崇祯十年刻本。

［348］（清）祖永杰修，智凤翯纂，顺治《元氏县续志》。清顺治六年刊本。

［349］（清）赵兆麟纂修，顺治《襄阳府志》。清顺治九年刻本。

［350］（清）范绳祖修，庞太朴纂，顺治《高平县志》。清顺治十五年刻本。

［351］（清）安锡祚重修，刘复鼎着，顺治《赵城县志》。清顺治十六年刊本。

［352］（清）宋国荣修，羊琦纂，顺治《归德府志》。清顺治十七年刻本。

［353］（清）李同亨修，马士骘纂，顺治《祥符县志》。清顺治十八年刻本。

［354］（清）宋可发修，吴之镆纂，顺治《彰德府志》。清顺治间刻本。

［355］（清）纪国珍修，刘元琬纂，顺治《汝阳县志》。清顺治刻本。

［356］（清）李暲修，郭指南纂，顺治《安塞县志》。清乾隆九年抄本。

［357］（清）毕秀增修。顺治《海州志》。清康熙九年补刻本。

［358］（清）黄桂修，宋骧纂。康熙《太平府志》。清康熙十二年修、光绪二十九年重刊本。

［359］（清）朱廷梅修，孙振宗纂，康熙《霸州志》。清康熙十三年刻本。

［360］（清）杨萃撰，康熙《吴桥县志》。清康熙十九年刻本。

［361］（清）王光谟修，胡维翰纂，康熙《玉田县志》。清康熙二十年刻本。

［362］（清）格尔古德修，郭棻等纂，康熙《畿辅通志》。清康熙二十二年刻本。

［363］（清）佟世燕修，戴务楠纂，康熙《江宁县志》。清康熙二十二年刻本。

［364］（清）王正茂纂修，康熙《临晋县志》。清康熙二十五年刻本。

［365］（清）马如龙、杨鼐等纂修，李铎等增修，康熙《杭州府志》。清康熙二十五年刻、三十三年李铎增刻本。

［366］（清）赵世安修，邵远平纂，康熙《仁和县志》。清康熙二十六年刻本。

［367］（清）阿思哈修，嵩贵纂，康熙《河南通志》。清康熙三十四年刻本。

［368］（清）张圣诰纂修，康熙《登封县志》。清康熙三十五年刻本。

［369］（清）陈德敏修，王贯三纂，康熙《考城县志》。清康熙三十七年刻本。

［370］（清）丁廷楗修，赵吉士纂，康熙《徽州府志》。清康熙三十八年刻本。

［371］（清）成文运增修，康熙《当涂县志》。清康熙四十六年增修本。

［372］（清）刘棨修，孔尚任纂，康熙《平阳府志》。清康熙四十七年刻本。

［373］（清）王功成续纂，韩奕续修，康熙《陕西通志》。清康熙五十年刻本。

［374］（清）王穆纂修，康熙《城固县志》。清康熙五十六年刻本。

［375］（清）李苏纂修，康熙《江都县志》。清康熙五十六年刊本。

［376］（清）唐开陶纂修，康熙《上元县志》。清康熙六十年刻本。

［377］（清）周超修、邢秉诚纂，康熙《汾阳县志》。清康熙六十年刻本。

［378］（清）魏㠊修，裘琏纂，康熙《钱塘县志》。清康熙刊本。

［379］（清）赵灿修，唐庭伯纂，康熙《含山县志》。抄本。

［380］（清）沈青崖撰，雍正《陕西通志》。清文渊阁四库全书本。

［381］（清）王养濂修，李开泰纂，康熙《宛平县志》。清康熙刻本传抄本。

［382］（清）刘德昌修，叶沄纂，康熙《商邱县志》。民国二十一年石印本。

［383］（清）吕化龙修，董钦德纂，康熙《会稽县志》。民国二十五年绍兴县修志委员会校刊铅印本。

［384］（清）蔡维义修，秦永清纂，雍正《故城县志》。清雍正五年刻本。

［385］（清）严宗嘉修，李其旋纂，雍正《高阳县志》。清雍正八年刻本。

［386］（清）尹会一修，程梦星纂，雍正《扬州府志》。清雍正十一年刻本。

［387］（清）朱樟修，田嘉谷纂，雍正《泽州府志》。清雍正十三年刻本。

［388］（清）查郎阿修，沈青崖纂，雍正《敕修陕西通志》。清雍正十三年刻本。

［389］（清）章廷珪修，范安治纂，雍正《平阳府志》。清乾隆元年刻本。

［390］（清）李卫修，沈翼机纂，雍正《浙江通志》。清文渊阁四库全书本。

［391］（清）金鉷修，钱元昌纂，雍正《广西通志》。清文渊阁四库全书本。

［392］（清）陈坦纂修，乾隆《宣化县志》。清乾隆元年增刻本。

［393］（清）刘蒸雯修，李崧纂，乾隆《邢台县志》。清乾隆六年刻本。

［394］（清）鄂尔泰修，杜诠纂，乾隆《贵州通志》。清乾隆六年刻、嘉庆修补本。

［395］（清）罗愫修，杭世骏纂，乾隆《乌程县志》。清乾隆十一年刻本。

［396］（清）袁枚纂修，乾隆《江宁新志》。清乾隆十三年刻本。

[397]（清）张海修，万櫆纂，乾隆《当涂县志》。清乾隆十五年刊本。

[398]（清）李文耀修，叶承纂，乾隆《上海县志》。清乾隆十五年刻本。

[399]（清）陈锡辂修，查岐昌纂，乾隆《归德府志》。清乾隆十九年刻本。

[400]（清）陈宏谋修，欧阳正焕纂，乾隆《湖南通志》。清乾隆二十二年刻本。

[401]（清）李升阶纂修，乾隆《赵城县志》。清乾隆二十五年刻本。

[402]（清）陈锷纂修，乾隆《襄阳府志》。清乾隆二十五年刻本。

[403]（清）刘统修，刘炳纂，乾隆《任丘县志》。清乾隆二十七年刊本。

[404]（清）饶佺修，旷敏本纂，乾隆《衡州府志》。清乾隆二十八年刊刻、清光绪元年补刻本。

[405]（清）王锦林纂修，乾隆《鸡泽县志》。清乾隆三十一年抄本。

[406]（清）达灵阿修，周方炯纂，乾隆《凤翔府志》。清乾隆三十一年刻本。

[407]（清）李章培纂修，乾隆《伊阳县志》。清乾隆三十一年刻本。

[408]（清）吴映白修，李谟纂，乾隆《修武县志》。清乾隆三十一年刻本。

[409]（清）阿思哈修，嵩贵纂，乾隆《续河南通志》。清乾隆三十二年刻本。

[410]（清）康基渊纂修，乾隆《嵩县志》。清乾隆三十二年刊本。

[411]（清）张淑渠修，姚学甲等纂，乾隆《潞安府志》。清乾隆三十五年刻本。

[412]（清）萧应植纂修，乾隆《济源县志》。清乾隆三十六年刻本。

[413]（清）德贵纂修，钟光序续修，乾隆《衡山县志》。清乾隆三十九年续刻本。

[414]（清）傅德宜修，戴纯纂，乾隆《高平县志》。清乾隆三十九年刻本。

[415]（清）李早荣纂修，乾隆《乐平县志》。清乾隆四十二年刻本。

[416]（清）费淳、沈树声纂修，乾隆《太原府志》。清乾隆四十八年刻本。

[417]（清）贺云鸿纂修，乾隆《大荔县志》。清乾隆五十二年刻本。

[418]（清）周玑纂修，乾隆《杞县志》。清乾隆五十三年刊本。

[419]（清）刘埥纂修，傅修续纂修，乾隆《直隶遵化州志》。清乾隆五十九年刻本。

[420]（清）丁映奎纂修，乾隆《茂州志》。清乾隆五十九年抄本。

[421]（清）尹继善修，黄之隽纂，乾隆《江南通志》。清文渊阁四库全书本。

[422]（清）王祖肃修，献鸣球纂，乾隆《武进县志》。清乾隆刻本。

［423］（清）郑沄修，邵晋涵纂，乾隆《杭州府志》。清乾隆刻本。

［424］（清）舒其绅修，严长明纂，乾隆《西安府志》。清乾隆刊本。

［425］（清）许起凤修，高登科纂，乾隆《宝鸡县志》。抄本。

［426］（清）杨宜仑修，沈之本纂，乾隆《高邮州志》。清嘉庆二十五年刻本。

［427］（清）卫哲治修，顾栋高纂，乾隆《淮安府志》。清咸丰二年重刊本。

［428］（清）宫耀亮修，陈我义纂，乾隆《醴泉县志》。清光绪元年刻本。

［429］（清）金明源等纂修，乾隆《平定州志》。清光绪八年刻本。

［430］（清）宫耀亮修，陈我义纂，乾隆《醴泉县续志》。民国抄本。

［431］（清）施诚修，裴希纯纂，乾隆《河南府志》。清同治六年刻本。

［432］（清）梁栋修，唐焯纂，乾隆《含山县志》。清乾隆十三年刊本。

［433］（清）徐景曾纂修，乾隆《顺德府志》。清乾隆十五年刻本。

［434］（清）臧应桐纂修，乾隆《咸阳县志》。清乾隆十六年刻本。

［435］（清）蒋光祖修，姚之琅纂，乾隆《邓州志》。清乾隆二十年刻本。

［436］（清）杜甲修，黄文莲纂，乾隆《河间府新志》。清乾隆二十五年刻本。

［437］（清）刘统修，刘炳纂，乾隆《任邱县志》。清乾隆二十七年刊本。

［438］（清）王正茂纂修，乾隆《临晋县志》。清乾隆三十八年刊本。

［439］（清）纪在谱修，黄立世纂，乾隆《长子县志》。清乾隆四十三年刻本。

［440］（清）陆继萼修，洪亮吉纂，乾隆《登封县志》。清乾隆五十二年刊本。

［441］（清）常廷璧修，吴元桂纂，乾隆《无为州志》。1960年复制清乾隆刻本。

［442］（清）陆蓉修，武亿纂，嘉庆《宝丰县志》。清嘉庆二年刻本。

［443］（清）杨芳灿修，郭楷纂，嘉庆《灵州志迹》。清嘉庆三年刊刻本。

［444］（清）顾浩修，吴元庆纂，嘉庆《无为州志》。清嘉庆八年刻本。

［445］（清）陈玉垣、庄绳武修，唐伊盛、龚立海纂，嘉庆《巴陵县志》。清嘉庆九年刻本。

［446］（清）阿史当阿修，姚文田纂。嘉庆《扬州府志》。清嘉庆十五年刊本。

［447］（清）甘扬声修、刘文运纂，嘉庆《渑池县志》。清嘉庆十五年刻本。

［448］（清）吕燕昭修，姚鼐纂。嘉庆《重刊江宁府志》。清嘉庆十六年修、光绪六年刊本。

［449］（清）王大同修，李林松纂。嘉庆《上海县志》。清嘉庆十九年刻本。

［450］（清）梁启让修，陈春华纂，嘉庆《芜湖县志》。清嘉庆十二年重修，民国二年重印本。

[451]（清）常明修、杨芳灿纂，嘉庆《四川通志》。清嘉庆二十一年木刻本。

[452]（清）刘樾修，樊兑纂，嘉庆《长子县志》。清嘉庆二十一年刻本。

[453]（清）陆蓉修，武亿纂，嘉庆《扶风县志》。清嘉庆二十三年刊本。

[454]（清）何文明修，李绅纂，嘉庆《洧川县志》。清嘉庆二十三年刻本。

[455]（清）陈受培修，张焘纂，嘉庆《宣城县志》。清嘉庆刻本。

[456]（清）鲁铨修，洪亮吉纂，嘉庆《宁国府志》。清嘉庆刻本。

[457]（清）宋如林修，莫晋纂。嘉庆《松江府志》。清嘉庆松江府学刻本。

[458]（清）吴允嘉纂。嘉庆《钱塘县志》。清抄本。

[459]（清）张聪贤修，董曾臣纂，嘉庆《长安县志》。民国二十五年铅印本。

[460]（清）徐元梅修，朱文翰纂，嘉庆《山阴县志》。民国二十五年绍兴县修志委员会校刊铅印本。

[461]（清）徐清选修，毛辉凤纂，道光《丰城县志》。清道光五年刊本。

[462]（清）张鸿修，王学浩纂。道光《昆新两县志》。清道光六年刻本。

[463]（清）沈莲生续纂修，嘉庆《邢台县志》。清道光七年刻本。

[464]（清）阮元修，陈昌齐纂，道光《广东通志》。清道光二年刻本。

[465]（清）侯钤修，萧凤翥纂，道光《衡山县志》。清道光三年刻本。

[466]（清）沈锐纂修，道光《蓟州志》。清道光十一年刻本。

[467]（清）崔志元修，金左泉纂，道光《铜山县志》。清道光十一年刻本。

[468]（清）汪匡鼎原本，施彦士续纂修，道光《内邱县志》。清道光十二年抄本。

[469]（清）冯继照修，袁俊纂，道光《修武县志》。清道光二十年刻本。

[470]（清）李彷梧修，鲍桂征纂，道光《宝丰县志》。清道光十七年刻本。

[471]（清）张道超修，马九功纂，道光《伊阳县志》。清道光十八年刊本。

[472]（清）王履谦修，李廷锡纂，道光《安陆县志》。清道光二十三年刻本。

[473]（清）刘宝楠撰。道光《宝应图经》。清道光二十八年刊本。

[474]（清）孟毓兰修，乔载繇纂。道光《重修宝应县志》。清道光二十八年刻本。

[475]（清）彭衍堂修，陈文衡纂，道光《龙岩州志》。清光绪十六年重刊本。

[476]（清）李熙龄纂修，道光《榆林府志》。清道光二十一年刻本。

[477]（清）潘克溥纂修，咸丰《蕲州志》。清咸丰二年刻本。

[478]（清）朱煐修，郭程先续纂，咸丰《大名府志》。清咸丰三年刻本。

［479］（清）方传质修，龙凤翥纂，同治《绥宁县志》。清同治六年刻本。

［480］（清）龙汝霖纂修，同治《高平县志》。清同治六年刻本。

［481］（清）姚锟修，徐光弟纂，同治《滑县志》。清同治六年刻本。

［482］（清）江景桂纂修，同治《天长县志纂辑志稿》。清同治八年稿本。

［483］（清）李士棻修，胡业恒纂，同治《东乡县志》。清同治八年刻本。

［484］（清）刘昌岳修，邓家祺纂，同治《江西新城县志》。清同治十年刊本。

［485］（清）关培钧修，刘洪泽纂，同治《新化县志》。清同治十一年刊本。

［486］（清）应宝时修，俞樾纂。同治《上海县志》。清同治十一年刊本。

［487］（清）黄德溥修，褚景昕纂，同治《赣县志》。清同治十一年刻本。

［488］（清）王汝惺修，邹焌杰纂，同治《浏阳县志》。清同治十二年刻本。

［489］（清）张兆栋修，何绍基纂。同治《重修山阳县志》。清同治十二年刻本。

［490］（清）王家杰修，周文凤纂，同治《丰城县志》。清同治十二年刻本。

［491］（清）英杰修，晏端书纂，同治《续纂扬州府志》。清同治十三年刊本。

［492］（清）黄恩浩修，萧玉铨纂。同治《袁州府志》。清同治十三年刻本。

［493］（清）莫祥芝修，汪士铎纂。同治《上江两县志》。清同治十三年刊本。

［494］（清）吴世熊修，刘庠纂，同治《徐州府志》。清同治十三年刻本。

［495］（清）吴耀斗续修，李士彬续纂，同治《襄阳县志》。清同治十三年刻本。

［496］（清）符为霖修，刘沛纂，光绪《龙山县志》。清同治九年修光绪四年重刊本。

［497］（清）李惟丙修，文岳英纂，光绪《衡山县志》。清光绪元年刻本。

［498］（清）郑庆华修，潘颐福纂，光绪《麻城县志》。清光绪二年刻本。

［499］（清）陈宝善修，王咏霓纂，光绪《黄岩县志》。清光绪三年刊本。

［500］（清）夏诒钰纂修，光绪《永年县志》。清光绪三年刻本。

［501］（清）吴坤修修，何绍基纂，光绪《重修安徽通志》。清光绪四年刻本。

［502］（清）韩佩金修，张文虎纂。光绪《重修奉贤县志》。清光绪四年刊本。

［503］（清）王其淦修，汤成烈纂，光绪《武进阳湖县志》。清光绪五年刻本。

［504］（清）戴肇辰修，史澄纂，光绪《广州府志》。清光绪五年刊本。

［505］（清）陈学富修，李廷一纂，光绪《续高平县志》。清光绪六年刻本。

［506］（清）刘鸿逵修，沈承恩纂，光绪《平陆县续志》。清光绪六年刻本。

[507]（清）金吴澜修，朱成熙纂。光绪《昆新两县续修合志》。清光绪六年刊本。

[508]（清）裴大中修，秦湘业纂，光绪《无锡金匮县志》。清光绪七年刻本。

[509]（清）葛士达编，光绪《平定州志》。清光绪八年刻本。

[510]（清）劳文庆修，娄道南纂，光绪《太平县志》。清光绪八年刻本。

[511]（清）封蔚礽修，陈廷扬纂，光绪《蕲州志》。清光绪八年刻本。

[512]（清）张宝琳修，王棻纂，光绪《永嘉县志》。清光绪八年刻本。

[513]（清）孙云锦修，吴昆田纂，光绪《淮安府志》。清光绪十年刊本。

[514]（清）崔晓然修，杨笃纂，光绪《潞城县志》。清光绪十年刻本。

[515]（清）刘溎年修，邓抡斌纂，光绪《惠州府志》。清光绪十年刊本。

[516]（清）钱鏐修、俞燮奎纂，光绪《庐江县志》。清光绪十一年刻本。

[517]（清）李瀚章修，曾国荃纂，光绪《湖南通志》。清光绪十一年刻本。

[518]（清）崔铸善修，陈鼎隆纂，光绪《虞乡县志》。清光绪十二年刻本。

[519]（清）李荣和修，张元懋纂，光绪《永济县志》。清光绪十二年刻本。

[520]（清）何崧泰修，史朴纂，光绪《遵化通志》。清光绪十二年刻本。

[521]（清）李培祜修，张豫垲纂，光绪《保定府志》。清光绪十二年刻本。

[522]（清）程其珏修，杨震福纂，光绪《嘉定县志》。清光绪十四年刻本。

[523]（清）赓音布修，李春泽纂，光绪《德安府志》。清光绪十四年刊本。

[524]（清）赵希曾纂修，光绪《陕州直隶州志》。清光绪十七年刻本。

[525]（清）郝增祐纂修，周晋堃续纂修，光绪《丰润县志》。清光绪十七年刻本。

[526]（清）郭光澍修，李旭春纂，光绪《卢氏县志》。清光绪十八年刊本。

[527]（清）吴中彦修，胡景桂纂，光绪《广平府志》。清光绪二十年刻本。

[528]（清）刘崇照修，陈玉树纂。光绪《盐城县志》。清光绪二十一年刻本。

[529]（清）阿麟修、王龙勋纂，光绪《新修潼川府志》。清光绪二十三年刻本。

[530]（清）丁锡奎修，白翰章纂，光绪《靖边县志稿》。清光绪二十五年刻本。

[531]（清）沈家本修，徐宗亮纂，光绪《重修天津府志》。清光绪二十五年刻本。

[532]（清）朱大绅修，高照纂，光绪《直隶和州志》。清光绪二十七年刊本。

［533］（清）戴世文纂修，光绪《南宫县志》。清光绪三十年刻本。

［534］（清）戚朝卿修，周祜纂，光绪《邢台县志》。清光绪三十一年刊本。

［535］（清）李丙荣续纂，光绪《丹徒县摭余》。民国七年刻本。

［536］（民国）皇甫振清修，李光宇纂，民国《昔阳县志》。民国三年抄本。

［537］（民国）周赞元纂，民国《怀集县志》。民国五年铅印本。

［538］（民国）周振声修，李无逸等编，民国《虞乡县新志》。民国九年石印本。

［539］（民国）徐贯之等修，李无逸等纂，民国《续补虞乡县新志》。民国九年石印本。

［540］（民国）邓长耀纂修，民国《临潼县志》。民国十一年铅印本。

［541］（清）严如熤原本，杨名飏续纂，民国《汉南续修郡志》。民国十三年刻本。

［542］（民国）葛韵芬修、江峰青纂，民国《重修婺源县志》。民国十四年刻本。

［543］（民国）余家谟修，王嘉诜纂，民国《铜山县志》。民国十五年刊本。

［544］（民国）田金祺修，张登云纂，民国《重修汜水县志》。民国十七年铅印本。

［545］（民国）秦廷秀修，刘崇本纂，民国《雄县新志》。民国十八年铅印本。

［546］（民国）张玉藻修，高觐昌纂，民国《续丹徒县志》。民国十九年刻本。

［547］（民国）万震霄修，高遵章纂，民国《青县志》。民国二十年刊本。

［548］（民国）安恭己纂，胡万凝纂，民国《太谷县志》。民国二十年铅印本。

［549］（民国）萧国桢修，蕉封桐纂，民国《修武县志》。民国二十年铅印本。

［550］（民国）冯煦纂，民国《宝应县志》。民国二十一年铅印本。

［551］（民国）刘安国修，吴廷锡纂，民国《重修咸阳县志》。民国二十一年铅印本。

［552］（民国）杨肇基修，李世昌纂，民国《邯郸县志》。民国二十一年铅印本。

［553］（民国）薛儒华修，赵又杨纂，民国《邱县志》。民国二十二年铅印本。

［554］（民国）马子宽修，王蒲园纂，民国《重修滑县志》。民国二十一年铅印本。

［555］（民国）张凤瑞修，张坪纂，民国《沧县志》。民国二十二年铅印本。

［556］（民国）金良骥修，姚寿昌纂，民国《清苑县志》。民国二十三年铅印本。

［557］（民国）宋伯鲁、吴廷锡纂修，民国《续修陕西通志稿》。民国二十三年铅印本。

［558］（民国）翟文选修，王树枏纂，民国《奉天通志》。民国二十三年铅印本。

［559］（民国）洪家禄撰，民国《大名县志》。民国二十三年铅印本。

［560］（民国）焦国理纂，民国《重修镇原县志》。民国二十四年铅印本。

［561］（民国）魏松声纂，民国《重修正阳县志》。民国二十五年铅印本。

［562］（民国）王华安修，刘清如纂，民国《馆陶县志》。民国二十五年铅印本。

［563］（民国）黄容惠修，贾恩绂纂，民国《南宫县志》。民国二十五年刊本。

［564］（民国）杨保东修，刘莲青纂，民国《巩县志》。民国二十六年刊本。

［565］（民国）李希白修，李希白纂，民国《新安县志》。民国二十七年石印本。

［566］（民国）张栋修，薛椿龄纂，民国《邢台县志》。民国二十八年刊本。

［567］（民国）李泽远修，刘国昌纂，民国《鸡泽县志》。民国三十一年铅印本。

［568］（民国）刘显世修，杨恩元纂，民国《贵州通志》。民国三十七年铅印本。

［569］济南市史志编纂委员会编，《济南市志》。中华书局1997年版。

［570］济南市历下区区志编纂委员会编，《历下区志》。中国广播电视出版社1992年版。

［571］济南市市中区区志编纂委员会编，《市中区志》。齐鲁书社1997年版。

［572］济南市章丘县志编纂委员会，《章丘县志》。济南出版社1992年版。

［573］青岛市史志办公室编，《青岛市志·人物志》。五洲传播出版社2002年版。

［574］胶州市志编纂委员会编，《胶州市志》。新华出版社1992年版。

［575］《淄博市志》编纂委员会编，《淄博市志》。中华书局1995年版。

［576］山东省淄博市淄川区区志编纂委员会编，《淄川区志》。齐鲁书社1990年版。

［577］山东省淄博市博山区区志编纂委员会编，《博山区志》。山东人民出版社1990年版。

[578] 山东省淄博市临淄区志编纂委员会编,《临淄区志》。国际文化出版公司 1988 年版。

[579] 山东省桓台县史志编纂委员会编,《桓台县志》。齐鲁书社 1992 年版。

[580] 高青县地方史志编委会编,《高青县志》。中国社会出版社 1991 年版。

[581] 枣庄市地方史志编纂委员会编,《枣庄市志》。中华书局 1993 年版。

[582] 枣庄市市中区地方史志编纂委员会编,《枣庄市市中区志》。中华书局 1998 年版。

[583] 山亭区地方史志编纂委员会编,《山亭区志》。齐鲁书社 1997 年版。

[584] 薛城区地方志编纂委员会编,《薛城区志》。中华书局 1997 年版。

[585] 滕州市地方志编纂委员会编,《滕县志》。中华书局 1990 年版。

[586] 山东省东营市地方史志编纂委员会编,《东营市志》。齐鲁书社 2000 年版。

[587] 山东省广饶县地方志编纂委员会编,《广饶县志》。中华书局 1995 年版。

[588] 山东省利津县地方史志编纂委员会编,《利津县志》。东方出版社 1990 年版。

[589] 山东省垦利县地方史志编纂委员会编,《垦利县志》。山东人民出版社 1997 年版。

[590] 烟台市地方史志编纂委员会编,《烟台市志》。科学普及出版社 1994 年版。

[591] 福山区史志编纂委员会编,《福山区志》。齐鲁书社 1990 年版。

[592] 栖霞县地方史志编纂委员会编,《栖霞县志》。山东人民出版社 1990 年版。

[593]《牟平县志》编纂委员会编,《牟平县志》。科学普及出版社 1991 年版。

[594] 山东省蓬莱市史志编纂委员会编,《蓬莱县志》。齐鲁书社 1995 年版。

[595]《招远县志》编纂委员会办公室编,《招远县志》。华龄出版社 1991 年版。

[596] 山东省泗水县地方史志编纂委员会编,《泗水县志》。山东人民出版社 1991 年版。

[597] 山东省鱼台县地方史志编纂委员会编,《鱼台县志》。山东人民出版社 1997 年版。

[598] 山东省兖州市地方史志编纂委员会编,《兖州市志》。山东人民出版社

1997 年版。

［599］泰安市地方史志编纂委员会编,《泰安地区志》。齐鲁书社 1997 年版。

［600］宁阳县史志编纂委员会编,《宁阳县志》。中国书籍出版社 1994 年版。

［601］《东平县志》编纂委员会编,《东平县志》。山东人民出版社 1989 年版。

［602］山东省新泰市史志编纂委员会编,《新泰市志》。齐鲁书社 1993 年版。

［603］肥城县史志编纂委员会编,《肥城县志》。齐鲁书社 1992 年版。

［604］肥城市志编纂委员会编,《肥城市志》。方志出版社 2006 年版。

［605］威海市地方史志编纂委员会,《威海市志 1398—1982》。山东人民出版社 1986 年版。

［606］文登市地方史志编纂委员会编纂,《文登市志》。中国城市出版社 1996 年版。

［607］山东省乳山市地方史志编纂委员会,《乳山市志》。齐鲁书社 1998 年版。

［608］日照市地方史志编纂委员会编,《日照市志》。齐鲁书社 1994 年版。

［609］莒县地方史志编纂委员会主编,《莒县志》。中华书局 1999 年版。

［610］莱芜市地方史志编纂委员会编,《莱芜市志》。山东人民出版社 1991 年版。

［611］莱芜市地方史志编纂委员会编,《莱芜市志》。方志出版社 2014 年版。

［612］莱芜市莱城区地方史志编纂委员会编,《莱芜市莱城区志 1993—2005》。方志出版社 2012 年版。

［613］临沂市地方史志编纂委员会编纂,《临沂地区志》。中华书局 2001 年版。

［614］山东省郯城县地方史志编纂委员会编,《郯城县志》。深圳特区出版社 2001 年版。

［615］山东省莒南县地方史志编纂委员会编,《莒南县志》。齐鲁书社 1998 年版。

［616］山东省沂水县地方史志编纂委员会编,《沂水县志》。齐鲁书社 1997 年版。

［617］山东省平邑县志编纂委员会编,《平邑县志》。齐鲁书社 1997 年版。

［618］费县志编纂委员会编,《费县志》。中国广播电视出版社 1992 年版。

［619］山东省临沭县史志编纂委员会编,《临沭县志》。齐鲁书社 1993 年版。

［620］山东省德州地区史志编纂委员会编,《德州地区志》。齐鲁书社 1992 年版。

[621] 山东省乐陵县史志编纂委员会编,《乐陵县志》。齐鲁书社 1999 年版。

[622] 山东省禹城县史志编纂委员会编,《禹城县志》。齐鲁书社 1995 年版。

[623] 山东省夏津县志编纂委员会编,《夏津县志》。山东人民出版社 1991 年版。

[624] 山东省宁津县史志编纂委员会编,《宁津县志》。齐鲁书社 1992 年版。

[625] 山东省聊城地区地方史志编纂委员会编,《聊城地区志》。齐鲁书社 1997 年版。

[626] 山东省聊城市地方史志编纂委员会编,《聊城市志》。齐鲁书社 1999 年版。

[627] 山东省临清市地方史志编纂委员会,《临清市志》。齐鲁书社 1997 年版。

[628] 阳谷县地方史志编纂委员会编,《阳谷县志》。中华书局 1991 年版。

[629] 山东省东阿县地方史志编纂委员会编,《东阿县志》。齐鲁书社 1998 年版。

[630] 山东省滨州地区地方史志编纂委员会编,《滨州地区志》。中华书局 1996 年版。

[631] 山东省滨州市史志编纂委员会编,《滨州市志》。齐鲁书社 1993 年版。

[632] 山东省惠民县地方史志编纂委员会编,《惠民县志》。齐鲁书社 1997 年版。

[633] 山东省阳信县史志编纂委员会编,《阳信县志》。齐鲁书社 1995 年版。

[634] 山东省无棣县史志编纂委员会编,《无棣县志》。齐鲁书社 1994 年版。

[635] 山东省沾化县地方史志编纂委员会编,《沾化县志》。齐鲁书社 1995 年版。

[636] 山东省博兴县史志编纂委员会编,《博兴县志》。齐鲁书社 1993 年版。

[637] 山东省邹平县地方史志编纂委员会编,《邹平县志》。中华书局 1992 年版。

[638] 山东省菏泽地区地方史志编纂委员会编,《菏泽地区志》。齐鲁书社 1998 年版。

[639] 山东省菏泽市史志编纂委员会编,《菏泽市志》。齐鲁书社 1993 年版。

[640] 山东省曹县地方志编纂委员会编,《曹县志》。中华书局 2000 年版。

[641] 单县地方史志办公室编,《单县志》。山东人民出版社 1996 年版。

[642] 成武县史志办公室编,《成武县志》。齐鲁书社 1992 年版。

［643］山东省巨野县史志编纂委员会编，《巨野县志》。齐鲁书社1996年版。

［644］郓城县史志编纂委员会编，《郓城县志》。齐鲁书社1992年版。

［645］定陶县志编纂委员会编，《定陶县志》。齐鲁书社1999年版。

［646］鄄城县史志办公室编，《鄄城县志》。齐鲁书社1996年版。

［647］东明县志编纂委员会编，《东明县志》。中华书局1992年版。

［648］淄博市张店区沣水镇志编纂小组编，《沣水镇志》。1986年内部刊印本。

［649］滕州市羊庄镇史志编纂委员会编，《羊庄镇志》。1992年内部刊印本。

［650］界河镇志编撰委员会编，《滕州市界河镇志》。1990年内部刊印本。

［651］兖州县谷村乡史志编纂办公室编，《兖州县谷村乡志》。1989年内部刊印本。

［652］兖州县王因镇人民政府编，《王因镇志》。1987年内部刊印本。

［653］东平县彭集镇志编纂委员会编，《彭集镇志》。山东省地图出版社2001年版。

［654］张秋镇志编纂委员会编，《张秋镇志》。华文出版社2012年版。

［655］北镇志编纂委员会编，《北镇志》。山东省地图出版社2003年版。

［656］张奇文主编，《山东中医药志》。山东科学技术出版社1991年版。

［657］济南市卫生局、济南市中医学会编印，《济南中医药志》。1989年内部刊印本。

［658］济南市卫生局编，《济南市卫生志》。济南出版社2009年版。

［659］长清县卫生局、长清县中医药学会编，《长清县中医药志》。1984年内部刊印本。

［660］山东省济阳县卫生局《卫生志》编写组，《济阳医药卫生志》。1984年内部刊印本。

［661］章丘卫生志编纂委员会编，《章丘卫生志》。山东省地图出版社2007年版。

［662］山东省胶州市卫生局编，《胶州市卫生志》。1990年内部刊印本。

［663］淄博市卫生局编，《淄博市卫生志》。1997年内部刊印本。

［664］淄川区卫生局编，《淄川区卫生志》。山东人民出版社2009版。

［665］《博山区卫生志》编纂委员会编，《博山区卫生志》。中国出版社2005年版。

［666］山东省淄博市临淄区卫生志编纂委员会编，《临淄区卫生志》。山东人

民出版社 1997 年版。

［667］高青县卫生志编纂委员会编，《高青县卫生志》。2009 年内部刊印本。

［668］《枣庄市卫生志》编纂委员会编，《枣庄市卫生志》。1988 年内部刊印本。

［669］滕州市卫生局编，《滕县卫生志》。1990 年内部刊印本。

［670］滕县医药志编纂委员会编，《滕县医药志》。1989 年内部刊印本。

［671］张方玉主编，《枣庄卫生丛书·枣庄医林学术录》。中国文史出版社 2013 年版。

［672］烟台卫生志编委会编，《烟台卫生志》。1988 年内部刊印本。

［673］烟台医药志编纂委员会编，《烟台医药志》。1988 年内部刊印本。

［674］烟台市芝罘区卫生局编，《烟台市芝罘区卫生志》。1988 年内部油印本。

［675］山东省掖县药材公司编志委员会编，《掖县医药志》。1988 年内部油印本。

［676］潍坊市卫生局史志办公室编，《潍坊市卫生志》。1989 年内部刊印本。

［677］潍县卫生局、潍县中医学会编，《潍县中医药志》。1983 年内部油印本。

［678］山东省潍坊医药公司编，《潍坊市医药志》。1989 年内部刊印本。

［679］山东省青州市药材公司编，《益都县医药志》。1986 年内部刊印本。

［680］高密县卫生局卫生志编委办公室编，《高密县卫生志》。1993 年内部刊印本。

［681］山东省高密县药材公司编，《高密县医药志》。1986 年内部刊印本。

［682］安丘县卫生局编，《安丘县卫生志》。1985 年内部刊印本。

［683］山东省安邱县药材公司编，《安邱县医药志》。1986 年内部刊印本。

［684］昌邑县卫生志编纂办公室编，《昌邑县卫生志》。1986 年内部刊印本。

［685］山东省昌邑县药材公司编，《昌邑县医药志》。1986 年内部刊印本。

［686］山东省临朐县药材公司编，《临朐县医药志》。1986 年内部刊印本。

［687］山东省昌乐县药材公司编，《昌乐县医药志》。1986 年内部刊印本。

［688］山东省诸城县药材公司编，《诸城县医药志》。1986 年内部刊印本。

［689］山东省寿光县药材公司编，《寿光县医药志》。1986 年内部刊印本。

［690］济宁市卫生志编纂委员会编，《济宁市卫生志》。山东科学技术出版社 1992 年版。

［691］济宁市市中区卫生志编纂委员会编，《济宁市市中区卫生志》。山东科学技术出版社 1994 年版。

［692］山东省《鱼台县卫生志》编纂办公室，《鱼台县卫生志》。1991年内部油印本。

［693］山东省《微山县卫生志》编辑组，《微山县卫生志》。1987年内部刊印本。

［694］山东省《嘉祥县卫生志》办公室编，《嘉祥县卫生志》。1990年内部刊印本。

［695］泗水县《卫生志》编写组，《泗水县卫生志》。1987年内部刊印本。

［696］邹县卫生局史志办公室编纂，《邹县卫生志》。山东省出版总社济宁分社1989年版。

［697］梁山县药材公司编，《梁山县医药志》。1987年内部刊印本。

［698］泰安市卫生局编，《泰安卫生志》。山东科学技术出版社1991年版。

［699］中华全国中医学会泰安分会编撰，《泰安地区中医志》。1983年内部刊印本。

［700］宁阳县卫生局，《宁阳县卫生志》。1984年内部刊印本。

［701］东平县卫生局《东平县卫生志》编辑组编，《东平县卫生志》。1983年内部刊印本。

［702］文登市卫生志编纂委员会编，《文登市卫生志》。2009年内部刊印本。

［703］山东省日照市药材公司编，《日照医药志》。1986年内部刊印本。

［704］莒县卫生志编纂委员会编，《莒县卫生志》。中国教育文献出版社2013年版。

［705］山东省五莲县药材公司主编，《五莲县医药志》。1986年内部刊印本。

［706］莱芜卫生志编纂委员会编纂，《莱芜卫生志》。2004年内部刊印本。

［707］山东省临沂地区卫生局、中华全国中医学会山东临沂分会编，《临沂地区中医药志》。1982年内部刊印本。

［708］山东省平邑县卫生志编撰委员会编，《平邑县卫生志》。山东省临沂地区出版办公室1991年内部刊印本。

［709］《莒南县卫生志》编纂委员会编，《莒南县卫生志》。深圳特区出版社2001年版。

［710］李昶亮主编，《德州地区卫生志》。天津科学技术出版社1991年版。

［711］刘代庚主编，《聊城地区卫生志》。山东科学技术出版社1993年版。

［712］山东省聊城市卫生志编纂办公室，《聊城市卫生志》。1991年内部刊

印本。

[713] 阳谷县卫生志编纂委员会编,《阳谷县卫生志》。方志出版社 2017 年版。

[714] 山东省惠民地区卫生史志编纂委员会编,《惠民地区卫生志》。天津科学技术出版社 1992 年版。

[715] 山东省惠民地区卫生局编,《惠民地区中医药志》。1983 年内部刊印本。

[716] 山东省惠民县卫生局编,《惠民县卫生志》。2002 年内部刊印本。

[717] 菏泽市地方史志编纂委员会办公室编,《菏泽市志·卫生志》(征求意见稿)。1987 年内部刊印本。

[718] 菏泽地区卫生局编,《菏泽地区卫生志》。1987 年内部油印本。

[719] 曹县卫生局《曹县医药卫生志》编写领导小组办公室编,《曹县医药卫生志》。1989 年内部刊印本。

[720] 成武县《卫生志》编写组,《成武县卫生志》。1990 年内部刊印本。

[721] 成武县医药公司编,《成武县医药志》。1987 年内部刊印本。

[722] 郓城县卫生志编纂委员会编,《郓城县卫生志》。中国出版社 2006 年版。

[723] 定陶县卫生局编,《定陶县卫生志》。1992 年内部刊印本。

[724] 定陶县医药公司编,《定陶县医药志》。1987 年内部油印本。

[725] 东明县卫生史志编纂委员会编,《东明卫生志》。2017 年内部刊印本。

[726] 鄄城县医药公司编,《鄄城县医药志》。1988 年内部刊印本。

[727] 庆云县卫生局卫生志编辑室编,《庆云县卫生志》。1985 年内部油印本。

[728] 山东省茌平县卫生志办公室编,《茌平县卫生志》。1990 年内部刊印本。

资料类

[1] 政协济南市历城区委员会文史资料研究委员会编,《历城文史资料》第十九辑。1997 年内部刊印本。

[2] 政协济南市历城区委员会文史资料研究委员会编,《历城文史资料》第十辑。1998 年内部刊印本。

[3] 济阳县政协文史资料委员会编,《济阳文史资料》第七辑。1993 年内部刊

印本。

［4］山东省淄博市政协文史资料研究委员会编,《淄博文史资料选辑》第二辑。1984年内部刊印本。

［5］山东省淄博市政协文史资料研究委员会编,《淄博文史资料选辑》第五辑。1989年内部刊印本。

［6］淄博市博山区志办公室编,《颜山广记·博山区志资料汇编》第二辑。1984年内部刊印本。

［7］中国人民政治协商会议山东省淄博市临淄区委员会编,《临淄文史资料选辑》第二辑。1985年内部刊印本。

［8］淄博市临淄区政协文史资料委员会编,《临淄文史资料》第六辑。1991年内部刊印本。

［9］桓台县地方史志办公室编,《桓台县史志资料》第一辑。1984年内部刊印本。

［10］桓台县政协文史委员会编,《桓台文史资料》第二辑。1984年内部刊印本。

［11］桓台县政协文史资料委员会编,《桓台历史名人》。1992年内部刊印本。

［12］中国人民政治协商会议滕县委员会文史资料委员会编,《滕县文史资料》第一辑。1984年内部刊印本。

［13］滕县政协文史资料研究委员会编,《滕县文史资料》第三辑。1987年内部刊印本。

［14］滕州市政协文史资料委员会编,《滕州文史资料》第五辑。1989年内部刊印本。

［15］滕州市政协文史资料委员会编,《滕州文史资料》第六辑。1990年内部刊印本。

［16］山东省东营市地方史志编纂委员会编,《东营历史人物》第二辑。1989年内部刊印本。

［17］中国人民政治协商会议利津县委员会文史资料研究委员会编,《利津文史资料》第一辑。1986年内部刊印本。

［18］中国人民政治协商会议利津县委员会文史资料研究委员会编,《利津文史资料》第三辑。1989年内部刊印本。

［19］中国人民政治协商会议广饶县委员会文史资料编辑组编,《广饶县文史资料选辑》第三辑。1983年内部刊印本。

［20］中国人民政治协商会议山东省泗水县委员会文史资料研究委员会编，《泗水县文史资料》第一辑。1986年内部刊印本。

［21］中国人民政治协商会议山东省邹县委员会编，《邹县文史资料》第八辑。1990年内部刊印本。

［22］兖州县政协文史资料委员会编，《兖州文史资料》第五辑。1991年内部刊印本。

［23］新泰市史志办编，《新泰人物》。1989年内部刊印本。

［24］东平县史志办编，《东平历代人物》。1997年内部刊印本。

［25］泰安市郊区政协文史资料委员会编，《文史资料选辑》第八辑《大汶口镇史料专辑》。1990年内部刊印本。

［26］威海市政协文史资料研究委员会编，《威海文史资料》第二辑。1985年内部刊印本。

［27］文登市政协文史资料委员会编，《文登文史资料》第七辑。1992年内部刊印本。

［28］政协日照市委员会文史资料办公室编，《日照文史》第三辑。1988年内部刊印本。

［29］政协日照市委员会文史资料办公室编，《日照文史》第四辑。1990年内部刊印本。

［30］政协莒县委员会编，《莒县文史资料》第五辑。1988年内部刊印本。

［31］中国人民政治协商会议山东省五莲县委员会文史资料委员会编，《五莲文史资料》第八辑。1997年内部刊印本。

［32］莱芜市政协文史资料委员会，《莱芜文史》第十一辑。2000年内部刊印本。

［33］莱芜市政协文史资料委员会，《莱芜文史》第十二辑。2004年内部刊印本。

［34］中国人民政治协商会议临沂市委员会编，《临沂文史集粹》第三册。山东人民出版社1997年版。

［35］苍山县政协文史资料征集研究委员会编，《苍山文史资料》第五辑。1987年内部刊印本。

［36］政协费县文史资料委员会编，《费县文史选辑》第三辑。1999年内部刊印本。

［37］政协临沭县委员会文史资料委员会编，《临沭文史资料》第七辑。1999年内部刊印本。

［38］阳谷县政协文史资料征集委员会编印，《阳谷文史资料》第十八辑。1986年内部刊印本。

［39］中国人民政治协商会议山东省滨州市委员会文史资料研究委员会编，《滨州文史资料》第二辑。1988年内部刊印本。

［40］政协阳信县文史资料研究委员会编，《阳信文史资料》第二辑。1987年内部刊印本。

［41］中国人民政治协商会议无棣县委员会编，《无棣文史资料》第二辑。1989年内部刊印本。

［42］中国人民政治协商会议阳信县委员会文史资料研究委员会编，《阳信文史资料》第四辑。1989年内部刊印本。

［43］中国人民政治协商会议博兴县委员会文史资料研究委员会编，《博兴文史资料》第四辑。1987年内部刊印本。

［44］政协邹平县文史资料委员会编，《邹平文史资料选辑》第六辑。1991年内部刊印本。

［45］滨州地区档案馆编，《滨州古今名人事略》。1997年内部刊印本。

［46］政协成武县文史委员会编，《成武文史》第一辑。1990年内部刊印本。

［47］政协成武县文史委员会编，《成武文史》第三辑。1995年内部刊印本。

［48］山东省郓城县政协文史委员会编，《郓城文史资料》第四辑。1990年内部刊印本。

著作类

［1］（宋）周守忠，《历代名医蒙求》。人民卫生出版社1955年版。

［2］陈邦贤、严菱舟合编，《中国医学人名志》。人民卫生出版社1955年版。

［3］缪荃孙纂录，《续碑传集》。文海出版社有限公司1980年版。

［4］臧励和等编，《中国人名大辞典》。上海书店出版社1980年版。

［5］刘飞白编著，《历代名医人物志》。五洲出版社1986年版。

［6］陈梦赉编著，《中国历代名医传》。科学普及出版社1987年版。

［7］中国中医研究院中国医史文献研究所主编,《中医人物词典》。上海辞书出版社 1988 年版。

［8］程翔、颜景山著,《泰安名人记略》。山东省出版总社泰安分社 1988 年版。

［9］政协阳谷县委员会编,《阳谷文史资料选编》。山东省出版总社聊城分社 1989 年版。

［10］临淄区政协文史资料委员会、《临淄巡古》编辑组编,《临淄巡古》。山东大学出版社 1989 年版。

［11］车吉心、梁自絜、任孚先主编,《齐鲁文化大辞典》。山东教育出版社 1989 年版。

［12］（清）陈梦雷等编,《古今图书集成医部全录》。人民卫生出版社 1991 年版。

［13］临沂地区档案馆编,《临沂古今名人事略》。济南出版社 1991 年版。

［14］张锡九主编,《鲁西名人传略》。山东友谊出版社 1991 年版。

［15］淄博市科学技术委员会编,《淄博市科学技术志》。山东科学技术出版社 1992 年版。

［16］孙文奇编著,《中国历代名医集录》。山西科学技术出版社 1992 年版。

［17］唐士文、姜开明、何玮、王玉琳编著,《沂蒙历史名人通鉴》。澳门人文出版社 1993 年版。

［18］于法杰主编,《曹州名人大典》。山东大学出版社 1993 年版。

［19］高伟著,《金元医学人物》。兰州大学出版社 1994 年版。

［20］肥城市志编纂委员会编,《肥城人物志》。中国书籍出版社 1995 年版。

［21］《聊城人物大辞典》编纂委员会编,《聊城人物大辞典》。山东人民出版社 1998 年版。

［22］（清）严可均辑,《全宋文》。商务印书馆 1999 年版。

［23］陈全伦、毕玉清、王德松主编,《文登学子著述录》。天津古籍出版社 1999 年版。

［24］济南市政协文史资料委员会编,《济南历代墓志铭》。黄河出版社 2002 年版。

［25］滨州市政协文史资料委员会编,《滨州文史》第二辑。中国文史出版社 2002 年版。

［26］郑峰主编,《淄博名人》。山东文艺出版社 2003 年版。

[27] 李经纬等主编，《中医大辞典》。人民卫生出版社2004年版。

[28]（清）张贞原著，周庆武编注，《白话耳梦录》。齐鲁书社2004年版。

[29] 戴永夏主编，《齐鲁特色文化丛书·人物》。山东友谊出版社2004年版。

[30] 滨州市政协文史资料委员会编，《滨州文史》第四辑。中国文史出版社2004年版。

[31] 邓忠印主编，《鄄城城人物志》。中国文史出版社2004年版。

[32] 解维俊主编，《齐都名人》。百苑文艺出版社2005年版。

[33] 王功仁主编，《山东省科考名录汇编》。华文出版社2005年版。

[34] 政协无棣县委员会编，《无棣人物春秋》。中国文化出版社2006年版。

[35] 陈佑林主编，《简明实用伤寒论词典》。贵州科学技术出版社2006年版。

[36] 傅洁琳、李天程、周明昆著，《中华进士全传·山东卷》。泰山出版社2007年版。

[37] 李淑湘主编，《孝妇河畔明清名人传》。中华书局2008年版。

[38] 刘玉平、胡广跃、牛燕等主编，《济宁近现代人物》。中国文史出版社2008年版。

[39] 中国人民政治协商会议博山区委员会编，《博山历史文化名人》。天津古籍出版社2009年版。

[40] 孟鸿声编著，《齐庋》。中国戏剧出版社2010年版。

[41] 李燕、张吉山主编，《东津群英》。山东人民出版社2010年版。

[42] 中国人民政治协商会议山东省邹城市委员会文史资料委员会编，《邹城历史人物》。山东人民出版社2010年版。

[43] 陈彦龙编著，《泗水历史人物》。团结出版社2012年版。

[44] 张金亮、惠正法主编，《单县古今人物》。线装书局2012年版。

[45] 刘廷銮、孙家兰编著，《山东明清进士通览·清代卷》。山东文艺出版社2014年版。

[46] 张寅彭主编，吴忱、杨焄点校，《清诗话三编·六》。上海古籍出版社2014年版。

[47] 李云编著，《中医人名大辞典》。中国中医药出版社2016年版。

[48] 滕州市政协编，《滕州名人》。中国文史出版社2016年版。

[49] 徐泳著，《山东通志艺文志订补·子部·第一册》。山东人民出版社2016年版。

二画

丁　千 500
丁　氏 1375
丁　润 1381
丁　然 900
丁　禄 500
丁艺斋 1431
丁占龙 1214
丁汉三 642
丁廷珍 540
丁竹溪 643
丁仲麟 533
丁汝楠 659
丁纫秋 906
丁希梅 906
丁饮渭 1234
丁启喆 538
丁秉节 1524
丁绍诚 139
丁培仁 492
丁维祯 962
丁裕彦 529
丁瑞趾 659
丁舆衡 659
丁鹤云 487
卜昭成 1038
卜宪周 572
卜善端 1051
刁广现 379

三画

于　文 964
于　呆 1095
于　祀 1567
于　纯 1278
于　铜 147
于　隆 963
于　堦 1278
于　棠 310
于　湜 1508
于　璀 799
于　翰 174
于　濂 339
于九皋 307
于天秩 203
于风调 1197
于允宏 1505
于允昱 343
于世诚 1089
于世堎 154
于可宗 1097
于丙秀 1187
于丕绪 878
于东序 1359

于东垾	1359	于朝勋	692
于兰瀛	1219	于瑞香	597
于吉祥	967	于鹏起	1096
于进仁	1251	于溥泽	204
于芳梓	1372	于麟阁	558
于克明	1351	才春元	1154
于希夏	1031	万 格	957
于希智	1221	万长江	1425
于应震	106	万用中	803
于宏度	1264	万树德	1551
于松瞵	949	万憩楠	507
于画一	501	上官迈千	027
于秉纯	109	么仲魁	1336
于秉雍	1505	么凌云	1336
于念典	1595	子 仪	085
于学书	1059	子 阳	084
于宝田	1088	子 明	085
于宗潼	451	子 豹	085
于诞登	880	子 容	085
于泉清	096	子 越	085
于衍珠	569	子 游	085
于庭彦	496	马 氏	1304
于洪亮	1434	马 君	642
于浦泽	1448	马 荣	957
于家朴	1328	马 彦	1575
于跃渊	1083	马 晟	626
于崇礼	1350	马 浩	1187
于铭勋	692	马 符	1209
于清朗	1282	马 渊	1161
于维祯	1281	马 谔	570
于朝干	1639	马 湘	587

马　瀛	1305	马守先	381
马　钿	143	马守维	1299
马一阳	856	马来崐	284
马九德	1070	马连禄	968
马了道	390	马作梅	570
马三登	1399	马应龙	545
马义福	516	马明生	301
马元吉	587	马忠藩	164
马云亭	191	马鸣显	637
马见龙	1169	马建铎	634
马丹阳	478	马孟乙	1238
马文广	1089	马绍文	1157
马文光	150	马绍熹	1371
马文炳	1571	马荣光	587
马文魁	1498	马南星	570
马玉琛	1376	马厚正	804
马本固	634	马星蟾	1156
马可长	152	马素闲	1410
马龙骏	587	马载阳	1429
马龙骦	1210	马桐芳	1510
马占甲	1592	马致远	277
马仕祯	957	马益良	850
马印麟	626	马骏猷	703
马永胜	1235	马崇儒	619
马西灏	643	马维坤	346
马先幸	1401	马绵祚	1164
马廷玑	1171	马绶卿	146
马价藩	149	马景烈	205
马兆鳌	692	马道修	1183
马兴邦	1020	马湘於	536
马兴隆	553	马温葵	634

马荣臣	1369
马登厂	376
马登泰	1521
马椿龄	570
马慎言	964
马殿撰	1245
马毓德	371
马履时	1179
马瀛洲	1163

四画

王氏	639
王氏	757
王书	163
王节	649
王仕	1542
王成	593
王伟	1451
王访	1273
王运	144
王汾	477
王怀	1186
王绍	1525
王绎	1007
王适	1054
王信	1036
王禹	301
王勉	1452
王阁	1217
王炳	373
王洙	640
王恺	1419
王珩	1350
王晋	465
王恩	575
王阎	1215
王烜	1054
王谈	962
王琅	528
王乾	640
王梅	640
王盘	1082
王清	640
王淦	230
王绪	1637
王瑛	650
王琳	1275
王敬	1104
王敬	1255
王辉	266
王智	640
王道	1148
王曾	206
王湛	132
王湘	497
王湘	664
王渤	531
王瑁	623
王献	1275
王槐	020
王碛	309
王溥	1289

王　谨	220	王大木	1182
王　端	1274	王大武	1168
王　霈	1242	王大宽	1301
王　璘	1455	王万邦	1115
王　镛	1273	王川荣	158
王　凝	1591	王久理	252
王　濂	157	王之官	203
王　濬	715	王之垣	326
王　台	1236	王之霖	197
王　谷	493	王子敷	1014
王　旻	196	王丰泰	1282
王　显	1267	王天一	151
王　洵	1384	王天祐	1334
王　昶	442	王元中	095
王　素	1270	王元仲	1371
王　获	012	王云广	165
王　微	994	王云岫	1214
王　溧	447	王云峰	1448
王　壇	646	王木宗	549
王一豸	1632	王太平	1374
王一峰	1005	王太吉	640
王九龄	157	王日琳	597
王乃文	1471	王日谨	1093
王又铎	1352	王日璟	251
王三义	1449	王日曦	492
王士宗	742	王长明	186
王士珠	1476	王仁洽	1163
王士起	640	王化久	147
王士倩	151	王化贞	644
王士鹤	1545	王化行	617
王士禧	344	王丹书	347

王凤至	1052
王凤诏	1499
王六先生	265
王文同	318
王文枢	660
王文典	1644
王文魁	1298
王方义	1491
王方琳	1491
王心一	1418
王以珍	1247
王允诺	206
王允焕	349
王允辉	010
王允熙	346
王书堂	1213
王玉阳	890
王玉珂	417
王玉泉	158
王玉美	951
王玉振	598
王玉琅	264
王玉德	346
王玉璠	1360
王去执	104
王世芳	403
王石民	236
王龙文	1127
王东江	1166
王东怀	419
王生本	197
王生周	180
王生焠	1428
王仙洲	1098
王仙瀛	489
王印华	1571
王乐之	1502
王乐国	476
王尔恂	590
王尔梅	1445
王尔翼	649
王务业	499
王立志	1164
王立恒	439
王立楹	096
王立魁	160
王立缤	347
王兰斋	036
王半仙	1195
王汉礼	609
王永贞	668
王永昌	640
王永和	370
王永福	1169
王召爽	863
王邦基	1273
王吉震	230
王芝兰	099
王成林	156
王成河	165
王尧天	1544
王贞吉	1208

王光隆	1289	王宇熙	1358
王光瑞	1298	王守典	1499
王廷扬	1504	王守亮	1499
王廷杰	1205	王守藩	1560
王廷杰	1426	王安上	1267
王廷俊	1505	王安仁	165
王廷桂	261	王安仁	1575
王廷宾	537	王如彭	1548
王廷瑞	754	王好贤	1176
王廷橘	206	王戒游	1263
王廷璧	985	王均幕	1033
王竹铭	1042	王志义	863
王延普	177	王志专	390
王延熙	1452	王志春	711
王仲邱	1000	王志淳	1045
王仲房	1290	王芸经	537
王仲铭	419	王克仁	309
王华年	130	王克勤	677
王兆阆	341	王来康	640
王兆曾	1099	王连升	1111
王兆熊	1335	王利成	156
王名高	351	王秀嵌	152
王庆宇	525	王作楫	635
王庆来	1010	王作霈	1426
王汝昇	095	王近光	339
王汝琦	488	王希夷	384
王汝惺	656	王言恂	866
王汝勤	1352	王庐峰	880
王汝楫	582	王沂源	1204
王兴国	476	王宏基	663
王宇熙	145	王宏嗣	1594

王启溶	349
王启樟	450
王诏诒	464
王君佩	1491
王君荣	623
王纯德	236
王纶锡	1453
王青烈	1372
王者文	946
王者民	111
王茂隆	889
王英才	1154
王英琳	1126
王英魁	568
王叔和	768
王叔重	661
王尚忠	339
王尚信	1541
王国宾	1576
王明重	1455
王明萼	484
王和平	669
王秉才	991
王岳迎	959
王所咨	550
王金堂	905
王金策	1460
王金湖	210
王金榜	1116
王念斋	381
王周南	1078

王育鑫	1116
王怡青	709
王学经	412
王宗贵	1111
王宗禹	155
王宗淮	665
王居仁	1640
王绎曾	311
王春山	176
王荫远	572
王相如	542
王柱峰	1529
王树芬	318
王树愿	323
王树德	489
王临川	1096
王省三	1233
王显宠	868
王昭业	640
王贵卿	1582
王思芳	1266
王思颐	375
王思简	183
王钟沄	449
王钟沚	449
王钟泰	660
王保义	1206
王保太	1288
王保亮	909
王俊儒	714
王衍霖	1506

王济远	1258	王常益	493
王恒生	382	王崧龄	451
王诰诒	464	王崑玉	152
王振羽	405	王铭思	662
王振南	1430	王偿麟	1052
王振渠	1472	王象晋	330
王恭临	407	王鸿年	1471
王莲绍	1311	王淑龙	1051
王晋发	1204	王淑远	1259
王格凤	095	王维岩	350
王格龙	095	王维金	664
王格鹏	095	王维宗	1333
王恩庠	961	王维瑚	607
王恩普	158	王绥荣	1117
王恩溥	498	王博勋	1229
王健耕	1188	王敬与	1561
王海晏	315	王敬贤	378
王海澄	903	王辉教	747
王海镜	506	王鼎铭	368
王悦之	999	王景圣	1547
王悦峰	1581	王程和	155
王宸拊	349	王赓泰	1032
王家让	826	王善述	668
王祯禄	866	王善昌	1010
王翀一	1115	王善亭	643
王继瀛	450	王尊三	961
王培圻	657	王道南	1327
王培薰	1547	王道南	1516
王基发	318	王裕九	421
王梦鹤	1122	王裕春	467
王梅昌	965	王疏附	1314

王媚川	313
王登明	1337
王瑞田	1181
王瑞廷	157
王瑞辰	1262
王瑞麒	549
王瑞麟	596
王聘轩	668
王嗣烈	405
王锡成	1429
王锡蒲	1471
王颖儒	449
王雍中	034
王慎可	866
王福五	138
王福成	1217
王福琛	1393
王福锡	1372
王福德	373
王殿元	1374
王静宇	820
王静轩	1351
王嘉会	797
王嘉标	889
王嘉禄	348
王熙光	1163
王熙祖	867
王毓朴	182
王毓芹	575
王毓珩	663
王毓桐	1500
王毓璋	322
王毓璟	323
王毓瀛	703
王端智	1531
王箐实	1350
王震吉	1473
王遵职	1589
王擢英	857
王懋魁	150
王瀛洲	1153
亓占峰	984
亓永宁	112
韦　宣	750
云生起	175
尤则吁	739
车希庭	1423
车指南	1241
牛与琇	348
牛天齐	1397
牛元佐	181
牛书田	568
牛吉符	1082
牛兴三	1454
牛启笃	1605
牛梦卜	1510
牛清和	321
牛滋蓝	260
牛嗣玉	193
牛肇统	156
牛履祥	1203
毛　晔	1405

毛云鸿	1380
毛立政	1431
毛廷芳	502
毛廷玺	1418
毛如琚	1405
毛佩萱	1638
毛宗孔	1418
毛继丰	1432
毛登岭	1255
仇锡恩	414
仇毓贤	414
仇毓藻	1520
公孙光	290
公明福	853
公乘阳庆	290
公懋吉	1042
风和尚	766
勾复华	1667
卞修教	991
文 玉	1027
文清澜	1415
文道长	1426
方朋岭	1129
方狮山	1508
方起英	007
尹 璇	661
尹 端	120
尹化远	609
尹文浦	019
尹文德	903
尹方远	780

尹汇瀛	862
尹怀溶	780
尹林莓	005
尹圆长	1430
尹隆基	662
尹肇烜	117
孔 豹	649
孔 镛	1253
孔广达	755
孔广珂	1351
孔贞大	672
孔昭礼	1036
孔昭明	889
孔宪功	1030
孔宪纪	1197
孔宪堃	754
孔祥云	782
孔继葵	408
邓 煜	1206
邓凤泰	1529
邓鹏鸁	220

五画

去留馨	211
艾元英	839
艾元烈	130
艾允业	135
艾庆琛	137
艾如兰	1239
艾启源	131
艾国泗	800

艾侬塘	135	卢汉倬	797
艾承芳	132	卢守礼	150
艾树滋	132	卢其慎	1014
艾象恒	096	卢绍基	152
艾毓洪	805	卢荫长	1072
古震宇	1562	卢荫惠	1073
左玉华	580	卢振铎	1637
左帝臣	1273	卢清健	1604
左禄庆	499	卢朝安	697
石 崑	1084	卢德恒	092
石 鳌	1245	叶 兰	1227
石 垣	1396	叶维化	371
石大夫	1503	叶嗣高	1232
石方宠	1508	叶锡龄	1227
石予眉	1507	叶儁昌	1227
石兰霭	1376	申玉才	562
石迁岩	1113	申屠致远	1259
石远来	1644	田 播	876
石坧之	1353	田万树	434
石笙亭	703	田广福	485
石维翰	203	田丰硕	1423
龙云南	1186	田升庵	643
平 贞	1576	田升麟	589
东海孔道人	1659	田可行	523
卢 洵	946	田生槐	1587
卢 羕	1109	田付彬	827
卢 铸	1559	田兆嵩	1329
卢大本	092	田名珍	541
卢之垮	1476	田庆弟	1588
卢文焕	1166	田好礼	1366
卢玉堂	1184	田进宝	1571

田伯颖	699	丛 兰	869
田良政	485	丛柏栋	881
田彦爵	382	邝 垫	133
田淑玠	324	冯 郎	1532
田椒农	533	冯 信	301
田瑞年	485	冯 通	1096
田殿举	323	冯 淳	1621
由吾道荣	1000	冯 广	644
史公道	1370	冯广训	718
史圣周	206	冯玉山	1355
史邦义	1078	冯玉书	1499
史安宅	1415	冯立堂	1355
史承德	311	冯有名	1096
史选隽	1080	冯延庆	1394
史俊卿	1185	冯庆常	1096
史玺书	318	冯汝坤	192
史瑞仪	180	冯如升	1087
史毓和	206	冯应麟	009
史毓泰	206	冯建镐	637
史燕翔	1429	冯恕敏	803
生文敏	399	冯继善	852
生克中	417	冯培元	1394
生作梅	399	冯培英	102
生裕性	412	冯联松	189
丘处机	453	冯魁五	582
白之隽	1005	冯毓松	1358
白玉堂	1337	冯德常	1096
白全德	690	兰承嗣	519
白芳春	233	宁云程	822
白明宽	1177	宁世乾	815
仝云集	1591	宁光灿	1583

宁传镐	817	成东晓	1247
宁洪瑞	827	成守泰	396
宁继桢	812	成医官	944
宁毓敏	813	成季梧	903
司　轲	1403	成履中	320
司嘉宾	1549	毕于兰	1588
边子申	1520	毕大安	1586
边世文	1098	毕日澪	624
边宗奭	1516	毕先明	986
边继善	312	毕安南	880
		毕荩臣	337
六画		毕盛钜	251
		毕毓枋	1584
匡　侠	221	光若愚	273
匡从先	214	曲　伸	340
匡严共	226	曲立斋	882
匡虎弼	221	曲传岱	1330
匡崇略	226	曲彦贞	340
匡懋忠	221	曲海鑫	035
邢　标	961	吕　芳	525
邢　蒿	1187	吕　荣	282
邢　銮	475	吕　荣	493
邢万林	314	吕　越	182
邢长明	1179	吕　曦	503
巩廷相	178	吕　才	1360
巩来仪	416	吕元文	503
有昭澍	636	吕元举	846
成　瑾	1492	吕西峰	765
成元溥	321	吕成龙	1543
成无己	1293	吕军功	1368
成仁正	643	吕孝端	559
成文晃	120		

吕时功	694	朱天祥	1124
吕体复	879	朱见龙	1602
吕伯仁	282	朱长泰	1192
吕希舜	185	朱方燿	1017
吕希端	1620	朱心法	1015
吕纯嘏	185	朱允治	1530
吕国良	741	朱正谊	1228
吕岱宗	516	朱正谊	1409
吕孟坚	154	朱世哲	1114
吕绍曾	987	朱东园	1465
吕宪珂	989	朱包蒙	972
吕宪彬	746	朱立统	1187
吕继瑞	781	朱兰田	1024
吕绳德	507	朱成麟	703
吕蓝田	1197	朱光晒	112
吕献策	1071	朱同科	1242
吕德柽	1605	朱延泰	543
吕缵祖	1073	朱名立	1301
朱玑	800	朱观海	1420
朱杲	1108	朱红灯	743
朱鹏	704	朱秀云	403
朱溶	629	朱伯琴	1548
朱穆	630	朱良玉	609
朱爵	1294	朱英佩	705
朱坊	1541	朱奎照	1425
朱治	738	朱星奎	610
朱珣	1601	朱恒勉	1582
朱理	1563	朱峻峰	725
朱广玉	421	朱健宁	764
朱之能	1423	朱崇英	1411
朱王佐	1557	朱崇勋	1354

姓名	页码	姓名	页码
朱清冷	1661	任香亭	1233
朱惟肖	1542	任绣春	677
朱景云	1230	任赓唐	716
朱景岫	1229	任毓秀	1053
朱静庭	192	华廷扬	1355
朱毓秀	1544	伊　矩	341
乔　珅	762	伊　瀹	345
乔　钫	1515	伊　尹	1533
乔　桧	726	伊应徵	341
乔文崇	1515	向天衢	1580
乔允生	120	全克载	1056
乔立泰	1110	庄　曜	1023
乔仲乐	1234	庄　瑶	947
乔培坚	235	庄旦林	1027
乔毓泰	767	庄希堂	1028
仲延红	747	庆仙和尚	541
仲延明	744	刘　氏	190
仲延彬	744	刘　氏	1452
仲统绪	744	刘　龙	958
任　直	1105	刘　安	463
任　山	1249	刘　汶	687
任万镛	489	刘　纯	583
任中师	1537	刘　玟	582
任孔当	779	刘　迥	649
任以海	708	刘　佺	1429
任玉林	374	刘　炘	588
任归一	956	刘　泽	029
任永照	375	刘　绅	1524
任延荣	034	刘　奎	651
任南峰	1402	刘　钟	899
任贻杰	406	刘　柔	503

刘 颃	1121	刘广跃	420
刘 琯	188	刘广誉	720
刘 森	641	刘之芳	153
刘 曾	1412	刘之沂	1462
刘 湘	1448	刘之培	1121
刘 温	206	刘子万	507
刘 塘	1524	刘子展	1228
刘 楷	1113	刘子椿	498
刘 楷	592	刘无名	532
刘 溪	373	刘云峰	1447
刘 霆	1489	刘云章	1571
刘 增	694	刘云骧	678
刘 震	1524	刘少仙	162
刘 磐	553	刘曰诚	1446
刘 櫆	144	刘曰起	1395
刘 儒	1209	刘长泰	749
刘 檀	675	刘长源	1205
刘 祜	1387	刘仁里	1087
刘 崇	1118	刘从圣	1451
刘 源	350	刘月华	1359
刘 翰	1199	刘凤鸣	1358
刘一良	877	刘凤城	1327
刘一诚	1456	刘凤阁	500
刘九堂	1027	刘凤朝	879
刘三锡	638	刘文开	339
刘士忠	582	刘文汉	966
刘大成	876	刘文焕	1426
刘大省	147	刘尹甫	1562
刘万仓	102	刘孔熠	463
刘万青	1446	刘书声	967
刘广恩	593	刘玉鸣	1022

刘正己	013	刘廷髦	498
刘正岱	007	刘仰灏	1167
刘世醒	1569	刘会芝	382
刘世霖	500	刘兆晞	1412
刘本谦	1029	刘旭之	1182
刘丙南	1492	刘充成	1373
刘丕显	1665	刘汝霖	1230
刘东源	742	刘兴远	827
刘甲临	1178	刘宅仁	584
刘仕伟	749	刘如元	1394
刘用康	552	刘如会	1394
刘立臣	969	刘如恩	1394
刘立庸	593	刘如愚	855
刘汉章	636	刘好学	1524
刘永安	1640	刘进才	1639
刘永彩	690	刘志坚	1382
刘永椿	1416	刘克任	820
刘永福	674	刘克旭	814
刘圣则	1561	刘克冲	664
刘执蒲	627	刘来琮	1215
刘在川	1045	刘秀世	1605
刘在朝	610	刘佐平	674
刘有年	1581	刘佃奎	958
刘存祀	283	刘希曾	1245
刘成己	029	刘言恕	1665
刘成圻	224	刘应选	1023
刘光宇	1562	刘应逞	820
刘同春	1359	刘怀东	1447
刘同福	1303	刘怀珊	813
刘廷援	1323	刘良田	1110
刘廷楷	1306	刘纯一	584

刘松峰	1306
刘松龄	591
刘虎臣	289
刘昊堂	726
刘秉台	570
刘秉淦	652
刘秉锦	651
刘金佩	759
刘金鉴	1665
刘法明	1089
刘泗澜	1406
刘泽东	661
刘泽浃	801
刘泽浩	093
刘宝善	139
刘宗华	1322
刘宗健	1465
刘建安	613
刘承谟	615
刘绍文	377
刘绍典	1035
刘春峰	1560
刘荫林	1029
刘树本	1023
刘树棠	1337
刘思忠	349
刘思清	852
刘香亭	1426
刘重任	1252
刘复礼	519
刘复治	496
刘顺堂	966
刘衍刚	1561
刘炳章	1358
刘祚华	038
刘振先	666
刘振庭	586
刘振巽	1087
刘桂林	1323
刘桐峨	1416
刘致南	278
刘高仲	1602
刘悦曾	1094
刘继昌	1182
刘继勋	1394
刘培杰	969
刘培埙	889
刘培裕	392
刘菊荫	959
刘梦松	1403
刘梦龄	1126
刘铭彝	102
刘象山	151
刘鹿鸣	592
刘翊炘	822
刘望周	607
刘焕新	1023
刘清溪	1359
刘鸿荃	1210
刘淑桐	820
刘淑随	821
刘淑瑛	814

刘淑璨	814	刘毓松	314
刘维栋	608	刘毓泰	1567
刘维校	236	刘毓通	1567
刘敬兴	1219	刘毓麟	281
刘湘源	593	刘德修	1325
刘巽南	1283	刘澄鉴	698
刘登相	375	刘鹤仙	161
刘登俊	029	刘儒庭	967
刘登洲	779	刘儒宾	1219
刘瑞埙	716	刘翼臣	1310
刘瑞堂	588	刘耀清	586
刘锡康	1018	齐元珍	1188
刘锡龄	812	齐凤奎	135
刘锦江	655	齐文管	1604
刘鹏飞	1216	齐文藻	1604
刘颖滨	1594	齐龙光	804
刘新国	1406	齐沐清	815
刘慎友	1528	齐景巘	1604
刘慎言	1594	闫玉昆	1391
刘慎典	1035	闫步桥	1391
刘慎思	1210	羊 欣	787
刘福田	1182	羊 晰	851
刘福锡	952	江百福	1660
刘殿邦	1424	汤 桢	762
刘殿奎	966	汤玉科	680
刘殿潘	1308	汤世德	655
刘静修	1541	汤怀恩	745
刘嘉森	538	汤茂峒	347
刘嘉谟	335	安 凤	855
刘篆昌	1350	安 宅	1478
刘毓岐	1373	安 悦	855

安大观	904
安守绪	902
安寿椿	1469
安科新	795
安期生	509
安蠖曾	901
祁金门	1314
许　朴	1621
许　珹	902
许　琉	1635
许　景	1179
许　魁	1094
许　镒	006
许云汉	1266
许以涟	1349
许以溥	1346
许东望	1224
许兆麟	822
许连三	1477
许应聘	1348
许应福	822
许松友	822
许孟祥	828
许振文	1127
许振声	1469
许鸿年	1355
许智藏	304
许道幼	304
许道先	1318
许慎行	1465
阮钦堂	866

孙　氏	1304
孙　沈	159
孙　沈	263
孙　迪	212
孙　侗	448
孙　炤	531
孙　逊	212
孙　格	1634
孙　彬	867
孙　爽	1571
孙　焕	463
孙　镈	599
孙　濬	657
孙　甸	495
孙　淦	540
孙　登	868
孙一儒	1113
孙之普	1345
孙云深	413
孙日福	889
孙文华	1273
孙玉桓	532
孙世荣	1185
孙世柱	283
孙世恒	966
孙世瓒	1278
孙本信	711
孙乐春	097
孙出声	524
孙发祥	404
孙在封	1427

孙成五	1322
孙廷俊	1376
孙传琯	375
孙延筹	465
孙仲采	531
孙华林	095
孙华亭	1007
孙兆蓉	1453
孙关荣	1039
孙汝孝	491
孙汝忠	491
孙守曾	266
孙寿山	703
孙远忠	784
孙志武	270
孙作舟	1234
孙希发	154
孙彤恩	664
孙奉先	853
孙国琦	270
孙和声	495
孙秉治	116
孙岱岳	651
孙京玉	163
孙炎丙	207
孙怡桂	116
孙建策	014
孙绍文	640
孙荫孙	1457
孙省三	1528
孙显祖	514

孙思恭	495
孙思恭	542
孙迥璞	1596
孙养气	212
孙冠甲	1386
孙起献	1516
孙桂馨	817
孙教鸾	491
孙培益	701
孙敏珩	1240
孙盘柱	095
孙焕新	440
孙淑璐	283
孙续端	285
孙彭年	1279
孙联禧	1242
孙景印	421
孙景燕	503
孙善全	281
孙道人	520
孙登瀛	1099
孙蓝田	1265
孙锦裳	1296
孙毓汉	695
孙德谦	1099
观　公	1047
年　耕	902
牟伟人	452
纪　严	810
纪　岩	818
纪　鹏	1112

纪开泰	818
纪天崇	818
纪天锡	793
纪仁山	1306
纪好贤	1305
纪连桂	1126
纪体润	818
纪若鼎	818
纪茂官	810
纪尚奎	1026
纪茜珠	818
纪朝德	818
纪殿仪	815

七画

戒　行	119
攻玉庆	1393
攻梯云	1393
赤松子	1248
赤脚王	517
花秀廷	1461
严组璋	011
劳熙春	1423
劳禧长	1417
苏　庄	816
苏　约	671
苏　松	188
苏　洲	190
苏　洲	975
苏　浮	1635
苏云旋	816

苏永让	495
苏光颐	1633
苏守贞	902
苏映辰	1081
苏振彪	816
苏雁题	1081
苏毓峰	816
杜　监	660
杜　浩	857
杜　铨	857
杜　㻁	1379
杜广居	1009
杜友生	1081
杜从友	726
杜凤岐	1605
杜世祯	393
杜平勋	728
杜兰芳	1471
杜有仁	1256
杜成林	879
杜成基	1014
杜芳生	1081
杜述先	1379
杜念祖	355
杜思颖	1350
杜勉初	1120
杜炳文	1126
杜桂林	845
杜润泉	826
杜鸿洙	099
杜鸿洲	097

杜鹏举	1608
杜韵珂	1582
杜濬川	1075
巫　铎	698
巫占魁	698
巫延献	698
巫希点	698
李　元	388
李　氏	208
李　允	1156
李　传	1447
李　任	467
李　观	177
李　远	627
李　芹	465
李　坚	086
李　沆	1206
李　纶	634
李　玠	1591
李　玥	726
李　坪	1519
李　英	1226
李　杰	645
李　侗	551
李　佩	181
李　炜	176
李　宝	271
李　峒	650
李　修	1331
李　亮	1331
李　恒	1153

李　宪	248
李　珣	1544
李　桐	1469
李　格	1548
李　浩	387
李　琇	1167
李　梅	1152
李　铣	1098
李　淇	177
李　琬	673
李　蒂	1177
李　景	1607
李　勋	1645
李　鉁	1204
李　滨	1165
李　璋	848
李　震	957
李　潭	1565
李　鲲	688
李　翼	1668
李　翱	1077
李　元	1315
李　芝	1454
李　诚	684
李　清	576
李　镇	1488
李乃馨	1043
李三绸	956
李士仪	1095
李士荣	1123
李士俊	315

李士赓	1465	李凤喈	728
李大方	1109	李凤翙	146
李大松	1386	李文汉	203
李大绍	689	李文早	760
李大珍	1041	李文选	134
李万春	1371	李文耕	1333
李万绪	141	李文海	232
李广泽	1218	李文渊	630
李义山	469	李文德	594
李义传	1312	李方升	600
李之英	777	李方华	1606
李子衡	037	李方荣	660
李天锡	1526	李为本	232
李元杰	1060	李以成	406
李元基	783	李允守	193
李云泽	1109	李玉荣	725
李太柏	729	李玉堂	1587
李少君	301	李玉瑶	1302
李日登	1007	李玉璞	1607
李日谦	1074	李世威	1284
李中范	1392	李世逸	1594
李长丰	530	李本桂	1389
李长忠	1204	李本盛	1601
李长河	1434	李东璧	641
李长春	038	李东瀛	1154
李长泰	1509	李生焕	580
李从善	121	李仙师存	284
李氏鲤	1585	李丛楚	508
李凤远	141	李主中	1633
李凤珍	1348	李主和	1633
李凤城	1302	李汉之	1386

李汉臣	421
李汉帮	380
李永修	204
李永清	810
李圣传	1114
李匡王	364
李邦镇	394
李老者	825
李执礼	1580
李西林	1386
李西贤	1606
李尧佐	257
李迈基	1560
李贞甫	694
李光汉	136
李光祥	270
李光腴	803
李光霞	822
李先文	677
李先芳	1623
李廷环	1492
李廷维	1309
李廷祺	954
李竹逸	968
李延庆	1302
李延龄	747
李华山	1280
李华堂	1107
李行芳	102
李全修	723
李会阶	381
李会青	232
李会霖	1635
李问圣	1394
李汝谋	1445
李兴彬	1042
李守文	1184
李守业	1325
李守范	1257
李守真	395
李安荣	1037
李如桂	1415
李如崑	405
李如椿	1078
李远玺	858
李孝秋	757
李志盛	1592
李克广	185
李连胜	286
李步瀛	1639
李秀经	742
李体诚	185
李体箴	725
李伯骥	1246
李言让	733
李应第	1084
李灿本	747
李灿显	099
李沧清	596
李启承	187
李际泰	1237
李其华	1040

李若兰	464	李承训	347
李若兰	1152	李承芳	474
李若蕙	1152	李绍仙	1530
李茂盛	676	李绍宗	1498
李林源	355	李春田	1390
李枚卜	1561	李春成	419
李枫德	501	李春杲	1117
李贤举	1549	李春泰	1424
李尚有	741	李春荨	854
李尚年	260	李春曜	1117
李国用	513	李春瀛	1117
李明山	1088	李荣湄	1298
李明田	724	李树元	1498
李明远	855	李树芝	507
李忠谊	412	李树桐	1386
李佩玺	1421	李树梅	1188
李金氏	1306	李树锦	954
李金萱	962	李厚甫	703
李命长	1202	李奎聚	847
李朋瑞	203	李临端	822
李法成	1188	李映溪	552
李泗泉	1298	李贵三	718
李泗源	1164	李思直	351
李学纯	586	李思桐	1011
李学勤	1329	李钦文	504
李宝琛	700	李牲麟	1387
李宗明	802	李香谷	1115
李宗俨	1273	李笃生	676
李诚心	1010	李保中	1125
李建中	899	李保桀	1257
李建邦	1386	李庭菊	1309

李美玉	584	李梦西	1181
李兹丙	134	李梅山	1520
李炳勋	1519	李鄂林	1445
李宪典	1604	李崇华	006
李冠三	165	李清然	1178
李祖亮	848	李淑甲	1458
李柔克	180	李淑钦	1017
李泰宇	1178	李深禹	954
李振坦	383	李深璧	955
李振垣	1196	李惟清	169
李振铎	1607	李维茂	1601
李莘遇	554	李超众	1267
李晋祺	1421	李葆光	1212
李桂荣	1211	李葆真	1588
李桂清	232	李敬义	424
李逢泰	1014	李敬廷	380
李凌云	1355	李森林	1284
李高氏	1012	李椅桐	595
李益傅	1302	李掌圆	1413
李浩然	1282	李景尧	1389
李悦山	532	李景彪	379
李家庭	383	李舒芳	1599
李继述	500	李尊五	760
李继昌	1531	李道一	1074
李继增	1606	李道广	566
李理礼	888	李道空	1396
李捷元	500	李裕之	674
李培秀	506	李瑞占	755
李著雍	1117	李雷波	1607
李营禄	1607	李愚山	022
李营福	1607	李鹏飞	1095

李福基	379	杨 儆	852
李殿甲	956	杨 植	675
李殿华	374	杨 橄	520
李殿华	698	杨 暹	1564
李聚斐	723	杨 鬻	401
李端懿	1573	杨 巍	1435
李蕴荣	783	杨二世	1155
李敷荣	027	杨乃骅	1517
李霞甲	1514	杨士瑞	717
李德泽	1184	杨大成	1083
李德恒	1267	杨子庭	1113
李德润	765	杨天民	646
李德温	543	杨云松	1405
李德新	1454	杨云章	1241
李德潘	1183	杨中山	157
李默传	135	杨玉成	1207
李镜清	037	杨玉京	608
李箋龄	1519	杨玉春	1037
李壁双	704	杨玉珂	1395
李襄龄	1042	杨玉相	539
李膺远	954	杨世岳	739
李镯年	1010	杨乐春	985
李麟图	1152	杨立本	1428
杨 丰	432	杨过芝	1116
杨 合	1592	杨再梅	707
杨 岎	629	杨西贤	1064
杨 庚	034	杨师铭	1451
杨 显	1592	杨延庆	616
杨 烛	518	杨名江	028
杨 润	025	杨兴礼	1517
杨 偲	1349	杨兴臣	1233

杨安普	1418	杨殿甲	592
杨寿章	488	杨毓芬	1638
杨进功	282	杨德亮	019
杨却砚	1086	杨德懿	1006
杨克敏	592	杨懋忠	394
杨来凤	688	来继宗	262
杨利业	234	来玉全	1028
杨作质	354	肖世金	1477
杨岳春	755	肖汉光	882
杨法邻	494	肖伦元	1059
杨宝田	1451	肖汝桓	1059
杨宜壎	1451	时可茂	882
杨建芝	1385	时连茹	1008
杨建庄	828	吴　栋	730
杨绍经	827	吴　鸾	1005
杨树桂	501	吴　瑚	730
杨贵珍	799	吴　彻	210
杨修恒	1308	吴士茂	1114
杨冠军	1352	吴凡清	730
杨起泰	764	吴子元	103
杨桂萼	1033	吴文恩	730
杨致一	1030	吴方迥	814
杨致标	1030	吴方穆	814
杨培仁	889	吴世彤	1516
杨培纯	739	吴世厚	730
杨盛林	1233	吴尔煦	1460
杨惟正	622	吴永和	1254
杨葆荣	432	吴召棠	1417
杨湘南	1021	吴芝煜	431
杨富春	1007	吴贞祉	1561
杨裕轩	403	吴传筠	1300

姓名	页码	姓名	页码
吴进溪	1058	何迥生	1528
吴克慎	1584	何祥居	1664
吴来聘	730	何喜亭	1664
吴连钦	018	何鹤松	278
吴体元	1307	位明述	543
吴宗孔	1021	佘元翰	903
吴南阳	1317	余 章	016
吴思恩	1489	余 羲	015
吴重憙	1449	谷芳甸	1422
吴焕章	1255	谷胜芝	374
吴鸿慈	1258	谷维寅	1528
吴景闵	1023	狄学勤	1006
吴道昌	809	狄耀南	384
吴瑞占	1583	邹 伟	266
吴增敏	378	邹 衍	166
吴德羙	810	邹圣裔	214
吴懿杰	267	邹师尹	216
针庆珠	710	邹启裕	1075
邱 琯	650	邹述圣	649
邱云岘	667	邹峄阳	225
邱林碧	658	邹笃城	1120
邱树汉	1060	邹培基	1155
何 扬	351	邹湘皋	1303
何三元	1664	库守业	1041
何公玠	352	辛 宽	1620
何允升	1664	辛汉臣	268
何可量	107	辛景云	1324
何永清	1664	辛慎吾	968
何汝楫	1575	闵传魁	569
何系苞	1664	汪 爽	1096
何系易	1664	汪问九	036

汪如龙	249	宋秉贞	1177
汪松年	379	宋治南	1273
沙应元	1544	宋宝山	1059
沈 萃	1507	宋保和	220
沈三变	250	宋振楷	190
沈文崧	1456	宋铁梅	907
沈廷对	800	宋清善	880
沈会龄	817	宋鸿仪	745
沈洪泽	1601	宋鸿彬	742
沈洪基	708	宋景胜	1018
沈恒久	192	宋增兰	376
宋 芹	1084	宋麟祥	1226
宋 邑	300	宏荫南	907
宋 杲	1004	初连城	515
宋 茹	1243	张 泩	1240
宋 昶	612	张 氏	1667
宋 桂	436	张 凤	672
宋士杰	1424	张 允	250
宋大本	1243	张 考	989
宋开仲	1010	张 贞	555
宋元吉	1041	张 沂	1182
宋立廷	1035	张 纬	1121
宋永桂	152	张 岫	862
宋希尧	1326	张 佩	216
宋言扬	231	张 质	1340
宋灿芳	1639	张 诜	266
宋怀钰	742	张 孟	314
宋良弼	1564	张 绅	258
宋启先	213	张 荗	1238
宋和承	1004	张 柱	514
宋和泰	602	张 洁	1305

张 洵	177	张 彝	494
张 津	020	张 藻	404
张 恒	1119	张 弑	657
张 焴	729	张 本	1515
张 浩	1031	张 逊	1338
张 梅	1009	张 铺	1151
张 勔	1305	张 龄	1118
张 铠	088	张 鉴	505
张 铣	022	张一中	1543
张 铭	1123	张丁氏	1306
张 敏	1316	张于魏	1567
张 敏	1354	张土德	957
张 淦	466	张士勋	378
张 焄	474	张士选	1307
张 琰	825	张士章	382
张 雄	005	张士然	1590
张 赐	1335	张士魁	1375
张 曾	1353	张士睿	1079
张 瑗	727	张士德	961
张 嵩	464	张大经	391
张 筠	1185	张大儒	1107
张 煊	115	张万选	1213
张 溥	1529	张山岫	729
张 滨	593	张广忠	1417
张 缙	853	张广思	1430
张 瑶	1003	张之和	1336
张 鎏	023	张之锡	108
张 撰	1106	张子仪	681
张 镇	1446	张子立	490
张 鬃	190	张子宏	187
张 濯	821	张子实	1117

张子柱	1186	张文远	513
张子峰	593	张文奇	1188
张子翰	515	张文忠	1591
张飞卿	1077	张文学	380
张天续	722	张文星	1408
张元佐	614	张文策	517
张元良	439	张方常	848
张元厚	260	张方蔚	741
张元烁	466	张方孃	844
张云岫	1450	张心忠	805
张云亭	1211	张允中	949
张云翔	569	张允贞	353
张太和	731	张允庄	1560
张友桂	1467	张允武	222
张中芬	322	张书曰	501
张中英	519	张书田	1518
张中鼎	348	张玉庆	1153
张中瑚	499	张玉轩	516
张见龙	1202	张世佩	964
张介禧	1163	张世恩	681
张月丹	1306	张世祺	090
张凤仙	324	张世瑢	1577
张凤仪	784	张丙午	1089
张凤鸣	1350	张平祚	348
张凤选	1354	张东庆	1324
张凤洲	963	张东思	1588
张凤梧	1370	张东森	1550
张凤翔	798	张占鳌	946
张凤翥	519	张仕敏	235
张文元	159	张仪村	1180
张文元	982	张印中	1306

张尔岐	122	张汝夔	1464
张立功	1467	张兴伦	178
张立言	1467	张兴儒	180
张立周	204	张守义	380
张汉超	1238	张守和	731
张汉朝	379	张守春	1217
张永升	958	张守堂	725
张永立	1328	张守蒙	544
张永和	032	张聿修	428
张幼庵	539	张阶平	032
张再良	1592	张进学	1489
张西山	731	张抡才	1638
张西圊	1420	张抡升	439
张有庆	1560	张志广	390
张存先	817	张志文	189
张成绪	376	张志玉	390
张至发	238	张志纯	794
张同帏	803	张志贤	1593
张廷机	189	张克述	411
张廷相	879	张克俊	268
张廷桢	1313	张来宪	1509
张廷琪	475	张连登	1181
张廷辅	1082	张连登	1212
张廷傅	614	张秀玉	1336
张廷年	192	张体忠	799
张廷登	1481	张伯龙	515
张会宽	1518	张伯振	375
张兆利	143	张伯筠	1219
张兆奎	1040	张希仲	269
张汝励	850	张希周	1127
张汝砺	1356	张应光	187

张应奎	1427
张怀珍	1424
张际虞	1214
张奉文	983
张奉玙	225
张奉钦	763
张叔伦	1014
张明贤	1203
张典谟	378
张秉乾	093
张岱阳	1327
张依智	136
张金堂	1546
张金鉴	1354
张学朱	542
张学琴	827
张宝信	1062
张宗元	344
张建之	532
张建勋	760
张建桢	223
张居礼	1077
张承祖	1358
张绍南	642
张春园	1470
张春亭	729
张春桥	1121
张树松	731
张咸熙	553
张奎光	018
张思敬	343

张重庆	099
张重廉	493
张笃庆	437
张笃庆	1218
张修业	1151
张俊国	1251
张洪苏	740
张恂厚	1239
张宪诰	665
张宪烈	740
张冠英	022
张冠英	506
张冠贤	1470
张泰象	244
张振玉	1216
张振田	724
张振祚	344
张起元	983
张起望	410
张莲溪	154
张真子	470
张晓龙	731
张恩崇	1124
张积中	859
张卿云	986
张益庵	950
张宽裕	464
张继谦	1205
张骏声	229
张培义	413
张培之	289

张培元	592	张景洲	1375
张基升	222	张鹄臣	740
张萝花	1643	张敦本	717
张萃堂	593	张善兰	375
张梦卜	725	张道复	1263
张梦梅	1638	张焰霄	464
张梓生	1390	张渡浩	322
张盛勋	165	张登岚	781
张跃普	1336	张登鳌	1425
张崇康	731	张瑞生	1336
张得云	1012	张嗣灿	341
张商霖	844	张锡玉	228
张清瀋	208	张锡祉	1115
张鸿林	1012	张锡爵	566
张鸿杰	1355	张锦庭	1434
张鸿宾	1012	张腾鸿	1591
张鸿儒	141	张福广	1118
张淑瑷	350	张福海	680
张惟一	351	张福隆	953
张绮兰	148	张殿奎	747
张维岳	434	张嘉谋	021
张维桢	1229	张蔼堂	702
张喜元	1282	张熙鹏	434
张彭龄	1427	张裴度	812
张塽铨	1375	张毓塘	1230
张联芳	1622	张震南	1078
张敬止	1151	张德配	983
张朝珍	1121	张德培	784
张朝瑞	1121	张德铳	548
张辉璞	1337	张鹤翺	551
张景贵	1518	张攀龙	731

张攀龙	1263	陈丕显	607
张耀东	1281	陈立本	530
张麟图	1012	陈立梅	1057
陆　参	1410	陈永康	844
陆传韶	850	陈吉甫	1209
陆金镯	730	陈廷相	657
陆学纯	730	陈庆松	420
陆厚湛	841	陈汝礼	582
陆锦燧	137	陈汝守	584
陈　氏	539	陈守中	1324
陈　氏	757	陈运昌	1039
陈　田	033	陈步云	537
陈　讷	1544	陈希儒	413
陈　俊	208	陈怀节	581
陈　俊	597	陈坦飞	563
陈　俊	1245	陈茂檋	765
陈　堂	420	陈鸣佐	713
陈　颖	752	陈佩琳	1208
陈　溥	1209	陈佩璋	1208
陈　濂	205	陈学修	955
陈士纯	1551	陈宝坤	1044
陈士杰	1416	陈宝泉	1044
陈大经	1201	陈宝宾	1042
陈子春	1552	陈宗器	1357
陈曰让	1473	陈宜中	690
陈长贞	536	陈星炜	618
陈月山	177	陈昭焯	1034
陈丹九	1026	陈思义	852
陈凤年	565	陈美圖	1026
陈凤全	1015	陈统三	607
陈文杰	1263	陈莱九	1473

陈铭图	1054	武传成	827
陈得祥	176	武道彬	868
陈象瀛	890	武殿选	1098
陈鸿文	1057	若　愚	548
陈朝泰	1054	苗为雷	763
陈棕荣	219	苗心贵	763
陈景瞻	232	苗纯之	1234
陈敦甫	533	苗香谷	1307
陈道济	268	苗景元	1234
陈登瀛	1207	苟希道	234
陈锡璋	1328	苑桂林	661
陈嘉善	1206	范　干	649
陈德扬	1035	范　迈	665
邵　苊	1108	范　峻	1458
邵　核	1107	范　濂	663
邵　谊	261	范支光	650
邵　梓	1009	范凤岐	1110
邵　璟	259	范用中	943
邵元章	1072	范贞光	1521
邵文汉	420	范我良	1126
邵百发	1086	范希贤	795
邵时荐	1565	范怀起	424
邵林书	642	范逢源	1218
邵肯堂	1106	范得卿	141
邵振亭	1031	范维翰	468
邵得一	1107	范越州	1636
邵澍南	882	范镇西	1420
邰显士	856	林万全	1348
		林卫洲	882
八画		林元礼	878
武　魁	848	林东岗	463

林传训	1043
林芳芝	466
林希儒	1043
林铭新	465
郁继武	1066
欧阳长年	699
欧阳淳	1006
尚 珏	723
尚大慈	378
尚子登	1529
尚元吉	760
尚玉方	207
尚廷兰	1239
尚经方	202
尚锡爵	1529
国象周	1509
明 安	712
罗汇丰	958
罗惠风	965
罗储锦	750
和公上人	1168
季玉玺	949
季连城	1035
岳 秀	1425
岳子诚	1124
岳可宗	1124
岳存哲	1124
岳伯和	1124
岳含珍	278
岳宗岱	1541
岳树屏	284

岳星五	948
岳复明	1124
岳积庆	1124
金 珍	852
金 冕	715
金大韶	1347
金石氏	1306
金有重	806
金连科	1076
金忠旺	1099
金檍春	1367
郄士让	588
郄乐贤	589
郄作羹	588
念锡荣	1280
周 迈	1181
周 玠	342
周 郁	852
周 标	624
周 锜	1230
周 缜	722
周 禧	196
周士宪	218
周士登	410
周之桢	1312
周长明	139
周文奎	527
周文胜	1619
周文蔚	132
周允元	685
周生玫	1393

周仔世	810	周鸿升	804
周乐毅	1300	周彭年	1204
周兰芳	1244	周敬夔	325
周兰佩	1244	周禄昌	1181
周汉南	229	庞　恒	737
周成章	1181	庞　湘	148
周光岳	1321	庞汝为	1039
周先举	857	庞汝翼	1038
周庆南	1326	庞安来	1033
周庆炽	747	庞作湘	1063
周汝彬	664	庞树敏	1013
周安魁	952	庞绥来	1033
周克让	946	庞继同	1187
周来吉	1047	庞鸿塔	1153
周武典	1644	庞溪清	1088
周若兰	1638	庞德藩	1360
周茂春	745	庞履直	1116
周茂桐	1326	庞濯清	1153
周茂爵	1325	郑　顺	853
周秉义	819	郑　媚	636
周秉信	819	郑　腾	1591
周秉继母亲	823	郑　熙	1080
周育枞	725	郑　銈	316
周宗正	1590	郑　澍	761
周宗岳	1378	郑士文	826
周显宗	1620	郑广尧	740
周星桥	516	郑天禄	608
周脉秀	376	郑云坊	664
周祚长	819	郑书帙	310
周振祥	320	郑玉美	581
周象熊	779	郑民效	310

郑兴恩	1123
郑安时	1082
郑步堂	590
郑作文	1423
郑作霖	1212
郑宝兰	746
郑南津	908
郑贻璋	317
郑炳炜	762
郑洪顺	317
郑晓如	757
郑勋士	901
郑维翰	147
郑善文	155
郑鲲如	1470
郑馨廷	1080
单韶	613
单玉衡	963
单孟坚	613
单树阁	618
单昭仕	617
单振泗	1297
单钰斋	643
法樟	213
油梦卜	1667
学鸣皋	1566
宗云庆	1218
官谔	200
官位	198
郎崟	531

房陆	624
房琰	714
房甲山	1323
房永举	1014
房辅唐	1168
房象成	1173
房彭龄	1386
诚臻	271
肃锐	782
屈弘谟	713
孟氏	1198
孟翰	1253
孟诜	1189
孟广乐	1303
孟广训	1122
孟广溪	150
孟云峰	178
孟贞育	848
孟光佑	1248
孟传荣	142
孟传德	783
孟昭荣	377
孟昭瑞	1358
孟继均	783
孟继舆	1121
孟继濬	1184
孟詹绎	263
孟毓琦	1242
孟繁第	1449
练秉礼	1549

九画

项子材	1431
赵 成	852
赵 旸	1105
赵 系	215
赵 良	796
赵 玫	580
赵 恂	233
赵 冕	595
赵 清	801
赵 熠	1103
赵 铛	621
赵 燮	766
赵 瀛	855
赵 正	008
赵 用	719
赵 奇	008
赵 殿	1515
赵士和	1074
赵士骥	425
赵大经	1468
赵万侯	810
赵夕化	1205
赵之兰	596
赵长龄	595
赵月塘	497
赵丹城	431
赵丹魁	432
赵文松	1508
赵文昌	087
赵文栋	1467
赵文恭	573
赵方醇	1166
赵为献	310
赵以林	431
赵玉成	1302
赵玉选	1473
赵玉魁	1374
赵本诚	1391
赵本潭	158
赵立程	431
赵兰玉	1064
赵兰英	428
赵兰洲	222
赵永禄	981
赵邦畿	226
赵执谷	273
赵在酉	863
赵廷训	1471
赵廷栋	1518
赵廷榷	799
赵延福	597
赵自化	1100
赵自正	1100
赵守经	219
赵志让	431
赵声闻	219
赵芹香	589
赵步云	499
赵时升	1103
赵希珍	1026

赵希清	595	赵续海	903
赵希谦	581	赵敬先	588
赵国辅	472	赵敬周	588
赵明濬	431	赵景李	281
赵知嵒	1100	赵景周	1281
赵金镛	820	赵景封	418
赵泸溪	596	赵舜朋	267
赵宜梁	1059	赵滋慎	596
赵肃源	595	赵裕亮	597
赵荣禄	504	赵登云	638
赵荫榕	1471	赵瑞峰	1306
赵奎英	574	赵聘三	1501
赵临庚	586	赵辑五	990
赵映斗	1531	赵意诚	222
赵洪杰	1380	赵殿元	824
赵济美	272	赵履坤	597
赵恒仁	845	赵履堂	1029
赵振基	600	赵激源	596
赵振霞	267	赵禧临	595
赵玺绸	222	郝九化	990
赵凌屾	805	郝兰溪	1063
赵澎源	580	郝百川	103
赵润普	1531	郝廷桂	615
赵继兴	179	郝芸彬	1173
赵继芳	154	郝茂榕	180
赵得春	323	郝卓人	468
赵象鹏	1509	郝鸣皋	1013
赵清之	1430	郝金铎	1255
赵清芳	1517	郝学诗	1275
赵清翰	1097	郝梦斗	320
赵鸿杰	1385	郝源泉	1159

郝慎衡	467	胡经魁	500
郝毓琨	616	胡贵让	342
荆中允	208	胡润章	1040
荆协堂	324	胡教业	312
荣　利	1116	胡清俊	1042
荣希光	594	胡嗣廉	006
荣相成	1098	胡煜堂	1231
荣裕俊	348	胡碧峰	1373
荣德轩	882	胡赞恩	1208
胡　轸	1220	南　岳	1641
胡　峦	432	南贤举	1637
胡　锐	248	南国垣	1632
胡　锜	218	查景绥	702
胡　澂	574	柳　宜	662
胡　璠	715	柳行生	447
胡　进	1541	柳忠诚	516
胡千蛟	1237	柳荫溪	1470
胡元懋	184	柳椿龄	1470
胡玉嵒	432	战　礼	952
胡永平	134	战廷芷	501
胡永怀	266	战安平	594
胡寿椿	1005	战希孟	952
胡芸亭	1314	钟廷琮	015
胡克九	1051	钟振鹭	1390
胡佃选	1030	钟恕斋	569
胡沛霈	1233	钟魁伦	639
胡纯修	114	秋阳道人	1220
胡英云	321	段　伤	740
胡国治	267	段曰迁	150
胡宗道	088	段彦时	684
胡承烈	898	段桂桥	741

段瑞亭	740	姜 琚	706
侯 山	1541	姜 葵	877
侯 铎	1541	姜 瑜	482
侯 鉴	1541	姜 瑜	867
侯人鹢	205	姜 镗	599
侯九泽	1352	姜于铜	601
侯与隆	1266	姜士楧	600
侯功震	016	姜之远	1262
侯丕模	205	姜之琦	612
侯传珍	1025	姜子刚	508
侯兆丰	1025	姜开五	416
侯宅汾	205	姜文梦	265
侯如琇	1241	姜玉洲	965
侯应麒	1590	姜玉麟	1373
侯秉健	1468	姜存汉	1154
侯怡庭	846	姜庆阳	1452
侯润田	165	姜汝昣	602
侯继荣	1025	姜兴文	1038
侯继富	1468	姜宇仁	516
侯维翰	396	姜守仁	881
侯福田	165	姜志书	1265
俎承熏	1393	姜国垣	1452
逄之训	216	姜国俊	1054
逄进如	216	姜金声	142
逄克家	216	姜春轩	1313
逄迪远	218	姜奎阁	1461
逄润古	216	姜振基	882
施叔驭	648	姜笠村	1444
美维模	1166	姜涵尘	235
姜 广	1342	姜维叙	1288
姜 琢	1263	姜朝贡	612

姓名	页码	姓名	页码
姜德清	210	姚学甲	1578
姜镜海	501	姚学瑛	1587
姜镜溟	518	姚振声	1415
娄　斌	465	姚桂芳	1526
娄峻山	158	姚峰云	139
洛会堂	1205	姚家绪	1585
宫曰立	488	姚清琴	138
宫延庆	600	姚御观	748
宫泽远	1122	贺　栾	1291
宫振堂	353	贺广龄	483
宫献廷	566	贺云龙	143
祖兆祯	1111	贺克敏	553
祖承业	035	贺春池	1329
祝　简	738	贺修举	905
祝华亭	784	贺洪文	1043
弭道彰	014		
胥殿选	1255	**十画**	
姚　宏	1578	泰山老父	786
姚　贵	004	秦　柏	1319
姚　思	1003	秦太华	1207
姚　默	1576	秦兆燧	1326
姚　崑	1576	秦阶成	906
姚长龄	1301	秦范五	643
姚文焕	1526	秦国治	1326
姚本源	1349	秦恩普	906
姚光浚	702	秦继泰	821
姚廷皋	524	秦淑润	1032
姚延化	1313	秦越人	038
姚延福	1353	秦蔚生	038
姚来旬	1583	班玉玲	1039
姚武灿	1015	袁　蕙	502

袁士俊	378	贾复成	1374
袁大宣	1500	贾振瀛	955
袁子健	420	贾理成	1640
袁乐莘	661	贾德润	1196
袁法位	263	夏庆典	805
袁宗瑜	1546	夏克恭	677
袁荣贵	192	夏景禹	767
袁俊升	569	夏溪清	1427
袁恩诏	1513	顾 桂	1463
袁斯彬	264	顾士姜	1464
袁登先	1464	顾日琢	312
袁毓棻	1392	顾克基	1167
都周南	536	顾祖亮	648
耿介堂	1155	柴世利	846
耿文起	1154	柴时宁	856
耿寿增	1461	柴衍洞	801
耿纯玉	601	柴积功	098
耿哲兴	601	钱 乙	828
耿惠远	392	钱 颖	828
耿新民	392	钱用桂	1333
聂久吾	825	钱如刚	272
聂宗望	798	钱振邦	284
栗 宣	845	徐 迟	1030
贾天俊	1469	徐 珽	310
贾月庚	955	徐 悌	315
贾文安	1551	徐 逌	002
贾文宿	1080	徐 璈	853
贾延龄	020	徐 溦	317
贾会元	955	徐 雄	911
贾汝适	118	徐 熙	910
贾宗鲁	366	徐 謇	910

徐一朗	1047	徐继运	421
徐士刚	191	徐盛禄	1187
徐士廷	825	徐敏齐	911
徐广达	376	徐焕德	906
徐之才	911	徐寅清	1336
徐之范	911	徐绳武	187
徐之薰	1459	徐琴声	489
徐子延	472	徐联萼	430
徐元瑞	1204	徐植本	221
徐友三	153	徐景皋	1356
徐友直	219	徐道度	910
徐文一	1028	徐嗣伯	911
徐文伯	911	徐殿卿	382
徐文勋	665	徐嘉嗣	308
徐玉甫	1030	徐德明	1205
徐东和	709	徐濂岷	626
徐邦用	1003	徐戴尧	658
徐延旭	1244	殷　杰	1322
徐安仁	1566	殷　桂	662
徐克明	315	殷廷吉	1125
徐宏汉	373	殷躬逮	399
徐启元	1345	翁鼎臣	1013
徐叔响	910	逢瑷贞	222
徐学深	1041	栾丕建	1128
徐孟曾	1019	栾尚贵	283
徐绍陵	430	栾待后	1128
徐荫周	1198	栾清祥	539
徐荫棠	1369	高　五	138
徐思信	1566	高　仁	130
徐秋夫	910	高　阳	721
徐宪文	396	高　择	183

高　杭	1060		高泽长	183
高　㬎	619		高泽俊	1060
高　捷	244		高宗岳	807
高　晙	1048		高珂执	215
高　琳	590		高荆蔚	193
高　嶂	1108		高贵德	1020
高大猷	1356		高洞阳	839
高广渠	1062		高振方	188
高之骥	244		高莲溪	805
高太原	1059		高桂枝	675
高友三	1061		高峻骞	724
高升学	1622		高积儒	1108
高凤仪	1020		高继颜	1583
高凤苞	723		高培官	583
高心广	1108		高清溪	1184
高永平	693		高善原	804
高永锋	805		高道俊	741
高在辰	590		高裕文	141
高廷桢	1663		高登之	881
高延年	1244		高椿岭	135
高庄临	590		高锡利	575
高庆五	135		高嘉谕	1325
高如崐	183		高熙喆	411
高若铜	218		高毓莪	1582
高若锡	213		高舆能	590
高松岩	1063		高肇昆	244
高昌枢	1392		高德安	1326
高昌楣	1391		高滕松	1062
高牧村	1083		高麟圃	596
高所蕴	246		郭　汉	853
高金城	1637		郭　栋	527

郭 洵	1303		郭时中	1515
郭 浩	1564		郭怀西	662
郭 森	094		郭启魁	260
郭 璞	1564		郭秉春	1359
郭 东	365		郭宗皋	442
郭一麟	1515		郭承让	617
郭士盈	680		郭恒祯	194
郭上善	326		郭振义	1034
郭义甫	1066		郭继续	1188
郭元宰	662		郭逸翮	1548
郭友臣	1039		郭鸿嘉	1558
郭长庆	659		郭联甲	137
郭长清	1195		郭景亮	494
郭允海	1037		郭肇坊	269
郭玉堃	1117		席远计	1082
郭民望	1527		唐 氏	637
郭有年	177		唐 安	300
郭有善	540		唐之桂	768
郭存谦	522		唐云凤	1357
郭光宇	447		唐凤楼	1109
郭伟业	528		唐文光	1357
郭伟勋	528		唐书鉴	1110
郭华南	882		唐世英	635
郭自祯	711		唐占云	960
郭庆高	1046		唐占鳌	1357
郭庆祥	1034		唐甲第	1399
郭兴礼	728		唐传猷	780
郭如核	446		唐全昌	1357
郭志空	173		唐来晨	416
郭连城	1207		唐咸和	763
郭连登	447		唐威原	630

唐保祥	1044
唐桂亭	1357
唐趋亭	708
唐鼎元	890
唐肇基	1048
涂令昭	118
涂我梗	118
陶洪瀛	382
姬茂畅	035
能咸乐	1043
桑丕承	674

十一画

堵仲陶	226
接 祯	958
黄 文	1524
黄 俊	1603
黄 捷	1559
黄 堂	684
黄元型	348
黄元御	602
黄曰瑚	496
黄中垲	496
黄允中	1243
黄玉衡	197
黄立孝	591
黄汉元	591
黄永熙	591
黄有功	733
黄有会	420
黄存基	663
黄自省	1585
黄汝勉	1582
黄守良	733
黄克家	196
黄作则	591
黄应坤	1345
黄张氏	1306
黄炎昌	496
黄宗度	1448
黄春煦	1519
黄冠道人	1540
黄起元	398
黄家相	1345
黄梦斗	1559
黄维祺	686
黄敦汉	1013
黄鹏龄	591
黄镇岳	497
黄德静	606
萧 吉	359
萧 岩	089
萧 炳	363
萧 亮	1608
萧今柳	798
萧文灵	1126
萧文杰	1380
萧应椿	036
萧理存	1526
萧敬谦	712
萧登汉	1216
萧静之	358

梅文岩	804	常 依	486
曹 会	552	常大勋	1296
曹 昣	263	常天福	1273
曹 乾	987	常华亭	1081
曹 铨	088	常兆海	268
曹 淳	751	常汝鹗	1081
曹 慤	1524	常建圻	487
曹 滕	1601	常厚栋	486
曹士勤	406	常宪夏	214
曹心传	528	常焕然	1283
曹玉田	551	常遇先	1004
曹光府	705	崔 杰	429
曹庆和	560	崔 浩	1133
曹纪勋	760	崔 渡	1428
曹其偘	559	崔 愍	1147
曹庚臣	560	崔 榜	1179
曹施周	025	崔 同	1130
曹恒祥	136	崔 沔	1608
曹恒新	1601	崔 英	969
曹梦沫	1349	崔 彧	1130
曹绪武	553	崔大年	903
曹敬初	498	崔化南	1203
曹善来	586	崔凤山	538
曹蕴铢	1602	崔文子	787
曹羲孺	629	崔永年	499
戚 恒	1273	崔式友	1311
戚学中	1587	崔光禄	1474
戚学典	732	崔廷选	429
龚怡汉	1595	崔廷桂	198
盛 周	470	崔伟烈	111
盛玉柱	1374	崔延龄	313

崔兆行	345
崔汝苏	201
崔汝筠	427
崔守义	429
崔应节	1084
崔良辅	432
崔昌龄	312
崔忠恕	317
崔质庵	312
崔泮林	1168
崔学孟	499
崔宝和	314
崔星舫	1477
崔衍洁	1265
崔祖培	1009
崔振纲	345
崔乘云	356
崔继之	1299
崔继祥	1498
崔象毂	315
崔景凤	1146
崔景哲	1130
崔道远	1308
崔禧祥	1264
崔麟阁	1301
矫维纲	488
符　合	1590
领一斑	1666
麻东辉	1343
麻衣赵	211
麻希梦	306

康　枚	1094
康　敦	155
康　瀜	1092
康士珩	186
康心俭	1570
康丕扬	1090
康立初	673
康如英	186
康如浩	186
康明德	138
章文伦	688
商　琦	1252
商成文	440
商君平	1252
商联芳	1252
阎　兰	611
阎　森	568
阎化龙	1468
阎廷效	581
阎传钦	717
阎应华	1324
阎逢寅	802
阎琴鹤	717
阎鼎铭	1602
阎登黉	1266
阎锡章	1099
淳于意	291
梁　方	1304
梁　圯	619
梁　林	1239
梁工求	727

梁凤彩	149	彭之岁	526
梁会文	1039	彭之惠	526
梁汝钰	1087	彭永龄	525
梁寿堂	383	彭光义	1035
梁伯载	622	彭延龄	540
梁学古	615	彭庆阶	193
梁绍儒	839	彭守礼	1641
梁栋材	727	彭伯祥	1641
梁厚能	619	彭嘉善	1039
梁胜泉	863	彭鲲化	719
梁莲峰	801	葛洽	1229
梁桂荣	863	葛如麟	1191
梁盛倬	728	葛步云	413
梁敬轩	1235	董兰	1544
梁景曾	261	董汲	838
寇衍庆	319	董政	967
宿汉倬	503	董莹	1116
宿绳武	503	董祥	1176
谌之荣	750	董谦	1575
扈兆喜	706	董樵	883
扈敬斋	706	董士玉	437
尉书升	951	董大用	374
隋志先	438	董心印	514
隋家珍	439	董玉琈	1548
隋策勋	437	董立堂	733
隗良能	189	董延正	1563
隆庆	1262	董如威	1510
		董秀娥	376
		董佐明	943
		董序英	1368
		董君俨	867

十二画

揭廷绍	1562		
彭洙	540		

董尚忠	1247	韩从朴	811
董建文	1041	韩文彬	1119
董树荣	1595	韩允大	255
董思懋	1105	韩永存	601
董衍昶	1309	韩式伋	190
董素书	679	韩成师	190
董崇增	881	韩则淹	536
董焕庚	515	韩华竹	1585
董清鸾	877	韩兆龙	530
董揆一	1548	韩兆禧	190
董循礼	733	韩旭臣	269
董瑞田	733	韩多玉	849
董毓蕲	781	韩志杰	1546
葆光子	172	韩应魁	278
蒋　孝	1225	韩良俫	1266
蒋　劝	1016	韩茂桂	250
蒋今懿	282	韩林甫	985
蒋其奎	985	韩郁鄤	1584
蒋盛甫	849	韩庚长	259
蒋毓屾	849	韩育英	1071
韩　池	813	韩宝乾	693
韩　彤	715	韩建规	1585
韩　泳	550	韩树棠	1432
韩　玳	804	韩映坤	261
韩　健	1433	韩复常	1544
韩　渭	1531	韩炳文	1356
韩　璋	1078	韩理经	1585
韩大鹏	782	韩康武	1585
韩云奇	849	韩寅秀	1212
韩仁原	559	韩巢屿	800
韩化溥	1531	韩惠兆	1549

姓名	页码	姓名	页码
韩厥初	153	傅斯侨	1232
韩毓秀	1490	傅朝宪	1569
韩鳌修	260	焦现	184
景丹云	352	焦尔启	178
喻言慎	1556	焦汝桂	184
黑华阳	1243	焦宏谟	1544
程绍	1066	焦学尹	649
程潼	1530	焦诜桂	206
程锴	110	焦桂林	1312
程鹏	435	焦毓鹤	841
程义廉	1088	焦瀛州	289
程凤仪	704	释湛池	685
程百里	1242	鲁开基	383
程名远	591	鲁立斋	709
程作黻	1583	鲁宗贤	130
程良相	411	鲁显明	377
程国思	1098	童子敏	1246
程和尚	614	童仁发	1370
程佩瑜	819	童际昌	1246
程思敬	1221	普明	1405
程品三	1090	道璿	1346
程宪良	1003	曾砺	1398
程梦良	756	曾传谟	1550
程景孟	824	曾伦元	1551
傅丙南	601	湛起	372
傅汝霖	1213	温行时	1420
傅鸣岩	108	温亮采	1217
傅采励	1235	温凌云	1217
傅俭堂	224	谢玮	450
傅济川	1114	谢士杰	201
傅振霄	201	谢功严	1328

谢师韩	449
谢光经	448
谢芳邻	1253
谢佑之	1257
谢希潜	450
谢际泰	1545
谢英才	286
谢建谟	451
谢绍诒	449
谢柳东	1559
谢敬诒	448
谢富德	715
谢锡龄	1315

十三画

靳　氏	1125
靳尚才	109
靳得戍	1123
靳绪昌	1123
靳殿甲	1123
靳韶仪	1129
靳麟光	1129
蒯九龄	542
蒲立德	262
蒲松龄	255
楚　宁	156
楚　煌	1524
楚　裳	689
楼　护	302
甄　峒	637
甄　超	637
甄延祚	1165
甄茂阳	1037
甄栖真	1553
雷　氏	1327
路　氏	1304
路　氏	1375
路　礼	1263
路九篇	308
路允厘	737
路立峰	1520
路同龄	1472
路希周	264
路茂荪	900
路衍祜	737
路冠甲	146
路嘉鱼	312
解　灼	1581
解延年	461
廉　显	1252
满长怡	850
满来春	1114
满德安	397
梁　裕	1541
窦　钰	732
窦仁宇	544
窦光彝	651
窦廷柱	1428
窦作杞	563
窦学敏	1357
窦振翰	1357
窦景燕	563

褚凤年	1418	裴岱峰	427
褚本经	1420	管 铉	1541
褚明龙	370	管应宗	312
褚鸿吉	567	管绘南	615
褚敬诺	377	管象颐	948
褚慎术	1595	管淑涵	1128
		僧 录	1662

十四画

赫连贯三	1037	彰 键	223
綦 沣	425	端木萃	1226
綦成德	430	端守忠	1226
綦汝濬	433	谭申孝	098
蔡少福	516	谭曷煦	537
蔡玉珂	534	谭维桢	286
蔡永田	379	谭敬修	537
蔡达德	355	谭辉廷	531
蔡志敏	1587	禚晋臣	767
蔡体要	436	翟 良	274
蔡受益	365	翟 潢	265
蔡普庆	1668	翟公硕	315
蔡登瀛	1582	翟玺成	268
蔡筱山	759	翟赓谟	155
臧 炆	655	翟熙工	504
臧 筶	656	熊立章	1395
臧文庆	579	熊衍文	117
臧达德	651	熊养性	1168
臧应詹	651	熊毓和	693
臧应镐	650	缪忠信	037
臧应鏓	649	缪积余	037
臧敷伟	658		
裴怀珠	802		

十五画

慧 通	1661

撒膏林	1211
樊中柟	1506
樊龙升	1581
樊华岭	1581
樊纪隆	1060
题仙令	119
德馨和尚	696
滕庆雯	584
滕应绶	585
滕景曾	590
滕照甫	594
颜　氏	752
颜　赟	1003
颜承典	1592
颜绍镈	751
颜道乾	421
颜懋企	751
潘　氏	095
潘　亨	1576
潘　建	1604
潘　道	1603
潘　楯	965
潘　仁	1118
潘子云	009
潘子春	1081
潘永清	1240
潘师旦	1112
潘廷槐	1334
潘冲清	023
潘冲静	023
潘伯壎	223

潘松岭	1127
潘岳龄	962
潘矩健	700
潘矩植	693
潘原璧	691
潘锡侯	1081
潘福寿	1184
潘遵鼎	690
潘鹤龄	945

十六画

燕丕远	438
薛仁杰	146
薛仁溥	146
薛为惠	1380
薛心佑	804
薛安文	1043
薛桂龄	146
薛鹏升	1524
霍　恺	1085
霍　润	1635
冀　澜	1239
冀逢庆	635
穆云龙	348
穆方苞	1666
穆典章	1666
穆鸿章	1666
衡　方	734

十七画

戴　良	579

戴大川 …… 530	魏同升 …… 1025
戴中才 …… 1472	魏安静 …… 1186
戴中伦 …… 1473	魏秀升 …… 1025
戴春显 …… 207	魏希亮 …… 527
戴铭诰 …… 724	魏纯讷 …… 1474
戴蕖阶 …… 1472	魏法堂 …… 1258
魏　峻 …… 437	魏熙春 …… 1025
魏干成 …… 148	魏熙瑞 …… 1025
魏孔举 …… 610	魏肇祥 …… 1391
魏孔彰 …… 285	魏儒正 …… 1474
魏丕承 …… 1075	

一画

一见草 408
一壶千金 1626
一囊春 1052

二画

十二经络针灸秘录 494
七癥八瘕 1187
八十一难经 048

三画

三余斋备急秘方 028
三昧集 008
大病论 278, 279
上古医经注 839
小儿药证直诀 837
小儿科方针 565
小儿科杂志 1470
小儿便方 622
小儿保祠指南 739
小儿疯症录 314
小儿推拿 266
小儿斑疹方论 838
小儿斑疹论 838
小儿痘疹备急方论 838
千秋铎 008
凡见集 448

广受仁寿 333
卫生一隅 230
卫生医案 967
卫生铃铎 333
卫生绪言 230
卫生集 689, 1014
卫生编 029
子仪本草 085
女科五带论 1127
女科经验良方 1013
女科真传 436
女科辑要 591
女科摘要 1470
习医心得 1234
马氏医案汇钞 634
马到成功 236
乡居方案 781

四画

王氏传家宝 1531
天花精言 1500
元机秘要 1584
云巢医案 204
木草须知 1514
五世针灸摘要 1153
五亩园经验秘方 254
太吉子清医学世集妇人科 641

戈琴堂医话	1015
少小方	936
中西学通考	1155
中西效方集妙	1010
中西解毒问答	315
中医入门	1176
中医杂症论治	235
中药十八反演义	881
内外全书	1155
内外经验良方	535
内外科集要	1470
内外科摘录	639
内经灵枢摘注	651
内经详解	526
内经便读	442
内经素问摘注	651
内经难经释义	140
内经释义	515
内科秘录	1467
内科辨览	864
内脏阴阳平衡论	704
见山堂医鉴	283
长生诀	246
长沙伤寒论新编新测	1492
长沙药解	603
长沙遗蕴	209
从医笔记	266
今体治世集	1200
分经本草	278
分类药方	608
六一衡训	279

方书	859
方药条陈	439
方药证治	1034
方症筌蹄	201
订天星十二穴	641
心郎脉诀	531
引痘浅说	566
引痘略	312
孔氏医案	408

五画

玉贵针经	935
玉楸药解	603
玉镜新拭	209
古今名方	1224
古方体用考	278
古方辑要	1446
本草	317, 821, 936
本草方药记略	954
本草古今讲意	274
本草地理今释	691
本草补	1398
本草补遗	1578
本草易读	209
本草征要	1583
本草经类用	936
本草便记歌	231
本草便读药性赋	1212
本草类编	1412
本草病源合药要钞	935
史氏医学八种	318

四圣心源	603
四圣悬枢	603
四字脉诀歌	1087
四字脉诊诀	1087
四声本草	363
四时卫生一览	881
四时养颐录	1100
四家体疗杂病要钞	935
生生集	1243
白喉中医疗法	035
白喉忌表抉微	540
白喉便览	438
外科	103
外科大成	653
外科方药集	229
外科心传	954
外科心裁	607
外科书	567
外科杂症验方	289
外科杂集	466
外科纪要	529
外科医方	254
外科法程	1151
外科经验	1281
外科经验图方	314
外科指南	540
外科验方	1063
外科随笔	1184
外科集	826
外科辑要	349, 416, 534
外科摘要	642
兰宝遗蕴	209
半山岐黄术	549
训蒙本草	1075
必效方	1190
司天运气	209
民间验方	317
发微论	1398
幼幼心书	1071
幼科诗赋	024
幼科捷径	542
幼科阐岐	280

六画

西药制造举隅	315
西药便览	315
百疮疗法	119
百病主治大法	609
百病集	826
百家医录	267
达生编录要增释	1379
朱氏医案	1024
朱氏验方	1563
先圣遗范	209
舌图	705
舌镜论	1254
竹亭集医	427
延年编	505
延龄口诀	626
伤外科经验	269
伤寒启蒙	851
伤寒	622

伤寒正法	467
伤寒汇集歌诀	267
伤寒百病歌	254
伤寒会解	1127
伤寒杂病论集说	754
伤寒论	526, 563
伤寒论条举	229
伤寒论补注	096
伤寒论直解	1511
伤寒论质疑	322
伤寒论浅说	1013
伤寒论注	309
伤寒论注解	651
伤寒论贯解	1262
伤寒论指微	830
伤寒论选注	653
伤寒论辨	616
伤寒论辨脉诗	1636
伤寒诀	966
伤寒妇幼三科	653
伤寒针灸	1467
伤寒明理论	1293
伤寒明理药方论	1293
伤寒易简录	186
伤寒易解	780
伤寒卒病论考	753
伤寒宝镜集	432
伤寒试分解	374
伤寒指南	204
伤寒药性赋	257
伤寒要旨	431

伤寒便记歌	231
伤寒总要	936
伤寒说约	209
伤寒说意	603
伤寒原方	209
伤寒秘要	536
伤寒悬解	603
伤寒温习录	691
伤寒辑要	524
伤寒解义	209
伤寒摘要	183
伤寒歌诀意解	537
自制医方备要	498
会悟集	1444
众览集要	416
杂疗方	935
杂证	622
杂症医案	955
杂病方	935
杂病论	317, 937
杂病解	641
名方集	1151
名医指掌	609
名医显秩传	1101
刘氏遗方	1412
产科常识	1088
产鉴	644
汤头方歌解	954
汤头歌	1009
论医绝句诗一百二十首	639
论候	1200

论病	776
论辩	1415
异方合编	209
异证杂录	029
孙梅眼科	641
如宜方	839
妇人	622
妇人方	935
妇人科医方	570
妇人科胎产心法	134
妇人胎前产后秘方	730
妇人调经	1071
妇经产良方	961
妇科六十问	376
妇科汇方	1185
妇科汇集秘要良方	1568
妇科幼科要旨	528
妇科权衡	325
妇科医秘	269
妇科金丹	958
妇科金鉴	1064
妇科治则	826
妇科学心得	236
妇科宝鉴	438
妇科实验录	1258
妇科经论	227
妇科要旨	827
妇科临证医案	1187
妇科真传	1467
妇科索隐	533
妇科捷要	1035
妇科提纲	209
妇科辑要	552
妇科撮要	317
观棋堂外科	559

七画

寿世仁	229
寿世汇编	249
寿世诊书内科	413
寿世指南	540
寿世编纂	1063
运气述	691
运气歌	1634
批点性命圭旨	686
批解证治准绳	349
走马喉痹论	035
抄册	1234
赤乌神针经	935
折肱秘要	515
孝慈真诀	393
劳伤解	641
杏林衣钵	679
杏林集	667
李氏后天补遗	1492
李氏医案	1042
医方	821
医方大成	1151
医方汇编	506
医方折衷	200
医方便览	145
医方便览	468

医方集成	1459	医学同源	1244
医方集萃	747	医学自镜	094
医方集锦	542	医学问答	1010
医方集解	1313, 1432	医学寻源	185
医方简明	1459	医学扼要	254
医方简明续编	1459	医学别论	1312
医方摘要	496, 1153	医学良方	184
医方精选	153	医学启蒙	275
医书	034	医学启蒙汇编	277
医书考	753	医学补遗	102
医世要言	1114	医学易知录	1053
医会	607	医学金针	1246
医论选	137	医学金镜录	1023
医疗礼记	119	医学注解	1425
医林内经	717	医学诗话	204
医林求是	466	医学经验浅说	703
医林妙诀	1247	医学指南	350
医林择萃	1005	医学钩元	1106
医林洒翰	1151	医学脉诀浅说	285
医林笔记	209	医学验集	641
医林摘要	1153	医学随意录	1461
医林精集	568	医学喉科述余	321
医法心参	899	医学辑要	1603
医法精约	209	医学意谱	1103
医学入门	540	医学赘言	451
医学三字经解	138	医学箕裘集	818
医学心法	800, 1116, 1117	医学管见	201, 797
医学心悟注解	499	医学管见录	1447
医学示掌	350	医学撮要	607
医学四诊大成	451	医学辨同	782
医学汇编	1211	医学辨证	1013

书名	页码
医学辨误	581
医学辨谬法	1578
医宗	821
医宗家藏	1217
医宗辑要	425
医要心镜	879
医品心余验录	1254
医律	821
医原	821
医症经验集解	818
医家须知	1626
医案	013, 139, 467, 494, 798, 821, 1024, 1059, 1151, 1386
医案集	1018
医案集锦	374
医验编	238
医理浅说	699
医鉴草	408
医源备览全集	1153
医镜	185, 552, 1353
医镜集要	185
还金篇	1554
肖氏医案	1059
时疫三书	1475
时疫指南	955
时疫验案	289
时源集方	310
岐伯经	935
岐黄易知录	954
针灸汇稿	010
针灸合编	1297
针灸指南	209
针灸要钞	935
针灸类证	279
针灸配穴摘要	1083
针灸阐岐	279
针灸阐奇	278
针灸揭要	323
针灸辑要	314
针灸摘要	1012
针灸摘要六十二证	102
针法易简	607
针法辨	524
针经考穴精义	280
体疗杂病疾源	935
佛医验案	808
佛点头	1450
余斋遗墨	010
删定张景岳全书	1151
疗小儿丹法	936
疗少小百病杂方	935
疗少小杂方	935
应急验方	645
汪问九医案	036
怀茂堂女科	355
怀济堂药方集锦	383
穷乡救急方	625
良方集要	499
良方集解	498
良便效方	1064
证治济世编	648
补养方	1190

初学步步近	961	金针万法	1064
初学步步深	961	金经要略补注	138
初学指南	899	金匮经	229
诊疗灾民疾病记	808	金匮要略注解	651
诊法一隅	753	金匮要略新编新测	1492
灵枢素问悬解	603	金匮解义	209
灵枢悬解	207	服食方	999
灵枢悬解	604	庞宣方医案	1039
灵枢笺注	781	庞福卿医案	1034
灵枢摘要	651	疠风秘传	419
灵素区别	278	疡医会要	902
灵秘十八方加减	006	疡医亦云录	902
张氏心铭	1470	疡科必用	209
张氏验方萃锦	289	育婴集	029
张氏喉科医案	731	单方汇编	1075
张氏痘疹	554, 1151	注解伤寒论	1293
张仲景药方	776	治疗记录	808
张伯龙医案	515	治症提纲	276
张绍南救急良方	642	治验方案	1057

八画

		治瘟症书	499
		试效方	1398
拣选良方集录	497	详校痘疹书	646
析脉论	718	孟氏妇科	1254
松花江医案	1312	经用方书	1200
松峰医话	654	经穴图解	462
松峰说疫	654	经穴解	279
奇症便方	961	经络用药歌诀	374
奇效丹方	1587	经络汇编	274, 276
明医汇辑	626	经络图说	639
易医通义	568	经验方	233, 234, 236, 1270
金丹真传	492	经验方症汇编	1426

经验汇集	1009	临证指南	1116
经验医书	493	临证验方	165
经验良方	267, 962, 965, 1006, 1313	临症心得	1024
经验良方丛集	951	临症医案	734
经验良方汇集	987	临症备忘录	1247
经验良方集录	499	临症治愈	1027
经验良方集解	262	临症指南	1117
经验奇方	1096	临症便览	552
经验治疗方论	1127	临症验方集	967
经验病方	267	临症集录	1058
经验海上仙方集本	343	是乃仁术	1218

九画

		咽喉七火论	1640
草木传	257	咽喉脉理杂症	149
药方	788, 936, 937, 1268	咳嗽议	279
药论	290	铃法书	619
药言随笔	1074	香草园古今医鉴	1506
药物考	1603	种痘新书	825
药性分部	610	重修堂医补	541
药性对答	274	重道延命方	166
药性戏剧大观	1090	便方汇集	965
药性辨同	1205	便方备用	947
药宝嬉戏	209	修真节要奇方	1193
药祟书	257	保世药石	333
树阁经验良方	618	保安堂三补简便验方	330
要略厘辞	204	保赤秘录	498
点次瘟疫方论注释	020	保赤摘录	313
点滴妇人规	730	保身养生诀	626
临床经验集	618	保婴秘诀	626
临床验方	1176	叙乐堂集方	529
临床验案	1025	食经	1143
		食料本草	1189

脉方味根合编	1453
脉会	1254
脉诀	317, 483, 532, 653, 769, 1151
脉诀汇编	274
脉诀汇编说统	276
脉诀机要	776
脉诀或问	322
脉诀要论	1205
脉诀要编	1153
脉诀便记歌	231
脉诀珠囊集	180
脉诀秘传	610
脉诀新要	1195
脉诀精微	1253
脉诊折中	717
脉法指南	209
脉学	289
脉学三字经	1247
脉学讲义	1378
脉学指南	1015
脉经	769
脉理正宗	153
脉理会心真解	345
脉理论	1035
脉理绍圣	209
脉理真诀	149
脉理秘诀	1281
脉理辨证	1106
脉象辨真	032
脉赋	769
脉解	622

胎产方脉集要	184
胎产方案	806
胎产须知	626
胎产类编	1151
胎前产后全书	1245
疮疡辨证心得	1187
疯症集要	436
帝王养生方	361
闻见录	1026
养生论	809
养生录	249
养生斋录	1242
类中秘旨	515
类方大全	653
活幼心书	826
活幼心法	1103
活幼世集	641
活幼汇参	800
济生纲目	209
济阴返约	961
祖氏医案	035
神应心书	333
神应经百穴法歌	641
孩子脉论	776

十画

泰山药物志	807
素问悬解	207
素灵微蕴	603
素经难经释义	139
壶天玉镜	1626

书名	页码
酌淮秘抄	1208
夏季霍乱	1433
钱氏小儿方	837
钱氏小儿药证真诀	837
秘传眼科	985
秘验方汇	718
笔花医镜注解	428
徐太山巾箱中方	936
徐太山试验方	936
徐太山房内秘要	936
徐氏杂方	936
徐氏脉经诀	935
徐氏家传秘方	938
徐氏家传效验方	938
徐文伯疗妇人瘕	936
脏腑图谱	233
症治便览	102, 322
疹症辑要	553
疹痘科秘诀	499
疹痘类方	209
痛疽病症诊籍	289
效之闲情广积方	961
旅舍备要方	838
涂氏耐冬轩医案	118
浣雪轩古方精义	283
家藏外科	1577
读医录记	757
调膳摄生图	1100
陶节菴伤寒六书归一愚见三同	442
难经	042
难经二解	209
难经妙略	641
难经悬解	207
难经集注	794
难经解	603
难症辑要	265
验方	141, 571, 803, 1386, 1461
验方自叙	1037
验方录	1072
验方录小言	845
验方随笔	717
验方集	955
验方集录	496, 863, 958, 966
验方集要	1040
验方集锦	265, 961
验方歌诀	596
验方精选	541
验案秘诊	209

十一画

书名	页码
堵氏家藏	226
堵氏家藏女科	227
探源秘论	448
黄帝扁鹊脉书五色诊病	290
梅子太吉温病解	641
救世奇方	597
救产验方	487
救劫论	027
救急良方	626
救急验方	964
救瘟辑要	1013
曹氏痧疹	553

常见本草	1089
眼科问答	966
眼科金丹集	1089
眼科要诀	1036
眼科要略	607
眼科要集	348
眼科临症录	1476
眼科选录	990
眼科类集	1127
眼科秘诀	467
眼科阐微	317
眼科集要	1474
眼科撮要	765
悬袖便方	1481
崔氏医案	317
婴孺论	830
铭心医录	187
银海辑要	537
得心录	633
脚气治法	838
脚弱方	935
麻疹论症撮要	520
麻疹秘书	649
麻疹摘锦	1605
麻疹撮要	681
痒说	665
阎季忠方	837
阐微	641
梁氏骨伤科辑要	864
堕年方	936
随医录	1461
绳心便录	1298

十二画

斑疹杂病论	985
斑疹经验良方	1385
彭祖养性经	937
董氏斑疹方论	838
董汲医学论著三种	838
敬口斋痘科	559
敬之医话	1015
落年方	937
紫珍集	1394
喉症病案一百例	1434
喉痧要诀	438
傅青主女科韵语	323
集方便览	1188
集古良方	1473
集注难经	793
集验方	1455
集验良方	1064
释名炮制	866
痘义解	1151
痘科	483
痘科补阙捷响	029
痘科经验随笔	027
痘科便记歌	231
痘科类编	1120
痘科活命金丹	031
痘科救劫论	028
痘科编	274
痘科辑要	627

痘科简明	1434	痘疹新法	1470
痘科微言	206	痘疹摘要	1605
痘症溯源	566	痘疹摘锦书	1620
痘疾秘诀	251	痘疹精言	313, 826
痘疹大成	016	痘疹精要	541
痘疹书	396, 1191	痘疹撮要	800
痘疹正宗	1226	痘疹辨伪	607
痘疹幼幼心书	1071	痘疹辨证	667
痘疹全书	275, 644, 725	痘疹辨言	622
痘疹全诀	1243	痘疹管窥	596
痘疹全编	275	痧症要方	1010
痘疹论	563	痧疹精义	955
痘疹治略	1008	普门医品	644
痘疹诗赋	023, 826	普济苍生	542
痘疹诗赋辨误	781	尊生要录	1236
痘疹经	784	尊生镜	1066
痘疹经验良方	417	温证治	698
痘疹经验集	565	温疫病类编	654
痘疹指南	1010	温症初探	235
痘疹科汇编	275	温病发蒙	533
痘疹类编释意	277	温病条辨歌诀	1038
痘疹秘诀	541	温病集腋	703
痘疹萃选	439	游梁方案	781
痘疹救劫经验良方	429	富春堂经验方书	692
痘疹铭心	537		
痘疹庸谈广编	1505	**十三画**	
痘疹揭要	566	摄生心法	1502
痘疹集	1427	摄生编	326
痘疹集要	436, 606	摄生纂录	1000
痘疹辑要	1087	摄生消息论	460
痘疹新书	554, 601	蓬山脉诀	483

雷公药对	938	瘟疫论书后	1644
锦堂医案	1015	瘟疫论类编	654
解散消息节度	935	瘟疫扼要	1254
解寒食散	935	瘟疫良方	1372
解酲论	200	瘟症条辨	1009
痰集	622		
新本草经	315	十五画	
新产	816	增损本草	1360
新编内经详解	537	遵生集要	025
数验录	1051	履霜集	652
福婴指掌	465	豫医双璧	1449

十四画

十六画

瑶函臆说	590	赞育真诠	135
瑶圃杂志	1040	箬园医说	1492
摘录汤头歌诀	966	箬园医说续编	1492
孵溪医述	137	儒医说	102
瘟疫发源辨论	626	辨伤寒	936
瘟疫伤寒论	1184	辨脚弱方	936
瘟疫伤寒辨证论	704		
瘟疫论	025